AS LEIS

O livro é a porta que se abre para a realização do homem.

Jair Lot Vieira

PLATÃO

AS LEIS

TRADUÇÃO, TEXTOS ADICIONAIS E NOTAS
EDSON BINI
Estudou filosofia na Faculdade de Filosofia,
Letras e Ciências Humanas da USP.
É tradutor há mais de 40 anos.

Copyright da tradução e desta edição © 2021 by Edipro Edições Profissionais Ltda.

Título original: *NOMOI Ἡ ΝΟΜΟΘΕΣΙΑ*. Traduzido com base na edição de Baiter, Orelli e Wincklemann, publicada em Zurique, em 1839, e no texto grego estabelecido por Auguste Diès e Édouard des Places.

Todos os direitos reservados. Nenhuma parte deste livro poderá ser reproduzida ou transmitida de qualquer forma ou por quaisquer meios, eletrônicos ou mecânicos, incluindo fotocópia, gravação ou qualquer sistema de armazenamento e recuperação de informações, sem permissão por escrito do editor.

Grafia conforme o novo Acordo Ortográfico da Língua Portuguesa.

3ª edição, 1ª reimpressão 2025.

Editores: Jair Lot Vieira e Maíra Lot Vieira Micales
Coordenação editorial: Fernanda Godoy Tarcinalli
Tradução, textos adicionais e notas: Edson Bini
Revisão: Brendha Rodrigues Barreto
Acentuação do grego: Fernanda Borges da Costa
Diagramação: Karina Tenório
Capa: Ana Laura Padovan

Dados Internacionais de Catalogação na Publicação (CIP)
(Câmara Brasileira do Livro, SP, Brasil)

Platão

As leis : ou da legislação e epinomis / Platão ; tradução Edson Bini. – 3. ed. – São Paulo : Edipro, 2021. – (Clássicos Edipro)

Título original: NOMOI Ἡ ΝΟΜΟΘΕΣΙΑ.

ISBN 978-65-5660-000-0 (impresso)
ISBN 978-65-5660-024-6 (e-pub)

1. Filosofia antiga 2. Filosofia política 3. Filosofia política – Grécia Antiga 4. Platão. As leis I. Título. II. Série.

20-48485   CDD-184

Índice para catálogo sistemático:
1. Platão : Filosofia grega antiga : 184

Cibele Maria Dias – Bibliotecária – CRB-8/9427

São Paulo: (11) 3107-7050 • Bauru: (14) 3234-4121
www.edipro.com.br • edipro@edipro.com.br
@editoraedipro   @editoraedipro

SUMÁRIO

Prefácio: Platão inexplorado	7
Nota do tradutor à 1ª edição	11
Dados biográficos	13
Platão: sua obra	15
Cronologia	29
Índice de conteúdo	31

AS LEIS (ou Da Legislação)

Livro I	53
Livro II	87
Livro III	119
Livro IV	155
Livro V	183
Livro VI	209
Livro VII	253
Livro VIII	301
Livro IX	333
Livro X	371
Livro XI	411
Livro XII	445
Epinomis	483
Adendo – Protágoras	507

Prefácio:
Platão inexplorado

Professor Dalmo de Abreu Dallari

Já se escreveu tanto sobre os trabalhos e as ideias de Platão que se tem a impressão de que nada de novo poderá ser dito sobre o filósofo e sua filosofia, havendo só a possibilidade de variações em torno de temas já explorados. Existe, entretanto, um trabalho de Platão cuja importância tem sido reconhecida pelos poucos estudiosos que sobre ele se debruçaram e que, no entanto, por motivos que podem incluir a extensão e a pequena divulgação, como também a circunstância de conter inovações que obrigariam a revisão de toda a obra platônica, permanece praticamente inexplorado. Trata-se justamente de *As Leis*, obra que agora, em edição bem cuidada, fica de fácil acesso aos estudiosos brasileiros.

A pequena quantidade de trabalhos dedicados a essa obra de Platão, bem como o desafio que ela representa mesmo para os mais familiarizados com o pensamento do grande filósofo, foram bem evidenciados por Werner Jaeger, um dos mais percucientes e acatados investigadores do pensamento grego, em sua monumental *Paideia* (obra publicada no Brasil em primorosa tradução, em notável esforço editorial da *Martins Fontes Editora* conjuntamente com a *Editora Universidade de Brasília*, no ano de 1986). Nessa obra, dedicada ao estudo da formação do homem grego, o autor faz numerosas referências aos diferentes trabalhos de Platão e, não obstante reconhecer que vai trilhando um terreno difícil, pouco explorado e muito exigente por apresentar várias inovações em relação a posições sustentadas por Platão em trabalhos anteriores, abre um capítulo especial para a análise de *As Leis*.

Falando do que representa esse trabalho no conjunto das obras de Platão, Jaeger informa que se trata de obra póstuma escrita nos últimos anos de vida do filósofo, observando que se trata do mais extenso dos escritos platônicos, representando mais de um quinto de toda a sua obra conhecida. É curioso lembrar que, sendo a última obra, *As Leis* deve expressar o pensamento mais amadurecido de Platão, e as ideias contidas neste livro serão o produto da evolução de suas reflexões anteriores, devendo, por isso mesmo, despertar maior interesse. Por outro lado, o caráter inovador, obrigando à busca de compreensão das ideias novas, paralelamente à revisão das antigas, para se avaliar o que destas foi preservado, até que ponto e com que sentido, isso deve ter influído para que seja ainda reduzido o número de comentadores de *As Leis*.

É bem expressivo o inventário de Werner Jaeger a esse respeito, depois de se referir ao pequeno número de leitores que teve essa obra de Platão, diferentemente das demais. "Um homem tão erudito como Plutarco sentia-se orgulhoso por figurar entre o reduzido número de conhecedores de *As Leis*; e na época bizantina a transmissão da obra esteve por um fio, como o revela o fato de provirem de um único exemplar todos os manuscritos que nos chegaram. Já em pleno século XIX os autores não sabiam o que fazer de *As Leis*, e o mais representativo dos historiadores da filosofia nesse período, Eduard Zeller, chegou mesmo a declarar, num trabalho de seu primeiro período, que se tratava de uma obra apócrifa. Mais tarde, no estudo que dedica a Platão na sua *História da Filosofia Grega*, *As Leis* é tratada num 'apêndice', dando assim a entender que, conquanto considerasse a obra autêntica, ainda não atinava como enquadrá-la na imagem do conjunto da filosofia platônica, que, a seu ver, os restantes diálogos formavam."

Entre os helenistas brasileiros que perceberam a importância de *As Leis* e procuraram compreender essa obra e situá-la no conjunto do platonismo, merece especial referência Gilda Naécia Maciel de Barros, professora de História e Filosofia da Educação da Universidade de São Paulo. Na coletânea de ensaios intitulada *Platão, Rousseau e o Estado Total* (T. A. Queirós Editor, SP, 1996) encontram-se alguns estudos sobre Platão, havendo várias considerações muito precisas, embora sucintas, sobre *As Leis* e seu significado. Coincidindo com as observações de Werner Jaeger, a estudiosa paulista assinala que essa obra tem sido muito pouco explorada pelos cultores de Platão, mas, longe de se intimidar com a falta de suporte que poderia advir de estudos anteriores, avança opiniões extremamente interessantes, que deverão merecer a atenção dos leitores de *As Leis* e dos que pretenderem encontrar no platonismo os paradigmas para uma concepção de Estado filosoficamente sustentada.

Segundo entende Gilda Naécia, "o projeto político de *A República* completa-se com o de *As Leis*, permitindo a conjugação de ambos uma ideia do que Platão entendia por *Paideia* superior e o que devia ser a formação geral do cidadão médio". Levando ainda mais adiante essa ideia, afirma que a filosofia do Estado de Platão não se circunscreve apenas ao texto de *A República*, que, no seu entender, conteria apenas uma parte ou um aspecto dessa filosofia. "À *República* conjugam-se *O Político* e *As Leis* completando e esclarecendo o tema." Essa observação é de grande importância, pois sugere que a leitura isolada de qualquer desses textos fornecerá apenas uma ideia incompleta da concepção platônica do Estado. Além disso, está implícita em sua análise a afirmação de que os autores que tiraram conclusões sobre a filosofia do Estado de Platão sem levar em conta o que está contido em *As Leis* (e são quase todos os que trataram do assunto) obtiveram verdades incompletas ou imperfeitas. Assim, a leitura cuidadosa de *As Leis,* assim como se tem feito com os outros textos platônicos, é indispensável para a apreensão e compreensão da filosofia política de Platão.

Bastariam essas observações para se ter a medida da importância do texto, pouco divulgado, de *As Leis*. Essa importância ressalta ainda mais se considerarmos que enquanto na *República* a base do Estado é a educação perfeita, sendo praticamente supérflua a legislação, nas *Leis* a legislação é a base. Na *República* o governante-filósofo, por suas próprias virtudes, infunde legitimidade à legislação, ao passo que nas *Leis* o legislador se coloca entre Deus e o homem, sendo fundamental o consentimento dos governados, da comunidade, do povo, para legitimar a legislação. Essa participação necessária da comunidade implica a exigência de que a legislação seja justa.

Finalmente, há outro aspecto extremamente interessante que deve ser ressaltado: a ideia fundamental da obra mais importante de Montesquieu, *Do Espírito das Leis,* teria sido inspirada por Platão, mais especificamente por *As Leis*. Isso é afirmado na *Paideia*, de Werner Jaeger, anteriormente referida. Diz Jaeger:

"Assim como a *República* começa com o problema geral da justiça, assim na obra que estamos a comentar (*Leis*) Platão parte do espírito das leis, que num Estado autêntico infunde o seu *ethos* até ao ínfimo pormenor. Foi nesse conceito platônico do '*ethos*' de *As Leis* que se originou o famoso ensaio de Montesquieu, *De l'Esprit des Lois*, o qual tão grande importância haveria de ter para a vida do Estado moderno" (Op. cit., p. 891-2). O fato, porém, é que na obra de Montesquieu há várias menções à sociedade grega, mas o autor expressamente referido pelo pensador francês é Aristóteles e não Platão. De qualquer forma, é mais um desafio para o estudioso de filosofia política procurar conhecer com mais precisão as fontes gregas de inspiração de Montesquieu e o verdadeiro sentido de suas proposições, que ainda hoje exercem enorme influência nas concepções do Estado e, por consequência, na vida dos povos.

Por todos esses motivos e por muitos mais que poderia ser dito, a publicação do texto de *As Leis* de Platão em língua portuguesa é uma contribuição de extrema relevância. Certamente o acesso a esse texto abrirá novas perspectivas de pesquisa e reflexão, e deverá ser mais um estímulo para a busca de uma organização política que conjugue a procura da ordem, expressa em forma de leis, com o respeito pelos valores espirituais e pelas necessidades naturais inerentes à condição humana, tudo isso subordinado à exigência eterna e permanente de busca da Justiça.

Dalmo de Abreu Dallari
Jurista, Professor Emérito da Faculdade de Direito da USP,
e autor, entre outros, de *Elementos de Teoria Geral do Estado*.

Nota do tradutor
à 1ª edição

O título com o qual traduzimos NOMOI (*As Leis*) não faz jus ao rico e lato conceito grego, mas isto é inerente às limitações linguísticas. A transferência de ideias de um quadro de signos para outro (tradução) é uma arte espinhosa, embora fascinante, muito especialmente quando envolve uma língua antiga da complexidade do grego como veículo verbal de concepções filosóficas e expressão de um mundo cultural peculiaríssimo e distinto do nosso.

Assim, em ΝΟΜΟΙ Ἡ ΝΟΜΟΘΕΣΙΑ, Platão abarca não apenas o domínio estritamente jurídico, como também as áreas correlatas da política, da ética e mesmo da psicologia, da gnosiologia, da ontologia, além daquelas das matemáticas, da religião e da mitologia.

As dificuldades apresentadas em uma tal tradução são inúmeras, envolvendo tanto conceitos quanto aspectos da estrutura gramatical (que muito distanciam o português do grego antigo).

Nesse sentido procuramos, acima de tudo, preservar o conteúdo do diálogo, com não raro prejuízo da forma e inevitável sacrifício do estilo que, a rigor, só pode ser saboreado no original de Platão. Tentamos, por outro lado, aclarar determinados conceitos nas notas, precariamente traduzíveis ou decididamente intraduzíveis.

O resultado foi um texto por vezes seco e duro, exibindo bem pouca beleza e elegância no português. Entretanto, acreditamos ter conseguido chegar a um texto concatenado, a despeito das asperezas formais.

Certamente erros e deslizes foram cometidos devido seja à envergadura do empreendimento, seja às limitações do tradutor, pelo que estamos abertos às críticas e sugestões, de modo a aprimorarmos as próximas edições. De resto, errar é sempre o risco de quem faz!

Para a presente tradução nos baseamos na edição de 1839 de *Baiter, Orelli and Winckelmann*, Zurique, e no texto em grego estabelecido por *Auguste*

Diès e *Édouard des Places*, eminentes helenistas a quem não cansamos de admirar e de quem somos intelectualmente devedores. Exceção feita ao *Epinomis*, cujo texto estabelecido, por nós utilizado, foi o de L. Tarán. Acrescentamos às margens das páginas a útil numeração da edição referencial de *Stephanus* (Henri Estienne) de 1578.

Agradecemos a Alexandre Rudyard Benevides, a Maria do Carmo Fortuna e Daniella Yamauti pelo irrepreensível profissionalismo, pela inegável competência e pelo infindo bom humor e paciência com um tradutor sempre exigente e por vezes carrancudo.

Finalmente somos gratos ao artista Roberto Ganem pelo entusiasmo e incentivo, ao Prof. Márcio Pugliesi pela sugestão de publicar *As Leis* e ao editor Jair Lot Vieira por aceitar a sugestão e transformá-la em realidade.

Bauru, maio de 1999.

O tradutor

Dados biográficos

Em rigor, pouco se sabe de absolutamente certo sobre a vida de *Platão*. Platão de Atenas (seu verdadeiro nome era Aristocles) viveu aproximadamente entre 427 e 347 a.c. De linhagem ilustre e membro de uma rica família da Messênia (descendente de Codro e de Sólon), usufruiu da educação e das facilidades que o dinheiro e o prestígio de uma respeitada família aristocrática propiciavam.

Seu interesse pela filosofia se manifestou cedo, e tudo indica que foi motivado particularmente por *Heráclito de Éfeso*, chamado *O Obscuro*, que floresceu pelo fim do século VI a.c.

É bastante provável que, durante toda a juventude e até os 42 anos, tenha se enfronhado profundamente no pensamento pré-socrático – sendo discípulo de Heráclito, Crátilo, Euclides de Megara (por meio de quem conheceu as ideias de Parmênides de Eleia) – e, muito especialmente, na filosofia da Escola itálica: as doutrinas pitagóricas (principalmente a teoria do número [ἀρίθμος – *aríthmós*] e a doutrina da transmigração da alma [μετεμψύχωσις – *metempsýkhosis*]) exerceram marcante influência no desenvolvimento de seu próprio pensamento, influência essa visível mesmo na estruturação mais madura e tardia do platonismo original, como se pode depreender dos últimos diálogos, inclusive *As Leis*.

Entretanto, é inegável que o encontro com Sócrates, sua antítese socioeconômica (Sócrates de Atenas pertencia a uma família modesta de artesãos), na efervescência cultural de então, representou o clímax de seu aprendizado, adicionando o ingrediente definitivo ao cadinho do qual emergiria o corpo de pensamento independente e original de um filósofo que, ao lado de Aristóteles, jamais deixou de iluminar a humanidade ao longo de quase 24 séculos.

Em 385 a.C., Platão, apoiado (inclusive financeiramente) pelos amigos, estabeleceu sua própria Escola no horto de *Akadémia* (Ἀκαδήμεια), para onde começaram a afluir os intelectos mais brilhantes e promissores da Grécia, entre eles Aristóteles de Estagira, que chegou a Atenas em 367 com 18 anos.

É provável que, logo após a autoexecução de seu mestre (399), Platão, cujos sentimentos naqueles instantes cruciais não nos é possível perscrutar, tenha se ausentado de Atenas, e mesmo da Grécia, por um período que não podemos precisar. Teria visitado o Egito e a Sicília; de fato ele demonstra em alguns de seus diálogos, mais conspicuamente em *As Leis*, que conhecia costumes e leis vigentes no Egito na sua época.

Não é provável, contudo, que demorasse no estrangeiro dada a importância que atribuía à Academia, à atividade que ali desempenhava e que exigia sua presença. Ademais, suas viagens ao exterior seguramente não visavam exatamente ao lazer: Platão buscava o conhecimento, e se algum dia classificou os egípcios como *bárbaros*, por certo o fez com muitas reservas.

Diferentemente de seu velho mestre, Platão, que devia portar-se como um cidadão exemplar apesar de sua oposição inarredável à democracia ateniense, jamais se indispôs com os membros proeminentes do Estado ateniense; nesse sentido, sua prudência e postura de não envolvimento são proverbiais, o que se causa certo espanto por partir de um dos primeiros teóricos do Estado comunista governado por *reis-filósofos* (como constatamos em *A República*) e do Estado socialista (*As Leis*), que ainda retém características de centralização do poder no Estado, parecerá bastante compreensível em um pensador que, à medida que amadurecia sua reflexão política, mais se revelava um conservador, declaradamente não afeito a transformações políticas; para Platão, nada é mais suspeito e imprevisível do que as consequências de uma insurreição ou revolução. Outrossim, não devemos esquecer que Platão pertencia, ele próprio, à classe abastada e aristocrática de Atenas, posição que aparentemente não o incomodava em absoluto e até se preocupava em preservar.

Platão morreu aos 80 ou 81 anos, provavelmente em 347 a.C. – dizem – serenamente, quase que em continuidade a um sono tranquilo... Θάνατος (*Thánatos*), na mitologia, é irmão de Ὕπνος (*Hýpnos*).

Platão: sua obra

Em contraste com a escassez de dados biográficos, foi-nos legada de Platão – ao menos são esses os indícios – a totalidade de suas obras, e *mais* – muito provavelmente quase todas completas, fato incomum no que toca aos trabalhos dos pensadores antigos helênicos, dos quais muito se perdeu. As exceções são representadas pelo último e mais extenso Diálogo de autoria inquestionada de Platão, *As Leis*, e o Diálogo *Crítias*.

Essa preciosa preservação se deve, em grande parte, ao empenho do astrólogo e filósofo platônico do início do século I da Era Cristã, Trasilo de Alexandria, que organizou e editou pela primeira vez o corpo total das obras de Platão, inclusive os apócrifos e os textos "platônicos", cuja autoria é atribuída aos seguidores diretos e indiretos do mestre da Academia. Todos os manuscritos medievais da obra de Platão procedem dessa edição de Trasilo.

Diferentemente de outros filósofos antigos, filósofos medievais e modernos, Platão não é precisamente um *filósofo de sistema* à maneira de Aristóteles, Plotino, Espinosa, Kant ou Hegel, que expressam sua visão de mundo por meio de uma rigorosa exposição constituída por partes interdependentes e coerentes que, como os órgãos de um sistema, atuam em função de um todo e colimam uma verdade total ou geral. Todavia, Platão também não é um pensador *assistemático* nos moldes dos pré-socráticos (cujo pensamento precisamos assimilar com base nos fragmentos que deles ficaram) e de expoentes como Nietzsche, que exprimem sua visão do universo por máximas e aforismos, os quais pretendem, na sua suposta independência relativa, dar conta da explicação ou interpretação do mundo.

Inspirado pela concepção socrática da ἀλήθεια (*alétheia*) – segundo a qual esta não é produto externo da comunicação de um outro indivíduo (na prática, o mestre) ou da percepção sensorial ou empírica da realidade que nos cerca, mas está sim já presente e latente em cada um de nós, competindo ao mestre apenas provocar mediante indagações apropriadas, precisas e incisivas o nascer (o *dar à luz* – μαιεύω [*maieúo*]) da ἀλήθεια (*alétheia*) no discípulo –, Platão foi conduzido ao *diálogo*, exposição *não solitária* das ideias, na qual, por exigência do método socrático (maiêutica – a *parturição das ideias*), são necessárias, no mínimo, *duas* pessoas representadas pela voz principal (o mestre, que aplica a maiêutica) e um interlocutor (o discípulo) que dará à luz a verdade (ἀλήθεια [*alétheia*]).

Na maioria dos diálogos platônicos, essa voz principal é a do próprio Sócrates, ou seja, o mestre de Platão, de modo que nos diálogos, que provavelmente pertencem à primeira fase de Platão, sob forte influência de Sócrates, é difícil estabelecer uma fronteira entre o pensamento socrático e o platônico. A partir do momento em que despontam as ideias originais de Platão – a teoria das *Formas*, a teoria da alma (ψυχή [*psykhé*]), a teoria do Estado (πόλις [*pólis*]) etc. –, Sócrates assume o papel menor de porta-voz e veiculador das doutrinas de Platão.

O fato é que Platão desenvolveu e aprimorou a *maiêutica* de maneira tão profunda e extensiva que chegou a um novo método, a *dialética*, que nada mais é – ao menos essencialmente – do que a arte (τέχνη [*tékhne*]) do diálogo na busca do conhecimento (γνώσις [*gnósis*]).

Do ponto de vista do estudante e do historiador da filosofia, essa forma e esse método *sui generis* de filosofar apresentam méritos e deméritos. Platão não se manifesta apenas como um filósofo, embora primordialmente o seja. No estilo e na forma, é também um escritor e, na expressão, um poeta.

Ora, isso torna sua leitura notavelmente agradável, fluente e descontraída, em contraste com a leitura de densos e abstrusos tratados sistemáticos de outros filósofos. Por outro lado, colocando-nos na pele dos interlocutores de Sócrates, é como se, tal como eles, fizéssemos gerar em nós mesmos a verdade.

Como contestar, porém, que o brilhante discurso literário do diálogo não dificulta e mesmo empana a compreensão e assimilação do pensamento do mestre da Academia?

É provavelmente o que ocorre, embora com isso nos arrisquemos a receber a pecha de racionalistas.

Essa situação é agravada pelo uso regular que Platão faz do mito (μῦθος [*mýthos*]).

O mestre Platão, de qualquer modo, sente-se muito à vontade e convicto de que seu método concorreria precisamente para o contrário, ou seja, a compreensão de seu pensamento.

Não há dúvida de que isso se aplicava aos seus contemporâneos. Imaginaria Platão que sua obra resistiria a tantos séculos, desafiando a pósteros tão tardios como nós?

Paradoxalmente, o saldo se mostrou mais positivo que negativo. É possível que, em virtude *exatamente* de sua atraente e estimulante exposição filosófica sob a forma literária do diálogo, Platão tenha se tornado um dos mais lidos, estudados, publicados e pesquisados de todos os pensadores, o que é atestado pela gigantesca bibliografia a ele devotada.

Voltando ao eixo de nossas considerações, é necessário que digamos que dentre tantos diálogos há um *monólogo*, a *Apologia de Sócrates*, que, naturalmente, como um discurso pessoal de defesa, não admite a participação contínua de um interlocutor.

Há, também, as treze *Epístolas*, ou *Cartas*, de teor político, dirigidas a Dion, Dionísio de Siracusa, e a outros governantes e políticos da época, e os dezoito *Epigramas*.

Na sequência, juntamos despretensiosas sinopses dos diálogos (e da *Apologia*), no que tencionamos fornecer àquele que se interessa pelo estudo do platonismo somente uma orientação básica, em meio aos meandros do complexo *corpus* de doutrina exibido pelos diálogos.

Os diálogos (mais a *Apologia*), cuja autoria de Platão é aceita unanimemente por sábios, estudiosos, eruditos, escoliastas, filólogos e helenistas de todos os tempos, em número de *nove*, são (em ordem não cronológica, pois qualquer estabelecimento de uma cronologia que se pretenda, objetiva e rigorosa, é dúbio) os seguintes:

FEDRO: Trata de dois assuntos aparentemente desconexos, mas vinculados por Platão, ou seja, a natureza e os limites da retórica (crítica aos sofistas) e o caráter e o valor do amor sensual (ἔρος [*éros*]). Esse diálogo está assim aparentado tanto ao *Banquete* (acerca das expressões de ἔρος [*éros*]) quanto ao *Górgias* (acerca da figura do verdadeiro filósofo em contraste com o sofista). Escrito antes da morte de Sócrates, é um dos mais atraentes e expressivos diálogos. Seu nome é de um grande admirador da oratória.

PROTÁGORAS: O assunto é específico (embora envolva os fundamentos gerais das posições antagônicas de Platão e dos sofistas), a saber, o conceito e a natureza da ἀρετή (*areté*). É a virtude ensinável ou não? A mais veemente crítica de Platão aos mais destacados sofistas: Protágoras, Hípias e Pródico.

O BANQUETE: O assunto é a origem, diferentes manifestações e significado de ἔρος (*éros*). O título desse diálogo (Συμπόσιον [*Sympósion*]) indica a própria ambientação e cenário do mesmo, isto é, uma festiva reunião masculina regada a vinho. Anterior à morte de Sócrates.

GÓRGIAS: É sobre o verdadeiro filósofo, o qual se distingue e se opõe ao sofista. Platão prossegue criticando os sofistas, embora Górgias, segundo o qual nomeou o diálogo, fosse um prestigioso professor de oratória que proferia discursos públicos, mas "não ensinava a virtude em aulas particulares remuneradas". Um dos mais complexos diálogos, que parece ter sido escrito pouco antes da morte de Sócrates.

A REPÚBLICA: O segundo mais longo dos diálogos (o mais longo é *As Leis*). Apresenta vários temas, mas todos determinados pela questão inicial, fundamental e central, e a ela subordinados: o que é a justiça (δίκη [*díke*])?... Ou melhor, *qual é a sua natureza, do que é ela constituída?* Nesse diálogo, Platão expõe sua concepção de um Estado (comunista) no qual a ideia de justiça seria aplicável e a própria δίκη (*díke*) realizável e realizada. O título *A República* (amplamente empregado com seus correspondentes nas outras línguas modernas) não traduz fielmente Πολιτεῖα (*Politeîa*), que seria preferível traduzirmos por "A Constituição" (entendida como *forma de governo de um Estado soberano* e não a Lei Maior de um Estado). Há quem acene, a propósito, para o antigo subtítulo, que é *Da Justiça*. *A República* é a obra de Platão mais traduzida, mais difundida, mais estudada e mais influente, tendo se consagrado como um dos mais expressivos textos de filosofia de todos os tempos.

TIMEU: Sócrates, como de ordinário, instaura o diálogo dessa vez retomando a discussão sobre o Estado ideal (assunto de *A República*), mas graças a Timeu o diálogo envereda para a busca da origem, da geração do universo (κοσμογονία [*kosmogonía*]). Nesse diálogo, Platão apresenta sua concepção da Divindade, o Δημιουργός (*Demiourgós*). Embora Timeu (que empresta o seu nome ao diálogo) pareça oriundo do sul da Itália, há quem o considere um personagem fictício. De qualquer modo, ele representa a contribuição da geometria à teoria cosmogônica de Platão. A maioria dos helenistas situa o *Timeu* no período final e de maior maturidade filosófica de Platão (e, portanto, depois da morte de Sócrates, embora – como ocorre em vários outros diálogos – Sócrates continue como figura principal do diálogo); a minoria o julga produção do *período médio*, seguindo de perto *A República*.

TEETETO: Aborda específica e amplamente a teoria do conhecimento (ἐπιστημολογία [*epistemologia*]) a partir da indagação: "O que é o conhecimento?". Há fortes indícios de que Platão contava com aproximadamente 60 anos quando escreveu esse diálogo (bem depois da morte de Sócrates) em homenagem ao seu homônimo, Teeteto, conceituado matemático que morrera recentemente (369 a.C.) prestando serviço militar. Teeteto frequentara a Academia por muitos anos.

FÉDON: Conhecido pelos antigos igualmente por *Da Alma*, está entre os mais belos e comoventes diálogos, pois relata as últimas horas de Sócrates e sua morte pela cicuta. O narrador é Fédon, que esteve com Sócrates em seus momentos derradeiros. De modo escorreito e fluente, como que determinado pelas palavras do condenado e seu comportamento ante a morte iminente, o diálogo aborda a morte e converge para a questão da imortalidade da alma, a qual é resolvida pela doutrina de sua transmigração ao longo de existências em diferentes corpos. A presença do pensamento pitagórico é flagrante, e

Platão alterna sua teoria psicológica (ou seja, da alma) com a doutrina da metempsicose exposta sob a forma do mito no final do diálogo.

AS LEIS: Diálogo inacabado. Sócrates não está presente neste, que é o mais extenso e mais abrangente (do ponto de vista da temática) dos diálogos. Seu personagem central não possui sequer um nome, sendo chamado simplesmente de *O Ateniense*; seus interlocutores (Clínias de Creta e Megilo de Lacedemônia) são com grande probabilidade figuras fictícias, o que se coaduna, a propósito, com a inexpressiva contribuição filosófica que emprestam ao diálogo, atuando – salvo raras ocasiões, nas quais, inclusive, contestam as afirmações do *ateniense* – somente como anteparo dialético para ricochete das opiniões do *ateniense*. *As Leis* (Νόμοι [*Nómoi*]) cobrem, semelhantemente à *A República*, uma ampla gama de temas, que revisitam *A República* e apresentam uma nova concepção do Estado, tendo dessa vez como fecho um elenco de admoestações ou advertências para a conduta dos cidadãos e, principalmente, a extensa promulgação de leis a serem aplicadas no seio da πόλις (*pólis*). Como o conceito νόμοι (*nómoi*) é bem mais lato do que nosso conceito de leis, e mesmo do que o conceito *lex* romano, a discussão desencadeada pelo *ateniense*, como demonstra a variedade de itens correlacionados do diálogo, adentra as áreas da psicologia, da gnosiologia, da ética, da política, da ontologia e até das disciplinas tidas por nós como não filosóficas, como a astronomia e as matemáticas, não se restringindo ao domínio daquilo que entendemos como legal e jurídico (lei e direito). Destituído da beleza e elegância de tantos outros diálogos, *As Leis* (o último diálogo de autoria indiscutível de Platão) se impõe pelo seu vigor filosófico e por ser a expressão cumulativa e acabada do pensamento maximamente amadurecido do velho Platão.

APOLOGIA: É o único monólogo de Platão, exceto pelas respostas sumárias de Meleto; retrata o discurso de defesa de Sócrates na corte de Atenas perante um júri de 501 atenienses no ano de 399 a.C., quando ele contava com 70 anos. Sócrates fora acusado e indiciado (ação pública) pelos crimes de sedução da juventude e de impiedade, o mais grave de todos, pois consistia na descrença nos deuses do Estado. A *Apologia* é uma peça magna em matéria de estilo e teor, e certamente um dos escritos mais profundos e significativos já produzidos em toda a história da humanidade. Sócrates não retira uma única vírgula de suas concepções filosóficas que norteavam sua conduta como ser humano e cidadão de Atenas. Leva a coragem de expor e impor as próprias ideias às raias da plena coerência, pouco se importando com o que pensam os detentores do poder – mesmo porque já sabe que seu destino está selado. Sereno e equilibrado, respeita a corte, o Estado e aqueles que o condenam. Deixa claro que, longe de desrespeitar os deuses (a começar por Zeus e Apolo), sempre orientou seus passos pelo oráculo de Delfos e segundo a inspiração de seu δαίμων (*daímon*). Seu discurso é prenhe de persuasão e capaz de enternecer até corações graníticos e impressionar cérebros geniais, mas não profere uma única sílaba a seu favor para escapar à morte, embora mencione o exílio, opção que descarta, e sugira o recurso de pagar uma multa, a ser paga majoritariamente por alguns de seus discípulos ricos, especialmente Platão. Para ele, nenhum cidadão está acima da lei, e esta tem de ser cumprida, mesmo que seja injusta. É impróprio, na verdade, entendermos sua defesa no sentido corrente da palavra, a acepção sofista e advocatícia: *ele não defende sua pessoa, sua integridade física, defende sim seu ideário*, que em rigor era seu único patrimônio, pois nada possuía em ouro e prata. Não teme o sofrimento, o exílio ou a morte – o que o repugna e lhe é incogitável é a abdicação do seu pensar e dos atos que consubstanciaram sua vida. Não alimenta a menor dúvida de que mais vale morrer com honra do que viver na desonra. Para ele, sua morte era a solução irreversível e natural de sua obra e dos fatos de sua vida. Se algum dia um homem soube com precisão como viver e quando morrer, esse homem foi Sócrates de Atenas!

Os 16 diálogos que se seguem são considerados por *alguns* helenistas e historiadores da filosofia como de autoria duvidosa ou apócrifos.

SOFISTA: Fazendo jus ao título, Sócrates principia a temática do diálogo indagando acerca dos conceitos de sofista, homem político e filósofo. Participam, entre outros, o geômetra Teodoro, Teeteto e um filósofo proveniente de Eleia, cidade natal de Parmênides e seu discípulo Zenão. A investigação inicial conduz os interlocutores à questão do *não-ser*, circunscrevendo o diálogo a essa questão ontológica fundamental, que constitui precisamente o objeto essencial da filosofia do pré-socrático *Parmênides*. O *Sofista* surge como uma continuação do *Teeteto*, mas pelo seu teor está vinculado mais intimamente ao *Parmênides*.

PARMÊNIDES: Curiosamente, nesse diálogo, Platão coloca como figura central o filósofo Parmênides e não Sócrates, embora o encontro seja provavelmente fictício e se trate de um diálogo narrado por Céfalo. Como seria de esperar, o objeto capital é de caráter ontológico, girando em torno das questões da natureza da realidade: se esta é múltipla ou una etc. A *teoria das Formas* é aqui introduzida, a saber, a realidade consiste em Formas (Ideias) que não são nem materiais, nem perceptíveis, das quais as coisas materiais e perceptíveis participam. O *Parmênides* se liga pela sua temática mais estreitamente ao *Filebo*, ao *Político* e ao *Sofista*.

CRÁTILO: O assunto aqui ventilado é o princípio sobre o qual está fundada a correção do nome (ὄνομα [*ónoma*], por extensão, signo que abriga o conceito). O que legitima o nome? Segundo Hermógenes, os nomes nada têm a ver, no que concerne à origem, com as coisas nomeadas que representam: são estabelecidos por convenção. Crátilo, ao contrário, afirma que o nome é por natureza, isto é, a etimologia de um nome pode nos conduzir a uma descrição disfarçada que revela corretamente a natureza daquilo que é nomeado, sendo este o princípio da nomenclatura. Sócrates contesta ambas as teorias, realizando a crítica da linguagem mesma, propondo que busquemos por trás das palavras a natureza imutável e permanente das coisas como são em si mesmas, o que vale dizer que as palavras não nos capacitam a ter acesso ao mundo inteligível das Formas puras e, muito menos, o revelam a nós.

FILEBO: O objeto de discussão é bastante explícito, ou seja, o que é o *bem* e como pode o ser humano viver a melhor (mais excelente, mais virtuosa) vida possível. Filebo, que identifica o bem com o prazer, apresenta-se como um belo jovem (não há registro histórico algum dessa pessoa, o que nos leva a crer que se trata de um personagem fictício de Platão). Analítica e etimologicamente, o nome significa *amigo* ou *amante da juventude*, o que nos conduz inevitavelmente à predileção de Sócrates por homens jovens e atraentes no seu círculo. Os helenistas, em geral, concordam que o *Filebo* foi produzido depois do *Fédon*, do *Fedro*, de *A República*, do *Parmênides* e do *Teeteto*, na última fase da vida de Platão e, portanto, em data muito posterior à morte de Sócrates. O *Filebo* é, sem sombra de dúvidas, um dos mais significativos e importantes diálogos de Platão, pela sua maturidade filosófica, clareza e porque o conceito nevrálgico da ética (o bem) é focalizado com insistência em conexão com a metafísica. O encaminhamento da discussão, especialmente no que tange à metafísica, aproxima o *Filebo* do *Sofista* e do *Político*.

CRÍTON: O objeto de discussão desse diálogo envolve o julgamento e a morte de Sócrates e situa-se no período de um mês (trinta dias) entre esses dois eventos, quando Críton (poderoso e influente cidadão ateniense, além de amigo pessoal de Sócrates) o visita na prisão e tenta, pela última vez (em vão), convencê-lo a assentir com um plano urdido por seus amigos (incluindo o suborno dos carcereiros) para sua fuga e seu deslocamento a um lugar em que ficasse a salvo do alcance da lei de Atenas. O diálogo assume agilmente o calor de um debate ético em torno da justiça (δίκη [*díke*]), insinuando-nos nas entrelinhas, um problema crônico da sociedade que agita e intriga os juristas até os nossos dias: está claro que a aplicação da lei colima a justiça, mas, na prática, com que frequência consegue atingi-la? Pensando em seu próprio caso, Sócrates, que insistia que até a lei injusta devia ser respeitada (o que era exatamente o que fazia naqueles instantes ao opor-se ao plano de fuga e ao suborno), faz-nos ponderar que a lei pode ser mesmo um instrumento de morte em nome da busca da justiça, mas onde está a sabedoria dos homens para utilizá-la? Até que ponto será a lei na prática (e absurdamente) um instrumento da injustiça? Por outro lado, a contínua reprovação que Sócrates votava aos sofistas, nesse caudal de raciocínio, não era gratuita. Para ele, esses habilíssimos retóricos defendiam à revelia da verdade e da justiça homens indiciados que podiam pagar por isso. Contribuíam o dinheiro e o poder para que a lei atingisse sua meta, a justiça? Ou seria o contrário? Haveria nisso, inclusive, uma crítica tácita ao próprio Críton. E afinal, o que é a justiça? Se a lei era para os atenienses um instrumento real e concreto, que permitia a aplicação via de regra sumária da justiça, esta não passava de um conceito discutível, embora fosse uma das virtudes capitais, aliás só superada pela sabedoria (φρόνησις [*phrónesis*], σοφία [*sophía*]).

CRÍTIAS: Diálogo inacabado no qual Platão, tendo Sócrates como o usual veiculador de suas ideias, põe, contudo, na boca de Crítias, a narração do mito de origem egípcia da Atlântida, civilização que teria existido em uma ilha do Atlântico, próxima à entrada do mar Mediterrâneo, há nove milênios da Atenas atual. Segundo Crítias, a Atenas de então guerreara contra esse povo de conquistadores, que acabara por perecer, pois um terremoto (maremoto?) fizera com que toda a ilha fosse tragada pelo oceano, causando, também, a morte de todos os guerreiros gregos daquela era. Ora, essa Atenas remota possuiria uma forma de governo que correspondia ao modelo de Estado apresentado em *A República*.

EUTÍFRON: O "tempo" desse breve diálogo é o curto período no qual Sócrates se prepara para defender-se, na corte de Atenas, das acusações de que fora alvo. O jovem Eutífron acabara de depor contra seu pai pela morte de um servo. O assassinato (mesmo de um servo) era um delito grave (como, aliás, Platão enfatiza em *As Leis*) que resultava em uma *mácula* (mãos sujas de sangue) que tinha de ser eliminada mediante ritos purificatórios. Tratava-se de um crime religioso, pois os maculados não purificados desagradavam aos deuses. Entretanto, a denúncia de um pai feita por um filho, embora justificável e permitida pelas leis democráticas de Atenas, era tida como "um ato pouco piedoso". Não é de surpreender, portanto, que esse diálogo verse sobre os conceitos de piedade (σέβας [*sébas*]) e impiedade (ἀσέβεια [*asébeia*], ἀσέβημα [*asébema*]), e que, por seu tema candente e visceral, aproxime-se da *Apologia*, do *Críton* e do *Fédon*.

POLÍTICO: Continuação do *Sofista*, esse diálogo procura traçar o perfil do homem político e indicar o conhecimento que tal indivíduo deveria possuir para exercer o bom e justo governo da πόλις (*pólis*), no interesse dos cidadãos. Essa descrição do perfil do estadista é mais negativa do que positiva, e Platão finda por retornar à figura do sofista.

CÁRMIDES: Um dos mais "éticos" diálogos de Platão, provavelmente pertencente à sua fase inicial, sob intensa influência do mestre Sócrates. É efetivamente um dos diálogos socráticos de Platão no qual as ideias do mestre se fundem às suas. O assunto é a σωφρωσύνη (*sophrosýne* [temperança, autocontrole, moderação]). Cármides, tio materno de Platão, aqui aparece em sua adolescência (432 a.C.), antes de se tornar um dos 30 tiranos.

LAQUES: Também pertencente ao período inicial da investigação e vivência filosóficas sob Sócrates, no qual o corpo integral das ideias platônicas ainda não se consolidara e cristalizara, o *Laques* (nome de um jovem e destacado general ateniense que lutara na guerra do Peloponeso) é mais um diálogo ético que se ocupa de um tema específico: ἀνδρεία (*andreía* [coragem]).

LÍSIS: Do mesmo período de *Cármides* e *Laques*, *Lísis* (nome de um atraente adolescente de ilustre família de Atenas) é outro diálogo "ético socrático", no qual se discute o conceito φιλία (*philía* [amizade, amor]). Parte da teoria da amizade desenvolvida por Aristóteles, na *Ética a Eudemo* e *Ética a Nicômaco*, baseia-se nas luzes e conclusões surgidas no Lísis.

EUTIDEMO: Outro diálogo "socrático". A matéria abordada, sem clara especificidade, retoma a crítica aos sofistas. Eutidemo (figura de existência historicamente comprovada) e seu irmão, Dionisodoro, abandonam o aprendizado da oratória sofística e os estudos marciais para empreenderem a erística (ἔρις [*éris*]: disputa, combate, controvérsia). O cerne da discussão é a oratória ou retórica (ρητορεία [*retoreía*]), porém, é realizado um esforço para distingui-la da erística. Aristóteles, no *Órganon*, preocupar-se-á com essa distinção (retórica/erística) ao investigar profundamente a estrutura do silogismo e do juízo, indicando os tipos do primeiro do ponto de vista da verdade ou falsidade lógicas: um desses tipos é o *sofisma*, um silogismo capciosamente falso.

MÊNON: Provavelmente produzido no período mediano da vida de Platão, o *Mênon* não é propriamente um diálogo "socrático", já revelando uma independência e substancialidade do pensamento platônico. Mênon é integrante de uma das mais influentes famílias aristocráticas da Tessália. O diálogo, inicialmente, não visa elucidar um conceito ou o melhor conceito (empenho típico dos diálogos "socráticos"), mas sim responder a uma questão particular formulada por Mênon como primeira frase do diálogo: "Podes dizer-me, Sócrates, se é possível ensinar a virtude?". E ele prossegue: "Ou não é ensinável, e sim resultado da prática, ou nem uma coisa nem outra, o ser humano a possuindo por natureza ou de alguma outra forma?". Contudo, reincorporando uma característica do diálogo socrático, a segunda parte do Mênon reinstaura a busca do conceito da ἀρετή (*areté*). Para os sofistas, a ἀρετή (*areté*) é fruto de uma convenção (νόμος [*nómos*]) e, portanto, verbalmente comunicável e passível de ser ensinada.

HÍPIAS MENOR: Hípias é o grande sofista que, ao lado de Protágoras, Pródico e Isócrates, atuou como um dos pugnazes adversários de Sócrates e Platão no fecundo e excitante cenário intelectual de Atenas. Esse curtíssimo diálogo teria sido motivado por um inflamado discurso proferido por Hípias, tendo a obra do poeta Homero como objeto. Sócrates solicita a Hípias que explicite sua visão sobre Aquiles e Odisseu, segundo a qual o primeiro é "o mais nobre e o mais corajoso", enquanto o segundo é "astuto e mentiroso". O problema aqui introduzido, estritamente ético, concerne ao cometimento consciente e voluntário da ação incorreta por parte do indivíduo justo e o cometimento inconsciente (insciente) e involuntário da ação incorreta por parte do indivíduo injusto. Em *A República* e *As Leis,* a questão do erro voluntário com ciência e o erro involuntário por ignorância também é enfocada. Ocioso dizer que se esbarra, implicitamente, na posição maniqueísta: é Aquiles absoluta, necessária e perenemente corajoso, probo e verdadeiro e Odisseu absoluta, necessária e perenemente velhaco e mentiroso?

ION: Este é um talentoso rapsodo profissional especializado nos poemas de Homero (não se sabe se figura real ou fictícia engendrada por Platão). O problema que Sócrates apresenta para Ion é: a poesia (ποίησις [*poíesis*]) é produto do conhecimento ou da inspiração dos deuses? Sócrates sugere que a arte do rapsodo, e mesmo a do poeta, é exclusivamente produto da inspiração divina, para elas não concorrendo nenhuma inteligência e conhecimento humanos. Platão também toca nesse tópico em *A República* e no *Fedro.*

MENEXENO: No menos filosófico dos diálogos, Sócrates se limita a executar um elogio à morte em campo de batalha, brindando Menexeno (nome de um insinuante membro do círculo socrático) com uma oração fúnebre que ele (Sócrates) diz ser da autoria de Aspásia, a amante de Péricles. É certo esse atípico diálogo ter sido escrito antes da morte de Sócrates, bem como o *Lísis,* do qual o personagem Menexeno também participa. Salvo pelas considerações preliminares de Sócrates acerca do "estupendo destino" daquele que tomba em batalha, o *Menexeno* carece de profundidade e envergadura filosóficas – foi com bastante propriedade que Aristóteles o chamou simplesmente de *Oração Fúnebre.*

Os três diálogos subsequentes são tidos como apócrifos pela grande maioria dos helenistas e historiadores da filosofia.

ALCIBÍADES: O mais "socrático" dos diálogos aborda o fundamento da doutrina socrática do autoconhecimento e provê uma resposta ao problema gnosiológico, resposta que é: nenhum conhecimento é possível sem o conhecimento de si mesmo, e o conhecimento do eu possibilita e instaura o conhecimento do não-eu, o mundo. Por isso, no diálogo, o conhecimento do eu é a meta perseguida pela maiêutica para fazer vir à luz o conhecimento do mundo sensível. É improvável que Platão tenha sido o autor desse diálogo, mas se o foi, o escreveu (paradoxal e intempestivamente) muito depois da morte de seu mestre, por rememoração, e bem próximo de sua própria morte. Por seu estilo direto e "menos literariamente colorido", suspeita-se, com maior probabilidade, que tenha sido escrito pouco depois da morte do mestre da Academia, por um de seus discípulos mais capazes, talvez o próprio Aristóteles, mesmo porque a visão gnosiológica de cunho "subjetivista" e "antropológico" de Sócrates, que emerge do *Alcibíades* (nome de um belo e ambicioso jovem do círculo socrático), guarda semelhança com as ideias do jovem Aristóteles.

HÍPIAS MAIOR: Confronto entre Sócrates e Hípias, o sofista, no qual o primeiro, sempre em busca da compreensão dos conceitos, interroga o segundo, nesse ensejo não a respeito de uma virtude, mas sim sobre o que é καλός (*kalós*), termo, como tantos outros, intraduzível para as línguas modernas, um tanto aproximativo do inglês *fine* (em oposição a *foul*). Em português, é linguisticamente impossível traduzi-lo, mesmo precariamente, por uma única palavra. Se conseguirmos abstrair uma fusão harmoniosa dos significados de belo, bom, nobre, admirável e toda a gama de adjetivos qualificativos correlatos que indicam excelência estética e ética, poderemos fazer uma pálida ideia do que seja καλός (*kalós*). Desnecessário comentar que, como de ordinário, um mergulho profundo nas águas da cultura dos gregos antigos aliado ao acurado estudo da língua constitui o único caminho seguro para o desvelamento de conceitos como καλός (*kalós*).

CLITOFON: Esse brevíssimo apócrifo apresenta uma peculiaridade desconcertante no âmbito dos escritos platônicos. Nele, na busca da compreensão de em que consiste a ἀρετή (*areté* [virtude]), particularmente a δίκη (*díke* [justiça]), Sócrates não é o protagonista nem o costumeiro e seguro articulador das indagações que norteiam a discussão e conduzem, por meio da maiêutica associada à dialética, o interlocutor (ou interlocutores) à verdade latente que este(s) traz(em) à luz. Nesse curtíssimo e contundente diálogo, é Clitofon (simpatizante de Trasímaco, o pensador radical que aparece em *A República*) que "dá o tom da música", encaminha a discussão e enuncia a palavra final.

Finalmente, a maioria dos estudiosos, helenistas e historiadores da filosofia tende a concordar que as seguintes 14 obras não são decididamente da lavra de Platão, mas sim, via de regra, de seus discípulos diretos ou indiretos, constituindo o movimento filosófico que nos seria lícito chamar de *platonismo nascente,* pois, se tais trabalhos não foram escritos por Platão, é certo que as ideias neles contidas e debatidas não saem da esfera do pensamento platônico. Dos discípulos conhecidos de Platão, somente o estagirita Aristóteles foi capaz de criar um corpo íntegro e sólido de teorias originais.

SEGUNDO ALCIBÍADES: A questão da γνῶσις (*gnósis* [conhecimento]), volta à baila, mas nessa oportunidade Sócrates especializa a discussão, detendo-se no objeto, no valor e nas formas do conhecimento. Uma questão paralela e coadjuvante também é tratada (já largamente abordada e desenvolvida em *As Leis,* em que o mesmo ponto de vista fora formulado): como nos dirigir aos deuses? Como no problema do conhecimento (em relação ao qual o único conhecimento efetivamente valioso, além do conhecimento do eu, é o conhecimento do bem), Sócrates se mostra restritivo: não convém agradar aos deuses com dádivas e sacrifícios dispendiosos, visto que os deuses têm em maior apreço as virtudes da alma, não devendo ser adulados e subornados. Nossas súplicas não devem visar a vantagens e a coisas particulares, mas simplesmente ao nosso bem, pois é possível que nos enganemos quanto aos bens particulares que julgamos proveitosos para nós, o que os deuses, entretanto, não ignoram.

HIPARCO: Diálogo breve, com um só interlocutor anônimo, no qual se busca o melhor conceito de cobiça ou avidez. O nome Hiparco é tomado de um governante de Atenas do final do século VI a.C., alvo da admiração de Sócrates.

AMANTES RIVAIS: A meta desse brevíssimo diálogo, com um título que dificilmente teria agradado a Platão, é estabelecer a distinção entre o conhecimento geral e a filosofia, envolvendo também a questão da autoridade. O título é compreensível, pois o diálogo encerra realmente a história da rivalidade de dois amantes.

TEAGES: Nome de um dos jovens do círculo de Sócrates, que, devido a sua saúde precária, teria morrido antes do próprio Sócrates. O diálogo começa com o pai do rapaz, Demódoco, pedindo orientação a Sócrates a respeito do desejo e ambição do filho: tornar-se sábio para concretizar sonhos de vida política. Esse pequeno diálogo realça, sobremaneira, aquilo que Sócrates (segundo Platão) chamaria na *Apologia* de "voz de seu *daímon* (δαίμων)" e o fascínio que Sócrates exerce sobre seus discípulos jovens.

MINOS: Provavelmente escrito pelo mesmo discípulo autor de *Hiparco*, *Minos* (nome de grande rei, legislador de Creta e um dos juízes dos mortos no Hades) busca o conceito mais excelente para νόμος (*nómos* [lei]). É muito provável que esse diálogo tenha sido elaborado após a morte de Platão e, portanto, após *As Leis* (última obra do próprio Platão); todavia, em uma visível tentativa de integrar esse pequeno diálogo ao pensamento vivo do mestre, exposto definitiva e cristalizadamente em *As Leis*, o fiel discípulo de Platão compôs *Minos* como uma espécie de proêmio ao longo diálogo *As Leis*. Sócrates, mais uma vez, é apresentado às voltas com um único interlocutor anônimo, que é chamado de *discípulo*.

EPINOMIS: Como o título indica explicitamente (Ἐπίνομις [*Epínomis*]), é um apêndice ao infindo *As Leis*, de presumível autoria de Filipe de Oponto (que teria igualmente transcrito o texto de *As Leis,* possivelmente a partir de tabletes de cera, nos quais Platão o deixara ao morrer).

DEFINIÇÕES: Trata-se de um glossário filosófico com 184 termos, apresentando definições sumárias que cobrem os quatro ramos filosóficos reconhecidos oficialmente pela Academia platônica e a escola estoica, a saber, a *física* (filosofia da natureza), a *ética*, a *epistemologia* e a *linguística*. É possível que esse modestíssimo dicionário não passe de uma drástica seleção da totalidade das expressões e definições formuladas e ventiladas na Academia, em meados do século IV a.C. Com certeza, uma grande quantidade de expressões, mesmo nos circunscrevendo à terminologia platônica, não constam aqui, especialmente nas áreas extraoficiais pertencentes a disciplinas como a *ontologia* (ou *metafísica*), a *psicologia*, a *estética* e a *política*. Embora alguns sábios antigos atribuam *Definições* a Espeusipo, discípulo, sobrinho e sucessor de Platão na direção da Academia, tudo indica que temos diante de nós um trabalho conjunto dos membros da Academia.

DA JUSTIÇA: Brevíssimo diálogo em que Sócrates discute, com um interlocutor anônimo, questões esparsas sobre a δίκη (*díke* [justiça]).

DA VIRTUDE: Análogo nas dimensões e no estilo ao *Da Justiça*, esse pequeno texto retoma o tema do *Mênon* (pode a virtude ser ensinada?) sem, contudo, trazer nenhuma contribuição substancial ao *Mênon*, do qual faz evidentes transcrições, além de fazê-las também de outros diálogos de Platão.

DEMÓDOCO: É outro produto do platonismo nascente. *Demódoco* (nome de um homem ilustre, pai de Teages) é constituído por um monólogo e três pequenos diálogos que tratam respectivamente da deliberação coletiva (refutada por Sócrates) e de alguns elementos do senso comum.

SÍSIFO: O tema, na mesma trilha daquele de *Demódoco*, gira em torno da tomada de decisão na atividade política. A tese de Sócrates é que "se a investigação pressupõe ignorância, a deliberação pressupõe saber".

HÁLCION: Para ilustrar a inconcebível superioridade do poder divino (cujos limites desconhecemos) sobre o poder humano, Sócrates narra ao seu amigo Querefonte a lenda de Hálcion, figura feminina que foi metamorfoseada em ave marinha para facilitar a procura do seu amado marido. Certamente o menor, porém, o mais bem elaborado dos diálogos do segundo advento do platonismo (provavelmente escrito entre 150 a.C. e 50 d.C., embora muitos estudiosos prefiram situá-lo no século II d.C. atribuindo sua autoria ao prolífico autor e orador Luciano de Samosata. Aliás, a prática editorial moderna e contemporânea generalizada [que é já a adotada por Stephanus no século XVI] é não fazer constar o *Hálcion* nas obras completas de Platão; os editores que publicam Luciano incluem o *Hálcion* normalmente nas obras completas deste último).

ERIXIAS: O assunto que abre o diálogo é a relação entre a riqueza (πλοῦτος [*ploûtos*]) e a virtude (ἀρετή [*areté*]) e se concentra em uma crítica ao dinheiro (ouro e/ou prata) por parte de Sócrates. Na defesa da riqueza material, Erixias não consegue elevar seus argumentos acima do senso comum, mas uma discussão simultânea é desenvolvida, indagando sobre a diferença entre os sólidos e sérios argumentos filosóficos e os folguedos intelectuais. O tema da relação πλοῦτος/ἀρετή (*ploûtos*/*areté*) fora já abordado com maior amplitude e profundidade em *As Leis*, em que Platão, pela boca do *ateniense*, define quantitativamente o grau suportável de riqueza particular em ouro e prata que permita a um indivíduo ser a um tempo rico e virtuoso, sem tornar tais qualidades incompatíveis entre si e comprometer sua existência como cidadão na convivência com seus semelhantes no seio da πόλις (*pólis* [cidade]). Essa questão aparece também no *Fedro* e no *Eutidemo*.

AXÍOCO: Nesse diálogo, Sócrates profere um discurso consolador visando à reabilitação psicológica possível de um homem no leito de morte, abalado com a perspectiva inevitável desta. O tema perspectiva da *morte* (θάνατος [*thánatos*]) é abordado diretamente na *Apologia* e no *Fédon*. O *Axíoco* data do período entre 100 a.C. e 50 d.C.

Edson Bini

Cronologia

Esta é uma cronologia parcial. Todas as datas são a.c., e a maioria é aproximativa. Os eventos de relevância artística (relacionados à escultura, ao teatro etc.) não constam nesta Cronologia. O texto em itálico destaca alguns eventos marcantes da história da filosofia grega.

530 – *Pitágoras de Samos funda uma confraria místico-religiosa em Crotona.*

500 – *Heráclito de Éfeso floresce na Ásia Menor.*

490 – Os atenienses derrotam os persas em Maratona.

481 – Lideradas por Esparta, as cidades-Estado gregas se unem para combater os persas.

480 – Os gregos são duramente derrotados nas Termópilas pelos persas, e a acrópole é destruída.

480 – Os gregos se sagram vencedores em Salamina e Artemísio.

479 – Com a vitória dos gregos nas batalhas de Plateia e Micale, finda a guerra contra os persas.

478-477 – Diante da nova ameaça persa, Atenas dirige uma nova confederação dos Estados gregos: a "Liga Délia".

470 ou 469 – *Nascimento de Sócrates.*

468 – A esquadra persa é derrotada.

462 – *Chegada do pré-socrático Anaxágoras a Atenas.*

462-461 – Péricles e Efialtes promovem a democracia em Atenas.

460 – Nascimento de Hipócrates.

457 – Atenas se apodera da Beócia.

456 – Finda a construção do templo de Zeus, em Olímpia.

454-453 – O poder de Atenas aumenta grandemente em relação aos demais Estados gregos.

447 – Início da construção do Partenon.

445 – Celebrada a Declaração da "Paz dos Trinta" entre Atenas e Esparta.

444 – *O sofista Protágoras produz uma legislação para a nova colônia de Túrio.*
431 – Inicia-se a Guerra do Peloponeso entre Atenas e Esparta.
429 – Morte de Péricles.
427 – *Nascimento de Platão em Atenas.*
424 – Tucídides, o historiador, é nomeado general de Atenas.
422 – Os atenienses são derrotados em Anfípolis, na Trácia.
421 – Celebrada a paz entre Atenas e Esparta.
419 – Atenas reinicia guerra contra Esparta.
418 – Os atenienses são vencidos pelos espartanos na batalha de Mantineia.
413 – Os atenienses são derrotados na batalha naval de Siracusa.
405 – Nova derrota dos atenienses em Egospótamos, na Trácia.
404 – Rendição de Atenas à Esparta.
401 – Xenofonte comanda a retirada de Cunaxa.
399 – *Morte de Sócrates.*
385 – *Criação da Escola de Platão, a Academia.*
384 – *Nascimento de Aristóteles em Estagira.*
382 – Após guerras intermitentes e esporádicas contra outros Estados gregos e os persas, de 404 a 371, Esparta se apossa da cidadela de Tebas.
378 – É celebrada a aliança entre Tebas e Esparta.
367 – *Chegada a Atenas de Aristóteles de Estagira.*
359 – Ascensão de Filipe II ao trono da Macedônia e início de suas guerras de conquista e expansão.
351 – Demóstenes adverte os atenienses a respeito do perigo representado por Filipe da Macedônia.
347 – *Morte de Platão.*
343 – Aristóteles se torna preceptor de Alexandre.
338 – Derrota de Atenas e seus aliados por Filipe da Macedônia em Queroneia. Os Estados gregos perdem seu poder e a conquista da Grécia é efetivada.
336 – Morte de Filipe II e ascensão de Alexandre ao trono da Macedônia.
335 – *Aristóteles funda sua Escola em Atenas, no Liceu.*
334 – Alexandre move a guerra contra a Pérsia e vence a batalha de Granico.
331 – Nova vitória de Alexandre em Arbela.
330 – As forças persas são duramente derrotadas em Persépolis por Alexandre, dando fim à expedição contra a Pérsia.
323 – Morte de Alexandre na Babilônia.

Índice de conteúdo

LIVRO I

Prólogo	54
O problema da guerra, a guerra como meta da legislação	54
Crítica à concepção da guerra como meta da legislação, sendo a meta de toda legislação a virtude total	56
Guerra externa e guerra intestina	56
A coragem e seu lugar na hierarquia das virtudes	60
Os bens humanos, os bens divinos e sua hierarquia	61
As variedades da coragem	64
A temperança	67
O problema da embriaguez	70
Proveitos dos banquetes regados a vinho para a educação	74
A simpatia por Atenas	76
No que consiste a educação	77
Análise psicológica	79
A imagem das marionetes	80
Retorno ao tema dos banquetes regados a vinho	81
Análise do medo	82
Os efeitos do vinho	85

LIVRO II

Prosseguimento da discussão
sobre os banquetes com vinho 88

Retorno à educação e sua definição 89

O papel da música, do canto e da dança
na educação moral 89

Perigos da diversidade de gostos na arte,
a regra egípcia 92

O prazer como fundamento dos juízos acerca
do gosto e a variação dos juízos 94

Retorno ao fator da importância
da música para a educação 97

A doutrina sobre educação e música em Creta
e em Esparta 100

Métodos do legislador para a educação da juventude 101

A ficção educativa 102

A instituição dos três coros 103

O coro dos homens velhos 104

A relação entre o papel do coro e o uso do vinho,
crítica à educação espartana 106

O valor técnico e o valor moral 108

O prazer não é o critério do valor das artes 108

A educação do gosto musical, suas condições 111

Os homens idosos do terceiro coro como
ministradores de educação 112

Os anciões presidindo e regulando os banquetes 113

Elogio ao vinho 114

União da ginástica e da música na execução
da dança coral 115

Epílogo dos dois primeiros Livros, regras diversas
relativas ao uso do vinho 117

LIVRO III

Prólogo, origem e vicissitudes das sociedades
políticas 120

A pré-história, transformações drásticas
das condições de existência 120

Comparação da condição material e moral
dos sobreviventes com a nossa presente condição 122

Origens da legislação, os primeiros grupos sociais 125

Origem do governo numa sociedade política 127

Fundação e queda de Troia 128

A confederação dos dórios 128

História da constituição desta confederação 129

As razões de sua grandeza 130

As causas de sua decadência 131

Os sete títulos que concedem direito de comando 138

Retorno aos ensinos de História 140

Elogio à constituição espartana 140

Autoridade e liberdade 142

O governo autocrático dos persas 143

A democracia ateniense 149
A música e a indisciplina 151
Recapitulação 153

LIVRO IV

O novo Estado 156
O comércio junto ao mar como
principal causa da corrupção 156
A hierarquia das formas de governo 164
O princípio e as disposições de uma
boa legislação 166
O mito da idade do ouro, o reino de Cronos
ou do deus legislador 168
A natureza da justiça 169
Os deveres perante a Divindade 172
Os deveres perante os pais 174
O resto de nossos deveres 175
Os preâmbulos às leis 175
Comparação do legislador com o poeta 176
Comparação do legislador com o médico 177
O método simples e o duplo na legislação 178
O papel dos preâmbulos na legislação
comparado ao papel dos prelúdios na música 180
Epílogo 181

LIVRO V

A hierarquia dos deveres, deveres perante nós mesmos,
deveres perante nossa alma 184

Os deveres perante nosso corpo 186

Sobre a riqueza 186

Os deveres perante os outros,
deveres perante as crianças 187

Os deveres perante nossos concidadãos
e nossa cidade 187

Os deveres da hospitalidade 187

As condições morais da felicidade
na vida em comunidade 188

Sobre a involuntariedade da maldade 189

O amor próprio 190

A continência do homem honesto 190

Valor relativo de prazeres e dores 191

Os diversos tipos de existência 192

Projeto de legislação para o Estado futuro,
observações preliminares 193

A purificação social 194

A ausência do problema da abolição
das dívidas e da divisão das terras 195

O número e a divisão da população, importância
do caráter numérico 196

A fundação ou a reforma de um Estado do ponto
de vista da religião 197

Exequibilidade das condições políticas ideais 197

O Estado modelo	198
O *segundo* Estado	199
Os diversos meios de manter estável a taxa populacional	199
Imutabilidade da condição dos lotes do território	200
Regras concernentes à moeda, ao dote, às cauções e aos empréstimos a juros	201
Incompatibilidade entre a riqueza excessiva e a grandeza moral	202
A riqueza como fonte de discórdias e processos	203
Organização interna do Estado, as classes	204
A situação da cidade e a divisão do conjunto do território	205
Resposta às objeções prováveis	206
Utilidade geral das matemáticas para a organização do Estado	207
Epílogo	208

LIVRO VI

Plano do Livro e considerações preliminares acerca da escolha dos magistrados	210
Período preparatório de educação política	211
A escolha dos magistrados e suas funções, os guardiões das leis	212
Composição do corpo de eleitores para os primeiros guardiões das leis e forma de eleição, medidas transitórias necessárias	212

Funções dos guardiões das leis	214
Os cargos militares	215
O Conselho e os prítanes, o Conselho	216
A comissão permanente dos prítanes	219
Outros funcionários: os *astínomos* e os *agorânomos*	220
O culto e seus ministros	220
Os intérpretes dos oráculos	220
Comandantes de postos no campo e *agrônomos*	221
Justiça rural e responsabilidades dos *agrônomos*	222
Condições de vida dos guardiões do campo (*agrônomos*) e regras disciplinares	223
Retorno aos *astínomos*	225
Retorno aos *agorânomos*	226
Magistrados da educação para a música e para a ginástica	227
O diretor geral da educação	228
Vagas imprevisíveis	229
Os tribunais	229
A legislação	231
A formação dos guardiões das leis	231
As disposições a uma vez sociais e religiosas do Estado	234
Reuniões de confraternização	235
A legislação do casamento	236
O celibato	238
A proibição do dote	238
A promessa de casamento	239

Regras relativas ao noivado e às núpcias 239

A independência dos pais após o casamento 240

O problema da escravidão 241

Construções e serviços de limpeza pública 243

A legislação doméstica 244

A condição social da mulher 245

Possibilidades de mudança 247

Leis concernentes à procriação 250

O adultério 251

O estado civil 251

Os limites de idade para o casamento 251

LIVRO VII

Introdução: objetivo deste Livro
e considerações gerais sobre seu caráter 254

Educação da tenra infância no que
diz respeito ao corpo 254

Educação da tenra infância no que
diz respeito à alma 256

Sobre meninas e meninos entre quatro e sete anos 261

Diferença de instrução masculina
e feminina aos sete anos 262

A ambidestria 262

Instrução para o corpo: ginástica e dança 263

Instrução intelectual e moral 265

Repúdio às inovações 266
Aplicação dos princípios à dança e ao canto 267
Método de legislação para os coros 269
Três leis aplicáveis à produção artística 270
Hinos às divindades e elogios 272
Regras para a seleção dos cantos
e danças, o critério moral 272
Música masculina e música feminina 272
Reflexões a respeito 273
Os jogos na educação do corpo 274
Necessidade da prática dos exercícios físicos
ditos masculinos também para as jovens 275
A vida cotidiana, preâmbulo 277
O emprego de dias e noites 279
Os *pedagogos* e os preceptores 280
Princípios da educação inculcados
no diretor educacional 280
Programa de estudos 281
Condenação do ensino *literário* usual 282
Competência do Estado pela determinação
do que deve ser ensinado 283
Doutrina oficial 284
O ensino musical 284
O ensino da dança e da ginástica 286
A luta 287
Espécies diversas de dança 288
A linguagem dos gestos como origem da dança 289

Repúdio da dança cômica 290

Repúdio do coro da tragédia 291

O estudo das ciências, a necessidade
divina das matemáticas 292

A formação do espírito matemático 293

Astrologia e astronomia 295

Sobre a caça 298

Os diversos tipos de caça 298

LIVRO VIII

As festas e os sacrifícios 302

O número de festas e sacrifícios e seu caráter 302

Os eventos ligados às festas 303

A preparação para os jogos militares 304

Causas da negligência da maioria
dos Estados relativamente a tais medidas 306

O amor às riquezas 306

As falsas constituições que são, na verdade, facções 307

Os concursos, competições de ginástica
vinculadas ao treinamento militar 308

Competições poéticas e musicais 310

O problema sexual 311

As perversões amorosas 312

O que é amar? 313

As regras da sexualidade 314

Produção e distribuição das riquezas 320
Um Estado agrícola 320
Leis da agricultura 321
Relações entre vizinhos 322
A adução e fluxo da água 322
A colheita e a divisão dos frutos 323
A contaminação da água 325
Os transportes 325
Regras da administração pública 325
Indústria e comércio, indústria 326
Comércio: interdições ou restrições à importação e à exportação 327
Distribuição dos produtos e economia coletiva 327
A cidade e os povoados 328
Economia mercantil 329
A condição do *meteco* 330

LIVRO IX

Direito criminal, prólogo 334
Crimes contra a religião e contra o Estado 335
Crimes contra o Estado: conspirações e insurreições 337
A concussão e o roubo em geral 338
Princípios de direito penal 339
Teoria do direito penal ideal 339
Programa provisório 340

O legislador como verdadeiro educador no lugar do poeta	340
Condições de fato nas quais se institui um direito criminal	341
Contradições concernentes ao caráter do justo e do injusto	342
A injustiça involuntária	343
A injustiça e o dano	345
A terapia da alma injusta e a morte para os incuráveis	346
Fatores psicológicos da criminalidade, aplicação da análise psicológica à legislação penal	347
O homicídio, assassinatos involuntários não passionais	348
Os dois tipos distintos de assassinatos passionais	351
Assassinatos passionais não premeditados	352
Assassinatos passionais premeditados	355
A lei para o homicídio direto	356
A lei para o homicídio indireto	357
O parricídio	359
O suicídio	359
Mortes humanas causadas por animais e mortes acidentais	360
Procedimento a ser seguido no caso do homicida desconhecido	360
Escusas válidas para o assassinato	361
Sobre as agressões que produzem ferimentos	361

O papel dos tribunais e o do legislador 362

A lei para agressões com ferimentos
com premeditação de homicídio 363

Agressões com ferimentos cometidas
por descontrole emocional 365

Agressões com ferimentos cometidas
por imprudência 366

O ultraje 366

As espécies mais graves de ultraje 368

LIVRO X

Preâmbulo às leis referentes à impiedade,
formas e hierarquia 372

Primeira causa da impiedade:
a descrença na existência dos deuses 373

Considerações gerais e preâmbulo 375

Refutação aos que não creem na existência
dos deuses 377

Método de refutação 379

A necessidade de provar a existência dos deuses 381

O primado da alma 382

Classificação dos diversos tipos de movimento 384

O princípio do movimento é o movimento
automotivo 386

A alma como detentora do movimento automotivo 387

A anterioridade das funções da alma relativamente
às propriedades do corpo, a alma do mundo 389

Causas primeiras e causas secundárias	389
O movimento próprio à intelecção	389
Psicologia e teologia astrais	390
Conclusão da refutação ao ateísmo	392
Segunda causa da impiedade: crença de que os deuses são indiferentes aos assuntos humanos	393
Contradições inerentes a esta crença	395
A Providência	398
Escatologia	399
Terceira causa da impiedade: crença de que os deuses são passíveis de suborno mediante oferendas	401
Conclusão	403
As leis contra a impiedade	404
As diversas espécies de ímpios	405
As penalidades	406
Proibição de todo culto privado	407

LIVRO XI

O direito civil e o direito comercial	412
Sobre o depósito dos tesouros	412
Sobre os objetos encontrados, sobre a posse contestada	413
Sobre a propriedade do escravo	414
Sobre o escravo liberto	414

A contestação da propriedade de um objeto
legitimamente adquirido de terceiro 415

O comércio, o não reconhecimento do crédito
por parte da lei 415

Probidade na atividade comercial:
na venda de escravos 415

Probidade comercial: sobre as falsificações
e declarações mentirosas em geral 416

A lei pertinente 417

Sobre a venda a varejo e os serviços
de estalagem, preâmbulo 418

O comércio da estalagem 418

A lei pertinente 419

Os contratos de trabalho dos artífices 421

Sobre o direito de fazer testamento, preâmbulo 423

A lei pertinente 424

A tutela dos órfãos 425

Sobre aquele que morre sem testamento e sem filhos 427

Preâmbulo com resposta às objeções prováveis
e lei complementar 427

Reflexões acerca dos órfãos, preâmbulo 429

Lei pertinente 430

Rixas familiares, os pais contra os filhos 432

Rixas entre marido e mulher 432

Condição dos filhos especialmente nos casos
de divórcio dos pais ou viuvez 433

Obrigações legais em relação aos pais, preâmbulo 433

A lei pertinente 435

Envenenamento e malefícios, preâmbulo 436

A lei pertinente 437

O propósito da pena, sua proporcionalidade
e individualização 437

Sobre os insanos e quase insanos 438

Sobre as injúrias e os sarcasmos 439

Sobre a mendicância 440

A responsabilidade dos proprietários de escravos 441

Sobre as testemunhas 441

A defesa e a proibição da atividade
de advogado, preâmbulo 442

A lei pertinente 442

LIVRO XII

A probidade no exercício dos cargos
públicos, preâmbulo 446

A lei pertinente 446

Legislação militar, preâmbulo 447

A lei pertinente 448

O controle 451

Eleição dos encarregados do controle (reparadores) 452

A função dos reparadores 452

Honras e recompensas concedidas aos reparadores 453

Punições reservadas aos reparadores desonestos e maus	454
A administração da justiça, proibição dos juramentos	455
As relações com o exterior em tempos de paz, preâmbulo	456
A lei no que concerne às viagens ao estrangeiro	457
Viagens de inspeção a serviço do Estado	457
Exame por parte do conselho noturno	458
A lei no que concerne à acolhida aos visitantes estrangeiros	459
Sobre as cauções	460
A busca e sequestro de bens	461
A contestação da propriedade	461
A violência ao direito	462
Sobre a receptação	462
O direito de fazer a paz ou a guerra é exclusivo do Estado	462
Sobre a corrupção dos servidores do Estado	463
Os impostos sobre o capital e sobre as rendas	463
As oferendas aos deuses	463
Determinações suplementares sobre a administração da justiça	464
Preâmbulo sobre o bom juiz	465
As leis relativas à execução das sentenças	465
As pompas fúnebres	466

O verdadeiro caráter das cerimônias fúnebres:
preâmbulo e lei 467

O papel do conselho noturno 469

A unidade da virtude 472

O uno e o múltiplo 476

Evocação da teoria das ideias 476

Os deuses e os astros: teologia astral 478

Retorno à discussão da composição
e funções do conselho noturno 479

EPINOMIS, ou O FILÓSOFO

Prólogo 484

Sobre o difícil acesso do ser humano
à felicidade e à sabedoria 484

Sobre as ciências que não outorgam a sabedoria 485

A necessidade da ciência do número (aritmética) 487

A origem da ciência do número 489

É a ciência do número a sabedoria? 490

Sobre o bom discurso acerca dos deuses
da parte do legislador 491

O resumo da teodiceia de *As Leis* 492

Os cinco elementos 493

A divindade dos astros 494

A alma dos astros 496

Os seres divinos nascidos dos elementos 497

As oito revoluções celestes 498
A religião délfica e o culto dos astros 500
O primado da alma 501
A necessidade dos dons naturais e da formação 502
Os estudos científicos 504
A verdadeira sabedoria 505

AS LEIS
ou DA LEGISLAÇÃO

ΝΟΜΟΙ Ἡ ΝΟΜΟΘΕΣΙΑ

Personagens do Diálogo:
O estrangeiro Ateniense
Clínias de Creta
Megilo de Lacedemônia*

---

*. *Lacedemônia*: o mesmo que Esparta;
pode-se ler lacedemônio e espartano
como termos sinônimos.

Livro
I

Θεὸς ἤ τις ἀνθρώπων ὑμῖν, ὦ ξένοι, εἴληφε
τὴν αἰτίαν τῆς τῶν νόμων διαθέσεως;

624a *O ateniense*: A um deus ou a algum homem, estrangeiros, atribuís a autoria de vossas disposições legais?
Clínias: A um deus, estrangeiro, com toda a certeza a um deus. Nós cretenses chamamos de Zeus o nosso legislador, enquanto que na Lacedemônia, onde nosso amigo aqui tem seu domicílio, afirmam – acredito – ser Apolo o deles. Não é assim, *Megilo*?

b *O ateniense*: Dizes, então,[1] como Homero,[2] que Minos costumava ir de nove em nove anos manter conversações com seu pai,[3] e que ele era guiado por seus oráculos divinos no estabelecimento das leis para vossas cidades?

Clínias: Assim diz nosso povo, que diz também que seu irmão Radamanto – indubitavelmente ouviste este nome – foi sumamente justo. E **625a** certamente nós, cretenses, sustentaríamos que ele conquistou este título devido a sua correta administração da justiça naquela época.

O ateniense: Sim, seu renome é de fato glorioso e bastante próprio a um filho de Zeus. E visto que tu e nosso amigo *Megilo* foram ambos educados em instituições legais de tal excelência, não considerariam um desprazer, imagino, que nos ocupássemos em discutir o assunto governo e leis à medida que caminhamos. É certo, conforme me foi dito, que **b** a estrada de Cnossos à caverna e templo de Zeus é longa, e seguramente encontraremos nesta temperatura abafada locais de descanso com sombra sob as árvores altas ao longo da estrada: neles poderemos descansar amiúde, como convém a nossa idade, passando o tempo discursando, e assim completaremos nossa viagem confortavelmente.

Clínias: Muito bem, estrangeiro, e à medida que se prossegue à frente **c** encontra-se nos bosques ciprestes de porte e beleza que maravilham, e também prados, onde poderemos repousar e conversar.

O ateniense: Dizes bem.

Clínias: Sim, com efeito, e quando os virmos diremos tal coisa ainda com maior ênfase. Bem, então partamos e que a boa sorte nos aguarde!

O ateniense: Que assim seja! Mas diz-me... por que motivo vossa lei determina as refeições comuns e as escolas de ginástica e os equipamentos militares?

---

1. A indagação é inicialmente dirigida apenas a *Clínias*.
2. *Odisseia*, 19 e 178 ss.
3. Ou seja, Zeus.

Clínias: Os costumes de Creta, estrangeiro, são a meu ver tais que qualquer um pode compreendê-los facilmente. Como podes perceber, Creta
d como um todo não é um país plano como a Tessália; consequentemente enquanto a maioria dos tessalianos anda a cavalo, nós cretenses somos corredores já que nossa terra é acidentada e mais apropriada à prática da corrida a pé. Nestas condições somos obrigados a carregar pouco peso devido à corrida e evitar equipamento pesado; daí a adoção de arcos e flechas que são adequados em função de sua leveza. E assim todos estes nossos costu-
e mes são adaptados à guerra e, na minha opinião, era este o objetivo que o legislador tinha em mente quando os determinou a todos. Provavelmente estava imbuído da mesma razão para ter instituído refeições comuns: percebeu como os soldados todo o tempo em que se acham em campanha são compelidos por força das circunstâncias a tomar as refeições em comum, em benefício de sua própria segurança. Parece-me ter ele mediante isso condenado a estupidez da multidão, a qual não consegue compreender que todos os homens de uma cidade[4] estão envolvidos incessantemente numa guerra vitalícia contra todos os outros Estados.[4] Se, então, essas práticas são necessárias na guerra – nomeadamente, refeições em comum por uma questão de segurança e a designação dos revezamentos dos oficiais e soldados rasos para que atuem como guardas – devem ser igualmente
626a efetivadas em tempo de paz, pois (como ele diria) "paz", como o termo é comumente empregado, não passa de um nome, a verdade sendo que todo Estado está, por uma lei da natureza, comprometido perpetuamente numa guerra informal com todo outro Estado. E se tu olhares a matéria deste ponto de vista, constatarás que nosso legislador cretense determinou todas nossas instituições legais, tanto públicas quanto privadas, com um olho fixado na guerra, e que ele, portanto, nos incumbiu da tarefa de preservar
b nossas leis com segurança na convicção de que sem a vitória na guerra nada mais, seja posse, seja instituição, terá o menor valor, mas que todos os bens do vencido caem nas mãos dos vencedores.

O ateniense: Teu treinamento, estrangeiro, certamente, como a mim parece, proporcionou-te uma excelente compreensão das práticas legais
c de Creta. Mas me esclarece ainda com mais clareza: pela definição que deste do Estado bem constituído parece-me que queres inferir que ele deve ser organizado de tal maneira a ser vitorioso na guerra sobre todos os outros Estados. É isto?

Clínias: Com efeito. E acho que nosso amigo aqui compartilha de minha opinião.

Megilo: Nenhum lacedemônio, meu bom senhor, poderia possivelmente dizer coisa distinta.

---

4. Que se tenha aqui em mente o conceito de πόλις (*pólis*) e as características do modelo de cidade--Estado grega.

O ateniense: Se esta, então, é a atitude correta a ser empregada por um Estado em relação a outro Estado, será a atitude correta a ser adotada por um povoado em relação a outro diferente?

Clínias: De modo algum.

O ateniense: Dizes então que é idêntica?

Clínias: Sim.

O ateniense: E será a mesma atitude também de uma casa no povoado em relação à outra, e de cada homem em relação a qualquer outro?

Clínias: A mesma.

O ateniense: E deverá cada homem considerar a si mesmo como seu próprio inimigo? Ou o que dizermos quando chegamos a este ponto?

Clínias: Ó estrangeiro de Atenas – pois não desejaria chamá-lo de habitante da Ática, visto que me parece que mereces mais ser nomeado segundo a deusa[5] – vejo que tornaste o argumento mais claro fazendo-o retornar novamente ao seu ponto de partida, pelo que descobrirás mais facilmente a justeza de nossa afirmação em pauta, a saber, que coletivamente todos são publica e privadamente inimigos de todos, e individualmente também cada um é seu próprio inimigo.

O ateniense: O que queres dizer, homem admirável?

Clínias: É precisamente nessa guerra, estrangeiro, que a vitória sobre o eu é de todas as vitórias a mais gloriosa e a melhor, e a autoderrota é de todas as derrotas de pronto a pior e a mais vergonhosa, frases que demonstram que uma guerra contra nós mesmos existe dentro de cada um de nós.

O ateniense: Mas retomemos agora o argumento ao inverso. Visto que individualmente cada um de nós é parcialmente superior a si mesmo e parcialmente inferior,[6] devemos nós entender que numa casa, num povoado e num Estado as coisas se passam de maneira idêntica, ou devemos negá-lo?

Clínias: Tu te referes à condição de serem em parte superiores a si mesmos e em parte inferiores?

O ateniense: Sim.

Clínias: Esta também é uma questão apropriada, pois uma tal condição com toda a certeza existe e, sobretudo, nos Estados. Todas as vezes com efeito que num Estado os melhores triunfam sobre a multi-

---

5. Ἀθήνα (*Athéna*), patrona de Atenas, protetora das artes, inclusive da arte marcial, deusa da sabedoria e da eloquência, aqui representada pelo estrangeiro ateniense.
6. Ou seja, é ora seu próprio vencedor, ora seu próprio derrotado.

dão e as classes inferiores, poder-se-á com justeza dizer desse Estado que supera a si mesmo, devendo ele com suma justiça ser encomiado por uma vitória dessa espécie; e será o inverso se o caso for o oposto.

O ateniense: Bem, deixando de lado a questão de se o pior elemento jamais é superior ao melhor elemento (uma questão que exigiria uma discussão mais prolongada), o que afirmas, como posso agora percebê-lo, é isto: que às vezes cidadãos de uma linhagem e de um Estado, os quais são injustos e numerosos, podem se unir e tentar escravizar mediante a força os que são justos, porém em menor número, e onde os primeiros triunfassem o Estado em pauta seria corretamente chamado de inferior a si mesmo e mau, enquanto onde os primeiros fossem derrotados, o Estado seria denominado superior a si mesmo e bom.

Clínias: Eis aí, estrangeiro, uma asserção deveras estranha, e não obstante, não há como refutá-la.

O ateniense: Espera um momento. Há aqui igualmente um ponto que também merece nosso exame. Supondo que houvessem vários irmãos dos mesmos pais, não seria em absoluto surpreendente se a maioria deles fosse injusta e apenas a minoria, justa.

Clínias: De fato, não.

O ateniense: E, ademais, não caberia a vós ou a mim ir à caça dessa forma de expressão, de que pela vitória dos maus, tal casa e família poderiam na sua totalidade serem tidas como inferiores a si mesmas, e de que pela sua derrota, ao contrário, poderiam ser tidas como superiores, pois nossa presente referência ao uso do discurso ordinário não concerne à propriedade ou impropriedade dos termos mas sim à retidão ou imperfeição essenciais das leis.

Clínias: É bastante verdadeiro o que disseste, estrangeiro.

Megilo: E belamente expresso, também, a meu ver até aqui.

O ateniense: Mas examinemos, ainda, o ponto seguinte: os irmãos que acabamos de mencionar poderiam, suponho, dispor de um juiz?

Clínias: Certamente.

O ateniense: E qual destes dois seria o melhor: um juiz que destruísse todos os maus no seu seio e encarregasse os bons de se governar, ou um juiz que fizesse os bons membros governar e ao mesmo tempo que permitisse que os maus vivessem, os fizesse submeter-se voluntariamente ao governo? E há um terceiro juiz que temos que mencionar (terceiro e melhor do ponto de vista do mérito) – se de fato um tal juiz pode ser encontrado – que ao lidar com uma única família dividida não destrói nenhum dos membros desta, mas sim os reconcilia e consegue, decretando leis para eles, assegurar entre os mesmos doravante uma amizade permanente.

Clínias: Um juiz e legislador dessa espécie seria, sem dúvida alguma, o melhor.

O ateniense: E, no entanto, não seria a guerra, mas exatamente o contrário que o levaria a decretar essas leis.

Clínias: Isto é verdade.

O ateniense: E quanto àquele que conduz o Estado à harmonia? Ao organizar a vida do Estado se preocuparia ele mais com a guerra externa do que com a guerra intestina onde esta ocorresse, esta a que damos o nome de guerra civil[7]? De fato esta é uma guerra que cada um jamais desejaria que ocorresse em seu próprio Estado, e que se ocorresse desejaria ver terminada o mais depressa possível.

Clínias: Evidentemente ele se preocuparia mais com a segunda.

O ateniense: E neste caso o que se preferiria? Que se fosse obrigado a dedicar atenção a inimigos externos depois da paz interna ter sido assegurada mediante a destruição de uma parte e a vitória dos oponentes desta *ou* depois da reconciliação entre as partes que estavam em desentendimento interno ter estabelecido a amizade e a paz?

Clínias: Todos tenderiam a esta última alternativa para seu próprio Estado de preferência à primeira.

O ateniense: E não faria o legislador o mesmo?

Clínias: Mas é claro que sim.

O ateniense: Não visará todo legislador em toda sua legislação o maior bem?

Clínias: Seguramente.

O ateniense: O maior bem, contudo, não é nem a guerra nem a revolução – coisas em relação às quais deveríamos, de preferência, orar para delas sermos poupados – mas sim a paz recíproca e o sentimento amistoso. Diria, ademais, que a vitória que mencionamos de um Estado sobre si mesmo não é apenas uma das melhores coisas a serem atingidas, mas sim uma daquelas necessárias, como se um homem supusesse que um corpo humano está na sua melhor condição quando se acha enfermo e sob efeito de um medicamento, sem nunca atentar para um corpo que não necessita de medicamento em absoluto! Analogamente, com relação ao bem-estar de um Estado ou um indivíduo, tal homem jamais se revelaria um genuíno político prestando atenção primeira

---

7. Στάσις (*Stásis*), a ação de se levantar, de se por de pé, de se posicionar; daí estabilidade, posição, lugar, situação e, por extensão, *aqueles que constituem uma facção política*. O sentido específico aqui é de *insurreição, levante*, e mesmo *revolução*, o que implica, na prática, via de regra, no seio do Estado, numa *guerra civil*.

e exclusivamente na necessidade da guerra externa, como também jamais se revelaria um legislador consciencioso a menos que concebesse sua legislação relativa à guerra visando a paz, de preferência a conceber sua legislação relativa à paz visando a guerra.

Clínias: Tuas afirmações, estrangeiro, são aparentemente corretas. Todavia, a menos que eu esteja bastante equivocado, nossas instituições legais em Creta, bem como em Lacedemônia, são inteiramente dirigidas para a guerra.

629a *O ateniense*: É bem possível, mas não devemos neste momento atacá-las veementemente, mas sim examiná-las com suavidade, já que tanto nós quanto vossos legisladores alimentamos um sério interesse nestas matérias. Peço-vos que acompanheis rigorosamente o argumento. Tomemos a opinião de Tirtaeu,[8] um ateniense por nascimento e depois cidadão de outro Estado,[9] o qual, mais do que qualquer outro homem, tinha agudo interesse em nosso assunto. Eis o que dizia: "Embora um homem fosse o mais rico de todos, embora um homem

b possuísse abundância de bens (e ele especifica quase todos os bens existentes), se não conseguisse provar-se em todas as ocasiões o mais valente na guerra, eu não faria dele nenhuma menção e não o consideraria de modo algum". Sem dúvida tu já ouviste estes poemas, enquanto que nosso amigo *Megilo*, imagino, deles está farto.

Megilo: Por certo, estou.

Clínias: E posso vos garantir que atingiram Creta, também, importados da Lacedemônia.

O ateniense: Mas prossigamos e interroguemos esse poeta desta
c maneira: "Ó Tirtaeu, inspiradíssimo poeta (pois seguramente tu te afiguras a nós sábio e bom por ter louvado excelentemente aqueles que na guerra se distinguem): em relação a esta matéria que nós três – este que aqui se encontra,[10] *Clínias* de Cnossos e eu mesmo – já estamos de inteiro acordo contigo, assim o supomos, desejamos estar certos e ter como claro que tanto nós como tu estamos nos referindo às mesmas pessoas. Diz-nos então: reconheces claramente, como o fazemos, dois tipos distintos de guerra? "Em resposta a isto, presumo que mesmo
d um homem muito menos capaz do que Tirtaeu diria que está correto, que há dois tipos, um deles o que chamamos de revolução, que é de todas as guerras a mais amarga, o que dissemos há pouco, enquanto o

---

8. Floresceu por volta de 680 a.C. e compôs canções alusivas à guerra.
9. Lacedemônia (Esparta), na Lacônia.
10. Isto é, *Megilo*.

outro tipo, que suponho todos nós concordaremos, é aquele no qual nos envolvemos quando lutamos contra inimigos externos e estrangeiros – uma espécie de guerra muito menos branda que a primeira.

Clínias: Certamente assim é.

O ateniense: "Vejamos, então, que tipo de guerreiros, combatendo em que tipo de guerra, louvaste tão intensamente enquanto censuravas outros? Guerreiros, aparentemente, que combatem numa guerra no
e   estrangeiro. De qualquer maneira, em teus poemas tu disseste que não podes suportar homens que não ousam '**encarar a matança sangrenta e atacar o inimigo o enfrentando de perto**'."

"E então poderíamos, por nossa vez, dizer: Parece, Tirtaeu, que estás principalmente louvando aqueles que se destacam na guerra externa e estrangeira." Com isto, suponho, ele concordaria e diria "Sim", não é mesmo?

630a   *Clínias*: Certamente.

O ateniense: E, contudo, por mais bravos que sejam estes homens, insistimos ainda que são superados, e bastante, em bravura por aqueles que se destacam em coragem na mais rude das guerras; e contamos, nós também, com o testemunho de um poeta, Teógnis,[11] cidadão de Megara na Sicília, que diz:

"**Nos dias de penosa discórdia, ó Quirnos,**[12]
o guerreiro leal vale seu peso em ouro e prata."

Um tal homem, numa guerra muito mais penosa, se revela sempre bem mais superior que o outro – de fato muito superior visto que a justiça, a prudência e a sabedoria unidas à bravura são melhores somadas que a
b   bravura por si só, pois um homem jamais se mostraria leal e íntegro numa revolução se destituído de uma virtude total, enquanto que na guerra à qual Tirtaeu se refere dispõe-se de uma enorme quantidade de mercenários *prontos para morrer lutando plantados sobre suas pernas*,[13] dos quais a maioria, com bem poucas exceções, se revela insolente, injusta, brutal, em suma os mais insensatos dos homens. Para que conclusão, pois, o nosso presente discurso se dirige e que ponto procura tornar claro através destas afirmações? Evidentemente isto: que tanto o le-

---

11. Teógnis de Megara, mas Megara do Ístmo e não da Sicília. Foi autor de elegias bem como de poesias gnômicas. Floresceu em torno de meados do século VI a.c. e membro do partido aristocrático de sua cidade, acabou por ser desterrado pela facção democrática.
12. Em ...χαλεπῇ, Κύρνε, διχοστασίη... (...*khalepêi, kýrne, dikhostaoíêi*... [...de penosa discórdia, ó Quirnos...]), o poeta se refere sem dúvida à revolução, à guerra civil.
13. A expressão sugere a carência da virtude total por parte do mercenário, que imbuído tão só de coragem, sem sustentar-se no senso de justiça, na prudência e na sabedoria, se limita a infiltrar-se nas fileiras inimigas, bater-se, matar e morrer.

c　gislador inspirado por Zeus[14] deste Estado quanto todo legislador que vale o que come legislará com toda a certeza tendo em vista a virtude suprema e ela somente, e esta, citando Teógnis, consiste em "lealdade no perigo", e poder-se-ia denominá-la "justiça completa". Mas aquela virtude que Tirtaeu louvava especialmente,[15] a despeito de ser bela e com
d　razão exaltada pelo poeta, merece, não obstante, com todo rigor, ser classificada como a quarta virtude dentro da ordem das virtudes.[16]

Clínias: Estrangeiro, estamos relegando nosso próprio legislador a um nível muito baixo!

O ateniense: Ele não, meu prezado senhor! É a nós mesmos que estamos relegando na medida em que imaginamos que foi visando particularmente a guerra que Licurgo e Minos formularam todas as instituições legais aqui e em Lacedemônia.

Clínias: Mas então como deveríamos expressar a situação?

O ateniense: Do modo que é, a meu ver, verdadeiro e justo quando nos referimos aos propósitos de homens que cuidam de uma legislação
e　de origem divina, isto é, deveríamos dizer que eles promulgaram leis não visando uma única fração, e a mais insignificante, da virtude, mas a virtude como um todo e que conceberam as próprias leis segundo categorias, embora não as categorias que os atuais legisladores concebem, pois todos agora propõem e concebem a categoria de que tem necessidade: um homem trata de heranças e herdeiras, um outro de casos
631a　de ultraje e assim por diante numa variedade interminável. Mas o que nós asseveramos aqui é que a concepção das leis, quando corretamente conduzida, segue o procedimento que acabamos de indicar. Com efeito, muito admirei a maneira como introduziste tua interpretação das leis pois começar com a virtude e afirmar que ela foi a meta do legislador constitui o modo correto. Contudo, quando afirmaste que ele produziu leis inteiramente com referência a uma fração da virtude, e esta a mais insignificante, pareceu-me que incorreste em erro e toda esta última parte do meu discurso a isso foi devido. Qual então seria a maneira de
b　exposição que eu teria apreciado ouvir de tua parte? Poderei dizer-te?

Clínias: Mas certamente.

O ateniense: "Ó estrangeiro (assim deverias ter dito), "não é por acaso que as leis dos cretenses gozam de excelentíssima reputação

---

14. ...παρὰ Διὸς νομοθέτης... (...*parà Diòs nomothétes*...), literalmente *legislador de junto de Zeus*, significando da parte de Zeus e por ele instruído.
15. A bravura (ἀνδρειότης [*andreiótes*]) isolada.
16. As três primeiras virtudes são a sabedoria (φρόνησις [*phrónesis*]), a prudência (σωφροσύνη [*sophrosýne*]) e a justiça (δικαιοσύνη [*dikaiosýne*]).

entre todos os helenos; são leis justas porquanto produzem o bem-estar daqueles que as utilizam proporcionando todas as coisas que são boas. Ora, os bens são de duas espécies, a saber, humanos e divinos; os bens humanos dependem dos divinos e aquele que recebe o maior bem adquire igualmente o menor, caso contrário é privado de ambos. Entre os bens menores a saúde vem em primeiro lugar, a beleza em segundo, o vigor em terceiro, necessário à corrida e a todos os demais exercícios corporais; segue-se o quarto bem, a riqueza, não a riqueza cega, mas aquela de visão aguda, que tem a sabedoria por companheira. A sabedoria, a propósito, ocupa o primeiro lugar entre os bens que são divinos, vindo a racional moderação da alma[17] em segundo lugar; da união destas duas com a coragem nasce a justiça, ou seja, o terceiro bem divino, seguido pelo quarto, que é a coragem. Ora, todos estes bens estão posicionados, por natureza, antes dos bens humanos, e, em verdade, assim deverá o legislador posicioná-los, depois do que deverá ser proclamado aos cidadãos que todas as outras instruções que recebem têm em vista esses bens; e que os bens humanos são orientados para os bens divinos, e estes para a razão, que é soberana.

E com respeito às relações de casamento dos cidadãos e subsequente nascimento e educação das crianças, meninos ou meninas, tanto durante a juventude quanto na vida madura e até a velhice, o legislador deverá supervisionar os cidadãos, dispensando devidamente honra e desonra; e com respeito a todas as formas de relacionamento dos cidadãos, será imperioso que o legislador observe e acompanhe suas dores, prazeres, desejos e todas as paixões intensas, distribuindo aprovação e reprovação de modo correto mediante as próprias leis. Ademais, no que concerne ao ódio e ao medo, e a todas as perturbações que afetam as al-

---

17. ...νοῦ σώφρων ψυχῆς ἕξις... (...*noû sóphron psykhês éxis*...), disposição moderadora da alma associada à inteligência; numa palavra, a temperança. Necessário lembrar, como sempre, que nossos conceitos muitas vezes distam bastante dos conceitos gregos, apesar do grego antigo ser a matriz linguística de tantas línguas posteriores, inclusive das românicas como o português. Um dos maiores exemplos disso é o conceito de ψυχή [*psykhé*], que originalmente significa *sopro da vida, princípio vital* e como tal se aproxima do conceito judaico cabalístico *nephesch* que aparece no primeiro livro do Pentateuco atribuído a Moisés. Mas, ao ser absorvida à terminologia filosófica, a palavra ψυχή, que correntemente traduzimos por alma (latim: *anima*) ou mente, adquire com base no sentido primordial um sentido técnico múltiplo. Em Aristóteles, à guisa de exemplo, a *psiquê* é composta de várias faculdades, da apetitiva-instintiva até a do intelecto ativo; para Platão a ψυχή também é complexa. Assim, diferentemente da acepção singela e restrita que atribuímos geralmente à palavra *alma* ao longo da história da filosofia pós-helênica e da história da religião ocidentais, especialmente expressa na intercambialidade com o termo *espírito*, na dicotomia alma/corpo ou espírito/matéria, devemos ter em mente que *psykhé* no contexto do pensamento grego significa a sede heterogênea e conflitante dos apetites, paixões, emoções, sentimentos e pensamentos. Como achamos que mitologia e filosofia formam um par encantador, não resistimos em indicar ao leitor não ortodoxo (visto que os ortodoxos costumam limitar-se aos textos técnicos de filosofia) a fábula clássica de Lúcio Apuleio *Eros e Psiquê*, que consta em *O Asno de Ouro*.

mas devido à desventura e a todas as formas de evitá-las na ventura, e a
todas as vicissitudes que atingem os homens através das enfermidades,
guerras, penúria ou seus opostos – em relação a tudo isto o legislador
deverá orientar e definir quanto ao que é correto e o que é incorreto
em cada caso. É necessário, a seguir, que o legislador mantenha uma
vigilância sobre os métodos que os cidadãos empregam para o ganho
e o gasto do dinheiro, e supervisione as associações que eles formam
entre si e a dissolução destas, se são voluntárias ou compulsórias; ele deverá observar a maneira pela qual os cidadãos conduzem cada uma
dessas mútuas transações, verificando onde a justiça está presente e
onde está ausente. Aos que respeitam as leis ele deverá proporcionar
honras conforme as leis, mas aos que as desrespeitam deverá impor
penalidades devidamente estabelecidas. E então, finalmente, ao atingir
a conclusão de sua obra política na sua totalidade, terá que considerar de que maneira em cada caso o sepultamento dos mortos deve
ser realizado, e que honras deverão ser prestadas a eles. Isto sendo
fixado, o legislador passará todos seus estatutos à responsabilidade
de *guardiões das leis*, que, uns guiados pela sabedoria, outros pela
opinião sincera, farão com que pela razão, a qual vincula todos esses
estatutos num sistema único, toda essa legislação fique subordinada
não à cupidez pela riqueza ou à ambição, mas sim à temperança e a
justiça." É assim, estrangeiros, que teria desejado, e ainda desejo, que
vós tivésseis plenamente esclarecido de que maneira todas essas regras
constam nas leis atribuídas a Zeus e naquelas de Apolo pítio, as quais
foram estabelecidas por Minos e Licurgo, e de que maneira o arranjo
sistemático delas se mostra absolutamente evidente para aquele que,
por arte ou prática,[18] é um perito nas leis, embora não seja de modo
algum evidente para o resto de nós, leigos.

Clínias: E como então, estrangeiro, deveremos proceder doravante
em nosso discurso?

---

18. ...ἐμπείρῳ τέχνῃ... (...*empeíroi tekhnei*...), por meio de experimentação ou arte. Os gregos antigos não distinguem a rigor a técnica da arte (τέχνη [*tékhne*]), como nós fazemos. Assim, embora o conceito de τέχνη esteja mais próximo de arte manual, artesanato, incluindo como seus agentes o oleiro, o tecelão, o pintor e o escultor, entre outros – o arquiteto, o poeta e o dramaturgo também são artesãos/artistas/técnicos, bem como o médico *que cria a saúde* e até o capitão da nave *que produz a viagem da mesma*. Tal conceito é tão lato a ponto de abranger quase tudo que concerne à confecção ou produção de algo à exceção daquilo que é produzido pela natureza, acenando para o nosso amplíssimo conceito ocidental moderno de *artificial*, em oposição à *natural*. Para nós técnica é *um conjunto de procedimentos funcionais empregados para produzir algo*, por exemplo, um artefato como um calçado, um computador ou uma obra de arte, seja uma pintura ou um poema. O conceito de τέχνη abarca tudo isto e mais, exibindo, tal como grande parte dos conceitos gregos, enorme largueza semântica.

O ateniense: Deveríamos, a meu ver, fazer como fizemos inicialmente, ou seja, começar do começo a fim de explicar primeiramente as instituições que têm a ver com a coragem e depois disto, se for de vosso agrado, nos ocuparemos de uma segunda e uma terceira forma de virtude. E assim que tivermos concluído nossa abordagem do primeiro tema, tomaremos esta como modelo e mediante uma discussão do resto em termos semelhantes teremos como passar o tempo nesta longa estrada. E ao fim de nossa abordagem da virtude sob todas suas formas, deixaremos claro, se for da vontade da Divindade, que as regras até agora ventiladas tinham a própria virtude como sua meta.

Megilo: Uma boa sugestão! E principia com nosso amigo aqui, o panegirista de Zeus[19] – procura primeiro pô-lo à prova.

O ateniense: Pô-lo à prova, eu o farei, sem excluir-te e a mim mesmo também desse exame, visto que a discussão diz respeito a todos nós três. Mas diz-me,[20] então: estamos de acordo que as refeições comuns e a ginástica foram concebidas pelo legislador em função da guerra?

Megilo: Sim.

O ateniense: E haverá uma terceira instituição dessa espécie, e uma quarta...? Pois provavelmente seria de se esperar que se empregasse esse método de enumeração também no trato das subdivisões (ou seja como for que chamemos) das outras formas de virtude, se é que pretendemos dar clareza ao que queremos dizer.

Megilo: A terceira coisa que o legislador concebeu foi a caça – é o que eu e todo lacedemônio diríamos.

O ateniense: Tentemos igualmente indicar o que vem em quarto lugar... em quinto, também, se possível.

Megilo: Quanto ao que vem em quarto lugar é-me possível indicá-lo: é o treinamento, largamente difundido entre nós, envolvendo rigorosa resistência à dor, por meio tanto de concursos de pugilato quanto pilhagens realizadas sempre sob o risco de uma boa surra; além disso, a *cripteia*,[21] como é chamada, proporciona um maravilhoso treinamento de resistência, havendo em pleno inverno a marcha de pés nus, o dor-

---

19. Ou seja, Clínias. Minos, rei e legislador de Creta, da qual *Clínias* é o digno representante, é filho de Zeus.
20. O *ateniense* se dirige a *Megilo* e não a *Clínias*.
21. Κρυπτεία (*krypteía*), substantivo aparentado ao verbo κρυπτεύω (*krypteúo*) (manter-se escondido, conservar-se em emboscada) e ao verbo κρύπτω (*krýpto*) (ocultar-se, cobrir-se, esconder-se para subtrair-se ao olhares etc.). A cripteia era um exercício de treinamento guerreiro no qual jovens soldados espartanos *se mantinham em emboscada* para o caso da necessidade de sufocar rebeliões dos ilotas.

mir sobre o solo duro e a ausência do auxílio dos serviçais, os homens cuidando de si, e as viagens errantes noite e dia por toda a região.

Ademais, em nossos jogos experimentamos severos testes de resistência quando homens nus resistem à violência do calor,[22] e outros em tão elevado número que sua menção minuciosa seria infindável.

O ateniense: Esplêndido, ó estrangeiro da Lacedemônia! Mas vejamos, a coragem, como a definiremos? Simplesmente como o combate ao temor e à dor tão somente, ou também ao desejo, ao prazer com suas carícias e seduções perigosas que derretem como cera os corações dos homens – mesmo daqueles que se creem austeros?

Megilo: Creio que a correta definição é o combate a tudo isso que citaste.

O ateniense: Anteriormente em nossa discussão (se não estou equivocado), este nosso amigo usou a expressão "inferior a si mesmo" referindo-se a um Estado ou a um indivíduo. Concordas que o fizeste, ó estrangeiro de Cnossos?[23]

Clínias: Sem a menor dúvida.

O ateniense: E agora devemos nós aplicar o termo "mau" ao homem que cede (que é inferior) à dor ou também àquele que cede (que é inferior) ao prazer?

Clínias: Parece-me que mais ao homem que cede ao prazer do que ao outro. Todos nós, de fato, quanto aludimos a um homem que é vergonhosamente "inferior a si mesmo", queremos com isto dizer mais aquele que é subjugado pelos prazeres do que aquele que o é pelas dores.

O ateniense: Consequentemente, o legislador de Zeus e o de Apolo[24] não decretaram por lei um tipo hemiplégico de coragem, capaz apenas de se defender pela esquerda, mas incapaz de resistir às atrações e seduções da direita. Não teriam, de preferência, decretado um tipo capaz de resistir em ambos os flancos?

Clínias: Eu diria, com efeito, que um tipo de coragem para ambos os flancos.

---

22. A *gimnopedia*, dança na qual as crianças e os jovens espartanos se moviam nus sob a canícula por volta do solstício de verão.
23. O *ateniense* agora volta a dirigir-se a *Clínias*.
24. ...Διὸς οὖν δὴ καὶ ὁ Πυθικὸς νομοθέτης... (...*Diòs oûn dè kaì ho Pythikòs nomothétes*...), o legislador de Zeus e o *pítico*, ou seja, Minos inspirado por Zeus para Creta e Licurgo inspirado por Apolo para Esparta; em relação a este último, o deus Apolo proferia os oráculos através da Πυθία (*Pythía* – sacerdotisa do templo de Apolo em Delfos, na região da Fócida situada ao pé do monte Parnasso conhecida como Πυθώ [*Pythó*]). A propósito, os quatro dignitários dos reis de Esparta incumbidos da consulta ao oráculo de Delfos eram chamados de οἱ Πύθιοι (*hoi Pýthioi*), os *pitianos*. Ademais, *pítico* diz respeito também aos *jogos píticos* celebrados em Delfos de quatro em quatro anos em honra de Apolo *pítico*, o deus que matou a serpente de nome Πύθων (*Pýthon*).

O ateniense: Mencionemos mais uma vez as instituições de vossos dois Estados que produzem nos homens um gosto pelos prazeres em lugar de deles afastá-los – do mesmo modo que longe de afugentarem as dores mergulham seus cidadãos no meio delas, compelindo-os assim ou os induzindo mediante recompensas a subjugá-las. Onde encontrar em vossas leis disposições idênticas no que se refere aos prazeres? Dizei-me qual a regra entre vós que faz os mesmos homens ser corajosos diante das dores e dos prazeres igualmente, subjugadores daquilo que é preciso subjugar e de modo algum inferiorizados pelos seus inimigos mais próximos e mais temíveis.

Megilo: Embora, estrangeiro, eu fosse capaz de mencionar muitas leis que tratam do domínio sobre as dores, no que concerne aos prazeres não julgaria tão fácil indicar exemplos importantes e marcantes, podendo, talvez, no entanto, apresentar alguns exemplos de menor importância.

Clínias: Nem poderia eu mesmo dar claros exemplos nesse sentido das leis cretenses.

O ateniense: O que não é de se surpreender, meus excelentíssimos amigos. Mas se no seu desejo de descobrir o que é verdadeiro e o melhor, qualquer um de nós encontrar algo criticável em qualquer lei nacional de seus vizinhos, encaremos isto sem impaciência e sem melindres.

Clínias: Estás certo, estrangeiro de Atenas: é o que temos a fazer.

O ateniense: De fato, *Clínias*, pois tais suscetibilidades não caberiam a homens de nossa idade.

Clínias: Realmente seriam descabidas.

O ateniense: Quanto a saber se se tem razão ou não nas censuras que se faz à constituição da Lacedemônia e àquela de Creta,[25] é uma outra história. Mas eu estaria provavelmente em melhor condição do que vós para apontar o que é efetivamente dito pela maioria, já que em vosso caso, sendo vossas leis sabiamente concebidas, uma das melhores é aquela que proíbe que os jovens questionem o que é certo ou errado no conjunto das leis, tendo todos, ao contrário, que declarar em uníssono, de uma só voz, que todas são retamente estabelecidas por decreto divino, não se dando ouvidos a quem quer que afirme coisa diversa; e, ademais, que se alguma pessoa idosa tiver alguma crítica a fazer em relação a alguma de vossas leis, que não profira tais opiniões na presença de qualquer jovem, mas sim perante um magistrado ou alguém de sua própria idade.

---

25. ...Λακωνικῇ καὶ τῇ Κρητικῇ πολιτείᾳ... (...*Lakonikêi kaì têi kretikêi politeíai*...), ou seja, Platão diz aqui *Lacônia*, e não Lacedemônia ou Esparta, visto que o código de leis elaborado por Licurgo em Esparta (Lacedemônia) foi aprovado e utilizado em toda a Lacônia, a região sudeste do Peloponeso controlada por Esparta e da qual esta era a capital.

Clínias: Muito bem observado, estrangeiro! Tal como um adivinho, a despeito de estar tão distante do legislador original, tu vislumbraste bem, me parece, sua intenção e a descreveste com perfeita justeza.

O ateniense: Bem, não há pessoas jovens conosco agora, de maneira que nos será permitido pelo legislador, velhos como somos, discutir essas matérias entre nós privadamente sem incorrer em qualquer ofensa.

Clínias: É verdade, de sorte que não há motivo para hesitares em censurar nossas leis, pois nada há de desonroso em ser advertido de uma falha; ao contrário, reconhecido o erro, é precisamente isto que conduz ao remédio e à cura se a crítica for aceita sem animosidade e numa disposição amigável.

O ateniense: Ótimo! Mas enquanto eu não tiver investigado vossas leis com o máximo cuidado de que sou capaz não as censurarei, preferindo sim apresentar as dúvidas que tenho a respeito. Vós apenas entre os helenos e os bárbaros, pelo que está ao meu alcance saber, possuís um legislador que vos prescreve a abstenção dos prazeres e divertimentos mais atraentes e o não fruir deles. Contudo, no que diz respeito às dores e aos temores, como dissemos antes, o legislador sustentava que qualquer um que deles fugisse continuamente desde a infância ficaria reduzido, quando diante de apuros, temores e dores inevitáveis, a fugir dos homens que são treinados nessas coisas, destes se tornando escravo. Ora, me permito presumir que esse mesmo legislador devia ter sustentado a mesma posição com referência aos prazeres também, e devia ter cogitado que se nossos cidadãos se desenvolvem desde a juventude distantes do gozo dos maiores prazeres, a consequência será que quando se encontrarem em meio aos prazeres sem serem treinados no dever de resistir a eles e recusar cometer qualquer ato desonroso, devido à natural atração dos prazeres, sofrerão o mesmo destino daqueles que cedem ao medo: serão de uma outra forma, ainda mais vergonhosa, escravizados por aqueles que são capazes de resistir em meio aos prazeres e aqueles que são versados na arte do prazer – seres humanos que são, por vezes, inteiramente perversos – de modo que suas almas serão em parte escravas, em parte livres, não merecendo eles sem reservas receber o título de homens livres e homens de coragem. Que vós considereis, agora, se aprovam estas minhas observações.

Clínias: Depois de ouvir-te, em princípio estamos inclinados a aprová-las, contudo dar crédito de maneira imediata e fácil no que se refere a matérias de tal importância seria, a meu ver, precipitado e insensato.

636a

O ateniense: Bem, Clínias, e tu, estrangeiro da Lacedemônia, se examinarmos o segundo dos nossos assuntos, conforme o que nos propomos fazer – pois depois da coragem devemos passar à temperança – o que encontraremos em nossas constituições que as distinga daquelas concebidas ao acaso, como presenciamos presentemente no que diz respeito à organização militar destas?

Megilo: Certamente um assunto nada fácil! E, no entanto, provavelmente os repastos comuns e os exercícios físicos constituem boas concepções para fomentar essas duas virtudes.

O ateniense: Em verdade, estrangeiros, parece difícil para as constituições se manterem igualmente além da crítica tanto na teoria quanto na prática. Sua situação se assemelha à do corpo humano, em relação ao qual parece impossível indicar qualquer tratamento específico para
b cada caso sem descobrir que essa mesma indicação é em parte benéfica e em parte prejudicial ao corpo. Assim, essas refeições comuns, por exemplo, e a ginástica, embora sejam atualmente benéficas aos Estados em muitos outros aspectos, no caso de revolução revelam-se perigosas (como é indicado no caso dos jovens de Mileto, Beócia e Túrio); ademais, essas instituições, estimuladas há muito pela lei, passaram a degradar os prazeres do amor,[26] os quais são naturais não só para os indivíduos humanos como também para os animais. Relativamente a isto vossos Estados serão os primeiros a ser responsabilizados
c juntamente com todos os outros que dão especial ênfase ao emprego da ginástica. E faça-se a observação em tom sério ou a título de gracejo, seguramente não se deixa de constatar que quando o macho se une à fêmea para procriação o prazer experimentado é considerado devido à natureza, porém contrário à natureza quando o macho se une ao macho ou a fêmea se une à fêmea, sendo que os primeiros responsáveis por tais enormidades foram impelidos pelo domínio que o prazer exercia sobre eles. E todos nós acusamos os cretenses de terem inventado a

---

26. ...ἀφροδίσια ἡδονὰς... (...*aphrodísia hedonàs*...), prazeres do amor, *quer dizer*, prazeres sexuais, *eróticos*. Afrodite (Ἀφροδίτη) é a deusa da beleza, encanto, atração e sedução femininas acarretando as ideias de paixão sexual e prazer sexual. Eros (Ἔρως) é *filho* de Afrodite, isto é, num certo sentido uma extensão ou apêndice dela, restringindo a ideia do amor sexual mais ao elemento *desejo*, que a rigor é mais masculino do que feminino; ἔρως significa mais estritamente desejo amoroso. A efetiva polarização sexual é feita através do deus Ares (Ἄρης), que é o deus da guerra e da violência, princípio masculino ativo da sexualidade e que forma com Afrodite o grande par de amantes da mitologia grega. A palavra Ἄρης participa da mesma raiz de ἀρετή (*areté*), excelência, qualidade na qual se é excelente, virtude, mas que significa também coragem e no plural *atos de coragem*. Ἀνδρεία (*andreía*) significa tanto virilidade quanto coragem. A insinuação de que a coragem é uma qualidade ou virtude guerreira *masculina* é evidente.

fábula de Ganimedes:[27] visto que se acreditava que suas leis provinham
de Zeus, eles haviam acrescentado – diz-se – essa história envolvendo
Zeus de maneira a justificar o gozo desse prazer tendo o deus como
modelo. Quanto a fábula em si nós não temos maior interesse, mas
quando os indivíduos humanos estão investigando o assunto das leis,
tal investigação envolve quase que totalmente os prazeres e as dores,
seja nos Estados, seja nos indivíduos. Estes são as duas fontes que
jorram mediante o impulso da natureza e todo aquele que delas beber
a devida quantidade no devido lugar e hora é abençoado – seja ele um
Estado, um indivíduo ou qualquer tipo de criatura; mas aquele que
fizer isso sem entendimento e fora da devida estação trilhará uma
senda inversa.

Megilo: Realmente diz-se isso, estrangeiro, e não é dito sem razão.
E eu não sei bem o que responder a isso. De qualquer modo, no meu
ponto de vista o legislador lacedemônio estava certo ao determinar
que os prazeres fossem evitados, enquanto no que concerne às leis de
Cnossos, [nosso amigo *Clínias*, se julgar apropriado, as defenderá.] As
regras relativas aos prazeres em Esparta me parecem as melhores do
mundo pois nossa lei baniu completamente desta terra o que proporciona a maioria das oportunidades para os indivíduos se entregarem a
excessos de prazer, tumultos e loucuras de toda ordem. Não encontrarás nem no campo nem nas cidades controladas pelos espartanos locais
adequados a festins e tampouco nada daquilo que por via de consequência incita ao desregramento em todos os prazeres. De fato, não
há um único homem que não punisse imediatamente e com máxima
severidade qualquer beberrão com o qual porventura encontrasse,
não servindo nem sequer a festa de Dionísio como justificativa para
fazê-lo escapar da punição – festim que eu uma vez presenciei no
teu país com esses indivíduos sobre as carroças; e na nossa colônia
de Tarento, igualmente, vi a cidade inteira embriagada na festa de
Dionísio. Contudo, conosco tal coisa não é possível.

---

27. A crítica de Platão ao homossexualismo é franca, particularmente ao homossexualismo masculino (pederastia), nada excepcional na Grécia antiga. A ideia da distinção entre relações sexuais *conforme a natureza e relações contra a natureza* é aqui explicitamente introduzida. Quanto à conexão entre a homossexualidade masculina e a ginástica no sentido desta promover aquela, tal tese estaria radicada numa exacerbação do culto à beleza do corpo masculino aliada ao assíduo e quase exclusivo cultivo da companhia masculina em detrimento do contato com a mulher, o não contato e distanciamento desta dando margem à promiscuidade entre homens, desenvolvendo o gosto pelo prazer representado pela relação Zeus/Ganimedes. Ademais, é visível a estreita vinculação entre os exercícios físicos constantes em caráter de instituição e a prática bélica, a qual exclui a mulher; a coragem (ἀνδρεία [*andreía*]) é a qualidade primordial e fundamental na batalha (πόλεμος [*pólemos*]), qualidade esta ausente na mulher.

O ateniense: Estrangeiro da Lacedemônia, tudo isso é digno de louvor desde que exista uma firme resistência; mas se esta for relaxada, tudo isso se revelará pura tolice. Qualquer cidadão de nosso Estado poderia de imediato retaliar apontando para a licenciosidade de vossas mulheres. Relativamente a todas essas práticas, seja em Tarento, seja entre nós ou em Esparta, há uma única resposta capaz de justificá-las. A resposta universal que se dá ao estrangeiro que se surpreende ao testemunhar num Estado alguma prática que para ele é incomum é: "Não há razão para surpreender-se, estrangeiro, trata-se de nosso costume... em teu país talvez o costume no que se refere a isto seja diferente".

Porém, meus caros senhores, nossa discussão agora não diz respeito ao resto da espécie humana, mas unicamente concerne ao mérito ou demérito dos próprios legisladores. Portanto, vamos nos ocupar de modo mais minucioso da questão da embriaguez em geral, visto que não se trata de uma prática de ínfima importância e em relação a qual se exija apenas o entendimento do legislador medíocre. Não me refiro neste momento à questão de beber ou não beber o vinho em geral, mas sim à embriaguez como tal, e a questão que se coloca é a seguinte: deveremos lidar com ela como fazem os sitas e os persas e também os cartagineses, os celtas, os ibéricos e os trácios, todos estes povos de estirpe guerreira, como vós, espartanos, fazem? Pois vós, como o asseveram, a rejeitam totalmente, enquanto os citas e os trácios, homens e mulheres, tomam o vinho puro e deixam que ele escorra sobre suas vestes, encarando esta sua prática como nobre e afortunada; e os persas cedem largamente a estes e outros deleites que vós repudiais, se bem que de uma maneira mais ordenada que a daqueles outros povos.

Megilo: Mas, meu bom amigo, quando tomamos as armas eles se põem em fuga.

O ateniense: Não diz tal coisa, prezado amigo, pois na verdade houve no passado e haverá no futuro muitas fugas e muitas perseguições de dúbia explicação, de sorte que a vitória ou a derrota em batalha jamais poderia ser considerada uma prova decisiva mas sim meramente discutível do mérito ou demérito de uma instituição. Estados maiores, por exemplo, se sagram vitoriosos em batalha sobre Estados menores, de modo que assistimos aos siracusanos subjugando os lócrios, que, entretanto, têm a reputação de terem detido a melhor constituição dos povos daquela região; e que se acresça o caso dos atenienses em relação aos habitantes de Quios. Outros exemplos incontáveis do mesmo tipo poderiam ser encontrados. Portanto, convém que desconsideremos de momento vitórias e derrotas e discutemos cada uma das instituições sob o prisma de seus próprios méritos num esforço de persuadirmos a nós mesmos e explicar de que modo uma espécie de instituição é boa e a outra, má. E para começar, ouvi-me sobre o método correto de investigar os méritos e deméritos das instituições.

Megilo: Como explicas isso?

O ateniense: Penso que todos aqueles que tomam uma instituição como objeto de discussão e se propõem de imediato a censurá-la ou louvá-la estão procedendo de maneira absolutamente errônea. Seu procedimento é análogo àquele do homem que tendo ouvido alguém louvar o queijo como um bom alimento, passa imediatamente a depreciá-lo sem ter se informado sobre seus efeitos, os empregos que dele se pode fazer e sem ter aprendido de que maneira, por meio do que, em meio de qual regime, sob que forma e com que gênero de indivíduos pode empregá-lo. Isto, parece-me, é exatamente o que estamos fazendo agora em nossa discussão. Diante da primeira menção da mera palavra embriaguez eis alguns de nós já se pondo a censurá-la, outros a louvá-la, o que é sumamente absurdo. Cada partido conta com o suporte de testemunhos, e enquanto um partido sustenta que sua afirmação é convincente com base no grande número de testemunhos apresentados, o outro o faz sob o fundamento de que se constata que quem se abstém de vinho sagra-se vitorioso em batalha, e então também este ponto dá origem a uma polêmica. Ora, não me agradaria nem um pouco abordar todo o resto das instituições legais desta maneira, e no que diz respeito à nossa presente matéria, a embriaguez, desejo me expressar de uma maneira inteiramente diversa (em minha opinião, a certa) e me empenharei, se possível, em mostrar o método correto de lidar com todos esses assuntos, pois, com efeito, acerca desse ponto, inúmeros povos não compartilhariam da opinião de vossos dois Estados e vos contestariam.

Megilo: Certamente, se tivermos conhecimento de um método correto para investigar tais matérias, estaremos dispostos a aprendê-lo.

O ateniense: Vejamos o método a seguir. Imaginai que alguém tivesse em grande estima a criação de cabras e o próprio animal como uma propriedade preciosa; imaginai, também, que um outro indivíduo que tivesse visto cabras pastando longe do rebanho e do controle do pastor – causando danos em terra cultivada – se pusesse a criticá-las e encontrasse motivo de censura igualmente com relação a todo animal que visse sem um guardião ou mal guardado – teria a censura deste homem, acerca de qualquer objeto, o menor valor?

Megilo: Certamente não.

O ateniense: E quanto a um bom capitão de navio? Nós o julgaremos como tal somente por deter a ciência da navegação, independentemente de sofrer ou não de enjoo no mar? Que dizer no que diz respeito a isto?

Megilo: Que não estaremos de modo algum diante de um bom capitão se além de deter sua ciência ele sofrer do mal que mencionas.

O ateniense: E o que dizer do comandante do exército? Será um homem talhado para o comando pelo fato de deter conhecimento militar, muito embora seja covarde diante do perigo, o medo abalando sua coragem como uma espécie de embriaguez?

Megilo: É certo que não.

O ateniense: E imaginai que lhe falta conhecimento militar além de ser um poltrão...

Megilo: Estás descrevendo um indivíduo absolutamente indigno, de maneira alguma um comandante de homens, mas sim das mais femininas das mulheres.[28]

O ateniense: Considera agora o caso de qualquer instituição social que naturalmente tem alguém que a administra e que, sob esta administração é benéfica; supõe que alguém que jamais tivesse assistido à administração dessa instituição, mas apenas a observasse sem qualquer administração ou mal administrada, se pusesse a louvar ou reprovar a instituição: imaginaríamos nós que o louvor ou a reprovação de um tal observador de uma tal instituição tivesse alguma valia?

Megilo: E como poderíamos se tal indivíduo jamais assistiu ou participou de uma comunidade onde a instituição foi corretamente administrada?

O ateniense: Espera um momento! Podemos nós admitir que, entre as numerosas modalidades de instituições sociais, está incluída também aquela constituída por uma reunião de bebedores de vinho?

Megilo: Com toda a certeza.

O ateniense: Mas alguém algum dia porventura já contemplou uma tal instituição sendo bem administrada? Ambos poderão facilmente responder-me "Não, nunca" pois em vossos Estados essa instituição não é nem consolidada pelo uso, nem uma instituição legal. Entretanto, eu frequentei muitos desses lugares onde tais festas são realizadas, me dispondo a estudar sua quase totalidade, e muito raramente observei

---

28. A coragem como virtude exclusivamente masculina é mais uma vez enfatizada.

LIVRO I | 73

e   uma ou ouvi falar de uma única que fosse que tivesse sido em todos os pontos corretamente administrada; exceto por alguns detalhes regulares aqui e ali, o conjunto se revelava, devo dizê-lo, inteiramente falho.
Clínias: O que queres dizer com isso, estrangeiro? É necessário que te expliques com maior clareza pois considerando-se que não dispomos
640a (como mencionaste) de qualquer experiência com respeito a tais instituições, embora as observemos, provavelmente não conseguiríamos de imediato perceber o que nelas está certo e o que está errado.
O ateniense: É bastante provável. Tenta, todavia, te instruir baseado em minhas explicações. Admites que em todas as reuniões e associações com os mais diversos propósitos é certo que cada grupo sempre tenha um chefe?
Clínias: Sem dúvida.
O ateniense: Além disso, dissemos há pouco que o comandante dos combatentes tem que ser corajoso.
Clínias: É claro.
O ateniense: Ora, o corajoso experimenta menos que o covarde os transtornos do medo.

b   *Clínias*: Isto é igualmente verdadeiro.
O ateniense: Agora, se houvesse qualquer meio de colocar um exército nas mãos de um general que fosse absolutamente impermeável ao temor e à perturbação, não faríamos nós todos os esforços concebíveis para fazê-lo?
Clínias: Com toda a certeza.
O ateniense: Mas o que estamos discutindo agora não é o homem a ser encarregado do comando de um exército em tempo de guerra nos encontros de inimigo contra inimigo, mas sim o homem que será incumbido de orientar amigos em associação amigável com amigos em tempo de paz.
Clínias: Precisamente.

c   *O ateniense*: Ora, se uma semelhante assembleia for acompanhada pela embriaguez, não estará livre de tumulto, certo?
Clínias: Decididamente não; imagino que justamente o contrário.
O ateniense: Assim sendo, esses indivíduos também necessitam, acima de tudo o mais, de um chefe.
Clínias: É indubitável... eles até mais que os outros.
O ateniense: Deveríamos nós, se possível, dar-lhes um chefe imperturbável?
Clínias: Seguramente.

O ateniense: Naturalmente, também, ele deveria ser capaz de mostrar sabedoria no trato das assembleias sociais, visto que terá tanto que preservar a amizade já existente entre os membros do grupo como cuidar para que a presente assembleia fortaleça o grupo ainda mais.

Clínias: Isto é bem verdade.

O ateniense: É então um homem sóbrio e sábio que devemos instalar no comando de indivíduos ébrios, e não o contrário, visto que um chefe de ébrios que fosse ele mesmo ébrio, jovem e tolo, se revelaria um grande felizardo se conseguisse se furtar a cometer um sério dano.

Clínias: Invulgarmente felizardo.

O ateniense: Supõe, então, que alguém encontrasse falhas em relação a essas instituições em Estados nos quais elas são administradas da melhor forma possível, ou seja, tivesse uma objeção com respeito à instituição em si. Neste caso poderia, talvez, estar certo em fazê-lo. Mas se alguém ofende uma instituição quando percebe que esta é administrada da pior forma possível, está claro que se trata de um ignorante, primeiro do fato de que tal instituição é mal administrada e segundo de que toda instituição se afigurará similarmente ruim quando é implantada sem um mestre e administrador sóbrio, pois por certo perceberás que um piloto no mar e aquele que comanda qualquer coisa, se embriagados, a tudo transtornam, seja uma embarcação, uma biga, um exército ou qualquer coisa que esteja sob seu comando.

Clínias: O que dizes, estrangeiro, é perfeitamente verdadeiro. Mas diz-nos, para passarmos à questão seguinte, supondo que essa instituição do beber fosse corretamente administrada, que possível benefício traria a nós? Toma o exemplo de um exército, que acabamos de mencionar; neste caso, contando-se com o chefe correto, os comandados deste conquistarão a vitória na guerra, o que certamente não constitui pequeno benefício, o mesmo sucedendo nos outros casos: mas qual efetiva vantagem adviria seja para os indivíduos, seja para o Estado da correta administração de um banquete regado a vinho?

O ateniense: Bem, que grande vantagem diríamos que adviria ao Estado a partir do correto controle de uma única criança ou de um grupo de crianças? A uma tal questão assim colocada a nós responderíamos que o Estado extrairia pouco proveito disso; se, entretanto, se formula uma questão geral com referência a qual vantagem efetiva extrai o Estado da educação das crianças, então prover uma resposta será extremamente simples pois responderíamos que crianças bem educadas se revelarão bons indivíduos, que sendo bons vencerão seus inimigos em batalha, além de agirem com nobreza em relação a outras coisas. Assim, se por um lado a educação também produz vitória, esta, por vezes, produz falta de educação visto que os homens amiúde se tornam mais insolentes devido à vitória na guerra, e através de sua insolência se tornam repletos de outros vícios incontáveis; e se a educação jamais foi até agora *cadmiana*,[29] as vitórias que os homens obtêm na guerra com frequência foram e serão *cadmianas*.

d *Clínias*: Insinuas, meu amigo, parece-nos, que tais reuniões festivas quando corretamente conduzidas constituem um importante elemento educativo.

O ateniense: E como!

Clínias: Poderias agora demonstrar a verdade do que acabas de afirmar?

O ateniense: A verdade, estrangeiro, da minha afirmação, a qual é questionada por muitos, compete a um deus assegurar, mas estou inteiramente pronto a dar, se necessário, minha própria opinião agora que, realmente, embarcamos numa discussão das leis e constituições.

e *Clínias*: Bem, é precisamente tua opinião a respeito das questões agora em discussão que estamos tentando apreender.

O ateniense: Assim, com efeito, devemos fazer, e vós deveis unir-vos no esforço de apreender o argumento enquanto eu devo empenhar-me em expô-lo o melhor possível. Mas, em primeiro lugar, tenho uma observação inicial a fazer: minha cidade é, segundo a opinião geral dos helenos, tanto apreciadora da conversação quanto repleta de conversação, mas a Lacedemônia é muito pouco loquaz, enquanto Creta é mais ciosa da riqueza de sentido do que da abundância das palavras; de maneira que receio vos fazer pensar que sou um grande discursa-

642a dor de um pequeno tema, elaborando um discurso de prodigiosa extensão em torno do insignificante assunto da embriaguez. Mas o fato é que a correta ordenação disso jamais poderia ser abordada adequada e claramente em nossa discussão independentemente da correção no que se refere à música, bem como não poderia a música independentemente da educação como um todo, o que exigiria uma longa discussão. Vede, então, o que poderíamos fazer, a saber, que tal se deixássemos

b estas matérias em suspenso por ora e cuidássemos de algum outro tópico legal?

---

29. ...καὶ παιδεία μὲν οὐδεπώποτε γέγονε Καδμεία... (...*kaì paideía mèn oudepópote gégone Kadmeía*...) – a referência é ao lendário fundador de Tebas, Cadmos. Este semeara dentes de dragão dos quais nasceram os *sparti*, que, a despeito de colherem uma vitória, nesta acabaram se matando entre si. A expressão *cadmiano*, por conseguinte, sugere algo que acarreta mais saldo negativo do que positivo.

Megilo: Ó estrangeiro de Atenas, não estais, talvez, ciente de que minha família é, realmente *proxena*[30] de tua cidade. É provavelmente certo no que concerne a todas as crianças que uma vez a elas se tenha dito que são *proxenas* de um certo Estado, desenvolvem um afeto por este Estado mesmo a partir da infância, e cada uma delas o encara como uma segunda terra natal, logo depois de sua pátria. É este precisamente o sentimento que eu agora experimento. Quando, com efeito, uma criança ouvia os lacedemônios tecer críticas ou elogios aos atenienses e se me dizia: "Vossa cidade, *Megilo*, comportou-se bem ou comportou-se mal em relação a nós" – quando, digo, ouvia tais observações, constantemente combatendo contra aqueles que estavam assim desacreditando vosso Estado, adquiria uma profunda afeição por ele, de modo que agora não apenas aprecio vosso sotaque como julgo absolutamente verdadeiro o adágio ordinário que diz que "bons atenienses são incomparavelmente bons" pois só eles são bons não por compulsão externa, mas sim por disposição interior. Assim, no que me diz respeito, podes falar sem receio e dizer o que desejas.

Clínias: Quanto a minha história, estrangeiro, igualmente depois de a ouvires te sentirás totalmente à vontade para dizeres o que desejas. Provavelmente deves ter ouvido falar como aquele homem inspirado, Epimênides, que era meu parente, nasceu em Creta, e como dez anos antes da guerra contra a Pérsia, em obediência ao oráculo do deus, ele se dirigiu a Atenas e ofereceu certos sacrifícios que haviam sido ordenados pelo deus, e como, ademais, quando os atenienses ficaram alarmados diante da força expedicionária dos persas, ele fez esta profecia: "Eles não virão por dez anos e quando realmente vierem, retornarão novamente com todas suas esperanças frustradas, e depois de sofrerem mais infelicidades do que as infligirem". Então nossos ancestrais passaram a permutar hospitalidade e amizade com os vossos, e desde então tanto minha família quanto eu desenvolvemos uma afeição por Atenas.

O ateniense: Evidentemente, então, estais ambos prontos a me ouvirem. Mas da minha parte, embora vontade haja para isso, empreender a tarefa não é fácil. De qualquer maneira, é preciso que eu tente. Desta feita, em primeiro lugar, nossa reflexão requer que definamos a educa-

---

30. Πρόξενος (*próxenos*): entre os Estados helênicos o título de honra concedido a cidadão de outro Estado grego ou mesmo a cidadão não helênico em função de algum relevante serviço prestado ao Estado autor da concessão; esse termo também indica o próprio estrangeiro que residia numa cidade e estava encarregado, a título honorífico, da defesa dos interesses de sua cidade. Genericamente e por extensão significa protetor ou patrono.

ção e descrevamos seus efeitos: este é o caminho que o nosso presente discurso deve trilhar até que finalmente atinja o deus do vinho.

Clínias: Perfeitamente, que façamos assim, já que é de teu agrado.

b *O ateniense*: Então, se eu, por um lado, digo no que deve consistir a educação, vós, de vossa parte, deveis considerar se estais satisfeitos com minha definição.

Clínias: Pois enuncia tua definição.

O ateniense: Eu o farei. O que afirmo é que todo homem que pretenda ser bom em qualquer atividade precisa dedicar-se à prática dessa atividade em especial desde a infância utilizando todos os recursos relacionados a sua atividade, seja em seu entretenimento, seja no trabalho. Por exemplo, o homem que pretende ser um bom construtor
c necessita (quando menino) entreter-se brincando de construir casas, bem como aquele que deseja ser agricultor deverá (enquanto menino) brincar de lavrar a terra. Caberá aos educadores dessas crianças supri--las com ferramentas de brinquedo moldadas segundo as reais. Além disso, dever-se-á ministrar a essas crianças instrução básica em todas as matérias necessárias; sendo, por exemplo, ensinado ao aprendiz de carpinteiro sob forma de brinquedo o manejo da régua e da trena, àquele que será um soldado como montar e demais coisas pertinentes. E assim, por meio de seus brinquedos e jogos, nos esforçaríamos por dirigir os gostos e desejos das crianças para a direção do objeto que constitui seu objetivo principal relativamente à idade adulta. Em pri-
d meiro lugar e acima de tudo, a educação, nós o asseveramos, consiste na formação correta que mais intensamente atrai a alma da criança durante a brincadeira para o amor daquela atividade da qual, ao se tornar adulto, terá que deter perfeito domínio. Agora julgai, como eu disse anteriormente, se até este ponto, estais satisfeitos com minha definição.

Clínias: É certo que estamos.

O ateniense: Mas é imperioso que não deixemos que nossa definição de educação permaneça vaga, pois atualmente quando censuramos ou elogiamos a formação de um indivíduo humano, definimos
e um como educado e um outro como não educado, a despeito deste último poder ser extraordinariamente bem educado no comércio como mascate ou como piloto de embarcação,[31] ou ainda em alguma ou-

---

31. ...καπηλείας καὶ ναυκληρίας... (...*kapeleías kaì nauklerías*...), mascate e piloto de embarcação; ναυκληρία (*nauklería*) significa tanto o capitão que comanda navio de baixo calado (e genericamente a profissão de piloto) quanto o navio fretado. É, como tantas outras, uma palavra derivada

tra ocupação similar. Mas nós, naturalmente, na presente discussão não estamos assumindo o parecer que coisas como essas constituem educação: a educação a que nos referimos é o treinamento desde a infância na virtude, o que torna o indivíduo entusiasticamente desejoso de se converter num cidadão perfeito, o qual possui a compreensão tanto de governar como a de ser governado com justiça. Esta é a forma específica de formação à qual, suponho, nossa discussão em pauta restringiria o termo *educação*, enquanto que seria vulgar, servil e inteiramente indigno chamar de *educação* uma formação que visa somente a aquisição do dinheiro, do vigor físico ou mesmo de alguma habilidade mental destituída de sabedoria e justiça. Que não disputemos, entretanto, por causa de um nome, mas atenhemo-nos à afirmação com a qual concordamos há pouco, a saber, que aqueles que são corretamente educados se tornam, via de regra, bons, e que em caso algum a educação deve ser depreciada pois ela é o primeiro dos maiores bens que são proporcionados aos melhores homens; e se ela alguma vez desviar do caminho certo, mas puder ser reencaminhada novamente, todo homem, enquanto viver, deverá empenhar-se com todas suas forças a essa tarefa.

Clínias: Estás certo e concordamos com o que dizes.

O ateniense: Ademais, concordamos há muito que se os homens são capazes de dominar a si mesmos, são bons, mas se incapazes de fazê-lo, são maus.

Clínias: O que dizes é absolutamente verdadeiro.

O ateniense: Vamos, então, restabelecer mais claramente o que entendemos por isso. Se vós o permitirdes, farei uso de uma imagem com o fito de explicar o assunto.

Clínias: Vai em frente.

O ateniense: É possível imaginarmos que cada um de nós é por si só um todo?

Clínias: Sim.

O ateniense: E que cada um possui dentro de si dois conselheiros antagônicos e insensatos, aos quais denominamos prazer e dor?

Clínias: Trata-se de um fato.

---

de ναῦς (*naûs* [nau, navio, nave, embarcação]), como ναύκληρος (*naúkleros* [armador]), ναυτικός (*nautikós* [que diz respeito à navegação, náutico]) e ναυτία (*nautía* [enjoo causado pelo mar e por extensão *náusea*]).

O ateniense: E que, além desses dois, cada homem possui opiniões acerca do futuro, que atendem pela designação geral de *expectativas*, das quais aquela que precede a dor detém o nome especial de *medo*, e a que precede o prazer o nome especial de *confiança*; e que se somando a todas estas há a *avaliação*, se pronunciando sobre qual delas é boa, qual é má; e à *avaliação* quando se tornou o decreto público do Estado dá-se o nome de *lei*.

Clínias: Estou experimentando certa dificuldade para seguir teu raciocínio, mas continua como se eu o seguisse sem maiores problemas.

Megilo: Eu também me encontro na mesma condição.

O ateniense: Vamos conceber a matéria da seguinte maneira: suponhamos que cada um de nós, criaturas vivas, é uma engenhosa marionete dos deuses, ou inventado para ser um brinquedo deles, ou para um propósito sério – com referência ao que nada sabemos, exceto que esses nossos sentimentos interiores, como tendões ou cordéis, nos arrastam e, sendo postos em oposição recíproca, arrastam-se uns contra os outros para ações contrárias; e aqui jaz a linha divisória entre a virtude e o vício, pois como indica nosso raciocínio, é forçoso que todo homem obedeça a uma dessas forças de tração, não a soltando em nenhuma circunstância, contrabalançando desta forma à tração dos outros tendões: é o fio condutor, dourado e sagrado, da *avaliação* que se intitula lei pública do Estado; e enquanto os outros cordéis são duros e como aço, e de todas as formas e aspectos possíveis, esse fio é flexível e uniforme, visto que é de ouro. Com esse excelentíssimo fio condutor da lei nós temos que cooperar sempre pois considerando-se que a avaliação é sumamente boa, porém mais branda do que dura, seu fio condutor requer colaboradores para assegurar que a raça áurea dentro de nós possa derrotar as outras raças. Deste modo a alegoria que nos compara a marionetes não será sem efeito e o significado das expressões *superior a si mesmo* e *inferior a si mesmo* se tornará um tanto mais claro, e também quão necessário será para o indivíduo compreender o verdadeiro valor dessas forças de tração interiores e viver de acordo com isto, e quão necessário ao Estado (quando este recebeu tal valor seja de um deus, seja de um homem esclarecido) fazer disso uma lei para si e ser guiado por meio dela em sua relação tanto consigo mesmo quanto com outros Estados. Assim, tanto o vício quanto a virtude seriam para nós diferenciados com maior clareza, e se tornando estes mais evidentes, provavelmente a educação também e as outras instituições pareceriam menos obscuras; e quanto à instituição dos banquetes regados a vinho[32] em particular, poder-se-ia, muito provalvelmente, demonstrar que não se trata, em absoluto, como se poderia pensar, de um assunto desprezível que seria disparatado discutir minuciosamente, mas sim um assunto totalmente digno de ser extensivamente discutido.

Clínias: Absolutamente certo. Vamos examinar cada tópico que se afigure importante para a presente discussão.

d *O ateniense*: Então diz-me: se déssemos bebida forte a esse nosso marionete, que efeito produziria em seu caráter?

Clínias: Com referência ao que fazes esta pergunta?

O ateniense: De momento, com referência a nada em particular: estou colocando a questão em termos gerais – *quando isto participa daquilo, no que se converte em consequência?* Tentarei expressar o que quero dizer ainda mais claramente. O que indago é o seguinte: beber intensifica os prazeres, as dores, os sentimentos e os desejos?[33]

Clínias: Sim, bastante.

e *O ateniense*: E quanto às sensações, lembranças, opiniões e pensamentos? Beber, do mesmo modo, os torna mais intensos? Ou, pelo contrário, não abandonam estes inteiramente o indivíduo quando este se enche de bebida?

Clínias: De fato, eles o abandonam completamente.

O ateniense: E então ele atinge o mesmo estado de alma de quando era uma criancinha?

Clínias: Sem dúvida.

O ateniense: E nesse momento ele terá um mínimo controle de si mesmo?

646a *Clínias*: De fato, mínimo.

O ateniense: E um tal indivíduo, nós o diríamos, é muito mau?

Clínias: Muito, realmente.

O ateniense: Parece, portanto, que não apenas o ancião de barba grisalha pode estar em sua *segunda infância*, como também o ébrio.

Clínias: Fizeste uma admirável observação, estrangeiro.

O ateniense: Haveria algum argumento que pudéssemos empreender a fim de nos persuadir que devemos usufruir dessa prática em lugar de evitá-la com todas nossas forças?

---

32. ...οἴνοις διατριβῆς... (...*oínois diatribês*...), literalmente *o passar o tempo com o vinho*.
33. ...θυμοὺς καὶ ἔρωτας... (...*thymoùs kaì érotas*...), o *coração* (como sede dos sentimentos e das paixões) e o *desejo sensual*.

Clínias: Parece que haveria. Ao menos foi o que afirmaste e estavas há pouco pronto a apresentá-lo.

O ateniense: Tua memória está sendo fiel a ti, e eu estou ainda pronto a fazê-lo agora que vós expressastes ambos o desejo de ouvir-me.

Clínias: Está claro que te ouviremos, mesmo que seja apenas em função do elemento extraordinário e desconcertante pelo qual um ser humano, de sua livre vontade, se dispõe a mergulhar nas profundezas da abjeção.

O ateniense: Abjeção da alma, queres dizer, não é mesmo?

Clínias: Sim.

O ateniense: E quanto a mergulhar num estado ruim do corpo, tal como a magreza, a disformidade ou a incapacidade física? Deveríamos nós nos surpreender se alguém de sua própria livre vontade mergulhasse num tal estado?

Clínias: É claro que deveríamos.

O ateniense: Bem, então, podemos nós supor que pessoas que se dirigem por si mesmas aos hospitais para ingerirem remédios não estão cientes que logo depois, e por muitos dias subsequentes, se acharão num estado físico tal que tornaria sua vida intolerável se tivessem que permanecer assim sempre? E nós sabemos, não é mesmo, que os homens que se dirigem ao ginásio para um árduo treinamento dele saem no começo mais fracos?

Clínias: É verdade que sabemos de tudo isso.

O ateniense: Sabemos, inclusive, que eles ali vão voluntariamente em função de um benefício posterior, não é assim?

Clínias: É exato.

O ateniense: E não se deveria fazer o mesmo raciocínio no que respeita também a outras instituições?

Clínias: Certamente.

O ateniense: Então é preciso também assumir raciocínio idêntico quanto à prática de passar o tempo tomando vinho nos banquetes, caso se possa classificá-la legitimamente entre as demais práticas.

Clínias: Está claro que é preciso.

O ateniense: Se então essa prática se mostrar tão benéfica a nós quanto o treinamento físico, seguramente será no começo superior a ele na medida em que não é, como o treinamento físico, acompanhada da dor.

e *Clínias*: O que dizes é verdadeiro, mas eu me surpreenderia se conseguíssemos descobrir nela qualquer benefício.

O ateniense: Este é precisamente o ponto que necessitamos tentar deixar claro imediatamente. Diz-me, agora: podemos nós discernir dois tipos de medo, dos quais um é quase o oposto do outro?

Clínias: A que tipos tu te referes?

O ateniense: Estes: quando vislumbramos a ocorrência dos males, nós os tememos...

Clínias: Sim.

647a *O ateniense*: ...E amiúde tememos pela reputação, quando refletimos que incorreremos numa má reputação ao fazer ou dizer algo vil; e a este medo nós (como todas as outras pessoas além de nós, eu presumo) damos o nome de vergonha.

Clínias: Certamente.

O ateniense: São esses os dois medos aos quais me referia, e dos dois o segundo se opõe aos sofrimentos e a todos os demais objetos do medo, como também se opõe aos maiores prazeres e à maioria destes.

Clínias: O que dizes é muito correto.

O ateniense: Não terá, portanto, o legislador e todo homem que seja digno deste nome, esse tipo de medo na conta da honra mais elevada, chamando-o de *pudor* e não dará à *confiança* que se lhe opõe o nome
b de *impudência*, julgando esta para todos, tanto pública quanto privadamente, um grandíssimo mal?

Clínias: Estás certo.

O ateniense: E esse medo, além de nos preservar em muitos outros aspectos importantes, não se revela mais eficaz do que qualquer outra coisa assegurando-nos a vitória na guerra e segurança? Isto porque a vitória é, de fato, assegurada por duas coisas, sendo uma delas a confiança perante os inimigos, e a outra o medo da vergonha da covardia perante os amigos.

Clínias: Assim é.

O ateniense: Deste modo, cada um de nós deve se tornar simultaneamente destemido e temeroso,[34] e isto devido às várias razões que
c acabamos de explicitar.

Clínias: Perfeitamente.

---

34. Ἄφοβον ἡμῶν ἄρα δεῖ γίγνεσθαι καὶ φοβερόν... (...*Áphobon hemôn ára deî gígnesthai kaì phoberòn...*). A aparente contradição é previamente elucidada pelas últimas palavras do *ateniense*, ou seja, nas nossas palavras: é preciso ao mesmo tempo destemor diante do inimigo para vencê-lo e *temor* da vergonha da covardia perante o amigo.

O ateniense: Ademais, quando desejamos tornar uma pessoa destemida com respeito a vários medos é conduzindo-a com o auxílio da lei para o medo que a tornamos sem medo.

Clínias: Assim é aparentemente.

O ateniense: E quanto ao caso oposto, quando com a ajuda da justiça tornamos um homem temeroso? Não é o colocando contra a impudência e o exercitando contra ela que devemos torná-lo vitorioso na luta contra seus próprios prazeres? Ou diremos nós que enquanto no caso da coragem é somente combatendo e subjugando sua covardia inata que alguém pode se tornar perfeito (e ninguém não versado e sem prática em competições desse tipo é capaz de obter sequer a metade da excelência da qual esse alguém é capaz), no caso da temperança, por outro lado, pode-se atingir a perfeição sem uma luta obstinada contra as hordas de prazeres e desejos que impulsionam para a impudência e a ação incorreta, e sem subjugá-las mediante o discurso, o ato e a arte, tanto nos jogos quanto no trabalho – e, realmente, sem se submeter a quaisquer dessas experiências?

Clínias: Não seria plausível supô-lo.

O ateniense: Muito bem! No caso do medo, existe alguma droga dada por um deus à humanidade que quanto mais um indivíduo aprecie tomá-la, mais a cada dose ele se creia mergulhado tanto na infelicidade como na angústia, mais ele tema tudo que lhe aconteça no presente e possa acontecer no futuro, até que finalmente, embora ele seja o mais bravo dos homens, chegue ao terror mais pleno, enquanto que se libertado da poção e desperto de seu torpor ele sempre volta a ser ele mesmo novamente?

Clínias: Que poção desse tipo, que existisse em qualquer parte, poderíamos mencionar, estrangeiro?

O ateniense: Não há nenhuma. Mas supondo, contudo, que houvesse uma, seria ela de alguma utilidade ao legislador para promover a coragem? Por exemplo, poderíamos perfeitamente nos dirigir a ele referindo-nos a ela nos seguintes termos: "Vejamos, legislador – esteja vós legislando para cretenses ou quaisquer outros – não seria vosso primeiro desejo dispor de um teste de coragem e de covardia que fosse aplicável aos vossos cidadãos?"

Clínias: Obviamente qualquer legislador responderia que sim.

O ateniense: "E desejarias um teste que fosse seguro e isento de sérios riscos, ou o contrário?"

Clínias: Qualquer legislador diria que o teste teria que ser seguro.

O ateniense: "E farias uso do teste expondo os homens às circunstâncias geradoras de medo e provando-os enquanto fossem assim afetados, como se para forçá-los a se tornarem destemidos, distribuindo exortações, advertências e recompensas, mas também prometendo a degradação àqueles que se recusassem a se conformar inteiramente aos vossos ditames? E absolverias sem qualquer penalidade quantos tivessem se submetido ao treinamento de maneira viril e boa, impondo, pelo contrário, uma punição a quantos tivessem se saído mal? Ou vos recusarias terminantemente a empregar a poção a título de teste, embora não tivesses qualquer objeção a ela quanto ao mais?"

Clínias: Não resta dúvida que ele a empregaria, estrangeiro.

O ateniense: De qualquer forma, meu amigo, o treinamento envolvido seria tremendamente simples se comparado aos nossos métodos atuais, fosse ele aplicado aos indivíduos isoladamente, ou a pequenos grupos, ou a grupos cada vez maiores. Supõe, então, que um homem impulsionado por um sentimento de vergonha e relutante em exibir-se em público antes de gozar de melhor condição, devesse permanecer sozinho enquanto fosse submetido a esse treinamento contra os medos e contasse somente com a poção como seu recurso solitário, em lugar de exercícios intermináveis – ele estaria agindo de maneira inteiramente acertada, do mesmo modo que aquele que confiando em si mesmo que pela natureza e a prática já está bem equipado, não hesitaria em treinar em companhia de muitos que bebem, mostrando adicionalmente como quanto à velocidade e força ele é superior ao poder das doses que é impelido a beber, resultando que em função de sua excelência ele nem comete qualquer impropriedade grave nem perde sua cabeça, e é quem antes da última rodada é capaz de deixar os convivas graças ao medo da derrota infligida a todos os homens pela taça de vinho.

Clínias: Sim, estrangeiro. Um tal homem seria sábio assim agindo.

O ateniense: Uma vez mais cumpre que nos dirijamos ao legislador e digamos: "Que assim seja, ó legislador, que para produzir medo uma tal droga não tenha aparentemente sido concedida aos homens por um deus, nem nós mesmos a inventamos (pois não se encontram magos entre nossos convivas); porém efetivamente existe uma poção para induzir à ausência do medo e a uma confiança excessiva e intempestiva – ou o que diremos acerca disso?"

Clínias: É presumível que ele afirmasse que existe uma, a saber, o vinho.

O ateniense: E não é este exatamente o oposto da poção descrita há pouco? Afinal primeiro ele torna a pessoa que o bebe mais jovial do que era antes e quanto mais ela o saboreia, mais se enche de belas esperanças e de um senso de poder, até que finalmente estufada de presunção,[35] ela explode numa completa liberalidade de discurso e ação e toda ordem de ousadia, sem qualquer escrúpulo quanto ao que diz ou faz. Todos, imagino, concordariam que assim é.

Clínias: Indubitavelmente.

O ateniense: Recordemos de nossa afirmação anterior, segundo a qual temos que cultivar em nossas almas duas coisas, a saber, a maior confiança possível, e seu oposto, o maior medo possível.

Clínias: O que consideraste como as marcas do pudor, me parece.

O ateniense: Tua memória é para ti uma eficiente serva. Visto que a coragem e o destemor[36] têm que ser praticados em meio aos medos, é necessário que examinemos se a qualidade oposta deve ser cultivada em meio a condições do tipo oposto.

Clínias: Isto se me afigura certamente provável.

O ateniense: Parece, então, que devemos ser colocados em meio àquelas circunstâncias que tendem naturalmente a nos tornar excepcionalmente confiantes e audaciosos quando estamos às voltas com a prática de como estar o mais livre possível da impudência e da audácia excessiva, e temerosos de em qualquer ocasião ousar dizer, sofrer ou fazer qualquer coisa vergonhosa.

Clínias: Assim parece.

O ateniense: E não são estas as condições nas quais nos enquadramos nos sentimentos já descritos, ou seja, cólera, desejo sensual, insolência, ignorância, cobiça e prodigalidade, bem como riqueza, beleza, vigor e tudo o mais que intoxica um indivíduo de prazer e lhe transtorna a cabeça? E tendo em mente, em primeiro lugar, a disponibilidade de um teste barato e relativamente inócuo para essas condições ou sentimentos e, em segundo lugar, para prover a sua prática, que expediente mais adequado poderíamos nós indicar do que o vinho, este teste divertido – contanto que fosse empregado com todo o cuidado? Pois reflete no caso de se testar um caráter difícil e selvagem (do qual emergem iniquidades sem conta); não é mais perigoso testá-lo entrando em tran-

---

35. ...σοφὸς ὢν μεστοῦται... (...*sophòs òn mestoûtai*...), *repleto de sua sabedoria*, se quisermos estar mais próximos da literalidade. O tom é certamente irônico, pelo que preferimos a tradução acima.
36. ...ἀνδρίαν καὶ τὴν ἀφοβίαν... (...*andrían kaì tèn aphobían*...).

sações que envolvem dinheiro consigo, sob o próprio risco pessoal, do que se associando a ele com a ajuda de Dionísio dentro de seu espírito festivo? E quando uma alma[37] é escrava dos prazeres do sexo, não será teste mais arriscado confiar a ela nossas próprias filhas, filhos e esposa, pondo em perigo aqueles que nos são mais próximos e mais caros a fim de averiguar a disposição de tal alma? Na verdade, poderíamos citar inúmeros exemplos num desnecessário empenho de demonstrar a total superioridade desse divertido método de inspeção, que é isento seja de consequências sérias, seja de danos custosos. Realmente, no que concerne a isso, nem os cretenses, suponho, nem qualquer outro povo contestariam o fato que dispomos neste caso de um excelente teste para testarmos uns aos outros, e que no que diz respeito à modicidade, segurança e rapidez trata-se de um teste superior a quaisquer outros.

Clínias: Isto é certamente verdadeiro.

O ateniense: Isso, por conseguinte, *quer dizer*, a descoberta das naturezas e disposições das almas humanas – se revelará como uma das coisas mais úteis para a arte cuja incumbência é delas tratar. E esta arte é (como presumo que o diríamos) a política, não é mesmo?

Clínias: Não há dúvida.

---

37. Tenha-se em mente o conceito de ψυχή (*psykhé*) ao qual já nos referimos na nota 17.

Livro
II

Τὸ δὴ μετὰ τοῦτο, ὡς ἔοικε, σκεπτέον ἐκεῖνο περὶ αὐτῶν, πότερα τοῦτο μόνον ἀγαθὸν ἔχει, ...

652a *O ateniense*: Depois disso, parece que deveríamos investigar, relativamente a este assunto, se a descoberta das disposições naturais humanas constitui a única vantagem que se pode extrair dos banquetes em que se passa o tempo tomando vinho ou se estes trazem benefícios tão grandes que mereçam o nosso meticuloso exame. O que dizermos acerca disto? Nossa linha de raciocínio evidentemente tende a indicar
b que efetivamente trazem tais benefícios. Mas sob que forma e de que maneira, é o que nos compete escutar atentamente, caso contrário essa nossa linha de raciocínio mesma poderia nos fazer perder o rumo.

Clínias: Pois bem! Fala!

O ateniense: Gostaria que relembrássemos aquela nossa definição
653a da correta educação, visto que a preservação desta depende, pelo que suponho agora, do acertado estabelecimento da instituição em pauta.[38]

Clínias: Eis uma grande afirmação!

O ateniense: O que afirmo é o seguinte: que quando crianças as primeiras sensações pueris a serem experimentadas são o prazer e a dor, e que é sob essa forma que a virtude e o vício surgem primeiramente na alma; mas no que respeita à sabedoria e às opiniões verdadeiras[39] estabelecidas, um ser humano será feliz se estas o alcançarem mesmo na velhice, e aquele que é detentor dessas bênçãos, e de tudo
b que abarcam, é de fato um homem perfeito. Entendo assim por *educação*

---

38. Ou seja, a dos banquetes regados a vinho.
39. ...φρόνησιν δὲ καὶ ἀληθεῖς δόξας... (...*phrónesis dè kaì aletheîs dóxas*...), ressaltando que ἀλήθεια (*alétheia* [verdade]) não corresponde exatamente ao conceito ocidental moderno da teoria do conhecimento (a coerência lógica entre o objeto cognoscível percebido empiricamente e a proposição teórica emitida pelo sujeito a respeito do objeto conhecido), o que não difere essencialmente da noção vulgar e corrente de *verdade*, que tem, a propósito, fundamento filosófico: *Joãozinho diz que foi hoje à escola, mas não foi*, isto é, a proposição emitida por ele ao dizer à mãe que foi não corresponde a um fato (empiricamente comprovado) de ter ido. Ἀληθής (*alethés*), o verdadeiro, pela etimologia da palavra, é o *não esquecido, o*não *ocultado, o manifesto e aquilo que não se perdeu*, aparentando-se, assim, mais ao conceito moderno de *realidade* do que daquele de *verdade*, que acarreta a dicotomia verdadeiro/falso presente na lógica, que é o instrumento da gnosiologia. É por isso que a expressão *opiniões verdadeiras* nos soa estranha, mesmo porque é incompatível com a concepção humanista da filosofia moderna de subjetividade e objetividade.

a primeira aquisição que a criança fez da virtude. Quando o prazer, o amor,[40] a dor e o ódio nascem com justeza nas almas antes do despertar da razão, e uma vez a razão desperta, os sentimentos se harmonizam com ela no reconhecimento de que foram bem treinados pelas práticas adequadas correspondentes, e essa harmonização, vista como um todo, constitui a virtude; mas a parte dela que é corretamente treinada

c quanto aos prazeres e os sofrimentos, de modo a odiar o que deve ser odiado desde o início até o fim, e amar o que deve ser amado, esta é aquela que a razão isolará para denominá-la educação, o que é, a meu ver, denominá-la corretamente.

Clínias: Estás, pelo que nos parece, inteiramente certo, estrangeiro, tanto quanto no que disseste antes como no que agora proferiste sobre a educação.

O ateniense: Ótimo. E prosseguindo notaremos que essas formas de treinamento infantil, que consistem na correta disciplina dos prazeres e das dores, se afrouxam e se debilitam numa grande medida ao longo

d da vida humana; assim, os deuses, compadecidos pela espécie humana deste modo nascida para a miséria, instituíram os banquetes de ação de graças como períodos de trégua em relação às vicissitudes humanas; e à humanidade conferiram como companheiros de seus banquetes as Musas, Apolo, o mestre da música e Dionísio para que pudessem, ao menos, restabelecer suas formas de disciplina se reunindo em seus banquetes aos deuses. Devemos considerar, portanto, se o argumento que apresentamos neste momento tem fundamento na natureza ou diferentemente. O que ele assevera é que, quase sem exceção, todos os indivíduos jovens são incapazes de conservar seja o corpo seja a língua imóveis,

e estando tais jovens sempre procurando incessantemente se moverem e gritarem, saltando, pulando e se deliciando com danças e jogos, além de produzirem ruídos de todo naipe. Ora, enquanto todos os outros animais carecem de qualquer senso de ordem ou desordem nos seus movimentos (o que chamamos de ritmo e harmonia), a nós os próprios deuses, que se prontificaram como já o dissemos em serem nossos companheiros na dança, concederam a agradável percepção do ritmo e da harmonia,

654a por meio do que nos fazem nos mover e conduzir nossos coros, de modo que nos ligamos mutuamente mediante canções e danças; e o nome coro provém do júbilo que dele extraímos.[41] Deveremos nós aceitar esse

---

40. Φιλία (*philía*) que abrange também nosso conceito de amizade, mas distinto de ἔρως (*éros* [amor sensual]) e ἀγάπη (*agápe* [conceito bem próximo do latim *caritas*]).
41. Isto se derivarmos χορός (*khorós*) de χαρά (*khará*), *júbilo*.

argumento para termos com o que começar, e postular que a educação deve sua origem a Apolo e às Musas?

Clínias: Sim.

O ateniense: Poderemos supor que o homem não educado não conta com o treinamento nos corais e que o educado conta inteiramente com tal treinamento?

Clínias: Certamente.

O ateniense: O treinamento nos corais, como um todo, inclui, é claro, tanto a dança quanto as canções.

Clínias: Não há dúvida.

O ateniense: E portanto o homem bem educado terá a capacidade tanto de cantar quanto de dançar bem.

Clínias: Evidentemente.

O ateniense: Consideremos agora o que sugere essa nossa última afirmação.

Clínias: Que afirmação?

O ateniense: Nossas palavras são: "ele canta bem e dança bem" – devemos ou não devemos ajuntar: "...contanto que cante belas canções e dance belas danças?"

Clínias: Penso que devemos ajuntar isso.

O ateniense: E se, tomando o belo pelo belo, e o feio pelo feio, ele os encarar segundo este critério? Consideraremos um tal indivíduo como melhor treinado nos corais e na música quando se revela sempre capaz tanto nos gestos como na voz de representar adequadamente aquilo que concebe ser belo, embora não sinta nem o deleite na beleza, nem o ódio da disformidade – ou quando, muito embora não plenamente capaz de representar sua concepção acertadamente mediante a voz e os gestos, ele ainda assim se mantém genuíno em seus sentimentos de dor e prazer, acolhendo tudo que é belo e repelindo tudo que não é belo?

Clínias: Há uma enorme diferença entre os dois casos, estrangeiro, no que diz respeito à educação.

O ateniense: Se, então, nós três discernimos no que consiste a beleza relativamente a dança e a canção, também saberemos discernir entre quem é e quem não é corretamente educado; mas sem este conhecimento nunca seremos capazes de discernir se existe qualquer salvaguarda para a educação ou onde ela deve ser encontrada. Não é assim?

Clínias: É.

O ateniense: O que temos que localizar na sequência, como cães no rastro da caça, são a beleza das posturas e das melodias em conexão com a canção e a dança;[42] se nos perdermos nesta busca será inútil continuarmos a discutir sobre a correta educação, seja de gregos ou de bárbaros.

Clínias: Sim.

O ateniense: Bem, então como definir a beleza da postura ou da melodia? Vejamos: quando uma alma viril[43] é atingida por transtornos e uma alma covarde é atingida por transtornos idênticos e iguais, são as posturas e expressões vocais daí resultantes semelhantes nos dois casos?

Clínias: E como poderiam ser se até suas cores[44] diferem?

O ateniense: Muito bem dito, meu amigo. Mas realmente embora posturas e melodias existam efetivamente na música,[45] a qual envolve ritmo e harmonia, de maneira que se pode falar apropriadamente de uma melodia ou postura como sendo *rítmica* ou *harmoniosa*, não se pode apropriadamente aplicar a metáfora *bem colorida* dos mestres de coro à melodia e à postura; no entanto, pode-se usar essa expressão a respeito da postura e melodia do homem corajoso e do covarde, sendo apropriado chamar as do homem corajoso de belas, e as do covarde de feias. E para nos poupar uma discussão tediosamente longa, resumamos todo o assunto afirmando que as posturas e as melodias que se vinculam à virtude da alma ou do corpo, ou a alguma imagem deste, são universalmente belas, enquanto que aquelas que se vinculam ao vício, são exatamente o contrário.

Clínias: O que propões está correto, e nós de momento formalmente o endossamos.

---

42. ...καὶ μέλος καὶ ᾠδὴν καὶ ὄρχησιν (...*kaì mèlos kaì oidèn kaì órkhesin*), numa tradução menos livre: ...*a melodia com a canção e a dança*.
43. ...ἀνδρικῆς ψυχῆς...(...*andrikês phykhês*...), sempre a identificação conceitual e ética da masculinidade com a bravura. Para Platão e os gregos a coragem é uma virtude exclusiva e necessariamente masculina, da qual as mulheres são naturalmente incapazes.
44. Χρῶμα (*khrôma* [cor da pele; genericamente, cor]) significa também *modulação*, designando igualmente um tipo de composição musical em que se procede por semitons – a chamada música *cromática*. Ademais, o adjetivo χρωματικός (*khromatikós*) se refere tanto a uma gama de cores como a uma gama musical (a famosa *oitava* de Pitágoras, a escala musical).
45. Μουσικός, (ή, όν) [*mousikós*, (*é, ón*)] é o adjetivo que indica as artes que concernem às *musas*, especialmente a música. Mas é necessário que nos prendamos ao conceito do grego, ou seja, para os helenos a *música* não era distinta da *dança* (ὄρχησις, ὀρχηστύς [*orkhesis, orkhestýs*]), compreendendo-a além da *canção* que incluía, por sua vez, o acompanhamento instrumental (designados como ᾠδή [*oidé*]). A música era executada individualmente (σόλο [*sólo*]) ou por grupos (χορεία [*khoreía*]) e na música assim entendida a postura (σχῆμα [*skhêma*]) dizia respeito ao dançarino ou dançarina (ὀρχηστρίς [*orkhestrís*]), e a melodia (μέλος [*mélos*]) ao cantor ou cantora (ᾠδός [*oidós*]).

O ateniense: Um outro ponto: experimentamos o mesmo prazer em todas as danças com coral[46] ou longe disso?

Clínias: De fato, bem longe disso.

O ateniense: Então o que poderíamos nós supor que nos induz ao erro? Será o fato de que nós todos não vemos como belas as mesmas coisas, ou será o fato de que, embora elas sejam as mesmas, não são pensadas como as mesmas?... pois certamente ninguém sustentará que as apresentações corais dançantes do vício são melhores do que as da virtude, ou que ele próprio desfruta das posturas da maldade enquanto todos os outros experimentam prazer com a música do tipo oposto.[47] A maioria das pessoas, contudo, afirmam que o valor da música reside no seu poder de proporcionar prazer à alma. Esta afirmação, entretanto, é absolutamente inaceitável e uma impiedade o mero ato de proferi-la. O fato que nos induz ao erro é com maior probabilidade o seguinte...

Clínias: Qual?

O ateniense: Visto que as apresentações corais dançantes são representações de personagens, exibidas mediante ações e circunstâncias de toda espécie, nas quais os vários intérpretes desempenham seus papéis por hábito e arte imitativa, sempre que as apresentações corais se lhes adequam por meio de palavras, melodia ou outros aspectos (seja por pendor natural, seja por hábito, ou a partir de uma combinação destas duas causas), esses intérpretes invariavelmente experimentam prazer em tais apresentações e as exaltam como belíssimas; por outro lado, aqueles que as julgam adversas às suas naturezas, disposições ou hábitos são possivelmente incapazes de extrair prazer delas ou louvá-las, considerando-as, ao contrário, disformes.[48] E quando os indivíduos estão certos em seus gostos naturais, mas errados naqueles adquiridos por hábito, ou certos nestes mas errados naqueles ocorre que através de suas manifestações de louvor transmitem o oposto do que sentem realmente, pois embora digam que uma apresentação é agradável, porém ruim e se

---

46. Χορεία (*khoreía*), um outro termo a rigor intraduzível; concebendo a música abrangendo a dança, tratava-se tecnicamente do movimento regrado pelo ritmo, consubstanciando a dança, executado coletivamente em combinação com o coro.
47. ...ἄλλοι ἐναντίᾳ ταύτης Μούσῃ τινί... (...*álloi enantíai taútes Moúsei tini*...), os outros apreciam uma musa oposta a esta.
48. Do ponto de vista da educação especialmente, Platão tem em altíssima conta a formação dos gostos e das aversões, o que detém um peso francamente estético. É notório o enorme apreço que os gregos atribuíam à beleza se opondo à incisiva repugnância que votavam à disformidade. Para Platão a criança bem educada deveria se sentir instintivamente atraída para o belo e experimentar uma repulsa imediata diante do feio. Isto conduz a uma espécie de conjunção entre o estético e o ético, pois o belo acaba se identificando com o bom e o feio com o mau. A leitura ou releitura do diálogo *A República* fornecerá ao leitor preciosos subsídios para a compreensão dessa questão no domínio do pensamento platônico.

sintam envergonhados de cederem a esses movimentos corporais diante de homens cuja sabedoria respeitam, ou cantarem certas canções (como se seriamente as aprovassem), na verdade delas extraem prazer íntima e particularmente.

Clínias: Isto é corretíssimo.

O ateniense: E se segue que aquele que se compraz com posturas e melodias ruins sofre qualquer dano em consequência disto, ou que aquele que tira prazer do oposto obtém qualquer benefício como resultado?

Clínias: É provável.

b *O ateniense*: Não será apenas provável mas inevitável o resultado nesse caso ser exatamente idêntico àquele que advém ao homem que vivendo segundo os maus hábitos de homens perversos, realmente não os abomina mas sim os aceita e com eles se compraz, embora os censure casualmente, como se vagamente ciente de sua própria perversidade? Num tal caso é seguramente inevitável que um homem que assim se compraz assimile tais hábitos, bons ou ruins, muito embora se envergonhe de louvá-los. E não obstante, o que haveria de melhor ou pior do que essa assimilação a nos acontecer tão inevitavelmente?

Clínias: Acredito que nada.

c *O ateniense*: Ora, onde leis relativas a educação musical e a recreação existirem (agora ou no futuro), estabelecidas corretamente, seria de se supor que aos poetas fosse outorgado o direito de ensinarem a forma de ritmo, melodia ou letra que bem entendessem aos filhos de cidadãos ciosos da lei e aos jovens nos coros, não importando qual seria o resultado no que respeita à virtude ou ao vício?

Clínias: Com toda a certeza isso seria insensato.

d *O ateniense*: E no entanto atualmente tal direito é concedido em praticamente todos os Estados, à exceção do Egito.

Clínias: E como é, a propósito, na tua opinião, a legislação no Egito (no que se refere a esse ponto)?

O ateniense: O simples enunciado dela já é admirável. Parece-me que há muito tempo aprenderam esta regra de que estamos falando agora, a saber, que os jovens de um Estado devem praticar em seus ensaios boas posturas e boas melodias. Estas foram por eles prescritas e minuciosamente e expostas nos templos, sendo interdito (assim foi e ainda é) aos pintores e todos os demais criadores de posturas e representações introduzir nessa lista oficial qualquer inovação ou concepção nova, seja em tais produções, seja em qualquer outro ramo da música, que afete de uma maneira ou outra as formas tradicionais. Se o examinares, verás que as coisas pintadas ou esculpidas lá há dez mil anos (e quando digo dez mil anos, não se trata de força de expressão, mas de literalidade) não são nem melhores nem piores que as produções de hoje, mas sim confeccionadas com a mesma técnica.[49]

Clínias: É admirável!

O ateniense: Diz ainda mais que é digno no mais alto grau de um homem de Estado e de um legislador. Sem dúvida, tu encontrarás no Egito outras coisas que são reprováveis. Mas essa regulamentação da música constitui um fato real e digno de menção pelo qual se revelou possível que as melodias detentoras de uma exatidão conforme a natureza fossem promulgadas pela lei e consagradas permanentemente. Isto teria sido a obra de um deus ou de um homem semelhante a um deus ou mesmo, como dizem no Egito, que as melodias preservadas por todo esse tempo são composições de Ísis. Assim, como eu asseverei, se alguém algum dia pudesse captar de algum modo o princípio da exatidão em matéria de melodia, poderia então confiantemente reduzi-lo a uma forma e prescrição legais, visto que a tendência do prazer e da dor de serem transmitidos constantemente através de música nova não exerceu, afinal, um poder muito grande capaz de corromper os corais consagrados pelo tempo simplesmente os taxando de antiquados. No Egito, ao menos, não parece ter possuído tal poder de corrupção – aliás, muito pelo contrário.

Clínias: Parece ser este evidentemente o caso, a julgar pelo que acabaste de dizer.

O ateniense: Poderíamos, então, de maneira confiável descrever o correto método na música e nas festas associadas às danças corais nestes termos: regozijamos sempre que achamos que estamos prosperando, e vice-versa, sempre que regozijamos achamos que estamos prosperando? Não é assim?

Clínias: Sim, é assim.

O ateniense: E quando estamos nesse estado de regozijo somos incapazes de permanecer em repouso.

---

49. A despeito dos melindres dos historiadores ortodoxos, resta pouquíssima dúvida de que Platão tenha conhecido pessoalmente o Egito e sido um *iniciado* numa de suas *Escolas de Mistérios*. A admiração e plena aprovação que expressa em relação a uma instituição egípcia pela boca do *ateniense* não são, portanto, surpreendentes. O rótulo de arcaísmo em matéria de poesia e música, que Wilamowitz, por exemplo, lhe imputa, embora acertado em princípio, é de pouca valia do ponto de vista do contexto da filosofia política platônica, já que num Estado comunista a liberdade de expressão individual de artistas e quaisquer outros cidadãos no que se refere ao interesse comum (no que se insere a παιδεία [*paideía*]) é insustentável. É perfeitamente legítimo e possível refutar e criticar o conservadorismo arraigado na base da visão socialista de Platão, mas bastante difícil acusar o mestre da *Academia* de incoerência.

Clínias: É verdade.

O ateniense: E também não é verdade que enquanto nossos jovens têm efetiva disposição para dançar, nós, os velhos, achamos que nos convém mais empregar nosso tempo a observá-los, felizes com seus jogos e suas festas, agora que nossa ligeireza nos está abandonando; e é nosso sentimento de pesar em relação a isso que nos faz propor tais concursos para aqueles que são capazes de melhor despertar em nós por meio da recordação as emoções latentes da juventude.

Clínias: Isto é bastante verdadeiro.

O ateniense: Assim não podemos descartar como completamente destituída de fundamento a opinião atualmente de ordinário expressa a respeito do folião, ou seja, que aquele que é o mais capaz de nos proporcionar alegria e prazer deveria ser julgado o mais hábil e proclamado o vencedor, pois desde que nos permitimos a diversão em tais ocasiões, decerto a maior honra e os louros da vitória, como acabei de dizer, deveriam ser concedidos ao conviva e folião capaz de produzir a maior diversão ao maior número de pessoas. Não é esta a posição acertada e também o modo acertado de ação, supondo que fosse levado a cabo?

Clínias: Talvez.

O ateniense: Mas, meu caro senhor, não devemos decidir este assunto apressadamente, e sim pelo contrário analisá-lo por inteiro, examinando-o de uma maneira como a seguinte: supõe que um homem fosse organizar uma competição, sem qualificá-la como de ginástica, musical ou equestre; e supõe que ele devesse reunir toda a população do Estado, e proclamando que se trata puramente de uma competição para o prazer de todos na qual quem o deseje pode participar, ofereça um prêmio ao participante que proporcionar mais entretenimento aos espectadores do concurso – sem qualquer restrição aos métodos empregados – e que exceda a todos os outros na concretização de tal coisa no mais alto grau possível, sendo julgado vencedor aquele que produz mais prazer entre todos os competidores. Qual seria, segundo nossa conjetura, o efeito de uma tal proclamação?

Clínias: Queres dizer em relação ao quê?

O ateniense: Naturalmente haveria alguém que apresentaria, como Homero, uma rapsódia[50], outro que apresentaria uma canção de cítara,[51]

---

50. Ῥαψῳδία (*rapsoidía*), genericamente, *recitação de um poema*; especificamente, recitação de um poema épico. A palavra designava também de modo genérico o próprio poema, e especificamente o poema épico. O ῥαψῳδός (*rapsoidós* [literalmente *aquele que ajusta cantos*]) era um cantor andarilho que visitava cidades sucessivas recitando poemas, principalmente poemas *épicos*, e entre estes particularmente os do maior poeta épico da antiga Grécia, Homero.

51. ...κιθαρῳδίαν... (*kitharoidían*). Ο κιθαραοιδός (*kitharaoidós*) era o tocador de cítara; o adjetivo κιθαρῳδικός (*kitaroidikós*) se referia à arte daquele que cantava com o acompanhamento instrumental da cítara.

um outro uma tragédia[52] e um outro ainda, uma comédia;[53] nem nos surpreenderia, tampouco, que alguém chegasse a imaginar que teria a melhor das chances de ganhar com um espetáculo de marionetes.

c Desta maneira, entrando estes e milhares de outros em tal competição, poderíamos nós dizer quem se sagraria vencedor?

Clínias: Tua pergunta é estranha[54], pois quem poderia respondê-la com conhecimento de causa antes de ter ouvido cada um dos competidores e o próprio veredito?

O ateniense: Muito bem, então! Quereis[55] que eu vos dê a resposta a essa estranha pergunta?

Clínias: Sem dúvida.

O ateniense: Se os juízes fossem crianças pequenas, dariam o prêmio ao apresentador de marionetes, não é mesmo?

d *Clínias*: Certamente.

O ateniense: Se fossem garotos mais velhos premiariam o cômico, enquanto as mulheres educadas, os homens jovens e, creio, o conjunto do público premiariam o trágico.

Clínias: É bem provável.

O ateniense: E quanto a nós, homens velhos, muito provavelmente experimentaríamos mais prazer ouvindo um rapsodo recitar a Ilíada ou a Odisseia de Homero, ou um dos poemas de Hesíodo e declararíamos ser ele, o rapsodo, sem qualquer dificuldade, o vencedor. Ora, quem então seria, a justo título, o vencedor da competição? Esta é a pergunta que se coloca agora, não é mesmo?

Clínias: Sim.

e *O ateniense*: Evidentemente nós três não poderíamos deixar de dizer que aquele que foi julgado o vencedor pelos de nossa idade seria o justo

---

52. Τραγῳδία (*tragoidía*), literalmente *canto do bode*, pois originalmente foi um canto religioso integrante das festas de Baco que era entoado durante a imolação de um *bode* (τράγος [*trágos*]). Genericamente o significado é de um canto ou drama heroico; mais particularmente se refere a uma encenação teatral heroica de desfecho infeliz e desastroso, daí as *tragédias* de Ésquilo e Sófocles (os grandes poetas trágicos gregos) e de Shakespeare.
53. Κωμῳδία (*komoidía*), originariamente canção ou canto que se somava às danças executadas durante as *jubilosas e bufonescas festas em honra do deus Dionísio* (κῶμος [*kômos*]). Genericamente representação artística (teatral e musical) de teor e mais especialmente tom de gracejo ou escárnio. O κωμῳδός (*komoidós*) era o cantor que interpretava as canções de chacota nas festas de Dionísio; posteriormente e de maneira genérica essa palavra passou a significar tanto ator cômico quanto autor cômico.
54. Platão emprega o vocábulo Ἄτοπον (*Átopon*) ou seja, *aquilo que não está no seu devido lugar*. Assim, a contestação de *Clínias* não indica que a questão do *ateniense* seja *estranha* no sentido de ser absurda ou irracional, mas sim que é *descabida*.
55. Como sempre, o *ateniense* via de regra se dirige a *Clínias*, esporadicamente a *Megilo*, e por vezes, como aqui, a ambos; por outro lado, não é raro seu interlocutor principal, *Clínias*, manifestar-se expressando não apenas sua aceitação ao seu discurso, como também representando a aprovação de *Megilo*.

vencedor, já que nossa experiência parece ser entre os diversos títulos que se apresentam atualmente em todos os Estados e lugares o que há de mais excelente.

Clínias: Certamente.

O ateniense: Tendo até a conceder a favor da maioria que o critério da música deva ser o prazer; contudo, não o prazer de qualquer indivíduo ordinário, devendo eu sim considerar aquela música que agrada os melhores indivíduos e os muito bem educados como aproximadamente a melhor, e como absolutamente a melhor se produzir prazer aquele que supera todos os outros em virtude e educação. E dizemos que os juízes desses assuntos necessitam de virtude porque é necessário que possuam não só sabedoria em geral como particularmente coragem, pois o verdadeiro juiz não deve dar seus vereditos a partir dos ditames da plateia, nem ceder debilmente ao tumulto da multidão ou à falta de educação dele próprio; nem tampouco, tendo ele tomado ciência da verdade, deverá emitir seu veredito negligentemente movido pela covardia e a tibiez, falseando com a mesma boca com a qual invocou os deuses quando pela primeira vez tomou o assento como juiz,[56] pois, a falarmos com justeza, o juiz assume seu posto não como um discípulo, mas sim como um mestre dos espectadores, estando pronto para se opor àqueles que lhes oferecem prazer de uma maneira inconveniente ou errônea (oposição possível em função de antiga lei helênica), o que, inclusive, é o que faculta a lei vigente na Sicília e na Itália, a qual ao confiar a decisão do premiado aos espectadores pelo voto destes mediante o erguimento das mãos não só corrompeu os poetas (visto que adaptam suas obras ao precário padrão de prazer dos juízes, o que significa que os espectadores é que são os mestres dos poetas), como também degradou os prazeres da plateia, pois se deviam estar aprimorando seu padrão de prazer ouvindo a personagens superiores aos seus, o que fazem agora exerce precisamente o efeito oposto. Qual, então, é a conclusão a ser retirada deste exame? É esta, supões?

Clínias: Qual?

O ateniense: Esta é, suponho, a terceira ou quarta vez que nosso discurso descreveu um círculo e retornou a este mesmo ponto, a saber, que a educação é o processo de atrair e orientar crianças rumo a esse princípio que é pronunciado como correto pela lei e corroborado como

---

56. Ο κριτής (*krités* [juiz]) das competições de exercícios corporais (γυμναστικός [*gymnastikós*]) bem como dos concursos musicais (μουσικός [*mousikós*]), prestava, como todos os magistrados do Estado, um juramento comprometendo-se a desempenhar suas funções com absoluta lisura.

verdadeiramente correto pela experiência dos mais velhos e dos mais justos. Assim para que a alma da criança possa não se tornar habituada a experimentar sofrimentos e prazeres que contrariem a lei e aqueles que acatam a lei, mas sim em conformidade com ela, experimentando prazer e dor com as mesmas coisas que o homem velho, por essa razão dispomos daquilo que chamamos de cantos, que evidentemente são na realidade encantamentos[57] seriamente concebidos para produzir nas almas aquela conformidade e harmonia a que nos referimos. Mas visto que as almas dos jovens são incapazes de suportar o sério estudo, nós os chamamos de *jogos* e *cantos* e os usamos como tais, como com os enfermos e de saúde precária: as pessoas encarregadas de sua alimentação tratam de lhes servir o que é sadio em alimentos e bebidas agradáveis, e o que não é sadio, ao contrário, sob formas desagradáveis, de sorte que possam formar o hábito acertado de aprovar um tipo e abominar o outro. De maneira análoga, no que diz respeito ao trato do poeta, o bom legislador o persuadirá – ou o compelirá – com sua bela e louvável linguagem a retratar por meio de seus ritmos os gestos, e por meio de suas harmonias as melodias de homens que são moderados, corajosos e bons em todos os aspectos, daí compondo corretamente os poemas.

Clínias: Por Zeus, estrangeiro... acreditas que essa é a maneira de compor poesia atualmente nos outros Estados? Dentro do que eu mesmo posso observar, ignoro quaisquer práticas tais como estas que descreves salvo em meu próprio país e na Lacedemônia. Estou ciente, entretanto, que novidades estão sendo sempre introduzidas na dança e em todas as outras formas da música, alterações que se devem não às leis, mas sim a gostos desordenados, que bem longe de serem continuamente uniformes e estáveis – como explicas em relação ao Egito – não são uniformes jamais.

O ateniense: Disseste bem, ó *Clínias*! Mas, contudo, se a ti pareceu que eu disse que as práticas às quais te referiste estão hodiernamente em uso, muito provavelmente teu erro foi gerado por minha própria falha de exprimir o que eu queria dizer com clareza; é provável que eu tenha expresso meus próprios desejos relativamente à música de uma tal maneira que me imaginaste expressando fatos presentes. Denunciar coisas que são irremediáveis, e nas quais o erro foi demasiado longe, é uma incumbência nada agradável, a despeito de ser por vezes necessária. E agora que tu partilhas da mesma opinião a respeito dessa matéria, me

---

57. ...ᾠδὰς καλοῦμεν, ὄντως μὲν ἐπῳδαί... (...*oidàs kaloûmen, óntos mèn epoidaì*...) cantos que evidentemente são na realidade fórmulas mágicas.

d   diz: afirmas que tais práticas são mais comuns entre vós do que entre os demais gregos?
    Clínias: Certamente.
    O ateniense: Supõe, desta feita, que passariam a ser também comuns entre os demais. Diríamos que assim seria melhor do que o é agora?
    Clínias: O melhoramento seria imenso se as coisas fossem feitas como são na minha terra e na deste nosso amigo, como, ademais, tu mesmo acabaste de dizer que deveriam.
    O ateniense: Ora, cheguemos a um consenso sobre esse assunto.
e   Não é verdade que entre vós no que concerne à educação e a música[58] o vosso ensino é este?... ou seja: vós obrigais os poetas a ensinar que o homem bom, sábio e justo,[59] é próspero e feliz, a despeito de ser grande ou pequeno, forte ou fraco, rico ou pobre, enquanto que embora seja mesmo mais abastado do que Ciniras e Midas,[60] se for injusto, é um homem desgraçado e vive uma vida miserável. Vosso poeta,[61] se é que se exprime corretamente, diz: "Eu não gastaria sequer
661a uma palavra e não teria nenhuma consideração pelo homem..." que sem justiça fizesse ou adquirisse todas as coisas tidas por boas; e mais uma vez ele descreve como o homem justo "...usa sua lança contra o inimigo à queima-roupa," ...enquanto o injusto não ousa... "olhar o rosto do morticínio sanguinário," ...nem tampouco supera em velocidade na corrida "...o vento norte da Trácia..." e nem tampouco ainda adquire nenhuma das outras coisas denominadas *boas*. Pois as coisas

---

58. ...παιδείᾳ καὶ μουσικῇ... (...*paideíai kaì mousikêi*...), *educação e música*, embora o contexto sugira *educação musical*, que é a opção de certos tradutores helenistas.
59. ...ἀγαθὸς ἀνὴρ σώφρων ὢν καὶ δίκαιος... (...*agathòs anès sòphron òn kaì di kaios*...). Platão emprega ἀνὴρ (*anèr*) em lugar de ἄνθρωπος (*ánthropos*), excetuando a mulher (γυνή [*gyné*]) da pertinência de todo este tópico.
60. Κινύρα (*Kinýra*) rei fabuloso de Pafos ou Chipre; Midas, rei da Frígia.
61. O conceito de ποιητής (*poietés*) é muito lato, podendo até ser traduzido genericamente como *criador* e *produtor* (ποίησις [*poiésis*] significa a *ação de fazer, de criar, a criação*); o termo ποιητής designa todos aqueles que entendemos modernamente como *artesãos* e *artistas* e até cientistas e técnicos, já que os gregos não distinguiam no seu tempo e espaço culturais arte e técnica (indiscriminadamente τέχνη [*tékhne*]); assim, nesse conceito se incluíam aquele que produzia tijolos (o oleiro), bem como o construtor da casa, o armeiro (confeccionador de armas) e todos os demais artífices e artesãos, tanto quanto o escultor (criador da estátua), o pintor (criador da pintura), o *músico* (criador de ritmos, harmonias, posturas, melodias etc.) e inclusive o médico ("criador da saúde"). A palavra ποίημα (*poíema*) [também da raiz do verbo ποιέω (*poiéo*), fazer, fabricar, produzir, criar] tem o sentido genérico de obra (o tijolo, o móvel, a casa, a estátua, a canção, a saúde etc.), além de deter o sentido particular de *obra poética, "poema"*. O sentido neste contexto de *As Leis*, circunscrito às artes das Musas (principalmente música, dança, teatro e poesia – para os gregos *formas indissolúveis, inseparáveis*), exclui os artesãos e se aproxima plausivelmente do nosso conceito de artista não plástico, abarcando os conceitos especializados de músico (cantor, compositor, instrumentista), de dançarino (executante da dança, coreógrafo), de autor teatral (e o ator) e de "poeta".

que a maioria denomina boas são erroneamente designadas. Dizem que o bem maior é a saúde, o segundo a beleza, o terceiro a riqueza; e chamam de *bens* inúmeras outras coisas – tais como a acuidade visual e auditiva, e a agilidade na percepção de todos os objetos dos sentidos; e também ser um tirano e fazer tudo que se deseja; e possuir a totalidade dessas coisas e se tornar de imediato imortal – isto, como dizem, constitui o coroamento e o clímax de toda a felicidade. Mas o que vós e eu dizemos é isto: que todas essas coisas são muito boas como posses para homens que são justos e piedosos, porém para os injustos elas são (todas elas, a começar pela saúde) muito ruins; e dizemos, ademais, que a visão, a audição, as sensações e mesmo a própria vida constituem grandes males para o homem detentor de todos esses designados bens, mas que carece de justiça e virtude e goza da imortalidade, sendo um mal menor para tal homem se sobrevivesse apenas por um curto período de tempo. Isto, imagino, é o que vós (como eu próprio) convenceremos ou compeliremos vossos poetas a ensinar, compelindo-os também a educar vossa juventude suprindo-a com ritmos e harmonias que se coadunem com esse ensino. Estarei certo? Simplesmente considerai: o que assevero é que aquilo que é chamado de *males* é o bem do injusto, sendo porém o mal do justo, enquanto os chamados *bens* são realmente bens para os bons, e contudo males para os maus. Repito, portanto, minha pergunta: estais de acordo comigo... ou como fica o assunto?

Clínias: Parece-me que em parte concordamos, mas em parte muito pelo contrário.

O ateniense: Tomai o caso de alguém que goza de saúde, possui riqueza e poder absoluto em caráter duradouro – além do que, eu lhe concederia, se é de vosso agrado, força e coragem incomparáveis somadas à imortalidade e imunidade em relação a todos os chamados *males* – mas me referindo a alguém que abriga dentro de si tão somente injustiça e insolência. Provavelmente eu fracassaria em vos persuadir que alguém que viva tal vida não seja obviamente venturoso, mas desventurado?

Clínias: Dizes a verdade mesma.

O ateniense: Bem, que deverei dizer a seguir? Não julgais que se alguém é corajoso, forte, belo, rico, age exatamente como bem entende toda sua vida, e além disso é realmente injusto e insolente, não deve estar necessariamente vivendo uma vida vil?

Clínias: Certamente.

O ateniense: E também uma vida má?⁶²

Clínias: Não iríamos tão longe a ponto de admiti-lo.

O ateniense: Bem, e admitirias os qualificativos *desagradável* e *desvantajosa para si mesmo*?

Clínias: E como poderíamos concordar com essas novas designações?

O ateniense: Como? Somente, como parece, meu amigo, se um deus nos presenteasse com essa concordância, pois no momento estamos nitidamente discordando um do outro. Em minha opinião tais fatos são absolutamente indiscutíveis, até mais claramente, meu caro *Clínias*, que o fato de Creta ser uma ilha, e se eu fosse um legislador me empenharia em forçar os poetas e todos os cidadãos a se exprimirem nesse sentido, e infligiria as penalidades mais pesadas sobre todo aquele no país que declarasse que homens maldosos levam vidas agradáveis, ou que coisas vantajosas e lucrativas são diferentes de coisas justas; e há muitas outras coisas contrárias ao que é atualmente dito, como parece, por cretenses e lacedemônios, e – está claro – pelo resto da humanidade que eu persuadiria meus cidadãos a proclamar. Pois, convenhamos, excelentíssimos senhores, em nome de Zeus e de Apolo, supondo que interrogássemos esses próprios deuses que legislaram para vós e os indagássemos: "É a mais justa das vidas a mais agradável, ou existem duas vidas, das quais uma é a mais agradável e a outra a mais justa?" Se respondessem que existem duas, poderíamos ainda lhes indagar, se estivéssemos dispostos a lhes colocar a questão correta: "Qual das duas dever-se-ia descrever como a mais feliz, ou melhor, que homens seriam os mais aprovados pelos deuses – aqueles que levam a vida mais justa ou aqueles que levam a vida mais agradável?" Se respondessem "Aqueles que levam a vida mais agradável", esta seria uma absurda afirmação em suas bocas. Mas eu prefiro não atribuir tais afirmações aos deuses, mas sim a ancestrais e legisladores; suponhamos, então, que as perguntas que apresentei tivessem sido apresentadas a um ancestral e legislador e que este tivesse respondido que o homem que leva a vida mais agradável é o mais feliz. A seguir eu diria a ele: "Ó, pai, não desejavas que eu vivesse o mais afortunadamente possível? E, todavia, tu me exortavas incessantemente em todos os ensejos a viver o mais justamente possível." E neste ponto, como penso, nosso legislador ou ancestral se mostraria incapaz de per-

---

62. Há aqui uma certa ambiguidade, visto que o *ateniense* (personagem central de Platão que substitui Sócrates), provavelmente por habilidade dialética no uso da maiêutica socrática, indaga τί δέ; τὸ καὶ κακῶς (*tí dé; tò kaì kakôs*). Ocorre que κακῶς ζῆν (*kakôs zên*) significa tanto *viver mal* (em *más condições*) quanto *viver maldosamente* e *viver desventuradamente*, e é nesta última acepção que *Clínias* entende.

manecer coerente consigo mesmo. Mas, se ao contrário, ele apontasse a vida mais justa como a mais feliz, todos que o ouvissem indagariam, suponho, qual é o bem e o encanto que essa vida contém que são superiores ao prazer e pelos quais o legislador a louva. Pois, sem contar

663a com o prazer, com que bem pode contar o justo? "Pois, diz-me, são a boa fama e o louvor oriundos das bocas dos homens e dos deuses uma coisa nobre e boa, mas desagradável, enquanto a má fama é o oposto?" De modo algum, meu caro legislador, nós diríamos. E é desagradável, porém nobre e bom, não ferir ninguém e não ser ferido por ninguém, enquanto é agradável o oposto, porém ignóbil e mau?

Clínias: De maneira alguma.

b *O ateniense*: Então o argumento que se recusa a separar o agradável do justo[63] ajuda, no mínimo, a induzir um homem a viver a vida piedosa e justa, de maneira que qualquer doutrina que negar essa verdade é, aos olhos do legislador, sumamente vergonhosa e abominável, pois ninguém consentiria voluntariamente em ser induzido a cometer um ato a não ser que este envolvesse como sua consequência mais prazer do que dor. A distância torna obscura a visão de quase todas as pessoas, especialmente a das crianças; mas nosso legislador eliminará essa falha visual removendo a obscuridade, e lançando mão de um

c recurso ou outro (hábitos, elogios ou argumentos) convencerá as pessoas que suas noções de justiça e de injustiça são imagens ilusórias, objetos injustos parecendo agradáveis e objetos justos extremamente desagradáveis para aquele que se opõe à justiça enquanto são encarados de seu próprio ponto de vista injusto e mau, sendo que quando encarados do ponto de vista da justiça, ambos parecem de todos os modos inteiramente o oposto.

Clínias: Assim parece.

O ateniense: Mas dessas duas reivindicações ao verdadeiro, qual delas diremos ser a melhor fundamentada – a da pior alma ou a da melhor?

Clínias: A da melhor, incontestavelmente.

d *O ateniense*: Então é também incontestável que a vida injusta não seja apenas mais vil e ignóbil, como também muito verazmente mais desagradável do que a vida justa e piedosa.

Clínias: É o que parece, meus amigos, a crermos no presente argumento.

---

63. ...καὶ ἀγαθόν τε καὶ καλόν... (...*kaì agathón te kaì kalón*...) [e o bom do belo], registrado entre colchetes por England.

O ateniense: E mesmo que as coisas fossem diferentes do que agora foi provado que são por nosso argumento, poderia um legislador digno deste nome descobrir uma falsidade mais útil do que esta (se ele ousasse empregar qualquer falsidade ao ocupar-se com os jovens para o bem destes), ou mais eficaz na persuasão de todos no sentido de agir com justiça em relação a todas as coisas de livre vontade e sem coação?

Clínias: A verdade é uma coisa nobre, estrangeiro, e duradoura, contudo não me parece fácil fazer com que seja admitida.

O ateniense: Tenho que reconhecê-lo. Entretanto, fazer admitir a fábula de Sidônio,[64] por mais incrível que fosse, revelou-se fácil, o que se aplica, inclusive, a inúmeras outras.

Clínias: Qual fábula?

O ateniense: Aquela dos dentes que foram semeados e dos hoplitas que deles nasceram. O legislador dispõe aqui, realmente, de um exemplo notável de como se pode, caso se tente, persuadir as almas dos jovens de seja lá o que for, de uma tal maneira que a única questão a ser considerada por ele quanto a sua ficção é o que traria maior benefício ao Estado caso essa ficção fosse acreditada; e em seguida ele teria que conceber todos os meios possíveis para assegurar que toda a comunidade constantemente, enquanto sobrevivesse, empregasse exatamente a mesma linguagem, na medida do possível, relativamente a esses assuntos, em suas canções, em seus mitos e em seus discursos.[65] Se, todavia, vós pensais diferentemente, não faço objeção a que argumenteis contrariamente.

Clínias: Penso que nenhum de nós dois poderia argumentar contra os princípios que expuseste.

O ateniense: Compete a mim, por conseguinte, lidar com o próximo assunto. Sustento que todos os três coros[66] precisam encantar as almas das crianças, enquanto estas são jovens e ternas, ensaiando todas as coisas nobres que já expusemos ou que exporemos doravante, o que sintetizamos assim: ao afirmar que os deuses declaram que uma única e mesma vida

---

64. Ou seja, a fábula da fundação de Tebas por Cadmos.
65. Platão sabia, especialmente agora na idade avançada em que compunha *As Leis*, quão difícil era consolidar o Estado comunista que concebeu em *A República*, daí não hesitar em enunciar o princípio segundo o qual a ficção, a falsidade, a mentira (ψεῦδος [*pseûdos*]) pode servir à verdade (ἀλήθεια [*alétheia*]). Por outro lado, se admitíssemos o Platão *iniciado* nas Escolas de Mistérios do Egito, concluiríamos com ele que haveria muita verdade oculta nos mitos.
66. O *ateniense* se refere a Esparta, onde habitualmente contava-se com três coros masculinos nos festivais: o dos meninos, o dos moços e o dos homens mais velhos. E que se relembre que o *coro* (χορός [*khorós*]), incluía necessariamente a dança.

c   é tanto a mais agradável quanto a mais justa, não estaremos somente dizendo o que é sumamente verdadeiro, como também estaremos convencendo aqueles que necessitam do convencimento mais imperiosamente do que poderíamos fazer mediante qualquer outra asserção.

Clínias: Temos que aquiescer ao que dizes.

O ateniense: Em primeiro lugar, portanto, segundo a ordem correta, avançaria o coro das crianças consagrado às Musas para cantar essas máximas com o máximo vigor e diante de toda a cidade; em segundo lugar viria o coro daqueles que têm menos de trinta anos, invocando Apolo *Paeon*[67] como testemunha da verdade do que é dito[68]
d   e suplicando sua graça para persuadir os jovens; os cantores que se seguiriam pertencem ao terceiro coro, constituído de homens de mais de trinta anos e menos de sessenta. Finalmente sobrariam aqueles que não sendo mais capazes de erguer suas vozes, se ocupam dos mesmos temas morais em narrativas e por meio de discursos de inspiração oracular.

Clínias: A quem te referes, estrangeiro, no caso dos membros desse terceiro coro? Não compreendemos com muita clareza o que queres dizer a respeito deles.

O ateniense: E, no entanto, foi a eles efetivamente que dedicamos a maior parte de nossa discussão precedente.

e   *Clínias*: Permanecemos diante da obscuridade. Tenta explicar-te ainda com mais clareza.

O ateniense: No começo de nossa discussão dissemos, se bem lembramos, que como todos os indivíduos jovens são por natureza ardentes, são incapazes de manter tanto o corpo quanto a língua em repouso, estando sempre gritando e saltando de maneira desordenada; dissemos também que nenhum dos outros seres vivos dispõe de senso de or-
665a   dem, seja corporal ou vocal; e que este é possuído exclusivamente pela humanidade; e que a ordem nos movimentos é chamada de *ritmo* enquanto que aquela da voz (na qual tons agudos e graves são mesclados) é chamada de *harmonia*, sendo a combinação destas duas denominada *dança coral*. Afirmamos, igualmente, que os deuses, compadecidos de nós, nos concederam, para que partilhassem e dirigissem nossa dança

---

67. Παιάν (*Paián*) [Παίων (*Paíon*) significa literalmente *curador*]; Ἀπόλλων (*Apóllon*) [de Ἀπέλλων (*Apéllon*), *o que afasta o mal*] é o deus das artes, incluindo a música e a poesia, o que o liga estreitamente às Musas. Sua atribuição adicional de *curador* não é de estranhar, pois os gregos, (ao menos, aqueles que cultuavam Apolo Παιήων (*Paiéon*), encaravam a música como uma medicina da alma.
68. Se considerarmos a verdade, a probidade e a mentira quantitativamente, Apolo é um dos mais verdadeiros e probos entre os deuses gregos. São notórias suas diferenças com seu irmão Ἑρμῆς (*Hermês*), o deus da comunicação, do comércio e dos ladrões.

coral, Apolo e as Musas – além dos quais fizemos menção, se é que o recordamos, em terceiro lugar, de Dionísio.

Clínias: Por certo o recordamos.

O ateniense: A dança coral de Apolo e a das Musas foram descritas, tendo que ser descrita a terceira e restante, ou seja, a dança coral de Dionísio.

Clínias: E como isso? Explica-te. Ao ouvi-lo à primeira vista, soa bastante estranho um coro dionisíaco formado por velhos – se queres dizer que homens com mais de trinta anos e mesmo homens de mais de cinquenta e até sessenta anos irão realmente dançar em honra do deus.

O ateniense: O que dizes, com efeito, é perfeitamente verdadeiro. Imagino que para dar plausibilidade a isso há necessidade de argumentação.

Clínias: Com certeza!

O ateniense: Estamos de acordo quanto aos pontos anteriores?

Clínias: Com respeito ao quê?

O ateniense: Que constitui a obrigação de todo indivíduo e toda criança – escravos e livres, homens e mulheres – e a obrigação de todo o Estado encantar a si mesmos incessantemente com os cantos que descrevemos, alterando-os continuamente e assegurando a variedade de todas as maneiras possíveis, de modo a inspirar os cantores com um apetite insaciável pelos hinos e o prazer nestes contidos.

Clínias: Seguramente concordaríamos com essa obrigação.

O ateniense: Pois, então, onde a elite do Estado, cuja idade e sabedoria faz dela o conjunto de cidadãos mais influentes, cantará o que há de mais belo visando a produzir o máximo de bem? Ou seremos tão tolos a ponto de dispensar essa parte de cidadãos detentora da mais elevada capacidade para interpretar as mais nobres e mais úteis canções?

Clínias: Não haveria como dispensá-la, a julgar pelo que acabas de dizer.

O ateniense: Então, qual seria o método conveniente a ser adotado? Será que este?...

Clínias: Qual?

O ateniense: Todo aquele que envelhece torna-se relutante ante a ideia de cantar canções e extrai menos prazer do canto, e quando obrigado a cantar, quanto mais velho e mais moderado for mais se sentirá envergonhado. Não é assim?

Clínias: É.

O ateniense: Com certeza, portanto, ficará mais do que nunca constrangido em levantar-se e cantar no teatro diante de pessoas de todas as espécies. Ademais, se homens velhos como este fossem forçados a fazer como fazem os membros do coro, que se extenuam e jejuam durante o treino de suas vozes para uma repetição, certamente considerariam o cantar uma tarefa desagradável e degradante, e a empreenderiam com pouca disposição.

666a *Clínias*: Isso não deixa margem à dúvida alguma.

O ateniense: Então como os estimularemos a se prepararem para o canto? Não deveremos promulgar uma lei segundo a qual em primeiro lugar nenhuma criança[69] abaixo de dezoito anos pode tocar de modo algum o vinho, ensinando que é errado verter fogo sobre fogo no corpo e na alma antes que principiem a se ocupar de seus efetivos labores, e assim nos guardando da disposição excitável dos jovens? E em seguida
b regulamentaremos para que o jovem de menos de trinta anos possa tomar vinho com moderação, abstendo-se inteiramente da intoxicação e da embriaguez. Mas quando um indivíduo atingir quarenta anos, poderá participar das reuniões festivas e invocar os deuses, particularmente Dionísio, convidando este deus para o que é simultaneamente cerimônia religiosa[70] e a recreação dos mais velhos, a qual ele concedeu à humanidade como um potente medicamento[71] contra a rabugice da velhice, para que através deste possamos reavivar nossa juventude e que
c olvidando seu zelo, a têmpera de nossas almas possa perder sua dureza e se tornar mais macia e mais dúctil, tal como o ferro que foi forjado no fogo e passou a ser mais maleável. Não tornará esta disposição mais branda, em primeira instância, cada um daqueles idosos mais disposto e menos constrangido a entoar cantos e *encantamentos* (como amiúde os chamamos) na presença não de um grande grupo de estrangeiros, mas de um pequeno número de amigos íntimos?

Clínias: Ficaria bem mais disposto.

O ateniense: Assim, com o propósito de levá-los a partilhar de nosso
d canto, esse método não seria absolutamente impróprio.

Clínias: De modo algum.

O ateniense: Que tipo de canção esses homens se farão ouvir? Não será, evidentemente, aquela que se enquadra na própria condição deles em todos os casos?

---

69. Παῖδας (*paîdas*), mas entenda-se adolescente.
70. Τελετή (*teleté*), por extensão festa ou rito religioso, significava especificamente o *rito iniciático* em que eram celebrados os *mistérios*, neste caso os dionisíacos.
71. Alguns helenistas que estabeleceram o texto grego registram entre colchetes τὸν οἶνον (*tòn oînon*) antes de φάρμακον (*phármakon*). Outros não o fazem. A nós parece implícito que o medicamento (φάρμακον) é o vinho (οἶνος [*oînos*]), mas compreendemos o cuidado de quem optou pela explicitação.

Clínias: Sem dúvida alguma.

O ateniense: Qual canção, então, caberia a homens divinos? Seria uma canção das danças corais?

Clínias: Bem, estrangeiro, de qualquer modo nós e nossos amigos aqui[72] seríamos incapazes de entoar quaisquer outras canções além daquelas que aprendemos na prática nas danças corais.

e *O ateniense*: Naturalmente, pois em verdade vós nunca atingistes o mais belo canto. Vossa organização cívica é mais a de um exército em acampamento do que a de habitantes fixados em cidades. Conservais vossos jovens ajuntados como um bando de potros no pasto. Nenhum de vós toma seu próprio potro, afastando-o de seus companheiros, embora ele seja bravio e irritadiço, para confiá-lo a um cavalariço particular, treiná-lo cuidando de seus ferimentos, domesticando-o e empregando todos os meios apropriados de uma educação que possa fazer dele não apenas um bom soldado, mas também alguém capaz

667a de administrar Estados e cidadãos, em suma, um homem que (como dissemos no princípio) é melhor guerreiro que os guerreiros de Tirtaeu, porquanto sempre e em toda parte, tanto no que diz respeito aos Estados quanto ao que diz respeito aos indivíduos, ele tem a coragem como a quarta na ordem das virtudes e não a primeira.

Clínias: Mais uma vez, estrangeiro, estás de uma certa maneira rebaixando os nossos legisladores.

O ateniense: Não é intencionalmente que o faço, meu amigo... se o estou fazendo; mas se é assim que a discussão nos conduz, é preciso que sigamos por este caminho, se é que isto é de vosso agrado. Se tivermos

b conhecimento de uma música que é superior a dos coros ou a dos teatros públicos, tentemos fornecê-la àqueles homens que, como dissemos, ficam envergonhados com estas últimas, desde que se motivem para participar dessa música que é a mais excelente.

Clínias: Certamente.

O ateniense: Ora, para começar, não urge que seja verdadeiro de tudo que é acompanhado de um certo encanto que seu elemento mais importante seja ou esse encanto em si mesmo, ou alguma forma de retidão, ou, em terceiro lugar, a utilidade? Por exemplo, comida e bebida e o alimento em geral como o estou afirmando, são acompanhados pelo encanto que deveríamos chamar de prazer; mas com relação a sua

c retidão e utilidade, quando nos referimos à qualidade de sadio de cada

---

72. *Clínias* se refere aos cretenses e aos lacedemônios tomando a si e *Megilo* como representantes.

iguaria servida estamos indicando precisamente o elemento de retidão contido no alimento.

Clínias: Isto é certo.

O ateniense: O estudo também é acompanhado pelo elemento de encanto que é o prazer, mas o que produz sua retidão e utilidade, seu bem e sua beleza, é a verdade.

Clínias: Exatamente.

d *O ateniense*: Ora, e quanto às artes que produzem semelhanças?[73] Se são eficientes em suas criações, não deveria qualquer prazer concomitante que delas resulta ser chamado com maior propriedade de *encanto*?

Clínias: Sim.

O ateniense: Entretanto, falando em termos gerais, a retidão nessas artes provém mais da exata correspondência na relação quantidade/qualidade do que do prazer.[74]

Clínias: Perfeitamente.

O ateniense: Por conseguinte, julgaremos corretamente mediante
e   o critério do prazer apenas o objeto que nos seus efeitos não produz nem utilidade, nem verdade, nem semelhança e nem sequer dano, e que existe tão só em função do elemento concomitante do encanto, elemento que será melhor designado como *prazer* sempre que não for acompanhado por nenhuma das outras qualidades mencionadas.

Clínias: Então te referes somente ao prazer que não produz dano.

O ateniense: Sim, e digo que esse mesmo prazer é também jogo quando o dano ou bem por ele produzidos forem irrisórios.

Clínias: Isto é bastante verdadeiro.

O ateniense: Diante disso não deveríamos nós afirmar, a título de conclusão, que nenhuma imitação deveria ser julgada segundo o critério
668a do prazer ou da opinião inexata,[75] como tampouco realmente deveria qualquer tipo de igualdade ser assim julgada? A razão pela qual o igual é igual ou o simétrico é simétrico, não é em absoluto porque alguém

---

73. Ou seja, as artes por μίμησις (*mímesis* [imitação]), aquelas que se baseiam num modelo original para produzir uma imagem por analogia, tais como a pintura, a escultura e mesmo a representação teatral para os gregos, que na prática envolvia a música e a poesia.
74. Se nos casos da alimentação e inclusive do estudo a utilidade é indissolúvel da retidão, a primeira está ausente, a princípio, nas artes imitativas; neste caso se impõe colocar a retidão acima do prazer. A prevalência da relação entre quantidade e qualidade se funda no fato de que numa *semelhança* é preciso haver correspondência quantitativa e qualitativa. Na sequência do diálogo esta questão adquire maior clareza.
75. ...δόξῃ μὴ ἀληθεῖ... (...*dóxei mè aletheî*...), opinião não verdadeira.

assim opina ou se encanta com isso, mas acima de tudo por causa da verdade, e o mínimo possível por qualquer outra razão.

Clínias: Com toda a certeza.

O ateniense: Afirmamos, não é mesmo, que toda a música é representativa e imitativa?

Clínias: Está claro que sim.

b *O ateniense*: Assim quando alguém afirmar que o prazer é o critério da música, nós decididamente constestaremos tal afirmação, e consideraremos tal música como a menos séria de todas (se é que realmente atribuímos seriedade a qualquer música) e preferiremos aquela que detém semelhança em sua imitação do belo.

Clínias: É bastante verdadeiro o que dizes.

O ateniense: Assim aqueles que estão em busca do melhor canto e da melhor música têm que buscar, como parece, não a que é agradável, mas a que tem retidão, e a retidão no imitativo consiste, dizemo-lo, na reprodução do original na sua própria quantidade e qualidade.

Clínias: É indubitável.

O ateniense: E isso é certamente verdadeiro no que concerne à música, como todos o admitiriam, ou seja, que todas as suas criações são

c imitativas e representativas... o que mais admitiriam unanimemente poetas, plateia e atores?[76]

Clínais: Certamente admitiriam isso.

O ateniense: Ora, aquele que deve julgar acertadamente uma obra[77] necessita em cada caso particular conhecer a natureza exata da obra pois se desconhecer sua essência, o que pretende e qual o original real do qual ela é a imagem, dificilmente será capaz de decidir até que ponto tal obra conseguirá ou deixará de conseguir realizar corretamente seu propósito.

Clínias: Dificilmente, com certeza.

d *O ateniense*: E alguém que ignora o que é a retidão seria capaz de decidir quanto à boa qualidade ou má qualidade de uma obra? Mas não

---

76. É preciso sempre ter em mente o amplo conceito grego de música como uma combinação harmoniosa de poesia, canto coral, dança e representação teatral, afastando nosso conceito especializado e restrito de música como criação artística abstrata, para a qual mesmo a *letra* (poesia) é dispensável e opcional. Considere-se, também, é claro, a metafísica platônica, segundo a qual o mundo sensível é mera imagem (εἴδωλον [*eídolon*]) do mundo inteligível.
77. ...ποιημάτων..., (*poiemáton*) a despeito do primordial sentido genérico de ποίημα (*poíema*), o sentido aqui é de uma obra póetica, poema, inserido numa composição musical nos moldes helênicos.

estou sendo absolutamente claro: ficaria mais claro se eu me exprimisse da seguinte maneira...

Clínias: Que maneira?

O ateniense: No que se refere aos objetos da visão, dispomos, está claro, de inumeráveis representações.

Clínias: Sim.

O ateniense: Bem, o que aconteceria se em conexão com essa classe de objeto se ignorasse a natureza de cada um dos corpos representados? Poder-se-ia alguma vez estar certo de sua correta execução? O que quero dizer é isto: será que preserva as próprias dimensões e as disposições de cada uma das partes do corpo e captou o exato número delas além da ordem correta na qual cada parte está disposta junto às outras, e ainda suas cores e formas, ou estarão todas essas coisas na representação compostas confusamente? Imaginas que alguém poderia definir esses pontos se ignorasse totalmente qual o ser vivo que estivesse sendo representado?

Clínias: E como poderia?

O ateniense: Bem, supõe que soubéssemos que o objeto pintado ou esculpido é um homem, e que a arte o dotou de todas as suas partes, cores e formas próprias. Não será de imediato forçoso que a pessoa detentora desse conhecimento possa facilmente discernir se a obra é bela, ou no que carece de beleza?

Clínias: Se assim fosse, estrangeiro, eu poderia dizer-te que praticamente todos nós conheceríamos a beleza dos seres vivos.

O ateniense: Estás plenamente certo. Relativamente, portanto, à toda representação – seja na pintura, na música ou em qualquer outra arte – não necessitará o crítico judicioso possuir os seguintes requisitos, a saber: primeiramente, um conhecimento do original, em segundo lugar um conhecimento da retidão da cópia e em terceiro um conhecimento da excelência com a qual a cópia é executada?[78]

Clínias: Assim pareceria, seguramente.

---

78. Conforme o texto grego estabelecido por muitos helenistas, é acrescido aqui (entre colchetes ou não) o seguinte: ῥήμασί τε καὶ μελέσι καὶ τοῖς ῥυθμοῖς (*rhémasí te kaì melési kaì toîs rhythmoîs*), [*mediante*] *palavras, melodias e segundo o seu ritmo*. Devido às dificuldades de transportar o pensamento de um quadro de signos para outro (tradução) envolvendo o grego antigo e um relativamente *precário* idioma moderno, certos tradutores preferem, em lugar de acrescentar o trecho adicional, fundi-lo para efeito de tradução ao trecho anterior do *terceiro lugar*, pelo que oferecemos uma tradução opcional: ...*e em terceiro que valor possuem todas essas imagens reproduzidas por meio de vocábulos, melodias e segundo seu ritmo.*

O ateniense: Não hesitemos, portanto, em indicar o ponto em que reside a dificuldade da música. Simplesmente porque dela se fala mais do que de qualquer outra forma de representação, requer maior cautela do que qualquer outra. Aquele que comete tropeços nessa arte perpetrará ele próprio o maior dano mediante a acolhida de maus costumes; e ademais é muito difícil discernir seus tropeços porquanto nossos poetas[79] são inferiores como poetas às próprias Musas, pois estas jamais errariam a ponto de atribuir uma melodia e uma postura femininas a versos compostos para homens, ou adaptar os ritmos de cativos e escravos à melodia e às posturas construídas para homens livres, ou inversamente, depois de construir os ritmos e posturas de homens livres atribuir aos ritmos uma melodia ou versos de um estilo oposto. Tampouco jamais mesclariam numa única peça gritos e vozes de animais e de seres humanos, o entrechoque de instrumentos e ruídos de todas as espécies como meio de representar um único objeto, enquanto os compositores humanos, insensatamente misturando tais coisas e fazendo uma mixórdia com elas, forneceriam um objeto de riso a todos os indivíduos humanos que, na frase de Orfeu, "alcançaram a plenitude da primavera",[80] pois veem todas essas coisas desordenadamente misturadas; e para cúmulo os poetas grosseiramente separam da melodia o ritmo e as posturas, colocando nos versos palavras sem acompanhamento melódico, ou deixando a melodia e o ritmo sem palavras, usando o som isolado da cítara ou da flauta, em tudo isso sendo quase impossível discernir o que pretendem com esse ritmo e harmonia destituídos de palavras, ou que original digno de nota eles representam. Tais procedimentos, como é imperioso que se compreenda, são extremamente rudes na medida em que exibem um desejo excessivo de velocidade, precisão mecânica e imitação de sons próprios dos animais, resultando num emprego da flauta e da cítara sem o acompanhamento da dança e da canção, desconsiderando-se que o uso de um ou outro desses instrumentos isoladamente é a característica do charlatão ou do indivíduo vulgar. Eis aí nossa avaliação e basta, portanto, deste assunto. O que estamos considerando *não* é a forma pela qual aqueles entre nós que têm acima de trinta anos, ou mais de cinquenta, não devem cultivar a música, mas sim a forma pela qual devem cultivá-la.[81] Penso que nossa discussão já nos encaminha para esta conclusão, a saber, que todos os indivíduos de mais de cinquenta anos que estão em condições de cantar devem contar com um treinamento

---

79. Ou seja, *criadores (compositores) de música*.
80. Ou seja, "λαχεῖν ὥραν τῆς τέρψιος" ("*lakheîn hóran tês térphios*").
81. O que implica também no tipo de música.

superior àquele dos coros musicais, porque é necessário que possuam conhecimento e uma pronta percepção dos ritmos e harmonias, pois sem isto como poderá alguém reconhecer as melodias corretas?

Clínias: É óbvio que não poderia de maneira alguma.

O ateniense: É ridículo aqueles que pertencem à multidão ordinária imaginarem que podem compreender plenamente o que é harmonioso e rítmico e o que não é pelo fato de terem sido treinados a cantar com o acompanhamento de flauta e se moverem com cadência; está claro que não conseguem compreender que ao realizarem estas duas coisas as realizam sem conhecimento. O fato é que toda melodia que possui seus elementos adequados é correta, enquanto é incorreta aquela que possui elementos inadequados.

Clínias: Não resta dúvida.

O ateniense: E o que dizer daquele que desconhece até quais são os elementos da melodia? Saberá ele, como o dissemos, aquilatar da retidão desta ou daquela melodia?

Clínias: Não há como ele pudesse fazê-lo.

O ateniense: Estamos agora, mais uma vez, pelo que parece, constatando o fato desses nossos cantores (que estamos presentemente convidando e de certo modo constrangendo, por assim dizer, a cantar de sua livre vontade) terem que quase necessariamente ser treinados até o ponto de cada um deles mostrar-se capaz tanto de acompanhar a cadência determinada pelos ritmos quanto as notas das melodias, de maneira que pela observação das harmonias e dos ritmos possam estar aptos a selecionar aqueles que sejam de um tipo adequado à interpretação de homens de sua idade e situação, podendo eles cantar dessa forma, e neste cantar não só experimentar eles mesmos um prazer inócuo, como também servir como mestres dos mais jovens na sua conveniente adoção de costumes virtuosos. Se treinassem até tal ponto, seu treinamento seria mais completo do que o da maioria, ou com efeito mais completo do que o dos próprios poetas, pois embora seja para estes praticamente necessário conhecer harmonia e ritmo, é-lhes dispensável o conhecimento do terceiro item, a saber, se a representação é bela ou não bela.[82]

---

82. ...καλὸν εἴτε μὴ καλὸν τὸ μίμημα... (...*kalòn eíte mè kalòn tò mímema*...). Entenda-se aqui o belo não unicamente como qualidade abstrata agradável captada via sensação (αἴσθησις [*aísthesis*]); para Platão a criança educada rumo à virtude (ἀρετή [*areté*]) deve desenvolver necessariamente a natural aprovação pelo belo e a natural repugnância pelo disforme, de sorte que a constituição do homem virtuoso é inconcebível sem a maturidade estética, a ponto de por vezes ser difícil distinguir a fronteira entre o estético (domínio da percepção ou sensação) e o ético (domínio da

Todavia, no caso dos nossos cantores mais velhos o conhecimento de todos esses três itens é necessário visando capacitá-los a determinar o que é primordial e o que é secundário na ordem da beleza,[83] caso contrário nenhum deles jamais terá êxito em atrair para a virtude por meio de seus encantamentos os jovens. Assim, a tarefa inicial de nossa discussão, que era demonstrar que nossa defesa do coro de Dionísio era justificável foi agora realizada da melhor forma de que somos capazes. Mas vejamos [se foi o suficiente] para garantir seu sucesso.[84] Uma tal reunião tende inevitavelmente, à medida que prossegue a bebedeira, a se tornar mais e mais tumultuada; é o que no princípio apontamos como inevitável nessas reuniões do modo que se realizam atualmente.

Clínias: É inevitável.

O ateniense: Por outro lado, cada um se exalta, se sente mais superficial em meio ao próprio atrevimento, regozijo e loquacidade e não se dispõe a escutar seus vizinhos, considerando-se competente tanto para se governar como para governar a todos os demais.

Clínias: Decerto é assim.

O ateniense: E não dizíamos nós que quando isso ocorre, as almas dos bebedores se tornam mais brandas como o ferro que aquecido torna-se mais maleável, e também rejuvenescidas, a ponto de passarem a ser flexíveis, como quando eram jovens, nas mãos daquele que detém o talento e a capacidade de treiná-las e moldá-las? E tanto agora quanto então o seu modelador é o bom legislador; cabe a ele dar o banquete de leis capazes de controlar aquele conviva que se torna confiante, audacioso, indevidamente desavergonhado e não desejoso de acatar a sua vez de se calar e de falar, de beber e de cantar, permitindo-se fazer de todas as maneiras o oposto disso – leis capazes também, ajudadas pela justiça, de combater a entrada da impudência através da admissão daquele medo sumamente nobre[85] ao qual demos o nome de *pudor* e *autorrespeito*.

Clínias: Assim é.

O ateniense: E como guardiões dessas leis e seus colaboradores devem haver sóbrios e serenos estrategos que atuem como controladores

---

conduta humana). De qualquer maneira, o poeta ou compositor enquanto tal não é obrigado a se responsabilizar pela consequência psicológica ou moral exercida por sua composição.
83. Vide a nota anterior.
84. Ou seja, uma justificação no plano teórico da razão tem que ser confirmada em sua aplicação prática.
85. Há helenistas que estabeleceram o texto grego inserindo θεῖον φόβον (*theîon phóbon*) antes de ὠνομάκαμεν (*onomákamen*), o que nos obrigaria a acrescer aqui ..., *medo divino*.

dos ébrios, pois combater a embriaguez sem eles seria uma incumbência mais formidável do que combater inimigos sem chefes serenos. Todo aquele que se recusar voluntariamente a obedecer a esses estrategos e os oficiais de Dionísio (que têm mais de sessenta anos de idade) incorrerá em tanta desgraça quanto aquele que desobedece os oficiais de Ares, e até mais.

Clínias: Certíssimo.

O ateniense: Se esse fosse o caráter do beber e do recrear-se não tirariam tais convivas disto o melhor proveito e com maior amizade do que antes, em lugar de o fazerem como inimigos, que é o que sucede agora? Pois seriam guiados por leis em todas as suas relações e dariam ouvidos às orientações dadas aos ébrios pelos sóbrios.

Clínias: Se o caráter da reunião fosse realmente como descreves, tenho o que dizes como verdadeiro.

O ateniense: Portanto não devemos continuar, de maneira desqualificada, a reprovar o dom de Dionísio[86] como sendo mau e indigno de ser adotado num Estado. De fato, dever-se-ia ampliar consideravelmente a discussão deste assunto visto que há muita hesitação quanto a se declarar diante da multidão o maior benefício conferido por esse dom, já que quando assim declarado é mal compreendido e difícil de ser reconhecido.

Clínias: Ao que tu te referes?

O ateniense: Há uma tradição e um rumor que insinuam que esse deus foi despojado de seu juízo mental por sua madrasta Hera e para se vingar criou os rituais das bacantes e todas as danças delirantes, tendo com o mesmo intuito concedido o dom do vinho. Deixo, entretanto, estas coisas para aqueles que acham prudente mencioná-las em conexão com os deuses. O que sei é que nenhum ser vivo jamais nasce de posse dessa inteligência, ou da quantidade de inteligência que deverá ter em sua idade adulta; consequentemente, todo ser vivo, durante o período em que ainda é falto da inteligência que lhe é própria, permanece louco, emite gritos selvagens e tão logo se ergue sobre os pés põe-se a saltar. Relembremos que situamos aí as origens da música e da ginástica.

Clínias: Por certo nos lembramos, é claro.

O ateniense: E porventura não nos lembraremos também que afirmamos que a partir dessa origem foi inculcado em nós, seres humanos, o senso do ritmo e da harmonia e que os coautores disso foram Apolo e as Musas, além do deus Dionísio?

---

86. Isto é, o vinho.

Clínias: Por certo nos lembramos.

O ateniense: Ademais, quanto ao vinho, parece que a opinião corrente é que foi concedido a nós, seres humanos, como uma punição a fim de nos enlouquecer; porém nossa opinião ao contrário é que o vinho é um medicamento que nos foi dado com o propósito de facilitar à alma a aquisição do pudor e ao corpo a aquisição da saúde e da força.

Clínias: Resumiste admiravelmente a nossa opinião, ó estrangeiro.

e *O ateniense*: É-nos legítimo dizer então que demos conta da metade do assunto da dança coral. Passaremos a tratar imediatamente da outra metade da forma que nos parecer melhor ou a deixaremos de lado?

Clínias: A que metades te referes? Como estás dividindo o assunto?

O ateniense: A nosso ver, a dança coral como um todo é idêntica à educação como um todo e a parte dela que concerne à voz consiste de ritmos e harmonias.

Clínias: Sim.

O ateniense: E a parte que concerne ao movimento corporal possui, em comum com a vocalização,[87] ritmo, além do que detém como seu atributo peculiar a postura, tal como a melodia constitui o atributo 673a peculiar da vocalização.

Clínias: Isto é inteiramente verdadeiro.

O ateiniense: Ora, quando a vocalização se insere no treinamento que visa a excelência da alma, nos arriscamos de algum modo a chamá-la de *música*.

Clínias: Sim, isto é exato.

O ateniense: Quanto aos movimentos corporais que chamamos de dança de folguedos, caso tais movimentos se prestem à consecução da excelência do corpo, nos será possível dar o nome de *ginástica* ao treinamento do corpo para essa finalidade.

b *Clínias*: É absolutamente certo.

O ateniense: Quanto à música, à qual fizemos referência alguns momentos atrás ao afirmarmos que metade do assunto da dança coral fora descrito e tratado, que se diga o mesmo dela agora; porém com relação à outra metade, deveremos abordá-la ou o que faremos?

Clínias: Meu caro senhor, estás a conversar com cretenses e lacedemônios e discorremos longamente sobre a música... Que resposta a tua

---

87. Literalmente φωνῆς κίνησις (*phonês kínesis*) significa *movimento vocal*; o conceito κίνησις (*kínesis*) é muito mais abrangente do que o nosso de *movimento*, englobando nossos conceitos de estímulo, fomento, motivação, transtorno, perturbação, instabilidade, comoção e emoção. Os verbos *mover* e *mobilizar* (do latim *movere*) guardam parte dessa carga semântica bem como o substantivo *motor*.

pergunta, por conseguinte, esperas que um ou outro de nós dará quando o assunto que permanece não abordado é a ginástica?[88]

O ateniense: Eu diria que me deste uma resposta perfeitamente clara fazendo-me essa pergunta, entendendo que embora tenha sido uma pergunta é também (eu o repito) uma resposta, ou melhor ainda – uma determinação para discutir de maneira plena o assunto da ginástica.

Clínias: Percebeste o que eu quis dizer perfeitamente. (Assim) o faz.[89]

O ateniense: Fazê-lo devo eu e realmente não constitui tarefa muito difícil falar de coisas tão bem conhecidas por vós, visto que tendes muito mais experiência nesta arte do que na outra.

Clínias: Dizes a pura verdade.

O ateniense: A origem do folguedo[90] a que estamos nos referindo deve ser encontrada no hábito natural que todo ser vivo tem de saltar; assim, o ser humano adquirindo, como dizíamos, o senso do ritmo, deu origem e produziu a dança, e considerando-se que o ritmo é sugerido e despertado pela melodia, a união destes dois produziu a dança coral e o folguedo.

Clínias: Isto é bem verdadeiro.

O ateniense: No que diz respeito à dança coral, já discutimos uma parte, e nos empenharemos em seguida em discutir a outra parte.

Clínias: De pleno acordo.

O ateniense: Mas, se vós ambos concordarem, antes disso daremos um fecho à nossa discussão acerca dos banquetes com bebida.

Clínias: De que fecho falas?

O ateniense: Se um Estado se dispor a fazer uso da instituição em pauta de uma maneira legal e ordenada, encarando-a circunspectamente e liberando sua prática com vistas à temperança, e cedendo a todos os demais prazeres analogamente e conforme o mesmo princípio, mas assumindo os meios de sobre eles exercer controle, ter-se-á à disposição um método a ser empregado extensivamente;[91] se, todavia, por outro

---

88. Mais uma vez a maiêutica socrática empregada por Platão por intermédio do *ateniense* mostra sua eficiência, pois *Clínias*, desta feita, não apenas anui e compartilha dos raciocínios do encaminhador da discussão, como também replica ironicamente ante a indagação didaticamente provocativa do *ateniense*. Todos sabem quanto os cretenses e os espartanos prezavam a ginástica!
89. Na verdade não se trata aqui propriamente de uma frase conclusiva, ficando no limite entre o conclusivo e o meramente aditivo, ou seja, ...τε καὶ οὕτω δὴ ποίει... (...*te kaì hoúto dè poiei*...).
90. Ou seja, a dança de folguedos ou movimento corporal pueril e brincalhão que se contrapõe à *música* ou harmonia, que se origina, por sua vez, do natural hábito humano de gritar.
91. O franco elogio de Platão à prática das reuniões regadas a vinho em caráter institucional se restringe estritamente a este quadro.

lado, tal instituição for encarada como um folguedo e qualquer um que o deseje goze da permissão de beber quando quiser e com quem quiser e combinando isso com todos os outros tipos de licenças, eu não daria o meu sufrágio favorável à prática de beber a tal Estado ou tal indivíduo, mas indo além mesmo do uso dos cretenses e lacedemônios, eu daria minha adesão à lei de Cartago, a qual ordena que nenhum soldado em campanha jamais prove a poção embriagante, limitando-se durante todo esse tempo a beber unicamente água. E eu acrescentaria que na cidade também os escravos e escravas jamais a provassem; e que os magistrados no desenrolar do ano de seu mandato, os pilotos e os juízes enquanto no cumprimento de seus deveres não bebessem vinho algum, bem como qualquer conselheiro que fosse convocado a dar seu parecer colimando uma deliberação de considerável importância; nem qualquer pessoa durante o dia salvo por motivo de treinamento físico ou saúde; nem tampouco um homem ou uma mulher à noite, quando se propõem a procriar. Poder-se-ia citar um grande número de outras circunstâncias nas quais o vinho não deve ser bebido por aqueles que são dirigidos pela reta razão e a lei. Por conseguinte, de acordo com essa reflexão não haveria necessidade alguma para Estado algum de contar com um grande número de vinhedos; e se todos os outros produtos agrícolas e todos os gêneros alimentícios seriam controlados, a produção de vinho em especial seria mantida dentro das menores e mais modestas proporções. Que este seja então, estrangeiros, o fecho ao discurso concernente ao vinho.

Clínias: Excelente, e com o que concordamos totalmente.

Livro
III

Ταῦτα μὲν οὖν δὴ ταύτῃ· πολιτείας δὲ ἀρχὴν τίνα ποτὲ φῶμεν γεγονέναι;

676a *O ateniense*: Eis que essa questão está encerrada. E agora o que teremos a dizer a respeito da origem das constituições?[92] Não será através deste ponto de vista que a vislumbraremos com maior facilidade?

Clínias: Que ponto de vista?

O ateniense: Daquele a partir do qual se deve sempre observar o desenvolvimento dos Estados à medida que caminham rumo à virtude ou ao vício.

Clínias: Mas que ponto queres dizer?

b *O ateniense*: A observação, como eu o suponho, de um período de tempo infinitamente longo e das transformações que nele ocorrem.

Clínias: Explicita o que entendes por isso.

O ateniense: Diz-me o seguinte: achas que serias capaz de indicar a longa duração de tempo transcorrida desde que as cidades passaram a existir e os seres humanos vivem como cidadãos?

Clínias: Seguramente não seria uma fácil empresa.

O ateniense: De qualquer modo, podes perceber com facilidade que se trata de uma duração imensa e incomensurável?

Clínias: Isso posso perceber com toda a certeza.

O ateniense: Durante esse tempo, não passaram a existir inúmeros Estados e, num cálculo similar, inúmeros não pereceram? E não apre-
c sentaram eles, cada um por sua vez, todas as espécies de constituições ciclicamente? E não aconteceu que por vezes os pequenos se tranformaram em grandes, os grandes em pequenos, os melhores em piores, os piores em melhores?

Clínias: Necessariamente.

O ateniense: Tentemos descobrir a causa desse processo de transformação, se o pudermos, pois quem sabe isso poderia nos revelar a origem primeira das constituições, bem como a transformação destas.

---

92. ...πολιτείας δὲ ἀρχὴν... (...*politeías dè arkhèn*...), o governo *político*, isto é, da πόλις (*pólis*); por extensão, *a forma de governo do Estado, a constituição.*

Clínias: Tens razão e todos nós temos que nos empenhar nisso. Tu, expondo tua opinião e nós te acompanhando.

O ateniense: Parece-vos que as antigas tradições encerram alguma verdade?

Clínias: Quais?

O ateniense: Aquela[93] segundo a qual o mundo dos seres humanos foi diversas vezes destruído por dilúvios, pragas e muitos outros flagelos, de tal modo que apenas uma pequena porção da espécie humana sobreviveu.[94]

Clínias: Todos considerariam tais relatos perfeitamente críveis.

O ateniense: Pois bem, vamos nos ater, a título de exemplo, à imagem da catástrofe que ocorreu outrora através do *dilúvio*.

Clínias: E que imagem poderíamos fazer dele?

O ateniense: Que aqueles que nessa ocasião escaparam à destruição devem ter sido principalmente pastores dos montes, pequenas centelhas da espécie humana preservadas nos cimos das montanhas.

Clínias: É evidente.

O ateniense: E que se acresça a isso que indivíduos desse tipo devem ter sido forçosamente inexperientes nas artes em geral, e particularmente no que concerne a esses instrumentos que os cidadãos utilizam uns contra os outros nas cidades a serviço da ambição e da rivalidade e de todas as demais vilezas que concebem uns contra os outros.

Clínias: Isso é certamente provável.

O ateniense: Presumiremos que as cidades situadas nas planícies e próximas ao mar foram inteiramente destruídas na ocasião?

Clínias: Vamos presumi-lo.

O ateniense: E sustentaremos que todos os implementos foram perdidos e que suas descobertas importantes em todas as artes das quais podem ter sido detentores, envolvendo a política ou outras ciências, desapareceram naquela ocasião. Pois se supuséssemos que essas coisas – que bom – tivessem permanecido todo esse tempo ordenadas tal como

---

93. A resposta parece ser dada no singular propositalmente pois o *ateniense* pretende enveredar o tema para uma catástrofe específica.
94. É sempre oportuno lembrar que esse relato com efeito está essencialmente presente nas tradições dos mais variados povos (inclusive de culturas tão distintas quanto hebreus e indianos); o tema do κατακλυσμός (*kataklysmós* [inundação, dilúvio]) é inclusive tratado pelo próprio Platão no seu diálogo inacabado *Crítias* (em *Diálogos V*, obra publicada em *Clássicos Edipro*) que se refere a Atlântida.

as vemos atualmente... como, meu caro senhor, poderia ter havido lugar para novas descobertas?

Clínias: Queres insinuar que tais coisas permaneceram desconhecidas para os homens primitivos daquela época por milhares e milhares de anos e que há mil ou dois mil anos atrás algumas delas foram reveladas a Dédalo, outras a Orfeu, outras a Palamedes, a arte musical a Mársias e Olimpo, a lírica a Anfion e, em síntese, um enorme número de outras a outros – todas datando, por assim dizer, de ontem ou anteontem?

O ateniense: Estás ciente, *Clínias*, que omitiste teu amigo, que foi literalmente um homem de ontem?

Clínias: Tu te referes a Epimênides?

O ateniense: Sim, é a ele que me refiro pois de longe superou a todos, meu amigo, mediante aquela sua invenção[95] da qual foi o efetivo autor, como vós cretenses dizem, embora Hesíodo a tivesse previsto e dela falado muito antes.

Clínias: Nós o dizemos, com efeito.

O ateniense: Poderíamos então afirmar que na época dessa destruição os assuntos humanos estavam na seguinte situação: uma imensa e aterradora solidão sobre uma enorme superfície de terra, a maioria dos animais destruídos e uns poucos rebanhos de bois e bandos de cabras que haviam sobrevivido fornecendo escasso sustento, nesse início, aos seus boiadeiros e pastores?

Clínias: Sim.

O ateniense: E quanto aos assuntos ventilados na nossa presente discussão, a saber, Estados, constituições e legislação – é-nos cabível pensar que eles pudessem ter retido qualquer lembrança, falando no geral, de tais assuntos?

Clínias: De modo algum.

O ateniense: Mas não foi dessa situação que brotou todo o nosso sistema atual, Estados e constituições, artes e leis, acompanhados de uma grande quantidade de vício e virtude?

Clínias: O que queres dizer?

O ateniense: Imaginas, meu bom homem, que os indivíduos daquela época, que nada conheciam dos costumes da vida urbana – muitos entre eles bons, outros, maus – haviam atingido a perfeição na virtude ou no vício?

---

95. A invenção de Epimênides teria sido um preparado de ervas, ou mais exatamente o *elixir da vida*.

Clínias: Ah, tu o disseste bem! Agora te compreendemos.

O ateniense: À medida que o tempo passou e nossa espécie multiplicou-se, houve progresso, não é mesmo? Progresso para a condição agora existente.

Clínias: Precisamente.

O ateniense: Mas, com toda a probabilidade, eles progrediram muito gradualmente e não de súbito, exigindo para seu progresso uma enorme quantidade de tempo.

c *Clínias*: Sim, isso é sumamente provável.

O ateniense: Pois todos, imagino, sentiam ainda renovar-se o terror ante a ideia de deixar as elevações para ocuparem as planícies.

Clínias: Obviamente.

O ateniense: E pelo fato de serem tão poucos naqueles dias não sentiam grande prazer em se verem? Mas como se os meios de transporte que lhes possibilitariam se visitarem mutuamente através de mar e terra haviam todos praticamente desaparecido juntamente com as artes? Daí concluo que o relacionamento não era nada fácil. Se por um lado o

d ferro, o bronze e todos os metais e minérios nas minas haviam sido colhidos pelo dilúvio e assim perdidos, por outro lado era extremamente difícil voltar a extraí-los; além disso, havia escassez de árvores para derrubamento e de madeira, pois mesmo que ainda tivessem restado algumas ferramentas em alguma parte das montanhas, estas logo se desgastaram, não podendo ser substituídas por outras até que os homens redescobrissem a arte da metalurgia.

Clínias: Realmente não poderiam fazê-lo.

O ateniense: E quantas gerações, poderíamos supor, seriam necessárias para que isso ocorresse?

e *Clínias*: Muitíssimas, evidentemente.

O ateniense: E durante todo esse período, ou mesmo mais, todas as artes que requeriam ferro e bronze, e todos os demais metais devem ter permanecido em suspenso?

Clínias: Certamente.

O ateniense: Ademais, as revoluções e as guerras também desapareceram durante esse tempo, o que foi ocasionado por muitas razões.

Clínias: Como assim?

O ateniense: Em primeiro lugar, devido à solidão, alimentavam uma disposição amável e amistosa entre si; em segundo lugar, não pre-

679a cisavam entrar em conflito por causa de alimento pois não faltavam rebanhos (exceto, talvez, alguns deles no início) e naquela época era principalmente com base nessas coisas que os homens viviam. Assim contavam com bom suprimento de leite e carne e suplementavam seus estoques de víveres, de boa qualidade e em abundância, mediante a caça. Também contavam com boa provisão de roupas, cobertores e moradias, bem como utensílios de cozinha e outros, já que não há ne-
b cessidade de ferro para as artes da modelagem e da tecelagem, as quais foram outorgadas à humanidade pela divindade para supri-la de todos os recursos de modo que a espécie humana pudesse germinar e crescer sempre que caísse em tal estado de desolação. Consequentemente, não eram excessivamente pobres, e tampouco eram impelidos pela pressão da pobreza a brigarem entre si; e, por outro lado, visto que não dispunham de ouro e prata, jamais podiam se tornar ricos. Ora, a comunidade que não conhece jamais nem a riqueza nem a pobreza é geralmente aquela na qual se desenvolvem as personalidades mais
c nobres, pois aí não há espaço para o crescimento da insolência e da injustiça, das rivalidades e dos ciúmes. Eles eram, portanto, bons, tanto por essas razões quanto por sua candura, como a chamamos, pois sendo cândidos quando ouviam coisas ditas más ou boas, tomavam o que era dito por pura verdade e acreditavam. Nenhum deles tinha a perspicácia do homem moderno em suspeitar de uma falsidade; aceitavam como verdadeiras as afirmações feitas a respeito de deuses e seres humanos e norteavam suas vidas por elas. Assim, detinham inteiramente o caráter que acabamos de descrever.

d *Clínias*: Por certo concordamos plenamente com o que dizes.

O ateniense: E não diremos nós que pessoas vivendo por várias gerações dessa forma estavam condenadas à inabilidade se comparadas com os antediluvianos e os hodiernos? E que eram ignorantes das artes em geral, especialmente das artes bélicas que são atualmente praticadas na terra e no mar, inclusive aquelas artes belicosas que disfarçadas com
e os nomes de processos judiciais e sedições caracterizam as cidades, aparelhadas como estão pela palavra e pela ação para se agredirem e se provocarem danos reciprocamente? E que eram também mais cândidas, mais corajosas e mais moderadas, e de toda sorte mais justas? A razão desse estado de coisas já foi por nós exposta.

Clínias: É exato o que dizes.

O ateniense: Devemos ter em mente que todo o propósito do que dissemos e do que vamos dizer a seguir é este: a compreensão da pos-

680a sível necessidade de leis por parte dos seres humanos daquela época e identificação de seu legislador.

Clínias: Excelente.

O ateniense: Será cabível supormos que não tinham necessidade de legisladores e que naqueles dias não era ainda usual dispor de tal instituição?... visto que aqueles que nasceram naquela época da história do mundo não possuíam ainda a arte da escrita, limitando-se a viver segundo os costumes e o que era chamada de lei dos ancestrais.

Clínias: Isso é seguramente provável.

O ateniense: Entretanto, isso já resultava numa espécie de governo.

Clínias: Que espécie?

b *O ateniense*: Todos, acredito, atribuem a essa época uma forma de governo baseada na autoridade pessoal,[96] que, a propósito, continua existindo hoje entre gregos e bárbaros em muitos lugares. E, evidentemente, Homero menciona tal forma de governo em conexão com o sistema doméstico dos cíclopes[97] quando diz:

*Estes nem assembleias deliberativas nem regulamentos têm,
Mas nos ocos de cavernas nos cimos das montanhas
Habitam, cada um fazendo seu próprio regulamento*
c *Para seus filhos e mulheres, sem com seus vizinhos se importar.*[98]

Clínias: Este vosso poeta parece ter sido encantador. Lemos também outros versos dele e eram extremamente belos, embora na verdade não tenhamos lido muito de tal poeta, já que nós, cretenses, não nos detemos muito com a poesia estrangeira.

Megilo: Mas nós[99] sim, e o consideramos o melhor de todos, isto embora o modo de vida que ele descreve ser sempre mais propriamente d jônico do que lacônico. E nesta oportunidade ele parece estar corro-

---

96. Ou seja, a autoridade do πατήρ (*patér*), o pai (também o avô), e por extensão, os avós, ancestrais.
   Na prática, tratava-se de uma autoridade pessoal absoluta encarnada no pai ou chefe de família (δεσπότης [*despótes*], sem qualquer conotação pejorativa) e herdada via linhagem masculina, daí o sentido posterior da palavra *patriarcado*, isto é, autoridade, poder, comando, governo (ἀρχή [*arkhé*]) detido pelos seres humanos do sexo masculino.
97. ...κυκλώπων οἴκησιν... (...*kyklópan oíkesis*...).
98. *Odisseia*, ix, 112 a 115: Τοῖσιν δ᾽ οὔτ᾽ ἀγοραὶ βουληφόροι οὔτε θέμιστες, / ἀλλ᾽ οἵ γ᾽ ὑψηλῶν ὀρέων ναίουσι κάρηνα / ἐν σπέσσι γλαφυροῖσι, θεμιστεύει δὲ ἕκαστος / παίδων ἠδ᾽ ἀλόχων, οὐδ᾽ ἀλλήλων ἀλέγουσιν.
99. Ou seja, os espartanos.

borando admiravelmente tua afirmação ao atribuir em sua narrativa mitológica os modos primitivos dos ciclopes a sua selvageria.

O ateniense: Sim, o seu testemunho nos apoia, de maneira que podemos tomá-lo como prova de que formas de governo dessa espécie, por vezes, de fato existiram.

Clínias: Perfeito.

O ateniense: E não teriam nascido entre aqueles grupos humanos que viviam dispersos em clãs separados ou em famílias isoladas devido aos infortúnios resultantes das catástrofes, onde os mais velhos governavam em função do poder a eles transmitido pelos pais, tendo eles em sucessão a estes formado um único bando, como uma ninhada de pássaros, e vivendo sob um governo patriarcal, uma realeza, que era de todas as realezas a mais justa?

Clínias: Com certeza.

O ateniense: Em seguida, devem ter se congregado em grupos maiores, formando multidões maiores; e primeiramente dedicaram-se à agricultura nos flancos das montanhas, fazendo cercas de pedras brutas para se defenderem dos animais ferozes, até que finalmente construíram uma grande habitação comum única.

Clínias: É certamente provável que as coisas tenham acontecido assim.

O ateniense: E não seria tambem provável isto?

Clínias: Isto o quê?

O ateniense: Que à medida que essas instalações maiores foram se desenvolvendo a partir das menores originais, cada uma das instalações menores continuou a reter consigo o membro mais velho como chefe de família e alguns hábitos peculiares engendrados por seu isolamento mútuo. Como aqueles que os haviam gerado e educado eram diferentes, também seus costumes relativos aos deuses e a si próprios diferiam, sendo mais ordenados onde seus ascendentes tinham sido ordenados, e mais corajosos onde eles haviam sido corajosos; e assim os pais de cada clã no devido tempo inculcaram em seus filhos e nos filhos de seus filhos sua própria mentalidade, chegando eles então a comunidades maiores, cada uma delas dotada de leis próprias.

Clínias: Isto parece evidente.

O ateniense: E necessariamente cada clã tinha em alta conta suas próprias leis, não tendo em tão alta conta as leis de seus vizinhos.

Clínias: Inegável.

O ateniense: Parece que inadvertidamente pusemos nossos pés, por assim dizer, na origem da legislação.

Clínias: Realmente.

O ateniense: O seguinte passo necessário seria essas pessoas das comunidades se reunirem e escolherem alguns membros de cada clã que, depois de um exame dos costumes legais de todos os clãs, notificariam publicamente aos líderes e chefes tribais (que poderiam ser chamados de seus *reis*) quais daqueles costumes os haviam agradado mais, reco-

d mendando sua adoção. Esses membros seriam chamados eles mesmos *legisladores*, e quando tivessem estabelecido os chefes como *magistrados* e estruturado uma aristocracia, ou possivelmente até mesmo uma monarquia a partir da pluralidade de patriarcados, todos passariam a viver sob a nova forma de governo.

Clínias: O próximo passo seria tal como descreveste.

O ateniense: Prossigamos de modo a nos referir a uma terceira forma de governo na qual estão combinados todos os tipos e variedades de formas de governo tanto quanto Estados.

e *Clínias*: E que forma é essa?

O ateniense: A mesma que o próprio Homero mencionou após a segunda ao dizer que a terceira forma surgiu assim: "Fundou ele Dardânia", disse...

> ...*quando ainda*
> *A santa Ílion não fora construída*
> *Na planície, uma cidade para humanos mortais,*
> *Mas ainda habitavam eles nas encostas elevadas*
> *Do Ida de muitas fontes.*[100]

682a Realmente ele profere estes seus versos, bem como aqueles em relação aos ciclopes como se falando segundo a divindade e a natureza, pois sendo divinamente inspirados quando cantam, os poetas com a ajuda das Graças e das Musas com frequência captam a verdade histórica.

Clínias: Isso é certo.

O ateniense: Agora avancemos ainda mais no mito que nos ocorreu pois talvez possa nos sugerir algo com relação à matéria que temos em vista. Deveríamos nós fazê-lo?

---

100. *Ilíada*, xx, 216 a 218: Κτίσσε δὲ Δαρδανίην ἐπεὶ οὔπω Ἴλιος ἱρὴ / ἐν πεδίῳ πεπόλιστο, πόλις μερόπων ἀνθρώπων, / ἀλλ' ἔθ' ὑπωρείας ᾤκουν πολυπιδάκου Ἴδης.

Clínias: Com toda a certeza.

O ateniense: Ílion foi fundada, dizemos, quando houve o deslocamento das regiões elevadas para uma grande e excelente planície sobre um outeiro de pouca altura junto a muitos rios que tinham suas nascentes nos cimos do Ida.

Clínias: Assim se diz.

O ateniense: E podemos supor que isso sucedeu muitas eras depois do dilúvio?

Clínias: Com certeza sim – muito tempo depois.

O ateniense: E de qualquer forma, parece que as pessoas se esqueceram estranhamente da catástrofe que acabamos de mencionar, já que instalaram sua cidade junto a muitos rios que fluíam montanha abaixo e confiaram sua segurança a pequenas colinas de altura modesta.

Clínias: O que torna evidente que um tempo bastante considerável as separava de tal catástrofe.

O ateniense: Por essa época, também, como a espécie humana se multiplicara, muitas outras cidades tinham sido fundadas.

Clínias: É claro.

O ateniense: E essas cidades, ademais, atacaram Ílion por terra, e também provavelmente por mar, visto que nessa época todos faziam uso do mar destemidamente.

Clínias: Assim parece.

O ateniense: E depois de um assédio de dez anos os aqueus saquearam Troia.

Clínias: Precisamente.

O ateniense: Ora, durante esse período de dez anos, que foi o tempo que durou o assédio, a situação doméstica daqueles que sitiavam Ílion foi muito prejudicada devido às insurreições da juventude que por ocasião do retorno dos soldados às suas próprias cidades e lares não os recebeu condignamente e com justiça, mas de uma tal maneira que se seguiu um enorme número de assassinatos, massacres e desterros. Consequentemente os banidos migraram pelo mar e devido ao fato de ter sido Dorieus[101] quem os reuniu eles adotaram o nome de *dórios* em lugar de aqueus. Mas quanto aos eventos que se sucedem a partir daqui, as tradições dos lacedemônios os narram completamente.

Megilo: Decididamente.

---

101. Δωριῆς (*Doriês*), personagem dúbio do ponto de vista da história oficial visto que parece ser Platão o único a mencioná-lo. De qualquer modo, a alusão é a invasão e conquista do Peloponeso, quando os dórios por volta de 900 a.C. expulsaram os aqueus do sul da Grécia.

O ateniense: E agora, como se por orientação divina, retornamos mais uma vez ao próprio ponto da nossa discussão sobre as leis quando a nossa digressão nos fazia mergulhar no assunto da música e dos banquetes com bebida; e podemos, por assim dizer, executar uma retomada do argumento, a discussão tendo atingido esse ponto, ou seja, o estabelecimento da Lacedemônia, a respeito do qual vós corretamente declarastes ter sido ele bem como o de Creta fundados em leis afins. O curso tortuoso de nossa discussão e nossa excursão por várias formas de governo e fundações resultaram num grande ganho: discernimos um primeiro, um segundo e um terceiro Estado,[102] todos, como supomos, sucedendo um ao outro nas fundações que ocorreram no desenrolar de muitas e longuíssimas eras. E agora surgiu este quarto Estado,[103] ou *nação*, se o preferis, que esteve outrora a caminho de sua fundação e está agora fundado. Se pudermos concluir de tudo isso quais dessas fundações estavam corretas e quais, errôneas, quais leis garantem a segurança do que está seguro, quais arruinam aquilo que está arruinado e quais transformações (em quais particularidades) produziriam a felicidade do Estado – teríamos, então, *Megilo* e *Clínias*, que descrever essas coisas novamente, recomeçando do início – a menos que não tenhamos nenhuma objeção às nossas prévias afirmações.

Megilo: Posso assegurar-te, estrangeiro, que se algum deus nos prometesse que fazendo essa segunda tentativa de investigação da legislação ouviríamos um discurso que não seria pior nem mais curto do que este que estamos acompanhando, eu, de minha parte, faria um longo caminho para ouvi-lo, e este dia me pareceria curto, embora de fato estejamos próximos do solstício de verão.

O ateniense: Assim me parece que devamos prosseguir com nossa investigação.

Megilo: Com toda a certeza.

O ateniense: Muito bem! Então vamos nos transportar pelo pensamento àquela época quando a Lacedemônia, juntamente com Argos, a Messênia e suas possessões foram completamente submetidos, *Megilo*, a vossos antepassados. Segundo a tradição, eles se decidiram em seguida pela divisão de suas hostes em três partes e pela fundação de três Estados, a saber, Argos, Messênia e Lacedemônia.

---

102. O primeiro é a família ou clã sob a autoridade pessoal absoluta do πατήρ (*patér*), o segundo a reunião dos clãs sob um governo aristocrático ou monárquico e o terceiro um Estado misto (um Estado na planície como Ílion).
103. Este quarto Estado seria, segundo Platão, uma confederação de três Estados associados.

Megilo: Perfeitamente.

O ateniense: E Temenos tornou-se rei de Argos, Cresfontes da Messênia, e Prócles e Eurístines da Lacedemônia.

Megilo: Estou de acordo.

O ateniense: E todas as populações daquela época juraram que socorreriam esses reis se alguém tentasse destruir seu reinos.

Megilo: Exatamente.

O ateniense: É a dissolução de um reino ou de qualquer governo que jamais foi dissolvido antes causada por qualquer outra ação salvo a dos próprios governantes? Ou será que tendo colocado esta questão há pouco quando tratamos dessa matéria a esquecemos agora?[104]

Megilo: Como poderíamos tê-lo esquecido?

O ateniense: Bem, desta vez estabeleceremos melhor nossa tese pois aportamos à mesma doutrina agora, pelo que parece, ao lidar com fatos históricos. E por conseguinte não nos deteremos no seu exame em abstrato mas nos referindo a eventos efetivos. Ora, o que aconteceu realmente foi o seguinte: cada uma das três casas reais e as cidades a elas submetidas juraram entre si segundo as leis que haviam estabelecido obrigando tanto governantes quanto súditos, que os primeiros com o passar do tempo e o progresso da raça se conteriam no sentido de não tornar sua autoridade mais severa, e que os segundos – enquanto os governantes se mantivessem fiéis a sua promessa – jamais transtornariam a monarquia eles mesmos, como também não permitiriam que outros o fizessem; e ambos, governantes e povos submetidos, juraram que os reis deveriam auxiliar tanto reis quanto povos em caso de injustiça, e os povos tanto povos quanto reis em caso idêntico. Não era isso?

Megilo: Era.

O ateniense: Nas formas de governo legalmente estabelecidas – pelos reis ou por outros – nos três Estados, não era este o princípio mais importante?

Megilo: Qual?

O ateniense: Aquele segundo o qual dois Estados deveriam sempre se unir contra o terceiro sempre que este desobedecesse as leis estabelecidas.

Megilo: Evidentemente era.

O ateniense: Ora, certamente a maioria das pessoas insistiam que os legisladores deveriam promulgar um tipo de leis que a massa popu-

---

104. O *ateniense* se refere ao *Livro I*.

lar aceitasse voluntariamente, do mesmo modo que se insistiria para que treinadores e médicos tratassem e curassem os corpos humanos de maneira agradável.

Megilo: Isso é exato.

O ateniense: Mas na verdade amiúde temos que nos contentar com o fato de alguém levar a saúde e o vigor a um corpo sem dor excessiva.

Megilo: Essa é a plena verdade.

d *O ateniense*: Os homens daquela época contavam com uma outra vantagem que era de grande valia para facilitar a legislação.

Megilo: E qual era ela?

O ateniense: Seus legisladores, no seu empenho de estabelecer a igualdade dos bens, estavam livres da pior das acusações que acontecem comumente em Estados onde vigoram leis de tipo diverso, quando qualquer um se propõe a transtornar a ocupação da terra ou propõe a abolição das dívidas visto que percebe que sem a adoção dessas medidas a igualdade nunca poderia ser plenamente assegurada. Em tais casos, se o legislador tentasse transtornar quaisquer dessas coisas, todo e um povo o confrontaria dizendo-lhe para não mudar o imutável, e o amaldiçoaria por introduzir redistribuições de terras e supressões de dívidas, reduzindo todos à impotência. Mas os dórios dispunham dessa vantagem adicional, pela qual estavam livres de todo medo de causar animosidade: podiam dividir sua terra sem contestação e não tinham dívidas de monta e antigas.[105]

Megilo: É verdade.

O ateniense: Ora, como explicar, excelentes senhores, o fato de seu estabelecimento e sua legislação terem se tornado tão ruins?

685a *Megilo*: O que queres dizer? Que falha podes aí encontrar?

O ateniense: Esta: havendo três Estados estabelecidos, dois deles,[106] rapidamente destruíram sua constituição e suas leis, apenas um deles permanecendo estável... e este foi o teu Estado, *Megilo*.

Megilo: Esta questão não é nada fácil.

O ateniense: E no entanto em nosso exame e investigação deste assunto, nos dedicando ao jogo sóbrio das leis da maneira que compete

---

105. Os dórios invadiram o Peloponeso, se estabeleceram e por direito de conquista podiam fazer o que bem lhes entendesse. A reivindicação de direitos por parte dos antigos proprietários de terras ou credores era, portanto, inadmissível.
106. Ou seja, Argos e a Messênia.

b   a homens velhos, é imperioso que prossigamos em nossa jornada sem pesar, como dissemos quando partimos.

Megilo: Certamente, é preciso que façamos como dizes.

O ateniense: Bem, que leis ofereceriam melhor assunto para investigação do que as leis pelas quais aqueles Estados eram governados? Ou existiriam Estados maiores ou mais notórios em relação aos quais pudéssemos investigar o estabelecimento?

Megilo: Seria difícil encontrar exemplos superiores a esses.

O ateniense: É bastante óbvio que as pessoas daquela época visavam com sua organização suprir uma proteção adequada não só para
c   o Peloponeso como também para toda a Hélade no caso de um ataque de qualquer povo bárbaro, exatamente como os antigos habitantes do território de Ílion se haviam sentido na sua arrogância estimulados a empreender a Guerra de Troia confiando no poder assírio como este fora no reinado de Nino,[107] pois muito do esplendor daquele Império ainda subsistia e as pessoas daquela época temiam o seu poder confederado, tal como nós hoje tememos o *Grande Rei*.[108] Pelo fato de Troia ter sido
d   uma parte do Império assírio, a segunda[109] tomada de Troia representava uma séria acusação contra os gregos. Foi em função de tudo isso que as forças dórias estavam naquela época organizadas e distribuídas entre três Estados sob a soberania de príncipes irmãos, os filhos de Héracles,[110] o que era considerado admirável e nos seus recursos superior mesmo às forças que haviam marchado contra Troia, pois os homens estimavam, em primeiro lugar, que dispunham de melhores chefes do que os *pelópidas*[111] nas pessoas dos filhos de Héracles e em segundo lugar que esse
e   exército era de valor superior ao exército que rumara para Troia, este último, aqueu, tendo sido decididamente derrotado pelo primeiro, que era dório. Não deveríamos nós supor que era dessa maneira, e com essa intenção que os homens daquela época se organizavam?

---

107. Conforme a lenda, esposo de Semíramis, fundador do Império assírio e responsável pela construção de Nínive por volta de 2200 a.C. Nino teria sido assassinado por ordem de Semíramis.
108. Esta expressão, constante nas inscrições de Ciro, era protocolar para a designação dos poderosos reis da Pérsia, mas é bem possível que Platão se referisse especificamente ao contemporâneo Artaxerxes II, rei da Pérsia entre 405 e 358 a.C., que teria celebrado em 387 a.C. um tratado com Esparta que punha fim a todas as confederações helênicas.
109. A primeira tomada de Troia é mencionada por Homero no canto V (640 ss.) da *Ilíada* como obra de Héracles (Hércules) durante o reino de Laomedon, pai de Príamo.
110. Os Ἡρακλεῖδαι (*Herakleidai* [filhos de Héracles]) já mencionados eram Temenos, soberano de Argos, Prócles e Eurístines da Lacedemônia e Cresfontes da Messênia.
111. Os Πελοπίδαι (*Pelopídai* [descendentes de Pélops]) eram os chefes gregos do cerco a Troia: Agamenon, rei de Micenas e de Argos, e Menelau, rei de Esparta, ambos filhos de Atreu, por sua vez, filho de Pélops.

Megilo: Certamente.

O ateniense: Não é também provável que supunham ser esse um sistema estável e tendente a perdurar muitíssimo tempo visto que tinham compartilhado muitos labores e perigos, e eram comandados por chefes de uma única família (sendo seus príncipes, irmãos) e visto que, ademais, haviam consultado vários intérpretes de oráculos e, entre outros, Apolo em Delfos?

Megilo: Não há dúvida que isso é provável.

O ateniense: Mas parece que tais grandes expectativas desvaneceram celeremente, com a única exceção, como o dizemos, de uma pequena parte, o teu Estado; e desde então até a atualidade essa parte nunca cessou de fazer guerra contra as outras duas, e todavia se o plano original tivesse sido concretizado no sentido da união, um poder bélico invencível teria sido criado.

Megilo: Isso com toda a certeza.

O ateniense: Então como e por que meios tal plano foi frustrado? Não valeria a pena inquirir que golpe do destino[112] teria arruinado uma união política[113] tão grandiosa?

Megilo: Sim, pois caso se negligenciasse tal coisa, provavelmente não se encontraria alhures constituições ou leis que preservassem interesses tão legítimos e grandiosos ou que, ao contrário, os aniquilassem cabalmente.

O ateniense: Neste ensejo, então, por uma felicidade, como parece, embarcamos numa investigação de certa importância.

Megilo: Indubitavelmente.

O ateniense: Ora, meu caro senhor, não imaginam inconscientemente os seres humanos em geral, como nós presentemente, que todo belo objeto em que pousam o olhar produziria resultados maravilhosos se alguém simplesmente compreendesse a maneira correta de fazer um bom uso dele? Contudo, no que concerne a nós, sustentar uma tal ideia relativamente ao assunto que deparamos seria possivelmente tanto errado quanto contrário à natureza, o mesmo sendo verdadeiro em conexão com todos os outros casos nos quais os homens sustentam tais ideias.

---

112. Τύχη (*týkhe*), a fortuna, o acaso, a sorte (às vezes favorável e feliz, às vezes desfavorável e infeliz).
113. A palavra σύστημα (*sýstema*) no seu sentido literal original significava simplesmente *conjunto, massa, reunião, disposição*, não implicando necessariamente no conceito de um conjunto coeso e organizado no qual todas as partes contribuem para a perfeita funcionalidade do todo, que é o conceito moderno de *sistema*. Aqui especificamente o conceito se aproxima muito do conceito de *confederação* (ἀμφικτιονία [*amphiktionía*], ἀμφικτυονία [*amphiktyonía*]).

Megilo: O que queres dizer? E que dizermos do que seria o propósito de tuas palavras?

O ateniense: Ora, meu bom senhor, é de mim mesmo que acabo de zombar, pois quando contemplei essa organização da qual estamos falando julguei-a uma coisa estupenda e pensei que se alguém tivesse feito um bom uso dela naquela época, teria se revelado, como disse, um tesouro prodigioso para os gregos.

Megilo: E não foi absolutamente acertado e sensato de tua parte dizer isso, e da nossa endossá-lo?

O ateniense: Talvez, embora eu conceba que todos quando contemplam algo grande, poderoso e vigoroso são instantaneamente atingidos pela convicção de que se seu possuidor soubesse como empregar um instrumento de tal magnitude e qualidade, poderia promover sua própria felicidade mediante muitas realizações maravilhosas.

Megilo: E não é essa uma convicção legítima? Que te parece?

O ateniense: Examina pois as considerações que, em relação a quaisquer objetos, conferem legitimidade a esse louvor. E a começar pelo assunto neste momento discutido: se os homens que se achavam então comandando o exército soubessem como organizar convenientemente suas forças, como teriam logrado o êxito? Não deveria ter sido consolidando tais forças com firmeza e as conservando perpetuamente, de modo que poderiam tanto assegurar sua própria liberdade quanto ser senhores de todos aqueles que escolhessem, e de modo que eles e seus filhos pudessem fazer o que lhes aprouvessem através do mundo dos gregos bem como do mundo dos bárbaros? Não seriam essas as razões pelas quais seriam louvados?

Megilo: Certamente.

O ateniense: E em todos os casos em que alguém faz o discurso do louvor ante a opulência, ou à vista de honras que distinguem famílias ou de qualquer outra coisa do gênero, não seria correto dizer que ao empregar tal discurso, esse alguém tivesse sobretudo em mente que é provável que o possuidor dessas coisas concretizaria todos, ou, ao menos, a maioria e os mais caros entre os seus desejos?

Megilo: Parece-me ser isso provável.

O ateniense: Ora, vejamos... há algum desejo – apontado por nossa discussão – que seja comum a todos os seres humanos?

Megilo: Qual seria esse?

O ateniense: Aquele segundo o qual tudo – ou ao menos tudo que é humanamente possível – acontecesse de acordo com as exigências de nossa alma.

Megilo: Com certeza.

O ateniense: Bem, considerando-se ser este o nosso desejo comum e constante, seja na infância, na maturidade ou na velhice, deveriam ser a favor dele nossos contínuos votos?

Megilo: Mas é claro.

d   *O ateniense*: Ademais, em nome de nossos amigos somaríamos aos seus nossos próprios votos.

Megilo: Com certeza.

O ateniense: Ora, um filho, que é uma criança, é amigo do homem que é seu pai.

Megilo: Certamente.

O ateniense: E, no entanto, um pai pedirá frequentemente aos deuses que as coisas que seu filho solicita possam não ser de modo algum concedidas conforme o voto do filho.

Megilo: Queres dizer quando o filho que suplica é ainda jovem e tolo?

O ateniense: Sim, e também quando o pai, ou por ser já velho ou por
e   ser jovem demais, destituído de todo senso do direito e do justo, cede a veementes súplicas a favor da paixão (como aquelas de Teseu contra Hipólito, que encontra um fim desventurado[114]), enquanto o filho, ao contrário, dispõe de um senso de justiça. E neste caso supões que o filho acompanhará o pai nas súplicas deste?

Megilo: Compreendo o que queres dizer. O que pretendes dizer, a meu ver, é que aquilo que um homem deve suplicar e anelar pelos seus votos não é que tudo caminhe segundo seu próprio desejo – visto que seu desejo de maneira alguma acata sua própria razão. É sim pela vitória da racionalidade que todos nós – tanto Estados quanto indivíduos – devemos suplicar e lutar.

688a   *O ateniense*: Sim, e que, eu ativaria vossa memória bem como a minha, de como foi dito (se bem o lembrais) no princípio que o legislador do Estado ao estabelecer suas determinações legais tem sempre que levar em conta a racionalidade. A injunção que apresentastes é que o bom

---

114. Acusado de ter tentado desonrar Fedra, sua madrasta, Hipólito atraiu o furor de Teseu, seu pai, o qual efetivamente invocou seu próprio pai (o deus Poseidon) numa maldição contra o filho. Guiando sua biga, Hipólito foi interceptado por um touro, que enviado por Poseidon assustou os cavalos; estes desequilibraram a biga, causando a queda de Hipólito, que ainda preso à mesma foi arrastado até à morte.

legislador tinha que moldar todas suas leis com vistas na guerra; eu, por outro lado, sustentei que enquanto conforme vossa injunção as leis fossem moldadas tendo como referencial apenas uma das quatro virtudes,
b   era realmente essencial considerar a virtude total e acima de tudo dar conta da principal virtude entre as quatro, a qual é a sabedoria, a razão e a opinião,[115] associadas à paixão e ao desejo[116] que as acompanham. E agora a discussão retornou novamente ao mesmo ponto, de sorte que repito neste momento minha afirmação anterior, a título de gracejo, se preferis, ou com gravidade. Estimo que a súplica constitui uma prática perigosa para aquele que está privado da razão e que o que ele obtém é o oposto de
c   seus desejos, pois seguramente espero que, na medida que acompanhais o argumento recém-proposto, percebereis que a causa da ruína desses reinos e de seu projeto na totalidade não foi a covardia ou a ignorância da arte da guerra por parte dos governantes ou daqueles que deviam ter sido seus súditos, mas que aquilo que os aniquilou foram vícios de outros gêneros, e
d   especialmente ignorância dos interesses maiores da humanidade. Que este foi o curso dos eventos então, que ainda perdura sempre que tais eventos ocorrem e que será semelhante no futuro – *isto*, com vossa permissão, me empenharei em descobrir no decorrer da próxima discussão, tornando-o o mais claro que possa a vós, meus excelentes amigos.

Clínias: Cumprimentos verbais têm peso precário, estrangeiro. Mas pela ação, se não pela palavra, prestaremos a ti os mais elevados cumprimentos atentando ansiosamente ao teu discurso, e é assim que o homem livre demonstra se os cumprimentos são espontâneos ou não.

Megilo: Muito bem, *Clínias*. Façamos como dizes.

e   *Clínias*: Assim será, se os deuses o quiserem.[117] Apenas prossegue falando.

O ateniense: Bem, a fim de avançar na senda de nossa discussão, afirmamos que foi a ignorância sob sua forma mais aguda que naquela época destruiu o poder que descrevemos, e que, naturalmente, continua

---

115. ...φρόνησις δ' εἴη τοῦτο καὶ νοῦς καὶ δόξα... (...*phrónesis d' eíe toûto kaì noûs kaì dóxa*...). A rigor a principal virtude propriamente dita é a sabedoria (φρόνησις [*phrónesis*]), o intelecto e a opinião sendo os veículos e recursos indispensáveis para atingi-la.

116. ...ἔρωτός τε καὶ ἐπιθυμίας... (...*erotós te kaì epithymías*...), *o desejo sensual e o apetite* numa tradução mais próxima da literalidade.

117. ...ἐὰν θεὸς ἐθέλῃ... (...*eàn theòs ethélei*...). É perfeitamente cabível do ponto de vista filológico aqui traduzir mantendo *deus* no singular. *Clínias* poderia ter em mente um *deus* em particular, digamos o deus mais prestigiado de Creta. Discordamos, entretanto, de traduzir por Deus (...*se Deus quiser*...) pois o monoteísmo com base num Deus único transcendente destituído de qualidades e atributos humanos (da concepção judaica, por exemplo) é totalmente estranho à religiosidade grega e incompatível com sua mitologia.

produzindo os mesmos resultados; e se assim é, conclui-se que o legislador precisa procurar instalar nas cidades o máximo possível de sabedoria e desenraizar a estupidez[118] o máximo que seu poder o permitir.

Clínias: Obviamente.

689a *O ateniense*: Que ignorância mereceria ser chamada *a maior*? Vede se vós concordais com minha definição... para mim é esta...

Clínias: Qual?

O ateniense: A que vemos naquele que odeia em lugar de amar aquilo que julga ser nobre e bom, ao mesmo tempo que ama e acarinha o que julga ser mau e injusto. Essa falta de harmonia entre os sentimentos de dor e prazer e o discernimento racional é, eu o sustento, a extrema
b forma de ignorância e também a *maior* porque é pertinente à maior parte da alma, ou seja, aquela que sente dor e prazer, correspondente à massa populacional do Estado.[119] Assim sempre que essa parte se opõe ao que por natureza são os princípios reguladores (conhecimento, opinião ou razão), chamo essa condição de *estupidez* seja num Estado (quando as massas desobedecem os governantes e as leis), seja num indivíduo (quando os nobres elementos racionais que existem na alma não produzem nenhum bom efeito, mas precisamente o contrário). Todas estas eu teria na conta das mais discordantes formas de ignorância,
c seja no Estado ou no indivíduo, e não a ignorância do artesão, se é que me entendeis, estrangeiros.

Clínias: Entendemos, caro amigo, e concordamos.

O ateniense: Então que fique assim resolvido e declarado que nenhum controle será confiado a cidadãos detentores de tal ignorância, mas sim que estes serão reprovados por sua ignorância, mesmo sendo

---

118. Ἄνοια (*ánoia*) é a negação ou ausência da νόησις (*nóesis*), que é a faculdade de pensar, a inteligência, sendo assim literalmente a *ininteligência*. Analogamente a palavra ἄγνοια (*ágnoia* [ignorância]) designa a negação ou lacuna de γνῶσις (*gnôsis* [conhecimento]); Platão também emprega outra palavra formada com o prefixo de negação α para designar a ignorância, desconhecimento, que é ἀμαθία (*amathía*), a ausência de μάθησις (*máthesis*) ou μάθημα (*máthema*) [instrução, ciência, conhecimento]).
119. O *ateniense* faz uma analogia entre o Estado (πόλις [*pólis*]) e a alma (ψυχή [*psykhé*]). Como em Aristóteles, para Platão a alma humana é complexa e heterogênea, um todo conflitante que necessita ser homogenizado. Neste caso Platão compara a lei (νόμος [*nómos*]), instrumento do regente do Estado, à razão (λόγος [*lógos*], νοῦς [*noûs*] – a parte da alma a que cabe atuar como elemento regente no indivíduo). Em suma, no Estado como na alma humana há uma parte que deve governar e outra a ser governada, mas a primeira parte (a razão ou a lei do governante, qualitativamente superior) é quantitativamente inferior à segunda parte (constituída pelo instintivo e o emocional na alma e a massa de governados no Estado). Embora Platão distinga o sentimento, a paixão (θυμός [*thymós*]) do desejo, apetite (ἐπιθυμία [*epithymía*]), sua analogia é válida e eficiente pois ambos devem ser controlados pela razão.

experientes no raciocínio, treinados em todas as habilidades e em tudo
que promove a agilidade da alma, enquanto aqueles que detêm uma
disposição mental oposta a essa, deverão ser considerados sábios, até
mesmo se – como diz o provérbio – "Não sabem nem ler nem nadar".
A estes últimos, como a homens de senso, o governo deverá ser confiado, pois sem harmonia, meus amigos, como poderia existir sequer
a mais ínfima fração de sabedoria? É impossível. E a maior e melhor
das harmonias seria tida com justeza como a maior sabedoria, da qual
compartilha aquele que vive segundo a razão, enquanto que aquele a
quem ela falta sempre se revelará um destruidor de casas[120] e jamais um
salvador do Estado devido a sua ignorância dessas matérias. Portanto,
que tal enunciado permaneça, conforme o dissemos há pouco, como
um dos nossos axiomas.

Clínias: Que permaneça.

O ateniense: Nossos Estados, presumo, necessitam contar com governantes e governados.

Clínias: É claro.

O ateniense: Muito bem. Quais e quantos são os títulos ou direitos,
sob consenso, de autoridade e de obediência existentes tanto nos Estados, grandes ou pequenos, como nos ambientes domésticos? Não será
um deles aquele do pai e da mãe? E, no geral, não será o direito dos pais
de governar seus descendentes universalmente justo?[121]

Clínias: Certamente.

O ateniense: E depois desse o direito do nobre governar o não
nobre,[122] e a seguir como um terceiro direito, aquele dos mais velhos
governarem e os mais jovens serem governados.[123]

Clínias: Está certo.

O ateniense: O quarto direito é o que exige a obediência dos escravos diante do mando dos senhores.

Clínias: É indiscutível.

---

120. Literalmente οἰκοφθόρος (*oikophthóros*) que livremente poderíamos traduzir como *aquele que arruína os negócios domésticos*, já que o conceito οἰκία (*oikía*) é muito mais lato do que *casa*.
121. A respeito da autoridade e direito dos pais, um dos alicerces da cidade antiga, é bastante proveitosa a leitura de *A Cidade Antiga*, de **Fustel de Coulanges**, obra publicada em *Clássicos Edipro*.
122. ...γενναίους ἀγεννῶν ἄρχειν... (...*gennaíous agennôn árkhein*...). Platão é pessoalmente um aristocrata e o governo que idealiza para o seu modelo socialista de Estado é *aristocrático*, ou seja, colocado nas mãos dos melhores [cidadãos], aqueles que reuniam o maior número de virtudes (sabedoria, bravura, temperança etc.). Ora, na prática estes eram os *mais bem nascidos, os nobres*.
123. Está claro que o direito de mandar de quem governa implica necessariamente o dever de obedecer de quem é governado.

O ateniense: E o quinto é, eu o imagino, o do mando do mais forte sobre o mais fraco.

Clínias: Acabas de formular uma forma de direito à autoridade verdadeiramente compulsória.

O ateniense: E que predomina entre todos os seres vivos, sendo "de acordo com a natureza", como o disse Píndaro de Tebas. O mais importante título ou direito é, aparentemente, o sexto, o qual determina que aquele que carece de entendimento deve acatar, e o sábio conduzir e comandar. Ora, neste caso, meu mui sapiente Píndaro, eu não diria certamente que é contra a natureza, porém inteiramente de acordo com ela – a autoridade exercida sem constrangimento pela lei sobre os governados que a aceitam voluntariamente.

Clínias: O que dizes é certíssimo.

O ateniense: O favor dos deuses e da fortuna caracteriza a sétima forma de direito à autoridade, na qual um homem se adianta para um lance da sorte e declara que se ganhar será com justiça o governante, e se não o conseguir assumirá seu lugar entre os governados.

Clínias: O que dizes encerra muita verdade.

O ateniense: "Vê, ó legislador...", eis o que poderíamos dizer participando do jogo de um daqueles que encetam despreocupadamente o labor legislativo, "...quantos são os direitos que concernem aos governantes, e qual é a oposição essencial que os separa? Descobrimos aqui agora uma fonte de divisões que deves remediar. Assim, em primeiro lugar, junta-te a nós no investigar como aconteceu e devido a que transgressão desses direitos os reis de Argos e Messênia provocaram a ruína tanto para si como para o poder da Grécia, formidável como era este naquela época. Não teria sido através da ignorância daquele justíssimo dito de Hesíodo, a saber, 'Amiúde é a metade maior que o todo?' "[124] No caso de ser prejudicial tomar o todo, sendo a metade suficiente, julgava ele conclusivamente a favor da superioridade do moderado sobre o imoderado, do melhor sobre o menos bom.

Clínias: Justíssimo, realmente.

O ateniense: É então, a nosso ver, junto aos reis que isso aparece usualmente para a ruína deles ou junto aos povos?

---

124. Afirmação logicamente contraditória se considerada isoladamente, fora de contexto. Mas se a examinarmos em *Os Trabalhos e os Dias* e a vincularmos à questão aqui tratada por Platão, veremos que o que se critica é o próprio excesso do poder político, ou seja, a situação é tal que não resta o que fazer senão optar entre o *todo excessivo* e a *metade equilibrada*, deve-se preferir esta última.

691a Clínias: Provavelmente isso é, principalmente, uma doença dos reis que se comprazem na soberba e na voluptuosidade.

O ateniense: Não é evidente que aquilo pelo que esses reis se empenharam inicialmente foi obter o melhor das leis estabelecidas, e que não estavam de acordo entre si quanto ao que haviam prometido e jurado, de modo que a discórdia – gozando da reputação de sabedoria, mas realmente, como asseveramos, o fastígio da ignorância – devido a sua dissonância e falta de harmonia, conduziu todo o mundo grego à ruína?

Clínias: Assim parece, seguramente.

b O ateniense: Muito bem. Que precaução deveria tomar o legislador na época ao promulgar as leis a fim de se proteger contra o desenvolvimento dessa doença? Pelos deuses, para percebê-lo agora não se exige grande sabedoria e nem se trata de algo difícil de ser reconhecido, mas aquele que o tivesse previsto naqueles dias – se possível fosse prevê-lo – teria sido alguém mais sábio do que nós.

Megilo: Ao que estás aludindo?

O ateniense: Observando-se o que aconteceu, Megilo, entre vós, lacedemônios, é fácil perceber e depois de perceber afirmar o que devia ter sido feito naquela época.

Megilo: Sê ainda mais claro em tuas palavras.

O ateniense: A mais clara das afirmações seria esta...

Megilo: Qual?

c O ateniense: Se descurarmos da regra da medida atribuindo coisas de demasiado poder a coisas demasiadamente pequenas, sejam velas às embarcações, alimentos aos corpos, cargos administrativos às almas, então tudo se transtornará, e funcionará mediante a desmedida, resultando em alguns casos em distúrbios corporais, noutros naquele rebento da desmedida que é a injustiça. O que temos, portanto, a concluir? Não será isto?... ou seja, que não existe, meus amigos, uma alma mortal cuja natureza, enquanto jovem e irresponsável, jamais seja capaz de se colocar na mais elevada posição de mando entre os seres humanos sem ter a mente empanturrada da maior das enfermidades, a estupidez, e

d granjeando a abominação de seus amigos mais próximos; e quando isso ocorre, rapidamente arruína a própria alma e aniquila a totalidade de seu poder. Exercer proteção contra isso mediante a percepção da devida medida constitui a tarefa do grande legislador. Por conseguinte, a mais razoável conjectura que podemos estabelecer no momento a respeito do que pode ter acontecido naquela época parece ser esta...

Megilo: Qual?

O ateniense: Para começar, havia um deus zelando por vós, e antevendo ele o futuro prendeu dentro de limites apropriados o poder real fazendo com que vossa linhagem deixasse de ser simples para ser dupla.[125] Em seguida, um certo homem[126] no qual a natureza humana foi mesclada ao poder divino, vendo que vossa realeza ainda permanecia tomada de delírio febril, combinou a força orgulhosa da raça com o poder da temperança dos velhos, dando ao poder do conselho dos vinte e oito anciãos o mesmo peso daquele dos reis no exame dos assuntos mais importantes. Na sequência, o vosso terceiro salvador,[127] observando o governo ainda corroído e irritado, o enfreou, como poder-se-ia dizer, mediante o poder dos éforos, o que o aproximou do poder atribuído por sorteio. Assim, em vosso caso, de acordo com esse relato, em função da mistura dos elementos corretos e da devida medida, a realeza não apenas sobreviveu como também assegurou a sobrevivência de tudo o mais. Pois se a matéria tivesse ficado nas mãos de Temenos e de Cresfontes e dos legisladores que lhes foram contemporâneos – quem quer que fossem esses legisladores – mesmo a parte de Aristodemos jamais poderia ter sobrevivido, visto que não eram inteiramente versados na arte de legislar, já que se o fossem dificilmente teriam julgado suficiente moderar por meio de compromissos sob juramento uma alma jovem dotada de um tal poder passível de converter-se em tirania; mas agora os deuses mostraram que espécie de governo devia ter havido então, e deve haver atualmente, que seja durável. Que nós o compreendamos depois de ter acontecido é – como eu disse antes – nenhum grande exemplo de sabedoria, visto que não é absolutamente difícil inferir com base num exemplo do passado; mas se naquela época tivesse havido alguém que previsse o resultado e fosse capaz de atenuar os poderes reinantes e unificá-los, tal homem teria preservado todos os grandiosos planos então concebidos e nenhum exército persa ou outro teria marchado contra a Grécia ou nos encarado com desprezo como um povo de pouca importância.

Clínias: É verdade.

O ateniense: O modo como repeliram tal exército foi desonroso, *Clínias*. Mas quando digo *desonroso* não quero dizer que não conquistaram

---

125. Os reis eram dois irmãos.
126. O legislador Licurgo (Λυκούργος [*Lykoúrgos*]) de Esparta.
127. Θεόπομπο (*Theópompo*), que tombou durante as guerras contra a Messênia e foi rei de Esparta em torno de 750 a.C.

grandes vitórias tanto por terra como por mar naquelas bem-sucedidas campanhas; o que considero *desonroso* é o fato, em primeiro lugar, de apenas um daqueles três Estados defender a Grécia, enquanto os outros dois foram tão sordidamente corruptos a ponto de um deles[128] realmente impedir a Lacedemônia de auxiliar a Grécia lutando contra os lacedemônios com todas as suas forças, ao passo que Argos, o outro Estado – que se destacara como primeiro entre os três nos dias do estabelecimento dório – quando convocado para dar sua assistência no combate aos bárbaros, não se dignou a dar nenhuma atenção e não prestou qualquer ajuda.[129] Nada honrosas são as muitas acusações a serem feitas contra a Grécia relativamente aos eventos dessa guerra; de fato, faltaria à verdade quem sustentasse que a Grécia se defendeu porque se não fosse pela decisão conjunta de atenienses e lacedemônios de afastar a ameaça da servidão, seria quase certa agora a confusão de todas as raças helênicas, bem como a mistura de bárbaros com gregos e gregos com bárbaros – exatamente como as raças atualmente submetidas ao Império persa se acham dispersas no estrangeiro ou desordenadamente miscigenadas, vivendo numa condição miserável. Tais são, ó *Megilo* e *Clínias*, as acusações que temos que fazer contra os chamados estadistas e legisladores, tanto do pretérito quanto do presente a fim de por meio da sondagem de suas causas podermos descobrir qual é o curso diferente a ser seguido; assim como no caso diante de nós, julgamos um erro crasso instituir legalmente um governo demasiado grande e puro.[130] Defendemos a ideia de que um Estado deve ser livre, racional e amigo de si mesmo, o legislador devendo desempenhar seu trabalho visando isso. Tampouco nos surpreendamos se as finalidades que propomos frequentemente como metas a serem colimadas pelo legislador em seu mister são aparentemente distintas. É preciso refletir que a sabedoria e a amizade quando colocadas como a meta a ser atingida não são realmente metas distintas, mas sim a mesma, não devendo nos perturbar a multiplicidade de expressões que possamos encontrar.

Clínias: Nós nos esforçaremos por ter isso em mente ao repassarmos os argumentos. Mas, de momento, no que diz respeito à amizade, à sabedoria e à liberdade, esclarece-nos quanto à meta que atribuirias ao legislador.

---

128. A Messênia.
129. Platão alude à invasão dos persas comandada pelo general Mardônio.
130. ...μεγάλας ἀρχὰς οὐδ' αὖ ἀμείκτους... (...*megálas oûd' aû ameíktous*...), governo demasiado grande e *sem mistura*, isto é, cujos integrantes fossem exclusiva e estritamente das famílias da Grécia.

O ateniense: Escutai. Há duas formas de constituição que são, por assim dizer, as matrizes a partir das quais, que se o afirme em verdade, todas as restantes nascem. Destas uma é chamada adequadamente de monarquia, e a outra, democracia, sendo o caso extremado da primeira a forma de governo dos persas, e o da segunda a nossa;[131] as restantes são praticamente todas, como eu disse, modificações dessas duas. Ora, é essencial que uma constituição encerre elementos dessas duas formas de governo se quisermos que disponha de liberdade e amizade combinadas com a sabedoria. E é isto que nossa argumentação pretende reivindicar a partir da afirmação de que a menos que um Estado participe dessas duas formas jamais poderá ser bem governado.

Clínias: Não poderia.

O ateniense: Ora, visto que um desses Estados abraçou a monarquia e o outro a liberdade, de maneira exclusiva e excessiva, nenhum deles atingiu a justa medida – vossos Estados, Lacedemônia e Creta, estão melhores nesse aspecto do que estiveram a Atenas e a Pérsia de outrora – se compararmos com sua atual condição. Deveremos expor as razões disso?

Clínias: Não há a menor dúvida, se é que desejamos completar a tarefa que nos propomos.

O ateniense: Então, escutemos. Quando os persas, sob o comando de Ciro, sustentaram o devido equilíbrio entre a escravidão e a liberdade, eles se tornaram, em primeiro lugar, livres eles próprios e em segundo senhores de muitos outros. Pois quando aqueles que mandavam conferiram uma parcela de liberdade aos seus subordinados e os impulsionaram para uma posição de igualdade, os soldados passaram a ser mais amigáveis com seus oficiais e demonstraram sua devoção nos momentos de perigo; e se houve um homem sábio entre eles, capaz de aconselhar, visto que o rei não era inclinado ao ciúme, permitia a livre expressão da palavra e respeitava aqueles que decididamente podiam ajudar mediante seu conselho, tal homem teve a oportunidade de contribuir com sua sabedoria para o interesse comum. Consequentemente, naquela época todos os seus negócios prosperaram devido à sua liberdade, amizade e permuta de ideias.

Clínias: É provável que as coisas de que falas tenham acontecido dessa maneira.

---

131. Isto é, de Atenas.

c	*O ateniense*: Como explicar então que tenham sido arruinadas no reinado de Cambises e quase restauradas novamente sob o governo de Dario? Deveremos nós usar um certo tipo de divinação[132] para realizar uma reconstituição do que teria acontecido?

Clínias: Sim. Isso certamente nos ajudará no exame do objeto de nossa investigação.

O ateniense: O que eu agora *profetizo* relativamente a Ciro[133] é que a despeito de ser um bom comandante e patriota, carecia completamente de uma boa educação e não deu nenhuma atenção a administração doméstica.

Clínias: E o que devemos entender por isso?

d	*O ateniense*: É provável que ele tenha passado toda sua vida desde a meninice em expedições militares, deixando que as mulheres educassem seu filhos, e essas mulheres os educaram desde a mais tenra infância como se já tivessem alcançado a plenitude da felicidade, como se nada mais lhes faltasse em bem aventurança; e tratando-os como os favoritos do céu e à força de impedir que qualquer um lhes causasse a mais ínfima contrariedade e forçando a todos a louvar cada uma de suas palavras e ações, fizeram deles o que eram.

Clínias: Uma bela educação, eu diria!

e	*O ateniense*: Seria melhor dizeres uma educação feminina de mulheres do serralho[134] recentemente enriquecidas e que educavam seus filhos sem contar com os homens ausentes, retidos por muitos perigos e guerras.

Clínias: Isso soa bem plausível.

O ateniense: E o pai deles enquanto conquistava rebanhos de gado e de ovelhas, bem como bandos de homens e de animais de toda espécie,

695a	ignorava que os filhos aos quais pretendia legar essas riquezas estavam privados da educação paternal, aquela dos persas – pastores – que era dura, apropriada para produzir pastores vigorosos, capazes de acampar ao relento e estarem vigilantes e, se necessário, tomar das armas.

---

132. Μαντεία (*manteía*), oráculo, predição e o próprio ato de consultar ou interpretar um oráculo; μαντεῖον (*manteîon*) é a resposta de um oráculo. O oráculo era a resposta de um deus embora fosse veiculado por uma profetisa mortal, em Delfos pela Πυθία (*Pythía*). Mesmo na tradição religiosa não helênica o profeta é um *inspirado pela divindade*; a morfologia do latim *divinus, i* de línguas latinas como o francês *(devin)* e do próprio inglês *diviner* é bastante sugestiva.
133. Μαντεύομαι δὴ νῦν περί γε Κύρου... (...*manteúomai dè nŷn terí ge kŷrou*...). Platão insiste na ideia da profetização provavelmente porque não dispunha de dados históricos suficientes para uma efetiva hipótese racional.
134. ...βασιλίδων γυναικῶν... (...*basilídon gynaikôn*...), literalmente *mulheres do rei*. O tom é francamente pejorativo, condizente com a forte dose de misoginia presente no pensamento grego.

Passou-lhe desapercebido que seus filhos recebiam uma formação no estilo daquela dos medas, uma educação deteriorada por uma pretensa felicidade ministrada por mulheres e eunucos – educação cujo resultado era fazê-los se tornarem aquilo que se poderia esperar que se tornassem
b por terem sido educados segundo um método no qual os educadores se abstinham de corrigir aquele que se pretende educar. Assim quando por ocasião da morte de Ciro seus filhos assumiram o reino, excessivamente amimalhados e indisciplinados como eram, em primeiro lugar um assassinou o outro[135] por aborrecer-se pelo fato do irmão ser colocado ao seu lado em condição de igualdade, logo depois o assassino perdia ele mesmo o trono para os medas por mergulhar no desvario devido à embriaguez e o deboche, isto por intermédio do homem a quem se chamou o eunuco,[136] o qual desprezava a loucura de Cambises.

Clínias: Não há dúvida que isso é o que se diz e provavelmente está
c próximo da verdade.

O ateniense: Se diz, ademais, como o reino foi recuperado por Dario e os *sete*.[137]

Clínias: De fato.

O ateniense: Vamos acompanhar a narrativa e ver qual foi o desenrolar dos acontecimentos. Dario não era um filho de rei nem foi educado na frouxidão. Quando chegou ao poder e assumiu o reino com seus seis companheiros, logo o dividiu em sete partes, das quais ainda restam alguns modestos vestígios até os dias de hoje. Julgou adequado adminis-
d trar o reino promulgando leis pelas quais introduziu na coletividade uma certa dose de igualdade e também incorporou na lei regulamentações relativas ao tributo que Ciro prometera aos persas, pelo que assegurou a amizade e a camaradagem entre todas as classes e conquistou a população por meio de dinheiro e presentes. E em função disso, a devoção de seus exércitos rendeu-lhe uma quantidade tão grande de territórios quanto a legada por Ciro. Dario foi sucedido por Xerxes, que também foi educado segundo a frouxidão da casa real; "Ó Dario, ..." – pois assim é como se poderia com justeza dirigir-se ao pai – "...como entender que
e ignoraste o erro grosseiro de Ciro e fizeste com que Xerxes fosse educado exatamente nos mesmos hábitos de vida em que Ciro fizera educar

---

135. Ou seja, Cambises tirou a vida de Esmerdis.
136. O mago Gaumata, que permaneceu sete meses no trono da Pérsia em 521 a.C. passando-se por Esmerdis. O usurpador foi então morto por sete nobres persas, sendo um destes Dario.
137. ...Δαρείου καὶ τῶν ἑπτὰ... (...*Dareiou kaì tôn heptà*...), estranhíssima discrepância cometida por Platão, pois Dario era *um* dos *sete* e não o *oitavo* dos nobres persas.

Cambises?" E Xerxes, sendo o produto da mesma educação, acabou por reproduzir quase exatamente as mesmas desgraças de Cambises. Daqueles tempos para cá não surgiu mais entre os persas um único rei que tenha sido tanto real como nominalmente *grande*. E, como nossa argumentação demonstra, a causa disso não reside no acaso, mas sim na má vida em que se comprazem geralmente monarcas excessivamente abastados, pois tal educação jamais pode produzir um menino, ou um homem, ou um velho que se distinga pela virtude. É a isso, nós o dizemos, que o legislador deve dar sua atenção – como nós devemos nesta ocasião. Convém, entretanto, meus amigos lacedemônios, dar ao vosso Estado, ao menos, este crédito, ou seja, que não atribuís educação ou honra de maneira diferenciada ao pobre ou ao rico, ao cidadão comum ou ao rei além daquilo que é estipulado pelo vosso oráculo original da parte de um deus. Nem é tampouco legítimo que honras especiais num Estado sejam conferidas a um homem porque este é invulgarmente abastado, do mesmo modo que não é legítimo conferi-las porque é corredor célere, ou formoso, ou forte mas desprovido de virtudes, ou virtuoso porém carente da temperança.

Megilo: O que queres dizer com isso, estrangeiro?

O ateniense: A coragem é, presumivelmente, uma parte da virtude.

Megilo: Seguramente.

O ateniense: Agora que já atentaste para o argumento, julga por si mesmo se acolherias como companheiro em tua casa ou como vizinho um homem que é extremamente corajoso, mas também mais licencioso do que detentor da temperança.

Megilo: Evita tais palavras de mau agouro!

O ateniense: Bem, o que dirias de alguém conhecedor das artes e dos ofícios, mas injusto.

Megilo: De maneira alguma o acolheria.

O ateniense: Mas a justiça, certamente, não é gerada independentemente da temperança.

Megilo: Impossível.

O ateniense: Tampouco é ele aquele que propomos recentemente como o nosso ideal de homem sábio – alguém que tem seus sentimentos de prazer e de dor harmonizados com o que é ditado pela justa razão e que a isso acatam.

Megilo: Decididamente não.

d *O ateniense*: Eis aqui um ponto que temos que examinar a fim de deliberarmos a respeito da concessão das honras ou direitos civis nos Estados, quando são corretos ou incorretos.

Megilo: E qual é esse ponto?

O ateniense: Se a temperança existisse isoladamente na alma humana divorciada de todo o conjunto das outras virtudes, mereceria ela com justiça a nossa aprovação ou não?

Megilo: Não conseguiria dar uma resposta a essa pergunta.

O ateniense: E no entanto, em verdade já deste uma resposta, e uma resposta razoável, pois se tivesses se declarado a favor de uma ou outra das alternativas presentes em minha pergunta, terias dito o que, na minha opinião, seria completamente despropositado.

Megilo: Assim acabou surtindo um efeito positivo.

O ateniense: Muito bem. De acordo com isso o elemento adicional
e nos objetos que merece aprovação ou reprovação será aquele que dispensa discurso, que, pelo contrário, exige que nos calemos.

Megilo: E me parece que te referes à temperança.

O ateniense: Sim, e na verdade também àquilo que estimado no mais alto grau e que seria o estimado com maior justiça, ou que colocado no nível secundário mereceria aprovação de nível secundário, é o que, entre as demais virtudes, nos traz, com a adição da temperança, os maiores benefícios; e assim relativamente a todas as outras virtudes sucessivamente – a cada uma será apropriado atribuir a honra que cabe à sua posição.

697a *Megilo*: Assim é.

O ateniense: Bem, será que não deveríamos dizer agora que a distribuição dessas honras é a tarefa do legislador?

Megilo: Certamente.

O ateniense: É teu desejo que entregássemos toda a distribuição a ele, de modo que se ocupasse de todos os casos e todas as minúcias, enquanto nós – também nós próprios entusiastas da legislação – nos restringiríamos a fazer uma tripla partilha e nos empenharíamos em distinguir o que por sua importância vem em primeiro lugar, em segundo e em terceiro?

Megilo: Sem dúvida alguma.

O ateniense: Declaramos, portanto, que um Estado que pretende
b durar e ser o mais feliz que for humanamente possível terá necessaria-

mente que dispensar corretamente honras e desonras, sendo o modo correto o seguinte: deverá ser estabelecido que os bens da alma recebam as mais elevadas honras e venham em primeiro lugar desde que a alma seja detentora de temperança; em segundo lugar viriam as coisas boas e belas do corpo; e em terceiro lugar os chamados bens substanciais e propriedades. E se qualquer legislador ou Estado transgredir essas regras, seja atribuindo ao dinheiro o posto da honra, seja designando uma posição superior a uma das classes de bens inferiores, será responsável por infringir tanto o sagrado quanto o político. Será esta a nossa declaração ou o que teremos que declarar?

Megilo: Que tenhamos isso, absolutamente, como evidente.

O ateniense: Foi a nossa investigação da forma de governo dos persas que nos fez discutir essas matérias de maneira extensiva e minuciosa. Ora, constatamos que eles no desenrolar do tempo ainda pioraram, a razão sendo a nosso ver que – tendo privado o povo indevidamente de sua liberdade e tendo introduzido excessivo despotismo – destruíram no Estado os laços de amizade e camaradagem. E quando estes são destruídos, o conselho dos governantes não delibera mais no interesse dos governados e do povo, mas somente no interesse da manutenção de seu próprio poder; desde que creia poder tirar para si a mínima vantagem se põe a qualquer tempo a aniquilar Estados, destruindo também nações amigas pelo incêndio; e assim os governantes odeiam e são odiados com um ódio cruel e implacável. E quando acontece que necessitam do povo para que este lute a seu favor, encontram um povo destituído de patriotismo ou disposição para arriscar suas vidas na batalha, de sorte que mesmo dispondo de um número incontável de indivíduos, estes são todos inúteis para a guerra, e então eles contratam soldados estrangeiros como se lhes faltassem homens, imaginando que sua segurança será garantida por mercenários e estrangeiros. E, além de tudo isso, exibem fatalmente sua loucura porquanto, por seus atos, atestam que as coisas reputadas como honradas e nobres num Estado não passam nunca de rebotalho comparadas ao ouro e à prata.

Megilo: Decididamente verdadeiro.

O ateniense: Assim é o bastante para a nossa questão do Império persa e do seu atual mau regime de governo que se deve ao excesso de escravidão e despotismo.

Megilo: Perfeitamente.

O ateniense: O que devemos examinar na sequência, de análoga maneira, é a constituição da Ática[138] e mostrar como a liberdade plena sem
b os grilhões de qualquer autoridade é sumamente inferior a uma forma de governo moderada sob o comando de magistrados eleitos.[139] Quando os persas atacaram os gregos, e de fato – poder-se-ia dizer – quase todos os povos instalados na Europa, nós, atenienses, dispúnhamos de uma antiga constituição[140] e de magistraturas baseadas num escalonamento quádruplo; ademais tínhamos o temor respeitoso como uma espécie de déspota que nos fazia viver como os escravos voluntários das leis existentes. Além disso, o tamanho gigantesco do exército persa que nos ameaçava tanto por terra como por mar, pelo medo desesperado que nos inspirava nos prendia ainda mais estreitamente nos laços de
c escravidão aos nossos governantes e nossa leis, e em função de tudo isso a amizade entre nós e o patriotismo foram bastante intensificados. Foi aproximadamente dez anos antes da batalha naval em Salamina que um outro exército chegou com o comando de Dátis, o qual Dario despachara expressamente contra os atenienses e os eretrianos com ordens de reconduzi-los acorrentados além da advertência de que a morte seria a punição em caso de fracasso. Assim, transcorrido curto
d período de tempo, Dátis, comandando tropas incontáveis, capturou pela força a totalidade dos eretrianos; e em Atenas foi difundida a notícia alarmante segundo a qual nem sequer um único eretriano lhe havia escapado: compondo um encadeamento de mãos unidas, os soldados de Dátis tinham colhido a terra inteira dos eretrianos como se fosse com uma rede. Essa notícia – fosse verdadeira ou não, ou qualquer que fosse sua origem – infundiu o terror entre os gregos em geral, e particularmente entre os atenienses, e quando estes enviaram embaixadores
e em todas as direções em busca de ajuda, todos a negaram exceto os lacedemônios, que retidos pela guerra que travavam contra Messênia e possivelmente por outros obstáculos (sobre os quais não dispomos de informações) chegaram um dia atrasados para a batalha que ocorreu em Maratona. Após isso, ameaças infindáveis e relatos de preparações colossais passaram a chegar constantemente da parte do rei persa. E então, com o transcorrer do tempo, chegou a notícia da morte de Dario e a informação de que seu filho, que o sucedera no trono, era um jo-

---

138. Platão se refere a Atenas.
139. Platão não reconhece a democracia como forma de governo ideal em sua teoria política e, além disso, foi um crítico incisivo especificamente da democracia praticada em Atenas. Ver *A República*, obra publicada em *Clássicos Edipro*.
140. Ou seja, a de Sólon.

699a vem fogoso e que não desistira da projetada expedição. Os atenienses imaginavam que todas essas preparações tinham a eles como alvo por causa do que acontecera em Maratona; e quando souberam como fora feito o canal através de Atos e da ponte lançada sobre o Helesponto e os informaram do enorme número de belonaves da frota persa sentiram que não havia salvação para eles por terra e nem tampouco por mar. Não alimentavam qualquer esperança de receber qualquer ajuda de quem quer que seja por terra pois se lembravam que por ocasião da primeira investida dos persas e de sua subjugação da Eretria ninguém os ajuda-
b ra ou se arriscara a acompanhá-los na luta, de maneira que esperavam que algo idêntico acontecesse novamente naquela oportunidade. Não viam também qualquer esperança de salvação por mar com mais de mil vasos de guerra a afrontá-los. Somente uma esperança de salvação era contemplada por eles – pequena e desesperada esperança, é verdade, mas a única esperança – extraída dos eventos do passado, quando a vitória na batalha parecia nascer de uma situação desesperada; e sustentados por essa esperança, descobriram que precisavam em matéria de refúgio contar unicamente com eles próprios e com os deuses. E foi
c assim que tudo isso neles gerou uma amizade recíproca – tanto o medo que então os possuía quanto aquele temor engendrado do passado e adquirido devido a sua sujeição às leis mais antigas (temor ao qual em nossa discussão anterior amiúde demos o nome de *temor respeitoso*, dizendo que a ele o indivíduo deve se submeter para ser bom – embora os pusilânimes dele estejam liberados e não necessitem detê-lo). Mas se esse temor não tivesse se apoderado então deles, jamais teriam[141] se unido para a própria defesa e tampouco teriam defendido seus templos,
d túmulos e a terra pátria, bem como seus parentes, amigos, como naquela ocasião defenderam; pelo contrário, todos nós teríamos sido divididos e dispersos em todas as direções.

Megilo: O que dizes, estrangeiro, é perfeitamente verdadeiro e digno tanto de teu Estado como de ti mesmo.

O ateniense: Assim o creio, *Megilo*. Convém relatar a ti os acontecimentos daquele período já que compartilhas por nascimento do caráter

---

141. Ou seja, os homens que eram então medrosos, pusilânimes (δειλός [*deilós*]). Platão se refere aqui à associação de dois medos que redundou na prática na salvação dos atenienses diante do descomunal poder bélico dos persas e sua terrível ameaça. Mas apesar desse fato extraordinário, paradoxal (παράδοξος [*parádoxos*]), cumpre observar que Platão, como via de regra todos os grandes pensadores gregos, tem a δειλία (*deilía* [frouxidão, covardia]) provocada pelo medo (φόβος [*phóbos*]) e o horror (δεῖμα [*deîma*]) eticamente como um dos estados mais deploráveis na conduta do homem (ἀνήρ [*anér*]).

LIVRO III | 151

de teus ancestrais. Mas agora tu e *Clínias* deveis considerar se o que
e   estamos dizendo é absolutamente pertinente a nossa legislação, pois não
faço este meu relato simplesmente pelo prazer de fazê-lo, mas sim em
função da legislação a que me refiro. Assim refleti vós: constatando que
nós, atenienses, experimentamos na prática a mesma sorte dos persas –
eles por reduzirem seu povo[142] à escravidão extrema e nós, ao contrário,
por impelirmos a massa do povo à liberdade extrema – não se conclui
que minhas afirmações anteriores são, num certo sentido, perfeitamente
adequadas à questão de definir a sequência de nossas considerações?

700a   *Megilo*: Disseste bem, mas tenta tornar ainda mais claro para nós
o que queres dizer.

O ateniense: Eu o farei. Sob as antigas leis, meus amigos, nosso
povo não detinha controle sobre coisa alguma, mas era, por assim dizer,
voluntariamente escravo das leis.[143]

Megilo: A que leis tu te referes?

O ateniense: Em primeiro lugar as que diziam respeito à música
daquela época, se for para descrevermos desde o início como a vida de
liberdade excessiva se desenvolveu. Naquela época entre nós a música
b   era dividida em vários gêneros e estilos: um gênero de canção era o
das orações aos deuses, o qual ostentava o nome de *hino*; contrastando
com este gênero havia um outro, a *endecha*[144] e um outro era o *peã*,[145]
e outro ainda era o *ditirambo*,[146] que recebeu este nome, suponho, em
conformidade com Dionísio. Os chamados *nomos*[147] eram considerados
também um gênero distinto de canto, sendo posteriormente descritos
como *nomos cítaro-édicos*.[148] Estes e outros gêneros sendo assim clas-
sificados e estabelecidos, era proibido fixar um tipo de letra a um dife-
c   rente gênero de melodia. A autoridade que tinha por obrigação conhecer
essas regras e aplicá-las com conhecimento de causa penalizando os
infratores não era um assobio, nem tampouco, como é agora, os gritos

---

142. Platão distingue aqui com a devida propriedade linguística δῆμος (*dêmos*) – povo, isto é, todo
o conjunto dos governados sob qualquer forma de governo (na democracia, todo o conjunto de
cidadãos livres), exceto o governante ou os governantes – de πλῆθος (*pléthos*) – a massa popular,
a multidão, o populacho, que sugere o meramente quantitativo em oposição ao qualitativo.
143. A expressão curiosa e significativa de Platão é realmente ἑκὼν ἐδούλευε τοῖς νόμοις (...*hekòn edoúleve toîs nómois*...).
144. θρῆνος (*thrênos*), canto fúnebre.
145. Παιάν (*paián*), canto coletivo solene (principalmente em honra de Apolo) de caráter variado, podendo ser fúnebre, de lamentação ou súplica, e, diferentemente, de alegria, de festa, geralmente
entoado antes, durante ou depois do combate em solicitação da vitória ou já celebrando esta.
146. Διθύραμβος (*dithýrambos*), canto em honra de várias divindades, especialmente Dionísio.
147. Νόμος (*nómos*), canto ou melodia em tom elevado.
148. Κιθαρῳδικός (*kitharoidikós*), o nomo cantado com acompanhamento da cítara.

nada musicais da turba ou ainda o bater de palmas que exprimem o aplauso; em substituição a isso havia uma regra feita por aqueles que controlavam a educação segundo a qual eles mesmos deviam escutar por sua conta em silêncio, enquanto que as crianças, os pedagogos[149] destas e a multidão eram mantidos sob disciplina mediante o bordão
d dos guardas. Em matéria de música, a massa popular se submetia voluntariamente ao controle disciplinar e se abstinha de pronunciar-se ultrajantemente através do clamor; mas posteriormente surgiram como cabeças da ilegalidade antimusical compositores que, embora naturalmente poéticos, ignoravam o que era justo e legal na música; e estes, enlouquecidos e inconvenientemente possuídos pelo prazer, misturavam endechas com hinos e peãs com ditirambos, e imitavam na cítara
e a melodia da flauta, e se punham a misturar indiscriminadamente todos os tipos de música, e desta maneira, por meio de sua insensatez, sem o perceber pronunciaram um falso testemunho contra a música, como uma coisa sem qualquer padrão de retidão, da qual o melhor critério é o prazer do ouvinte, seja ele um homem bom ou mau. Através de composições desse jaez, que recebiam letras similares, inculcaram na massa popular falsos princípios relativamente à música e o atrevimento de suporem a si mesmos capazes de a avaliarem competentemente. Como consequência, as plateias se tornaram loquazes em lugar de silencio-
701a sas, como se conhecessem a diferença entre a música bela e a feia, e em lugar de uma aristocracia da música nasceu uma vil teatrocracia, pois se na música, e na música apenas, houvesse surgido uma democracia de homens livres, um tal resultado não teria sido tão seriamente alarmante; porém, da maneira que tudo aconteceu, na esteira da presunção universal da sabedoria total e do desprezo pela lei originados no âmbito da música veio a liberdade, como se crendo-se competentes os
b indivíduos perdessem o medo, a audácia gerando o atrevimento — isto porque ter receio da opinião de alguém superior devido ao orgulho não passa de vulgar atrevimento, o qual é engendrado por uma liberdade demasiado audaciosa.

Megilo: Bastante verdadeiro.

O ateniense: Logo depois dessa forma de liberdade viria aquela que se rebela ante a sujeição aos governantes, que é seguida pelo esquivar--se à submissão aos próprios pais, aos mais velhos e suas censuras; e então no penúltimo estágio vem o esforço no sentido de desconsiderar

---

149. Ὁ παιδαγωγός (*paidagogós*) era o escravo que tinha como função conduzir as crianças à escola; numa certa medida chegava a ser uma espécie de instrutor delas.

as leis. No último estágio de todos perde-se todo o respeito pelos juramentos, compromissos e divindades – no que se exibe e se reproduz a natureza dos titãs da narrativa,[150] dos quais se diz que reverteram ao seu estado original, arrastando uma existência dolorosa para a qual jamais há qualquer repouso ou trégua diante do infortúnio. E mais um vez nos perguntamos: qual o objetivo de dizermos tudo isso? Evidentemente, é imperioso que eu, a todo momento, use as rédeas em meu discurso, como se fora um cavalo, não deixando que desembeste comigo como se lhe faltasse freio à boca e assim "caia do burro", como diz o adágio. Por conseguinte, devo novamente repetir minha pergunta e indagar: com que intuito tudo isso foi dito?

Megilo: Excelente.

O ateniense: Bem, o intuito era este...

Megilo: Qual?

O ateniense: Dissemos que o legislador tem que visar em sua legislação três objetivos: a liberdade, a unidade e a racionalidade do Estado para o qual legisla. Foi o que dissemos, não foi?

Megilo: Certamente.

O ateniense: Com esse intuito selecionamos a mais despótica das formas de governo e a mais livre e estamos agora investigando qual destas é corretamente constituída. Quando tomamos em relação a cada uma delas uma amostra na devida medida – do governo despótico por um lado e do governo da liberdade por outro – observamos a presença da prosperidade no mais alto grau, mas quando cada uma avançou – uma para o extremo da escravidão, a outra para o extremo da liberdade – constatamos a ausência de proveito para qualquer uma delas.

Megilo: Isso é sumamente verdadeiro.

O ateniense: Com o mesmo intuito em vista examinamos também o estabelecimento das forças dórias e a fundação que Dardano produziu ao pé das colinas, bem como a colônia junto ao mar e os primeiros homens que sobreviveram ao dilúvio, isto somado às nossas discussões anteriores relativas à música e à embriaguez, além de todas aquelas que as precederam. O objetivo de todas essas discussões foi descobrir a forma pela qual se poderia melhor administrar um Estado e qual a melhor forma de cada cidadão viver a sua vida. Mas quanto ao valor de

---

150. Platão alude ao espírito de rebeldia dos titãs em relação aos deuses olímpicos liderados por Zeus. Os episódios que exprimem tal rebeldia e rivalidade já são narrados na *Teogonia* de Hesíodo, onde se destacam a guerra dos titãs encabeçados por Atlas contra os olímpicos e a desobediência de Prometeu (filho de Japeto), que ludibriando Zeus, furta o fogo dos deuses e o concede à humanidade.

nossas conclusões, que teste poderíamos aplicar-lhes aqui mesmo entre nós, ó *Megilo* e *Clínias*?

Clínias: Acho, estrangeiro, que conheço um. Foi um bocado de sorte para mim o fato de termos abordado todas essas matérias em nossas discussões, pois na realidade acontece que no momento delas tenho necessidade, de modo que meu encontro contigo e *Megilo* aqui foi absolutamente oportuno. Não farei qualquer segredo do que a mim sucedeu diante de ti – não... pelo contrário, eu o tenho até como um feliz presságio. A maior parte de Creta está se empenhando na fundação de uma colônia, sendo que os cnossianos foram encarregados desse empreendimento; a cidade de Cnossos, por sua vez, confiou a mim e nove outros o empreendimento. Fomos encarregados também de legislar, promulgando as leis que nos agradam, derivadas de nossas próprias leis locais ou de outros Estados, sem qualquer restrição ao seu caráter exótico, desde que nos pareçam melhores. Façamos, portanto, este favor a mim, e a vós também; façamos uma seleção de tudo que dissemos e edifiquemos pela força dos argumentos a estrutura de um Estado, como se o estivéssemos construindo a partir da fundação. Desta maneira estaremos dando seguimento à nossa investigação e ...é possível, talvez eu possa utilizar nossa estrutura no Estado a ser formado.[151]

O ateniense: Tua declaração, *Clínias*, não é certamente uma declaração de guerra! Assim, não havendo qualquer objeção por parte de *Megilo*, podes contar comigo em tudo que esteja ao meu alcance para satisfazer teu desejo.

Clínias: É bom ouvir isso.

Megilo: E podes contar comigo, também.

Clínias: Esplêndido! Mas em primeiro lugar tentemos fundar um Estado em teoria.

---

151. O hábil Platão, aqui mais literato do que filósofo (pois põe na boca de *Clínias* e não na do *ateniense* o escopo maior do diálogo), apresenta o introito do *Livro IV* a seguir, retomando o mesmo tema central de *A República*, agora no auge de sua maturidade filosófica. Consequentemente, uma releitura de *A República*, preferivelmente em paralelo a esta de *As Leis*, nos parece obrigatória para a compreensão da concepção política de Platão.

Livro
IV

Φέρε δή, τινα δεῖ διανοηθῆναί
ποτε τὴν πόλιν ἔσεσθαι;

704a *O ateniense*: Vejamos, então: como devemos supor o que será esse Estado? Não estou me referindo ao seu presente nome ou ao nome que terá que ostentar no porvir, pois isto poderia originar-se das condições de seu estabelecimento, ou do nome de alguma localidade, o de um rio ou de uma fonte, ou uma divindade local poderia associar seu nome
b sagrado ao novo Estado. O ponto a que me refiro é, diferentemente, o seguinte: deverá esse Estado localizar-se no interior do continente ou na costa marítima?

Clínias: O Estado que acabei de mencionar, estrangeiro, está situado aproximadamente a oitenta estádios[152] do mar.

O ateniense: Bem, e seus portos ficam situados desse lado da costa ou não há portos?

Clínias: Possui desse lado os melhores portos possíveis, estrangeiro.
c *O ateniense*: O que dizes? E quanto à região que o circunda? É produtiva em todos os aspectos, ou é lacunar em certos produtos?

Clínias: Não há praticamente nenhum produto que lhe falte.

O ateniense: Haverá algum Estado que faça fronteira em suas proximidades?

Clínias: Absolutamente nenhum, e é esta precisamente a razão para fundar esse Estado pois tendo ocorrido um êxodo nessa região outrora, esta se encontra desde há muito tempo deserta.

O ateniense: E quanto a planícies, montanhas e florestas? Quanta extensão possui disto?
d *Clínias*: Como um todo, sua configuração se assemelha a todo o resto de Creta.

O ateniense: Queres dizer que é mais acidentado do que plano?

Clínias: Com certeza.

---

152. Platão emprega aqui a palavra στάδιον (*stádion*) para designar a unidade linear grega correspondente a cerca de 610 pés (em Atenas, 607, em Olímpia, 630 e variável nas demais localidades da Grécia). Naturalmente deve-se considerar aqui os 607 pés, ou seja, aproximadamente 183 m.

O ateniense: Então tal Estado não seria irremediavelmente inadequado para a aquisição da virtude, pois se tivesse que se localizar na costa marítima, dispor de bons portos, mas ser deficiente em muitos produtos em lugar de produzir tudo, necessitaria um poderoso preservador e legisladores divinos para, dotado de tais características, e evitar uma multiplicidade de costumes tanto suntuosos quanto vis. Como estão as coisas, contudo, esses oitenta estádios representam uma esperança. De qualquer forma, esse Estado se situa a uma indevida proximidade do mar e tanto mais pelo fato de, como dizes, contar com bons portos. Temos, entretanto, que tirar o máximo proveito disso, pois 705a embora a proximidade do mar torne agradável a vida cotidiana, o mar é verdadeiramente "um vizinho salgado e amargo" já que enchendo os mercados da cidade de mercadorias estrangeiras e comércio a varejo, e fazendo germinar nas almas humanas os expedientes da desonestidade e da astúcia, torna a cidade inconfiável e sem amizade, não apenas para consigo mesma como também em relação ao resto do mundo.

b Nesse aspecto, todavia, nosso Estado encontra compensação no fato de ser totalmente produtivo, mas sua superfície acidentada o impedirá de simultaneamente produzir tudo e produzir em abundância, pois se assim fosse as numerosas exportações que isso permitiria inundariam o Estado de moedas de ouro e prata – o que seria, pode-se dizer, uma condição calamitosa num Estado onde se pretendesse adquirir costumes nobres e justos – como dissemos, vós o lembrais, em nossa discussão anterior.

Clínias: Nós o lembramos e endossamos o que disseste então e agora.

c *O ateniense*: Bem, e como é nossa região no que se refere à madeira para a construção de navios?

Clínias: Não há abeto que valha a pena, nem pinheiro e somente pouco cipreste; tampouco foi possível encontrar-se muito lariço ou plátano, dos quais os construtores navais sempre se servem para as partes interiores das embarcações.

O ateniense: Essas também são características naturais da região que não serão nocivas ao Estado.

Clínias: E por quê?

d *O ateniense*: Constitui uma boa coisa não ser fácil para um Estado copiar os maus hábitos de seus inimigos.

Clínias: Com essa observação qual de nossas afirmações visas?

O ateniense: Meu caro senhor, atenta para mim com um olhar lançado de volta à nossa afirmação de abertura a respeito das leis cretenses. Afirmamos que estas tinham um único objetivo, e quando declarastes que era o poder bélico, eu vos apartei declarando que era preciso louvar a promulgação de tais leis do ponto de vista da virtude, mas que eu, de modo algum, aprovava que o objetivo se restringisse a uma parte em lugar de se aplicar ao todo. Por conseguinte, vós agora, em vossa vez, deveis vos manter vigilantes ao acompanhar minha presente obra de legislador para o caso de eu promulgar qualquer lei que não tenda em absoluto para a virtude ou que tenda apenas para uma parte dela. E aqui eu formulo o axioma segundo o qual toda lei promulgada que não visa, como um arqueiro, aquele objeto[153] e ele somente (que é constantemente acompanhado por algo sempre belo – elevando-se acima de todo outro objeto, seja a riqueza ou qualquer coisa deste tipo que é destituída de beleza) é uma lei incorretamente promulgada. Com o fito de ilustrar como a nociva imitação dos inimigos de que falei ocorre quando um povo vizinho do mar é molestado por seus inimigos eu vos apresentarei um exemplo (sem a intenção, é claro, de vos fazer evocar lembranças amargas[154]). Quando Minos outrora submeteu todo o povo da Ática ao pagamento de um pesado tributo, ele possuía uma frota naval muito poderosa, enquanto que o povo da Ática não dispunha naquela época de belonaves como dispõe atualmente bem como não era sua terra tão rica em madeira que lhe possibilitasse a construção de navios para constituir uma força naval. Consequentemente, se viu incapacitado de rapidamente copiar os métodos de construção naval de seus inimigos e repeli-los tornando-se ele mesmo um povo de marinheiros. E realmente teria sido de maior valia para eles perder ainda setenta vezes sete crianças do que se tornarem marujos, hoplitas de terra firme se convertendo em homens do mar, visto que marujos estão habituados a saltar frequentemente às praias e voltar velozmente aos seus navios, e não veem nenhuma vergonha em não morrer ousadamente em seus postos por ocasião do ataque do inimigo, e prontamente desculpas são fabricadas para eles quando perdem suas armas e se valem do que chamam de "fuga não desonrosa".[155] Estes *feitos* constituem o resultado

---

153. Ou seja, a virtude total.
154. Sendo ele da Ática, o episódio ao qual o *ateniense* passa a recorrer à guisa de exemplo poderia certamente constranger seus interlocutores, especialmente *Clínias* de Creta.
155. É provável que Platão tenha extraído esta expressão de algum poema que se perdeu.

usual do emprego de hoplitas navais e não merecem "uma infinidade de louvores",[156] porém precisamente o oposto, pois não se deve jamais habituar os cidadãos aos costumes vis, especialmente os melhores deles. O ensinamento de que tal instituição é indigna encontra-se mesmo em Homero, o qual faz Odisseu[157] repreender Agamenon por ordenar aos aqueus que arrastem seus navios ao mar quando na refrega eram pressionados pelos troianos. Tomado de ira ele lhe diz:

Tu ordenas ao teu povo que reboquem seus navios de bons bancos
Rumo ao mar quando a guerra e os brados nos envolvem?
E assim verão os troianos suas súplicas atendidas,
E o aniquilamento completo sobre nós se abaterá!
Pois quando as naves para o mar forem arrastadas, não mais
Irão nossos aqueus manter o vigor da batalha,
Mas com o olhar na retaguarda, abandonarão a luta,
E assim teu conselho pernicioso se comprovará.[158]

Assim, também Homero estava ciente do fato de que trirremes[159] alinhadas no mar nas proximidades da infantaria combatendo em terra não são boa coisa, pois até leões, se tivessem esses hábitos, acabariam se acostumando a fugir das corças! Ademais, Estados que dependem de forças navais para a manutenção de seu poder oferecem honras, como recompensa de sua segurança, a uma parte dessas forças que não representa o melhor dos guerreiros, pois devem sua segurança às artes do piloto,[160] do mestre da equipagem[161] e do remador – homens de toda espécie e de pouca respeitabilidade – de modo a ser impossível atribuir corretamente as honras aos indivíduos que a merecem. E portanto, como pode ser bom um Estado que sequer goza dessa retidão?

---

156. *Idem.*
157. Ὀδυσσεύς (*Odysseús*), Ulisses.
158. *Odisseia*, xiv, 96 a 112: ὃς κέλεαι πολέμοιο συνεσταότος καὶ ἀυτῆς / νῆας ἐυσέλμους ἅλαδ' ἕλκειν, ὄφρ' ἔτι μᾶλλον / Τρωσὶ μὲν εὐκτὰ γένηται ἐελδομένοισί περ ἔμπης, / ἡμῖν δ' αἰπὺς ὄλεθρος ἐπιρρέπῃ οὐ γὰρ Ἀχαιοί / σχήσουσιν πολέμου νηῶν ἅλαδ' ἑλκομενάων, / ἀλλ' ἀποπαπτανέουσιν, ἐρωήσουσι δὲ χάρμης· / ἔνθα κε σὴ βουλὴ δηλήσεται, οἷ' ἀγορεύεις.
159. Τριήρης (*triéres*), navio-cargueiro ou belonave (aqui, belonave) de três carreiras sobrepostas de remos de cada lado.
160. Κυβερνήτης (*kybernétes*), o timoneiro-chefe.
161. Πεντηκόνταρχος (*pentekontarkhos*), literalmente *comandante de cinquenta homens*; aqui este termo composto parece designar o segundo comandante de uma belonave (a grosso modo correspondente ao *primeiro imediato* dos tempos modernos), mas é mais provável que Platão estivesse se referindo simplesmente ao chefe da tripulação, ou seja, o *capitão*.

Clínias: É quase impossível. Contudo, estrangeiro, foi a batalha naval em Salamina, travada pelos gregos contra os bárbaros que, ao menos segundo nós, cretenses, salvou a Grécia.

c O ateniense: Sim, é o que é dito pela maioria dos gregos e dos bárbaros. Porém nós, quer dizer, eu mesmo e nosso amigo *Megilo*, afirmamos que foi a batalha terrestre de Maratona que deu início à salvação da Grécia e a de Plateia que a concluiu, e afirmamos, inclusive, que enquanto essas batalhas tornaram os gregos melhores, as batalhas marítimas os tornaram piores – se tivermos que nos expressar nesses termos de batalhas que nos ajudaram naquela época a nos salvarmos (pois conceder-te-ei chamar a batalha de Artemísio de batalha naval, tanto quanto a de Salamina). Mas visto que o nosso presente objeto
d de discussão é a excelência política, o que estamos examinando é o caráter natural de um país e suas instituições legais, de modo que nos distinguimos de muitas pessoas pelo fato de não considerarmos a mera segurança e a manutenção da existência como as coisas mais preciosas a serem possuídas pela humanidade, mas sim a conquista de todo o bem possível e a preservação deste através da vida. Acredito já termos afirmado isto antes.

Clínias: Com certeza.

O ateniense: Assim sendo, examinemos somente isto, a saber, se caminhamos pelo mesmo caminho que tomamos naquela oportunidade, que é o melhor para os Estados em matéria de fundações e legislações.
e *Clínias*: Muito melhor.

O ateniense: Na sequência diz-me: qual é o povo a ser instalado? Será este constituído por todos aqueles que desejam deixar qualquer parte de Creta supondo que em cada uma das cidades a população tenha superado o número de cidadãos que o solo da região pode alimentar? Da minha parte, creio que não estais reunindo todos que tenham tal desejo, embora realmente eu perceba a presença em vosso país daqueles que
708a se estabeleceram vindo de Argos, Egina e de outras partes da Grécia. Por conseguinte, conta-nos de que regiões será retirado provavelmente o presente contingente de cidadãos.

Clínias: Será provavelmente de Creta inteira, e no que se refere ao resto da Grécia, parecem estar mais predispostos a admitir gente do Peloponeso como companheiros de instalação. De fato, é verdadeiro, como acabaste de dizer, que temos aqui gente de Argos, constituindo eles os mais famosos de nossos clãs, ou seja, os gortínios, que é uma colônia da Gortine[162] do Peloponeso.

b *O ateniense*: Não seria também fácil para os Estados orientar colonizações se isto não se fizesse à maneira de um enxame de abelhas por uma única raça de colonos vinda de uma única terra, como um amigo que viesse do seio de amigos, sob a pressão criada pela falta de espaço ou o constrangimento de alguma outra necessidade premente do mesmo gênero. Por vezes, também, a violência de uma revolução poderia obrigar uma parte inteira de um Estado a emigrar, e até já sucedeu de um Estado inteiro empreender o exílio quando totalmente c esmagado por um ataque de poder descomunal. Em todos esses casos, se essa for a maneira, a dificuldade será menor do ponto de vista do fundador e do legislador, porém será maior se a maneira for diversa. Em caso de unidade racial, presença de língua idêntica e leis idênticas, esta unidade produzirá amizade já que haverá também participação comum nos ritos sagrados e em todas as matérias religiosas, mas uma tal estrutura não tolerará facilmente leis ou constituições que sejam distintas daquelas da metrópole. Além disso, no caso de uma tal estrutura perder a unidade por causa de uma revolução provocada pela má qualidade das leis, e ainda reter (à força do hábito de muito tempo) os próprios costumes que causaram sua ruína, a pessoa que deter o controle de sua fundação e suas leis terá nas mãos um assunto difícil d e espinhoso. Por outro lado, o clã formado pela fusão de vários elementos estaria, talvez, mais preparado para submeter-se a leis novas, embora se revelasse neste caso uma tarefa penosa e dificílima fazê-lo coparticipar num mesmo espírito e arquejo (como dizem) em uníssono como uma parelha de cavalos. Mas, em verdade, a legislação e a fundação de Estados são empreendimentos que exigem que homens aprimorem, acima de tudo, outros homens na virtude.

Clínias: É bem provável, mas explica ainda com maior clareza o que te induz a expressar-se assim.

e *O ateniense*: Meu caro senhor, ao voltar ao assunto dos legisladores de nossa investigação, creio que possa ao mesmo tempo dizer algo desrespeitoso. Mas se o que disser for a propósito, acredito que não haverá mal nisso. Afinal, por que deveria eu me constranger? Não é assim praticamente com todos os assuntos humanos?

---

162. Γόρτυνος (*Górtynos*), cidade ao pé do monte Ida.

Clínias: Ao que tu te referes?

O ateniense: Eu estava na iminência de dizer que indivíduo humano algum jamais produz leis, mas que são os acasos e acidentes de todos os tipos, os quais ocorrem de todas as maneiras, que as produzem para nós – seja uma guerra que violentamente derruba governos e altera as leis, seja a penúria causada pela pobreza aviltante. As doenças, também, com frequência, provocam inovações quando irrompem epidemias e as estações de clima rigoroso se prolongam por muito tempo. Antevendo tudo isso, poder-se-ia julgar apropriado dizer – como eu disse há pouco – que nenhum ser humano mortal produz qualquer lei, os assuntos humanos sendo quase todos produtos do puro acaso. Entretanto, o fato é que embora pareça que alguém esteja absolutamente certo ao dizer isso tudo a respeito das artes do navegador, do piloto, do médico e do general, ainda assim há realmente algo a mais que podemos dizer com a mesma certeza acerca dessas mesmas coisas.

Clínias: E o que é?

O ateniense: Que há um deus que controla tudo que é, e que o *acaso* e a *ocasião* cooperam com esse deus no controle de todos os assuntos humanos. Será menos duro, entretanto, se admitirmos que esses dois elementos são acompanhados por um terceiro: a *arte*, pois em tempo de tormenta que a arte do timoneiro coopere com a ocasião – o que eu reputaria como uma grande vantagem. Não é assim?

Clínias: É.

O ateniense: Diante disso teremos que conceder que tal coisa é igualmente verdadeira nos outros casos, por sujeição aos mesmos princípios de raciocínio, inclusive no caso da legislação. Quando todas as outras condições estão presentes, com o que um país precisa contar em meio ao jogo das circunstâncias se for para ser feliz, tal Estado necessitará ter à sua disposição um legislador comprometido com a verdade.

Clínias: Dizes algo muito verdadeiro.

O ateniense: Não seria então aquele que possuísse a arte relativa a cada um dos ofícios mencionados capaz de suplicar sem receio de erro por aquela condição que, se fosse proporcionada pelo acaso, requereria tão somente o suplemento de sua própria arte?

Clínias: Certamente seria.

O ateniense: E se todos os outros que acabamos de mencionar fossem convidados a expressar o objeto de suas súplicas, seriam capazes de fazê-lo, ou não?

Clínias: Claro que seriam.

O ateniense: E o legislador, suponho, também seria capaz?

Clínias: Suponho que sim.

O ateniense: "*Vejamos, legislador...*" *nós lhe diríamos, "...o que queres e o Estado em que condição para que com isso o possas administrar satisfatoriamente?*"

e *Clínias: Qual o ponto a seguir a ser dito com propriedade?*

O ateniense: Queres dizer, suponho, do ponto de vista do legislador?[163]

Clínias: Sim.

O ateniense: Eis o que ele responderá: "Dá-me o Estado com um soberano despótico[164] e que este seja por natureza detentor de boa memória, jovem, dotado de facilidade de compreensão, coragem e maneiras nobres,[165] e que aquela qualidade que anteriormente mencionamos[166] acompanhe necessariamente todas as partes da virtude, estando presente também agora na alma de nosso monarca despótico,

710a se é que queremos que o resto de suas qualidades apresentem qualquer proveito." Não é?

Clínias: Temperança, suponho, Megilo, é o que o estrangeiro indica como complemento necessário.

O ateniense: Sim, *Clínias,* a temperança, quer dizer, a ordinária, não aquele tipo de temperança a que se faz referência quando se usa linguagem acadêmica e se identifica a temperança com a sabedoria, mas sim o tipo que pelo instinto natural brota por ocasião do nascimento nas crianças e animais, de modo que alguns são incontinentes, outros con-

---

163. Há helenistas entre os que estabeleceram o texto grego que integram a pergunta de *Clínias* e a resposta-pergunta do *ateniense (as quais colocamos em itálico)* como complemento do raciocínio do *ateniense* logo antes (que colocamos em fonte itálico/negrito), ou seja: *O ateniense:* "Vejamos, legislador..." nós lhe diríamos, "...o que queres e o Estado em que condição para que com isso o possas administrar satisfatoriamente?" Qual o ponto a seguir a ser dito com propriedade? Daremos esta resposta do ponto de vista do legislador?

164. Ou seja, um τύραννος (*týrannos*), um monarca que detém poder absoluto, e não necessariamente um usurpador do trono da monarquia que se revela, ele, na prática cruel e incompetente (sentido já pejorativo que a palavra adquire posteriormente à luz das pouco bem sucedidas experiências dos usurpadores nos tronos da Grécia antiga). A concepção da tirania como uma forma exacerbada ou degenerada da monarquia não é, assim, original, porém presumivelmente derivada do delicadíssimo poder absoluto mal utilizado nas mãos de usurpadores.

165. ...ἀνδρεῖος καὶ μεγαλοπρεπής... (*...andreîos kaì megaloprepès...*), coragem e maneiras *nobres*; esta nobreza já chega a conjugar duplo sentido, ou seja, este homem para Platão é necessária e obviamente de linhagem *nobre*, real e simultaneamente dotado de *nobreza de alma*. O termo μεγαλοπρέπεια (*megaloprépeia*), a propósito, significa inclusive magnanimidade, generosidade.

166. Ou seja, a temperança (σωφροσύνη [*sophrosýne*]).

tinentes no que diz respeito aos prazeres. Com relação a isso dizíamos que quando essa temperança está isolada dos numerosos chamados *bens*, carecia de importância. Entendeis, presumo, o que quero dizer?

Clínias: Certamente.

O ateniense: Que o nosso monarca despótico possua essa qualidade natural além das outras qualidades mencionadas se é que queremos que o Estado adquira da maneira mais rápida e melhor possível a constituição que necessita para assegurar a vida mais venturosa, visto que não existe nem poderia jamais surgir um meio mais rápido e melhor de estabelecer uma forma de governo.

Clínias: Como e por intermédio de qual argumento, estrangeiro, poderíamos convencer a nós mesmos que ao dizermos isso falamos com razão?

O ateniense: Pode-se conceber facilmente, *Clínias*, que está na natureza das próprias coisas que assim seja.

Clínias: De que maneira queres dizer? Sob a condição, segundo dizes, de que haja um monarca despótico que seja jovem, moderado, de compreensão fácil, de boa memória, corajoso e de nobres maneiras?

O ateniense: Acrescenta também *feliz* pelo mero fato de que durante sua vida pudesse surgir um louvável legislador e que por um bocado de boa sorte ambos se encontrassem, pois se assim fosse então a divindade teria feito quase tudo que faz quando deseja que um Estado seja particularmente próspero. A condição imediatamente inferior corresponderia ao surgimento de dois condutores desse jaez; e então viria a terceira com três condutores, e assim por diante, a dificuldade aumentando à medida que esse número de condutores aumentasse, e vice-versa.

Clínias: Aparentemente queres dizer que o melhor Estado nasceria de uma monarquia despótica quando esta contasse com um legislador de primeira categoria e um monarca despótico decente, sendo estas as condições nas quais a mudança para um tal Estado poderia ser efetuada com maior facilidade e rapidez, e a seguir de uma oligarquia – ou o que é isso que queres dizer? E ainda a seguir de uma democracia?

O ateniense: Não exatamente. O passo mais fácil é a partir de uma monarquia despótica,[167] o próximo mais fácil de uma monarquia constitucional[168] e o terceiro a partir de alguma forma de democracia. Uma

---

167. Ou seja, a monarquia na qual não há limite para o poder pessoal do monarca, a monarquia absoluta (τυραννίς [*tyrannis*]).
168. A monarquia relativa, com limitação do poder do rei; o que Platão chama de βασιλικῆς πολιτείας (*basilikês politeias*).

oligarquia, que vem em quarto lugar na ordem, somente mediante a maior das dificuldades permitiria o desenvolvimento do melhor Estado já que é a forma de governo na qual existe maior número de condutores.[169] O que digo é que a mudança ocorre quando a natureza supre um verdadeiro legislador e quando acontece que a opinião política dele é
711a partilhada pelos indivíduos mais poderosos do Estado; as mudanças são realizadas geralmente com rapidez e facilidade onde as autoridades do Estado são a um tempo as mais poderosas e as menos numerosas.[170]

Clínias: Como assim? Não compreendemos.

O ateniense: E no entanto isso foi enunciado não uma vez, suponho, mas muitas vezes. Entretanto, é bem provável que vós jamais vistes um Estado submetido ao poder de um monarca despótico.

Clínias: Não e tampouco alimento eu qualquer desejo de vê-lo.

b *O ateniense*: E tu, contudo, poderia nele ver uma ilustração do que acabo de falar.

Clínias: Como?

O ateniense: O fato de um monarca despótico, quando se decide a alterar os costumes de um Estado, não necessitar para isso de grandes esforços nem de muitíssimo tempo, sendo-lhe necessário realmente apenas enveredar ele mesmo primeiramente pelo caminho desejado, seja este impelir os cidadãos rumo à virtude ou o contrário. Através de seu exemplo pessoal ele deve em primeiro lugar traçar as linhas
c certas, seja distribuindo louvores e honras seja distribuindo censuras, seja castigando a desobediência a cada manifestação.

Clínias: Sim, talvez possamos supor que os demais cidadãos não demorarão a imitar o governante que adota tal combinação de persuasão e coerção.

O ateniense: Que ninguém, meus amigos, tente nos persuadir que um Estado possa jamais alterar suas leis mais rápida ou facilmente por outro meio além do norteamento pessoal dos governantes: tal coisa nunca poderia acontecer, seja na atualidade ou doravante. Na verdade,
d não é bem o resultado que julgamos difícil ou impossível de suceder;

---

169. Na verdade ὀλιγαρχία (*oligarkhía*) é a forma de governo na qual o poder é exercido por poucas pessoas ou poucas famílias, mas o referencial de Platão é precisamente a monarquia despótica, na qual o poder está inteira e exclusivamente concentrado na pessoa do tirano – ou seja, um único condutor do Estado. Sob este referencial, a oligarquia é o sistema político que conta com o maior número de condutores.
170. O que é encontrado num governo monárquico absolutista (τυραννίς [*tyrannis*]).

o que é difícil suceder, pelo contrário, é aquele resultado que sucede apenas raramente no desenrolar de longas eras e que, quando efetivamente sucede num Estado, produz neste Estado incontáveis bênçãos de toda ordem.

Clínias: A que resultado tu te referes?

e

O ateniense: Quando um desejo divino das práticas da temperança e da justiça nasce no seio de um grande poder que é soberano sob a forma da monarquia institucional ou se destaca graças à superioridade da riqueza ou do nascimento, ou ainda se alguém passa a exibir as qualidades de Nestor, de quem se diz que se era ele superior a todos os outros seres humanos em eloquência, o era ainda mais em temperança.[171] Isto foi, como dizem, na época de Troia – seguramente não no nosso tempo. De qualquer maneira, se um tal homen existiu, ou existirá ou existe entre nós atualmente, abençoada é a vida que leva e abençoados são aqueles que se unem para ouvir as palavras de temperança que emergem de sua boca. Analogamente no que diz respeito ao poder em geral, a mesma regra é aplicável: sempre que o poder supremo reúne num indivíduo humano sabedoria e temperança, está plantada a semente da melhor constituição e da melhor legislação, e de nenhuma outra maneira chegar-se-á a isto. Consideremos que temos aqui um mito proferido por um oráculo e consideremos como conspícuo que se é difícil para um Estado chegar às suas melhores leis, do modo que dissemos será sumamente mais fácil e mais rápido do que qualquer outra coisa.

712a

Clínias: Provavelmente.[172]

b

O ateniense: Apliquemos o oráculo ao teu Estado, tentando assim, como meninos de barba grisalha, moldar suas leis segundo nosso discurso.

Clínias: Sim, vamos em frente sem mais delongas.

O ateniense: Invoquemos a presença do deus na fundação do Estado, e que ele possa nos escutar, e nos escutando ser propício e benevolente assistindo-nos na construção do Estado e suas leis.

---

171. A tradução de σωφροσύνη (*sophrosýne*) e seus derivados, mesmo num determinado contexto, por uma única palavra designadora de um conceito unívoco na língua moderna, é às vezes muito problemática; aqui por exemplo a temperança implica necessariamente na sabedoria, ou seja, dentro da própria concepção da hierarquia das virtudes e da virtude total, é impossível que qualquer homem seja detentor de temperança sem deter previamente sabedoria; não há como conceber na prática as duas virtudes isoladamente. Logo na sequência isto é sugerido já no plano teórico pela morfologia das palavras: ...φρονεῖν τε καὶ σωφρονεῖν... (...*phroneîn te kaì sophroneîn*... [...sabedoria e temperança...]).

172. Ou seja, Ἴσως (*Ísos*). Mas neste caso os helenistas que estabeleceram o texto grego divergem. A interlocução de *Clínias* poderia ser também: *Como?* (Πῶς [*Pôs*]).

Clínias: Sim, que ele se manifeste.

O ateniense: Bem, que forma de governo tencionamos atribuir ao nosso Estado?

Clínias: Ao que te referes especificamente? Explica-te de modo ainda mais claro. Creio que tens em vista uma democracia, uma oligarquia, uma aristocracia ou uma monarquia constitucional? ...pois certamente não te referes a uma monarquia despótica,[173] o que nunca poderíamos supor...

O ateniense: Vejamos, qual dos dois gostaria de me responder em primeiro lugar e dizer em que tipo de forma de governo se enquadra a forma de governo de seu próprio Estado?

Megilo: Não seria mais apropriado que eu, sendo mais velho, respondesse primeiramente?

Clínias: É provável.

Megilo: Na verdade, estrangeiro, quando penso na forma de governo da Lacedemônia, fico impossibilitado de dizer-lhe por qual nome se deveria designá-la. Parece-me, com efeito, que se assemelha a uma monarquia despótica já que a instituição de éforos que ela encerra é sumamente despótica; e, no entanto, por vezes me parece mais próxima de uma democracia do que todos os outros Estados. De qualquer modo, seria inteiramente absurdo negar que se trata de uma aristocracia, mas que inclui uma realeza vitalícia, a mais antiga de todas, a crermos, não só em nós mesmos, como em toda a humanidade. Mas de minha parte, diante agora dessa pergunta repentina, estou realmente, como disse, impossibilitado de dizer definitivamente a qual dessas formas de governo pertence.

Clínias: E eu, *Megilo*, encontro-me igualmente perplexo pois acho muito difícil atribuir ao regime de Cnossos um desses nomes com certeza.

O ateniense: Sim, excelentes senhores, pois vós, efetivamente, participais de várias formas de governo, enquanto aquelas que acabamos de nomear não são [a rigor] formas de governo, mas sim agrupamentos ou sistemas políticos que dominam ou servem parcelas de si mesmos, sendo cada um nomeado de acordo com o poder dominante. Mas se o Estado devesse ser nomeado de acordo com isso, o nome que deveria ostentar é aquele do deus que é o verdadeiro governante de indivíduos racionais.

---

173. Optamos por esta expressão composta pois nos parece menos sujeita à ambiguidade do que o termo *tirania*.

Clínias: E quem é esse deus?

O ateniense: Será que não deveríamos, então, recorrer mais uma vez ao mito de modo a responder satisfatoriamente a essa questão?

Clínias: E por que não?

O ateniense: Ótimo! Longas eras antes que existissem até mesmo essas cidades das quais indicamos a formação anteriormente, existia no tempo de Cronos, conta-se, um governo e fundação sumamente prósperos com base nos quais o melhor dos Estados atualmente existentes foi moldado.

Clínias: É evidente que é de extrema importância ter conhecimento disso.

O ateniense: Parece-me que sim e foi por isso que introduzi esse ponto em nossa discussão.

Megilo: Nesse caso agiste muito corretamente e visto que o mito a que te referes é pertinente, farás muito bem em prosseguir dele tratando até o fim.

O ateniense: Só me cabe fazer como dizes. Bem, a tradição nos fala de quão venturosa era a vida humana naquela época, suprida com tudo em abundância e em espontâneo desenvolvimento. E diz-se que a causa disto fora o seguinte: Cronos estava ciente de que nenhum ser humano, por sua natureza (como já explicamos), tem a capacidade de ter controle absoluto de todos os assuntos humanos sem se tornar locupletado de insolência e injustiça; assim, ponderando sobre esse fato, designou como reis e governantes para nossas cidades não seres humanos, mas sim seres de uma raça mais divina, nomeadamente, os *dáimons*.[174] Ele agiu exata-

---

174. A nossa palavra *demônios* é demasiado inconveniente pois adquiriu, especialmente a partir do fim da Idade Antiga, com a instalação do cristianismo oficial e institucional na Europa, acepções e conotações inteiramente estranhas seja ao pensamento grego, seja à mitologia da Grécia, seja à sua vida religiosa. Os primeiros *padres* e teólogos da Igreja cristã em formação ainda no advento do sectarismo cristão (a começar por São Justino, Atenágoras, Santo Irineu e atingindo seu auge com Tertuliano, Clemente de Alexandria e Orígenes), no seu trabalho e zelo de estabelecer os dogmas da nova religião e combater as seitas antagônicas e *heréticas* (principalmente os gnósticos), criaram uma terminologia teológico-religiosa que não deixou de incluir a adulteração de conceitos helênicos, isto, é claro, visando desmerecer a filosofia grega e mover uma guerra contra o paganismo. Uma das *obras-primas* dessa adulteração foi precisamente forjar uma dualidade metafísica na concepção do divino dos gregos, reclassificando o δαιμόνιον (*daimónion*) [ou δαίμων (*daímon*)] como um ser necessariamente maligno e dedicado eternamente ao mal, em oposição absoluta a Deus, ou seja, uma concepção maniqueísta totalmente ausente no mito e no pensar gregos. As palavras δαίμων e δαιμόνιον significam literalmente *divindade*, não dando margem a qualquer dicotomia e sem nenhuma implicação metafísico-ética; o outro sentido cabível a estas palavras, derivado desse sentido primordial e literal, e que Platão utiliza aqui bem como correntemente em seus outros diálogos (de maneira marcante na *Apologia*, onde Sócrates se refere ao seu δαίμων) é o de uma divindade menor, hierarquicamente inferior aos deuses (pré-olímpicos ou olímpicos, a partir de Κρόνος [*Krónos*]) que, a propósito, zela pela humanidade, inspira e orienta cada indivíduo humano, como um gênio

mente como nós presentemente agimos no caso de ovelhas e rebanhos de animais domesticáveis: não colocamos bois a governarem bois, ou cabras a governarem cabras, mas sim colocamos a nós mesmos, que somos de uma raça melhor, a exercer o controle sobre eles. De maneira análoga, o deus, em seu amor pela humanidade, instalou para nos controlar naquela época a raça superior dos *dáimons* a qual, muito
e   facilmente de sua parte e para nossa grande vantagem, encarregou-se de nós, passando a distribuir paz e senso de honra, leis e justiça copiosa, tornando assim as tribos humanas estranhas aos conflitos e preservando sua felicidade. E mesmo hoje este discurso encerra uma verdade, a saber, que em qualquer lugar que seja onde um Estado tem um mortal e nenhum deus como governante, nesse lugar as pessoas não têm trégua em relação ao peso dos males e das dificuldades; e se considera que
714a   devamos por todos os meios imitar a vida da época de Cronos, tal como a tradição a retrata, ordenando tanto nossos lares quanto nossos Estados segundo o acatamento ao elemento imortal no nosso interior,[175] dando a essa ordenação da razão o nome de *lei*. Mas se um indivíduo humano, uma oligarquia ou uma democracia encerram uma alma que se empenha pelos prazeres e apetites, buscando empanturrar-se deles, incapaz de continência e presa de um mal interminável e insaciável, se uma autoridade de tal espécie chegar a governar um Estado ou indivíduo pi-
b   sando sobre as leis, então não haverá (como eu disse há pouco) nenhum meio de salvação. Esta é a reflexão, *Clínias*, que devemos examinar de modo a concluir se nela devemos acreditar ou o que devemos fazer.

Clínias: Devemos, é claro, dar crédito a ela.

O ateniense: Estás ciente de que de acordo com alguns há tantos tipos de leis quanto tipos de constituições. E nós acabamos de discorrer sobre os tipos de constituições comumente reconhecidas. E por favor não supõe que o problema agora levantado carece de grande impor-

---

protetor; um conceito comparável ao conceito de *anjo da guarda* do cristianismo, porém clara e profundamente distinto do conceito vulgar de *demônio*. Santo Agostinho (354-430 d.C.) provavelmente teve a sensibilidade para perceber quão intelectualmente desonesta e pragmaticamente inútil era essa *missão* de depreciar e afrontar o pensamento grego e se devotou na sua filosofia patrística à tentativa de conciliá-lo com a dogmática cristã, tomando para isso precisamente a filosofia platônica; mas infelizmente, por esse tempo, a dúbia terminologia da Igreja já se consolidara.

175. Platão reitera aqui a ideia de que a condução da vida individual no seio da família, ou melhor, do cidadão (já que tal vida deve ser em perfeita consonância com a vida do Estado e mesmo subordinada ao bem coletivo), bem como a condução do Estado não prescindem da inspiração do elemento divino (τὸ δαιμόνιον [*tó daimónion*]) presente no íntimo do homem. Entretanto, parece ter sido, entre outras coisas, a fidelidade de Sócrates ao seu δαίμων (*daímon*) que o levou na prática a se desentender com o Estado *ateniense* de então e ser condenado à morte (ver a *Apologia de Sócrates*, em *Diálogos III*, obra publicada em *Clássicos Edipro*).

tância, pois estamos novamente frente ao problema do que deve ser o objetivo da justiça e da injustiça. Não é, com efeito – asseveram – à guerra ou à virtude total que as leis visam, mas sim ao interesse da forma de governo estabelecida, qualquer que seja esta, de maneira a ser perpetuada no poder e nunca ser dissolvida, de sorte que a natural definição de justiça seja melhor formulada deste modo...

Clínias: Que modo?

O ateniense: Afirmando-se que *a justiça consiste no interesse do mais forte*.

Clínias: Explica-te com maior clareza.

O ateniense: Ora, é assim que é: as leis num Estado – dizem – são sempre promulgadas pelo poder que nele vigora no momento. Não é assim?

Clínias: Isso é inteiramente verdadeiro.

O ateniense: Supões então – argumentam eles – que uma democracia ou qualquer outra forma de governo, até mesmo uma monarquia despótica, tendo ela conquistado a hegemonia, irá por sua própria ação produzir leis que não tenham como objetivo primordial assegurar sua própria permanência no poder?

Clínias: Certamente que não.

O ateniense: Por conseguinte, o legislador classificará como *justas* as leis assim promulgadas,[176] punindo todos aqueles que as violem como culpados de *injustiça*.

Clínias: Não há dúvida de que isso é provável.

O ateniense: E assim tais leis promulgadas constituirão aí sempre a justiça.

Clínias: Bem, isso é, de qualquer forma, o que esse argumento sustenta.

O ateniense: Sim, pois este é um daqueles *direitos ou títulos sob consenso* relativos ao governo.[177]

Clínias: Que *títulos*?

O ateniense: Aqueles dos quais tratamos antes – títulos ou direitos quanto a quem deve governar quem. Foi demonstrado que os pais devem governar os filhos, os mais velhos os mais jovens, os de linhagem nobre os sem linhagem nobre, e (se lembrais) havia muitos outros

---

176. Ou seja, as leis produzidas no interesse exclusivo da forma de governo vigente, que é sua manutenção perpétua no poder.
177. Alusão à passagem do *Livro III* em que Platão discorre sobre os títulos ou direitos referentes ao governar e ser governado e cita Píndaro.

títulos, alguns entre eles mutuamente conflitantes. O título ou direito diante de nós agora é um destes e dissemos citando Píndaro que a lei
715a caminha com a natureza quando justifica o direito do poder.

Clínias: Sim, isso é o que foi dito então.

O ateniense: Observa agora a que partido deveríamos confiar o nosso Estado, pois a situação que temos aqui de fato já sucedeu aos Estados milhares de vezes.

Clínias: Que situação?

O ateniense: Quando há luta pelo poder, os que se sagram vitoriosos se apropriam dos cargos públicos completamente, de modo a não deixar a menor parcela de autoridade para os próprios vencidos e seus descen-
b dentes, e cada partido passa a vigiar o outro, com receio que haja uma insurreição em represália aos transtornos sofridos anteriormente.[178] Com certeza negamos que essas formas de governo sejam realmente formas de governo, como negamos que sejam leis verdadeiras as que não são feitas a favor do interesse comum de todo o Estado. Assim quando as leis são promulgadas no interesse de uma parte, chamaremos a estes promulgadores de partidários[179] e aquilo que julgam ser sua forma de governo de *enfeudamento*[180] e não de uma autêntica forma de governo, sendo a *justiça* que atribuem a essas leis meramente um nome vazio. Se o dissemos é porque não tencionamos no teu Estado[181]
c distribuir cargos tomando como critério para tanto a riqueza, ou qualquer outra qualidade do gênero, tais como força, compleição física ou nascimento. Os cargos deverão caber aos homens que se destacam na obediência às leis e estendem esta vitória ao Estado, o mais elevado cargo (o serviço aos deuses) ao primeiro destes, o segundo cargo ao segundo destes, e os demais cargos sendo necessariamente distribuídos de maneira análoga e sucessivamente a todos esses homens. Se chamo de servidores das leis[182] aqueles a que damos o nome de magistrados
d não é pelo simples prazer de cunhar uma expressão nova, mas sim porque acredito que a salvação ou a ruína de um Estado, acima de qualquer outra coisa, se baseia nisso, pois todo Estado que tem a lei numa condição subserviente e impotente está à beira da ruína enquanto para todo Estado no qual a lei é soberana sobre os magistrados e estes

---

178. Pelos derrotados, presume-se.
179. E não *cidadãos*.
180. Um neologismo que nos permitimos para designar ou, ao menos, sugerir uma pseudoconstituição baseada em *feudos* ou divisões por partido.
181. Quer dizer, o Estado cuja fundação e constituição foram confiadas a *Clínias* e outros.
182. ...ὑπηρέτας τοῖς νόμοις... (...*hyperétas toîs nómois*...).

são servidores da lei haverá salvação e todas as benesses que os deuses outorgam aos Estados.

Clínias: Sim, por Zeus, estrangeiro! Como se coaduna com tua idade, tens realmente uma visão aguda.

e
O ateniense: É que para essa matéria a visão de um homem está maximamente embotada na sua juventude, enquanto maximamente aguda na sua velhice.

Clínias: É bem verdadeiro.

O ateniense: Qual será então o nosso próximo passo? Não poderíamos supor que nossos imigrantes chegaram, que estão aqui e continuarmos a discorrer sobre eles?

Clínias: Sem dúvida.

O ateniense: Falemos, portanto, a eles da seguinte forma: "Homens, o deus que tem em suas mãos segundo a tradição antiga,[183] o começo, o fim e o meio de todos os seres que existem, encaminha-se diretamente
716a para sua meta entre as revoluções da natureza; acompanha-o sempre a *Justiça*,[184] que se vinga daqueles que infringem a lei divina; e ela é, por sua vez, acompanhada por todo aquele que deseja a felicidade, que a ela se liga com humilde e ordenado comportamento; mas aquele que se enche de soberba, exaltado por suas riquezas e suas honras ou ainda pela beleza física e que através desse orgulho associado à juventude e à loucura tem sua alma inflamada pela insolência, acreditando que prescinde de quem o governe ou o conduza e crendo, ao contrário, que é capaz de conduzir os
b outros – esse é abandonado e preterido pelo deus,[185] e sendo abandonado ele atrai para si outros de natureza semelhante a sua, e por seu pavoneamento desatinado mergulha a todos na confusão; para muitos, realmente, ele é uma pessoa importante, mas não demora para que ele tenha que acertar as contas, merecidamente, com a Justiça ao encaminhar para si

---

183. É bem provável que Platão se refira aqui a um poema de Orfeu.
184. Δίκη (*Díke*), a justiça personificada pela divindade.
185. Sobre a gênese do mundo (κοσμογονία [*kosmogonía*]) segundo Platão consultar o diálogo *Timeu*, que envolve esta questão do *abandono do 'deus'*. Cumpre observar que o hábito de Platão do recurso ao mito com o intuito de persuadir e facilitar a assimilação de suas ideias (e, presumivelmente, também ganhar o apoio do politeísmo oficial, e não se indispor com ele), se por um lado faz do mestre da Academia um filósofo-literato, por outro, muitas vezes paradoxalmente, torna o entendimento de sua doutrina problemático. Platão, na verdade, distingue do ponto de vista cosmogônico o *criador* [ou melhor, modelador e instaurador do universo (κόσμος [*kósmos*])] a partir da organização (κόσμος) do caos (χάος [*kháos*]), ou seja, o δημιουργός (*demiourgós*) dos deuses e divindades criadas (conceitos de θεός [*theós*] e δαιμόνιον [*daimónion*] ou δαίμων [*daímon*]). Assim, deve-se entender no contexto da filosofia platônica (que nos é apresentada pelo conjunto de todos os *Diálogos* e a *Apologia de Sócrates*) *abandono do demiurgo* e não *abandono de um deus*. Ver o *Timeu*, em *Diálogos V*.

a ruína total, ficando órfão de sua casa e de seu Estado. Lançando um olhar a estas coisas, assim dispostas, o que deveria o homem prudente fazer, ou pensar, ou deixar de fazer?"

Clínias: A resposta é evidente: o que deve pensar todo homem é estar entre aqueles que seguem na trilha do deus.

c   *O ateniense*: E qual é então a conduta que é cara ao deus e que se enquadra no seu caminho? Um certo tipo de conduta é expresso numa frase antiga,[186] a saber, que "o semelhante é caro ao semelhante" quando é moderado, enquanto coisas imoderadas não são caras nem entre si nem às coisas moderadas. Aos nossos olhos a divindade será "a medida de todas as coisas" no mais alto grau – um grau muito mais alto do que aquele em que está qualquer "ser humano" do qual eles[187] falam. Aquele, portanto, que pretende se tornar caro a um tal ser precisa se empenhar com todas as suas forças para se tornar na medida do possível, de um caráter semelhante, e de acordo com o presente raciocínio aquele que entre nós é temperante será caro ao deus, já que é semelhante
d   a ele, enquanto aquele que não é temperante será dessemelhante e hostil a ele – como também aquele que é injusto, e assim de modo análogo com o restante, por paridade de raciocínio. E disto se segue, que o observemos, esta regra complementar – que de todas as regras é a mais nobre e a mais verdadeira – a saber, que se dedicar ao sacrifício e à comunhão dos deuses continuamente por intermédio de orações, oferendas e devoções de toda espécie constitui algo sumamente belo, bom e útil para a vida feliz, sendo também soberanamente adequado ao homem bom;
e   mas para o homem perverso é precisamente o contrário, pois este tem a alma impura enquanto a do homem bom é pura; e daquele que tem as mãos sujas nenhum homem bom e nenhum deus receberá dádivas. Por conseguinte, todos os grandes trabalhos que os homens ímpios
717a realizam pelos deuses são em vão, enquanto aqueles dos piedosos são muito proveitosos para todos estes. Eis aí, portanto, o alvo que devemos visar, mas quanto às flechas que devemos lançar, e, por assim dizer, o *voo delas*, que tipo de flechas – achais – voariam mais diretamente rumo ao alvo? São, em primeiro lugar, diríamos, as honras que após serem prestadas aos olímpicos e aos deuses que mantêm o Estado rendemos aos deuses do mundo inferior; reservando-lhes o *par, o inferior*

---

186. O verso completo de Homero, presente na *Odisseia*, xvii, 218, é: "verdadeiro é, portanto, que um deus sempre reúne os semelhantes.".
187. Platão se refere aos sofistas e mais particularmente a Protágoras, autor da sentença *o ser humano é a medida de todas as coisas*.

e o *esquerdo* atendemos melhor ao objetivo a que visa nossa piedade,
b enquanto que as honras superiores a essas, o *ímpar* e o *direito* caberão aos deuses que mencionamos anteriormente.[188] Na sequência, depois destes deuses, o homem de senso prestará culto aos *dáimons* e depois destes aos heróis, após os quais virão os santuários privados legalmente dedicados às divindades ancestrais, e a seguir as honras prestadas ao pais vivos, pois é justo que lhes paguemos nossa dívida primordial e essencial, de todos os créditos o maior, e reconhecer que
c tudo que possuímos e temos pertence àqueles que nos geraram e educaram, de modo que devemos servi-los ao máximo de nossas forças – mediante nossa riqueza, nosso corpo e nossa alma – recompensando-os pelos empréstimos que nos fizeram, há muito, quando éramos crianças em cuidados e esforços que despenderam, e os amparando em sua velhice, que é quando mais necessitam de amparo. E ao longo de toda nossa vida devemos observar diligentemente, sobremaneira, o acato
d verbal ao nos dirigirmos aos nossos pais, pois para as palavras, coisas leves e aladas, a reparação em relação ao dano cometido é incomparavelmente pesada; Nêmesis, a mensageira da Justiça, foi designada para se manter vigilante quanto a isso. Compete ao filho, assim, ceder aos pais quando estes estão irados, e quando dão rédea solta à sua cólera por palavras ou ações deverá perdoá-los compreendendo que é bastante natural para um pai ficar particularmente furioso quando julga que está sendo enganado pelo filho.[189] Quando os pais morrem, os melhores
e funerais são os de maior sobriedade, aqueles nos quais o filho nem se excede na pompa habitual nem fica abaixo do que seus próprios ancestrais fizeram por seus pais; e de modo similar deverá ele cuidar das cerimônias anuais que são celebradas em honra daqueles que chegaram ao desfecho. Deverá sempre venerá-los não cessando jamais de manter
718a viva a memória deles e designando aos mortos a devida parcela dos recursos que a fortuna lhe disponibiliza. Todos nós, se assim agirmos e observarmos essas regras de vida, ganharemos sempre a devida recompensa dos deuses e de todos [os seres] mais poderosos do que nós mesmos, e passaremos a maior parte de nossas vidas desfrutando as

---

188. Platão se baseia aqui na *doutrina pitagórica dos opostos*, segundo a qual o número ímpar é *superior* ao número par e o lado direito *superior* ao esquerdo, bem como o masculino é superior ao feminino. A correspondência entre os deuses do mundo subterrâneo (...χθονίοις ἄν τις θεοῖς... [...*khthoníois án tis theoîs*...]) e o lado esquerdo (ἀριστερός [*aristerós*]) encontra eco também na *divinação* (μαντεία [*manteía*]) dos gregos, na qual o lado esquerdo era o lado do mau presságio, do infortúnio (σίνος [*sínos*], que produziu o latim *sinister*, que significa tanto *esquerdo, do lado esquerdo* quanto sinistro, de mau presságio, funesto).
189. Ver o diálogo *Críton*, em *Diálogos III*, Edipro.

esperanças da felicidade. No que diz respeito às obrigações com os filhos, os parentes, os amigos, os concidadãos, e todos esses deveres estabelecidos pelos deuses relativos à boa hospitalidade com os estrangeiros e todas

b as classes de pessoas, para essas obrigações cujo cumprimento segundo a lei produzirá o encanto e o adorno de nossas existências, a consequência das próprias leis – seja persuadindo, seja castigando mediante a coerção e a justiça quando os costumes desafiam a persuasão – tornará (com a intercessão dos deuses) nosso Estado venturoso e próspero. Há também matérias que um legislador, se compartilhar de minha opinião, terá necessariamente que regulamentar, embora não se prestem bem a uma formulação sob a forma de lei. Ao se ocupar dessas matérias ele deveria, a meu ver, produzir um modelo para seu próprio uso e para

c aqueles a favor de quem está legislando, isto antes de se deter em todas as matérias restantes na medida de sua capacidade e iniciar assim a tarefa de redigir as leis.

Clínias: Qual a forma especial de formular tais matérias?

O ateniense: Não é nada fácil abarcá-las todas num, por assim dizer, modelo único de formulação; mas tentemos pensá-las de uma tal maneira, já que contamos com a possibilidade de conseguirmos afirmar algo definitivo a respeito delas.[190]

Clínias: Conta-nos o que é esse *algo*.

O ateniense: Eu desejaria que as pessoas fossem o mais dóceis possível em matéria de virtude, e isto é evidentemente o que o legislador se empenhará em buscar em toda a sua obra.

d *Clínias*: Seguramente.

O ateniense: Acredito que a abordagem que fizemos recentemente poderia ser de alguma utilidade para fazer as pessoas escutarem as advertências que ela contém com suas almas não num estado de completa selvageria, mas numa disposição de maior civilidade e menor hostilidade. E seria para nos contentarmos se, como digo, tornasse aqueles que as escutassem apenas um pouco mais dóceis pelo fato de estarem um pouco menos hostis, pois não há uma enorme quantidade de pessoas ansiosas para se tornarem as melhores possíveis com toda

e a rapidez; a maioria, de fato, serve para demonstrar quão sábio foi Hesíodo ao dizer que "...suave é o caminho que conduz à perversidade..."

---

190. Segundo alguns helenistas, todo o texto em *itálico* (interlocução de *Clínias* e resposta do *ateniense*) se soma às considerações imediatamente anteriores do *ateniense*.

e que "...percorrê-lo dispensa qualquer suor...", visto que é "...extremamente curto...", embora ele diga também que...

> *Diante da virtude os deuses imortais*
> *Colocaram o suor do esforço e longa*
> *E íngreme é a senda que a ela conduz,*
> *Sendo áspera a primeira subida; mas*
719a *Conquistado o primeiro cimo, a jornada*
> *Facilitada é, a despeito de árdua ainda ser.*[191]

Clínias: Eu diria que ele se exprime muito bem.

O ateniense: Certamente. Agora desejo vos comunicar o resultado da argumentação precedente.

Clínias: Pois o faz.

b *O ateniense*: Vamos nos dirigir ao legislador e indagar: "Diz-nos, ó legislador: se soubesses o que deveríamos fazer e dizer, não é óbvio que o formularias?"

Clínias: Necessariamente.

O ateniense: Mas há pouco não ouvimos nós dizer que o legislador não deveria permitir que os poetas compusessem como bem lhes aprouvesse? Isto porque provavelmente desconheceriam que palavras suas poderiam infringir as leis e provocar dano ao Estado?

Clínias: Isso é bem verdade.

O ateniense: Estaríamos nos dirigindo a ele razoavelmente se o fizéssemos em nome dos poetas nos seguintes termos...

c *Clínias*: Que termos?

O ateniense: Estes: "Há, ó legislador, um antigo relato – constantemente repetido por nós mesmos e que recebe a aprovação de todos – segundo o qual sempre que um poeta está sentado no tripé das Musas, falta-lhe o controle sobre a mente, assemelhando-se a uma fonte que dá livre curso à água que aflui; e visto que sua arte consiste na imitação, ele é amiúde compelido a contradizer a si mesmo ao criar
d personagens de disposições contraditórias, além de ignorar de que lado no que dizem está a verdade. Mas o legislador não pode em sua lei fazer o mesmo, isto é, compor duas formulações a respeito de uma única

---

191. Os Trabalhos e os Dias, 287 a 292: τῆς δὲ ἀρετῆς, φησίν, ἱδρῶτα θεοὶ προπάροιθεν ἔθηκαν / ἀθάνατοι, μακρὸς δὲ καὶ ὄρθιος οἶμος ἐς αὐτήν, / καὶ τρηχὺς τὸ πρῶτον ἐπὴν δ' εἰς ἄκρον ἵκηαι, / ῥηιδίη δὴ 'πειτα φέρειν, χαλεπή περ ἐοῦσα.

matéria, sendo necessário que proclame sempre uma única formulação a respeito de uma matéria. Toma como exemplo uma das próprias afirmações que formulaste há pouco. É possível que um funeral seja excessivo, deficiente ou moderado: destas três alternativas escolhes uma, o moderado, após louvá-la incondicionalmente. Eu, por outro
e lado, se tivesse uma esposa extremamente rica que me incumbisse de representá-la em seu funeral mediante minha poesia, o faria com toda a pompa, enquanto um homem pobre e parcimonioso louvaria o túmulo deficiente, e a pessoa de moderados recursos, se ela mesma moderada, louvaria o mesmo que tu. Mas tu não deves meramente falar de uma coisa como 'moderada' da maneira que fizeste agora, devendo sim explicar o que é 'o moderado' e quais os seus limites; caso contrário, será prematuro para ti propor que tal formulação se torne lei.

Clínias: O que dizes é sumamente verdadeiro.

O ateniense: Deve, então, o preposto que nomeamos para essas leis
720a deixar de fazer uma tal formulação inicial e declarar imediatamente o que tem que ser feito e o que não tem e indicar a punição na qual incorre a desobediência, e assim voltar-se para uma outra lei, sem acrescentar aos seus estatutos uma única palavra de encorajamento e persuasão? Tal como ocorre com os médicos, um nos trata de uma maneira, outro de outra: eles dispõem de dois métodos diferentes dos quais podemos nos lembrar para que, como crianças que pedem ao médico para que as trate pelo método mais brando, possamos fazer um pedido semelhante ao legislador. E o que queremos dizer com isso? Há homens que são médicos, segundo dizemos, e outros que são assistentes dos médicos, mas chamamos estes últimos também de
b *médicos*, não é mesmo?

Clínias: Sem dúvida nós o fazemos.

O ateniense: Esses, sejam eles livres ou escravos, adquirem sua arte sob a direção de seus mestres[192] por meio da observação e da prática[193] e não pelo estudo da natureza, que é o meio pelo qual os médicos livres eles mesmos aprendem a arte, sendo também este o meio pelo qual instruem seus próprios discípulos. Dirias que temos aqui duas classes do que é chamado de *médicos?*

---

192. Δεσποτῶν (*despotôn*), os chefes da família/casa (οἶκος [*oîkos*]), e seus senhores absolutos; dirigiam, inclusive, o treinamento e instrução dos membros humanos da οἶκος, mas não eram precisamente os mestres (mestre – διδάσκαλος [*didáskalos*]) das artes, como, neste caso, da medicina.

193. ...θεωρίαν καὶ κατ' ἐμπειρίαν... (...*theorían kaì kat' emteirían*...), literalmente *[por meio] da contemplação e da experimentação*.

Clínias: Certamente.

O ateniense: Estás também ciente de que como as pessoas enfermas nas cidades são constituídas tanto por escravos quanto por cidadãos livres, os escravos são geralmente tratados pelos escravos, em suas rondas pela cidade ou aguardando nos dispensários; e nenhum desses médicos dá ou recebe quaisquer explicações sobre as várias doenças dos diversos servos que tratam, limitando-se a prescrever para cada um deles o que julga certo com base na experiência, como se detivesse conhecimento exato, e com a autossuficiência de um monarca despótico; em seguida passa de um átimo muito rapidamente para um outro servo enfermo, poupando assim seu mestre do atendimento dos doentes. Mas o médico nascido livre se ocupa principalmente em visitar e tratar das enfermidades das pessoas livres e o faz investigando-as desde o começo e conforme o curso natural; conversa com o próprio paciente e com seus amigos, podendo assim tanto obter conhecimento a partir daquele que padece da doença [e seus amigos] como transmitir a estes as devidas impressões na medida do possível. Ademais, ele não prescreve nada ao paciente enquanto não conquistar o consentimento deste,[194] para só quando consegui-lo então, mantendo a docilidade[195] do paciente por meio da persuasão, realmente tentar completar a tarefa de devolver-lhe a saúde. Qual dessas duas formas da medicina revela o melhor médico, e em matéria de treinamento, o melhor treinador? Deverá o médico executar uma única função idêntica de duas maneiras ou de uma maneira apenas, e neste caso a pior maneira das duas e a menos humana?

Clínias: Acredito, estrangeiro, que o método duplo é sem dúvida o melhor.

O ateniense: Desejarias que examinássemos o método duplo e o simples também em sua aplicação nas legislações?

Clínias: Com toda a certeja eu o desejaria.

O ateniense: Pois então, diz-me, em nome dos deuses, qual seria a primeira lei a ser formulada pelo legislador? Não seguirá ele a ordem da natureza começando em suas disposições pela regulamentação dos nascimentos em seu ponto de partida nos Estados?

Clínias: Mas é claro.

---

194. Ou seja, enquanto não o tiver convencido das impressões que ele (médico) está tendo do problema de saúde do paciente.
195. Ou seja, sua confiança e predisposição para ser tratado.

O ateniense: E não reside o ponto de partida dos nascimentos em todos os Estados na união e celebração do casamento?

Clínias: Certamente.

O ateniense: Portanto parece que sendo as leis do casamento as primeiras a serem produzidas [e promulgadas], este seria o procedimento correto em todos os Estados...

Clínias: Com toda a certeza.

b *O ateniense*: Bem, vamos enunciar a lei na sua forma mais simples primeiro. E como seria? Provavelmente assim: "Dever-se-á casar entre trinta e trinta e cinco anos, o não fazê-lo acarretando como punição multa e degradação,[196] a multa correspondendo a esta ou aquela quantia, e a degradação a este ou aquele tipo. "Esta será a forma simples da lei do
c casamento. E eis a forma dupla: "Dever-se-á casar entre trinta e trinta e cinco anos, tendo-se em mente que este é o modo pelo qual a raça humana, por natureza, participa da imortalidade, e para a qual a natureza implantou em todo indivíduo humano um desejo forte. O desejo de granjear a glória, em lugar de repousar num túmulo anônimo, visa um objetivo semelhante.[197] Assim a humanidade tem uma afinidade natural com o conjunto do tempo,[198] acompanhando-o continuamente no presente e no futuro, sendo o meio pelo qual se imortaliza este: deixando
d atrás de si os filhos dos filhos e prosseguindo sempre una e idêntica, ela assim pela reprodução participa da imortalidade. Jamais será um ato piedoso privar-se disso voluntariamente e aquele que negar a si mesmo esposa e filhos é culpado de tal privação intencional. Aquele que acatar a lei estará livre de punição, mas quem desobedecê-la e não casar até os trinta e cinco anos pagará uma multa anual de um certo valor – a fim de que não veja no celibato um motivo de ganho e bem-estar e não deixe de ter sua parcela nas honras públicas que os jovens de tempos
e em tempos prestam aos mais velhos." Ao ouvir-se e comparar-se esta lei com a anterior, é possível julgar em cada caso particular se as leis devem ser duplas ao menos em extensão, somando a persuasão à ameaça, ou somente simples em sua extensão empregando apenas a ameaça.

Megilo: Nós, laconianos, estrangeiro, preferimos sempre a concisão, mas tivesse eu que optar qual dessas duas disposições legais

---

196. Ἀτιμία (*atimía*), literalmente *desprezo, degradação*. Mas aqui Platão emprega a palavra referindo-se especificamente a um tipo de punição praticado em Atenas, a saber, a destituição parcial ou total (dependendo do caso) dos direitos de cidadania, pela qual, é claro, alguém era *degradado*.
197. A respeito deste assunto, consulte-se principalmente o *Banquete* (Συμπόσιον [*Sympósion*]), em *Diálogos V*.
198. ...τοῦ παντὸς χρόνου... (...*toû pantòs khrónou*...), a totalidade do tempo.

722a desejaria ver promulgada por escrito em meu Estado, escolheria a mais extensa; e igualmente em relação a todas as demais leis, caso se apresentassem sob duas formas como nesse exemplo, faria a minha escolha da mesma maneira. É necessário, entretanto, que as leis que estávamos criando agora contem com a aprovação de nosso amigo *Clínias* também, pois no momento é o seu Estado que se propõe a usar essas leis.

Clínias: Tu te expressaste bem, *Megilo*.

b *O ateniense*: De qualquer modo, seria extremamente tolo discutir acerca da extensão ou concisão das leis escritas, pois o que devemos valorar, a meu ver, não é se são excessivamente breves ou prolixas, mas sim sua excelência; e no caso das leis que acabamos de mencionar, uma forma possui o dobro do valor da outra do ponto de vista da excelência prática como também guarda uma perfeita analogia com o exemplo dos dois tipos de médicos que há pouco apresentamos. A este respeito parece que nenhum legislador jamais percebeu ainda que embora esteja em seu poder fazer uso dos dois métodos em sua legislação, a saber, a persuasão e a força, na medida em que seja praticável quando se lida **c** com a massa humana inculta, os legisladores na realidade empregam apenas um método, ou seja, ao legislarem não combinam a coerção com a persuasão, empregando sim somente a coerção pura. E eu, meus caros senhores, noto ainda um terceiro requisito que deve estar presente nas leis e que, no entanto, atualmente não temos onde encontrar.

Clínias: A que requisito aludes?

O ateniense: Uma matéria que, por uma espécie de orientação divina, acabou brotando dos próprios assuntos que estamos agora discutindo. Foi logo depois da aurora que principiamos a falar sobre leis e agora é **d** meio-dia e aqui estamos neste belo posto de descanso, tendo passado todo o tempo sem falar de outra coisa a não ser de leis; e no entanto, pelo que parece, mal começamos a formulá-las, pois tudo que dissemos até o momento não passou de prelúdios às leis. O que pretendo ao dizer isto? Todo discurso e toda expressão vocal contam com prelúdios e preliminares que produzem uma espécie de preparação em apoio ao desenvolvimento posterior do assunto. De fato, dispomos de exemplos de prelúdios **e** admiravelmente elaborados que precedem o tipo de canto acompanhado pela cítara a que se dá o nome de *nomo* bem como composições musicais de todo tipo. Mas para as verdadeiras leis[199] que denominamos

---

199. Platão joga com a palavra νόμος (*nómos*) que significa tanto nomo quanto costume, opinião geral, norma de conduta, convenção e *lei*.

políticas,²⁰⁰ ninguém até agora jamais formulou, compôs ou publicou um prelúdio, como se a natureza não o comportasse. Contudo, nossa presente discussão prova, a meu ver, que existe tal coisa, e me ocorreu há pouco que as leis que estávamos formulando são algo mais do que
723a simplesmente duplas, consistindo sim dessas duas coisas combinadas, isto é, *a lei e o prelúdio à lei*. A prescrição que designamos como *despótica* e comparada às prescrições dos médicos-escravos era a lei pura, mas o que dissemos antes, e que foi tido como persuasivo²⁰¹ era realmente bem persuasivo e cumpre também a mesma função do prelúdio de uma oração. Assegurar que a pessoa a quem o legislador endereça a lei aceite a prescrição com tranquilidade, e devido a esta tranquilidade
b a aceite com docilidade era, eu supunha, o conspícuo objetivo do orador ao proferir seu persuasivo discurso. Por conseguinte, de acordo com meu argumento, o termo certo para ele seria não texto da lei, mas sim prelúdio, e nenhum outro vocábulo. Tendo dito isso, qual é a próxima afirmação que eu gostaria de fazer? Ei-la: que o legislador não deve jamais deixar de fornecer prelúdios a título de preâmbulos tanto do conjunto das leis que não cessam de se apresentar como de cada lei particular, pois graças a isso tais leis ganharão tudo que ganharam as leis formuladas ainda há pouco.²⁰²

c *Clínias*: Eu, de minha parte, encarregaria o especialista nessas matérias em assim legislar, e não de maneira diversa.

O ateniense: Penso, *Clínias*, que acertas acerca desse ponto ao desejar que todas as leis tenham um prelúdio e que ao começo de toda obra legislativa se deva prefaciar cada promulgação com o prelúdio que naturalmente lhe diga respeito, pois a formulação que se seguirá ao prelúdio tem grande importância e faz enorme diferença se essas formulações são
d lembradas distinta ou indistintamente; de qualquer maneira, estaríamos errados se prescrevêssemos que todas as leis, grandes e pequenas, fossem dotadas de prelúdios de modo invariável, pois isso não deve ser feito no caso de canções e discursos de espécie alguma, visto que se todos têm naturalmente prelúdios nem sempre podemos empregá-los, o que deve ser deixado em cada caso a critério do próprio orador, cantor ou legislador.

Clínias: O que dizes é, creio, bastante verdadeiro. Mas não retarde-
e mos mais, estrangeiro. Retorna ao nosso assunto principal e recomeça, se o concordas, pelo que disseste então sem incluir um preâmbulo. Retomemos, portanto, como se costuma dizer, mediante um segundo

---
200. Isto é, da πόλις (*pólis* [cidade-Estado]).
201. Explicitamente por *Megilo*.
202. Referência aos exemplos dados *há pouco* das formas simples e dupla da redação das leis.

lance de maior sorte, com a intenção de executar um prelúdio e não, como antes, de fazer um discurso fortuito; tomemos o início como um prelúdio confesso. Sobre o culto aos deuses e os cuidados devidos aos ancestrais, o que foi dito anteriormente é suficiente; é o que se segue a isto que deves tentar dizer até que a totalidade do prelúdio tenha sido, em nossa opinião, adequadamente formulada por ti. Depois disso tu prosseguirás com a indicação das próprias leis escritas.

O ateniense: Então o prelúdio que anteriormente compomos referente aos deuses e àqueles que lhes estão próximos, referente aos pais, vivos e mortos, foi, como o declaramos agora, suficiente; e estás neste momento me solicitando, pelo que compreendo, que traga, por assim dizer, à luz do dia o resto desse mesmo assunto.

Clínias: Precisamente.

O ateniense: Bem, com certeza é conveniente e do maior interesse comum que juntamente com os assuntos mencionados, o orador e seus ouvintes tratassem da questão do grau de zelo ou negligência que as pessoas devem utilizar com respeito às suas almas, seus corpos e seus bens, e sobre isto ponderar e assim ampliar sua educação na medida do possível. É precisamente esta a formulação que precisamos realmente fazer e escutar a seguir.

Clínias: Perfeitamente.

Livro V

Ἀκούοι δὴ πᾶς ὅσπερ νυνδὴ τὰ περὶ θεῶν τε ἤκουε καὶ τῶν φίλων προπατόρων· πάντων γὰρ τῶν αὐτοῦ κτημάτων μετὰ θεοὺς ψυχὴ θειότατον, οἰκειότατον ὄν.

726a   *O ateniense*: Que me escutem, portanto, todos aqueles que há pouco me ouviram falar dos deuses e de nossos caros ancestrais. De todos os bens que se possui depois dos deuses, o mais divino é a alma visto que é o mais pessoal.[203] Esses bens de todo ser humano pertencem invariavelmente a duas categorias: os bens superiores e mais fortes que comandam e os bens inferiores e mais débeis que servem;[204] deve-se, entre
727a   esses bens, sempre preferir os que comandam aos que servem. Assim, portanto, quando afirmo que se deve honrar a alma logo depois dos deuses que são senhores e as divindades secundárias,[205] estou fazendo uma correta injunção. Ora, dificilmente haja alguém entre nós que honre corretamente sua alma, embora creia que o faça, pois enquanto uma honra prestada a uma coisa divina é benigna, nada que é maligno confere honra; e aquele que pensar estar engrandecendo sua alma mediante palavras, dádivas ou mesuras enquanto não a aprimora, estará imaginando que lhe presta honra, mas de fato não estará. Por exemplo, todo
b   aquele que atinge a idade adulta, se julga capaz de aprender todas as coisas e supõe que honra sua alma ao louvá-la, permitindo-lhe de forma precipitada fazer o que lhe apraz. Entretanto, assim agindo, ele estará ofendendo sua alma em lugar de honrá-la, nós o asseveramos agora, contrariamente ao que afirmamos, isto é, que ele deve prestar honra a ela logo depois dos deuses. E também quando um ser humano imputa sempre a outros e não a si mesmo a responsabilidade por suas faltas e a dos males mais numerosos e mais graves, isentando-se a si mesmo sempre da culpa,

---

203. Quanto a esta questão do caráter *'pessoal'* da alma, que se vincula principalmente ao fato de ser ela para Platão imortal (ἀθάνατος [*athánatos*]) e transmigrar *individualmente* após a morte de *um* corpo para outro (doutrina da metempsicose), consultar o *Fédon*, o *Críton*, o *Eutifron* e a *Apologia de Sócrates*, em *Diálogos III*.
204. ...τὰ μὲν οὖν κρείττω καὶ ἀμείνω δεσπόζοντα, τὰ δὲ ἥττω καὶ χείρω δοῦλα... (...*tà mèn oûn kreítto kaì ameíno despózonta, tà dè hétto kaì kheíro doûla*...), os bens superiores e mais fortes *que são senhores* e os bens inferiores e mais débeis *que são escravos*. A forma de linguagem de Platão recorre à analogia com a distinção fundamental no seio da οἶκος (*oíkos*).
205. Para Platão alma e corpo são distintos e a primeira necessariamente superior ao segundo e *imortal*, dualismo que lhe permite fazer da alma um bem ou tesouro (κτῆμα [*ktêma*]) que é objeto de apreço, de honra (τιμή [*timé*]) e tão precioso a ponto de estar logo abaixo dos *dáimons* e *heróis*. Consultar os diálogos *Fédon*, *Críton*, *Eutifron* e a *Apologia de Sócrates*.

imaginando que mediante isso está honrando sua própria alma, não o estará
c fazendo de modo algum, e sim a ofendendo. E quando alguém cede aos
prazeres contrários ao conselho e recomendação do legislador, também
não está honrando sua alma, mas sim a desonrando ao carregá-la de infortúnios e remorsos; e ainda no caso oposto, quando se recomendam esforços,
temores, dificuldades e dores e o ser humano se esquiva a estes em lugar de
suportá-los com firmeza, tal esquivamento não confere honra nenhuma
d a sua alma pois mediante todas essas ações ele a deprecia. Tampouco a
honra quando julga, sem quaisquer reservas, a vida como uma coisa
boa pois neste caso a alma tomará por um mal todas as condições do
Hades e a pessoa a ela cederá em lugar de se lhe opor para instruí-la e
convencê-la que podemos encontrar, ao contrário, as maiores bênçãos
no reino dos deuses do mundo inferior. Também quando se tem maior
apreço pela beleza do que pela virtude deprecia-se literal e totalmente
a alma pois isto implica no raciocínio cuja conclusão é que o corpo é
e mais digno de apreço do que a alma, o que é falso[206], já que nada nascido
na terra é digno de maior apreço do que o olímpico[207] e aquele que com
referência à alma professa parecer diverso ignora que admirável tesouro
está descurando. Igualmente quando um ser humano anseia adquirir
riqueza desonestamente ou não se aflige por adquiri-la assim não estará
728a através de suas dádivas honrando sua alma – bem longe disto!... pois o
que aí há de honroso e belo está sendo negociado por um punhado de
ouro, não obstante todo o ouro sobre a Terra e sob ela não se iguale ao
valor da virtude. Para sermos concisos: com respeito às coisas que o
legislador indica e classifica como, de um lado, vis e más, ou do outro,
nobres e boas, quem quer que seja que se recusar a evitar por todos os
meios as primeiras e a praticar com todas as suas forças as segundas
b saberá que está tratando sua alma, a mais divina das coisas, da maneira
mais desonrosa e lamentável. Dificilmente alguém se dá conta do maior
julgamento, como é dito, da ação má, ou seja, assemelhar-se a homens

---

206. ...ψυχῆς γὰρ σῶμα ἐντιμότερον οὗτος ὁ λόγος φησὶν εἶναι, ψευδόμενος... (...*phykhês gàr sôma entimóteron hoûtos ho lógos phesín eînai, pheudóme nos*...), pois tal raciocínio sustenta que o corpo é mais digno de apreço do que a alma, o que é falso – esta seria uma tradução mais tendente à literalidade.
207. Ou seja, do domínio dos deuses *olímpicos*. O tradutor se sente tentado aqui a opor o terrestre ao *celestial*, mas como céu em grego é propriamente οὐρανός (*ouranós*), que é a morada pré--olímpica dos deuses, acreditamos que Platão não tenha empregado o termo Ὀλυμπίων (*Olympíon*) indiscriminadamente, referindo-se de forma específica ao advento da hegemonia de Zeus (inimigo-mor dos titãs) a partir de Cronos. Ὄλυμπος (*Ólympos* [monte na fronteira entre a Tessália e a Macedônia]) não significa precisamente *céu*. Na Teogonia de Hesíodo, Urano (Οὐρανός) não é apenas o pai de Cronos e avô de Zeus, como também o gerador de vários deuses e dos *titãs* com Gaia (inclusive Japeto, pai de Atlas e de Prometeu).

que são perversos e assim fazendo afastar-se dos homens bons, dos bons conselhos e com estes romper, apegando-se, ao contrário, à companhia dos perversos e os seguindo; e aquele que se juntar a tais homens fatalmente fará e experimentará o que essas pessoas se convidam mutuamente a fazer. Ora, tal resultado não é um *julgamento* (porquanto justiça e julgamento são coisas honrosas), mas sim uma punição, um efeito que se segue à injustiça; e aquele que suporta essa punição e aquele que não a suporta são igualmente infelizes – este porque ficou sem cura, aquele porque perece a fim de assegurar a salvação de muitos outros.[208] Assim, declaramos que a honra, em termos gerais, consiste em acatar o melhor e em empreender o máximo para melhorar o menos ruim, quando este o admite. O ser humano não dispõe por natureza em si mesmo de nada mais apropriado do que a alma para evitar o mal, localizar e apreender tudo que há de melhor, e depois de apreendê-lo viver com isso pelo resto de sua vida, pelo que a alma está classificada em segundo lugar na ordem das honras. Quanto ao terceiro todos seriam unânimes em dizer que este lugar cabe à honra devida ao corpo e aqui, novamente, é preciso investigar as várias formas de honra – quais as genuínas, quais as falsas – o que é função do legislador. Ora, ele – suponho – declara que as honras são as seguintes e dos seguintes tipos: o corpo digno de apreço não é o corpo belo, o forte, o célere, nem o grande e nem mesmo o corpo saudável, embora muitos creiam nisto; não é tampouco o corpo que reúne as qualidades opostas a estas. Os corpos que ocupam a posição mediana entre todos esses extremos opostos são, com larga vantagem, os de maior temperança e estabilidade pois se um extremo torna as almas soberbas e orgulhosas, o outro as torna vis e mesquinhas. O mesmo se aplica à posse de bens e riquezas, devendo estes ser valorados numa escala similar; quando excessivos, geram animosidades e conflitos tanto no Estado como no âmbito particular e quando deficientes geram, via de regra, servidão. E que ninguém ame as riquezas por causa de seus filhos com o fito de deixá-los o mais ricos possível, pois isto não é bom nem para eles nem para o Estado. Para os jovens, recursos que não atraem bajuladores, e que não os privam do necessário, constituem os mais harmoniosos e mais excelentes de todos, visto que tais recursos estão em sintonia e acordo conosco, tornando nossa vida em todos os aspectos isenta de sofrimento. Aos filhos deve-se deixar um grande legado de respeito próprio e não de ouro. Imaginamos que é mediante a correção da impudência da juventude que lhe legamos essa virtude, mas não é

---

208. Sobre isto consultar o *Górgias*, em *Diálogos II*, obra publicada em *Clássicos Edipro*.

isto que resulta da repreensão dirigida comumente hoje aos jovens quando as pessoas lhes dizem que "os jovens devem respeitar a todos". O legislador prudente deverá, antes, advertir as pessoas mais velhas para que respeitem os jovens e, acima de tudo, se acautelem para não serem jamais surpreendidas por um jovem fazendo ou dizendo algo vergo-
c nhoso, pois ali onde os velhos são impudentes, os jovens fatalmente o serão ainda mais; o modo mais eficiente de educar os jovens – bem como as próprias pessoas mais velhas – não é repreender mas sim simplesmente praticar por toda nossa vida aquilo pelo que repreendemos os outros. Quanto à parentela, aqueles a quem nos ligam os deuses familiares e que nos são consanguíneos, quem quer que os honre e reverencie pode, na medida de quanto é piedoso, assegurar a boa vontade dos deuses do nascimento para a procriação de seus filhos. Ade-
d mais, um ser humano encontrará amigos e companheiros bem predispostos para os relacionamentos da vida se colocar mais alto do que eles colocam o valor e a importância dos serviços que lhe prestam e conferir menos valor aos favores que lhes presta do que eles próprios (seus amigos e companheiros) conferem. Na relação com seu Estado e seus concidadãos, esse ser humano se destacará, preferivelmente não obtendo uma vitória em Olímpia ou em qualquer outro concurso de guerra ou de paz, mas optando pela reputação de vencedor no serviço das leis de sua cidade, sendo o indivíduo que superou a todos os demais as ser-
e vindo de maneira marcante durante toda sua vida. Além disso, um indivíduo deve considerar como especialmente sagrados os contratos celebrados com estrangeiros, pois praticamente todas as faltas contra os estrangeiros são – se comparadas com aquelas cometidas contra concidadãos – mais estreitamente ligadas a uma divindade vingadora. O estrangeiro, porquanto está privado de companheiros e da família, é quem mais atrai a compaixão de seres humanos e deuses, pelo que aqueles que têm a capacidade de vingá-lo e se apressam para socorrê-lo
730a são o *dáimon* e o deus do estrangeiro, os quais fazem parte da escolta de Zeus Xenios.[209] Todo aquele, portanto, que for minimamente prudente tomará o máximo cuidado de viver toda sua vida, até o seu fim, sem perpetrar qualquer ofensa contra estrangeiros. De todas as ofensas cometidas contra estrangeiros ou compatriotas, em todos os casos a mais grave é a que se refere aos requerentes, porque quando um requerente, após invocar um deus como testemunha, é ludibriado, esse deus se torna o protetor especial de quem foi ludibriado, de sorte que a vítima jamais

---
209. O deus guardião dos direitos de hospitalidade.

b   ficará sem vingança. No que concerne às relações de alguém com seus pais, consigo mesmo e seus próprios bens, bem como com o Estado e seus parentes – sejam as relações exteriores, sejam as domésticas – completamos nosso exame. Na sequência nos cabe examinar o caráter que é o mais conduzente a uma vida digna, e depois disto teremos que indicar todas as matérias que estão sujeitas não à lei, mas sim ao louvor e à censura como os instrumentos pelos quais os cidadãos são educados individualmente e tornados mais dóceis e predispostos às leis que lhes serão impostas. Entre todos os bens tanto para os deuses quanto para
c   os seres humanos, a verdade vem em primeiro lugar. Que dela participe cada indivíduo humano desde o princípio de sua vida se seu propósito for a bem-aventurança e a felicidade, de modo que possa viver sua vida o maior tempo possível segundo a verdade. Este é um indivíduo digno de confiança, mas indigno de confiança é aquele que gosta de mentir voluntariamente, enquanto, por outro lado, é insensato o indivíduo a quem apraz a mentira involuntária. E nenhum destes dois últimos é para ser invejado pois quem é insensato ou indigno de confiança não tem amigos e quando o decorrer do tempo se faz conhecer, ele[210] constrói
d   para sua velhice um isolamento total ao fim de sua vida, estejam seus companheiros e filhos vivos ou não. Aquele que não comete qualquer erro é efetivamente um homem digno de honra, porém digno de honra em dobro, e mais, é aquele que em adição a isto não permite que os cometedores de erros os cometam, pois enquanto o primeiro vale por um homem o segundo vale por muitos já que informa os magistrados a respeito da ação errônea dos outros. E aquele que auxilia os magistrados, na medida de suas forças, a punir, que o proclamemos o *grande homem* no Estado,[211] e homem consumado, campeão da virtude.
e   À temperança e à sabedoria deve-se atribuir o mesmo louvor e a todos os outros bens que seu possuidor não pode manter apenas para si mas que podem também ser repartidos com os outros; aquele que os reparte deve ser honrado como de sumo mérito e aquele que os quer repartir, mas não tem condições de fazê-lo, com um mérito secundário, enquanto o egoísta[212] e não desejoso de repartir quaisquer boas
731a coisas com os outros deverá ser objeto de censura, embora o bem que possui não deva ser depreciado por sua causa, mas pelo contrário

---

210. Isto é, o insensato ou indigno de confiança.
211. ...μέγας ἀνὴρ ἐν πόλει... (...*mégas anèr en pólei*...). A usual primazia do masculino no âmbito da ἀρετή (*areté*) se faz mais uma vez presente.
212. ...φθονοῦντα... (*phthonoûnta*), literalmente ciumento, ou seja, *aquele que tem ciúme de seus bens*, o que o faz jamais partilhá-los com outros.

motivo de grande esforço para ser obtido. Que todos nós ambicionemos a conquista da virtude, porém de modo benevolente,²¹³ pois assim os Estados serão ampliados, rivalizando no empenho sem se paralisarem pela maledicência; mas o malevolente, pensando que a melhor forma de assegurar sua superioridade é maldizer os outros despende pouco esforço para ganhar excelência verdadeira e desestimula seus rivais os censurando injustamente, com o que leva todo o Estado a ser
b mal treinado na competição pela virtude e o torna, de sua parte, menos detentor de boa reputação. Todo homem deve unir à cólera a maior amabilidade possível. Em relação aos erros dos outros que nos põem em perigo e que têm pouca ou nenhuma chance de serem remediados, só podemos nos subtrair triunfando sobre eles mediante uma luta defensiva e os castigando inflexivelmente, o que nenhuma alma pode realizar sem uma nobre cólera.²¹⁴ Mas, por outro lado, quando se co-
c mete erros remediáveis, se deveria, em primeiro lugar, reconhecer que todo cometedor de erros o é involuntariamente,²¹⁵ pois ninguém em parte alguma jamais iria de boa vontade granjear nenhum dos grandes males, sobretudo em meio ao que possui de mais precioso. Ora, a alma, como dissemos, é com toda a verdade para todo homem o bem mais precioso. Ninguém, portanto, admitirá voluntariamente ao seio dessa coisa preciosa o maior dos males, passando a viver sua vida
d inteira o abrigando. Mas o cometedor dos erros merece toda a compaixão, tanto quanto qualquer homem que for atingido pelo mal, e podemos nos compadecer daquele que padece de um mal remediável, conter e abrandar nossa cólera em lugar de propagar constantemente o mau humor como uma mulher ralhadora; mas ao tratarmos com aquele que é total e obstinadamente perverso e irrecuperável será necessário dar livre curso à ira, razão pelo qual dissemos que cabe ao homem de bem unir a amabilidade à cólera, sendo colérico ou amável de acordo com a ocasião. Há um mal, maior que todos os outros, que a maioria dos seres humanos inculcaram em suas almas e cada um deles desculpa em si mesmo, não fazendo nenhum esforço para evitá-lo. Trata-se do
e mal que indicamos ao dizer que todo ser humano é por natureza um amante de si mesmo, e que é correto que assim seja. Mas a verdade é que a causa de todas as faltas em todas as circunstâncias está no exces-

---

213. ...ἀφθόνως... (*aphthónos*), sem *ciúme* (altruisticamente).
214. ...θυμοῦ γενναίου... (...*thymoû gennaíou*...), paixão generosa. A ideia mais vizinha que disto teríamos seria *um violento sentimento de indignação* diante do mal feito e particularmente perante o *malfeitor*, que nos levaria legitimamente a nos enfurecer e, inclusive, atingi-lo com nossa fúria.
215. Ver o *Protágoras*, em *Diálogos I*, obra publicada em *Clássicos Edipro*.

sivo amor que a pessoa dedica a si mesmo, pois aquele que ama é cego em sua visão do objeto amado, de sorte que se revela um mau juiz das coisas justas, boas e belas ao julgar que deve sempre preferir o que lhe é próprio ao verdadeiro; não é nem a nós mesmos e nem aos nossos próprios bens que devemos nos devotar se pretendemos ser *grandes*, mas sim ao que é justo, independentemente da ação justa ser nossa ou dos outros. E é dessa mesma falta que todo ser humano tirou a ideia de que sua loucura é sabedoria, de modo que sem nada saber ou quase nada saber, cremos saber tudo, e visto que não confiamos aos outros o fazer aquilo que ignoramos, necessariamente erramos ao fazê-lo nós mesmos. Por conseguinte, todo ser humano deve fugir do excessivo amor de si mesmo e sempre seguir alguém melhor do que ele, sem pretextar jamais a vergonha que experimenta nessa ocasião. Preceitos que são menos importantes do que estes, e amiúde reiterados – embora não menos proveitosos – compete a nós repeti-los a título de lembrete, pois onde há um constante refluxo deverá sempre se produzir também um influxo correspondente, e quando a sabedoria reflui o influxo adequado é constituído pela reminiscência,[216] pelo que se faz necessário reprimir riso e lágrimas intempestivos, e todo homem [bem como o conjunto do Estado] deverá cobrar de todo homem a tentativa de dissimular toda exibição dos extremos de alegria e de tristeza, de maneira a comportar-se convenientemente tanto na prosperidade sob a boa sorte de acordo com o *gênio* individual de cada um[217] e nos infortúnios sob a má sorte quando os *dáimons* se opõem a certos atos humanos que se chocam contra alturas vertiginosas; é preciso sempre esperar que a divindade[218] reduza os infortúnios que caem sobre eles por meio dos bens que confere, e que mude para melhor a situação presente, e que no que diz respeito aos bens, ao contrário, que com a ajuda da boa sorte os aumentem. Nestas esperanças e nas reminiscências de todas essas verdades deve cada um viver, sem se poupar dos sofrimentos a fim de manter com clareza as reminiscências tanto para os outros quanto para si mesmo, no trabalho e no entretenimento. E assim, quanto ao que respeita ao devido caráter das instituições e o devido caráter dos indivíduos, temos agora formuladas

---

216. Consulte-se o *Filebo*.
217. Isto é, o *dáimon*, divindade tutelar de cada indivíduo.
218. Como ocorre certas vezes em relação a esta palavra, o texto mostra-se ambíguo e impreciso, pois θεόν (*theón* [deus]) é genérico. De qualquer forma, é provável que Platão, ao usar o mito e a alegoria para expressar e consolidar suas ideias, esteja se referindo sutilmente ao seu δημιουργός (*demiourgós*), que é o termo que utiliza no *Timeu*, diálogo em que aborda a cosmogonia.

quase todas as regras de sanção divina; as de origem humana ainda não formulamos, o que devemos fazer visto que nos dirigimos a seres humanos e não a deuses. Prazeres, dores e desejos são por natureza especialmente humanos e é destes, necessariamente, que cada criatura mortal está, *por assim dizer*, suspensa e dependente por meio dos mais fortes laços de influência. Assim, deve-se recomendar a vida mais nobre não só porque exteriormente seja superior em termos de boa reputação, mas também porque se alguém consente em gozá-la e não evitá-la na juventude, será igualmente superior naquilo que todos os indivíduos humanos cobiçam: o máximo de prazer e o mínimo de dor ao longo de toda a existência. Que este será claramente o resultado, se alguém desfrutar tal vida corretamente, ficará plenamente evidente de imediato. Mas no que consiste esta *retidão?* Esta é a questão que agora temos de examinar à luz de nosso argumento. Comparando a vida mais prazerosa com a mais dolorosa, será nossa tarefa através deste meio considerar se uma é-nos natural e a outra contra a natureza. Desejamos o prazer, enquanto a dor sequer optamos por ela e nem a desejamos; quanto ao estado neutro, não o desejamos no lugar do prazer, mas o desejamos como substituto da dor; e desejamos menos dor com mais prazer, mas não desejamos menos prazer com mais dor; e quando os dois estão equilibrados por igual, somos incapazes de afirmar claramente nossa preferência. E todos esses estados – no que se refere ao seu número, quantidade, grandeza, igualdade e os opostos destes – têm ou não têm influência sobre o desejo no sentido de controlar a escolha que o desejo fará de cada um. Estando as coisas assim dispostas necessariamente, desejamos aquele tipo de vida no qual os sentimentos são muitos, grandiosos e intensos com a predominância dos prazerosos, mas não desejamos a vida na qual predominam os sentimentos dolorosos; e, inversamente, não desejamos a vida na qual os sentimentos são escassos, modestos e sem intensidade, com a predominância dos dolorosos; mas se os prazerosos predominarem, nós os desejamos. Ademais, temos que considerar a vida em que há um equilíbrio igual de prazer e dor como o fizemos previamente referindo-nos ao estado natural: desejamos a vida equilibrada na medida em que ela excede a vida dolorosa naquilo que gostamos, mas não a desejamos na medida em que excede a vida prazerosa naquilo que não gostamos. Todas as vidas humanas têm que ser encaradas como naturalmente circunscritas a esses sentimentos, e o que nos cabe discernir é quais os tipos de vida que naturalmente desejamos; porém, se acontecer de desejarmos algo mais além desses limites, será devido à ignorância e inexperiência das vidas como elas realmente são que estaremos nos pronunciando. Quais e quantas, então, são as vidas em que um indivíduo – tendo ele escolhido o desejável e o voluntário preferivelmente ao indesejável e o involuntário e tendo tornado isso uma lei para si mesmo selecionando o que de imediato é tanto adequado e prazeroso quanto sumamente bom e belo – pode viver tão feliz quanto é humanamente possível?

Declaremos que uma delas é a vida de temperança, outra a vida do sábio, outra a do corajoso e classifiquemos a vida saudável como uma outra; e a estas colocaremos em oposição quatro outras: a vida do tolo, a do covarde, a do licencioso e a do enfermo. Aquele que conhece a vida de temperança verá diante de si uma vida delicada em todos os aspectos, proporcionando prazeres brandos bem como dores brandas, apetites e desejos moderados totalmente estranhos ao frenesi; mas o que conhece a vida licenciosa descortinará diante de si uma vida violenta em todos os sentidos, proporcionando dores e prazeres extremos, apetites intensos e desvairados e os desejos mais frenéticos possíveis; e enquanto na vida de temperança os prazeres têm maior peso que as dores, na vida licensiosa as dores excedem os prazeres em extensão, número e frequência. Disto resulta forçosamente que uma destas vidas tem que ser naturalmente mais prazerosa e a outra mais dolorosa para nós; e não é mais possível para o homem que deseja uma vida prazerosa viver voluntariamente uma vida licenciosa, ficando claro agora (se acertado for o nosso argumento) que para ninguém é possível ser licencioso voluntariamente, ou seja, é devido à ignorância ou à incontinência, ou devido a ambas que a maioria esmagadora da humanidade vive vidas nas quais a temperança está ausente. Analogamente, com relação a vida de enfermidade e a vida de saúde, é preciso observar que enquanto ambas apresentam prazeres e dores, os prazeres excedem as dores na saúde, mas as dores excedem os prazeres na enfermidade. Nosso desejo na escolha das vidas não é que a dor seja excessiva, mas a vida que julgamos a mais prazerosa é aquela na qual a dor é excedida pelo prazer. Afirmaremos, então, que já que a vida de temperança abriga sentimentos mais modestos, mais escassos e mais leves que a vida licenciosa, o mesmo acontecendo com a vida do sábio em relação à vida do tolo, e com a do corajoso em relação à vida do covarde, e já que uma vida é superior à outra em prazer, mas inferior em dor, a vida do corajoso triunfa sobre a do covarde e a do sábio sobre a do tolo. Concluímos que o primeiro conjunto de vidas se classifica como

mais prazeroso que o segundo, quer dizer, as vidas de temperança, de coragem, de sabedoria e de saúde são mais prazerosas que as vidas do licencioso, do covarde, do tolo e do enfermo. Em suma, a vida que conta com a excelência do corpo e da alma comparada àquela que abriga o vício não é apenas mais prazerosa como também é grandemente superior em beleza, retidão, virtude e boa reputação, de modo a fazer
e com que aquele que a vive, viver sempre muito mais feliz do que quem vive a vida oposta. Assim até aqui formulamos o prelúdio de nossas leis, e que esta formulação se encerre. Ao prelúdio deve necessariamente seguir-se o nomo[219], ou melhor, para ser rigorosamente exato, um esboço da organização do Estado. E agora, tal como no caso de um pedaço de tecido, ou qualquer outra mercadoria entretecida, não é possível fazer do mesmo material a urdidura e a trama, sendo necessário que o material da urdidura seja de melhor qualidade por sua resistência e uma certa firmeza que lhe é inerente, enquanto a trama é mais macia e
735a - apresenta uma razoável flexibilidade;[220] podemos perceber que de maneira um tanto semelhante teremos que distribuir aqueles que deterão as grandes magistraturas no Estado e aqueles aos quais serão confiadas as pequenas magistraturas[221] depois da aplicação de um teste educacional apropriado em cada um dos casos, isto em função de duas tarefas a serem empreendidas na organização do Estado, a saber, a designação dos indivíduos para os cargos e a atribuição das leis aos
b cargos. Mas, em verdade, antes de nos ocuparmos de todas essas matérias é imperioso que observemos o seguinte. Ao cuidar de um rebanho de qualquer tipo, o pastor ou boiadeiro, aquele que cuida de cavalos ou quaisquer desses animais, jamais tentará fazê-lo enquanto não tiver aplicado a cada grupo de animais a devida depuração – que consiste em separar os animais saudáveis dos que não estão saudáveis e os de boa raça dos que não o são, enviando em seguida estes últimos a outros rebanhos e mantendo apenas os primeiros sob seu cuidado, visto que reconhece que seu labor seria infrutífero e interminável se despendido em corpos e almas que a natureza e a má
c formação se combinaram para arruinar, esses corpos e almas mesmos promovendo a ruína de rebanhos saudáveis e incólumes nos hábitos e

---

219. Novamente Platão trabalha com o duplo sentido da palavra νόμος (*nómos*).
220. Veja-se o *Político*, em *Diálogos IV*, obra publicada em *Clássicos Edipro*, onde Platão usa o trabalho do tecelão no tear como metáfora do *tecelão real* cujo trabalho delicado consiste em combinar os opostos, ligar e entrecruzar as tendências em oposição da *urdidura* (ou seja, daqueles que governam) e da *trama* (quer dizer, dos governados).
221. Veja-se novamente o *Político*.

nos corpos – seja qual for a espécie de animal – se uma completa depuração não for feita no rebanho existente. Esta é uma matéria de importância secundária quando se refere a outros animais, merecendo menção aqui somente a título ilustrativo; mas quando se refere ao ser humano adquire suma importância e compete ao legislador investigar e declarar o que é apropriado a cada classe tanto no que concerne à
d   depuração quanto ao que diz respeito a todas as demais medidas cabíveis. Por exemplo, relativamente à depuração civil,[222] deveria ser feita da maneira seguinte: dentre os muitos modos de depuração possíveis, alguns são mais brandos, outros mais severos; um legislador que fosse simultaneamente um monarca despótico poderia utilizar os mais severos, que são os melhores,[223] mas um legislador que não dispusesse de poder despótico poderia muito bem contentar-se ao estabelecer uma nova constituição e nova legislação com a possibilidade de efetuar a mais branda das depurações. A melhor depuração é dolorosa, como todos os medicamentos efetivamente eficazes [são amargos]: é aquela que arrasta a punições por meio da justiça associada
e   à vingança,[224] esta coroando com o exílio ou a morte; esta depuração, via de regra, afasta os maiores criminosos que são irrecuperáveis e causadores de sérios danos ao Estado. Uma forma mais suave de depuração é a seguinte: quando devido à escassez de alimento os carentes se predispõem a seguir líderes que os conduzem ao saque das propriedades dos ricos, o legislador pode considerá-los como um mal
736a inerente à cidade e despachá-los para o exterior o mais delicadamente possível, usando o eufemismo *emigração* para designar sua evacua-

---

222. ...καθαρμοὺς πόλεως... (...*katharmoùs poléos*...). Entende-se que a formação e preservação de um bom Estado sob qualquer forma de governo (inclusive a aristocrática, preconizada por Platão) exigem a seleção inicial e contínua para constituição da cidadania, sob várias formas de *depuração*, que incluem desde a deportação sumária de indivíduos considerados inconvenientes ao Estado até o extermínio de indivíduos tidos como grandes criminosos [especialmente os acusados e condenados por delitos contra os pais, o Estado ou seus deuses (*impiedade*), crime em que incorreu o próprio Sócrates na democrática Atenas]. Ver *A República* e a *Apologia de Sócrates*.
223. A despeito de acabar por preferir a aristocracia, Platão não consegue disfarçar uma certa simpatia pela monarquia despótica, embora conceba esse despotismo sendo exercido por um sábio *monarca-filósofo* e não um tirano comum.
224. ...τῇ δίκῃ μετὰ τιμωρίας... (...*têi díkei metà timorías*...). A fronteira entre δίκη (*díke*) e τιμωρία (*timoría*) não é definida e precisa como ocorre com nossos conceitos de justiça e vingança. Embora o significado primordial desse segundo vocábulo grego seja *socorro, proteção, defesa*, significa também *castigo, punição*. Ora, a punição é um instrumento necessário da justiça; assim a τιμωρία parece estar *contida* na δίκη, sendo sua aliada implícita. E de qualquer modo, o ato de vingança para os gregos antigos não tinha qualquer peso ético negativo – muito pelo contrário... .

ção.²²⁵ De um meio ou outro isso tem que ser realizado por todo legislador no princípio, mas no nosso caso a tarefa é presentemente ainda mais simples pois não enfrentamos a necessidade de impor no momento nem uma forma de emigração nem qualquer outra seleção por depuração; mas tal como quando há uma confluência de inundações
b provenientes de várias origens – algumas provenientes de fontes, outras de temporais – para uma aguaceiro único, temos que tomar diligentes precauções no sentido de nos assegurar que a água seja da máxima pureza possível encaminhando-a em alguns casos, em outros canalizando-a de modo a desviar seu curso. Em todo empreendimento político há dificuldade e risco, mas considerando-se, entretanto, que nossos presentes esforços são verbais e não de ação, vamos supor que nossa coleção de cidadãos está agora completa e que sua pureza, a nós assegu-
c rada, nos satisfaz, mesmo porque permaneceremos testando inteiramente e de todas as formas ao longo do tempo os indivíduos maus que tentarem adentrar nosso presente Estado na qualidade de cidadãos, assim impedindo sua admissão, enquanto daremos as boas vindas aos virtuosos com toda a amabilidade e boa vontade possíveis. E que não deixemos de notar esta boa sorte, ou seja, que como dissemos, a colônia dos *heraclídeos* foi feliz em evitar o conflito brutal e perigoso que concerne à distri-
d buição da terra e do dinheiro e o cancelamento das dívidas (e assim somos igualmente felizes), pois quando um Estado se vê constrangido a legislar o assunto dessa disputa não é capaz nem de deixar inalterados os interesses assentados nem de alterá-los de alguma forma, não lhe restando meio algum a não ser o que poderíamos chamar de piedosa aspiração e mudança cautelosa, pouco a pouco estendidas sobre um longo período, esse meio consistindo no seguinte: deve já existir uma certa quantidade de indivíduos para realizar a mudança que, em cada oportunidade, eles mesmos, dispõem de terra em abundância e também têm muitas pessoas que são seus devedores, e que são suficientemente
e bondosos a ponto de estarem dispostos a dar uma parcela do que possuem àqueles que são carentes, seja cancelando dívidas, seja distribuindo terras, produzindo uma espécie de regra de moderação e persuadidos de que o empobrecimento é constituído menos pela redução da riqueza do que pelo aumento da ambição. Eis aí o fundamento da segurança do Estado e sobre ele como sobre uma base firme é possível construir qualquer

---

225. O tom ligeiramente irônico de Platão é bastante compreensível. A despeito de ser o mestre da Academia e do brilho literário com que expressou suas doutrinas filosóficas (que inclui a concepção de um Estado socialista), foi sempre um genuíno aristocrata e crítico duro da moderna democracia ateniense.

737a tipo de ordem política em conformidade com as disposições descritas; contudo, se o fundamento for podre, as subsequentes operações políticas não se revelarão nada fáceis para qualquer Estado. Esta dificuldade, como dissemos, é para nós evitável, embora seja melhor que expliquemos o meio pelo qual, na hipótese de efetivamente não a evitar, poderíamos encontrar uma maneira para dela escapar. Que se esclareça que esse meio consiste em renunciar à avareza com a ajuda da justiça, não havendo outro caminho, largo ou estreito, de se furtar a essa dificuldade exceto esse expediente. Assim que isso fique prefixado para nós agora como uma espécie de coluna do Estado. Os bens dos cida-

b dãos terão que estar distribuídos de uma maneira a não suscitar conflitos intestinos, pois se assim não for, no caso da presença de pessoas que mantêm antigas disputas entre si, os indivíduos humanos de livre e espontânea vontade não progredirão na construção política se não tiverem um mínimo de senso. Entretanto, no caso daqueles para quem – como para nós nesta oportunidade – a divindade deu um novo Estado para ser fundado onde não existe ainda conflitos internos – que esses fundadores fomentassem a animosidade contra si mesmos por causa da distribuição das terras e das casas seria uma insanidade com-

c binada a uma completa malevolência das quais nenhum ser humano poderia ser capaz. Qual seria, por conseguinte, o planejamento para uma correta distribuição? Em primeiro lugar, faz-se necessário fixar o número total de cidadãos; a seguir teremos que chegar a um consenso quanto à distribuição deles, ou seja, em quantas classes deverão ser divididos e a dimensão de cada uma dessas classes; finalmente restará

d a tarefa de distribuir, o mais equanimemente possível, terras e habitações. Será impossível definir um número para a população sem considerar o território e os Estados vizinhos. No que se refere a território, precisamos apenas da quantidade suficiente para alimentar uma certa quantidade de habitantes temperantes, e nada mais; quanto à população será necessário um número de habitantes que seja suficiente para defender o Estado contra agressões dos povos vizinhos, e também que seja suficiente para que o Estado [na qualidade de aliado] possa prestar ajuda aos vizinhos agredidos. Definiremos estas matérias para sua aplicação prática sob o suporte da razão quando examinarmos o território e seus vizinhos. No momento nos limitamos a um esboço de nossa legislação, que passamos a completar mediante nossa argumentação.

e   Suponhamos que hajam – como um número adequado – 5.040[226] habitantes a serem detentores de terras e defensores de seus lotes, a terra e as habitações sendo divididas igualmente no mesmo número de partes, um homem e seu lote formando um par. Comecemos por dividir o número total por dois, depois o dividamos por três, e em seguida na ordem natural por quatro, cinco e assim por diante até dez. No que concerne a números, todo homem que está produzindo leis tem que entender ao menos qual número e qual tipo de número será o mais útil a todos os Estados. Escolhamos aquele que contém as mais numerosas e mais consecutivas subdivisões. A série numérica completa compreende todas as divisões para todos os propósitos, enquanto o número 5.040, seja visando a guerra, seja visando a todos os propósitos da paz ligados a contribuições e distribuições, admite não mais que 59 divisores, sendo estes consecutivos de um a dez. É imperioso que esses fatos a respeito dos números sejam captados rigorosamente e com deliberada atenção por aqueles que são apontados pela lei para captá-los; são precisamente como os indicamos e a razão para indicá-los ao fundar um Estado é a seguinte: no que diz respeito aos deuses, santuários e templos a serem instalados para os vários deuses do Estado, e os deuses e *dáimons* que lhes emprestarão seus nomes, nenhuma pessoa de senso – esteja ela construindo um novo Estado ou reformando um velho que tenha sido corrompido – tentará alterar as orientações de Delfos, Dodona, Amon ou de outro dos antigos oráculos, seja lá qual a forma que assumam, se oriundas de visões ou de mensagens de inspiração divina. Segundo essas orientações foram instituídos sacrifícios combinados com ritos, de origem local ou importados da Tirrênia,[227] Chipre ou outros lugares e por meio dessas comunicações foram santificados oráculos, estátuas, altares e templos e demarcados para cada um deles glebas sagradas. Nenhuma destas coisas o legislador deve alterar no mais ínfimo grau; a cada divisão ele deverá designar um deus, um *dáimon* ou ainda um herói e na distribuição da terra ele deverá atribuir primeiramente a essas divindades domínios selecionados acompanhados de tudo que lhes pertencem, de sorte que quando as reuniões de cada divisão ocorrerem nas ocasiões preestabelecidas, possam prover um lato suprimento das coisas necessárias e as pessoas possam se fraternizar entre si nos sacrifícios e granjear conhecimento e intimi-

---

226. Platão não escolhe este número casualmente. Trata-se de uma cifra de grandeza moderada com o maior número possível de divisores (ou seja, *cinquenta e nove*) incluindo a totalidade dos dígitos, de 1 a 10.
227. Parte da península itálica cuja costa é banhada pelo mar Tirreno (a Etrúria).

dade, visto que nada é mais benéfico ao Estado do que essa aproximação recíproca, pois onde os homens ocultam seus caminhos uns dos outros na obscuridade em lugar de expô-los à luz nenhum homem jamais obterá com retidão a honra ou o cargo que lhe são devidos, ou ainda a justiça que lhe cabe, motivo pelo qual todo homem em todo Estado necessita, acima de tudo, empenhar-se em exibir-se verdadeira e sinceramente ante todos, não permitindo, ademais, que seja ele mesmo objeto da falsidade dos outros. O próximo passo no nosso estabelecimento das leis é de tal feitio que poderá a princípio causar surpresa em razão de seu caráter singular, como o movimento de um jogador de damas que abandona sua "linha sagrada",²²⁸ e, no entanto, a reflexão e a experiência demonstrarão que um Estado corre provavelmente o risco de ser fundado segundo um planejamento de segunda do ponto de vista da excelência. É provável que houvesse recusa em aceitá-lo devido a não familiaridade com legisladores que não são igualmente déspotas, e contudo trata-se realmente do plano mais correto para descrever a primeira melhor constituição, a segunda melhor e terceira melhor, e depois de descrevê-las ceder a escolha ao indivíduo que está encarregado da fundação. Adotemos este plano agora indicando as constituições que se classificam em primeiro, segundo e terceiro lugar em excelência. E a escolha passaremos a *Clínias* e a quem quer que seja mais que queira a qualquer tempo, procedendo à seleção de tais coisas, assumir de acordo com sua própria disposição o que tem em apreço em sua própria pátria. O primeiro lugar é do Estado e constituição (de melhores leis, inclusive) no qual se pode observar o mais meticulosamente possível em relação a sua totalidade o velho dito segundo o qual "amigos têm todas as coisas realmente em comum".²²⁹ Quanto a esta condição – existindo ela em alguma parte atualmente ou algum dia no futuro – *em que há uma comunidade de esposas, de filhos e de todas as coisas, se por todos os meios tudo que se tem como privado foi em todo lugar erradicado, se chegamos na medida do possível a tornar comum, de uma forma ou outra, mesmo o que por natureza é particular, como os olhos, os ouvidos e as mãos, como se todos parecessem ver, ouvir e agir em comum; e que todos os indivíduos tenham, na medida do possível, logrado a unanimidade no louvor e na censura que conferem, se regozijando e se afligindo com as mesmas coisas e que honrassem de todo seu coração aquelas leis que produzem o*

---

228. Num tabuleiro de jogo de damas, a linha mediana.
229. Sentença pitagórica a que Platão recorre várias vezes.

máximo de união possível ao Estado – neste caso ninguém jamais formularia uma outra definição que fosse mais verdadeira ou melhor do que essa no que diz respeito à excelência. Num tal Estado – que o habitassem deuses ou filhos de deuses – os habitantes viveriam agradavelmente segundo esses princípios, motivo pelo qual estamos dispene sados de buscar alhures outro modelo de constituição,[230] devendo nós sim nos aferrarmos a esse e com todas as nossas forças procurarmos a constituição que a ele se assemelhe o máximo possível. Essa constituição de que agora nos ocupamos, se viesse a ser, seria muito próxima da imortalidade e viria em segundo lugar do ponto de vista do mérito.[231] O que viria em terceiro nós o investigaremos na sequência, se a divindade assim o quiser; mas por ora, nos perguntamos, qual é a segunda
740a melhor constituição e como poderia assumir um tal caráter? Que nossos colonos dividam a terra e as habitações mas não cultivem a terra em comum, visto que uma tal prática estaria além da capacidade de pessoas do nascimento, formação e treinamento que supomos. E que a distribuição seja feita com esta intenção, ou seja, que o homem que recebe seu lote ainda assim o considere como propriedade comum de todo o Estado[232] e que cuide da terra, que é sua terra natal, com maior diligência do que uma mãe cuida de seus filhos, porquanto ela[233] sendo uma deusa[234], é também senhora sobre sua população mortal, e que
b observe a mesma atitude igualmente em relação aos deuses e *dáimons* locais. E para que essas coisas persistam nesse estado indefinidamente deverão ser acatadas as seguintes regras adicionais: o número de lares,[235] já agora delimitado por nós, precisa permanecer inalterado, ou seja, não deverá nunca ser maior ou menor, o que poderá ser concretizado com segurança em todo Estado da maneira a seguir, *quer dizer*, o detentor do lote deixará sempre atrás de si como herdeiro do lote

---

230. ...παράδειγμά γε πολιτείας... (...*parádeigmá ge politeías*...).
231. Platão retoma aqui um dos grandes temas de *A República*. Reitera a superioridade do Estado comunista, mas embora permaneça essencialmente fiel a essa sua concepção política, irá insistir no binômio *possível /ideal* e fará certas retratações de ideias explicitadas no *diálogo* anterior.
232. A noção de *propriedade particular* da terra é totalmente avessa e incompatível com o Estado idealizado por Platão.
233. Ou seja, a terra.
234. Ou seja, Γαῖα (*Gaîa*).
235. ...ἑστίαι... (*hestíai*). Platão se refere ao recanto sagrado em todas as habitações onde se achava o altar e santuário dos deuses familiares e onde crepitava *continuamente* o fogo doméstico que os filhos primogênitos jamais podiam deixar que se extinguisse, o que acarretaria a extinção da própria família. Fustel de Coulanges, em *A Cidade Antiga* realiza um extenso e profundo estudo dessa importantíssima instituição religiosa entre os gregos e os romanos, a qual tinha vinculações estreitas e necessárias com as instituições legais e condicionava toda a vida do cidadão (ver *A Cidade Antiga*, obra publicada em *Clássicos da Edipro*).

um filho de sua escolha que o suceda no zelo dos ancestrais divinizados, divindades familiares e deuses da cidade, tanto os vivos quanto os que já estiverem mortos;[236] quanto ao resto dos filhos, quando um homem tiver mais de um, deverá casar as filhas de acordo com a lei a ser estabelecida e abrir mão dos filhos do sexo masculino [exceto seu sucessor] a favor dos cidadãos que não tenham filhos homens, se possível mediante um arranjo amigável. Mas, quando esses arranjos se revelarem insuficientes, ou quando nas famílias os filhos do sexo feminino ou do masculino forem demasiado numerosos, ou ainda quando, pelo contrário, forem demasiado poucos devido à ocorrência da esterilidade – em todas estas situações a autoridade que indicaremos como a mais elevada e a mais destacada definirá o que fazer em relação ao excesso ou deficiência existentes no seio das famílias, tomando as melhores medidas possíveis para assegurar que os 5.040 lares permaneçam inalterados. Há muitas medidas que são possíveis: em caso de muita fertilidade pode-se recorrer a métodos anticoncepcionais, e no caso contrário a métodos de fomento e estímulo da taxa de nascimentos, envolvendo a concessão de honras e desonras, a repreensão dirigida aos jovens pelos velhos – todos estes métodos são capazes de produzir o efeito necessário. Ademais, como providência final – no caso de um absoluto desespero para a manutenção dos 5.040 lares diante da explosão demográfica devido à afeição mútua daqueles que coabitam entre si – poder-se-á apelar para aquele antigo expediente que mencionamos amiúde, a saber, o envio de modo amistoso entre Estados amigos da quantidade de colonos que se julgar necessária. Por outro lado, no caso do Estado ser alguma vez vitimado por uma avassaladora onda de doenças ou guerras devastadoras, sofrendo a população tantas perdas a ponto de comprometer em muito o número preestabelecido de habitantes, não convém que se introduza de boa vontade novos cidadãos bastardamente educados [no seio do Estado], mas a necessidade, como diz o adágio, "nem o próprio deus pode constranger".[237] Vamos, então, extrair de nosso presente discurso o seguinte conselho: meus excelentíssimos amigos, não deixem de acatar, segundo a natureza, a similaridade, a igualdade, a identidade e a congruência no número e em toda propriedade capaz de produzir coisas belas e boas. Acima de tudo, agora, em primeiro lugar, guardai ao longo de vossas vidas o número estabelecido, a seguir não ofendei a

---

236. Ou seja, os pais e os ancestrais.
237. Uma frase de Simônides; ver o *Protágoras*, em *Diálogos I*.

devida medida do montante e das dimensões dos vossos haveres tais como originalmente recebidos comprando e vendendo entre vós pois não tereis ao vosso lado nem a sorte que executou a partilha,[238] que é divina, e nem o legislador pois agora toda desobediência se chocará primeiramente contra a lei, a qual advertira para não participar da distribuição sem antes primeiro estar disposto a reconhecer que a terra era consagrada a todos os deuses e após aceitar que tendo sacerdotes e sacerdotisas realizado orações por ocasião do primeiro sacrifício, depois no segundo e até num terceiro sacrifício, quem quer que comprasse ou vendesse a habitação ou terreno atribuídos pela sorte sofreria as penalidades proporcionais a esses delitos. Os oficiais inscreverão sobre tabuinhas de cipreste registros escritos para referência futura, e os depositarão nos santuários; ademais, colocarão a responsabilidade de aplicar essas detenções nas mãos daquele magistrado que for considerado de visão mais aguda, a fim de que todas as transgressões dessas regras possam ser percebidas por ele, e possa ser punido todo aquele que desacata tanto a lei quanto o deus. Quão grandiosamente benéfica essa prescrição agora descrita – quando a organização apropriada a acompanha – se revela a todos os Estados que a acatam é algo que, como diz o velho provérbio, nenhum daqueles que são maus saberá, mas somente aquele que se tornou experiente e habituado à prática da virtude, pois na organização descrita inexiste o excesso de [formas de] ganhar dinheiro, envolvendo a condição de nenhuma facilidade dever ou poder ser dada a quem quer que seja para fazer dinheiro por meio de qualquer comércio indigno de um homem livre – na medida em que o que chamamos de ocupações desprezíveis de indivíduos vulgares pervertem o caráter do homem livre – e de inclusive ninguém reivindicar jamais o amealhamento de riquezas oriundas de uma tal fonte. Além disso, somando-se a tudo isso segue-se ainda uma lei que proíbe a todo cidadão a posse particular de ouro e prata, à exceção de moedas para as permutas diárias, o que é praticamente indispensável aos artesãos e a todos aqueles que precisam dessas coisas para pagar os mercenários, escravos ou imigrantes. Por essas razões afirmamos que nosso povo deveria possuir moeda cunhada com valor circulante legal entre seus integrantes, mas sem valor alhures. Relativamente à moeda comum à toda a Grécia – em

---

238. Κλῆρος (*klêros*) significa tanto genericamente qualquer objeto que se usa para tirar a sorte (e também aquilo que se obtém mediante o sorteio) quanto lote, porção, parte herdada, herança e especificamente o *lote de terra que era distribuído aos colonos por sorteio.*

função das expedições e visitas estrangeiras, bem como de embaixadas ou quaisquer outras missões necessárias ao Estado, se houver necessidade de enviar alguém ao estrangeiro – para situações desse naipe será preciso que o Estado sempre conte com moeda grega. Se

b um cidadão na sua condição particular se vir algum dia forçado a viajar para o exterior, poderá fazê-lo depois de solicitar licença aos magistrados e na hipótese de retornar com qualquer excedente em dinheiro estrangeiro, deverá entregá-lo ao Estado, tomando em seu lugar um equivalente em moeda nacional; e se alguém for encontrado o conservando para si, tal dinheiro será confiscado, e tanto aquele que disso estava inteirado e não o denunciou quanto o portador estarão sujeitos à maldição e infâmia e, além disso, a uma multa não inferior ao di-

c nheiro estrangeiro mantido particularmente. Por ocasião de casamento ou quando se dá uma filha para casamento nenhum dote, de valor algum, será dado e recebido. Ninguém depositará dinheiro em benefício de alguém em quem não confie, nem fará empréstimo a juros, visto que é permissível a quem toma emprestado recusar-se inteiramente a pagar seja o juro seja o capital. A excelência dessas regras a serem observadas como prática no Estado pode ser percebida se as encararmos do prisma

d de sua intenção primária. A intenção do homem de Estado judicioso, nós o asseveramos, não coincide em absoluto com a intenção que a maioria atribuiria a ele, que diria que o bom legislador deveria desejar que o Estado, para o qual está legislando benevolentemente, fosse o maior e o mais rico possível, detentor de ouro e prata e dominador do maior número de povos possível sobre a terra e o mar; e acresceriam que ele deveria desejar que o Estado fosse o melhor e mais feliz

e possível, sendo um verdadeiro legislador. Entre estes objetos de desejo alguns são exequíveis, outros não; aquilo cuja concretização é possível constituirá o desejo do organizador do Estado; quanto ao impossível ele não o desejará em vão e tampouco o tentará. Que o Estado seja conjuntamente feliz e bom é simplesmente uma necessidade,[239]

743a de modo que ele pretenderá que as pessoas sejam tanto boas quanto felizes; no entanto, é impossível que sejam simultaneamente tanto boas quanto muito ricas, ao menos como aqueles que a multidão tem na conta de ricos pois esta considera como ricos aqueles, bastante raros, que possuem bens avaliados numa enorme cifra de dinheiro, o que mesmo um homem perverso poderia possuir. E visto que assim é,

---

239. Sobre esta vinculação necessária entre ser *feliz* (εὐδαίμων [*eudaímon*]) e ser *bom* (ἀγαθός [*agathós*]) consultar de preferência o *Filebo*, em *Diálogos IV*, e *A República*, obras publicadas em *Clássicos Edipro*.

eu jamais concordaria com o ponto de vista de que o homem rico é realmente feliz não sendo também bom; por outro lado, se um homem for sumamente bom, será impossível que seja também sumamente rico. "Por quê?" – poder-se-ia indagar. Porque, responderíamos, o lucro que se extrai do que é justo somado ao injusto é mais que o dobro do que se extrai somente do justo, enquanto a despesa daqueles que se recusam a gastar honesta ou desonestamente corresponde somente à metade da despesa daqueles que são honestos e apreciam gastar honestamente; por conseguinte, a riqueza daqueles que dobram seus lucros e reduzem à metade seus gastos jamais será superada pela riqueza daqueles que procedem nesses dois aspectos precisamente de modo oposto. Ora, destes dois tipos de indivíduos, um é bom e o outro não é mau enquanto for parcimonioso, porém inteiramente mau quando não o for, e, como dissemos, em momento algum, bom, pois enquanto um homem, pelo fato de ter lucro tanto justa quanto injustamente e não gastar nem justa nem injustamente, é rico (e o homem inteiramente mau, por ser via de regra debochado, é muito pobre), o outro, que gasta em belos objetos e só obtém ganhos por meios justos provavelmente jamais se tornará extremamente rico ou extremamente pobre.[240] Tudo isto comprova a veracidade do que afirmamos, ou seja, que os muito ricos não são bons e, não sendo bons, tampouco são felizes.[241] Bem, o propósito fundamental de nossas leis era este: que os cidadãos fossem o mais felizes possível e unidos em mútua amizade no mais alto grau.[242] Ora, jamais serão amigos se houver entre eles muitos atos ilegais e processos com muita frequência em lugar deste ocorrerem escassa e raramente. Afirmamos que é imperioso não haver no Estado nem ouro nem prata, e nem tampouco muitas formas de ganhar dinheiro mediante o comércio vulgar, a usura e a criação vergonhosa de animais,[243] mas apenas aquele lucro possibilitado e produzido pela agricultura e ainda na medida em que tal atividade que tem como objetivo o ganho de dinheiro não leve as pessoas a negligenciar os objetos para os quais o dinheiro existe,[244] que são a alma e o corpo, os quais sem a ginástica e os outros ramos da educação nunca se conver-

---

240. Parece implícita a reprovação de Platão à avareza e ao seu oposto, a prodigalidade.
241. Ver nota 239.
242. A respeito do amor sensual e da amizade (ἔρως [éros] e φιλία [philía]) consulte-se o *Banquete* e o *Fedro*.
243. Ou seja, a criação de animais castrados para engorda e venda.
244. Para Platão não só o dinheiro é um *meio* e não um *fim* como os fins fundamentais a que deve servir não são exteriores ao indivíduo humano (bens materiais e posses), mas sim o *próprio* indivíduo humano, ou seja, a alma e o corpo que o constituem.

teriam em coisa de valor, pelo que asseveramos (e isto não só uma vez) que a busca do dinheiro está em último lugar no recebimento de nossas honras. De todos os três objetos que interessam a todo indivíduo humano, o interesse pelo dinheiro, se corretamente direcionado, é o terceiro e último, o interesse pelo corpo vindo em segundo, e aquele pela alma sendo o primeiro. Por conseguinte, a forma de governo que estamos descrevendo terá suas leis corretamente formuladas se prescrever as honras nessa ordem; porém, se qualquer uma das leis nela promulgadas apresentar conspicuamente a saúde como detentora de maior honra no Estado do que a temperança, ou a riqueza detentora de maior honra do que a saúde e a temperança teremos claramente uma promulgação errada. Assim, o legislador terá que se interrogar com frequência nestes termos: "O que eu pretendo?" e "Estou conseguindo isto ou não estou atingindo a meta?" Desta maneira ele poderia, talvez, dar cabo de sua obra de legislação e poupar aos outros essa dificuldade, mas de nenhuma outra maneira poderia fazê-lo. O homem que recebeu um lote o conservará, como o dissemos, nos termos indicados. Teria sido realmente esplêndido se cada pessoa, ao ingressar na colônia, o fizesse possuindo os mesmos bens, mas visto ser isso impossível, chegando uma com mais dinheiro do que a outra, é necessário por muitos motivos e com o objetivo de igualar as chances na vida pública que sejam feitas avaliações desiguais para que cargos e contribuições possam ser indicados em conformidade com a avaliação apurada em cada caso, não apenas segundo a excelência moral dos ancestrais de um homem ou dele mesmo, sua força e beleza físicas, mas também segundo sua riqueza ou pobreza – de modo que por uma regra de desigualdade proporcional[245] possam receber cargos e honras o mais igualmente possível, podendo-se eliminar qualquer conflito. Diante dessas razões é preciso que criemos quatro classes conforme o grau da extensão dos bens, denominando-as primeira, segunda, terceira e quarta (podendo denominá-las diferentemente) seja quando os indivíduos permanecem na mesma classe, seja quando através de uma mudança da pobreza para a riqueza ou desta para aquela passam pela classe à qual pertencem. O tipo de lei que eu promulgaria em consequência direta dessas considerações seria o seguinte: é, como afirmamos, necessário a um Estado que pretende evitar a maior das pragas, que seria melhor chamar de ruptura do que de cisão, que nenhum de seus cidadãos esteja na condição de penúria ou naquela da riqueza, já que

---

245. Platão explicará melhor na sequência esta *desigualdade proporcional*.

uma ou outra geram aquele mal. Conclui-se que o legislador tem agora que declarar um limite para ambas essas condições. O limite para a pobreza deverá ser o valor do lote, o qual permanecerá fixo e nenhum magistrado (como tampouco nenhum outro cidadão que aspira à virtude) permitirá que seja diminuído. E tendo definido este como o valor inferior, o legislador permitirá que se possua duas, três ou quatro vezes esse valor. Na hipótese de alguém adquirir mais do que isso – mediante uma descoberta, dádiva recebida, bons negócios ou ganhando por meio de algum outro golpe de sorte uma soma que exceda a devida medida – se doar o excedente ao Estado e aos deuses que zelam pelo Estado, será alvo de boa estima e estará isento de punição; se, entretanto, alguém desacatar esta lei, poder-se-á livremente denunciá-lo e receber por isso a metade do excedente, além do que o culpado pagará uma multa no mesmo índice sobre seus bens legítimos, sendo que a outra metade do excedente caberá aos deuses. A totalidade da propriedade adquirida de todo indivíduo acima de seu lote será divulgada publicamente por escrito e ficará sob a guarda de magistrados designados pela lei, de sorte que os direitos legais pertinentes a todos os assuntos relativos a propriedade possam ser de fácil deliberação e perfeitamente claros. A seguir, o fundador deverá instalar a cidade o mais próximo possível do centro do país, escolhendo um lugar que possui todas as outras conveniências que uma cidade exige e cuja concepção e especificação são suficientemente fáceis. Depois disso, ele precisará dividir o território em doze partes, começando por separar uma gleba sagrada para Héstia, Zeus e Atena, à qual dará o nome de acrópole e que envolverá com um muro circular; partindo disto lhe competirá dividir tanto a própria cidade quanto a região inteira em doze partes, as quais serão igualadas reservando-se menos terra à porção que dispor de terra boa e mais terra à parte que possuir terra precária. 5.040 lotes serão delimitados, mas cada um será dividido em dois e se acoplará duas frações, de maneira que cada lote tenha uma parte aproximada e uma outra afastada do centro: uma parte contígua à cidade constituirá um único lote com uma outra situada à fronteira, a segunda partindo da cidade com a segunda partindo das fronteiras, e assim por diante. E ao lidar com estas porções separadas dever-se-á utilizar o expediente que mencionamos há pouco a respeito da terra precária e terra boa e assegurar a igualdade tornando as porções designadas de maior ou menor tamanho. E o fundador deverá distribuir também os cidadãos em doze partes, tornando todas as doze partes o mais iguais possível relativamente ao valor do resto de sua propriedade, após ter feito um censo de todos. Após isso, dever-se-á também designar doze lotes para os doze deuses,[246] além

e de nomear e consagrar a porção atribuída a cada deus, dando-lhe o nome de *tribo*. E na sequência será imperioso que dividam as doze partes da cidade da mesma maneira que dividiram o resto do país; e cada cidadão deverá tomar como seu quinhão duas moradas, uma próxima do centro do país e a outra próxima dos arrabaldes. E assim a fundação estará completa. Mas temos de todo modo que observar isto, ou seja, que todas as disposições que foram agora descritas provavelmente jamais encontrarão tais condições favoráveis de maneira

746a a todo o programa poder ser implantado de acordo com o plano, o que requereria que todos os cidadãos não apresentassem objeções a um tal modo de vida conjunta e tolerassem estar restritos a vida inteira a quantidades fixas e limitadas de bens e ao tipo de estrutura familiar que mencionamos, e a estar privados de ouro e das outras coisas em relação às quais o legislador está claramente obrigado por nossas regras a proibir, tendo também (os cidadãos) que se submeterem aos arranjos que o legislador determinou para o território todo e inclusive a cidade, com as moradias instaladas no centro e em círculo – quase

b como se ele estivesse contando meramente sonhos ou modelando, por assim dizer, uma cidade e cidadãos com cera. Essas críticas não são inteiramente improcedentes e o legislador deverá reconsiderar os pontos que se seguem. Assim o legislador nos fala novamente neste termos: "Não pensais, meus amigos, que neste meu discurso deixei de notar a verdade do que é agora destacado nessa crítica, mas ao se ocupar com todos os esquemas visando o futuro, o melhor plano, acho, é este: que quem propõe o modelo segundo o qual o empreendimento deve ser moldado não omita qualquer detalhe do mais belo e do mais

c verdadeiro, mas onde qualquer um deles for irrealizável este detalhe particular deverá ser omitido e deixado sem execução; entretanto, o proponente do modelo se empenhará em executar, por outro lado, todos os demais detalhes com a maior proximidade possível do modelo perfeito. E deveria permitir ao legislador expressar seu ideal completamente, e feito isto se limitaria a examinar em conjunto com ele o que é expediente no plano traçado e o que e quanto na legislação é

---

246. ...δώδεκα θεοῖς... (...*dódeka theoîs*...). A referência é presumivelmente aos doze deuses olímpicos (seis deuses e seis deusas), a saber, *Zeus, Poseidon, Ares, Hermes, Hefaístos, Apolo, Héstia, Hera, Deméter, Ártemis, Afrodite e Atena.*

d impraticável. Pois o artesão até mesmo do mais trivial objeto, se quiser ter qualquer mérito, tem que produzi-lo em todos os pontos coerente consigo mesmo". Assim, nos compete agora o esforço para discernir – após termos decidido sobre nossa divisão em doze partes – de que forma as subdivisões que se seguem a essas e que são seu produto, até o número derradeiro 5.040 (e determinantes, como o são, das fratrias, demos e povoados, bem como das milícias e pelotões, e também
e do sistema de cunhagem, dos pesos e medidas para os líquidos e os sólidos), todas essas numerações serão fixadas pela lei de sorte a serem da grandeza correta e coerentes entre si. Ademais, ele não deve hesitar, tomado pelo receio de ser responsabilizado pelo que pareceria ser reles detalhamento, em prescrever que de todos os utensílios que
747a os cidadãos estão autorizados a possuir, nenhum poderá ser de tamanho indevido.[247] Terá que reconhecer como regra universal que as divisões e variações dos números são aplicáveis a todos os propósitos – tanto às suas próprias variações aritméticas quanto às variações geométricas das superfícies e sólidos, e também àquelas dos sons e dos movimentos, seja em linha reta ascendente e descendentemente ou circularmente.[248] O legislador deverá ter tudo isso em vista e prescrever a todos os cidadãos que se atenham firmemente, na medida do
b possível, a esse sistema numérico organizado, pois no que se relaciona à vida familiar, à vida política[249] e às artes, nenhum ramo isolado da educação detém uma influência tão grande quanto o estudo dos números. O principal benefício que proporciona é despertar o indivíduo que é por natureza indolente e de mente preguiçosa, tornando-o ágil para o aprendizado, detentor de boa memória e sagaz, progredindo além de sua capacidade natural pela arte divina.[250] Todos esses temas da educação se revelarão bons e adequados desde que se elimine a mesquinhez e a avareza, por meio de outras leis e instituições, das
c almas daqueles aos quais cabe adquiri-los convenientemente e deles tirar proveito; caso contrário, acabareis por perceber que se produziu um *espertalhão* em lugar de um sábio. Exemplos disto podemos observar atualmente no efeito produzido em egípcios e fenícios e outros

---

247. Platão se preocupa claramente com a padronização em larga escala, um dos *sine qua non* do Estado comunista.
248. Ou, em outras palavras, as leis da aritmética (a ciência dos números) se aplicam também tanto à geometria plana e a dos sólidos quanto à acústica (ciência dos sons) e à cinética (ciência do movimento).
249. ...οἰκονομίαν καὶ πρὸς πολιτείαν... (...*oikonomían kaì pròs politeían*...), a administração da família/casa (οἶκος [*oîkos*]) e dos assuntos da cidade/Estado (πόλις [*pólis*]).
250. Ou seja, as matemáticas.

povos pela mesquinhez vinculada à propriedade e suas instituições – seja em função de terem contado com um mau legislador, ou que alguma fortuna adversa os tenha atingido ou também, possivelmente, devido a alguma desvantagem natural. Pois isto igualmente, *Megilo* e *Clínias*, constitui um ponto que não podemos deixar de notar, ou seja, que alguns locais são naturalmente superiores a outros para gerarem indivíduos humanos de uma índole boa ou má, diferença natural contra a qual nossa legislação não pode se chocar. Alguns locais são desfavoráveis ou favoráveis em função de ventos de diversos tipos ou ondas de calor produzidas pelos raios solares, outros devido às suas águas, outros por causa simplesmente dos produtos do solo, o que significa boa ou má nutrição para os corpos, sendo igualmente capazes de provocar resultados similares também nas almas. Entre todos estes, seriam sumamente melhores os locais que se destacassem pela presença de um sopro divino e onde as porções de terra estivessem sob o cuidado de *dáimons*, os quais acolheriam favorável ou desfavoravelmente os colonos que de tempos a tempos viessem se instalar ali. O legislador judicioso examinará esses locais na medida em que o exame de tais matérias seja possível para um mero ser humano e tentará ajustar suas leis a isso. E tu também, *Clínias*, tens que adotar o mesmo procedimento. Na tua proposta de colonizar o território, deves em primeiro lugar dar atenção a esse aspecto.

Clínias: Disseste-o bem, estrangeiro, e devo fazer como aconselhaste.

Livro
VI

Ἀλλὰ μὴν μετά γε πάντα τὰ νῦν εἰρημένα σχεδὸν ἂν ἀρχῶν εἶέν σοι καταστάσεις τῇ πόλει.

751a *O ateniense*: Bem, depois de tudo o que acabou de ser dito, a próxima tarefa será apontar os magistrados para o teu Estado.
Clínias: Assim é.
O ateniense: No que se refere a isso há dois estágios na organização do Estado: *primeiro* a definição das magistraturas e a designação dos magistrados, com a fixação do número correto necessário e o método correto de designação; *segundo* a atribuição das leis (considerando a natureza e quantidade destas) a cada magistratura de maneira apropriada.

b Mas antes de procedermos à nossa seleção, vamos nos deter por um momento e fazer uma observação que vem a calhar a esse propósito.
Clínias: Que observação?
O ateniense: É o seguinte: é um fato claro para todos que, sendo a tarefa da legislação uma obra grandiosa, a indicação de magistrados incapazes para se encarregarem de leis bem constituídas em Estados bem equipados não apenas despojará essas leis de todo o seu mérito

c e as tornará ridículas, como também provavelmente se revelará uma fonte fertilíssima de dano e perigo em tais Estados.
Clínias: Indubitavelmente.
O ateniense: Vamos, então, meu amigo, ter isso em mente incisivamente ao nos ocuparmos agora de tua constituição e de teu Estado. Percebes que é necessário, em primeiro lugar, que para ter legítimo acesso aos cargos oficiais os candidatos deverão em todos os casos ser completamente testados – tanto eles como suas famílias – desde sua infância até a data de sua eleição; em segundo lugar, que seus eleitores

d tenham sido educados segundo o acato à lei, e devidamente treinados para se incumbirem acertadamente da tarefa de aceitar ou rejeitar os candidatos que merecem sua aprovação ou reprovação. E, contudo, no tocante a este ponto, será que podemos supor que pessoas que tão recentemente passaram a viver juntas, que não se conhecem mutuamente e que não dispõem de nenhum treinamento, seriam realmente capazes de escolher seus magistrados de uma maneira impecável?

Clínias: Isso é praticamente impossível.

O ateniense: E, no entanto, como dizem, "a contenda não admite quaisquer excusas".[251] E esta é a incumbência que cabe a ti e a mim, pois tu, como disseste, te comprometeste com os cretenses a, juntamente com teus nove colegas, devotar-te à fundação de um Estado, e eu, de minha parte, me comprometi a te ajudar no esboço ficcional que agora estamos fazendo. E realmente não me sentiria bem se deixasse nosso esboço *inacabado*[252] pois este pareceria completamente amorfo se perambulasse por aí nessa situação.[253]

Clínias: É com entusiasmo que aprovo o que dizes, estrangeiro.

O ateniense: E não me limitarei a dizê-lo, mas dentro de minhas forças é efetivamente o que farei.

Clínias: Perfeitamente, façamos como dizemos.

O ateniense: Assim será feito, se o *deus* o quiser e se conseguirmos até lá vencer nossa velhice.

Clínias: É provável que ele o queira.

O ateniense: É provável realmente e contando com ele como guia observemos também isto...

Clínias: Isto o quê?

O ateniense: Com que coragem e audácia nosso Estado, nessas circunstâncias, terá sido fundado?

Clínias: O que tens agora em especial na cabeça e o que faz com que digas tal coisa?

O ateniense: O fato de estarmos legislando para homens inexperientes sem recear se aceitarão as leis agora promulgadas. Uma coisa é, ao menos, evidente, *Clínias*, para todos – mesmo para a mente menos brilhante – *ou seja*, que não acolherão prontamente nenhuma dessas leis no início; porém, se essas leis puderem ser preservadas incólumes até que aqueles que as assimilaram na infância e que foram educados segundo elas e se tornaram plenamente habituados a elas participem das eleições às magistraturas em todas as partes do Estado – então, quando isso tiver ocorrido (na hipótese de se encontrar algum meio ou método para fazer com que ocorra acertadamente), teremos, a meu ver,

---

251. Ou seja, *uma vez engajados num empreendimento, não há como recuar*. Ou ainda, como dizem os orientais, *uma vez cavalgando um tigre, não há como desmontá-lo no caminho*.
252. Literalmente ἀκέφαλον (*aképhalon* [sem cabeça]). Consultar o *Górgias*, o *Filebo* e o *Timeu*, respectivamente em *Diálogos II, IV* e *V*.
253. Ver a nota anterior.

uma sólida certeza de que após esse período de transição de disciplinada adolescência, o Estado se manterá firme.

Clínias: É certamente razoável supô-lo.

O ateniense: Portanto consideremos se conseguiríamos suprir um meio adequado a esse fim na sequência, pois devo afirmar, *Clínias*, que vós, habitantes de Cnossos, acima de quaisquer outros cretenses, não apenas deveis vos abster de lidar de uma maneira puramente formal com o território que estais agora colonizando, como deveis também tomar o máximo cuidado para que os primeiros a ocuparem os cargos oficiais sejam nomeados do modo melhor e mais seguro possível. A seleção dos demais será uma tarefa menos séria, mas é imperioso que escolheis vossos guardiões da lei em primeiro lugar mediante extremado cuidado.

Clínias: Qual meio podemos encontrar para isso, ou qual regra?

O ateniense: Esta, eu declaro, a vós filhos de Creta: que visto que os cnossianos têm precedência sobre a maioria das cidades cretenses, devem se associar àqueles que chegam para essa fundação a fim de selecionar trinta e sete pessoas dentre eles mesmos e os recém-chegados (dezenove entre estes colonos e os restantes da própria Cnossos), entregá-las a tua cidade e fazer de ti mesmo um cidadão dessa colônia, integrando um dos dezoito – usando para isso a persuasão ou, possivelmente, um grau razoável de força.

Clínias: E por que, estrangeiro, também tu e *Megilo* não poderiam [se juntar a nós se tornando membros do Estado para] nos dar uma mão em nossa constituição?

O ateniense: Atenas é orgulhosa, *Clínias*, como também Esparta é orgulhosa e ambas estão muito distantes, mas para ti tudo se adequa, bem como para os demais fundadores da colônia, aos quais se aplicam também as últimas observações que fizemos sobre ti. Vamos supor, então, que esse seria o arranjo mais equitativo sob as condições existentes no momento. Posteriormente, no caso da permanência da constituição, a seleção dos magistrados ocorrerá da seguinte forma: da seleção irão participar todos aqueles que portam armas como integrantes da cavalaria ou infantaria ou aqueles que serviram na guerra se sua idade e capacidade o permitirem; eles realizarão a eleição no santuário que o Estado considerará o mais sagrado e cada um levará ao altar do deus, escrito numa tabuinha, o nome de seu candidato, incluindo o nome do pai deste, o de sua tribo e do demo a que pertence, e além disso incluirá seu próprio nome da mesma maneira. Qualquer eleitor terá a permissão de remover qualquer tabuinha na qual lhe pareça estar impropriamente registrado um nome para levá-la à praça pública durante um período não inferior a trinta dias. Quanto às tabuinhas que a começar pelas primeiras até o número de trezentas foram admitidas como válidas, os magistrados as exibirão publicamente para que todo o Estado as veja e tome conhecimento. Em seguida os cidadãos votarão novamente de maneira idêntica nos trezentos indicados de acordo com suas preferências. Os magistrados mais uma vez exibirão publicamente os nomes dos primeiros indicados, desta vez até o número de cem. Pela terceira vez, cada um dos cidadãos-eleitores facultativamente escolherá seu candidato entre os cem passando, ao fazê-lo, entre as vítimas sacrificadas;[254] finalmente os *trinta e sete* que tiverem obtido o maior número de sufrágios serão submetidos ao teste[255] e proclamados magistrados. Mas quem são, *Clínias* e *Megilo* os que estabelecerão em nosso Estado todas essas regras que dizem respeito aos cargos e os testes dos candidatos? Percebemos (não é mesmo?) que para os Estados que estão sendo equipados assim pela primeira vez devam forçosamente haver pessoas para assumir tais cargos, mas quem possam ser essas pessoas é impossível discernir antes que existam os primeiros magistrados. De uma maneira ou outra elas devem estar presentes, e além disso homens de modo algum medíocres, mas do maior mérito possível; pois, como diz o provérbio, "um bom começo já é a metade da operação", e todos os bons começos atraem a unanimidade dos elogios; em verdade, pelo que me parece, aí reside mais do que a metade e um bom começo nunca recebeu suficientes elogios.

Clínias: Dizes a verdade.

O ateniense: Que, portanto, sabiamente não deixemos este primeiro ponto desapercebido, nem tampouco falhemos no sentido de esclarecer a nós mesmos sobre o meio de realizá-lo. Da minha parte, estou apenas seguro a respeito disto quanto a uma observação que, em vista da presente situação, é a um tempo necessário e útil fazer.

Clínias: E que observação é essa?

---

254. Este terceiro turno da eleição incluiria, a título de ratificação religiosa, uma forma de necromancia (νεκυομαντεία [*nekyomanteía*]), ou mais exatamente, uma νεκυία (*nekyía*), sacrifício de animais seguido da profetização por meio do exame de suas entranhas.

255. O exame meticuloso de toda a vida do candidato a partir de sua infância, a que o *ateniense* há pouco aludiu.

O ateniense: Ora, devo afirmar que o Estado para o qual estamos planejando a fundação não tem, por assim dizer, nem pai nem mãe exceto o Estado que o está fundando, embora eu esteja totalmente ciente de que muitos dos Estados-colônias estiveram e estarão mais de uma vez em conflito com os Estados que os fundaram. Mas agora, na situação presente, tal como uma criança indefesa – a despeito da probabilidade de entrar em desentendimento com seus pais no futuro – o Estado-colônia ama seus pais e é amado por eles, e sempre apela para a ajuda dos seus, encontrando neles e somente neles seus aliados – de sorte que agora, como assevero, essa relação já é existente para os cnossianos em relação ao jovem Estado devido ao seu cuidado por ele e do jovem Estado em relação aos cnossianos. Eu afirmo mais uma vez como afirmei há pouco – visto que não há nenhum mal em reiterar uma boa afirmação – que os cnossianos têm que assumir uma parcela do cuidado de todas essas matérias, selecionando não menos que cem dos novos colonos, os mais velhos e melhores que sejam capazes de selecionar, e que entre os próprios cnossianos haja uma outra centena. Digo que este corpo conjunto necessita dirigir-se então ao novo Estado e dispor em comum acordo para que os magistrados sejam designados em conformidade com as leis e testados após a designação. Isto feito, deverão os cnossianos voltar a viver em Cnossos, o jovem Estado devendo empreender seus próprios esforços para assegurar-se segurança e sucesso. Quanto aos que integram os trinta e sete, tanto agora quanto no porvir que nós os elejamos para as seguintes atribuições: em primeiro lugar deverão atuar como guardiões das leis e em segundo lugar como guardiões dos documentos, onde cada um deverá fazer constar para os magistrados o montante de seus bens, omitindo quatro minas se pertencer a maior das classes proprietárias, três minas se pertencer à segunda classe, duas se pertencer à terceira e uma se pertencer à quarta classe. Caso se prove que alguém possui mais do que o que foi registrado, todo o excedente será confiscado, além do que tal pessoa ficará sujeita a ir a julgamento pela ação de quem quer que deseje processá-la,[256] um julgamento desonroso e de má reputação se a pessoa

---

256. Note-se que quem promove a ação judicial é um cidadão particular e não o Estado, que se contenta com o confisco. Presume-se que esse cidadão poderia ser alguém que *levou a pior* em alguma transação com fins lucrativos ou especulativos (envolvendo juros), operação absolutamente interdita e criminosa no Estado concebido por Platão; neste caso aparentemente a legislação do Estado socialista não prevê nenhuma acusação (digamos, de *cumplicidade* ou *conivência*) para o possível *prejudicado*, visto que qualquer cidadão além dele e mesmo inteiramente estranho à acumulação ilegal de fortuna do confiscado, poderia denunciar este último, atuando como um vigilante comum das leis do Estado.

for condenada por desacato da lei com objetivo de lucro. Assim, quem
desejá-lo o acusará de exploração e o processará segundo a lei perante
os próprios guardiões das leis; e se o réu for condenado não participará
755a mais dos bens públicos e toda vez que o Estado fizer uma distribuição
ele não receberá porção alguma, ficando reduzido ao seu lote; ademais,
ficará registrado como um criminoso condenado num lugar no qual
quem quer que seja poderá ler sua sentença enquanto ele viver. O mandato do guardião das leis não durará mais de vinte anos e sua eleição
só poderá ocorrer após completar cinquenta anos. Por outro lado, se
for eleito com sessenta anos de idade, seu mandato será de apenas dez
anos, e de acordo com a mesma regra, quanto mais exceder a idade
mínima para ser eleito, menor será seu mandato, de modo que se so-
b breviver aos setenta anos, sua pretensão de permanecer junto a esses
magistrados encarregados de uma responsabilidade de tal importância
se tornará incogitável. Assim sendo, no que se refere aos guardiões das
leis, declaramos que essas três obrigações lhes são impostas e à medida
que progredirmos com as leis, cada nova lei imporá a esses homens
quaisquer obrigações adicionais de que se deverão incumbir além des-
c sas agora indicadas. E passaremos a descrever a seleção dos outros
magistrados. Os *estrategos*[257] devem ser selecionados na sequência e
como seus subordinados para fins militares os *hiparcas*,[258] os *filarcas*[259] e os oficiais-ordenadores das fileiras de infantaria recrutadas
nas tribos, para os quais a designação de *taxiarcas*,[260] que é aliás o
próprio nome que muitos lhes dão, seria particularmente apropriada.
Os estrategos serão indicados em primeira mão pelos guardiões das
leis, sendo tomados exclusivamente de nosso Estado; e a partir dos
indicados a seleção deverá ser feita por todos que estão servindo ou
serviram na guerra, de acordo com sua variação de idades. E se

---

257. A palavra στρατηγός (*strategós*) significa genericamente *comandante do exército, general*, porém Platão utiliza aqui o termo num sentido um tanto mais específico que, todavia, não exclui o sentido genérico, mas sim o engloba tornando-o mais técnico e especializado, a saber, uma espécie de *ministro da guerra e ao mesmo tempo chefe das forças armadas*. Nos primeiros tempos de Atenas haviam dez estrategos, que eram eleitos anualmente entre os cidadãos atenienses, vindo um de cada uma das dez tribos e assumindo o comando das tropas alternadamente pela ordem de inscrição. Nos tempos de Platão os estrategos que efetivamente comandavam o exército em batalha eram apenas dois, o comandante das *forças de cavalaria* (ὁ ἐπὶ τῶν ἱππέων [*ho epì tôn hippéon*]) e o comandante das *forças de infantaria* (ὁ ἐπὶ τῶν ὁπλιτῶν [*ho epì tôn hoplitôn*]); os demais não deixavam de ser magistrados encarregados de assuntos bélicos, mas permaneciam em Atenas.
258. Ἵππαρχος (*ípparkhos*), comandante das tropas de cavalaria.
259. Φύλαρχος (*phýlarkhos*), o sentido aqui empregado por Platão é de *comandante de um corpo de cavalaria fornecido por uma tribo*.
260. Ταξίαρχος (*taxíarkhos*), comandante de um corpo de infantaria.

houver alguém que julgue que algum entre os que não foram nomeados é melhor que um daqueles que foi nomeado, deverá indicar o nome desse indivíduo de sua preferência e também o nome daquele que acha que deve ser substituído, e fazendo o juramento em relação a isso proporá o substituto; e que aquele entre os dois que tiver o maior número de votos ingresse no elenco dos elegíveis. E os três candidatos que obtiveram o maior número de votos para servirem como estrategos e comissários de assuntos bélicos serão submetidos a testes como foram os guardiões das leis. Os estrategos eleitos nomearão para si os taxiarcas, doze para cada tribo; e aqui, no caso dos taxiarcas, tal como no caso dos estrategos, vigorará o direito de contranomeação (contraindicação) e um procedimento análogo de votação e teste. Antes da eleição dos prítanes[261] e do conselho,[262] uma assembleia será provisoriamente convocada pelos guardiões das leis no sítio mais sagrado e mais espaçoso possível para aí acomodar de um lado os hoplitas, do outro os cavaleiros e numa terceira posição, próxima a estes últimos, todos aqueles que pertencem às tropas militares. Todos votarão para os estrategos [e os hiparcas[263]], todos que são portadores de escudos para os taxiarcas; todos os cavaleiros elegerão para si filarcas; os estrategos indicarão para si mesmos os chefes de infantaria ligeira, os arqueiros ou quaisquer outros membros do serviço bélico. *Só nos resta a indicação dos hiparcas*, que serão indicados pelas mesmas pessoas que indicaram os estrategos, o sistema de eleição e a contraindicação sendo idênticos aos dos estrategos; a cavalaria votará para si na presença e sob o olhar dos membros da infantaria e os dois cavaleiros que obtiveram mais sufrágios serão os capitães de todos os membros da cavalaria. A votação estará sujeita à contestação apenas por duas vezes; no caso de uma terceira contestação, a decisão final dependerá daqueles a quem compete em cada oportunidade contar os sufrágios.[264] O conselho será constituído por trinta dúzias de membros já que o número trezentos e sessenta se enquadra bem

---

261. Πρύτανις (*prýtanis*), genericamente *mestre, chefe* ou mesmo *magistrado supremo.* Mas Platão emprega aqui a palavra no sentido específico que lhe era atribuído em Atenas: um dos delegados (que em Atenas eram cinquenta) que eram eleitos todo ano pelas tribos (em Atenas, dez) para formar o *conselho dos quinhentos* (senado) e o presidir.
262. Βουλή (*boulé*) que significa literalmente *aquilo que se quer, vontade, deliberação* e por extensão conselho deliberativo; Platão está pensando no *conselho dos quinhentos* de Atenas. Esta acepção de βουλή corresponde aproximativamente ao conceito de *senatus* (conselho dos velhos) de Roma.
263. Há aqui divergência entre os helenistas que estabeleceram o texto grego. De fato a ausência desta pequena frase relativa aos hiparcas (καὶ ἵππαρχους [*kaì hípparkhous*]) elimina a contradição do texto criada algumas linhas abaixo (*...Só nos resta a indicação dos hiparcas...*).
264. Ou seja, os magistrados que presidem à assembleia.

LIVRO VI | 217

nas subdivisões;[265] serão divididos em quatro grupos e em cada uma
c das quatro classes definidas de acordo com o volume de bens se elegerá
noventa conselheiros. Em primeiro lugar, todos os cidadãos serão obrigados a votar nos candidatos a conselheiros provenientes da classe
mais alta, e quem não o fizer será punido mediante multa. Finda essa
votação, os nomes dos eleitos serão registrados; no dia seguinte votar-se-á nos candidatos vindos da segunda classe segundo um procedimento similar ao do dia anterior; no terceiro dia votar-se-á sem obrigatoriedade nos candidatos oriundos da terceira classe, mas esta
votação será compulsória para os cidadãos pertencentes às três primeiras
d ras classes, enquanto os cidadãos da quarta e mais baixa classe serão
poupados da multa se não quiserem votar; no quarto dia todos deverão
votar nos candidatos a conselheiros procedentes da quarta classe (a mais
inferior), mas se qualquer membro da terceira ou da quarta classe não
desejar votar, será poupado da multa, o que não ocorrerá com quaisquer
membros da primeira e segunda classes, que serão multados se não votarem, o membro da segunda classe no valor correspondente a três vezes
e o valor da primeira multa e o membro da primeira classe no valor correspondente a quatro vezes o valor da primeira multa. No quinto dia os
magistrados publicarão os nomes registrados para que todos os cidadãos
os vejam e tomem conhecimento; e todos os homens[266] votarão nos candidatos que constam nessa lista, a abstenção resultando em multa no
valor estabelecido para a primeira multa; e tendo sido selecionados
cento e oitenta homens de cada classe, chegar-se-á à metade deste
número por meio de sorteio, os trezentos e sessenta sendo então testados. Estes serão os conselheiros durante um ano.[267] Tal sistema de
seleção dos magistrados consistirá num meio termo entre as constituições monárquica e democrática e a meio caminho entre estas deve
757a estar sempre nossa constituição, pois entre escravos e senhores jamais
haverá amizade e nem entre patifes e homens honestos, mesmo quando
ocuparem posições em direito de igualdade, visto que quando se concede
a igualdade às coisas desiguais, o resultado será desigual a não ser que

---

265. Ter em mente a cifra 5.040.
266. ...πάντα ἄνδρα... (...pánta ándra...), *todos os homens*, ou seja, homens adultos. Mulheres, crianças
e escravos evidentemente não participam de nada disso, visto que não são *cidadãos*, mas apenas
bens móveis da οἶκος (*oíkos*) sob o poder absoluto do chefe de família (δεσπότης [*despótes*]). No
seu Estado socialista Platão não critica velhas estruturas tradicionais gregas como essa, que ele
(conservador, avesso às inovações e crítico, isto sim, da democracia moderna ateniense) insere e
até enfatiza no seu ideal de Estado, concebendo a *comunidade das esposas e filhos* em *A República*.
267. Ou seja, uma eleição em cinco turnos mais o sorteio (elemento que envolvia o aspecto religioso).
Quanto ao mandato de um ano, Platão reproduz diretamente o princípio da constituição *ateniense*.

se aplique a devida medida, e é por causa dessas duas condições que as cisões estão maciçamente presentes nos regimes políticos. Há um velho e verdadeiro ditado segundo o qual "a igualdade gera amizade", ditado que, sem dúvida, é muito acertado e expresso com equilíbrio; mas o que é esta igualdade capaz de produzir tal efeito é algo que não fica bem claro,

b constituindo para nós um sério problema, pois há duas espécies de igualdade que, embora ostentem o mesmo nome, são no que concerne aos seus resultados práticos com frequência quase opostas. Uma delas – nomeadamente, a igualdade determinada pela medida, peso e número – qualquer Estado ou legislador tem competência para aplicar distribuindo por sorteio as honras; mas a forma mais verdadeira e melhor de igualdade não é uma coisa fácil de se discernir. Ela implica no julgamento de Zeus e raramente vem em socorro da humanidade, em-

c bora a esporádica ajuda que traz aos Estados e mesmo aos indivíduos só produza bens, visto que dispensa mais ao maior e menos ao menor, proporcionando a devida medida a cada um conforme a natureza; e no que respeita às honras, também, concedendo mais àqueles que são maiores em virtude e menos àqueles de caráter oposto no que tange à virtude; e a educação atribui proporcionalmente o que cabe a cada um. Realmente, é precisamente isto que constitui para nós a justiça no Estado, que é o objetivo que devemos, *Clínias*, nos empenhar em bus-

d car; essa igualdade é o que temos que colimar agora que estamos fundando o Estado que está em seu nascedouro. E quem quer que seja que esteja fundando um Estado em qualquer parte a qualquer tempo deverá visar em sua legislação esse mesmo objetivo – não a vantagem de alguns monarcas despóticos, ou de um, ou de alguma forma de democracia – mas sim a justiça sempre, o que consiste no que acabamos de enunciar, isto é, a igualdade concedida em toda ocasião aos desiguais segundo a natureza. E no entanto é necessário que todo Estado às vezes empregue mesmo essa igualdade num grau variável, se pretender evitar o próprio envolvimento em lutas intestinas, a favor de um partido ou outro, já que não nos convém esquecer que a equidade e a indulgên-

e cia constituem sempre uma alteração do perfeito e do exato em detrimento da justiça estrita; pela mesma razão é necessário fazer uso também da igualdade do sorteio em função do descontentamento das massas, e ao fazê-lo orar, invocando a divindade e a boa fortuna para que guiem a sorte retamente rumo a mais elevada justiça. Assim é a necessidade que nos compele a empregar ambas as formas de igual-

758a dade; entretanto, deveríamos usar o mais raramente possível a forma que requer boa sorte. O Estado que quiser sobreviver terá que agir necessariamente assim, meus amigos, pelas razões que indicamos. Pois da mesma forma que um navio ao singrar os mares exige contínua vigilância noite e dia, um Estado, quando vive em meio aos impulsos repentinos de Estados que o circundam e sob o risco de ser enredado por todas as espécies de tramas, requer uma cadeia ininterrupta de

b magistrados dia e noite e noite e dia, e guardiões que sucedam guardiões, e que sejam, por sua vez, sucedidos, de maneira contínua. Uma multidão jamais é capaz de executar quaisquer dessas tarefas competentemente, e a maioria dos conselheiros dedica a maior parte de seu tempo aos seus negócios privados e assuntos domésticos, de modo que

c é forçoso que designemos a duodécima parte deles[268] para cada um dos doze meses, de modo que o Estado seja suprido de guardiões em rodízio, prontos para atender tanto aqueles que vêm do estrangeiro quanto os que provêm do próprio Estado, com o intento de prestar informações ou inquirir sobre algum assunto de importância na relação dos Estados, ou, se algum Estado já foi indagado, obter sua resposta e também com o olhar em todas as inovações que não cessam de tender a ocorrer

d nos Estados a fim de, se possível, impedir que ocorram e, se realmente ocorrerem, assegurar que o Estado possa detectar e remediar a ocorrência o mais rapidamente possível. Face a essas razões, essa seção em presidência do conselho do Estado[269] terá que deter sempre o controle da convocação e dissolução das assembleias, as assembleias legais regulares bem como as realizadas em caráter de emergência. Assim, uma duodécima parte do conselho será o corpo que administrará todos esses assuntos, e cada um desses corpos permanecerá de folga, alternadamente, durante onze dos doze meses do ano; mas será necessário que em associação com os demais magistrados essa duodécima parte do conselho mantenha assídua e continuamente sua guarda dos assun-

e tos do Estado. Essa ordenação dos assuntos do Estado se revelará um arranjo conveniente. Mas que controle deveremos ter, e que sistema, para todo o resto do território? Agora que toda a cidade e todo o território foram cada um divididos em doze partes, não será necessário que sejam apontados supervisores para as vias da própria cidade, para as moradias, edifícios, portos, mercado, fontes e também para as glebas sagradas e os templos e outros sítios do mesmo tipo?

Clínias: Seguramente.

---

268. Os *pritanes* (ver nota 261).
269. O *pritanado*.

759a   *O ateniense*: Digamos agora que, em relação aos templos, teremos que contar com guardiões, sacerdotes e sacerdotisas; para a manutenção da ordem das vias e edifícios, a prevenção de atos danosos de seres humanos e animais selvagens e a presevação da devida ordem a ser observada nos limites da cidade e nos subúrbios teremos que selecionar três tipos de magistrados; chamaremos de *astínomos*[270] aqueles que se ocuparão das tarefas que acabamos de mencionar e de *agorânomos*[271] aqueles que cuidarão da manutenção da ordem na *ágora*. Os sacerdotes ou sacerdotisas dos templos que detêm sacerdócios hereditários não

b   serão afetados por nossas disposições, mas se – como muito provavelmente é o caso no que se refere a isso com um povo que está sendo organizado pela primeira vez – inexistir um corpo sacerdotal ou houver apenas alguns sacerdotes, teremos que estabelecer um corpo sacerdotal composto de sacerdotes e sacerdotisas que serão guardiões dos templos para os deuses. No estabelecimento de todas essas magistraturas teremos que indicar algumas via eleição, outras via sorteio, combinando métodos democráticos com não-democráticos a fim de assegurar a mútua amizade em todas as áreas tanto da cidade quanto do campo, de maneira a se alcançar o máximo de união possível.

c   Quanto aos sacerdotes, confiaremos ao próprio deus (assegurando o próprio prazer deste) a escolha, efetuando a seleção por sorteio e assim deixando a sua indicação a critério da sorte divina; mas, de qualquer modo, submeteremos o eleito do deus ao devido teste (exame), primeiro verificando se é sadio e legitimamente nascido, e em segundo lugar se provém de uma casa sem qualquer mácula, não tendo ele jamais cometido um assassinato ou qualquer uma daquelas ofensas contra a divindade, o que se estende também aos seus pais. Dever-se-á trazer de Delfos leis para tudo o que se refere aos cultos religiosos, indicar seus intérpretes e fazer uso dessas leis. Toda magistratura sacerdotal deverá

d   durar um ano e não mais que isto, e aquele que será um eficiente magistrado dos assuntos sagrados conforme as leis religiosas não deverá ter menos de sessenta anos, estas regras valendo igualmente para as sacerdotisas. Os intérpretes serão escolhidos em três eleições à razão

---

270. Ἀστυνόμος (*astynómos*), genericamente guardião de uma cidade; especificamente (o significado aqui) *magistrado responsável pelo policiamento das ruas e manutenção da ordem na cidade*.
271. Ἀγορανόμος (*agoranómos*), magistrado encarregado particularmente da inspeção do mercado da cidade, ou mais precisamente, da ἀγορά (*agorá*). Em Atenas a *ágora* não era apenas o espaço onde os mercadores se reuniam e faziam comércio, mas todo o amplo espaço onde se achavam árvores, fontes, os edifícios do *conselho dos quinhentos*, dos tribunais, os templos etc. e dividido em várias seções atribuídas a cada corporação de mercadores.

LIVRO VI | 221

de quatro por grupo de quatro tribos, um de cada tribo,[272] e quando os
três candidatos que obtiveram maior número de votos tiverem sido
testados, os outros nove deverão ser enviados a Delfos para que o
e   oráculo selecione um de cada trio; quanto às regras, teste e limite de
idade, serão idênticos aos dos sacerdotes. Esses homens terão um mandato vitalício como intérpretes, e quando um deles morrer, as quatro
tribos[273] elegerão um substituto proveniente da tribo a qual ele pertencia. Como tesoureiros responsáveis pelo controle dos fundos sagrados
de cada templo e das glebas sagradas com sua produção e locações,
760a   teremos que escolher entre as classes mais elevadas de proprietários
três nomes para os templos maiores, dois para os menos grandes e um
para os de menor tamanho. Neste caso o método de seleção e exame
será idêntico ao utilizado com os estrategos. Eis aí as regulamentações
referentes ao culto. Nada, na medida do possível, deverá ser deixado
sem proteção. No que diz respeito à cidade, ficarão incumbidos de
guardá-la os estrategos, os taxiarcas, os hiparcas, os filarcas e os prí-
b   tanes, bem como os astínomos e os agorânomos logo que dispusermos
de um número suficiente desses magistrados, corretamente indicados
e eleitos. Todo o resto do território deverá ser protegido da seguinte
maneira: nosso território inteiro[274] já estará dividido em doze partes
apresentando a maior igualdade possível; a cada parte uma tribo será
designada por sorteio, tendo que fornecer anualmente cinco de seus membros para atuarem como *agrônomos*[275] e *frourarcas*[276]; será obrigação
c   de cada um dos *cinco* selecionar doze jovens de sua própria tribo na
faixa etária entre 25 e 30 anos. A estes grupos de doze as doze partes
do território serão atribuídas mediante sorteio, uma para cada um em
sistema de rodízio durante um mês alternadamente, de modo que todos
eles adquiram experiência e conhecimento de todas as regiões do território. O mandato de guardas e magistrados será de dois anos. Qualquer que tenha sido a primeira atribuição das porções de terra por
sorteio, eles passarão todo mês à região seguinte, conduzidos pelos
d   frourarcas para a direita, ou seja, do oeste para o leste. Concluído o
primeiro ano, para que o maior número possível de guardiões tenha

---

272. Tendo em mente as *doze* tribos, nós as dividimos em *três* grupos de *quatro* cada. Cada grupo então indica *três*, totalizando assim *nove*; os *três* restantes que são exigidos para completar o número (ou seja, *doze*) são selecionados por definição do oráculo a partir dos *próximos nove* candidatos da lista. Assim, o total de eleitos para o cargo de intérpretes será *quatro*.
273. Ou melhor, o grupo de tribos pelo qual o intérprete desaparecido fora eleito.
274. Isto é, a totalidade do território menos a cidade, quer dizer, a região rural.
275. Ἀγρονόμος (*agronómos*), rústico, campestre; aqui, guardião do campo.
276. Φρούραρχος (*phroúrarkhos*), chefe de um posto de guarda.

não somente se familiarizado com o território numa única estação do ano, como também possa ter aprendido o que ocorre nas mais variadas regiões em diferentes estações, seus condutores os guiarão de volta novamente na direção oposta, mudando continuamente suas regiões, até que completem seu segundo ano de serviço. No terceiro ano deverão ser eleitos novos agrônomos (guardiões do campo) e frourarcas (comandantes de postos de guarda). Durante seus períodos de residência em cada região do território terão tarefas específicas, a saber: em primeiro lugar, para que o território se torne o mais inacessível possível aos inimigos, construirão canais onde for necessário e cavarão fossos além de construir fortificações no máximo de suas forças, de sorte a afastar o perigo da tentativa de penetração no território em prejuízo deste e de suas riquezas; para isso farão uso dos animais de carga e dos servos em todas as regiões, utilizando os primeiros e supervisionando os segundos, dando preferência sempre, na medida do possível, às ocasiões em que essas pessoas não estão ocupadas com seus próprios negócios. Deverão, de todas as maneiras, dificultar o acesso dos inimigos e facilitar o dos amigos – sejam pessoas, mulas ou gado – cuidando das estradas de modo a se tornarem o mais planas possível e lidando com a água das chuvas[277] para que beneficie o território em lugar de prejudicá-lo à medida que flui das regiões mais altas para todos os vales entre as montanhas; deterão as inundações por meio de barragens e canais a fim que os vales retenham ou absorvam a água de origem pluvial que se precipita do céu, formando assim para todos os campos e povoados situados mais abaixo piscinas naturais ou fontes, fazendo com que mesmo as regiões mais secas sejam supridas copiosamente de boa água. Quanto às águas das nascentes, sejam elas sob forma de rios ou fontes, eles deverão adorná-las e embelezá-las com plantações e edifícios, e conectando as correntes d'água por meio de tubos subterrâneos espalharão por todos os lugares a fertilidade; por meio da irrigação se embelezará em todas as estações do ano qualquer gleba ou bosque sagrado que possa existir nas vizinhanças conduzindo-se as águas diretamente para os santuários dos deuses. E em todas as partes nesses locais os jovens deverão construir *ginásios* tanto para si mesmos como para os velhos, instalando para estes os banhos quentes,

---

277. Respectivamente ...Διὸς ὑδάτων... (...*Diòs hydáton*...) e ... Διὸς ὕδατα... (...*Diòs hydáta*...), literalmente *a água de Zeus*. Platão, como é usual, se apoia no mito para expressar suas ideias e utiliza à vontade a linguagem mitológica. A chuva é uma água de origem celeste, e como fenômeno atmosférico está sob o controle de Zeus, que é o senhor olímpico do céu e manipulador de todos os seus fenômenos, a começar pelo relâmpago, o raio e o trovão.

d   [para o que] manterão um abundante suprimento de lenha, proporcionando também amáveis boas vindas e ajuda aos enfermos e àqueles cujos corpos se acham desgastados pela labuta como agricultores – acolhida bem melhor do que o cuidado que lhes poderia dar um médico não muito hábil. Essas operações e todas as outras similares nas regiões do território servirão tanto ao ornamento quanto ao aproveitamento do território, sem deixar também de proporcionar recreação à qual não faltará encanto. Mas as ocupações mais sérias serão as seguintes: cada grupo de *sessenta* guardiões terá que zelar por sua própria região, não apenas protegendo-a de seus inimigos, mas também dos pretensos amigos. E se alguém entre os vizinhos estrangeiros ou entre os próprios
e   cidadãos ferir um outro cidadão, seja o culpado escravo ou homem livre, os juízes que ouvirem o queixoso serão os próprios *cinco* magistrados nos casos menos graves, e os cinco, cada um acompanhado de seus doze subordinados, nos casos mais graves, em que os danos reivindicados forem até três *minas*[278]. Nenhum juiz ou magistrado deverá cumprir mandato sem ser submetido a uma prestação de contas, com a única exceção daqueles que como reis formam uma corte de apelação em última instância. Deste modo, também em relação a esses agrônomos, se lesarem de alguma forma aqueles que são por eles supervisio-
762a   nados impondo-lhes pagamentos iníquos ou tentando explorar suas fazendas e armazéns sem seu consentimento, ou se aceitarem um presente a título de suborno, ou distribuírem bens injustamente – que por cederem à sedução sejam marcados com a infâmia perante todo o Estado; e com respeito a todas as outras faltas que tenham cometido contra o povo da região avaliadas em até uma *mina* terão que voluntariamente se submeter ao julgamento do povoado e dos vizinhos, e se
b   em qualquer ocasião (com respeito a uma grande ou pequena falta) se recusarem a essa sujeição ao julgamento – confiando que devido a sua mudança mensal para uma outra região se safarão do julgamento – a parte lesada terá direito a audiências nos tribunais públicos e se ganhar a causa, exigirá a punição em dobro do réu que se evadiu e se recusou a comparecer livremente para ser julgado. O modo de vida dos

---

278.   Μνᾶ (*mnâ*), unidade de peso e de cálculo monetário que valia cem *dracmas* (δραχμή [*drakhmé*]), moeda de prata, unidade monetária e referencial do sistema monetário *ateniense*). Sessenta minas a peso de prata correspondiam em Atenas a um talento, o qual também era unidade de peso. Assim, a mina e o talento (τάλαντον [*tálanton*]), não eram tal como o *meio-óbulo* (ἡμιωβόλιον [*hemiobólion*]), o *óbulo* (ὀβολός [*óbolos*]), o *dióbolo* (διώβολον [*dióbolon*]), a *dracma* etc., moedas em metal sonante como, *digamos*, nossas moedas e cédulas de reais (as quais não passam de *duzentos* reais), mas sim unidades de cômputo em função do peso em prata ou em ouro.

magistrados e *agrônomos* durante os seus dois anos de prestação de
c serviço será como se segue: em primeiro lugar, em todas as regiões
haverão repastos públicos, dos quais todos deverão participar para sua
alimentação. Se alguém furtar-se a isto durante o dia ou à noite para
dedicar-se ao sono sem ordens expressas dos magistrados ou devido a
alguma causa urgente, e se os *cinco* o denunciarem e afixarem seu
nome na praça pública como culpado de abandonar seu posto, ele sofrerá degradação por trair seu dever público, e todo aquele que o en-
d contrar em seu caminho e que o quiser punir poderá açoitá-lo impunemente. No caso dos próprios magistrados, caberá a todos os sessenta
vigiá-los, e se um deles chegar a cometer um tal ato e algum dos sessenta o perceber ou [simplesmente] ficar sabendo e se omitir de processar o
faltoso, será considerado culpado de acordo com as mesmas leis e punido
ainda mais severamente que os jovens; estará completamente desqualificado de exercer postos de comando sobre os jovens.[279] Sobre estes
incidentes os guardiões das leis deverão exercer uma supervisão extremamente cuidadosa a fim de prevenir, se possível, sua ocorrência e onde
eles efetivamente ocorram, assegurar que sejam punidos devidamente.
e Faz-se necessário que todo homem[280] tenha em vista, no que concerne
aos seres humanos[281] em geral, que aquele que não aprendeu a servir
jamais se tornará um senhor[282] digno de louvor e que o meio correto
de granjear honra consiste mais em servir dignamente do que em mandar dignamente – servindo primeiramente às leis, visto que isto é servir aos deuses, e em segundo lugar, da parte dos jovens, servir sempre

---

279. Platão percebia que uma das bases para o eficiente funcionamento e preservação de um Estado socialista era fazer de cada cidadão, a começar precisamente pelos funcionários do Estado (a totalidade dos magistrados), *um vigia implacável do outro cidadão* no que respeitava ao cumprimento das leis, minimizando assim o número das transgressões que ameaçariam a autoridade e estabilidade do Estado como um todo. Nesse contexto a *denúncia* não é vista como uma atitude deplorável (vizinha da traição) que ofende a liberdade e os direitos individuais (visão democrática e romântica), mas sim como uma obrigação do cidadão e especialmente do magistrado, que incorre num grave delito se não recorrer a ela, já que ele é um dos braços do Estado. O princípio socialista está implícito: toda vez que a ação individual ameaçar o bem-estar comum, o indivíduo deverá ser detido e punido.
280. ...παντ' ἄνδρα... (...*pant' ándra*...).
281. ...ἀνθρώπων... (*anthrópon*).
282. ...μὴ δουλεύσας οὐδ' ἂν δεσπότης... (...*mè douleúsas oud' àn despótes*...). Corre-se aqui o risco de entender que *para tornar-se um senhor digno de louvor é preciso ter sido necessariamente um escravo*, ideia evidentemente incogitável para Platão que concebe escravo e senhor como distintos por natureza. Na verdade, a expressão é mais metafórica do que literal e, de resto, o próprio Platão esclarecerá este ponto logo na sequência ao distinguir os conceitos de δοῦλος (*doûlos* [escravo]) e οἰκέτης (*oikétes* [servo, serviçal da casa/família]). A ideia de *servir* às leis do Estado e aos deuses envolve mais os senhores do que os escravos, já que estes permanecem na esfera menor da οἶκος (*oîkos*) e não na esfera maior da πόλις (*pólis*); a ideia suplementar sugerida aqui por Platão é que *se todo escravo é um servo (servidor), nem todo servo é um escravo*.

aos mais velhos e àqueles que viveram vidas honradas. A seguir, aquele de quem se fez um guardião do campo deverá participar das rações diárias, frugais e frias²⁸³, durante os dois anos de serviço, pois sempre que os *doze* tiverem sido escolhidos, estando reunidos com os *cinco*,

763a resolverão que atuando como servos não terão para atendê-los servos e escravos²⁸⁴ e nem empregarão quaisquer serviçais pertencentes a outros agricultores ou habitantes dos povoados para atender às suas necessidades pessoais, mas somente para o serviço público, e em todos os outros aspectos se determinarão a viver uma vida independente, prestando serviço e sendo seus próprios servidores, e ademais explo-

b rando, armados, o território inteiro no verão e no inverno, para protegê-lo e fazer conhecimento de cada uma das várias regiões. Parece, a propósito, que nesse caso constitui um estudo superior a qualquer outro conhecer a fundo o próprio território, e assim os jovens deverão praticar a caça com cães e todas as outras formas de caça, tanto por essa razão como pelo prazer e benefício que pode extrair desses esportes. Relativamente, portanto, a esse ramo do serviço – tanto no que se refere aos próprios homens quanto às suas tarefas, quer os chamemos de *agentes secretos*²⁸⁵ ou guardiões do campo, quer os designemos com

c qualquer outro nome – todos aqueles que pretendem proteger seu próprio Estado eficientemente terão que cumprir sua tarefa com zelo ao máximo de suas forças. A próxima etapa na nossa seleção de magistrados se refere aos agorânomos e *astínomos*. Aos sessenta agrônomos (guardiões do campo) corresponderão três astínomos, que dividirão as doze porções da cidade em três partes e imitarão os agrônomos no cuidado das ruas da cidade e das várias estradas que penetram na ci-

d dade vindo do campo, e dos edifícios, de maneira que tudo isso se conforme às exigências da lei; também será da responsabilidade dos astínomos os suprimentos de água que os guardiões do campo lhes remeterão e transmitirão em boa condição, e que deverá chegar pura e abundante às cisternas, podendo assim embelezar e ser útil à cidade. Faz-se assim necessário que esses homens também disponham tanto de capacidade quanto de tempo para atender aos assuntos públicos. Consequentemente, para o cargo de astínomo todos os cidadãos poderão propor o nome de qualquer pessoa da classe mais elevada dos

---

283. ...ἀπύρου... (*apýrou*), literalmente *sem fogo*. Por extensão, aquilo que não foi submetido ao fogo, *que não foi aquecido*, ou seja, no caso do alimento, aquele que permanece tanto *frio* quanto *cru*.
284. ...οἰκέτας τε καὶ δούλους... (...*oikétas te kaì doúlous*...).
285. Κρυπτούς (*kryptoús*), aquilo ou aquele que está recoberto, oculto, emboscado.

proprietários; e tendo ocorrido a votação nesses candidatos e se chegado aos seis mais votados, aqueles [magistrados] que presidem à eleição selecionarão os três por sorteio, que depois se serem submetidos ao teste assumirão o cargo e o exercerão segundo as leis estabelecidas para eles. Ato contínuo deverão ser eleitos cinco agorânomos (inspetores da *ágora*) a serem obtidos da segunda e primeira classes de proprietários; quanto aos demais procedimentos de seleção, serão semelhantes aos seguidos no caso dos astínomos. Dos dez candidatos definidos por votação os cinco serão selecionados por sorteio, examinados e proclamados magistrados. Todos serão obrigados a votar para essas magistraturas. Quem se recusar a fazê-lo, se denunciado aos magistrados, será multado em cinquenta dracmas, além de ser declarado mau cidadão. A assembleia e as reuniões públicas serão abertas a todos e será obrigatória a presença nelas dos integrantes da segunda e primeira classes de proprietários, que serão multados em dez dracmas em caso de ausência; os membros da terceira ou quarta classes estarão isentos dessa obrigatoriedade, escapando de qualquer multa, a não ser que os magistrados, devido a algum motivo urgente, intimem todos ao comparecimento. Os inspetores da praça do mercado (*ágora*) deverão cuidar para que as atividades na *ágora* ocorram segundo a lei e que seus templos e fontes não sejam danificados; em caso de danificação o responsável, se for escravo ou estrangeiro, será punido com açoites e prisão, enquanto se o culpado de tal má conduta for cidadão, os agorânomos poderão, a seu critério e por sua autoridade, aplicar uma multa de até cem dracmas e mesmo o dobro dessa quantia se julgarem o culpado em associação com os astínomos. De maneira análoga, os astínomos poderão punir em sua própria esfera multando em até uma mina mediante sua autoridade, e até o dobro dessa soma em associação com os agorânomos. Será conveniente indicar a seguir os magistrados que se incumbirão da música e da ginástica,[286] que serão de dois tipos para cada setor – o magistrado educador e o magistrado controlador das competições. A lei entende por magistrados educadores os supervisores dos ginásios e escolas, que estão encarregados tanto da disciplina e do ensino quanto do controle dos comparecimentos e da aco-

---

286. A palavra γυμνασία (*gymnasía*) significa simplesmente *exercício*. O γυμναστικός (*gymnastikós* [o que concerne aos exercícios corporais]) cobria portanto uma ampla gama de modalidades de atletismo, como a luta, a corrida, o lançamento do disco e todas as demais modalidades que se tornaram notórias por meio dos jogos olímpicos da Grécia. O γυμνάσιον (*gymnásion* [ginásio]) era nas cidades gregas um local público (não necessariamente ao ar livre) para a prática dos exercícios físicos.

modação de meninos e meninas. A lei entende por magistrados controladores das competições os árbitros das competições tanto de ginástica quanto de música, que serão, assim também, de dois tipos.[287] [No que diz respeito às competições de ginástica] os árbitros das competições humanas serão os mesmos das competições com os cavalos, mas no caso da música será apropriado ter árbitros distintos para solistas e representações por imitação, *digamos* por exemplo, uma equipe selecionada para rapsodos, citaristas, flautistas e todos os músicos desse tipo, e uma outra equipe para os intérpretes do canto coral. Devemos selecionar primeiramente os magistrados para o jovial exercício dos coros das crianças, moços e moças nas danças e em todas as outras manifestações musicais regulares; neste caso, bastará um magistrado, que não deverá ter menos de quarenta anos. No caso dos solistas um árbitro de idade não inferior a trinta anos será suficiente para atuar como apresentador e dar adequadamente o veredito em relação aos competidores.

O magistrado-administrador dos corais deverá ser eleito aproximadamente da seguinte forma: todos os aficionados nessa arte deverão comparecer à reunião pertinente [para votação], sob pena de serem multados a critério dos guardiões das leis; os demais estarão dispensados dessa obrigação, comparecendo somente se o desejarem. Todos os eleitores terão que escolher entre os nomes de um elenco de indivíduos experientes, e o teste (exame) dos eleitos só comportará estes motivos para aprovação ou reprovação, a saber, a competência (adquirida pela experiência) ou a incompetência;[288] aquele entre os dez candidatos que obtiver o maior número de votos, após o exame, será o magistrado do ano encarregado dos coros, conforme a lei. De modo idêntico deverá ser selecionado o magistrado que se encarregará por um ano daqueles que irão participar de competições em interpretações *solo* e interpretações em grupo de flauta. Na sequência será conveniente escolher árbitros dos concursos atléticos hípicos e humanos nos integrantes da

---

287. Apesar de uma certa redundância, alguns helenistas acrescentam aqui: *uns para a música, outros para a luta* (περὶ μουσικὴν μὲν ἑτέρους, περὶ ἀγωνίαν δ᾽ ἄλλους [*perì mousikèn mèn hetérous, perì agonìan d'állous*]).
288. Note-se o princípio marcantemente *não democrático* que norteia o processo eletivo dos magistrados em Platão, considerando-se que os próprios eleitores já são eles próprios previamente selecionados e o fato de que somente *cidadãos* detentores de propriedades votam, ou seja, o pequeno contingente populacional constituído por parte dos *homens* adultos e livres. Um cuidado extremo deve ser tomado na escolha daqueles que ocuparão os cargos públicos e não compete absolutamente ao povo (δῆμος [*dêmos*]) – conjunto heterogêneo dos cidadãos *sem distinções* – elegê-los. Ademais, não há eleições num único turno e a aprovação final não depende dos eleitores, mas sim de magistrados supremos em exercício e do sorteio *(a ratificação dos deuses)*.

terceira e segunda classes de proprietários; a participação nesta eleição será compulsória para as três primeiras classes, mas facultativa para a classe mais baixa, cujos membros não serão multados em caso de abstenção. Três árbitros serão eleitos da seguinte maneira: no primeiro turno vinte candidatos serão indicados pelas mãos erguidas dos eleitores e no

d   segundo dos vinte os três serão definidos por sorteio, seguindo-se o usual exame para aprovação ou reprovação. Em caso de qualquer candidato às magistraturas ser desqualificado no próprio processo de votação ou ser reprovado no exame, um substituto do candidato deverá ser providenciado e submetido ao mesmo exame a que foi submetido o candidato original. No setor de que estamos nos ocupando resta ainda um magistrado a ser definido, ou seja, o diretor geral de toda a educação de membros dos dois sexos. Neste caso haverá um magistrado legalmente selecionado, que não deverá ter menos de cinquenta anos e que

e   terá que ser pai de filhos legítimos de um sexo ou outro, ou de preferência de ambos. Que o candidato eleito e os eleitores se convençam que de todas as supremas magistraturas do Estado, esta é em muito a mais importante,[289] pois no caso de toda criatura vegetal ou animal[290] – tanto doméstica quanto selvagem[291] – é o primeiro impulso de vida, é o *brotar bem* que se revela o maior promotor do adequado desenvolvimento que

766a   confere à criatura a necessária excelência. O ser humano, nós o afirmamos, é uma criatura doméstica, civilizada e, no entanto, se por um lado graças a uma correta educação combinada a uma felicidade natural se converte ordinariamente na mais divina e a mais dócil de todas as criaturas, à falta da educação suficiente e bem orientada, é a mais selvagem de todas sobre a Terra. Diante disso, é imperioso que o legislador não permita que a educação infantil seja encarada como matéria de importância secundária ou inessencial; mas, visto que o futuro diretor tem que ser bem selecionado, o legislador deverá começar por fazer com que se es-

b   forcem ao máximo para indicar entre os cidadãos aquele que mais se destacar em tudo como o mais virtuoso. E portanto todos os magistrados, exceto os conselheiros e os prítanes, deverão se dirigir ao templo de Apolo e dar secretamente o seu voto àquele entre os guardiões das leis

---

289. Como se vê, o alerta acerca da primazia da educação já é antigo. Platão viveu e escreveu estas linhas no século IV a.C. e nós estamos no início do terceiro milênio com vários países cujos governos sequer zelam pela educação básica, inclusive *democracias*... .
290. Acrescido neste ponto por alguns helenistas de καὶ ἀνθρώπων [*kaì anthrópon*] (e seres humanos).
291. ...ἡμέρων καὶ ἀγρίων... (...*heméron kaì agríon*...). A primeira destas palavras cobre o espectro semântico que inclui conceitos como *domado, domesticado* (referindo-se a muitas espécies animais), *cultivado* (referindo-se aos vegetais, na distinção entre as plantas silvestres e as cultivadas, por exemplo, num jardim ou horto), e *dócil, civilizado* (referindo-se a certas espécies animais, inclusive a humana).

que julgarem o melhor para dirigir os assuntos da educação. Aquele que obtiver maior número de sufrágios, depois de se submeter favoravelmente a um exame aplicado pelos magistrados incumbidos da seleção

c (nenhum deles um guardião das leis) assumirá o cargo e o ocupará por cinco anos; no sexto ano, um outro homem deverá ser eleito para esse cargo nos mesmos termos. Se qualquer magistrado morrer mais de trinta dias antes do término de seu mandato, aqueles a quem cabe esta tarefa terão que providenciar segundo os mesmos procedimentos um substituto. Se um tutor de órfãos falecer, os parentes destes residentes na cidade, do lado paterno e do materno, até os filhos dos primos consanguíneos,

d deverão apontar um substituto no prazo de dez dias; caso contrário, pagarão cada um uma multa de uma dracma por dia até indicarem um substituto para o tutor falecido. Um Estado, de fato, não seria um Estado se não possuísse tribunais adequadamente organizados, mas um juiz que fosse mudo ou que dissesse tão pouco quanto partes em litígio numa instrução preliminar, como fazem os responsáveis pela arbitragem, nunca estará qualificado para distribuir justiça; por conseguinte, não será fácil para uma grande ou pequena equipe de homens julgar bem se forem

e pouco capacitados. A matéria em disputa de cada lado tem sempre que ser esclarecida e para a elucidação do ponto em questão o tempo que se arrasta, a deliberação e as instruções frequentes são úteis. É por isso que os queixosos devem se dirigir primeiramente aos vizinhos e aos

767a amigos que conhecem bem as ações em litígio. Se não conseguirem obter uma decisão conveniente dessa corte, apelarão para um outro tribunal, e se as duas cortes não forem capazes de definir o assunto, uma terceira porá fim ao caso. Num certo sentido, é-nos lícito dizer que a organização de tribunais vem a dar no mesmo que a eleição dos magistrados visto que todo magistrado tem que ser também um juiz de certas matérias, enquanto que um juiz, mesmo não sendo um magistrado, pode-se dizer que o é e de não pouca importância no dia em que conclui

b um processo pronunciando sua sentença. Supondo então que os juízes sejam magistrados, declaremos quais serão os juízes adequados, que causas poderão julgar e quantos serão necessários para cada uma. A forma mais elementar de corte é a que as duas partes arranjam para si mesmas, escolhendo juízes segundo acordo mútuo; quanto às restantes, conduzem a duas formas de julgamento, aquela na qual um cidadão particular acusa um outro de lesá-lo e pretende obter um veredito que lhe seja favorável levando o outro cidadão a julgamento, e aquela na qual alguém crê que

c o Estado está sendo lesado por um dos cidadãos e deseja defender o interesse comum.²⁹² É imperativo indicar quem serão os juízes e de que espécie. Em primeiro lugar, é preciso que tenhamos um tribunal que seja comum a todos os cidadãos que apelam em terceira instância, que se constituirá da maneira que descrevemos a seguir, a saber, no dia que precede o começo de um novo ano de mandato – *quer dizer*, que começa com o mês²⁹³ que se segue imediatamente ao solstício de verão²⁹⁴ – todos os magistrados, de mandato de apenas um ano ou mais longo,

d se reunirão no mesmo templo e, após ter prestado juramento ao deus, tomarão de cada corpo de magistrados um juiz, nomeadamente, o membro de cada corpo que consideram o melhor e que lhes parece ter melhores condições de decidir quanto aos litígios de seus concidadãos durante o ano seguinte da forma melhor e mais sagrada. Estando estes escolhidos, serão submetidos ao exame ante aqueles que os elegeram, e no caso de alguma reprovação desqualificadora, deverá se proceder à substituição conforme procedimentos análogos. Os aprovados no exame atuarão como juízes para os queixosos que apelaram da decisão

e dos outros tribunais, indicando seus votos em público. Os conselheiros e todos os outros magistrados que os elegeram serão obrigados a comparecer a esses julgamentos na qualidade de ouvintes e para testemunharem o acontecimento; por outro lado, tais julgamentos serão abertos ao público. No caso de alguém acusar um juiz de aplicar deliberadamente uma sentença injusta, o acusador deverá dirigir-se aos guardiões das leis e apresentar-lhes sua acusação. Sendo o juiz condenado em função de uma tal acusação se verá obrigado a pagar uma quantia correspondente à metade²⁹⁵ daquela avaliada para os danos sofridos pela parte lesada, e, se for julgado que merece uma punição maior, os juízes do caso deverão estimar qual a punição complementar

---

292. Ou seja, por meio dos magistrados o Estado, dispensando quaisquer procedimentos judiciais que não o afetam e aos quais está imune, castiga diretamente os cidadãos que violam certas leis, deixando ao cidadão comum exemplar, que toma as dores do Estado no seu senso da coisa pública, a tarefa eventual de denunciar e/ou processar aqueles que infringem as leis em geral. Eis um dos principais fundamentos do Estado socialista platônico.
293. Ou a lua. Os gregos (mais precisamente, os atenienses) se basearam no ciclo lunar para montar o seu calendário (ano de doze meses originalmente de trinta dias). Daí a possível ambiguidade criada por Platão neste trecho (...μετὰ θερινὰς τροπὰς τῷ ἐπιόντι **μηνὶ** γίγνεσθαι... [...*metà therinàs tropàs tôi epíonti **menì** gígnesthai*...]) não representar problema algum (mês é μήν [*mén*], μηνός [*menós*]; e lua é μήνη [*méne*]).
294. O início do ano ateniense era no primeiro dia do mês de estio chamado Εκατομβαιών (*Ekatombaión*) que correspondia segundo alguns helenistas ao período entre a segunda metade de julho e a primeira metade de agosto, segundo outros a junho/julho e no parecer ainda de outros aproximadamente ao mês de julho.
295. ...τὸ ἥμισυ... (...*tò hémisy*...). Entretanto, os grandes helenistas e filólogos England e C. Ritter, este último por conta da analogia com um trecho na sequência de *As Leis*, estabeleceram τὸ διπλάσιον (*tò diplásion*), o dobro, em lugar de τὸ ἥμισυ (*tò hémisy*), a metade.

a ser infligida, ou qual o valor adicional a ser pago ao Estado e ao queixoso. No que concerne às ofensas feitas contra o Estado, é necessário, em primeiro lugar, que a multidão participe do julgamento, pois quando um delito é cometido contra o Estado, todo o povo é atingido, o qual se sentiria lesado se não participasse desses julgamentos; porém, se por um lado é correto que o começo e a conclusão de tais julgamentos sejam entregues às mãos do povo, a instrução deverá ocorrer diante de três dos magistrados supremos, escolhidos sob acordo mútuo de réu e queixoso, que se não forem capazes sozinhos de chegar a um consenso, passarão ao conselho, o qual decidirá em última instância para cada uma das duas partes. Igualmente nos julgamentos privados, na medida do possível, todos os cidadãos deverão participar, pois todo aquele que não participa dos julgamentos se imagina absolutamente excluído do Estado. Consequentemente, se faz imperiosa também a existência de tribunais para cada tribo, e juízes apontados por sorteio que improvisadamente deverão ajuizar os casos, fazendo-se inacessíveis às apelações; contudo, o veredito final em todos esses casos deverá ser de responsabilidade do tribunal a ser organizado, como declaramos, da maneira mais incorruptível que seja humanamente possível, especialmente para o benefício daqueles que não conseguiram uma definição de seus casos nem diante dos vizinhos, nem nas cortes das tribos.[296]

Por conseguinte, no que diz respeito aos tribunais, em relação aos quais, como afirmamos, não podemos dizer com certeza se são *magistraturas* ou não sem cairmos numa ambiguidade – esse esboço servirá para dar deles uma descrição parcial, a despeito de muito omitir, já que seria mais apropriado que a legislação e a definição nas suas minúcias no que trata aos processos fossem colocadas na conclusão do código de leis. Posto isto, que essas matérias nos aguardem na conclusão. Quanto às outras magistraturas, penso que receberam a maioria das leis que requeriam para seu estabelecimento. Mas será impossível apresentar claramente um relato completo e preciso sobre todos os departamentos do Estado na particularidade de cada um e sobre o todo da organização do Estado enquanto nosso exame não tiver abarcado todas as partes de seu objeto, da primeira à última, na devida ordem. De modo que agora, no ponto em que nos encontramos – quando nossa exposição já chegou a incluir a eleição dos magistrados – é-nos possí-

---

296. Em resumo, são indicadas duas modalidades de processos seguidos de julgamentos (o privado e o público) de que devem dar conta três tipos de tribunais: as cortes locais formadas por vizinhos, as cortes das tribos e as cortes de apelação.

vel achar um porto seguro para encerrar nosso assunto anterior e iniciar o assunto da legislação, que dispensa agora quaisquer adiamentos ou retardamentos.

Clínias: O assunto anterior, estrangeiro, tu o trataste de modo a nos satisfazer plenamente, mas ansiamos com maior entusiasmo ainda ao ouvir-te falar do caminho pelo qual ligaste tuas afirmações passadas às futuras – o fim ao início.

769a *O ateniense*: Parece, então, que até agora jogamos bem o nosso jogo razoável de velhos.

Clínias: Estás mostrando, me parece, um bom trabalho para homens.

O ateniense: Muito provavelmente, mas vejamos se tu concordas comigo num outro ponto.

Clínias: Qual é e ao que se refere?

b *O ateniense*: Sabes como, por exemplo, a arte do pintor ao retratar os vários temas parece não ter limite, se afigurando incapaz de se deter na aplicação dos toques coloridos – ou seja lá qual for a expressão com a qual os pintores profissionais denominam este processo – e atingir um ponto no qual o quadro não admita mais nenhum aprimoramento em termos de beleza e expressão.

Clínias: Eu inclusive me recordo de ter ouvido algo a respeito do que mencionas, embora eu não seja de modo algum prático nesse tipo de arte.

O ateniense: Não és certamente o pior nessa matéria. Podemos, de qualquer maneira, usar esse fato que nos ocorreu e que mencionamos
c para ilustrar o seguinte ponto: supondo que alguém se proponha a pintar um objeto extremamente belo num esforço no sentido de que esse objeto ao longo dos anos jamais perca em beleza mas só a ganhe, não achas que considerando que o pintor é mortal, a menos que ele deixe um sucessor capaz de reparar o quadro em caso deste sofrer os desgastes provocados pelo tempo e também no futuro ainda melhorá-lo retocando qualquer deficiência por seu próprio lavor imperfeito, o seu trabalho infindável terá apenas resultados de efêmera duração?

Clínias: É verdade!

d *O ateniense*: Ora, não achas também que o propósito do legislador é semelhante? Ele se propõe, primeiramente, a redigir as leis, na medida de sua capacidade, com completa precisão; a seguir, quando no decorrer do tempo ele submete seus decretos de lei à prova da prática, não podes imaginar que ele (como qualquer outro legislador) será tão tolo

a ponto de não perceber que vários aspectos falhos de sua legislação devem fatalmente ser eliminados, o que será a tarefa de algum sucessor seu para que a constituição e a organização do Estado possam sempre
e melhorar e nunca piorar.

Clínias: Isso, está claro, é o que todos naturalmente desejam.

O ateniense: Supõe, então, que alguém conhecesse um meio pelo qual pudesse ensinar uma outra pessoa mediante a ação e a palavra a compreender, num grau maior ou menor, como preservar ou corrigir as leis – neste caso, presumo, esse alguém certamente jamais cessaria de expor esse seu meio enquanto não tivesse atingido seu fim, não é mesmo?
770a *Clínias*: Certamente, não.

O ateniense: Não precisaríamos nós três agir assim neste ensejo?

Clínias: O que queres dizer?

O ateniense: Estamos prestes a produzir leis, e guardiões das leis foram indicados por nós. Portanto, como estamos no anoitecer da vida, enquanto que eles comparados a nós são jovens, não deveríamos nos limitar a legislar nós mesmos, mas também fazer deles legisladores ao mesmo tempo que guardiões das leis na medida de nossa capacidade.
b *Clínias*: Deveríamos... quer dizer, se formos capazes de realizá-lo.

O ateniense: De qualquer maneira, temos que tentar, e duramente.

Clínias: Não há a menor dúvida.

O ateniense: Dirijamo-nos a eles, portanto, nos seguintes termos: "Caros preservadores das leis, deixaremos muitas lacunas nas matérias que concernem a essa leis, o que é inevitável; ainda assim, todas as matérias importantes, bem como o texto geral, serão incluídos, na medida de nossa capacidade, em nosso esboço. Vossa ajuda será exigida para
c completar este esboço e precisais ouvir ao que temos a dizer a respeito do objetivo que deveis ter em mira antes de empreenderdes essa tarefa. Megilo, Clínias e eu[297] temos afirmado com frequência entre nós esse objetivo e concordamos que está corretamente expresso, de modo que desejamos que vós entreis de imediato em uníssono conosco, como nossos discípulos, assumindo a meta que conforme o consenso de nós três, o legislador e o guardião das leis devem assumir. Nosso acordo em síntese e na sua essência foi simplesmente este: que fosse qual fosse o meio pelo qual um membro de nossa comunidade – homem ou mu-
d lher, jovem ou velho – pudesse se tornar um bom indivíduo, detentor da

---

297. ...Μέγιλλος μὲν γὰρ καὶ ἐγὼ καὶ Κλεινίας... (...*mégillos mèn gàr kaì egò kaì kleinías*...), Megilo, eu e Clínias.

excelência que é própria da alma humana, a partir de alguma ocupação, de uma disposição moral, de uma forma de nutrição,[298] ou a partir do desejo, da opinião ou de certas formas de estudo, ao longo de toda sua existência todos os seus esforços seriam dirigidos à realização desse propósito; e nem uma única pessoa se manifestará dando preferência a quaisquer bens que obstem essa meta; finalmente, mesmo no que diz respeito ao Estado, será preferível que ele[299] o deixe ser abalado por uma insurreição, se parecer inevitável, do que voluntariamente se submeter ao jugo da escravidão sob o governo dos piores ou, ainda mais, tenha ele que abandonar o Estado como um exilado. É preferível que as pessoas suportem todos esses sofrimentos a mudar para uma forma de governo que naturalmente torna a humanidade pior. Foi nisto que chegamos a um consenso anteriormente, e compete a vós agora manter esses nossos dois objetivos em vista ao revisardes as leis e reprovardes todas as que não são capazes de atenderem a eles, aprovando todas as que sejam capazes de os atenderem, e as acolhendo de todo o coração governar vossas vidas por elas. A todas as outras práticas que tendem para os chamados *bens* diferentes desses deveis dizer adeus."

Como ponto de partida das leis que se seguem devemos nos ocupar das coisas sagradas. Tomemos novamente o número 5.040 e o número de subdivisões convenientes que descobrimos que ele contém tanto como inteiro quanto quando dividido em tribos. O número das tribos, como dissemos, é a duodécima parte do número inteiro, que corresponde exatamente à multiplicação de 20 por 21.[300] Nosso número inteiro tem doze subdivisões e o número das tribos também, e cada uma dessas frações deve necessariamente ser encarada como um dom sagrado do deus, em conformidade com os meses e a revolução do universo, pelo que também todo Estado é guiado pelo seu instinto a preservar a sacralidade dessas divisões, embora algumas pessoas tenham possivelmente feito suas divisões mais corretamente do que outras, ou as tenham consagrado com maior felicidade. Nós, em todo caso, afirmamos agora que estamos perfeitamente corretos em primeiramente selecionar o número 5.040, o qual é divisível por todos os números de

---

298. Aqui os especialistas estabelecedores do texto divergem entre os morfologicamente semelhantes σιτήσεως (*sitéseos* [nutrição, alimentação]) e κτήσεως (*ktéseos* [aquisição, posse]). Embora tenhamos reproduzido a primeira posição, o fato é que todos esses conceitos se enquadram nesta linha de raciocínio desenvolvida por Platão.
299. Ou seja, o bom membro da comunidade.
300. Ou seja, a décima segunda parte de 5.040 é 420, que é precisamente o resultado da multiplicação de 20 por 21.

1 a 12, com a única exceção do 11, exceção que pode ser muito facilmente remediada visto que a mera subtração de dois lares do total restaura um número inteiro como quociente,[301] verdade que poderíamos demonstrar, à vontade, mediante uma brevíssima explicação. No momento,

d então, confiaremos na afirmação oracular enunciada e empregaremos essas subdivisões, dando a cada fração o nome de um deus ou de um filho de um deus e atribuindo os altares e todos os acessórios; e diante destes altares determinaremos que ocorram duas reuniões por mês para a celebração de sacrifício, das quais (anualmente falando) doze serão para toda a divisão tribal e doze para sua parte urbana apenas.

O objetivo em pauta será, primeiramente, oferecer ação de graças aos deuses e servi-los, e em segundo lugar, fomentar entre nós a camaradagem, a mútua familiarização e todas as formas de relacionamento,

e pois visando a camaradagem e as uniões matrimoniais será necessário eliminar a ignorância tanto da parte do marido em referência à mulher que desposa e a família da qual ela provém como da parte do pai com referência ao homem ao qual está dando sua filha em casamento. É sumamente importante em tais assuntos evitar na medida do possível qualquer erro. A fim de atingir essa séria meta, deverão ser organi-

772a zadas danças para rapazes e moças, nas quais eles ao mesmo tempo se observarão e se deixarão ser observados de uma maneira razoável e em ocasiões que ofereçam um adequado pretexto, com seus corpos nus nos limites de uma sábia reserva imposta a todos. Os magistrados que se ocupam dos corais serão os supervisores e controladores de todas essas matérias, bem como em associação com os guardiões das leis serão os legisladores de tudo que deixarmos sem regulamentação.

É, como dissemos, inevitável que no tocante a todas as matérias que envolvem numerosos pequenos detalhes o legislador deixe lacunas [e

b cometa imperfeições], de maneira que modificações e correções deverão ser feitas anualmente por aqueles que [lidando constantemente com as leis] adquirem experiência delas ao longo dos anos e são orientados pela prática, até que se decida que um código legal satisfatório tenha sido formado para regulamentar todos esses procedimentos. Um período justo e suficiente para a execução desse trabalho experimental seria dez anos, tanto para os sacrifícios quanto para as danças em todos os seus diversos

c detalhes; cada equipe de magistrados atuando em associação com o legislador original, se este ainda estiver vivo, ou somente eles se estiver morto, comunicará aos guardiões das leis as omissões observadas em

---

301. Ou seja, 5.040 = (11 x 458) + 2.

sua própria área, preenchendo, completando e aprimorando até que cada detalhe alcance seu adequado acabamento; feito isto, os magistrados decretarão essas leis como regras estabelecidas, e as empregarão como o resto das leis promulgadas originalmente pelo legislador. Estas últimas não deverão jamais ser alteradas por eles segundo sua própria vontade. Entretanto, se em algum momento se concluir pela necessidade de uma alteração, todo o povo terá que ser consultado, bem comos todos os demais magistrados, além do fato de ser obrigatória a busca de orientação junto a todos os oráculos dos deuses; e caso haja um consentimento geral por parte de todos, então poderão realizar a alteração, mas sob quaisquer outras condições em momento algum; e aquele que objetar a alteração prevalecerá sempre de acordo com a lei.

Quando um homem de vinte e cinco anos de idade, após observação dos outros e depois de ter sido objeto da observação dos outros, acredita ter encontrado em algum lugar uma companheira do seu gosto e adequada para a procriação de filhos, ele se casará, sempre antes de completar trinta e cinco anos;[302] mas antes ele deverá escutar a orientação quanto a como procurar a mulher conveniente e adequada pois, como sustenta *Clínias*, deve-se introduzir cada lei mediante um prelúdio que lhe seja apropriado.

Clínias: Muito bem lembrado, estrangeiro, e escolheste, a meu ver, um ponto bastante oportuno no teu discurso para lembrá-lo.

O ateniense: Estás certo. Assim digamos ao filho de pais excelentes: "Meu filho, deves concluir um casamento que seja aprovado por homens de senso, que te aconselhariam a não evitar a ligação com uma família pobre e nem buscar ardentemente a ligação com uma família rica, mas, sendo todas as outras coisas iguais, preferir sempre uma aliança com uma família de recursos moderados. Um tal procedimento beneficiará tanto o Estado quanto os *lares* unidos já que o equilíbrio equitativo e a proporção são sumamente superiores a um extremo sem mescla. O homem que se sabe indevidamente precipitado e violento em todas as suas ações deve conquistar uma noiva oriunda de pais serenos, enquanto o homem de temperamento oposto deve agir visando se unir a uma esposa de tipo oposto. Com relação ao casamento em geral deverá haver uma regra geral: todo homem terá que constituir o casamento mais pensando no benefício do Estado do que naquilo que agrada mais a si mesmo. Todos tendem naturalmente a buscar uma companheira que se

---

302. A faixa etária indicada por Platão anteriormente é entre trinta e trinta e cinco anos.

assemelhe o máximo possível consigo mesmo, o que produz em todo
c   o Estado o desequilíbrio tanto dos bens quanto do caráter do ponto de
vista moral, e por causa disso as consequências mais indesejáveis para
nós são aquelas que geralmente se abatem sobre a maioria dos Estados.
Promulgar leis expressas acerca dessas matérias — como por exemplo
proibir que um homem rico se case com uma mulher de família rica ou
que um homem poderoso se una a uma família poderosa, ou obrigar
um homem de temperamento impulsivo a buscar aliança [através do
casamento] com aqueles que têm temperamentos mais detidos, e o
lento com o precipitado — isto, além de ser ridículo, produziria ressentimento em larga escala, porque as pessoas não acham fácil perceber
d   que um Estado deveria ser como um grande vaso[303] contendo vinho
misturado no qual quando o vinho é vertido, num primeiro momento
ele espuma furiosamente, sendo, entretanto, logo moderado por uma
outra sóbria divindade[304] e formando uma boa combinação e produzindo uma bebida saudável e temperada; que isto é precisamente o que
acontece na procriação das crianças é algo que dificilmente alguém
é capaz de perceber. Daí é preciso que se omita no código legal tais
regras, tentando-se meramente por meio de uma espécie de encanta-
e   mento verbal persuadir a todos no sentido de estimarem o equilíbrio de
suas crianças com maior peso que aquela igualdade de um casamento
com riqueza excessiva, e por meio de censuras desviar desse objeto aquele
que se propõe a casar por dinheiro, embora não possamos obrigá-lo por
meio de uma lei escrita".[305] Com referência ao casamento, essas serão
as exortações feitas a se somarem às que foram feitas anteriormente,
afirmando o dever de se ligar à realidade eterna deixando atrás de si
774a filhos dos próprios filhos e fornecendo ao deus servidores que nos
substituem incessantemente. Tudo isso e mais poder-se-ia dizer num
apropriado prelúdio relativo ao casamento e ao dever de se casar.[306]

303. Κρατήρ (*kratér*), κρατῆρος (*kratêros*), grande vaso ou taça de boca larga onde se misturava vinho e água para depois se tirar dele a mistura em taças pequenas comuns; era utilizado inclusive em cerimônias religiosas para a libação dos participantes aos deuses.
304. Ou seja, a da água.
305. Tratando aqui do casamento, Platão define bem os domínios do legal (νόμος [*nómos*]) e do moral (ἠθικός [*ethikós*]).
306. Que se entenda que a escolha da esposa e família não seria determinada por lei, mas o casamento sim, no que Platão simplesmente transcreve para seu Estado ideal a lei referente ao casamento (γάμος [*gámos*]) vigente de fato na grande maioria das cidades gregas da antiguidade mais remota (que para ele não era tão remota), inclusive em Atenas. A obrigatoriedade do casamento em função da procriação de filhos legítimos estava na antiguidade grega vinculada necessariamente à perenidade do culto aos deuses domésticos no lar (ἑστία [*hestía*]) (responsabilidade do filho primogênito), célula-base do culto religioso presente no próprio γένος (*génos*) (a família grega formada legalmente a partir de um tronco comum, isto é, de um antepassado comum de origem livre), culto este a ser

No caso de alguém, entretanto, furtar-se voluntariamente a esse dever, mantendo-se isolado e sem companheira no Estado até atingir a idade de trinta e cinco anos solteiro, dever-se-á lhe impor uma multa anual de cem dracmas se pertencer a mais alta classe de proprietários, setenta dracmas se pertencer à segunda, sessenta se pertencer à terceira, e trinta se pertence à quarta. O dinheiro dessa multa será consagrado a
b Hera.³⁰⁷ Aquele que deixar de pagar a multa no seu valor total todo ano ficará devendo dez vezes o valor dela, sendo tarefa do tesoureiro da deusa cobrá-lo e exigir tal pagamento, sob pena dele mesmo arcar com o pagamento se faltar à sua tarefa; enfim, na prestação de contas, todo cidadão [solteiro] deverá fazer sua quitação da multa devida. Do ponto de vista financeiro, será essa a multa dos celibatários; mas além disso serão privados da honra prestada pelos jovens e nenhum destes terá de sua espontânea vontade qualquer consideração por eles; se um celibatário tomar a iniciativa de castigar alguma pessoa, todos deverão vir em auxílio da vítima e defendê-la, e todo aquele que estiver presente e se omitir em relação a essa assistência será proclamado pela
c lei como sendo a uma vez covarde e mau cidadão. No que concerne ao dote, foi afirmado anteriormente, e será afirmado novamente, que um intercâmbio igualitário consiste em nem dar nem receber qualquer presente, nem é provável que dentre os cidadãos os pobres permaneçam nessa condição solteiros até a velhice por falta de recursos,³⁰⁸ pois em nosso Estado todos terão o necessário para a vida, e o resultado dessa regra será menos insolência por parte das esposas e menos humilhação
d e servilismo da parte do marido por causa de dinheiro. Quem acatar a esta regra estará agindo nobremente, mas quem desacatá-la dando ou recebendo para o enxoval uma soma superior a cinquenta dracmas, ou superior a uma mina, ou superior a uma mina e meia, ou ainda (se membro da classe de proprietários mais elevada) uma quantia acima de duas minas – ficará devendo ao tesouro público uma soma de valor corres-
e pondente e a soma dada ou recebida será consagrada a Hera e Zeus, e os tesoureiros dessas divindades deverão administrar a prestação de contas conforme a regra dos casos dos celibatários, nos quais o ajuste é feito a

---

completado pelo culto público aos deuses do Estado. Está claro que Platão não adota toda essa estrutura na sua concepção da organização do Estado – trata-se apenas de salientar que a obrigatoriedade do casamento particularmente exibe um elemento saudosista no socialismo platônico, muito pouco permeável a efetivas inovações. Recomendamos novamente a leitura atenta de a *Cidade Antiga* de Fustel de Coulanges e de *A República* de Platão.

307. Ἥρα (*Héra*), filha de Cronos e de Reia, esposa legítima de Zeus, deusa do casamento.
308. Implicando, é claro, a validade do contrato e a garantia de que seus compromissos serão honrados.

cada oportunidade pelos tesoureiros de Hera, que se não o fizerem arcarão eles mesmos com a multa dos devedores às suas próprias expensas.

O direito de contratar casamento pertence em primeiro lugar ao pai, a seguir ao avô e em terceiro lugar aos irmãos nascidos do mesmo pai; à falta destes, cabe com justiça aos parentes por linhagem materna em ordem análoga, e em caso de qualquer infortúnio excepcional, o direito caberá aos parentes mais próximos em cada caso, que atuarão em associação com

775a os guardiões.[309] Com relação ao sacrifício inicial do casamento e todas as outras cerimônias sagradas pré-nupciais, nupciais e pós-nupciais, cada um deverá interrogar os intérpretes[310] a respeito e acreditar que obedecendo às suas orientações terá todas essas coisas feitas adequadamente. Com referência às festas de casamento, ambas as partes devem convidar os amigos dos dois sexos, em número não superior a cinco pessoas de cada lado e um número igual de parentes e conhecidos das duas casas. É im-

b perioso que em hipótese alguma se vá além no que se refere às despesas da festa além dos recursos disponíveis, a saber, uma mina para a classe mais rica, meia mina para a segunda classe e daí por diante proporcionalmente de acordo com a diminuição dos recursos. Quem obedecer a lei será merecedor do encômio de todos, mas quem a desobedecer será punido pelos guardiões das leis como uma pessoa de mau gosto e mal treinada nos nomos das Musas nupciais. Beber em excesso é uma prática que em lugar algum é conveniente, salvo nos banquetes do deus que é o doador do vinho,[311] e tampouco segura, e certamente não o é para aqueles que encaram o casamento com seriedade, pois

c nesta ocasião em particular cabe à noiva e ao noivo estarem sóbrios, considerando-se que se trata de uma grande mudança em suas vidas, e a fim de assegurar, na medida do possível, em todos os casos, que a criança a ser gerada possa brotar dos corpos de pais sóbrios, visto que qual será, com a ajuda do deus, a noite ou o dia de sua geração, é algo absolutamente incerto. Ademais, não é certo que a procriação seja o labor de corpos dissolvidos pelo excesso de vinho, mas sim que o embrião possa ser constituído com firmeza, estabilidade e tranquilidade no útero. Mas o homem tomado pelo vinho provoca e recebe choques

---

309. Ou seja, os guardiões dos órfãos.
310. A palavra usada por Platão é ἐξηγητής (exegetés), *aquele que instrui sobre o encaminhamento de um negócio, um assunto* (por exemplo, a direção de uma casa); também o intérprete dos oráculos, dos presságios e dos sonhos. Aqui, entretanto, Platão usa a palavra num sentido particular ligado a Atenas: intérprete (exegeta) das cerimônias sagradas.
311. Quer dizer, Dionísio (Διονύσιος [*Dionýsios*]), ou segundo seu nome mais recente, Baco (Βάκχος [*Bákkhos*]).

de todas as maneiras, convulsionado em seu corpo e alma; consequentemente, quando embriagado, é desgracioso e falho no deitar seu sêmen, sendo assim provável que gere descendentes instáveis e inconfiáveis, distorcidos em sua forma e caráter. Diante disto, é necessário que seja muito cuidadoso por todo o ano e ao longo de toda sua vida, particularmente durante o período em que está gerando, de modo a não cometer nenhum ato que envolva seja enfermidade do corpo, seja violência ou injustiça, pois é o que imprimiria inevitavelmente nas almas e corpos de seus filhos, gerando-os em tudo como criaturas inferiores. De atos de tal espécie é preciso que se abstenha especialmente no dia e na noite de seu casamento, pois o *começo,* quando se instala como uma divindade entre os seres humanos, tudo salva, desde que receba a honra que lhe é devida de cada um que dele se aproxime.[312] O homem que se casa tem que se separar de seu pai e sua mãe, e tomar uma das duas habitações de seu lote para ser, por assim dizer, o ninho e lar de seus filhotes, realizar aí seu casamento e constituir a morada de si mesmo e de seus filhos. Com efeito, nas afeições onde há a presença de um certo grau de saudade,[313] esta parece cimentar várias disposições e uni-las, enquanto a convivência fastidiosa à qual falta a saudade produzida por um intervalo leva os amigos a se afastarem uns dos outros devido a uma saturação da companhia recíproca. Assim, o casal tem que deixar suas próprias casas para seus pais e os parentes da noiva e agir como se tivessem se mudado para uma colônia, visitando-os e sendo visitados em sua casa, gerando e educando filhos e deste modo transmitindo a vida como um archote de geração em geração, e sempre venerando os deuses conforme o norteamento das leis.

Na sequência, no que diz respeito às posses, o que deveria alguém possuir de maneira a formar um volume razoável de riqueza? Quanto à maioria dos bens, é suficientemente fácil tanto ver quais devam ser quanto adquiri-los. Entretanto, no que concerne aos servos, enfrentamos toda espécie de dificuldade. A razão disto é que nosso discurso em relação a eles é parcialmente certo e parcialmente errado já que esse discurso que empregamos tanto contradiz quanto concorda com nossa experiência prática com eles.

Megilo: O que significa isso? Não compreendemos ainda, estrangeiro, ao que tu te referes.

---

312. Conforme mencionado anteriormente.
313. Πόθος (*póthos*), desejo de algo (ou, por extensão, de alguém) que se acha ausente ou afastado.

O ateniense: Isso é inteiramente natural, *Megilo*, pois provavelmente o problema que mais suscita polêmicas e querelas em toda a Grécia é este que diz respeito aos ilotas de Lacedemônia, com gente aprovando a instituição, outros a reprovando; uma disputa menos violenta acontece em torno do sistema de escravidão praticado em Heracleia sobre os *mariandinianos* e sobre os *penestes* na Tessália[314]. Diante destes e outros exemplos similares, o que deveremos fazer quanto a essa questão de possuir servos? O ponto que acabei por levantar no desenrolar de meu discurso – e em relação ao qual tu naturalmemente me perguntas ao que me refiro – é este. Estamos cientes, é claro, de nossa unanimidade quanto a achar que se deve possuir escravos os mais dóceis e excelentes possíveis pois no passado muitos escravos se revelaram a si mesmos superiores em todos os aspectos a irmãos e filhos, e salvaram seus senhores e os bens destes, tanto quanto suas habitações inteiras. Seguramente sabemos que é nesses termos que se faz referência aos escravos, não é mesmo?

Megilo: Certamente.

O ateniense: E não é o discurso oposto também usado quando se diz que a alma de um escravo não é sã e que um homem sensato jamais deve confiar nessa classe de gente? E o mais sábio de nossos poetas, também, ao se referir a Zeus *declarou que...*

Da metade de sua inteligência Zeus trovejante que vê longe priva
Os homens sobre os quais o dia da escravidão se abate.[315]

Por conseguinte, cada partido adota uma diferente postura: um não deposita confiança alguma nos servos, e os tratando como feras com aguilhões e açoites tornam as almas dos servos não apenas três vezes mas cinquenta vezes escravizadas, enquanto o outro partido age precisamente da maneira oposta.

Megilo: É bem assim.

---

314. Os mariandinianos, antigos senhores das terras na região nordeste da Bitínia, foram reduzidos à servidão pelos fundadores gregos de Heracleia do Ponto, e os dórios, ao invadirem a Tessália, não só subjugaram os seus habitantes eólios (parcela dos aqueus nativos), como os anexaram à gleba sob o título de πενέστης (*penéstes*), que quer dizer especificamente *servo mercenário na Tessália*; Platão diz aqui ...πενεστικὸν ἔθνος... [...*penestikòn éthnos*...] (...a classe dos penestes...).

315. *Odisseia*, xvii, 322 a 323: ἥμισυ γάρ τε νόου, φησίν, ἀπαμείρεται εὐρύοπα Ζεύς / ἀνδρῶν, οὕς ἂν δὴ κατὰ δούλιον ἦμαρ ἔλῃσι.

Clínias: Visto que tal diferença de opinião existe, estrangeiro, o que devemos nós fazer quanto ao nosso próprio país no que concerne à propriedade de escravos e a punição destes?

O ateniense: Bem, *Clínias*, considerando-se que o animal humano é uma criatura intratável, é evidente que não é de modo algum fácil nem o será dele se ocupar no que se refere à necessária distinção na prática entre o escravo e o senhor nascido livre.

Clínias: É de fato evidente.

O ateniense: O escravo é uma propriedade difícil de se lidar. A realidade demonstra quantos males resultam da escravidão, como no caso das frequentes revoltas na Messênia e nos Estados onde há muitos servos que falam a mesma língua, isto sem mencionar os crimes de toda sorte perpetrados pelos *corsários*,[316] que é como são chamados aqueles que infestam as costas da Itália, e as retaliações que daí derivam. Diante de todos esses fatos o como lidar com todas essas matérias se torna um quebra-cabeças. Só nos restam dois recursos a serem experimentados: o primeiro consiste em não permitir que todos os escravos, se quisermos que tolerem a escravidão sem rebeldia, pertençam ao mesmo país, mas sim, na medida do possível, tê-los de diferentes raças; o segundo consiste em dar-lhes tratamento adequado, não tanto em benefício deles, mas em benefício de nós mesmos. O tratamento adequado dos servos consiste em não utilizar a violência com eles e em feri-los ainda menos, se possível, do que nossos próprios iguais, pois é nossa maneira de tratar criaturas humanas com as quais é fácil agir mal que revela com maior clareza se somos sinceros ou hipócritas em nossa reverência pela justiça e repulsa pela injustiça. Portanto, aquele que no tratar os escravos escapa, nos seus modos e seu comportamento, das máculas da impiedade e da injustiça estará mais qualificado a semear para uma colheita de virtude – e isto podemos dizer, e dizer com justeza, de todo senhor, monarca despótico, e de todos que detêm qualquer tipo de autoridade sobre uma pessoa mais fraca. É preciso, todavia, que punamos os escravos com justiça e não os tornemos afetados [e estragados] advertindo-os meramente como faríamos com homens livres. O modo de se dirigir a um servo deveria se resumir na maioria das vezes a uma simples ordem; não se deveria jamais gracejar com servos ou servas, pois através de um excesso imprudente de indulgência [permitindo familiaridades] no tratamento de seus escravos

---

316. É provável que a expressão ...περιδίνων... (*peridinon* [os que circulam à volta]) se aplicasse no tempo de Platão aos piratas da costa de Tarento.

os senhores frequentemente tornam a vida mais difícil tanto para si mesmos, na qualidade de detentores da autoridade, quanto para seus escravos, que devem obedecer.

Clínias: Isso é verdade.

O ateniense: Supondo, então, que estamos agora munidos de servos em número e qualidade suficientes para nos assistir em todos os tipos de tarefas, não deveríamos a seguir descrever nossas habitações?

Clínias: Com toda a certeza.

b *O ateniense*: Parece que nossa cidade, sendo nova e sem casas até aqui, terá que promover a construção de praticamente a totalidade de suas habitações organizando todos os detalhes de sua arquitetura e incluindo templos e muros. Estas coisas, *Clínias*, realmente devem anteceder o casamento, mas já que nossa construção agora é apenas verbal, este é um lugar bastante apropriado para nos ocuparmos delas. Quando chegarmos à construção efetiva do Estado faremos, se for a vontade divina, com que as construções precedam o casamento, coroando então
c todo o nosso trabalho arquitetônico com nossas leis que regulamentam o matrimônio. De momento, nos restringiremos a um esboço sumário das nossas regras relativas à construção.

Clínias: Certamente.

O ateniense: Teremos que edificar os templos todos ao redor da *ágora* e também circundando toda a cidade nos pontos mais elevados por questões de segurança e limpeza. Ao lado dos templos construiremos as habitações dos magistrados e os tribunais nos quais serão pronunciadas e ouvidas sentenças como em lugares sagrados – em parte
d porque aí se lida com assuntos sagrados e em parte porque são as sedes dos deuses sagrados; e nesses serão realizados apropriadamente os julgamentos por homicídio e de todos os crimes passíveis de serem punidos com a morte. Quanto aos muros, *Megilo*, eu concordaria com tua Esparta ao deixar os muros jazerem adormecidos no solo, sem erguê--los e isto pelos motivos que se seguem. Diz muito bem o poeta[317] num verso que é amiúde repetido que "os muros deveriam ser feitos mais de
e bronze e ferro do que de pedra". Mas nosso plano mereceria, ademais, ser objeto de riso – quero dizer, o plano de enviar jovens todos os anos ao campo para cavar, fazer trincheiras e para construir obras que

---

317. Não sabemos a quem Platão se refere. Mas Temístocles, antes da batalha de Salamina, quando recomendou aos atenienses que deixassem a cidade, teria expresso ideia semelhante ao dizer que a verdadeira Atenas não era onde se achavam seus muros, mas onde se achavam seus cidadãos.

visam conter o inimigo e impedir que ponha os pés nas fronteiras do território – se nos fizéssemos cercar por muros que, em primeiro lugar, não representam vantagem alguma para a saúde pública, e além disso criam uma branda disposição nas almas dos habitantes os convidando a buscar refúgio no interior dos muros em lugar de repelir o inimigo. Ao invés de garantir sua segurança mantendo vigilância noite e dia, essa disposição os tenta a acreditar que sua segurança é garantida estando eles cercados por muros e portões, podendo ir dormir, como homens que fogem da dificuldade, ignorando que a tranquilidade é realmente o fruto da dificuldade, enquanto que uma nova safra de dificuldades é o resultado inevitável, penso, da tranquilidade vergonhosa e da indolência. Mas se os seres humanos realmente necessitarem de muros, a construção das habitações particulares deverá ser organizada desde o início de uma tal maneira que a cidade toda forme uma muralha única; todas as casas deverão ter bons muros, construídos regularmente e em estilo semelhante, dando para as *vias*, de modo que a cidade inteira assumirá a forma de uma única habitação, o que lhe conferirá uma boa aparência além de possibilitar com enorme vantagem o melhor planejamento no que se refere à segurança e facilidade de defesa. Tais cuidados e a manutenção do plano inicial caberão, sobretudo, como convém que seja, aos habitantes; os astínomos cumprirão o papel de supervisores e pressionarão com multas os negligentes, também zelando pela limpeza de tudo na cidade, além de impedir que qualquer particular invada áreas de propriedade do Estado com o objetivo de construir ou realizar escavações. Esses magistrados terão também que manter vigilância sobre o correto escoamento da água de origem pluvial e os demais assuntos que são de sua competência. Todos esses detalhes – e tudo o mais com que o legislador não é capaz de lidar e omite – os guardiões das leis regulamentarão por meio de decretos complementares, à luz da experiência. E agora que esses edifícios, os da *ágora*, os ginásios e todas as escolas foram construídos e aguardam seus usuários, bem como os teatros aguardam seus espectadores, passemos para o assunto que vem na sequência após o assunto do casamento, pondo ordem em nossa legislação.

Clínias: Certamente.

O ateniense: Vamos considerar como encerrado o assunto casamento do ponto de vista de sua cerimônia, *Clínias*, o que é sucedido pelo período que antecede o nascimento da criança, o que se estenderá por um ano inteiro. A forma como os recém-casados deverão passar esse tempo num Estado que será diferente da maioria dos outros Estados será nosso próximo tema, não sendo algo fácil de ser explicado. Anteriormente fizemos um bom número de observações difíceis de serem aceitas, mas nenhuma delas a multidão achará tão difícil de ser aceita quanto esta. De qualquer modo, o que acreditamos ser correto e verdadeiro tem que ser absolutamente expresso, *Clínias*.

Clínias: Seguramente.

780a *O ateniense*: Quem quer que se proponha a publicar leis para os Estados, regulamentando a conduta dos cidadãos na sua conexão com os negócios do Estado e assuntos públicos e julgar que não há necessidade de produzir [e promulgar] leis para a conduta pessoal do cidadão, mesmo em assuntos necessários, mas que deveria ser permitido a todos passar seus dias como aprouver a cada um, em lugar de ser compulsória para tudo, vida pública e privada, uma ação segundo uma regra regular, e supor que se deixar o comportamento privado não regulamentado pela lei, os cidadãos ainda consentirão em ter suas vidas (no que é público tanto quanto no que é privado) reguladas pela lei – *quem quer que se proponha a isto* está propondo algo errado. E por que razão o digo? Porque nos cumpre afirmar que os casados terão que tomar suas refeições por ocasião dos

b repastos públicos como sempre o fizeram antes do casamento. Quando o costume dos repastos públicos apareceu pela primeira vez em vossos países, provavelmente ditado por uma guerra ou por algum evento de idêntica força, quando vossa situação era de escassez de homens e angustiante, se afigurou como uma instituição extraordinária; mas depois que tivestes a experiência desses repastos públicos e fostes constrangidos a adotá-los, tal costume pareceu contribuir admiravelmente para a

c segurança e de alguma maneira o repasto público passou a ser uma das vossas instituições vigentes.

Clínias: Isso é suficientemente provável.

O ateniense: Assim, embora tivesse sido outrora, como eu disse, uma instituição extraordinária e alarmante a ser imposta às pessoas, alguém que tentasse impô-la como lei atualmente não se defrontaria mais com um empreendimento tão difícil. Entretanto, a aplicação dessa instituição – que, se concretizada, acabaria realmente por ser bem sucedida (embora no presente não seja levada a cabo em lugar algum, o que faz com que o legislador, ao tentá-lo, pareça estar, como diz o provérbio, "cardando sua lã para dentro do fogo" e trabalhando em vão num esforço infindável) –

d não é nem fácil de ser formulada e nem, quando formulada, fácil de ser [efetivamente] posta em prática.

Clínias: Por que demonstras tanta hesitação ao mencionar isso, estrangeiro?

O ateniense: Escutai, agora, para que possamos evitar despender muito tempo no assunto sem proveito. Tudo que ocorre no Estado em harmonia com a ordem e a lei produz todas as espécies de resultados felizes, mas a maioria das coisas que ou carecem de ordem ou estão mal ordenadas se opõem aos efeitos do bem ordenado. E é nesta categoria que se inseriu o exemplo [da aplicação prática] que estamos discutindo. Em vosso caso, *Clínias* e *Megilo*, os repastos públicos para homens foram, como eu afirmei, estabelecidos correta e admiravelmente por uma necessidade divina,[318] mas para as mulheres essa instituição foi mantida, de modo inteiramente incorreto, não prescrita pela lei, não se efetivando para elas; em lugar disso, o sexo feminino, esta própria porção da humanidade que devido à sua fraqueza é, em outros aspectos, muito dissimulada e intrigante,[319] é deixada em sua condição de desordem graças à perversa complacência do legislador. Por causa de vossa negligência com esse sexo, muitas coisas escaparam ao vosso controle que estariam bem melhor no presente se tivessem estado submetidas à lei. Pois não se trata meramente, como poder-se-ia presumir, de um assunto que tange a uma metade da totalidade de nossa tarefa [no que diz respeito ao Estado], ou seja, o assunto da negligência quanto à regulamentação do sexo feminino, visto que na medida em que as mulheres são inferiores aos homens do ponto de vista da virtude,[320] proporcionalmente mais da metade é afetada. É melhor, portanto, para o bem-estar do Estado que tal instituição seja revista e reformada, regulamentando-se todas as instituições indistintamente para homens e mulheres. Hoje, contudo, a espécie humana está tão longe de ter atingido essa posição afortunada que todo homem sensato precisa realmente evitar qualquer menção dessa prática em regiões e Estados nos quais mesmo a existência dos repastos públicos carece de qualquer reconhecimento formal. Como, então, se tentará, obrigar, sem se converter em motivo de riso, realmente as mulheres a comer e beber publicamente, expostas ao olhar de todos? O sexo feminino estaria disposto a suportar qualquer outra coisa de preferência a isso. Acostumadas

---

318. Não esqueçamos que a refeição em comum em Esparta foi instituída primeiramente entre os soldados em campanha, visando fortalecer ao máximo a união entre os integrantes do exército e os brios deste, que nesse período eventuamente contava com um pequeno contingente diante de forças inimigas quantitativamente muito superiores. Vale lembrar que a educação em Esparta era predominantemente marcial, o que é criticado por Platão anteriormente neste diálogo.
319. Como Aristóteles e outros pensadores gregos, Platão também não escapou à misoginia em sua visão do ser humano.
320. *Idem*.

como estão a viver uma vida reclusa e recolhida, as mulheres resistirão de todas as formas a serem expostas à luz, constituindo uma barreira demasiado poderosa para o legislador. Alhures, portanto, como já asseverei, as mulheres sequer escutariam a menção da regra correta sem emitirem gritos de indignação; mas em nosso Estado talvez o farão. Por conseguinte, se concordarmos que nosso discurso acerca do conjunto dos assuntos do Estado não deve – ao menos teoricamente – se revelar abortivo, eu desejaria explicar como essa instituição é boa e adequada, se vós de vossa parte também estiverem desejosos de ouvi-lo; em caso contrário, deixaremos o assunto de lado.

Clínias: Em absoluto, estrangeiro. Nós dois estamos tremendamente desejosos de ouvi-lo.

O ateniense: Pois bem! Prossigamos então. E não vos surpreendeis se eu tomar o assunto novamente a partir de um ponto já ventilado, pois estamos agora desfrutando de nosso lazer e inexiste qualquer razão premente a nos impedir de examinar o tema das leis sob todos os ângulos.

Clínias: Isso é corretíssimo.

O ateniense: Retornemos, portanto, às nossas primeiras afirmações. Isto, ao menos, todo homem deve compreender, a saber: que *ou* jamais houve em absoluto um começo para a espécie humana e jamais haverá um fim, mas que ela sempre foi e sempre será, *ou* que ela existe há uma extensão incalculável de tempo desde a data de sua origem.

Clínias: É fora de dúvida.

O ateniense: Bem, daí não poderíamos supor que em todo o mundo e de todas as múltiplas formas houve e tem havido ascensões e quedas de Estados, e instituições variáveis de ordem e desordem e apetites alimentares de carnes e bebidas de toda sorte, e todos os tipos de variações nas estações, durante o que é provável que os animais sofreram inúmeras mudanças?

Clínias: Certamente.

O ateniense: Devemos nós crer então que as vinhas, que não existiam outrora, apareceram num certo estágio, o mesmo acontecendo com as oliveiras e as dádivas de Deméter e Coré?[321] E que um certo Triptolemo[322]

---

321. Ou Perséfone (Περσεφόνη [*Persephóne*]), filha de Zeus e Deméter (esta, deusa da terra e da agricultura). Perséfone foi levada ao mundo subterrâneo dos mortos – reino de Hades (Ἀΐδης [*Aïdes*]) ou Plutão (Πλούτων [*Ploúton*]) – e está ligada, como sua mãe, a todos os frutos, superficiais e profundos, ·da terra.

322. Τριπτόλεμος (*Triptólemos*), herói vinculado ao culto de Elêusis (onde eram veneradas Deméter e Perséfone), tido como inventor e patrono da agricultura.

foi quem abasteceu desses frutos? E podemos supor que durante o período no qual esses frutos não existiam, os animais se alimentavam uns dos outros, como fazem agora?

Clínias: Certamente que sim.

O ateniense: O costume do sacrifício humano, aliás, sobrevive mesmo hoje entre muitos povos, enquanto relativamente a outros comenta-se sobre a existência do costume contrário, segundo o qual proibia-se até mesmo que se devorasse um boi, suas oferendas aos deuses consistindo não de animais mas sim de bolos de farinha e cereais temperados com mel, e outros sacrifícios não sangrentos, abstendo-se esses povos da carne como se fosse impiedoso comê-la ou como se o sangue maculasse os altares dos deuses; em substituição a isto, os homens que como nós existiam então viviam o que é chamado de "vida órfica", sustentando-se totalmente de alimento de seres *inanimados* e abstendo-se totalmente de alimento oriundo de seres *animados*.³²³

Clínias: Não há dúvida que te referes a tradições bastante divulgadas e muito dignas de crédito.

O ateniense: É possível que alguém me indagasse: "Com que finalidade disseste tudo isso?"

Clínias: Uma suposição justa, estrangeiro.

O ateniense: Por conseguinte, tentarei, *Clínias*, se puder fazê-lo, esclarecer o assunto subsequente, conforme nossa ordem.

Clínias: Pois fala.

O ateniense: Observo que com os seres humanos tudo depende de uma necessidade e apetite triplos. Se as coisas nesse sentido procederem de maneira correta, o resultado será a virtude, se procederem de maneira incorreta, o resultado será o oposto. Entre esses apetites, os de comer e beber se manifestam logo que o ser humano nasce e no que concerne a toda a esfera do alimento toda criatura experimenta um desejo instintivo, um anelo total e veemente, e permanece inteiramente surda a qualquer

---

323. ...ἀψύχων μὲν ἐχόμενοι πάντων, ἐμψύχων δὲ τοὐναντίον πάντων ἀπεχόμενοι... (...*aphýkhon mèn ekhómenoi pánton, emphýkhon dè tounantíon pánton apekhómenoi*...). Temos aqui uma interessante aproximação e confluência linguística dos conceitos de ψυχή (*psykhé*) utilizado por Platão negativa e afirmativamente (ἀψύχων [*apsýkhon*] e ἐμψύχων [*empsýkhon*]), o hebraico *nephesch* e o latim *anima*, todos convergindo para a ideia do princípio vital, sopro vital ou alma vivente. Assim, o português *inanimados* e *animados* (de origem latina) devem ser compreendidos no sentido estrito e original de *sem alma* e *com alma*. Do ponto de vista religioso, pode-se depreender que, diferentemente do hinduísmo, por exemplo, a religião órfica e o judaísmo ortodoxo concebiam que os animais possuíam alma vivente, os vegetais, não; a propósito, a própria morfologia e etimologia da palavra *animal* sugere isso.

sugestão de que deveria fazer algo mais além de satisfazer seu paladar
e apetite por esses objetos de desejo, livrando-se assim completamente
de toda dor. Em terceiro lugar vem nossa maior necessidade e apetite
mais agudo, que embora sendo o último a emergir, influencia a alma
humana com a mais furiosa das loucuras: o apetite de gerar filhos, o
qual arde com máxima violência. Esses três estados mórbidos[324] devem
ser dirigidos por nós ao que é mais excelente e não ao que é, como se o
chama, mais prazeroso, num esforço de contê-los por meio dos três freios
mais fortes, a saber, o temor, a lei e a razão verdadeira,[325] secundados
pelas Musas e os deuses dos jogos, de maneira a atenuar seu crescimento
e influxo.[326] Assim, vamos dispor o assunto da reprodução humana logo
depois daquele do casamento, e após o assunto da reprodução o da nutrição e educação das crianças. Se nosso discurso proceder nesta linha
de raciocínio, é possível que cada uma de nossas leis seja concluída e
quando chegarmos aos repastos públicos poderemos considerar de perto
e provavelmente discernir com maior clareza se tais reuniões devem ser
apenas para homens ou também para mulheres; e assim poderemos não
somente definir as questões preliminares que carecem ainda de regulamentação legal e colocá-las como obstáculos antes dos repastos públicos,
como também, conforme eu disse há pouco, poderemos discutir com
maior precisão o caráter dos repastos públicos, tendo assim provavelmente reunido melhores condições para prescrever em relação a eles leis
convenientes e adequadas.

Clínias: Estás perfeitamente certo.

O ateniense: Vamos, portanto, ter em mente as coisas que mencionamos há pouco pois é provável que precisemos delas agora.

Clínias: Quais são essas coisas que tu nos convidas a lembrar?

O ateniense: Aquelas que distinguimos pelos três termos que usamos.
Vós lembrais que falamos do comer, em segundo lugar do beber e em
terceiro do apetite sexual.

Clínias: Certamente não esqueceremos dessas coisas que nos pedes
para lembrar agora, estrangeiro.

---

324. ...νοσήματα... (*nosémata*). São estados *doentios* porque inteiramente irracionais; entretanto, é preciso compreender que são estados naturais e necessários da alma, a serem controlados e direcionados pela razão.
325. ...ἀληθεῖ λόγῳ... (...*aletheî lógoi*...).
326. Platão se refere simplesmente à sublimação, especialmente da atividade sexual, que se obtém mediante o cultivo da música e do esporte.

O ateniense: Excelente. Voltemos então aos recém-casados para os ensinarmos como e de que maneira devem gerar filhos e, se não conseguirmos persuadi-los, intimidá-los mediante certas leis.

Clínias: Como?

O ateniense: Esposa e esposo devem ter em vista gerar para o Estado crianças da maior excelência e beleza possíveis. Todas as pessoas que são parceiras em qualquer ação produzem resultados belos e bons quando estão atentas a si mesmas e à ação; contudo, o resultado corresponde ao contrário quando lhes falta a atenção ou não sabem aplicá-la. Deste modo, o esposo deverá ficar atento tanto à sua esposa quanto ao trabalho de procriação, o mesmo devendo fazer a esposa, especialmente durante o período no qual eles não têm filhos ainda nascidos. Estarão incumbidas de vigiá-los as inspetoras femininas escolhidas por nós, em quantidade maior ou menor de acordo com a deliberação dos magistrados; e elas deverão se reunir todos os dias no templo de Ilitía[327] durante no máximo um terço do dia, e em suas reuniões deverão comunicar entre si qualquer irregularidade que tenham notado na qual um homem ou mulher na idade de procriação esteja dedicando sua atenção a outras coisas em lugar das regras determinadas nos sacrifícios e cerimônias do casamento.

O período de procriação e supervisão deverá ser de dez anos e não superior quando houver um alto índice de procriação; mas se no término desse período nem sequer um filho tiver sido gerado, esposa e esposo procurarão aconselhamento em comum para decidir quanto aos termos mais vantajosos para ambos junto aos seus parentes próximos e aos magistrados femininos, e se divorciarão. Se surgir alguma disputa quanto ao que é adequado e vantajoso para cada partido, deverão escolher dez dos guardiões das leis que atuarão como árbitros e cujas decisões serão aceitas por ambos os cônjuges. As inspetoras femininas entrarão nas casas dos jovens e, em parte mediante ameaças, em parte mediante advertências, os deterão em sua falta e ignorância; se não lograrem êxito nisto comunicarão o caso aos guardiões das leis, que se encarregarão do caso; se mesmo estes se provarem incapazes de solucionarem o problema, informarão ao conselho do Estado, afixando uma declaração pública e atestando sob juramento de que são "verdadeiramente incapazes de corrigir fulano e fulana". Se aquele que foi denunciado publicamente não conseguir obter uma vitória judicial sobre aqueles que o denunciaram nos tribunais, será punido pela perda do direito de comparecer a quaisquer celebrações de casamentos

---

327. Deusa protetora dos nascimentos.

ou festas de celebração de nascimentos,[328] determinação que se não for acatada o sujeitará ao castigo sob o látego aplicado pela primeira pessoa que desejar fazê-lo. A mesma lei terá aplicabilidade para as mulheres, ou seja, a transgressora será excluída dos passeios femininos, honras ou convites a celebrações de casamentos e nascimentos se tiver sido publicamente denunciada de maneira semelhante por tal irregularidade e ter

e sua defesa frustrada. E quando tiverem concluído a geração de filhos em conformidade com as leis, se o homem manter relações sexuais com uma mulher alheia ou a mulher com um outro homem, estando a nova parceira ou parceiro na faixa etária de procriação, estarão passíveis da mesma penalidade que foi estabelecida para aqueles que ainda geram filhos. Passada a idade de procriação, aqueles que viverem sóbria e sabiamente no que diz respeito a todos esses assuntos serão honrados, os outros gozarão de má reputação, ou preferivelmente serão desonrados.

785a Se a maioria mostrar tal moderação [no que concerne ao comportamento sexual] não haverá menção e nem prescrição de regras de lei a respeito; porém, se houver desregramento, serão elaboradas regras a serem aplicadas de acordo com as leis promulgadas então.[329] Para todos os indivíduos o primeiro ano [da vida] é o início de toda a vida. [Durante este primeiro ano] o nascimento de meninos e meninas deverá ser registrado nos santuários de seus ancestrais sob o título *início da vida*; ao lado do nome de cada menino ou menina será escrito sobre uma parede pintada de branco em cada fratria[330] o número de arcontes[331] que dão seu número ao ano, e os nomes dos membros vivos da fratria deverão ser registrados sucessi-

b vamente um ao lado do outro, sendo os dos membros mortos apagados. Para as moças a faixa etária para o casamento será entre dezesseis e vinte anos, limite máximo; para os rapazes de trinta a trinta e cinco anos. O limite de idade para os cargos oficiais será de quarenta anos para o sexo feminino e trinta anos para o masculino. Quanto à atividade militar, os homens per-

---

328. Isto para nós soa inócuo, mas para o membro de um tal Estado afetaria seriamente a sua cidadania.
329. Platão não concebe qualquer repressão sexual para os cidadãos de seu Estado; o adultério só é passível de sanção legal quando ameaça o interesse e a estabilidade do Estado ao perturbar o convívio dos cônjuges no período de geração dos filhos. Quanto ao mais, o máximo que se exige é temperança, a vida sexual das pessoas ficando mais no plano moral do que no legal, no qual se puniria apenas os abusos.
330. Φρατρία (*phratría*), associação de cidadãos baseada na realização de sacrifícios e repastos religiosos comuns; a partir do legislador Sólon (que viveu entre 639 e 559 a.C.) passou a existir em Atenas três fratrias em cada uma das quatro tribos (tribo: φυλή [*phylé*]), cada fratria encerrando trinta famílias (família: γένος [*génos*]). Assim, o Estado (πόλις [*pólis*]) ateniense se dividia organicamente em quatro tribos que continham doze fratrias que, por sua vez, continham 360 famílias.
331. Ἄρχων (οντος [*árkhon* (*ontos*)]), genericamente magistrado. Em Atenas, os arcontes eram os nove principais magistrados da cidade.

manecerão disponíveis entre vinte e sessenta anos. Com relação aos serviços militares que se acharia cabível impor às mulheres após o nascimento dos filhos, fixar-se-á o que é possível e apropriado para cada uma sem ultrapassar a idade de cinquenta anos.

Livro
VII

Γενομένων δὲ παίδων ἀρρένων καὶ θηλειῶν,
τροφὴν μέν που καὶ παιδείαν τὸ μετὰ ταῦτα...

788a *O ateniense*: Tendo nossas crianças nascido, meninos e meninas, o próximo passo que se nos impõe apropriadamente é nos ocupar de sua nutrição e educação. Este é um ponto cuja omissão é inteiramente impossível, mas obviamente pode ser ventilado mais adequadamente sob forma de instrução e exortação do que sob forma de lei, visto que na vida privada e doméstica uma multiplicidade de coisas triviais é
b passível de execução se furtando à percepção pública, coisas que são o fruto de sentimentos individuais de dor, de prazer ou de apetites, que se predispõem a se afastar das orientações do legislador e que produzirão nos cidadãos uma gama variável de tendências contraditórias. Isto não é benéfico para o Estado. Se por um lado não é conveniente e nem decente submeter tais práticas a penalidades determinadas pela lei em função de sua trivialidade e assiduidade, por outro a autoridade
c da lei escrita é solapada na medida em que os seres humanos mediante essas trivialidades reiteradas se habituam a ser infratores. E daí, se por um lado é impossível silenciarmos diante de tais práticas, por outro é difícil legislar no que concerne a elas. Procurarei esclarecer a que práticas me refiro trazendo à luz, por assim dizer, alguns exemplos, já que meu presente discurso tende à obscuridade.

Clínias: Isso é de fato absolutamente verdadeiro.

O ateniense: Quando dissemos que a nutrição correta tem que ser decidamente capaz de tornar tanto corpos quanto almas em todos os aspectos os mais belos e melhores possíveis falamos, presumo, imbuídos da verdade?

Clínias: Não há dúvida que sim.

d *O ateniense*: E suponho que, tomando o mais elementar dos aspectos, os corpos mais belos devem já da mais tenra infância se desenvolverem com a maior normalidade possível.

Clínias: Com toda a certeza.

O ateniense: Bem, não acontece de observarmos que no que diz respeito a qualquer ser vivo o primeiro impulso representa de muito o crescimento mais intenso e mais longo, a ponto de muitas pessoas afirmarem convictamente que quanto à altura os indivíduos humanos crescem mais nos primeiros cinco anos de vida do que nos próximos vinte?

Clínias: Isso é verdade.

789a *O ateniense*: Mas nós sabemos, não é mesmo, que quando o crescimento ocorre rapidamente desacompanhado de muito exercício adequado produz no corpo males incontáveis?

Clínias: Certamente.

O ateniense: E que corpos que recebem o máximo de alimento requerem o máximo de exercício?

Clínias: O que queres dizer, estrangeiro? Será que pretendemos prescrever o máximo de exercício físico para os recém-nascidos e as criancinhas?

O ateniense: Não. Na verdade, bem antes disso. Nós o prescreveremos para aqueles que são nutridos nos corpos de suas mães.

Clínias: O que queres dizer, caro senhor? É aos fetos que tu te referes?

b *O ateniense*: É. De qualquer modo, não é de maneira alguma surpreendente que nada sabeis dessa ginástica pré-natal; entretanto, a despeito de sua estranheza, gostaria de explicá-la a vós.

Clínias: Insisto que o faças.

O ateniense: Uma tal prática é mais fácil de ser compreendida em meu Estado, porque lá há pessoas que praticam os jogos até o excesso. Ali encontramos não apenas meninos mas por vezes mesmo homens velhos criando pequenas aves[332] e as treinando para a luta. Mas essas

c pessoas estão longe de crer que o adestramento que lhes proporcionam excitando sua pugnacidade produz exercício suficiente; além disso, cada uma delas apanha sua ave e com ela no punho, se for menor, ou no braço, se for maior, caminha muitos estádios a fim de melhorar a condição não de seus próprios corpos, mas sim aquela desses animais. Assim se mostra claramente a qualquer observador que todos os corpos são beneficiados, como se por um tônico, quando são deslocados mediante

d qualquer tipo de agitação ou movimento, seja quando são movidos por ação própria – como num balanço ou num barco a remo – seja quando são transportados no dorso de um cavalo ou por quaisquer outros corpos de movimento célere; e [também se mostra] que é esta a razão porque os corpos podem assimilar eficientemente seus suprimentos de ali-

---

332. ...ὀρνίθων... (*orníthon*), aves de pequeno porte em geral; Platão, entretanto, emprega o termo aqui para designar uma ave doméstica específica: o galo, o qual era adestrado para as rinhas.

mento e bebida e nos proporcionar saúde, beleza e vigor. Em face desta constatação, o que nos cabe fazer no futuro? Iremos nos arriscar a ser ridicularizados promulgando uma lei segundo a qual a mulher grávida será obrigada a caminhar e a criança, ainda tenra, deverá ser modelada como cera e mantida nas fraldas até os dois anos de idade? E deveremos nós também obrigar as amas de leite sob risco de serem punidas pela lei a se manterem carregando as crianças de alguma forma, levando-as aos campos, ou aos templos ou aos seus parentes o tempo todo até que possam ficar de pé por conta própria? E depois disso ainda as continuar carregando até os três anos de idade, como uma precaução contra o perigo de torcerem suas pernas devido ao excesso de esforço enquanto ainda são muito jovens? E que as amas de leite sejam as mais fortes possíveis? E imporemos uma penalidade por escrito para todos aqueles que deixarem de cumprir essas determinações? Um tal procedimento está completamente fora de questão pois levaria a um grau desmedido daquela consequência que mencionamos há pouco.

Clínias: E qual era tal consequência?

O ateniense: O enorme ridículo ao qual nos exporíamos, além de defrontarmos com a franca recusa em obedecer por parte das amas de leite, dotadas de suas mentes características de mulheres e escravas.

Clínias: Que razão, então, tivemos para afirmar que essas regras devem ser formuladas?

O ateniense: Esta: as mentes dos senhores e dos homens livres dos Estados talvez possam ouvir [e compreender] e desta maneira chegar à correta conclusão de que a menos que os assuntos privados num Estado sejam acertadamente administrados será vão supor que qualquer código legal que assuma vigência exista para os assuntos públicos;[333] e quando o perceberem, o cidadão particular poderá por si adotar como leis as regras que formulamos agora, e o fazendo e assim ordenando corretamente tanto sua casa quanto seu Estado lhe será possível atingir a felicidade.

Clínias: Um tal resultado parece bastante provável.

---

333. Platão já experimentava a dificuldade crucial de descobrir qual a exata parcela de liberdade individual, por mais modesta que fosse, compatível com a organização e funcionamento eficiente do Estado comunista; nesta passagem brilhante de *As Leis* ele ao menos estabelece com transparência que aquilo que chamamos modernamente de privacidade é absolutamente impossível na estrutura de um Estado autenticamente socialista. Quanto ao mais, ele se empenhará em dar conta dos problemas que a individualidade humana apresenta numa sociedade que dá primazia ao bem-estar coletivo, entendendo que a εὐδαιμονία (*eydaimonía*) não é consumada na esfera da alma individual mas somente na dimensão em que o cidadão, o ser político transindividual, é constituído.

O ateniense: E portanto não devemos desistir desse tipo de legislação enquanto não tivermos descrito minuciosamente o tratamento apropriado às almas das crianças na tenra infância da mesma maneira que principiamos a fazer no que diz respeito aos seus corpos.

Clínias: Estás absolutamente certo.

O ateniense: Tomemos, então, o seguinte como uma hipótese fundamental em ambos os casos: que tanto para o corpo quanto para as almas dos bebês um processo de nutrição infantil e movimentação, que seja o mais ininterrupto possível dia e noite, é sempre salutar e especialmente no caso dos bebês mais novos, que deveriam, se possível, ser balançados como se estivessem num navio; com os recém-nascidos se deveria reproduzir esta condição com máxima proximidade da condição original. Uma evidência suplementar a favor disto pode ser constatada no fato desse procedimento ser adotado e sua utilidade ser reconhecida tanto por quem alimenta os bebês quanto por quem administra medicamentos em casos do coribantismo.[334] Assim quando mães têm filhos que padecem de insônia e desejam acalmá-los para que adormeçam, o tratamento que lhes dão não é imobilizá-los mas sim movê-los pois os embalam em seus braços constantemente; e em lugar de silêncio fazem uso de uma espécie de cantarolar,[335] e assim literalmente fascinam seus bebês, semelhantemente ao que acontece com as vítimas do frenesi de Baco,[336] por meio do emprego do movimento combinado da dança e da canção como medicamento.

Clínias: E qual, estrangeiro, seria a principal causa disso?

O ateniense: Percebê-lo é suficientemente fácil.

Clínias: Mas qual é exatamente?

O ateniense: Tanto uma doença quanto a outra[337] são formas de medo e os medos se devem a uma condição precária da alma. Assim, toda vez que se aplica um sacudir externo a males desse tipo, este

---

334. ...Κορυβάντων... (*Korybánton*). Platão relaciona o chamado mal dos coribantes (delírio produzido pelo ritual frenético dos sacerdotes) ao deus Baco (Dionísio) devido ao caráter orgíaco (ὀργή [*orgé*], literalmente agitação interior da alma) da celebração dos mistérios de Baco executada por suas sacerdotisas (bacante: βάκχη [*bákkhe*]). Contudo, os coribantes (Κορύβαντες [*korýbantes*]) eram os sacerdotes que combinando agitada e desordenadamente dança e canções celebravam os mistérios da deusa frígia Cibele (Κυβέλη [*Kybéle*]). Consulte-se com referência a isto o *Banquete* e *Íon*, respectivamente em *Diálogos V* e *Diálogos VI*, obras publicadas em *Clássicos Edipro*.
335. Nossa conhecida canção de ninar.
336. Ver nota 334.
337. Ou seja, o delírio do coribante ou da bacante e a insônia do bebê.

movimento externo aplicado domina o *movimento*[338] interno de medo e frenesi, e ao dominá-lo produz uma visível tranquilidade na alma e uma cessação da angustiante palpitação do coração existente em cada caso. Assim os resultados produzidos são bastante satisfatórios. As crianças são levadas ao sono; as bacantes, despertas, são levadas a um estado mental saudável que substitui o delírio por meio da dança e da interpretação instrumental e com a ajuda de quaisquer deuses que possam estar cultuando mediante sacrifícios. Temos aqui, de maneira concisa, uma exposição bastante plausível do assunto.

Clínias: Plausibilíssima.

O ateniense: Vendo, portanto, que essas causas produzem os efeitos descritos, quanto às pessoas indicadas deve-se observar o seguinte ponto, a saber, que toda alma submetida ao medo desde a juventude tenderá de modo particular a se tornar tímida, o que, todos concordarão, abre caminho para a prática da covardia e não da coragem.

Clínias: Não há dúvida que assim é.

O ateniense: O caminho oposto, ou seja, para a prática da coragem a partir da juventude consiste, nós o diremos, na suplantação dos terrores e medos que nos assaltam.

Clínias: É verdade.

O ateniense: Digamos, então, que o fator em pauta, isto é, o exercício para crianças extremamente novas por meio de movimentos variados, contribui grandemente para o desenvolvimento de uma parte da virtude da alma.[339]

Clínias: Certamente.

O ateniense: E ademais, uma disposição que seja de leveza ou de pesadume não influenciará pouco na boa ou má disposição [geral] da alma.

Clínias: Está claro que sim.

---

338. ...κίνησις... (*kínesis*). Como já alertamos, este conceito é extraordinariamente lato, correspondendo não apenas ao nosso conceito limitado de movimento, mas abrangendo nossos vários conceitos correlacionáveis de mudança, móvel, emoção, comoção, sentimento, comoção, sentimento, perturbação, paixão, insperturbação, paixão, instabilidade, inconstância, excitação, ímpeto e todos os demais por assim dizer estados e disposições que são experimentados pela alma. Sobre ψυχή (*psykhé*) e κίνησις (*kínesis*) no platonismo consulte-se especialmente o *Fedro* e o *Fédon*, em *Diálogos III*, e o *Timeu*, em *Diálogos V*. Sob o prisma do conjunto da filosofia pós-socrática o estudo do *Da Alma*, (Περὶ Ψυχῆς [*Perí Psykhês*]) de Aristóteles é indispensável.
339. ...ψυχῆς μόριον ἀρετῆς... (...*phykhês mórion a retês*...). Como já vimos anteriormente neste texto, Platão concebe a virtude como um todo orgânico reduzível às suas partes que são as virtudes particulares hierarquicamente dispostas (consulte-se o diálogo *Protágoras* a respeito). A parte a que ele se refere nesta oportunidade é a virtude da coragem (ἀνδρεία [*andreía*]), tema tratado em especial no *Laques*.

d   *O ateniense*: Que meio poderemos, então, encontrar para implantar imediatamente na criança recém-nascida a disposição que desejarmos? É imperioso que nos esforcemos para indicar como e em que medida podemos fazê-lo.

Clínias: Sem dúvida.

O ateniense: A doutrina corrente entre nós, eu o entendo e explico, é aquela segundo a qual a vida indolente desenvolve nas crianças um humor melancólico, tendente à cólera e muito facilmente movido pelas ninharias; por outro lado, o rigor extremo e rude a ponto de reduzi-las a uma escravização cruel as torna vis, mesquinhas e misantrópicas e assim insociáveis.

e   *Clínias*: De que maneira, então, deverá o Estado como um todo educar crianças que ainda são incapazes de compreender o que se lhes diz ou receber outros tipos de educação?

O ateniense: Desta: toda criatura recém-nascida – e a criatura humana especialmente – costuma emitir gritos; e mais, a criança vai além dos berros e geralmente se põe a chorar.

Clínias: Está certíssimo.

792a *O ateniense*: E quando as amas de leite tentam descobrir o que os bebês querem se baseiam nesses mesmíssimos indícios para lhes dar as coisas; se os bebês silenciam após receberem a coisa, as amas concluem que deram a coisa certa, se continuam a chorar e berrar, concluem que deram a coisa errada. Assim os bebês indicam o que gostam ou o que não gostam por meio de choro e berros, ou seja, certamente sinais que não são de felicidade. Este período da infância dura não menos que três anos, o que não constitui pouco tempo para se viver mal ou bem.

Clínias: Estás certo.

b   *O ateniense*: Quando alguém é rabugento e nem um pouco jovial, não notas que tal pessoa é mais lastimosa e, de ordinário, mais inclinada a lamentações do que o que conviria a uma pessoa de bem?

Clínias: É certo que é precisamente essa a impressão que tenho dessa pessoa.

O ateniense: Bem, supõe que tentássemos assegurar mediante todo meio disponível que nossa criança de peito provasse o mínimo possível de aflição, medo ou sofrimento de qualquer espécie. Não seria de se acreditar que graças a esse meio a alma do lactente ganharia mais luz e leveza?

Clínias: Evidentemente que sim, estrangeiro, e mais ainda se lhe fossem proporcionados muitos prazeres.

O ateniense: Neste caso, terei que romper contigo, *Clínias*, meu caro senhor, pois a nossos olhos tal procedimento constitui a pior forma de corrupção visto ocorrer em todos os casos no próprio início da educação da criança. Vejamos se tenho razão.

Clínias: Explica teu ponto de vista.

O ateniense: Acredito que a questão diante de nós é de grande importância. Tu, também, *Megilo*, examina o assunto, peço-te, e sê nosso juiz. O que sustento é isto: que a vida acertada não deve nem visar [exclusivamente] os prazeres nem se esquivar inteiramente às dores, devendo sim encerrar aquele estado intermediário de leveza, como o chamei há pouco, o qual – como todos nós supomos com justeza sob o forte impulso de um enunciado divinatório – é a própria condição da divindade mesma. E sustento que quem quer que seja entre nós que fosse divino teria que buscar esse estado de alma, nem se tornando absolutamente inclinado aos prazeres, mesmo porque com isto não estaria livre da dor, nem permitindo que nenhuma outra pessoa, velha ou jovem, homem ou mulher, ficasse nessa condição e muito menos, na medida do possível, o bebê recém-nascido, pois devido à força do hábito é na infância que todo o caráter é mais efetivamente determinado. Eu ainda sustentaria, sob o risco de estar parecendo que gracejo, que as mulheres gestantes, mais do que qualquer outra pessoa, deveriam ser objeto de cuidado durante seus anos de gravidez no sentido de não se entregar a prazeres reiterados e intensos em lugar de cultivar durante a totalidade desse período um humor jovial, leve e sereno.

Clínias: Não é necessário, estrangeiro, que perguntes a *Megilo* qual de nós dois fez a afirmação mais verdadeira, pois eu mesmo te concedo que todos devem se esquivar a uma vida de prazer ou dor sem mescla e sempre trilharem o caminho do meio. De sorte que tudo está em ordem quanto ao que tu disseste e quanto a minha resposta.

O ateniense: Estás perfeitamente certo, *Clínias*. E assim examinemos nós três juntos o ponto que se segue.

Clínias: E qual é ele?

O ateniense: Que todas as regras que estamos formulando agora é o que comumente se chama de *leis não-escritas*, o que, no seu conjunto, é precisamente idêntico ao que as pessoas chamam de *costumes ancestrais*. Além disso, a posição que há pouco apresentamos segundo a qual não se deveria considerar tais regras ou costumes como *leis* e tampouco deixá-los na omissão, era uma posição correta pois eles constituem os liames de toda constituição, formando um elo entre todas suas leis (tanto aquelas já promulgadas por escrito quanto as ainda por serem promulgadas) exatamente como os costumes ancestrais muito antigos, que bem estabelecidos e praticados servem para envolver com segurança as leis já escritas, enquanto se escapassem da sabedoria e da medida como escoras que desmoronassem no meio de uma habitação, arrastariam consigo ao desequilíbrio tudo o mais, uma coisa enterrada sob a outra, primeiramente as próprias escoras e em seguida a sólida estrutura, uma vez tivessem os esteios antigos caído ao chão. Com isto em mente, *Clínias*, é preciso que conectemos este vosso Estado, que é novo, através de todo meio possível, sem omitir nada grande ou pequeno do ponto de vista das leis, costumes e instituições, pois é graças a todos esses meios que um Estado adquire coesão, e nenhuma espécie de lei é permanente sem os outros.[340] Consequentemente, não há por que nos surpreendermos se a admissão de um grande número de costumes ou usos aparentemente triviais tornar um tanto extensa a redação de nossas leis.

Clínias: O que dizes é absolutamente verdadeiro, e nós o teremos em mente.

O ateniense: Se for conseguido que tais regras sejam cumpridas metodicamente e não meramente aplicadas casualmente no que diz respeito a meninas e meninos até os três anos de idade, elas concorrerão grandemente para o beneficiamento de nossas crianças de peito. A formação do caráter da criança de mais de três anos e até seis exigirá a prática de jogos; neste período se fará uso do castigo a fim de impedi-la de ser indolente — não, todavia, um castigo de tipo degradante, mas precisamente como dissemos antes[341] no caso dos escravos que se deveria evitar enraivecer as pessoas punidas por meio de castigos degradantes, ou amolecê-las deixando-as impunes. No que respeita aos nascidos livres a mesma regra é válida. Para crianças dessa idade há jogos que nascem do próprio instinto natural e elas os inventam elas mesmas sempre que estão juntas. Logo que atingirem os três anos, todas entre três e seis anos terão que ser reunidas nos templos dos povoados, reunindo-se no mesmo lugar as que pertençam ao mesmo povoado. Acresça-se a isso que as amas de leite dessas crianças precisam zelar por seu comportamento, ordenado ou desordenado; e acima das próprias amas de leite e

---

340. Ou seja, os costumes e as instituições.
341. No *Livro VI*.

b   de todo o bando de crianças será necessário indicar anualmente entre as doze mulheres já eleitas uma mulher para se encarregar de cada bando, a indicação cabendo aos guardiões das leis; essas mulheres serão eleitas pelas inspetoras de casamento, uma retirada de cada tribo e todas de idade semelhante. A mulher [eleita e] assim indicada fará diariamente uma visita oficial ao templo, e contando com o auxílio de um servidor do Estado castigará sumariamente crianças escravas

c   e estrangeiras de ambos os sexos; quanto aos [filhos dos] cidadãos, se houver contestação da punição a ser infligida, ela levará a criança aos astínomos para que estes julguem quanto a melhor forma de castigá--la; se não houver contestação, ela mesma se encarregará da punição. Após os seis anos deverá haver uma separação dos sexos, meninos convivendo com meninos, meninas com meninas. Entretanto, tanto meninos quanto meninas passarão a receber instrução; os meninos aprenderão equitação, o manejo do arco, o arremesso do dardo e da funda; as meninas também, por pouco que se prestem a isso, deverão participar das lições, especialmente daquelas que se referem ao manejo

d   de armas. É fato que sobre este ponto predomina uma opinião fundada num desconhecimento quase universal.

Clínias: Que opinião?

O ateniense: A opinião segundo a qual no que respeita às mãos, direito e esquerdo são por natureza diferentes no que se refere à habilidade para ações específicas. Diga-se de passagem que no que concerne aos pés e membros inferiores fica evidente que não há qualquer

e   diferença de habilidade, e é somente graças à estupidez de amas de leite e mães que nos tornamos todos por assim dizer *aleijados* das mãos, pois a habilidade natural dos dois membros é praticamente igual; fomos nós que acostumados a usá-los erroneamente os tornamos desiguais. Em ações de menor monta isso não importa, como, por exemplo, quando alguém usa a mão esquerda para tocar a lira e a direita para manejar o arco, e coisas deste jaez. Contudo, acatar esses precedentes e usar as mãos dessa maneira em outras ocasiões, quando é desnecessário,

795a constitui rematada tolice. Isso é mostrado pelo costume cita não só de utilizar a mão esquerda para dobrar o arco e a direita para ajustar a flecha nele quanto também de usar as duas mãos indiferentemente em ambas as ações. Há outros incontáveis exemplos de caráter semelhante com relação a dirigir bigas e outras atividades que nos ensinam que aqueles que tratam a mão esquerda como mais débil que a direita se opõem à natureza. Mas isto, como afirmamos, importa pouco no caso de *plectros* (como o da lira) feitos de chifre e instrumentos similares;

b   no entanto, quando se trata de manejar o ferro no uso de armas – arcos, dardos e similares – importa muito, e principalmente quando se combate a queima-roupa; impõe-se aqui uma enorme diferença entre quem aprendeu e quem não aprendeu, entre o guerreiro treinado e o não treinado. O atleta que tem completa experiência no pancrácio,[342] no pugilato ou no combate corpo a corpo não é incapaz de recorrer a sua mão [e braço] esquerdos e não move esse lado como se estivesse dor-
c   mente ou paralisado sempre que é obrigado a pô-lo em ação quando seu adversário se desloca lateralmente. A mesma regra vale, precisamente, penso eu, no que diz respeito ao uso de armas pesadas e tudo o mais. A quem quer que disponha de dois membros de defesa e ataque essa regra prescreve que não deixe, sempre que possível, nem um nem outro ocioso, sem treinamento e prática. Na verdade se um homem recebesse da natureza a compleição de Gerionte ou de Briareu[343] com
d   suas cem mãos deveria ser capaz de arremessar cem dardos. Todas essas matérias terão que contar com o zelo dos magistrados masculinos e femininos, as mulheres supervisionando os jogos e a alimentação das crianças e os homens a sua instrução, visando que todos os meninos e todas as meninas possam ser sãos de mãos e de pés e possam não ter, de modo algum, suas naturezas distorcidas por seus hábitos. As lições podem, por uma questão de pragmaticidade, ser divididas em duas categorias: as da ginástica, que educam o corpo e as da mú-
e   sica, que educam a alma. Há dois tipos de ginástica: a dança e a luta.[344] No que tange à dança há um ramo no qual o estilo da Musa é imitado preservando a um tempo liberdade e nobreza, e outro que visa à saúde do corpo, sua agilidade e beleza, assegurando para as várias partes e membros do corpo o grau adequado de flexibilidade e extensão e lhe conferindo, ademais, o movimento rítmico que é pertinente a cada
796a   uma das partes e membros e que tanto acompanha quanto é distribuído completamente durante a dança. Quanto às invenções introduzidas por Anteu ou Cércion na arte da luta por uma glória vã, e no pugilato

---

342. Παγκράτιον (*pagkrátion*), combate envolvendo dois oponentes que combinava o pugilato (πυγμή [*pygmé*]) e a luta "romana". No pancrácio os adversários se enfrentavam com os punhos nus.
343. Gerionte, filho de Crisaor e da oceanida Calirroê, gigante com três cabeças, três troncos masculinos e seis mãos, tudo apoiado sobre um único par de pernas. O décimo trabalho de Héracles concerne precisamente à captura do belíssimo gado de Gerion, que era rei de Tartesso e habitava a ilha de Eritreia (Cadiz). Briareu, gigante de cem braços filho de Urano e Gaia (o Céu e a Terra), que se revoltou contra Zeus e os deuses olímpicos, foi castigado e depois defendeu os deuses na guerra contra os titãs.
344. ...τὰ δὲ γυμναστικῆς αὖ δύο, τὸ μὲν ὄρχησις, τὸ δὲ πάλη... (...*tà dè gumnastikês aû dýo, tò mèn órkhesis, tò dè pále*...). Por conta do projeto da educação (παιδεία [*paideía*]), Platão amplia o conceito de ginástica.

por Epeio ou Amico,³⁴⁵ visto que são inúteis nos embates guerreiros, não merecem aqui elogio algum. Entretanto, os exercícios de luta íntegra, tudo que destaca a maneira pela qual se desimpede o pescoço, as mãos, os flancos quando nos aplicamos a isso somando ardor e elegância ao objetivo de obter vigor e saúde, tudo isso não deve ser omitido,

b visto que é aproveitável em todas as circunstâncias; mas temos que impor a discípulos e mestres, ao atingirmos este ponto de nossa legislação, que estes últimos transmitam essas lições gentilmente e que os primeiros as recebam com gratidão. Tampouco se deverá descurar aquelas danças por imitação que se ajustam ao uso de nossos corais, como, por exemplo, a dança armada dos *curetes*³⁴⁶ aqui em Creta e a dos *Dioscuros*³⁴⁷ na Lacedemônia; e na minha terra também a nossa virgem soberana,³⁴⁸ agradando-se com a diversão das danças corais, não julgou que devesse

c participar delas com as mãos vazias, se armando dos pés à cabeça, sendo assim paramentada que se põe a executar sua dança. Seria conveniente que os meninos e as meninas imitassem tais exemplos e assim cultivassem o favor da deusa, tanto para o serviço bélico quanto para o uso nos festivais. Constituirá regra para as crianças, dos seis anos de idade até a idade do serviço militar, estar sempre equipadas com armas e cavalos diante de cortejos em honra dos deuses, e dançar e marchar alternando celeridade com lentidão enquanto dirigem suas súplicas

d aos deuses e filhos dos deuses. Tal é o propósito, e único propósito a ser visado ao devotar-se às competições de ginástica e aos exercícios

---

345. Anteu ou Cércion, gigantes lutadores aos quais se atribui o uso das pernas como técnica de luta. Anteu adquiria continuamente da terra um vigor extremo e se tornou um lutador invencível; Héracles, que não era apenas o mais forte dos mortais, mas também conhecedor sagaz da arte da luta, ao enfrentá-lo ergueu-o do solo, minando-lhe a força e o esmagando. Epeio é citado na *Ilíada* de Homero, xxiii, 668, como um pugilista. Amico é tido como o inventor das luvas de boxe (ἱμάντες [*himántes*]).
346. Platão se refere aos Κουρῆτες, (*Kourétes*) sacerdotes de Zeus em Creta.
347. Διοσκόρων (*Dioskóron*), que significa literalmente jovens filhos de Zeus, são Cástor e Pólux.
348. ...κόρη καὶ δέσποινα... (...*kóre kaì déspoina*...), jovem virgem e senhora; o *ateniense* alude a Atena (Ἀθήνα [*Athéna*]), deusa vinculada à inteligência e à sabedoria e divindade epônima de Atenas. A despeito de várias propostas e tentativas de estupro, Atena teria sempre se mantido virgem, o que faz com que muitas vezes seja caracterizada entre as seis deusas olímpicas (a despeito da presença de Ártemis) como a *virgem*. Segundo uma tradição, Atena, muito afeita às armas, especialmente a lança e o escudo, quando menina, ao brincar de combate com Palas (Παλλάς [*Pallás*]) a matou acidentalmente; em sua homenagem adotou Palas como seu prenome; ora, πάλλαξ (*pállax*) significa tanto moço quanto moça. É curioso notar também que um dos mitos sobre o nascimento de Atena conta que ela emergiu diretamente da cabeça de Zeus, o que não só sugere intelectualidade como indica uma forma assexual de geração. No *Timeu*, Platão se refere a Sólon no templo de Saís e identifica Atena com a velha deusa líbia Neith que, nós o sabemos, corresponde à egípcia Nuit, senhora da abóbada celeste. Apesar de estar entre as seis do Olimpo patriarcal e de sua masculinização insinuada pelo gosto pelas armas, percebe-se que Atena tem raízes pré-olímpicas direta ou indiretamente ligadas às "deusas-mães" da era matriarcal.

preliminares de preparação para as mesmas; é um fato que têm utilidade tanto na paz quanto na guerra, tanto para o Estado quanto para a família. Todavia, todos os outros tipos de trabalho, jogos e exercícios corporais não são dignos de um homem livre.[349] E agora, ó *Megilo* e *Clínias*, tenho por concluída a completa descrição daquela ginástica que, como afirmei antes em nosso discurso, requer uma descrição.

e Caso conheceis uma ginástica melhor do que essa, falai e a revelai.

Clínias: Não será tarefa fácil, estrangeiro, rejeitar tua exposição sobre ginástica envolvendo treinamento e competição, e produzir uma melhor.

O ateniense: O assunto que vem a seguir e que se relaciona com os dons de Apolo e das Musas é aquele que pensamos anteriormente ter esgotado, tendo restado apenas a ginástica para ser discutida. Vejo, entretanto, agora com clareza não só o que precisa ainda ser dito a todos como também o que deve vir em primeiro lugar. Vamos, portanto, indicar esses pontos na devida ordem.

Clínias: Façamo-lo certamente.

797a *O ateniense*: Escutai-me, então, embora já o tenhais feito antes. Contudo, é imperioso que estejamos sumamente atentos agora como antes tanto ao dizer quanto ao ouvir algo que é extremamente estranho e novo. Fazer a afirmação que estou na iminência de fazer constitui uma tarefa temível; entretanto, reunirei coragem para não recuar.[350]

Clínias: A que afirmação tu te referes, estrangeiro?

O ateniense: Afirmo e declaro que há em todo Estado uma total ignorância a respeito dos jogos infantis, de sua importância decisiva para

b a legislação como fatores que atuem para determinar se as leis promulgadas devem ser permanentes ou não. Quando há uma prescrição do programa dos jogos que assegura que as mesmas crianças joguem sempre os mesmos jogos e se divirtam com os mesmos brinquedos da mesma maneira e nas mesmas condições, se permite também que as leis efetivas e sérias permaneçam inalteradas; mas quando, ao contrário, tais jogos variam e sofrem inovações entre outras mudanças contínuas, as crianças não cessam de fazer seu capricho se transferir de um folguedo para outro, de modo que nem no que diz respeito às

---

349. Esta tese da vileza do trabalho corporal e braçal será desenvolvida quase que exaustivamente pelo mais brilhante dos discípulos de Platão, Aristóteles.
350. A visão marcantemente conservadora que o *ateniense* passará a expor daqui para a frente a respeito dos jogos infantis como elemento necessário da παιδεία (*paideía*) e outros temas revelará um Platão que, no crepúsculo da vida e particularmente desgostoso com a democracia ateniense, conspicuamente realiza a retratação de algumas teses presentes em *A República*.

suas próprias posturas corporais, nem no que respeita a todos os objetos de seu uso contam com um padrão estabelecido e reconhecido de propriedade ou impropriedade no seu comportamento. Mas quem receberá especial aprovação é aquele que está sempre inovando ou introduzindo algum invento novo que altera a forma, a cor ou algo do gênero, isto embora fosse perfeitamente verdadeiro afirmar que não pode haver flagelo pior num Estado do que alguém desse tipo, visto que ele altera privadamente o caráter dos jovens e os faz desprezar o que é velho e não estimar senão o que é novo. E eu reitero que um Estado não pode ser vítima de dano pior do que o causado por uma tal sentença e doutrina. Simplesmente escutai enquanto vos falo de que magnitude é esse mal.

Clínias: Estás te referindo ao modo como as pessoas reprovam o que é antigo nos Estados?

O ateniense: Exatamente.

Clínias: Bem, quanto a esse tema não terás em nós ouvintes relutantes, mas sim os mais simpáticos possíveis.[351]

O ateniense: É certamente o que eu esperaria.

Clínias: Só resta que fales.

O ateniense: Vamos nos escutar e nos dirigir um ao outro sobre esse assunto com maior cuidado do que nunca. Nada, como constataremos, é mais arriscado do que mudar relativamente a tudo exceto somente ao que é mau – seja em relação às estações, aos ventos, à dieta alimentar do corpo ou à disposição da alma – em síntese tudo com a única exceção, como acabei de dizer, do que é mau. Consequentemente, se examinarmos o corpo humano e verificarmos como se habitua a todas as espécies de alimentos, bebidas e exercícios, mesmo que no início o transtornem, e como acaba a partir desses mesmos materiais por ganhar carnes que lhes são afins e adquirir com eles familiaridade e gosto, por toda essa dieta, [perceberemos que o corpo humano] viverá uma vida sumamente saudável e agradável; mas se houver a qualquer momento a necessidade de um ser humano mudar, retornando a uma daquelas dietas alimentares de grande reputação, só será com perturbações iniciais, enfermidades e grandes dificuldades que se reacostumará à dieta. Sucede, devemos supor, algo exatamente idêntico com os intelectos humanos e a natureza da alma humana, pois se existem leis sob as quais a humanidade foi formada e que pela providência divina permaneceram inalteradas por muitos séculos, a ponto de não existir qualquer memória

---

351. Tal como o *ateniense*, Clínias e Megilo também são velhos, com quem é muito mais fácil falar de coisas antigas do que com jovens.

ou registro de jamais terem sido diferentes do que são agora, então a alma na sua totalidade está proibida pela reverência e o temor a alterar qualquer uma das coisas instauradas outrora. É necessário, portanto, que o legislador conceba a todo preço um meio pelo qual possa assegurar ao Estado esse benefício. E eis onde penso ter descoberto esse meio: as transformações dos jogos infantis são consideradas por todos

c   os legisladores, como o asseveramos antes, como sendo meras matérias de diversão e não como causas de sérios danos; daí em lugar de proibi--las, eles cedem a elas e as acolhem. Não conseguem refletir que essas crianças que transformam seus jogos serão adultos diferentes de seus pais e o sendo buscam um sistema diferente de vida, que sendo buscado os leva a desejar outras instituições e leis; e nenhum dos legisladores se intranquiliza diante da consequente aproximação desse resultado

d   que acabamos de descrever como o maior dos males a se abater sobre um Estado. O mal produzido por mudanças que afetam apenas formas exteriores seria de menor importância, mas mudanças frequentes em assuntos que implicam em aprovação ou reprovação moral são, a meu ver, de extrema importância e requerem máxima cautela.

Clínias: Muito seguramente.

O ateniense: Bem, continuaremos a depositar nosso crédito nas nossas afirmações anteriores, ou seja, de que as matérias do ritmo e
e   da música geralmente são imitações das maneiras de homens de bem ou homens maus, ou como ficamos nós?

Clínias: Nossa posição permanece totalmente inalterada.

O ateniense: Afirmamos, então, que cumpre apelar para todo recurso no sentido de não somente impedir que nossas crianças passem a desejar imitar modelos diferentes de dança e canto, como também impedir que, seja quem for, as tente induzindo-as por meio de prazeres de toda sorte.

Clínias: Absolutamente certo.

799a   *O ateniense*: E para atingir esse objetivo seria possível que qualquer um de nós indicasse um expediente melhor do aquele dos egípcios?

Clínias: E que expediente é esse?

O ateniense: O expediente de consagrar toda dança e toda música, a começar pela regulamentação de todas as festas sagradas publicando uma lista anual das festas a serem realizadas com indicação das datas específicas e dos nomes dos deuses específicos, filhos de deuses e *dáimons* a serem homenageados; a seguir especificam os hinos a serem cantados
b   durante cada um dos sacrifícios aos deuses e as danças com que cada um desses sacrifícios religiosos será agraciado. Essas determinações

devem ser feitas a princípio por certas pessoas e então todo o corpo dos cidadãos, após realizar um sacrifício público às Moiras[352] e a todas as outras divindades, deverá consagrar mediante uma libação essas determinações dedicando cada um dos hinos aos seus respectivos deuses e divindades. E se qualquer pessoa propor outros hinos e danças além desses para qualquer um dos deuses, os sacerdotes e sacerdotisas estarão agindo tanto de acordo com a religião quanto com a lei ao expulsar, auxiliados pelos guardiões das leis, tal pessoa da festividade; e no caso de resistência à expulsão, essa pessoa ficará sujeita pelo resto da vida a ser processada por impiedade por qualquer pessoa que desejar fazê-lo.

Clínias: Está certo.

c *O ateniense*: E já que nos encontramos agora tratando desta matéria, comportemo-nos como nos cabe.

Clínias: Que queres dizer?

O ateniense: Todo homem jovem, e mais ainda um homem idoso, ao ouvir ou ver alguma coisa incomum e estranha, provavelmente evitará mergulhar numa solução precipitada e impulsiva com relação às suas dúvidas [sobre o que ouve ou vê]; ele se deterá e como um homem que chegou a uma encruzilhada e não está totalmente seguro acerca de seu caminho, se estiver viajando sozinho, se indagará ou, se estiver viajando acompanhado de outros, os indagará também a respeito do
d assunto duvidoso, recusando-se a prosseguir viagem até certificar-se pela investigação da direção que deve tomar. É necessário que ajamos da mesma forma. No nosso discurso sobre as leis, face a estranheza do ponto que neste ensejo nos ocorreu, só nos resta investigá-lo com rigor, e diante de um tema de tal gravidade se nos impõe, a nós em nossa idade, não conjeturar ou sustentar levianamente que podemos fazer qualquer afirmação confiável a respeito de imediato.

Clínias: Há muita verdade em tuas palavras.

e *O ateniense*: Devotaremos, portanto, algum tempo a esse assunto, e somente quando o tivermos pesquisado cabalmente reconheceremos como certas nossas conclusões. Mas para que não sejamos inutilmente impedidos de completar as determinações que acompanham as leis de que tratamos agora, cuidemos da conclusão delas, pois muito provavel-

---

352. Μοῖραι (*Moírai*) divindades primordiais filhas das Trevas (Ἔρεβος [*Érebos*]) e da Noite (Νύξ [*Nýx*]). Cloto, Laquesis e Átropos regem os destinos da humanidade, mas sob as deliberações de Zeus. O termo μοίρα (*moíra*) significa literalmente parte, porção, lote e por extensão o lote que cabe a cada mortal durante a existência, ou seja, a sorte, o destino. Κλωθώ (*Klothó*) significa "aquela que fia, a fiandeira", Λάχεσις (*Lákhesis* [literalmente sorte, destino]) é "aquela que avalia" e Ἀθρώπως (*Athrópos*) significa "aquela que não pode ser desviada ou evitada".

mente (se for a vontade divina) esta exposição levada completamente à sua conclusão poderá também esclarecer o problema com que nos defrontamos agora.

Clínias: Tu o dizes bem, estrangeiro. Façamos precisamente como afirmas.

O ateniense: Aceitemos o estranho fato de que nossos hinos se tornem *nomos*, tal como os homens de outrora, é o que parece, designaram as melodias tocadas com o acompanhamento da cítara – de modo que eles, também, possivelmente não discordassem por completo da nossa presente sugestão, mas que um deles pudesse tê-lo adivinhado indistintamente, como se num sonho noturno ou numa visão desperto. De qualquer maneira, que seja o seguinte o decreto sobre essa matéria: que as melodias populares e as canções sagradas bem como o conjunto das danças corais dos jovens sejam, na mesma condição que qualquer outro nomo,[353] leis que não se possa violar nem por um som vocal nem por um passo de dança. Aquele que a isto acatar estará livre de penalidades, mas quem o desacatar será – como o dissemos há pouco – punido pelos guardiões das leis, as sacerdotisas e os sacerdotes. Será que podemos agora promulgar isso em nosso projeto de lei?

Clínias: Pois o promulgues.

O ateniense: Como promulgaremos essas regras como leis sem escaparmos ao ridículo? Consideremos ainda um outro ponto que lhes diz respeito. O método mais seguro consiste em começar por moldar em nosso discurso alguns casos típicos, por assim dizer. Eis como formulo um destes exemplos. Supõe que ao ser um sacrifício realizado e as oferendas devidamente queimadas, um venerador em particular (filho ou irmão) postado ao lado do altar e das oferendas se ponha a proferir todos os tipos de blasfêmias. Não produziria sua voz sobre seu pai e o resto da família um sentimento de desespero e de pressentimentos sinistros?

Clínias: Impossível duvidá-lo.

O ateniense: Bem, nesta nossa parte do mundo é o que acontece, poder-se-ia dizê-lo, em quase todos os Estados. Quando um magistrado realiza um sacrifício público, o que surge na sequência não é uma dança coral mas sim uma multidão de danças corais que avançam e tomam suas posições não a uma certa distância dos altares, mas amiúde extremamente próximas deles, depois do que proferem um turbilhão de blasfêmias, atormentando as almas de sua audiência com

---

353. Platão trabalha com o duplo significado da palavra νόμος (*nómos*).

palavras, ritmos e melodias sumamente lastimosos, sendo que aquele que logra assim de imediato arrancar o máximo de lágrimas da cidade que sacrifica leva a palma da vitória. Não teremos nós que rejeitar um tal costume? Pois se é realmente necessário que em certas ocasiões os cidadãos ouçam semelhantes lamentos, seria mais adequado que os coros fossem contratados do estrangeiro e que a representação acontecesse não em dias santos mas apenas em dias nefastos – tal como ocorre com um morto que é escoltado com música cariana por carpideiros contratados. Tal música constituiria também o acompanhamento conveniente a hinos dessa espécie, e a decoração que caberia a esses hinos lúgubres não seria coroas nem ornamentos dourados, mas simplesmente o oposto, isto dito para que eu possa encerrar este assunto o mais breve possível, tendo nós somente de nos dirigir mais uma vez esta única pergunta: estamos satisfeitos com essa promulgação como nossa primeira regra modelo para hinos?

Clínias: Que regra?

O ateniense: A do discurso auspicioso.[354] E devemos dispor de uma modalidade de hino que seja completamente em todos os aspectos auspicioso? Ou deverei eu determinar que assim será sem maior questionamento?

Clínias: É certíssimo que deveis determiná-lo pois se trata de uma lei promovida pela unanimidade dos votos.

O ateniense: Qual seria, então, a se suceder ao discurso auspicioso, a segunda lei da música? Não seria que as orações deveriam ser endereçadas todas as vezes aos deuses a quem se fazem as oferendas?

Clínias: Certamente.

O ateniense: A terceira lei, suponho, será a seguinte: que os poetas, cientes de que as orações são solicitações dirigidas aos deuses, precisam tomar o máximo cuidado para não solicitarem inadvertidamente um mal em lugar de um bem, visto que compor uma tal oração seria, imagino, uma tolice risível.

Clínias: Certamente.

---

354. ...Εὐφημία... (*Euphemía*), palavra de bom augúrio, que do ponto de vista estritamente religioso seria a postura de bom augúrio manifestada pelo silêncio religioso, ou seja, a ausência de todo discurso quando este se revela de mau augúrio. Assim o eufemismo é tanto o uso da palavra propícia quanto o uso do silêncio propício (o não discurso, ἀλογία [*alogía*]). Platão se refere ao primeiro destes usos pois está abordando a questão dos hinos e das leis, matérias necessariamente discursivas.

LIVRO VII | 271

O ateniense: Nosso argumento não nos convenceu pouco tempo atrás de que nenhum Pluto[355] de ouro ou de prata deveria residir dentro de um santuário do Estado?

Clínias: Sim, convenceu.

O ateniense: E que lição estaria essa afirmação ilustrando? Não seria a de que os poetas não são inteiramente capazes de discernir

c muito bem entre o que é bom e o que não é? Pois certamente quando um poeta, vítima desse erro, compõe orações em versos ou prosa, estará fazendo nossos cidadãos incorrerem em contradições conosco em suas orações por coisas da maior importância; e, no entanto, este, como o dissemos, é um erro com o qual poucos outros podem se igualar em termos de gravidade. Face a isso, promulgaremos também esta como uma de nossas leis e princípios gerais relativos às Musas.

Clínias: Que lei? É necessário que o expliques a nós com maior clareza.

O ateniense: A lei segundo a qual o poeta não comporá nada que ultrapasse os limites daquilo que o Estado tem como legal e correto,

d belo e bom; nem mostrará ele suas composições a nenhuma pessoa privada enquanto não tiverem sido primeiramente mostradas aos juízes designados para lidar com esses assuntos e aos guardiões das leis, e tendo estes as aprovado.[356] E com efeito temos juízes já designados entre aqueles que selecionamos para serem legisladores em matéria de música e na figura do supervisor da educação. Bem, devo repetir minha pergunta: devemos promulgar isso como nossa terceira lei e como terceiro princípio geral e modelo? Qual é vossa opinião?

Clínias: Que seja efetivamente promulgado.

O ateniense: Em sequência a isso, será da maior conveniência entoar hinos e louvar os deuses associando-os às orações, e depois dos deuses virão orações combinadas com louvor aos *dáimons* e heróis, da maneira apropriada a cada um.

Clínias: Certamente.

---

355. Πλοῦτος (*Ploûtos*), deus da riqueza (πλοῦτος – riqueza constituída por ouro e prata), filho de Deméter e Jásio.
356. A rígida censura do Estado. A criação artística e musical livre e politicamente descomprometida é inconcebível para Platão e muito menos ainda a arte pela arte. A música, como quaisquer outras manifestações artísticas, não só tem objetivo como visa um objetivo concreto e específico: o desenvolvimento das virtudes da alma constituindo o ser humano perfeitamente bom e feliz que se confunde necessariamente com o cidadão exemplar.

O ateniense: Feito isso, poderemos sem hesitação e imediatamente formular a seguinte lei: todos os cidadãos que chegaram ao termo da vida depois de terem realizado pelo corpo ou a alma obras nobres e labores difíceis e terem sido obedientes às leis serão considerados como apropriados objetos de louvor.

Clínias: Não há como refutá-lo.

802a *O ateniense*: Quanto àqueles que ainda são vivos não é verdadeiramente seguro honrá-los com hinos e louvores. É preciso que se aguarde que tenham percorrido a totalidade da vida coroando-a por meio de um belo desfecho. Todas essas honras serão igualmente partilhadas por mulheres e homens que se destacaram por seus méritos.

Quanto aos cantos e às danças será nos seguintes moldes que deverão ser organizados. Entre as composições dos antigos existem muitas excelentes peças musicais, bem como danças, entre as quais é possível selecionarmos sem maiores hesitações aquelas que mais se ajustam e mais convêm à constituição que estamos fundando. Para se encarregarem do mister da seleção escolheremos homens de idade não inferior aos cinquenta anos; qualquer que seja a canção antiga aprovada, será adotada por nós, como toda aquela que não conseguir atingir nosso padrão ou for absolutamente inadequada será ou inteiramente rejeitada ou revisada e remodelada. Para esta tarefa convocaremos poetas e músicos para atuarem como conselheiros e emprestarem sua capacidade ao trabalho, sem, entretanto, nos fiarmos em seus gostos e desejos a não ser excepcionalmente. E expondo assim as intenções do legislador, organizaremos de modo a satisfazê-lo a dança, o canto e tudo que concerne aos coros. Na verdade, toda criação musical sem uma ordenação regular se torna, quando regulamentada, mil vezes melhor, mesmo que sua *melosidade* não seja eliminada: toda criação musical proporciona prazer, já que se uma pessoa foi educada desde a infância até a idade adulta e da razão ouvindo música sóbria e regrada detestará o tipo oposto, chamando-o de *vulgar*, enquanto que se tiver sido educada convivendo com o tipo ordinário e meloso de música, declarará ser o tipo contrário frio e desagradável. Daí, como o dissemos há pouco, no tocante ao prazer ou desprazer que produzem, nenhum tipo sobrepuja o outro; a superioridade consiste no fato de que um tipo torna aqueles que foram nele educados melhores, o outro, piores.

Clínias: Eis um belo discurso.

O ateniense: Ademais, será conveniente que o legislador separe as canções adequadas aos homens das adequadas às mulheres baseado no caráter geral das mesmas. Ele terá que obrigatoriamente ajustá-las às harmonias e ritmos pois seria uma coisa horrível existir desarmonia entre o tema e a melodia, o contratempo e o ritmo como resultado de se proporcionar às canções os acompanhamentos impróprios. Deste modo, é absolutamente imperioso que o legislador determine, ao menos, um esboço dessas coisas. E se por um lado é necessário que ele designe tanto letra quanto música para ambos os tipos de canções como definido pela diferença natural dos dois sexos, por outro ele terá também que declarar com clareza no que consiste o tipo feminino. E agora nos é possível afirmar que o que pende para a generosidade e a coragem é masculino, enquanto que o que se inclina mais para o decoro e a moderação deve ser encarado mais como feminino tanto na lei quanto no discurso. É esta, portanto, nossa legislação da matéria. Temos a seguir que discutir a questão do ensino e transmissão desses assuntos – como, por quem e quando cada um deles deveria ser praticado. Tal como um construtor de navios no início de seu trabalho esboça a forma de sua embarcação definindo a quilha, pareço eu estar fazendo o mesmo ao tentar distinguir as formas de vida segundo os tipos de caráter das almas, assim definindo literalmente as quilhas dessas formas pela consideração de que meios e por que modos de vida conduziremos o melhor possível nossa existência ao termo da viagem da vida. E a despeito dos assuntos humanos serem indignos de serem levados muito a sério, somos compelidos a levá-los a sério, o que constitui o nosso infortúnio. E todavia, estando nós onde estamos, conviria indubitalvelmente que indicássemos um rumo adequado a tal seriedade, o que me faz ter diante de mim sem dúvida a seguinte pergunta: "O que quero dizer com isso?"

Clínias: Perfeitamente.

O ateniense: O que quero dizer é que se deve levar a sério coisas sérias e não ninharias e que o objeto realmente digno de todo esforço sério e abençoado é *por natureza* a Divindade,[357] enquanto o ser humano foi fabricado, como dissemos antes, para ser um brinquedo da Divindade, consistindo nisto efetivamente sua melhor parte. Partindo daí, portanto,

---

357. ...θεόν... (*theón*), deus. O velho Platão preferiu usar aqui este termo genérico e vago para designar o que na sua metafísica não é meramente um deus mas sim o que na cosmogonia retratada no *Timeu* ele chama de Δημιουργός (*Demiourgós*), termo que emprestou do vocabulário corrente do grego e que significa literalmente artesão, operário, modelador. O Demiurgo é o fabricador do universo, o ser supremo e único que impôs ordem, organização (κόσμος [*kósmos*]) ao abismo primário, tenebroso e desordenado (χάος [*kháos*]) moldando *tudo que existe e é* (τὰ ὄντα [*tà ónta*]). A leitura do *Timeu* se faz absolutamente imprescindível para a compreensão desse tema, para o que concorrerá também em particular a leitura do *Parmênides*, em *Diálogos IV*, e do *Sofista*, em *Diálogos I*, de preferência antes do estudo do *Timeu*, em *Diálogos V*.

digo que todo homem e toda mulher devem percorrer todo o curso de sua existência desempenhando esse papel, divertindo-se com os jogos mais excelentes, mas não entendendo seus jogos como os entendem hoje.

d *Clínias*: O que queres dizer?

O ateniense: Ora, atualmente se imagina, em suma, que as coisas sérias devem ser feitas tendo em vista o jogo; assim se pensa que é em vista da paz que é preciso conduzir bem a séria atividade da guerra. Bem, o fato é que a guerra jamais pôde nos proporcionar seja a realidade seja a promessa de um jogo autêntico ou de uma educação digna deste nome, os quais são, a nosso ver, o que há de mais sério. É a vida
e pacífica que todos deveriam viver o máximo e o melhor possível. Qual é então a senda correta? Deveríamos viver nossas vidas participando de certos *jogos* – sacrificando, cantando e dançando – de modo a nos capacitarmos a conquistar o favor divino e repelir nossos inimigos e vencê-los na luta. Por meio de que tipos de canto e dança poderão ambos esses objetivos ser atingidos – isto foi em parte delineado e os caminhos foram demarcados, se acreditarmos que o poeta está certo ao dizer:

804a *Telêmaco, tua própria inteligência em parte te instruirá. E o resto um dáimon te suprirá; pois penso que é à vontade dos deuses que deves teu nascimento e crescimento.*[358]

Nossos lactentes[359] deverão compartilhar de mentalidade idêntica e acreditar que o que dissemos basta e que seus *dáimons* e a Divindade lhes sugerirão tudo o mais no que tange aos sacrifícios e às danças; e
b a esses deuses deverão honrar nas estações [apropriadas] lhes oferecendo primeiramente seus jogos propiciatórios para depois granjear seu favor, e assim moldar suas vidas em conformidade com sua natureza, partilhando ocasionalmente de alguns lampejos da verdade embora não passem de marionetes.

Megilo: Tens o gênero humano em péssima conta, estrangeiro.

O ateniense: Não te espantes, *Megilo*, mas antes me perdoes. É com o olhar fixo na Divindade e movido por ela que eu disse o que disse. Concedamos, contudo, se assim o queres, que a raça humana não é
c inteiramente mesquinha e que merece uma séria atenção. Retomando a nosso tema, cumpre considerar que descrevemos construções para gi-

---

358. Homero, *Odisseia*, III, 26 ss.: Τηλέμαχ᾽, ἄλλα μὲν αὐτὸς ἐνὶ φρεσὶ σῇσι νοήσεις, / ἄλλα δὲ καὶ δαίμων ὑποθήσεται· οὐ γὰρ ὀίω / οὔ σε θεῶν ἀέκητι γενέσθαι τε τραφέμεν τε.
359. ...ἡμετέρους τροφίμους... (...*hemetérous trophímous*...), enquanto τροφεύς (*tropheús*) é aquela que nutre, ou seja, a ama de leite.

násios públicos bem como escolas em três lugares no centro da cidade e também em três lugares em torno da cidade, e campos de treinamento e pistas de corridas para cavalos, organizados [inclusive] para a prática de arco e flecha e outros tipos de tiro à longa distância, tanto para a instrução quanto para a prática dos jovens. Se nossa descrição se mostrou, entretanto, inadequada, conviria que agora descrevêssemos tais coisas mais explicitamente passando de prescrições para a formulação de leis.

d Os professores de todas as disciplinas residirão nessas construções e serão estrangeiros pagos. Ensinarão aos seus alunos todas as matérias que se relacionam com a guerra e a música; e não caberá a nenhum pai decidir enviar ou não seu filho à escola, ao seu próprio critério. "Todo homem e todo rapaz", na medida do possível, será obrigado a se educar já que mais que filhos de seus pais eles são filhos do Estado. A lei que desejo ver promulgada estabelecerá regulamentações idênticas para homens e mulheres, inclusive o mesmo treinamento para estas últimas. Não afirmarei, mesmo sob o risco de ser objetado, que tanto

e a equitação quanto a ginástica, que são próprias para os homens, são impróprias para as mulheres. Creio nas velhas narrativas que ouvi e estou ciente agora, baseado em minhas próprias observações, que existem milhares e milhares de mulheres chamadas *sauromátidas*[360] em torno da região do Ponto[361] às quais se impõe, tal como aos homens, que se pratique, do mesmo modo que os homens, não somente

805a a equitação, como também o manejo do arco e de outras armas. A isto adiciono o argumento a seguir. Diante da possibilidade desse costume sou levado a afirmar que o uso atualmente predominante nos nossos Estados é sumamente irracional, a saber, aquele que impede homens e mulheres de praticarem juntos com todas suas forças e ânimo idêntico os mesmos exercícios. O resultado disso é que todo Estado ou quase todo Estado ao custo das mesmas despesas e dificuldades acaba por

b ser apenas meio Estado em lugar de um inteiro, o que representaria um erro surpreendente a ser cometido por um legislador.

Clínias: *É o que parece, mas realmente um grande número de coisas que agora mencionaste, estrangeiro, estão em conflito com nossas formas de governo ordinárias.*

---

360. ...Σαυροµάτιδας... (*Sauromátidas*). É bem provável que o *ateniense* se refira às próprias mulheres sármatas, pertencentes a um povo cita que viveu como nômade numa extensa região do leste europeu (Sarmácia), hoje correspondente à parte do território da Polônia e de países vizinhos. Nos tempos de Platão (século IV a.c.) era natural que a referência fosse feita à região da Ásia Menor denominada Ponto (mar Negro) junto ao qual existia um grande reino. Esta passagem de *As Leis* demonstra incontestavelmente quanto teria viajado Platão.

361. ...περὶ τὸν πόντον... (...*perì tòn pónton*...). A expressão Ponto designava tanto o mar Negro (πόντος Εὔξεινος [*pontos Eúxeinos*] – Ponto Euxino [mar hospitaleiro]) quanto o reino junto a esse *mar* (πόντος [*póntos*]).

O ateniense: Que seja, porém **eu havia** dito que permitiríamos que o raciocínio percorresse seu curso completo para que então acolhêssemos a conclusão por nós aprovada.

Clínias: Nesse aspecto falaste muito razoavelmente e me fazes com isso censurar a mim mesmo pelo que acabei de dizer. Portanto, prossegue no que pretendes como te parecer apropriado.[362]

c

O ateniense: O que me parece apropriado, *Clínias*, como o disse antes, é que se a possibilidade da ocorrência de tal estado de coisas não tivesse sido suficientemente comprovada por fatos, poderia ter sido possível contradizer o que propomos, mas do jeito que é, aquele que rejeita essa nossa lei terá que recorrer a um outro método, bem como essa rejeição não atenuará o vigor com o qual afirmamos em nossa doutrina que o sexo feminino deve partilhar com o masculino, *na maior medida possível*, tanto na educação quanto em tudo o mais, pois na

d verdade é forçoso que concebamos o assunto sob essa luz. Supondo que as mulheres não compartilhassem com os homens no que diz respeito à totalidade de seu sistema de vida, não precisariam elas dispor de um sistema diferente próprio?

Clínias: Decerto que precisariam.

O ateniense: Pois bem! Qual dos sistemas atualmente em voga indicaremos de preferência a este sistema comunitário que estamos sugerindo agora que se lhes imponha? Será o dos trácios, e de muitas

e outras tribos, segundo o qual as mulheres são empregadas para arar a terra, cuidar dos bois e das ovelhas e trabalharem arduamente como escravos? Ou será aquele comum entre nós e todos os nossos povos vizinhos? A maneira na qual as mulheres são tratadas entre nós presentemente é esta: juntamos todos os nossos bens, como diz o adágio, entre quatro paredes e os confiamos à intendência das mulheres, somando isso à sua administração das navetas e de todos os tipos de lanifício.

Ou determinaremos para elas, *Megilo*, aquele sistema intermediário,

806a o lacônico?... segundo o qual as moças participam da ginástica e da música e as mulheres se abstêm do trabalho com a lã, mas têm que tecer elas mesmas em lugar disso uma vida que não é absolutamente trivial e tampouco inútil embora árdua, avançando, por assim dizer, meio

---

362. Alguns helenistas eminentes envolvidos no estabelecimento deste Diálogo (entre eles o próprio Auguste Diès) veem em todo o texto que indicamos em itálico a fala exclusiva de Clínias, situação em que teríamos que trocar o *eu havia* por *tu havias*. Esta diferença formal, embora afetando a interlocução, não altera em absoluto a coerência contextual do teor do diálogo, já que Clínias, faz nesse último caso suas as palavras do *ateniense*.

caminho entre os cuidados e administração domésticos e a formação das crianças, mas sem participar do serviço militar, de maneira que se acontecer ser necessário que lutem em defesa de sua cidade e de seus
b filhos, serão incapazes de manusear habilmente um arco, como fazem as amazonas,[363] ou qualquer outro projétil, não sendo capazes também de empunhar lança e escudo no estilo da deusa[364] se capacitando nobremente a combater a devastação de sua terra natal e infundir o medo – ao menos – ao inimigo que as contemplasse marchando como tropa organizada. Se vivessem desta maneira, certamente não ousariam adotar o estilo dos sauromátidas, cujas mulheres pareceriam homens ao lado delas. Assim, em relação a essa matéria, que louve
c teus legisladores quem quiser! De minha parte, não saberia como alterar meu pensamento. Cumpre que o legislador atinja o termo de sua missão, ao contrário de se deter no meio do caminho, permitindo que as mulheres cedam à indolência, ao luxo e a modos desregrados de vida, limitando-se ele a supervisionar o sexo masculino e assim legando, finalmente, ao Estado apenas uma metade da prosperidade em lugar da prosperidade integral.

Megilo: O que nos resta fazer, *Clínias*? Permitiremos que o estrangeiro oprima nossa Esparta desta forma?[365]

d *Clínias*: Sim. Visto que lhe concedemos liberdade de se expressar é preciso que o deixemos prosseguir até concluirmos a plena discussão das leis.

Megilo: Estás certo.

O ateniense: Posso então me empenhar sem maior demora em dar continuidade à minha exposição?

Clínias: Sem dúvida.

O ateniense: Que gênero de vida levariam os seres humanos pressupondo-se que dispusessem de um moderado suprimento de tudo
e que é necessário, tivessem confiado todos os ofícios a outras mãos e suas fazendas aos escravos, produzindo-lhes o suficiente para satisfazer

---

363. ...Ἀμαζόνες... (...*Amazónes*...), literalmente *desprovidas de seios*. Mulheres guerreiras que teriam constituído um povo que floresceu no Ponto, na Cítia e na Líbia.
364. Atena.
365. Apesar do sistema intermediário, como o *ateniense* classifica a legislação de Esparta relativamente à situação da mulher, os espartanos conferiam pouco espaço à atividade feminina, especialmente às mulheres casadas. Se por um lado, por determinação legal era ministrada uma educação às meninas e moças semelhante àquela ministrada aos meninos e rapazes, por outro as leis referentes ao matrimônio (γάμος [*gámos*]) reduziam as moças ao se casarem às obrigações domésticas. Assim se explica a quase indignação de Megilo ante o feminismo do *ateniense*.

suas modestas necessidades?[366] Suponhamos, ademais, que disponham de salas para os repastos públicos, salas separadas para os homens e outras contíguas para o pessoal de casa, incluindo as moças e suas mães,[367] e que se encarregassem de cada uma dessas salas um senhor ou senhora responsáveis pela dispensa do grupo, sua supervisão e a observação de sua conduta. E que ao encerramento da refeição o senhor e todo o grupo vertessem uma libação em honra daqueles deuses aos quais aquela noite e dia são dedicados, e finalmente se retirassem para suas casas. Supondo que estivessem assim organizados, não haveria nenhum trabalho necessário, de uma espécie realmente apropriada, que lhes fosse reservado, tendo todos eles que prosseguir se engordando como gado? Isto, afirmamos, não é nem correto nem bom; nem tampouco é possível que alguém que viva assim escape à sua sorte, e a sorte de um animal ocioso, engordado na indolência é, via de regra, cair nas garras de um outro animal – um daqueles que emagrece a ponto de se tornar pele e osso, minando sua coragem no excesso de trabalho duramente suportado. Ora, é provável que se procurarmos encontrar esse estado de [equilíbrio entre trabalho e] lazer plenamente realizado exatamente como descrevemos ficaremos desapontados enquanto mulheres, crianças e casas permanecerem particulares, estando essas coisas estabelecidas como propriedades privadas dos indivíduos; mas se o *segundo melhor Estado*[368] agora descrito pudesse existir, poderíamos nos contentar com ele. E, podemos afirmar, que efetivamente resta para aqueles que vivem essa vida uma tarefa que não é de modo algum tacanha ou trivial, mas na verdade que é imposta por uma justa lei sobre seus ombros como a mais pesada de todas, pois comparada com a vida almejada numa vitória pítica ou olímpica à qual falta inteiramente o lazer para outras tarefas, essa vida de que falamos – que muito corretamente merece o nome de *vida* – é duplamente, ou melhor, multiplamente falta de lazer já que está ocupada com o cuidado da virtude em geral do corpo e da alma. Isto porque não deve haver nenhuma tarefa secundária para obstar o trabalho de suprir o corpo de seu exercício e nutrição próprios ou a alma de conhecimento

---

366. Platão insiste na limitação da riqueza, numa vida sem luxo e excessos materiais, pois está convicto que a acumulação de bens e os hábitos desenvolvidos no fausto são incompatíveis com a justiça e a temperança, virtudes da alma a serem visadas por todo cidadão.
367. Perceba-se que o suposto feminismo de Platão deve ser entendido sempre com ressalvas, dentro de termos relativos.
368. Ou seja, a concepção de Estado aqui apresentada, em contraste com a apresentada em *A República*, que seria o *primeiro* melhor Estado. O velho Platão se dá conta da inexequibilidade da eliminação sumária da instituição da propriedade privada (item fundamental do seu projeto do Estado comunista em *A República*). A *segunda* melhor constituição para o Estado é a alternativa realizável, embora seja para Platão apenas aceitável (como ele afirma logo na sequência, *capaz de nos contentar*).

e dos costumes a ela convenientes. Não, nem todas as horas da noite e do dia são suficientes para quem dela se ocupa extrair seus frutos de maneira plena e ampla. Sendo esta a natureza das coisas, será necessário elaborar um programa para todos os homens nascidos livres indicando

e   como deverão empregar todas as horas de seu tempo, continuamente, da aurora à aurora e nascer do sol de cada dia que sucede. Seria indigno que um legislador se ocupasse de um sem-número de pequenos detalhes prosaicos da administração doméstica, por exemplo determinar quanto tempo deveriam ficar de vigília toda noite os homens que se propõem a proteger todo o Estado de maneira adequada e ininterrupta. Que qualquer cidadão, realmente, passe as noites inteiras dormindo, em lugar de dar um

808a exemplo em sua casa sendo ele mesmo sempre o primeiro a despertar e se levantar – esta prática deverá ser considerada por todos como indigna de um homem livre, quer tenhamos essa reprovação na conta de um costume ou de uma lei. Além disso, também constitui prática vergonhosa a senhora da casa precisar ser despertada pelas servas em lugar de ser a primeira a levantar-se e despertar todas as servas, e se possível, a casa inteira; é o que comentarão obrigatoriamente entre si servos e servas e mesmo os meninos. E, despertando-se à noite, poder-se-á com certeza empreender

b uma grande parcela de tarefas, *sejam do interesse do Estado, sejam do interesse doméstico, os magistrados na cidade e os senhores e as senhoras em suas próprias casas.*³⁶⁹ Pois muito sono não é naturalmente conveniente nem aos nossos corpos nem às nossas almas, e nem tampouco ao exercício das atividades que lhes são próprias. Um homem adormecido não vale nada, o mesmo que se estivesse morto. Ao contrário, todo aquele entre nós que se importa muito com a vida e com o pensamento permanece desperto o máximo possível, reservando

c   do seu tempo para o sono apenas o exigido pela saúde, o que é pouco uma vez bem formado o hábito. E governantes que ficam vigilantes à noite nas cidades representam um terror para o malfeitores, sejam estes cidadãos ou inimigos, embora objetos de respeito e admiração para os justos e temperantes. Esses governantes beneficiam tanto a si mesmos quanto a todo o Estado.

---

369. ...τε πολιτικῶν μέρη πολλὰ καὶ τῶν οἰκονομικῶν, ἄρχοντας μὲν κατὰ πόλιν, δεσποίνας δὲ καὶ δεσπότας ἐν ἰδίαις οἰκίαις... (...*te politikôn mére pollà kaì tôn oikonomikôn, árkhontas mèn katà pólin, despoínas dé kaì despótas en idíais oikíais...*), tanto políticas quanto econômicas, os magistrados na cidade e os donos e donas de casa em suas próprias casas. Esta tradução que favoreceria a literalidade (e que é a opção de alguns helenistas) nos parece equívoca porque o nosso adjetivo *político* e especialmente o adjetivo *econômico* não correspondem exatamente aos conceitos gregos contidos nos adjetivos morfologicamente semelhantes.

A noite, se assim passada, além de todos os outros benefícios indicados, conferirá maior fortaleza às almas de todos que residem nesses
d Estados. Com o retorno do dia, as crianças deverão se dirigir aos seus educadores, pois como nenhuma ovelha ou outro animal de pasto deve viver sem a presença de um pastor, também não podem as crianças viver sem um tutor[370] e escravos sem um senhor. E entre todas as criaturas selvagens a criança é a mais intratável; pelo próprio fato dessa fonte de razão que nela existe ainda ser indisciplinada, a criança é uma criatura traiçoeira, astuciosa e sumamente insolente, diante do que tem que ser
e atada, por assim dizer, por múltiplas rédeas, a começar por quando deixa o cuidado da ama e da mãe, quando está com os tutores, que a norteiam em sua puerilidade e depois disso com todos os professores de todas as modalidades de matérias e lições, que a tratam como convém a uma criança nascida livre. Por outro lado, precisa ser tratada como um escravo[371] e qualquer homem livre que encontrar a criança, o tutor ou o professor agindo incorretamente os castigará. E todo aquele que os encontrar [assim agindo] e não puni-los devidamente estará sujeito, desde já, à maior das degradações[372] e o guardião da lei especialmente
809a selecionado para dirigir os assuntos da infância deverá estar atento em relação àquele que presenciou as más ações mencionadas e se omitiu quanto a aplicar o castigo necessário, seja por não fazê-lo pura e simplesmente, seja por aplicá-lo incorretamente. Ademais, esse guardião da lei supervisionará incisivamente a educação das crianças, moldando suas naturezas norteando-as sempre para o bem prescrito pelas leis.[373] Mas como a própria lei educará adequadamente esse nosso guardião da lei?... pois até o presente a lei não estabeleceu ainda nada claro e
b apropriado. Indicou algumas coisas, mas omitiu outras. Mas no que respeita a esse guardião não é admissível que omita nada, mas neces-

---

370. ...παιδαγωγῶν... (*paidagogón*), como já esclarecemos na nota 149, esta figura era a de um escravo que levava as crianças livres à escola, responsável por sua disciplina e segurança, e que na prática acabava por assumir já algum papel educacional na formação dos pequenos. Era o elemento de ligação entre a mãe e a ama e o professor propriamente dito (διδάσκαλος [*didáskalos*]).
371. Sendo um animalzinho intratável e semirracional, a criança requer um tratamento de rédea dupla, a saber, a orientação apropriada aos homens livres associada ao castigo apropriado aos escravos.
372. Platão insiste em transmitir ao cidadão (o que talvez pudéssemos chamar hoje de sociedade civil) não só a função de vigilante do cumprimento da lei como um efetivo poder de polícia.
373. Isto não quer dizer a identificação do moral com o legal, mas que estes não podem existir um sem o outro; devem coexistir necessária e paralelamente como os dois braços de um corpo. O homem de bem só existe se existir o bom cidadão correspondente. O ético isolado do político ético isolado do político seria uma mera abstração inútil. Na prática, não faz nenhum sentido o indivíduo humano ser bom somente para si mesmo e para os deuses; deve ser bom no contato com seus semelhantes em comunidade. Aristóteles encaminhará tal discussão de maneira a concluir que o ser humano é um animal político.

sário que exponha plenamente tudo minuciosamente para que ele possa ser para os outros tanto o intérprete quanto o alimentador. Quanto aos assuntos referentes ao coral envolvendo melodias e danças, os tipos a serem selecionados, remodelados e consagrados, tudo isto já foi coberto por nós; nunca, entretanto, abordamos a questão do tipo de literatura que
c   é escrita sem métrica.[374] E aí indagamos: "Ó excelente supervisor das crianças, de que espécie deveria ser essa prosa e de que modo teus discípulos a deverão receber?" Sabes baseado em nosso prévio discurso quais são os exercícios marciais que precisam aprender e praticar, porém os assuntos que não foram ainda, meu amigo, a ti declarados pelo legislador são os seguintes: em primeiro lugar, as letras, em seguida como tocar a lira; e também a aritmética, da qual eu disse que deveria haver quanta for necessária a todos aprender de modo a suprir os objetivos da guerra, da administração doméstica e da administração da cidade. Somado ao que é útil aprender para essas mesmas finalidades está o conhecimento dos cursos dos deuses (corpos celestes) – estrelas, sol e lua – na medida
d   em que cada Estado se vê obrigado a levá-los em consideração. É ao seguinte que aludo: o arranjo dos dias em períodos mensais, e dos meses em anos, em cada caso de maneira que as estações, com seus respectivos sacrifícios e festas, possam cada uma receber sua devida posição, sendo mantidas segundo a natureza, e que assim possam gerar ânimo e alerta no Estado e possam prestar suas devidas honras aos deuses, e possam [igualmente] tornar os cidadãos mais inteligentes com respeito a essas matérias. Esses pontos, meu amigo, ainda não foram em absoluto expli-
e   cados a ti pelo legislador. Agora atenta cuidadosamente para que o que na sequência deve ser dito. Em primeiro lugar, estás, como dissemos, insuficientemente instruído até agora relativamente às letras. O ponto em relação ao qual nos queixamos é que até o presente a lei não disse a ti claramente se aquele que é para ser um bom cidadão deverá devotar-se a esse estudo assiduamente, ou negligenciá-lo completamente, o mesmo se dizendo em relação à lira. Afirmamos neste momento que é necessário que não os negligencie. Quanto ao estudo das letras, um período em
810a   torno de três anos será razoável para uma criança de dez anos de idade;

---

374. ...τὰ δὲ ἐν γράμμασι μὲν ὄντα, ἄνευ δὲ μέτρων... (...*tà dè en grámmasi mèn ónta, áneu dè métron*...).
A referência é à parte do ensino elementar que não era acompanhada de música; a rigor, o nosso conceito de *literatura* não traduz com exatidão o conceito do γραμματικός (*grammatikós*), que é *aquilo que concerne à arte de ler ou escrever*, a arte do escriba, a capacidade de leitura e de redação (pressupondo o conhecimento da gramática da língua). A palavra *letrado (literato)* neste caso (num mundo de inúmeros analfabetos em que a figura do escriba se destacava) designava apenas o cidadão bem alfabetizado capaz de ler e escrever fluentemente, e não o mestre da palavra escrita, que é o sentido que atribuímos à palavra hoje.

e quanto ao estudo da lira a criança deverá iniciá-lo aos treze anos e a ele se aplicar por três anos. E quer a criança goste ou não goste do estudo, não será permitido seja à ela seja ao seu pai encurtar ou alongar o período de estudo, contrariando a lei; e aquele que incorrer na desobediência à lei será privado das honras escolares que mencionarei

b logo na sequência. E durante esses períodos, que assuntos deverão as crianças aprender e os professores ensinar é o que cabe a ti aprender primeiro. Deverão se ocupar das letras o suficiente para se capacitarem a ler e escrever.[375] Não há necessidade de exigir uma destreza superior no escrever ou uma maior beleza no manuscrito daqueles cujo progresso no período estabelecido for demasiado lento. Quanto às lições de leitura, há composições escritas não musicadas, seja metrificadas ou destituídas de divisões rítmicas – composições meramente proferi-

c das em prosa, desprovidas de ritmo e harmonia. E alguns dos muitos compositores dessa espécie nos legaram escritos perigosos.[376] Como lidareis com eles, ó meus excelentes guardiões das leis? Ou que método de com eles lidar o legislador com justeza determinará? A perplexidade deste será imensa, estou certo.

Clínias: O que significa isso, estrangeiro? Faz-se evidente que estás te dirigindo a ti mesmo e estás pasmo?

O ateniense: Estás certo em tua suposição, *Clínias*. Como sois meus parceiros nesta investigação das leis devo explicar-vos o que se afigura fácil e o que se afigura difícil.

d *Clínias*: Bem, ao que em relação a elas estás aludindo agora e qual é o transtorno que te acomete?

O ateniense: Dir-te-ei, pois não é nada fácil sustentar o contrário do que repetem muitas milhares de línguas.

Clínias: Mas vejamos. Acreditas que os pontos nos quais nossas conclusões anteriores a respeito das leis contradisseram as opiniões ordinárias foram poucos e irrisórios?

O ateniense: Tua observação tem muito de verdade. Entendo que me convidas, agora que o caminho que é detestável a muitos é para outros atraente, outros possivelmente não em número inferior (ou,

e se menos numerosos, seguramente não menos competentes) – estás,

---

375. Esta frase de Platão, que se vincula à nossa nota anterior, deixa claro o conceito de γράμματα (*grámmata* [que morfologicamente deu origem à nossa palavra gramática, mas que semanticamente não lhe corresponde]).
376. No que respeita às concepções de Platão quanto ao *curriculum* da educação elementar, concepções que estão estreitamente ligadas à sua teoria estética, ver particularmente os *Livros III* e *X* de *A República*.

afirmo-o, me convidando a me aventurar com este último grupo a prosseguir ousadamente e sem descanso ao longo do caminho da legislação definida por nosso presente discurso.

Clínias: Certamente.

O ateniense: Então não descansarei. Em verdade declaro que há, entre nós, poetas que compõem versos inumeráveis: hexâmetros, trímetros e toda métrica que podeis mencionar, alguns tendo por objetivo a seriedade, outros a comicidade; é com esses escritos, dizem muitas milhares de pessoas, que devemos educar e empanturrar os jovens se pretendermos dar-lhes a correta educação, enchendo seus ouvidos de leituras e suas cabeças de lições, a ponto de aprenderem de cor todos os poetas.[377] Outros compilam as obras de todos os poetas, produzindo coletâneas e reunindo passagens inteiras, nos afirmando que é preciso que um menino saiba tudo isso de cor e o retenha na memória se desejamos que ele se torne bom e sábio como resultado de uma ampla e variada gama de instrução. Gostarias que eu dissesse agora francamente a essas pessoas o que está errado em suas afirmações e o que está certo?

Clínias: É claro.

O ateniense: Como poderei numa única frase acerca de todas essas pessoas exprimir um juízo adequado? Bem, talvez deste modo, com que todos concordarão, a saber, que todo poeta proferiu muito de bom e muito também que é mau, de forma que sou levado a afirmar que uma ampla gama de aprendizado envolve perigo para as crianças.

Clínias: Que conselho darias então ao guardião da lei?

O ateniense: Acerca do quê?

Clínias: Acerca do modelo pelo qual se guiaria com respeito aos assuntos específicos cujo aprendizado ele permitiria ou proibiria às crianças. Diz-nos e sem hesitação.

O ateniense: Parece, meu bom *Clínias*, que nisso conto com um bocado de sorte.

Clínias: O que queres dizer?

O ateniense: Que quanto a um modelo não estou inteiramente perdido, pois ao lançar um olhar agora às discussões das quais estamos nos ocupando desde a aurora até este momento – e isto, imagino, não sem alguma ajuda divina – me pareceria que foram moldadas exatamente como um poema. E não é de se surpreender, talvez, que eu tenha sido

---

377. Ensinar não é inserir na mente do aluno um saber pronto e cristalizado. A respeito da teoria do conhecimento em Platão consultar o diálogo *Teeteto*, em *Diálogos I*.

d assaltado por um sentimento de intenso prazer quando contemplei todos os nossos discursos enfileirados, como por assim dizer, em rigorosa formação militar; de todos os diversos discursos que já ouvi ou li, seja em poemas ou num livre fluxo de palavras como o nosso, eles me impressionaram como sendo não apenas os mais adequados, como também os mais convenientes para os ouvidos dos jovens. Em nenhum lugar, acho, poderia eu encontrar um melhor modelo do que esse para apresentar ao guardião da lei que atua como educador, de modo que fizesse com que as crianças fossem ensinadas por seus mestres mediante esses nossos discursos e outros que lhes assemelham e se lhes aproximam; e se acontecesse que em sua busca ele desse com poemas ou escritos em prosa, ou meros discursos verbais e não escritos aparentados aos nossos, ele não deveria negligenciá-los de modo algum e, pelo contrário, fazer com que fossem escritos. Primeiramente, teria que obrigar os próprios preceptores a aprender esses discursos e louvá-los, aqueles que deixassem de aprová-los não devendo ser empregados como colegas, porém somente os que

812a aprovassem o seu louvor aos discursos, aos quais confiaria o ensino e o treinamento da juventude. E permite-me aqui encerrar minha homília no que toca aos mestres da escrita e às obras escritas.

Clínias: A julgar pela nossa intenção original, estrangeiro, certamente não acho que desviamos da linha de raciocínio que pretendíamos. Mas considerando o assunto como um todo, é difícil, indubitavelmente, ter certeza de que estamos com razão ou não.

O ateniense: Isso, *Clínias*, como costumamos dizer, provavelmente se fará mais claro quando chegarmos ao fim de nossa exposição inteira relativa às leis.

b *Clínias*: Corretíssimo.

O ateniense: Depois do mestre da escrita, não devemos nós na sequência nos ocupar do mestre da cítara?

Clínias: Certamente.

O ateniense: Ao atribuir aos mestres de cítara suas obrigações próprias no que respeita ao ensino e treinamento geral dos assuntos pertinentes, é-nos imperioso, a meu ver, ter em mente nossas declarações anteriores.

Clínias: A quais declarações tu te referes?

O ateniense: Dissemos, suponho, que os cantores sexagenários de hinos dedicados a Dionísio deviam ter percepção excepcionalmente

c aguda relativamente a ritmos e composições harmônicas de maneira que ao lidarem com representações musicais de uma espécie boa ou má, pelas quais a alma é emocionalmente afetada, pudessem ser capazes de discernir as reproduções boas das más, e rejeitando estas últimas pudessem produzir as outras em público, e encantar as almas das crianças cantando-as e assim desafiá-las todas a acompanhá-los na aquisição da virtude por meio dessas representações.

Clínias: É bem verdade.

O ateniense: Assim, com o fito de atingir essa meta, tanto o mestre da lira[378] quanto seu aluno têm que empregar as notas da lira conforme a diversidade de suas cordas, atribuindo às notas da canção notas que sintonizem com as notas das cordas.[379] Mas quanto à divergência de som e variedade das notas da lira, quando as cordas tocam uma melodia e o compositor outra, ou quando resulta uma combinação de notas baixas e altas, tons lentos e tons rápidos, sons agudos e graves e todos os tipos de variações rítmicas às notas da lira, reprovamos o uso de todas essas complicações com alunos que têm que absorver rapidamente, num período de três anos, os elementos úteis da música, pois o choque dos opostos entre si impede a facilidade do aprendizado, e acima de tudo, os jovens deveriam aprender com facilidade, visto que as lições que lhes são impostas não são nem poucas nem pouco extensas, lições estas que serão indicadas por nosso discurso na sequência em momento oportuno. Portanto, que nosso educador regulamente essas matérias da maneira estabelecida. No que toca ao caráter das próprias melodias e letras que os mestres de coro deverão ensinar, nós já o explicamos de modo minucioso e extensivo.[380] Afirmamos que em todos os casos deveriam ser consagradas e adaptadas às festas apropriadas, revelando-se assim benéficas aos Estados fornecendo-lhes diversão propícia.

Clínias: Isso também, verdadeiramente, tu o explicaste.

O ateniense: Sim, muito verdadeiramente. Quanto a essa adaptação, devemos transmitir este encargo e supervisão ao diretor musical, e que a boa fortuna o ajude. E suplementemos nossas anteriores observações relativas à dança e ginástica corporal em geral. Tal como no caso da música suprimos as regulamentações que faltavam, devemos agora fazer o mesmo com referência à ginástica. Será que concordamos que tanto meninos como meninas devem aprender dança e ginástica?

---

378. Em toda esta parte sobre o ensino da interpretação no instrumento de cordas dedilhado, Platão usa indiscriminadamente a palavra λύρα (*lýra* [lira, instrumento musical dedilhável originalmente de quatro cordas e que passou a ter depois sete cordas]) e κιθάρα (*kithára* [a cítara, instrumento dedilhável semelhante à lira]). Na verdade, Platão está se referindo a qualquer instrumento dedilhável de cordas existente na época, inclusive a harpa de origem egípcia.
379. Ou seja, é necessário haver uma harmonia entre as notas produzidas pelo instrumento e as notas produzidas pela voz do cantor.
380. Em resumo, cantos e danças deveriam ter um caráter religioso.

Clínias: Sim.

O ateniense: Então para suas práticas seria mais apropriado que os meninos dispusessem de mestres de dança e as meninas, mestras.

Clínias: Admito-o.

O ateniense: Convoquemos mais uma vez o homem ao qual caberá a execução da maioria dessas obrigações, o diretor dos assuntos infantojuvenis, o qual, supervisionando tanto a música quanto a ginástica disporá de pouco tempo de folga.

Clínias: Como será ele capaz, na sua idade,[381] de supervisionar tantos assuntos?

O ateniense: Coisa bastante fácil pois a lei lhe concede e continuará a lhe conceder o direito de se associar a todos os homens e mulheres que desejar que o apoiem nessa direção e supervisão. Ele saberá quais as pessoas certas a serem escolhidas, e se manterá ansioso para não cometer deslizes nesses assuntos, reconhecendo a grandeza de seu cargo e sabiamente o tendo em elevado respeito, e conservando também a convicção de que enquanto os jovens forem bem educados, o Estado navegará [em águas tranquilas] como é preciso; caso contrário, as consequências serão tais que seria proibitivo a nós a elas nos referirmos, como não o faremos ao nos ocuparmos com um novo Estado, por temor aos demasiado supersticiosos.[382] Ademais, no tocante a essas matérias que se relacionam aos movimentos da dança e da ginástica, já nos ocupamos largamente. Estamos estabelecendo as formas de ginástica e todos os exercícios físicos ligados ao treinamento militar, o uso do arco e todos os tipos de projéteis, o emprego do escudo leve e armas pesadas de toda espécie, evoluções táticas, marchas das companhias, formações de acampamento e todos os detalhes do treinamento da cavalaria. Em todas estas áreas devem haver instrutores públicos remunerados pelo Estado e seus alunos devem ser não só os rapazes e homens do Estado, como também as moças e mulheres que já têm compreensão dessas matérias, que deverão ser treinadas em todos os movimentos requeridos pelo manejo das armas e no combate desde meninas, e ao se tornarem mulheres, partícipes das evoluções, formações de fileiras, deposição e retomada das armas, e isto – se não por outra razão – ao menos por esta, a saber, se algum dia for necessário que os guardiões das crianças e do resto do Estado deixem a cidade e marchem na totalidade das tropas, essas mulheres sejam, pelo menos, capazes de tomarem seus lugares; enquanto

---

381. O magistrado responsável pela educação deverá ter mais de cinquenta anos.
382. Ou seja, considerar-se-ia a simples menção de algo desastroso, particularmente relacionado a alguma coisa no nascedouro ou recém-nascida, como de mau augúrio.

se, por outro lado – e se trata aqui de uma contingência absolutamente possível – um exército invasor de estrangeiros, brutal e poderoso, grego ou bárbaro forçar uma batalha em torno da própria cidade, então ocorrerá
b uma amarga desgraça para o Estado se suas mulheres tiverem sido tão mal educadas a ponto de serem mesmo carentes de vontade para agirem como as mães dos pássaros que se defrontam com as feras mais poderosas em defesa de suas ninhadas,[383] e, ao contrário, negando-se a afrontar todos os riscos, e a própria morte, fugissem diretamente para os templos, lotando todos os santuários e sítios sagrados, e trazendo à humanidade a marca infamante de ser a espécie mais covarde entre todas as espécies de seres vivos.

Clínias: Por Zeus, estrangeiro, se algum dia isso sucedesse a um
c Estado, seria a coisa mais desonrosa, além do enorme infortúnio.

O ateniense: Portanto, será que podemos formular esta lei, a saber, que as mulheres não deverão descurar do treinamento militar, mas que todos os cidadãos, tanto homens quanto mulheres, deverão estar atentos a ele?

Clínias: Eu participo dessa opinião.

O ateniense: No que diz respeito à luta, alguns aspectos foram explicitados, mas não explicamos, a meu ver, aquele que é o aspecto mais importante, tampouco é fácil de ser expresso mediante palavras sem
d a ajuda de uma ilustração prática. Sobre esse aspecto nós decidiremos [logo na sequência] quando a palavra acompanhada da ação poderá demonstrar claramente esse fato em meio aos outros mencionados, a saber, que a luta desse tipo é, de todos os movimentos, de longe o mais ligado ao combate militar, e também que não é este último que deve ser aprendido por causa do primeiro, mas que, pelo contrário, é o primeiro que deve ser praticado por causa do último.

Clínias: Quanto a isso, tens razão.

O ateniense: De momento, que isso seja suficiente como exposição das funções de uma escola de luta. Quanto aos outros movimentos do
e corpo todo, dos quais sua parte principal é adequadamente chamada de dança,[384] vislumbramos duas espécies: a primeira representando o movimento solene de belos corpos e a outra representando o movimento ignóbil de corpos feios, e a partir daqui temos duas subdivisões

---

383. Consultar o *Banquete*, em *Diálogos V*.
384. Platão utiliza aqui o termo ὄρχησιν (*orkhesín*) num sentido muito lato para designar todos os tipos de gestos e posturas corporais.

de ambas. Da espécie nobre há, por um lado, o movimento guerreiro e aquele de belos corpos e almas corajosas envolvidos num esforço violento, e por outro lado, há o movimento de uma alma moderada vivendo num estado de prosperidade e prazeres moderados; este último tipo de dança chamaremos, em conformidade com sua natureza, de pacífico. À dança guerreira, que é distinta da pacífica, pode-se dar apropriadamente o nome de *pírrica*, a qual representa, por um lado, os movimentos que se faz para evitar todos os golpes assestados de perto ou de longe, movimentar-se lateralmente, recuar, saltar em altura, abaixar-se, e por outro lado, os movimentos contrários, estes que concernem às posturas ofensivas e procuram imitar os movimentos do tiro de arco ou do lançamento dos dardos, ou os gestos para assestar de perto quaisquer golpes. Em todos esses casos a ação e a tensão dos tendões são corretos quando há uma representação de belos corpos e almas em que a maioria dos membros do corpo é estendida retilineamente. Declaramos ser esta a representação correta, mas o tipo oposto, errado. Na dança pacífica, o ponto a ser considerado em todos os casos é se o executante em suas interpretações se conforma ou não ao nobre tipo de dança como convém a homens que respeitam a lei. Assim, em primeiro lugar, devemos estabelecer uma fronteira entre a dança questionável e a dança inquestionável. Toda dança do tipo báquico e cultivada por aqueles que se entregam à imitação embriagante de Ninfas, Pãs, Silenes e sátiros,[385] que servem de referência a esse tipo de dança, executando certos ritos de expiação e iniciação não pode ser facilmente definida como pacífica ou guerreira, ou como pertencente à qualquer outra categoria distinta. O meio mais correto de defini-la me parece ser o seguinte: separá-la tanto do tipo pacífico quanto do guerreiro e declararmos que tal espécie de dança é imprópria para os nossos cidadãos. E tendo assim a descartado e eliminado, poderemos agora retor-

---

385. ...Νύμφας τε καὶ Πᾶνας καὶ Σειληνοὺς καὶ Σατύρους... (...*Nýmphas te kaì Pânas kaì Seilenoùs*...).
As Ninfas, descendentes tanto de deuses quanto de titãs, eram divindades menores vinculadas à natureza e que habitavam principalmente rios, lagos e montanhas. Pã (o plural Πᾶνας [*Pânas*] empregado por Platão é figura de linguagem) é uma divindade não olímpica e não antropomórfica ligada à natureza, mas não uma divindade secundária, e sim comparável aos grandes deuses; protetor das colmeias, rebanhos e também dos pastores, vaqueiros e caçadores (Pã era prazenteiro e prestativo), sua filiação é duvidosa (Cronos e Reia, Hermes e Dríope, Hermes e Oeneis, Hermes e Penélope, Hermes e Amalteia, a cabra etc.); com pernas e cascos de bode, chifres e cauda, Pã passava parte do tempo perseguindo as Ninfas, tendo seduzido muitas delas (Eco, por exemplo); dizem que quando perturbado, emitia um alto e horrendo grito que fazia os que o ouvissem ter os cabelos eriçados, daí o substantivo Πανικός (*Panikós*) assumir também o significado de *terror*; Pã é o único deus que no ciclo de atividades dos deuses *morre*. Silene (o plural também é figurativo) foi uma ninfa que serviu de ama ao deus Hermes. Os sátiros eram semideuses rústicos de aparência e certos modos semelhantes aos de Pã.

nar aos tipos guerreiro e pacífico que, inquestionavelmente, se referem a nós. O gênero da Musa pacífica, pelo qual se honra mediante a dança os deuses e os filhos dos deuses, consiste em termos gerais de toda dança executada sob a inspiração de um sentimento de bem-estar. Deste gênero pode-se distinguir duas subdivisões: uma delas apresenta um caráter mais jubiloso, sendo apropriada àqueles que escaparam de uma situação de dificuldades e perigos para um estado de felicidade; a outra está ligada mais à preservação e aumento das venturas preexistentes, exibindo consequentemente um júbilo de caráter menos ardente. Nestas condições, todos os seres humanos movem seus corpos mais intensamente quando suas alegrias são maiores, menos intensamente quando são menores; além disso, os movem menos intensamente quando são mais moderados e melhor treinados na coragem, mas quando são covardes e pouco afeitos à moderação cedem a alterações maiores e mais intensas dos movimentos; e em geral ninguém que esteja usando sua voz, seja numa canção seja num discurso é capaz de manter seu corpo completamente em repouso. Daí, quando a representação de coisas expressas por meio de gestos surgiu, produziu toda a arte da dança. Em todos esses exemplos, há entre nós quem se mova em harmonia com seu tema e há quem não o faça. Muitos dos nomes dados nos tempos antigos são dignos de nota e louvor por sua excelência e poder descritivo, sendo um destes o nome dado às danças dos homens que se encontram num estado de bem-estar e que se entregam a prazeres de um tipo moderado. Quão verdadeiro e quão musical foi o nome tão racionalmente aplicado a essas danças pelo homem (quem quer que tenha sido) que as chamou pela primeira vez de *emelias* e estabeleceu duas espécies de boas danças: a guerreira, chamada de *pírrica* e a pacífica chamada de *emelia*, conferindo a cada uma seu nome apropriado e harmonioso. O legislador deveria esboçar a descrição dessas danças e o guardião das leis pesquisá-las, e as tendo investigado, combinar as danças com o resto da música e atribuir o que delas é conveniente a cada uma das festas sacrificiais, distribuindo-a por todas as festas. E quando tiver consagrado assim todas essas coisas na devida ordem, deverá doravante não fazer qualquer alteração em tudo que se refira à dança e ao canto, de sorte que a cidade e seu corpo de cidadãos prossiga de uma e mesma maneira, desfrutando os mesmos prazeres e vivendo semelhantemente de todos os modos possíveis, e assim passar suas vidas felizes e bem. Com respeito às ações dos belos corpos e das almas nobres no que diz respeito ao assunto do tipo das danças que aprovamos, como correto temos como concluída nossa tarefa. Devemos agora proceder ao exame e à avaliação das ações dos corpos disformes, das ideias disformes e dos homens dedicados à comédia, considerando-se tanto o discurso quanto a dança, e as representações dadas por todos esses comediantes. Isto porque, se almejamos a sabedoria, é impossível aprender o sério sem o cômico, ou qualquer elemento de dois contrários sem considerar o outro; mas colocá-los ambos em prática é igualmente impossível caso se pretenda participar ao menos de uma pequena parcela da virtude; aliás, é precisamente por esta razão que se deve aprender o cômico – a fim de evitar sempre fazer ou dizer qualquer coisa ridícula por ignorância quando não se deve. Imporemos tal imitação aos escravos e mercenários estrangeiros e nenhuma séria atenção jamais será a ela devotada e nem deverá qualquer homem livre ou mulher livre se prestar ao seu aprendizado,[386] devendo sempre haver algum aspecto novo em seus espetáculos de imitação. Que sejam, portanto, essas as regras para todas aquelas diversões provocadoras de riso que todos nós chamamos de *comédia*, formuladas seja por força de lei seja por força de argumentação. Agora, no que tange aos que chamamos de nossos poetas *sérios*, os trágicos, imaginai que alguns deles se aproximassem de nós e nos indagassem assim: "Ó estrangeiros, devemos ou não devemos visitar a vossa cidade e país e exibir nossa poesia? Ou o que decidistes fazer a respeito disso?" Qual seria a correta resposta a ser dada a essas inspiradas pessoas em relação a isso? A meu ver, esta deveria ser a resposta: "Excelentíssimos estrangeiros, nós mesmos, na medida de nossa capacidade, somos os autores de uma tragédia a um tempo superlativamente bela e boa; toda nossa constituição tem como única razão de ser imitar a mais bela e melhor vida, no que consiste verdadeiramente, a nosso ver, a mais autêntica das tragédias. Assim somos compositores das mesmas coisas que vós, vossos rivais como artistas e atores do drama mais belo, o qual somente a lei verdadeira está naturalmente apta a criar. Não imaginais, pois, que permitiremos em qualquer tempo que instaleis vosso palco ao nosso lado na *ágora* e que daremos permissão aos vossos atores importados com suas doces melodias e vozes mais altas que as nossas para arengar mulheres e crianças e toda a multidão, e dizerem não as mesmas coisas que dizemos sobre as mesmas instituições, mas, ao contrário, coisas que são, na sua maioria, precisamente o oposto. Na verdade, tanto nós mesmos quanto todo o Estado estaríamos completamente loucos se permitíssemos que fizésseis como eu disse, antes que os magistrados tivessem decidido se

---

386. Quer dizer, visando a prática.

vossas composições são merecedoras de enunciação e apropriadas para publicação. Assim, agora, vós filhos oriundos das Musas lastimosas, principiai por exibir vossos cantos lado a lado com os nossos diante dos magistrados e se vossos enunciados parecerem idênticos aos nossos ou melhores, vos concederemos um coro,[387] mas se este não for o caso, meus amigos, nada poderemos fazer."

e Que sejam esses, portanto, os costumes regrados pelas leis relativamente às danças e seu aprendizado, mantendo-se distintos o que é para os escravos e o que é para os senhores, se vós o concordais.[388]

Clínias: Está claro que agora concordamos com isso.

O ateniense: Permanecem ainda para os nascidos livres três ramos do aprendizado: destes o primeiro é o cálculo e a aritmética, o segundo a arte da medição das extensões, das superfícies e dos sólidos e o terceiro diz respeito ao curso dos astros e a forma de seu trajeto

818a natural um em relação ao outro.[389] Todas estas ciências não devem ser estudadas com minuciosa precisão pela maioria dos alunos, mas apenas por alguns selecionados, que diremos quem serão quando estivermos próximos do fim [deste tratado das leis], visto que este será o lugar adequado para tal. Quanto ao grosso dos alunos, se por um lado seria vergonhoso para a maioria deles não compreender todas essas partes [das ciências], que são com justiça consideradas *necessárias*, é preciso que se admita que não é fácil e mesmo absolutamente possível para todo estudante penetrá-las nas suas minúcias. Bem, a parte necessária delas é impossível rejeitar e provavelmente era isto que estava na mente

b do autor original do provérbio que diz que "não se verá jamais nem mesmo a Divindade lutando contra a necessidade",[390] querendo dizer com isso, eu suponho, todos os tipos de necessidades que são divinas visto que em relação às necessidades humanas, às quais muitas pessoas aplicam o provérbio ao citá-lo, esse provérbio entre todos os provérbios seria, de muito, o mais fátuo de todos.

Clínias: E que necessidades, estrangeiro, pertinentes a essas ciências não são desse tipo, mas divinas?

---

387. Ou seja, será dada a licença para encenar a tragédia.
388. Ver *A República*.
389. A astrologia e a astronomia.
390. Na verdade Platão alterou aqui o provérbio para que se enquadrasse na sua cosmogonia e teologia encimadas pela figura do Demiurgo. O provérbio, citado por ele mesmo pela boca de Sócrates no *Protágoras* é ἀνάγκῃ δ' οὐδὲ θεοὶ μάχονται (*anágke d' oudè theoì mákhontai* [quanto à necessidade, nem os próprios deuses a ela resistem]).

O ateniense: Aquelas, acredito, que têm que ser praticadas e aprendidas por todo deus, *dáimon* e herói que quiserem ser seriamente competentes para supervisionar a humanidade. Um ser humano certamente estaria longe de se tornar divino se fosse incapaz de aprender a natureza do um, do dois, do três e dos números pares e ímpares em geral, e se tudo desconhecesse a respeito do contar e não pudesse sequer contar mesmo o dia e a noite como distintos objetos, e se fosse ignorante acerca das revoluções do sol e da lua e de todos os outros astros.[391]

Supor, portanto, que todos esses estudos não são *necessários* para alguém que pretende entender ao menos o que há de mais simples [e singular] nas mais belas ciências é uma suposição sumamente tola. A primeira coisa que temos que compreender corretamente é isto: que ramos do estudo em particular é preciso aprender, quantos, como e quando, e qual em relação à qual, e qual separadamente e o método de combiná-los. Feito isto, e com esse estudo como introdutório, poder-se-á se proceder ao aprendizado do resto. Este é o procedimento natural determinado pela necessidade, contra a qual, como declaramos, nenhum deus luta ou jamais lutará.

Clínias: Sim, estrangeiro, essas tuas explicações parecem realmente estar de acordo com a natureza, e ter conteúdo verdadeiro.

O ateniense: Isso é realmente a verdade sobre a matéria, *Clínias*, mas promulgar como lei esse nosso programa é uma difícil tarefa. Promulgaremos isso com maior precisão, se concordares, numa ocasião posterior.

Clínias: Tu nos parece, estrangeiro, muito receoso com a inexperiência habitual de nossos países relativamente a esses estudos. Mas erras no teu temor. Portanto, não te detenhas em tua exposição, tentando sim levá-la adiante.

O ateniense: Estou realmente atemorizado com o hábito que mencionaste, mas estou ainda mais alarmado com as pessoas que tomam essas mesmas ciências para estudo e o fazem tão mal. A completa e absoluta ignorância delas jamais chega a ser alarmante e tampouco constitui um imenso mal. Muito mais danoso é uma ampla variedade de conhecimento e aprendizado combinados com mau treinamento.

Clínias: Isso é verdadeiro.

---

391. A persistente influência pitagórica retida por Platão: o número não é um mero elemento abstrato criado pela razão, mas sim algo ontológico ligado ao que há de potencialmente divino no ser humano.

O ateniense: Será imperioso declarar, então, que as crianças nascidas livres devem aprender tanto dessas disciplinas quanto a inumerável multidão de crianças do Egito delas aprende juntamente com suas letras. Em primeiro lugar, no que tange a contar, foram inventadas lições para o aprendizado da criança já na tenra idade, utilizando jogos e divertimento, seja dividindo maçãs e coroas, de maneira que a um mesmo número total se distribua a um grupo maior e a um grupo menor, seja classificando no pugilato e na luta os pugilistas e lutadores em ímpares e pares, tomando-os alternada e consecutivamente em sua ordem natural. Ademais, num jogo os mestres misturam recipientes feitos de ouro, bronze, prata e metais semelhantes e outros os distribuem em grupos de um tipo único, adaptando as regras da aritmética elementar ao jogo, o que será útil aos alunos nas suas futuras tarefas de enfileirar, conduzir e fazer marchar os exércitos ou mesmo na administração doméstica, tornando-os mais preparados em todos os sentidos para seus próprios assuntos e mais alertas. O próximo passo a ser dado pelos professores seria eliminar através da administração de lições sobre pesos e medidas um certo tipo de ignorância, ao mesmo tempo absurda e desastrosa, que é naturalmente inerente a todos os seres humanos, no tocante a linhas, superfícies e sólidos.

Clínias: A que ignorância tu te referes e de que espécie é ela?

O ateniense: Meu caro *Clínias*, quando me dei conta muito recentemente de nossa precária situação relativamente a essa matéria, eu próprio fiquei assombrado; pareceu-me mais a situação estúpida de suínos glutões do que a de seres humanos, e me senti envergonhado não apenas de mim mesmo, mas também de todo o mundo grego.[392]

Clínias: Por quê? Diz-nos o que queres dizer com isso, estrangeiro.

O ateniense: Na verdade já o estou fazendo, mas me explicarei melhor fazendo uma pergunta. Responde-me com brevidade: sabes o que é uma linha?

Clínias: Sim.

O ateniense: E uma superfície?

Clínias: Certamente.

O ateniense: E sabes que essas são duas coisas, e que a terceira coisa mais próxima dessas é o sólido?

Clínias: Sei.

O ateniense: E não achas que todas as três são entre si comensuráveis?

Clínias: Sim, acho.

---

392. Ver *A República*.

O ateniense: E acreditas, suponho, que são realmente comensuráveis entre si a linha com a linha, a superfície com a superfície e o sólido com o sólido?

Clínias: Não há dúvida.

O ateniense: Mas supondo que algumas dessas dimensões não são nem absoluta nem moderadamente comensuráveis, algumas o sendo e outras não, considerando-se que em tua opinião todas o são, o que pensarias do teu estado mental a respeito delas?

Clínias: Evidentemente esse meu estado seria deplorável.

O ateniense: Ora, no que toca à relação da linha e da superfície com o sólido, ou da superfície e a linha reciprocamente, não imaginamos todos nós gregos que são, de algum modo, comensuráveis entre si?

Clínias: Com toda a certeza.

O ateniense: Mas se não podem assim ser medidos de nenhum modo ou meio, enquanto, como eu disse, todos nós gregos imaginamos que podem, não estaremos certos de estar envergonhados por todos eles ao dizermos: "Ó vós, nobilíssimos entre os gregos, não será essa uma daquelas coisas 'necessárias' que afirmamos ser uma desonra não conhecer, mas na qual a ciência das verdades elementares nada apresenta de grandioso?"

Clínias: E como negá-lo?

O ateniense: A se somarem a essas há outras matérias, que lhes são estreitamente relacionadas, nas quais registramos a ocorrência de muitos erros que são quase afins aos erros mencionados.

Clínias: E quais são eles?

O ateniense: Problemas concernentes à natureza essencial do comensurável e do incomensurável. É isto que é preciso examinar e distinguir sob pena de se cair num esforço totalmente inútil; são esses os problemas a serem mutuamente propostos, passatempo muito mais refinado para os velhos que o jogo de damas.

Clínias: É provável. E, afinal, não parece haver assim muita diferença entre o jogo de damas e esses estudos.

O ateniense: E, portanto, *Clínias*, sustento que tais assuntos têm que ser aprendidos pelos jovens pois não são, na verdade, nem prejudiciais nem difíceis, e quando aprendidos via jogo não provocarão qualquer dano ao nosso Estado, mas sim benefícios. Se qualquer contestação surgir, que ouçamos quem contesta.

Clínias: Está claro que sim.

O ateniense: Bem, se esse for claramente o caso, evidentemente adotaremos esses assuntos; mas se nos parecer claramente ser o contrário, nós os descartaremos.

Clínias: Sim, obviamente.

O ateniense: Não deveremos então, estrangeiro, formulá-los como necessários objetos de instrução, de maneira a não haver nenhuma lacuna em nosso código de leis? E no entanto devemos formulá-los provisoriamente – como promessas capazes de redenção – à parte do resto de nossa constituição no caso de não conseguirem satisfazer a nós que os promulgamos ou vós, para quem são promulgados.

Clínias: Sim, esse é um modo correto de formulá-las.

O ateniense: Considera na sequência se aprovaremos ou não o aprendizado da astronomia por parte das crianças?

Clínias: Simplesmente diz-nos tua opinião.

O ateniense: Bem, quanto a isso é um estranho fato, na verdade absolutamente intolerável.

Clínias: O que é?

O ateniense: É comum afirmarmos que os seres humanos não devem indagar no que concerne ao deus supremo e sobre o universo e nem se ocuparem na busca de suas causas, visto ser realmente ímpio fazê-lo, enquanto o procedimento correto, com toda a probabilidade, é exatamente o oposto.

Clínias: Explica-te.

O ateniense: Minha afirmação parece paradoxal e poder-se-ia considerá-la inconveniente partindo de um homem velho; mas o fato é que quando um homem acredita que uma ciência é bela, verdadeira e benéfica ao Estado e completamente cara à Divindade, não pode, talvez, refrear-se mais de declará-la.

Clínias: Isso é razoável, mas com que ciência desse tipo poderemos nos defrontar ao lidar com os astros?

O ateniense: Atualmente, meus caros senhores, quase todos nós, gregos, dizemos o que é falso sobre essas poderosas divindades, tanto o Sol quanto a Lua.[393]

Clínias: E qual é essa falsidade?

---

393. Ἡλίου τε ἄμα καὶ Σελήνης (*Helíou te háma kaì Selénes*).

O ateniense: Afirmamos que eles, e alguns outros astros com eles jamais fazem um trajeto idêntico, e assim os chamamos de *planetas*.[394]

c *Clínias*: Sim, por Zeus, estrangeiro, isso é verdade, porque durante toda a minha vida tenho percebido com frequência que o astro matutino e o astro vespertino[395] e outros astros jamais se movem no mesmo curso, mas se mantêm *errando* de todas as maneiras; mas quanto ao Sol e a Lua, sabemos que se mantêm fazendo isso.

O ateniense: É precisamente por essa razão, *Megilo* e *Clínias*, que afirmo agora que nossos cidadãos e nossos jovens devem aprender o suficiente de todos esses fatos que concernem aos deuses do céu[396]
d quanto seja necessário para não blasfemar em relação a eles, mas sempre falar piamente tanto em sacrifícios quanto por ocasião de suas reverentes orações.

Clínias: Estás certo, contanto que em primeiro lugar seja possível aprender o assunto que mencionas; e contanto também que o aprendizado nos faça corrigir quaisquer erros que possamos estar cometendo sobre eles agora – então eu também concordaria que um assunto de tal importância devesse ser aprendido. Sendo assim, faz realmente todo o esforço de prosseguir em tua exposição e nós, de nossa parte, nos empenharemos em acompanhar-te e aprender.

e *O ateniense*: Bem, a matéria a que me refiro não é fácil de ser aprendida; nem tampouco é absolutamente difícil e exige um estudo muito prolongado. Embora não tenham me falado disso nem nos dias de minha juventude nem há muito tempo, sou capaz de explicá-la a vós num tempo relativamente curto. Ora, se o assunto fosse tão difícil, eu não seria jamais capaz de expô-lo a vós, eu na minha idade a vós na vossa.

Clínias: Isso é verdade. Mas qual é essa ciência cujo aprendizado tu descreves como maravilhoso e adequado para a juventude e da qual 822a somos ignorantes? Tenta nos dar sobre esse ponto preciso as explicações mais claras possíveis.

O ateniense: Preciso tentá-lo. A opinião, meus amigos, de que o Sol, a Lua e o resto dos astros *erram* não é correta; a verdade é precisamente o oposto: cada um deles sempre se move num círculo executando

---

394. O sentido literal dos adjetivos πλανήτης (*planétes*) e πλανητός (*planetós*) é *vagabundo, errante*; por extensão o astro que se acreditava segundo a astronomia antiga ser o único que não tinha uma órbita definida e nem era fixo: o planeta.
395. ...Ἑωσφόρον καὶ τὸν Ἕσπερον... (...*Heosphóron kaì tòn Hésperon*...). Embora isto signifique estrela da manhã (da aurora) e estrela do anoitecer, os gregos e outros povos antigos se referiam a um mesmo corpo celeste, isto é, aquele que é chamado correntemente de estrela Vésper, o planeta Vênus.
396. ...θεῶν τῶν κατ' οὐρανὸν... (...*theôn tôn kat' ouranòn*...).

um mesmo trajeto – não vários trajetos, embora pareça que se movam ao longo de diversos trajetos; e o mais rápido dos astros é considerado erroneamente como o mais lento e vice-versa. Se estes são os fatos reais e imaginamos o contrário, supõe que alimentássemos uma noção semelhante sobre cavalos correndo em Olímpia, ou sobre corredores de longa distância e proclamássemos os mais rápidos como sendo os mais lentos e os mais lentos como sendo os mais rápidos e cantássemos canções louvando o perdedor como ganhador; tais elogios não seriam nem justos, penso eu, nem feitos para agradar os corredores aos quais se dirigissem, embora não passassem de homens mortais. Mas quando na realidade é com os deuses que cometemos esses erros, não seria de se pensar que se, ridículos e errôneos naquele caso, agora não se prestam mais ao riso, não sendo tampouco agradáveis aos deuses, a quem, de fato, estaremos entoando hinos e contos plenos de mentira?

Clínias: Isso é bastante verdadeiro, se os fatos são como o dizes.

O ateniense: Então, se demonstrarmos que são realmente assim, serão esses assuntos aprendidos até o ponto mencionado e se formos incapazes de demonstrá-lo os descartaremos. Será este o nosso acordo?

Clínias: Certamente.

O ateniense: Podemos agora dizer que nossas regulamentações tocantes aos assuntos da educação estão concluídas. O assunto da caça e investigações correlatas deverão ser agora abordados de maneira similar. A obrigação que compete ao legislador provavelmente vai além da simples tarefa de promulgar leis; além das leis, há algo mais que cai naturalmente entre o conselho e a lei – algo em que esbarramos várias vezes ao longo de nosso discurso, como por exemplo em conexão com a alimentação dos bebês – tais matérias, dizemos, não podem ficar sem regulamentação, mas seria, contudo, demasiado tolo considerar essas regras como leis promulgadas. Quando, então, as leis e toda a constituição estiverem assim escritas, nosso louvor do cidadão que é preeminente pela virtude não será completo quando dizemos que o homem virtuoso é aquele que é o melhor servo das leis e o mais obediente. Uma afirmação mais completa é a seguinte: que o homem virtuoso é aquele que passa através da vida obedecendo coerentemente às regras escritas do legislador tal como dadas em sua legislação, aprovação e reprovação.[397] Esta afirmação é a forma mais correta de louvar o cidadão, e deste modo, ademais, o legislador não se limitará a escrever

---

397. Ou seja, a virtude perfeita não requer apenas o acatamento à lei estabelecida, como também o respeito a todas as demais regras e costumes indicados pelo legislador sob a forma menos rígida da admoestação (aprovação ou reprovação).

as leis, mas como em acréscimo às leis, e combinadas a elas, ele terá que tornar também escritas suas decisões quanto a que coisas são boas e quais são más; e o cidadão perfeito deverá nortear-se não menos por essas decisões do que pelas regras impostas pela lei e passíveis de punição.³⁹⁸ É possível aduzir o assunto que se coloca agora diante de nós como testemunho de modo a demonstrarmos com maior clareza o que queremos dizer. A caça é com efeito todo um largo e complexo conjunto de atividades que hoje quase completamente responde por essa única palavra.³⁹⁹ Há muitas variedades de caça de animais aquáticos e também muitas de aves, bem como muitíssimas de animais terrestres, não apenas de bestas selvagens como também, observai, de seres humanos tanto na guerra quanto, frequentemente, na amizade,⁴⁰⁰ um tipo de caça que é em parte aprovado e em parte reprovado; e também existem os roubos e caças executados pelos piratas e os bandos. Quando o legislador estiver fazendo leis referentes à caça, deverá estabelecer essas distinções de modo claro e formular instruções de teor ameaçador pela imposição de regras e penalidades para todas essas modalidades. O que então tem que ser feito a respeito dessas matérias? O legislador, de sua parte, estará certo em louvar ou censurar a caça com um olhar atento nos jovens, vendo o que dela lhes convém em meio às labutas e ocupações do jovem, e o jovem estará certo ouvindo e obedecendo e não permitindo que nem o prazer nem a fadiga o obstem, e acatando com grande respeito as ordens sancionadas pelo louvor de preferência a incorrer no domínio das determinações promulgadas pela lei sob a ameaça de penalidades.

Depois de todas essas observações à guisa de preâmbulo seguir-se-á o adequado louvor ou censura da caça: louvor ao tipo que torna as almas dos jovens melhores, e censura ao tipo que produz o oposto. O próximo passo será nos dirigir aos jovens sob forma de súplica: "Amigos, que jamais possam vós ser tomados por qualquer desejo ou ânsia de caçar no mar ou pescar com anzol, ou de uma maneira qual-

---

398. Neste assunto, entre outros, Platão nada alterou do pensamento que já havia exposto no *Críton*, em *Diálogos III*.
399. Isto é, θήρα (*théra*).
400. Platão se refere ao chamado jogo do amor ou caçada dos amantes (que ele chama no Sofista de ἡ τῶν ἐρώντων θήρα [*he tôn erónton théra*]), basicamente o jogo de sedução e atração para aproximação dos sexos, ou até eventualmente de indivíduos do mesmo sexo, do que são copiosos os exemplos na narrativa mitológica olímpica, principalmente protagonizados por Zeus. No *Banquete* Platão chama o deus do amor sensual (Ἔρως [*Éros*]) de θηρευτησδεινός (*thereutesdeinós*), ou seja, caçador poderoso. De fato, o ritual da caçada dos amantes foi muito comum inclusive na manifestação religiosa de muitos povos antigos, além de estar sendo revivido atualmente, por exemplo, no ressurgimento do paganismo *Wicca*.

e   quer perseguir animais aquáticos, ou vos dedicar à caça preguiçosa na qual armadilhas fazem o trabalho por vós. Que não vos invada essa paixão da caça do homem no mar, nem a da pirataria, que fará de vós caçadores cruéis e atuando fora da lei; e que possa o pensamento de cometer roubo no campo ou na cidade nem sequer passar por vossas mentes. E que tampouco se aposse de qualquer jovem o desejo

824a   veemente e artificioso de caçar os pássaros, paixão tão pouco digna de um homem livre". Desta forma, resta aos nossos atletas somente a caça e captura de animais terrestres. Deste ramo da caça, a modalidade chamada de caça noturna, na qual a atividade é intermitente, sendo o trabalho de homens preguiçosos que dormem alternadamente, é aquela que não merece qualquer louvor, como tampouco merece o tipo no qual há intervalos para repouso durante a labuta, quando os homens dominam a força selvagem dos animais mediante redes e armadilhas em lugar de fazê-lo através do poder vitorioso de uma alma amante do esforço. Consequentemente, o único tipo de caça que realmente resta para todos, e o tipo melhor, é a caça aos quadrúpedes com cavalos e cães e os próprios membros do caçador, quando os homens caçam

b   pessoalmente e subjugam todas as criaturas correndo, golpeando e atirando eles mesmos – todos os homens, quer dizer, aqueles que cultivam a coragem que é divina.[401] Com referência ao conjunto deste assunto, a exposição que apresentamos servirá como louvor e censura; e a lei terá a seguinte redação: ninguém impedirá esses caçadores verdadeiramente sagrados de caçar onde e como quiserem, mas quanto ao colocador de armadilhas noturno que conta com redes e armadilhas, este ninguém jamais permitirá que cace em lugar algum. O caçador de aves não será detido em terra de pouso ou na montanha; mas aquele que o encontrar em terras cultivadas e glebas sagradas deverá expulsá-lo. O pescador

c   terá permissão de atuar em todas as águas exceto portos e rios, lagoas e lagos sagrados, mas sob a condição de que não faça uso de sucos impuros.[402] Portanto, agora finalmente, podemos dizer que todas as nossas leis relativas à educação estão completas.

Clínias: Podes com acerto dizê-lo.

---

401. Fica clara a conexão estreita e necessária entre a caça e a virtude da coragem.
402. Produtos (sucos obtidos pela mistura de vegetais) que possam envenenar a água e matar os peixes.

Livro
VIII

Τούτων μὴν ἐχόμενά ἐστιν τάξασθαι μὲν καὶ
νομοθετήσασθαι ἑορτὰς μετὰ τῶν
ἐκ Δελφῶν μαντειῶν, ...

828a *O ateniense*: Nossa próxima tarefa será, amparados pelos oráculos de Delfos, organizar e promulgar por lei os festivais, prescrevendo que sacrifícios e para que divindades será bom e direito que o Estado faça suas oferendas. Quanto às datas e o número desses festivais caberá, sem dúvida, a nós mesmos determiná-los.

Clínias: Muito provavelmente, ao menos o número deles.

O ateniense: Então comecemos indicando o número. Deverão ha-
b ver não menos do que 365 festas, de maneira que haja sempre algum magistrado realizando sacrifício para algum deus ou *dáimon* em nome do Estado, do povo e de sua propriedade. Os intérpretes, os sacerdotes, as sacerdotisas e os profetas se reunirão e na companhia dos guardiões das leis determinarão o que o legislador será obrigado a omitir, bem como no que consistirão tais omissões. A lei estabelecerá que haverá doze festas dedicadas aos doze deuses que dão seus nomes às várias
c tribos. Para cada um deles eles realizarão sacrifícios mensais e atribuirão coros e concursos musicais bem como competições de ginástica, como convém aos próprios deuses e às diversas estações do ano; e eles determinarão também festivais femininos, prescrevendo quantos destes serão exclusivamente femininos e quanto serão abertos também aos homens. Ademais, eles terão que determinar, em conformidade com a lei, os ritos apropriados aos deuses subterrâneos e quantos dos deuses celestes[403] deverão ser invocados e que ritos a eles relacionados

---

403. ...ἔτι δὲ καὶ τὸ τῶν χθονίων καὶ ὅσους αὖ θεοὺς οὐρανίους... (...*éti dè kaì tò tôn khthoníon kaì hósous aû theoùs ouraníous*...). Os deuses subterrâneos ou do mundo inferior (*inferno* – Τάρταρος [*Tártaros*]), o mundo dos mortos, incluem as Erínias ou Fúrias (Tisífone, Alecto e Megara), a deusa das bruxas, Hécate, a rainha Perséfone e o senhor do mundo dos mortos, Hades (também chamado de Plutão); a fronteira entre o mundo superior e o mundo inferior é o horrendo rio chamado Estix (Στύξ [*Stýx*]; o substantivo στύξ significa objeto odioso, horrível, monstruoso), por onde o barqueiro Caronte (Χάρων [*Kháron*]) conduz as almas (que puderem pagar por isso, é claro!); as portas do Tártaro são vigiadas contra intrusos vivos e mortos não liberados por Caronte por Cérbero (Κέρβερος [*Kérberos*]); o reino de Hades, semelhante ao reino de Osíris da religião egípcia, não é exclusiva e necessariamente uma dimensão de tormentos, desespero e horror, mas sim a dimensão do julgamento dos mortos e de sua destinação conforme a vida que viveram. Entre os deuses celestes estão tanto os pré-olímpicos (como Urano, Gaia e Cronos) quanto a progênie de Cronos (cronídeos) encabeçada por Zeus e outros olímpicos, embora o grande senhor olímpico do

não deverão ser misturados [aos ritos dos deuses subterrâneos], e dispor
d estes no décimo mês, que é consagrado a Plutão. A propósito, este deus
não deve ser motivo de antipatia por parte dos guerreiros, pelo contrário, deve ser honrado como um dos deuses que é sumamente bom com
a raça humana, pois como eu afirmaria com toda a seriedade, a união
da alma ao corpo não é de modo algum melhor que sua separação.[404]
Ademais, se pretendem estabelecer essas matérias adequadamente, essas pessoas terão que acreditar que não há nenhum outro Estado que possa
se comparar ao nosso relativamente ao grau de lazer e controle quanto
829a às necessidades da vida, e acreditar que ele,[405] como um indivíduo, deve
levar uma boa vida. Mas para uma vida boa e feliz o primeiro requisito
é não cometer injustiças contra si mesmo nem sofrer injustiças cometidas por outros. Destas, as primeiras não são muito duras, mas é muito
difícil manter-se imune às injustiças de outrem; com efeito, é impossível
conquistar essa invulnerabilidade perfeitamente, a não ser que nos
tornemos perfeitamente bons. Analogamente, um Estado poderá obter
uma vida pacífica se se tornar bom, mas se for mau, tudo que obterá
b será uma vida de guerra tanto no estrangeiro quanto domesticamente.
Assim sendo, todos deverão treinar para a guerra não em tempo de
guerra, mas em tempo de paz. Consequentemente, um Estado judicioso
terá que realizar uma marcha mensalmente empregando não menos
que um dia inteiro, ou mais (dependendo do decreto dos governantes)
independentemente da temperatura estar fria ou quente. Desta marcha deverão participar homens, mulheres e crianças sempre que os
governantes desejem fazê-los marchar em massa; em outras ocasiões
caminharão em seções. Paralelamente aos sacrifícios, eles deverão
continuamente criar nobres jogos que deem ensejo a competições nos
c festivais, moldados o mais estreitamente possível nos jogos de guerra.
Em cada uma dessas ocasiões deverão distribuir prêmios e comendas
e compor discursos de louvor e censura, de acordo com o caráter que
cada um exibe não somente nas competições como também na própria
vida em geral, enaltecendo quem é avaliado como sumamente bom e

---

céu seja Zeus, Poseidon dominando os mares e Deméter (mãe de Coré convertida em Perséfone) seja a deusa dos frutos da terra representando os olímpicos.
404. É preciso honrar o deus dos mortos porque nossa alma é imortal e separada do corpo adentrará o reino dos mortos. A união é inferior à separação porque obriga o ser humano a viver no mundo sensível (κόσμος αἰσθητός [*kósmos aisthetós*]) em que tudo não passa de imagens, cópias, simulacros (εἴδωλα [*eídola*]) do mundo inteligível (κόσμος νοητός [*kósmos noetós*]). Ver o mito da caverna em *A República* (*Livro VII*). Sobre a imortalidade ver também a *Apologia*, o *Críton* e o *Fédon* em *Diálogos III*.
405. Ou seja, o Estado.

cobrindo de reprovações quem não o é. Tais discursos nem todos comporão pois em primeiro lugar ninguém com menos de cinquenta anos o fará e ademais, ninguém o fará, mesmo sendo plenamente competente em poesia e música, enquanto não tiver sido o autor de uma ação nobre.

d   Na verdade, mesmo que lhes falte musicalidade, os poemas a serem interpretados serão aqueles compostos por homens que são pessoalmente bons e honrados no Estado como realizadores de feitos nobres. O julgamento destes caberá ao educador e ao resto dos guardiões das leis, que lhes concederão o exclusivo privilégio do discurso livre na canção, enquanto nenhuma permissão será dada aos outros, não devendo tampouco ninguém arriscar-se a cantar uma canção não autorizada,
e   mesmo que seja mais doce que os hinos de Orfeu ou de Tâmiras;[406] só serão admitidos os poemas que foram consagrados e reservados aos deuses, e aqueles em que pessoas de bem, discernindo a censura ou o elogio, foram reconhecidas como executores do que realmente era para ser feito. No tocante tanto às operações marciais quanto à liberdade do discurso poético, declaro que as mesmas regras deverão se aplicar igualmente a homens e mulheres. O legislador deverá refletir
830a de per si e raciocinar assim: "Vamos, que homens pretendo eu formar quando tiver todo o Estado pronto e formado? Não deverão eles ser atletas para os maiores combates, nos quais os afrontarão milhares e milhares de antagonistas? "Com toda a certeza," a ele alguém responderia com acerto. E daí? Supõe que estivéssemos formando pugilistas ou lutadores do pancrácio ou competidores para qualquer outro ramo similar do atletismo – será que iríamos diretamente para a competição sem previamente nos devotar diariamente ao combate com alguém? Se fôssemos pugilistas, por um grande número de dias que antecedessem a competição, deveríamos estar aprendendo como lutar, e trabalhando duro, praticando por imitação todos aqueles métodos que pretendêsse-
b   semos empregar no dia em que estivéssemos lutando para granjear a vitória, imitando a coisa real da forma que mais estivesse próxima da realidade. Usaríamos em lugar de luvas almofadadas as próprias luvas de tiras de couro, de maneira a desenvolver a melhor prática possível em dar golpes e evitá-los; e no caso de termos que enfrentar a escassez de parceiros de treinamento, supõe que deveríamos nos deter pelo receio do riso dos tolos e deixar de erguer um boneco sem vida e nele
c   praticar? Com efeito, mesmo se estivéssemos no deserto, sem dispor de parceiros vivos ou meros bonecos, não deveríamos recorrer à luta

---

406. Lendário músico trácio.

com nossas próprias sombras no sentido mais literal? Ou qual o outro nome que dever-se-ia dar à prática da postura pugilística?[407]

Clínias: Não há nenhum outro nome para isso, estrangeiro, salvo o que acabaste de dar.

O ateniense: E então? Será que a força de luta de nosso Estado ousará avançar todas as vezes menos preparada para defender vidas, crianças, bens e todo o Estado do que os atletas competidores que des-
d crevemos? Temerá o legislador incorrer em aspectos que se afigurarão ridículos para alguns a ponto de se omitir quanto à prescrição desses treinamentos de combates?... a ponto de deixar de promulgar leis pelas quais determinará operações de campo?... entre as quais o tipo secundário, sem armas pesadas, deverá ocorrer todos os dias, se possível – para o que tanto os coros quanto a ginástica deverão ser direcionados – enquanto os outros tipos, como aquele tipo mais importante de ginástica com completo porte de armas e couraça, ele ordenará que seja
e realizado ao menos uma vez por mês? No caso deste último tipo haverá competições recíprocas por todo o país, em contendas envolvendo a tomada de fortes e emboscadas e em todas as formas de guerra simulada; com efeito, se lutará literalmente empregando-se bolas e dardos com o máximo de realidade possível,[408] embora as pontas dos dardos deverão ser feitas menos perigosas, a fim de que seus jogos de combate possam conter algum elemento de alarme, podendo produzir terrores e indicar,
831a numa certa medida quem tem coragem e quem não a tem. Ao primeiro o legislador atribuirá as devidas honras e ao segundo a degradação, de maneira a ter condições de preparar todo o Estado para ser útil ao longo de toda a vida no combate real. Ademais, se alguém for morto nessas lutas simuladas, considerando-se que o crime é involuntário, o legislador declarará o assassino de mãos puras depois de ter sido legalmente purificado; pois o legislador refletirá que quando alguns homens morrem, outros igualmente bons crescerão para tomarem seus lugares enquanto se, por assim dizer, o temor estiver morto, ele estará incapa-
b citado de descobrir um teste para distinguir em todos esses casos o bom do mau – o que será um mal muito maior para um Estado.

---

407. O exercício de treinamento no qual, mesmo sem um parceiro, movemos o corpo e os braços como se estivéssemos aparando os golpes de um adversário.
408. ...σφαιρομαχεῖν τε καὶ βολαῖς ὡς ἐγγύτατα τῶν ἀληθῶν... (...*sphairomacheîn te kaì bolaîs hos eggýtata tôn alethôn*...). A *esferomaquia* era uma competição entre dois grupos semelhante a nossas partidas de *handball*, polo ou *hockey*.

Clínias: Nós, ao menos, estrangeiro, certamente concordaríamos que todo Estado deveria tanto determinar quanto praticar essas coisas.

O ateniense: Estamos nós todos cientes da razão por que todos esses coros e essas competições não existem atualmente em lugar algum nos Estados, a não ser numa medida muito modesta? Diríamos que isso é devido à ignorância da multidão e daqueles que legislam para ela?

Clínias: Possivelmente.

O ateniense: De maneira alguma, meu bem-aventurado *Clínias*! O que nos compete dizer é que há duas causas para isso, e as duas do maior peso.

Clínias: E quais são?

O ateniense: A primeira nasce de um amor pela riqueza que não permite que a pessoa disponha de tempo para se dedicar a outra coisa exceto aos seus próprios bens pessoais; e quando a alma de qualquer cidadão fica inteiramente presa a isso, torna-se incapaz de lidar com quaisquer outros assuntos a não ser produzir o ganho diário. Seja qual for a ciência ou profissão que a isso conduza,[409] todo homem individualmente está sempre disposto a aprendê-la, desprezando todo o resto. Eis aí o primeiro motivo, eis onde é preciso ver a causa que impede um Estado de se dedicar a cultivar seriamente esses exercícios, ou qualquer outra bela e nobre ocupação; e porque, por outro lado, todo indivíduo, devido à sua ambição por prata e ouro, se dispõe ao esforço árduo em todo ofício ou expediente, nobres ou ignóbeis, se for provável que se torne rico através deles, desejoso, inclusive, de realizar ações tanto piedosas quanto impiedosas ou plenamente vergonhosas sem qualquer escrúpulo, contanto que ele seja capaz de saciar-se ao extremo, como um animal selvagem, de todo o tipo de alimento, bebida e sexo.[410]

Clínias: É correto.

O ateniense: Então que se declare o que estou descrevendo como uma causa que impede os Estados de praticar adequadamente operações militares ou quaisquer outros exercícios nobres, e que faz com que homens detentores de uma natureza pacífica se transformem em comerciantes, proprietários de navios e servos, enquanto transforma os bravos em piratas, assaltantes, ladrões de templos, lutadores e déspotas

---

409. Ou seja, a produção do ganho diário.
410. Platão reprova inteiramente o amor à riqueza, a sede de ouro e prata e vê nisto uma das principais causas da corrupção dos Estados. É devido a isso, inclusive, que concebeu o sistema de moeda dupla, já referido anteriormente neste diálogo.

– e isso embora em alguns casos não tenham natureza propriamente má, mas sejam simplesmente inclinados à infelicidade.

Clínias: O que queres dizer?

O ateniense: Bem, como poderia eu descrever de outra forma a não ser como completamente infelizes homens que são obrigados ao longo de toda a vida a conviver com [essa] fome[411] sempre em suas almas?

Clínias: Essa é, então, uma causa. Qual é a segunda causa a que te referiste, estrangeiro?

O ateniense: Estás certo em me lembrar.

Megilo: Uma causa, como asseveras, é essa busca insaciável ao longo da vida inteira que ocupa todo o tempo dos homens e os impede de praticar corretamente as manobras militares. Que assim seja! Agora diz-nos qual é a segunda causa.

O ateniense: Pensas que demoro para dizê-lo porque me vejo em dificuldade?

Megilo: Não. Mas achamos que, devido a uma espécie de ódio contra o caráter que descreves, o estás castigando mais severamente do que é necessário ao argumento que ora utilizas.

O ateniense: Vossa observação é perfeitamente justa, estrangeiros. Quereis, parece, ouvir o que se segue.

Clínias: Apenas continua.

O ateniense: Sustento que essa causa reside nessas falsas constituições que mencionei amiúde em nossa discussão anterior, ou sejam, a democracia, a oligarquia e a monarquia despótica. Nenhuma delas é de fato uma constituição, merecendo sim verdadeiramente o nome de *partido*, pois nenhuma constitui uma forma de governo na qual a vontade exercida sobre os súditos se casa com a boa vontade desses súditos, exercendo-se sim contra a vontade dos governados sempre por meio de algum tipo de coação; e o governante, por medo do governado, jamais lhe permitirá voluntariamente tornar-se nobre, rico, forte ou corajoso ou de uma maneira ou outra, guerreiro. Estas são, portanto, as duas principais causas de quase tudo, e certamente das condições que descrevemos. A constituição, todavia, para a qual estamos legislando escapa a essas duas causas, pois não só proporciona uma grande quantidade de lazer como seus cidadãos são livres entre si, e como consequência destas nossas leis serão provavelmente os cidadãos menos

---

411. Ou seja, a fome do ouro.

inclinados ao amor ao dinheiro. Por conseguinte, é a uma vez natural e lógico que de todas as constituições existentes somente esse tipo acolheria o sistema descrito acima, que combina instrução militar com esporte, com o que completamos devidamente essa descrição.

Clínias: Excelente.

e *O ateniense*: Na sequência, nos compete lembrar com relação a todas as competições de ginástica que todas aquelas que propiciam treinamento bélico devem ser instituídas, com prêmios a contemplá-las, enquanto aquelas que não o propiciam devem ser descartadas. Quanto a identificar essas competições será conveniente começar por indicá-las e prescrevê-las como lei. Em primeiro lugar, não deveríamos prescrever as competições de corrida e velocidade em geral?

Clínias: Por certo que sim.

O ateniense: De todas as coisas importantes para a guerra destaca-se, sem dúvida, a atividade geral do corpo, seja das mãos ou dos pés; a
833a atividade dos pés para a fuga e a perseguição e das mãos para o combate corpo a corpo que exige robustez e vigor.

Clínias: É indubitável.

O ateniense: E no entanto, nada disso é muito útil quando faltam armas.

Clínias: Evidentemente.

O ateniense: Assim, nas nossas competições, o arauto, como agora é corrente, convocará primeiramente o corredor de curta distância, o qual entrará completamente armado; para o corredor sem armas não ofereceremos prêmio algum. Em primeiro lugar então será admitido o homem
b que terá que percorrer armado o estádio,[412] em segundo lugar o corredor do estádio duplo,[413] em terceiro aquele que executará o percurso hípico,[414] em quarto o corredor de *longo estádio*[415] e em quinto, o corredor da corrida de longa distância que despacharemos em primeiro lugar, totalmente armado, para correr uma distância de sessenta estádios[416] até o templo de Ares e de volta; ele estará com couraça e pesadamente armado, pelo que o chamaremos de hoplita, e executará sua corrida por um terreno mais regular, enquanto *um segundo quinto corredor* [que será seu adversário direto] estará trajado com todo o equipamento de

---

412. Por volta de um oitavo de milha.
413. Por volta de um quarto de milha.
414. Cerca de meia milha.
415. Cerca de três quartos de milha.
416. Cerca de sete milhas.

LIVRO VIII | 309

arqueiro e correrá cem estádios⁴¹⁷ até o templo de Apolo e Ártemis⁴¹⁸ através de colinas e superfície irregular de todo tipo. E tendo assim es-
c tabelecido as competições, aguardaremos o retorno desses corredores, e ao vencedor de cada corrida entregaremos o prêmio.

Clínias: Muito exato.

O ateniense: Vamos distribuir essas competições em três categorias: uma infantil, uma juvenil e uma adulta masculina. Determinaremos que o percurso das corridas dos jovens corresponderá a dois terços do percurso completo e que o infantil corrresponderá à metade do percurso completo ao competirem seja como arqueiros ou hoplitas. No caso das mulheres, prescreveremos corridas de um estádio, estádio
d duplo, estádio hípico e longo estádio⁴¹⁹ para garotas abaixo da puberdade, que deverão correr nuas na própria pista. As garotas com mais de treze anos deverão continuar participando até o casamento, no máximo até a idade de vinte anos, ou ao menos dezoito, mas aparecendo e participando dessas corridas apropriadamente vestidas. Que sejam estas, portanto, as regras relativas às corridas para homens e mulheres. Quanto às provas de força, em lugar da luta⁴²⁰ e as outras modalidades similares de
e peso pesado em moda atualmente, prescreveremos os combates com porte de armas em competições tanto individuais quanto de equipe, cada equipe contando com dois a dez competidores. Quanto aos golpes que um vencedor tem que acertar ou frustrar e a quantidade de pontos necessária ao seu *score* – tal como atualmente no caso da luta, aqueles que lidam com essa arte fixaram por lei os pontos da *boa* luta e os da *má*, e assim do mesmo modo deveremos convocar os homens experientes no combate com armas e convidá-los a nos assistirem no delineamento de leis pelas quais podemos decidir quanto ao justo ven-
834a cedor em tais lutas, sobre o que ele tem que fazer e sobre o que tem que evitar, e analogamente, as regras para determinação do perdedor. No caso das mulheres até a idade do casamento serão estabelecidas leis idênticas. E em substituição ao pancrácio instauraremos um torneio geral de peltastas,⁴²¹ que competirão com arcos, pequenos escudos, dardos e pedras lançadas seja manualmente seja por meio de funda; nestes casos também prescreveremos leis relativas à atribuição de recompensas e

---

417. Por volta de doze milhas.
418. Deus e deusa amigos e irmãos, filhos de Zeus e Leto.
419. Ver correspondências aproximativas nas notas 412 a 415.
420. Ou seja, a luta romana.
421. ...πελταστικὴν... (*peltastikèn*), ou seja, que diz respeito aos peltastas, que eram soldados da infantaria ligeira.

prêmios àquele que melhor se enquadrar às regras vigentes para es-
b   sas competições. Depois dessas competições, a próxima modalidade
a ser prescrita será a corrida de cavalos. Aqui, num território como
Creta, há pouca necessidade de cavalos[422] – ao menos não em grande
número – de maneira que é inevitável dar menos atenção tanto à
criação de cavalos quanto às competições hípicas. Quanto às bigas,
não conhecemos ninguém que as possua e tampouco alguém aqui
que provavelmente se empolgasse em relação a elas,[423] de modo que
estabelecer competições com elas seria contrário ao costume nativo, e
c   mais do que parecer uma ação tola, seria uma ação tola. Se, entretanto,
estabelecermos prêmios para cavalos de sela, sejam potros, cavalos
de idade intermediária[424] ou animais já plenamente desenvolvidos,
teremos que adaptar o hipismo às características do território. Uma
competição será estabelecida por lei para quem montar esses animais,
os filarcas e os hiparcas atuando como juízes públicos das corridas e
dos competidores que montarão armados. Incorreríamos em erro se
premiássemos os competidores desarmados, tanto neste caso como na-
d   quele das competições de ginástica.[425] Convém observar que para um
cretense é importante ser um arqueiro ou lanceiro montado, de sorte
que teremos competições e disputas de caráter esportivo também deste
tipo. Quanto às mulheres, não valerá a pena promulgar leis e estabelecer regras que tornem compulsória sua participação nessas competições, mas se, como resultado do treinamento anterior que desenvolveu
um hábito a natureza delas o permitir em lugar de interditá-lo, que
meninas ou moças[426] participem sem qualquer culpa. E assim damos por
concluída a exposição referente aos assuntos da competição e da instru-
e   ção de ginástica no que concerne à nossa educação mediante competições
e ensino diário. A maior parte de nossa exposição sobre música foi,
igualmente, completada; as regulamentações que tocam aos rapsodos,

---

422. A superfície da ilha de Creta apresenta um terreno irregular e acidentado, mais afeito aos anda-
    rilhos e corredores pura e simplesmente do que a cavaleiros e condutores de bigas.
423. Ver nota anterior.
424. Ou seja, em torno de três anos.
425. Platão pragmaticamente funde de maneira necessária a competição ao preparo militar, daí a cons-
    tante presença do porte e manejo das armas. A competição, entendida como παιδεία (*paideía*),
    não se circunscreve apenas ao mero esporte e entretenimento, mas visa, acima de tudo, a forma-
    ção do corpo sadio e belo, o desenvolvimento da alma virtuosa e no topo de tudo isto, a formação
    do cidadão perfeito, que não pode sê-lo sem ser capaz de tomar armas para defender o Estado.
426. ...παῖδας ἢ παρθένους... (...*paídas è parthénous*...). O conceito παρθένος (*parthénos*), que traduzimos
    livremente por moça, implica necessariamente virgindade (παρθενία [*parthenía*]), identificando-se
    no âmbito do mundo grego com a mulher jovem solteira, para a qual a perda da virgindade antes
    do casamento (γάμος [*gámos*]) era proibitiva.

contudo, e a tudo que os afeta, bem como as competições corais que devem acompanhar os festivais, são matérias a serem organizadas depois que os deuses e semideuses tiverem seus meses, dias e anos designados a cada um; em seguida se examinará se tais competições deverão ser 835a de três em três anos ou de cinco em cinco anos, ou segundo um outro critério e maneira que os deuses possam nos sugerir. Então, também, se espera que os concursos musicais sejam realizados de modo escalonado, sendo sua ordem estabelecida pelos mestres dos jogos, o educador da juventude e os guardiões das leis, que se reunirão para esse propósito específico e atuarão pessoalmente como legisladores a fim de determinar datas, concorrentes e acompanhantes para todos os corais e danças. O que deverá ser cada um destes no que respeita às palavras, canção e harmonia mesclados com ritmo e dança já foi
b indicado muitas vezes[427] pelo legislador original; os legisladores subsequentes deverão se esforçar para legislar segundo suas diretrizes e deverão organizar os concursos em ocasiões convenientes que se enquadrem aos diversos sacrifícios, apontando assim festivais a serem observados pelo Estado. Bem, quanto a essas e as matérias análogas, não é em absoluto difícil de saber qual é a regulamentação legal que devem receber e, realmente, qualquer alteração que aqui se realizasse
c não causaria grande benefício ou prejuízo ao Estado. Mas as coisas que efetivamente não fazem pouca diferença, e com relação às quais é difícil persuadir as pessoas, constituem uma tarefa especialmente para a Divindade (se fosse possível que as ordens procedessem dela). Com efeito, há aqui provavelmente a necessidade de um homem audacioso que, colocando a franqueza acima de tudo, declarará o que julga melhor para a cidade e os cidadãos, e em meio às almas corrompidas prescreverá o apropriado para a manutenção do que exige a constituição, dizendo *não* aos apetites mais poderosos, e atuando sozinho sem ter ninguém que o apoie salvo a voz solitária da razão.
d *Clínias*: Sobre o que estamos raciocinando agora, estrangeiro? Pois nós nos mantemos sem compreender.

O ateniense: O que não me surpreende, mas tentarei me explicar com maior clareza. Quando no meu discurso atingi o assunto relativo à educação, vi moços e moças se unindo entre si pela afeição; e naturalmente, fui assaltado por um sentimento de temor quando me perguntei como administrar um Estado como esse no qual moços e moças são

---

427. Ou seja, nos *Livros VI* e *VII*.

bem nutridos mas isentos de todos os trabalhos duros e servis, que são os mais seguros instrumentos para extinguir o ímpeto da paixão e no qual a principal ocupação de todos ao longo da vida inteira consiste [exclusivamente] em sacrifícios, festas e danças. Num Estado como esse como irão os jovens se abster daqueles desejos que amiúde lançam muitos à ruína – todos esses desejos em relação aos quais a razão, no seu esforço de ser lei, prescreve a abstenção? Que as leis previamente estabelecidas servem para reprimir a maioria dos desejos não causa espanto. Assim, por exemplo a proibição da riqueza excessiva representa muito no sentido de fomentar a temperança e o conjunto de nosso sistema educacional contém leis úteis para que se cumpra a mesma meta. Junte-se a isso o olhar vigilante dos magistrados, treinados para fixarem seus olhares sempre nesse ponto e conservar uma estreita vigilância sobre os jovens. Estes instrumentos, portanto, bastam (na medida da suficiência de um instrumento humano) para se lidar com os outros desejos. Mas quando se trata dos desejos sensuais de moços e moças, de homens por mulheres e mulheres por homens – desejos que têm sido a causa de males incontáveis tanto para indivíduos quanto para Estados inteiros – como nos proteger contra tais paixões, ou que remédio poderíamos aplicar, de modo a encontrar um meio para escapar em todos esses casos de um tal perigo? É extremamente difícil, *Clínias*, pois se no que tange a outras matérias, que não são poucas, Creta geralmente e Lacedemônia nos suprem – e acertadamente – nos dando grande suporte na produção de leis que diferem daquelas de uso comum – no tocante às paixões do sexo (no que estamos absolutamente por nossa conta) nos são totalmente contrárias. Se fôssemos seguir os passos da natureza e promulgar aquela lei que era vigente antes da época de Laios,[428] declarando que é certo nos abster da relação sexual em que substituímos uma mulher por um homem ou um rapaz, aduzindo como evidência a natureza dos animais selvagens e apontando o fato do macho não tocar o macho com esse propósito, visto que é contra a natureza,[429] em tudo isso estaríamos provavelmente usando um argumento que não é nem convincente nem tampouco consoante com

---

428. Rei de Tebas e pai de Édipo, é tido como o instaurador do homossexualismo masculino (sexo contra a natureza).
429. Platão é terminantemente contra a pederastia, seja porque é antinatural, seja porque é francamente contrária à meta que o legislador persegue, a saber, a aquisição da virtude para a formação do bom cidadão. No que respeita às relações homossexuais masculinas consulte-se o *Banquete*, especialmente os discursos proferidos por Fedro e Pausânias. Sobre as diversas formas do amor consulte-se também o *Fedro*.

vossos Estados.⁴³⁰ Além disso, aquela intenção que, segundo afirmamos, o legislador deve sempre ter em vista não se coaduna com essas
d práticas, mesmo porque a indagação que insistimos em fazer é esta: quais das leis propostas promovem uma inclinação para a virtude e quais não o fazem? Pois bem, supõe que sejam legalizadas tais práticas e que as apresentemos como nobres e de modo algum ignóbeis, no que promoveriam a virtude? Engendrariam na alma daquele que é seduzido um caráter corajoso (viril), ou na alma do sedutor a qualidade da temperança? Ninguém jamais acreditaria em tal coisa; pelo contrário, do
e mesmo modo que todos censurariam a covardia daquele que sempre cede aos prazeres e jamais é capaz de se conter em relação a eles, não censurariam a do homem que imita o papel de uma mulher mediante a [precária] semelhança com seu modelo? Haveria, então, algum ser humano que prescrevesse legalmente tais práticas? Nenhum, eu diria, que tivesse sequer uma noção do que é a verdadeira lei. E, portanto,
837a o que declararemos como sendo a verdade com respeito a este assunto? É necessário que distingamos a real natureza da amizade, do desejo e do que se costuma chamar de amor⁴³¹ se quisermos determiná-los corretamente, pois o que causa máxima confusão e obscuridade é o fato dessa única palavra⁴³² abranger essas duas coisas e também uma terceira espécie composta das duas primeiras.

Clínias: O que queres dizer?

O ateniense: Amizade é o nome que damos à afeição daqueles que se assemelham reciprocamente pela virtude, e de igual para igual, mas também à afeição do pobre pelo rico, que é do tipo oposto; quando uma ou outra dessas afeições (sentimentos) se torna intensa nós a chamamos de *amor*.⁴³³

b *Clínias*: Está exato.

O ateniense: A amizade que acontece entre os opostos é cruel e selvagem e raramente recíproca entre as pessoas, enquanto que a baseada

---

430. Aparentemente nas legislações de Esparta e Creta inexistia qualquer lei que proibisse o homossexualismo masculino.
431. ...τὴν τῆς φιλίας τε καὶ ἐπιθυμίας ἅμα καὶ τῶν λεγομένων ἐρώτων φύσιν ἰδεῖν ἀναγκαῖον, ... (...tèn tês philías te kaì epithymías háma kaì tôn legoménon eróton phýsin ideîn anaykaîon, ...). O primeiro conceito (φιλίας [*philías*]) corresponde aproximativamente ao latim *caritas* (amor fraternal, solidariedade, amizade), o segundo (ἐπιθυμίας [*epithymías*]) a desejo, apetite e o terceiro (ἔρως [*éros*]) – palavra muitas vezes empregada genericamente) a amor sensual. Evidentemente a explicação que Platão, pela boca do ateniense, apresenta na sequência dá conta dos próprios conceitos gregos somado ao que Platão pensava desses sentimentos.
432. Ou seja, amor (ἔρως [*éros*]).
433. Ou seja, a diferença entre φιλίας (*philías*) e ἔρως (*éros*) não é qualitativa e nem de caráter sexual, mas puramente quantitativa, embora acarrete uma grande carga emocional ou paixão no caso de ἔρως.

na semelhança é suave e recíproca ao longo de toda a vida. A espécie de amizade que surge a partir de uma combinação desses dois primeiros tipos cria dificuldades: *primeiro* descobrir o que a pessoa afetada por esse terceiro tipo de amor[434] realmente deseja obter, *segundo* (já que a própria pessoa está perdida, sendo arrastada em direções opostas pelas duas tendências) resolver o embaraço experimentado pela pessoa, que se por um lado é convidada (graças a uma das tendências) a usufruir da flor [de beleza e juventude] da pessoa amada, por outro [movida pela tendência oposta] é bloqueada. Pois aquele que está apaixonado

c pelo corpo e esfomeado por sua flor (juventude) como se fosse por de um pêssego maduro, busca ardentemente sua satisfação, não tendo qualquer respeito pela disposição da pessoa amada. Aquele, entretanto, que tem o desejo físico como secundário, que antes considera que não se o cobice, com a alma realmente ansiando pela outra alma, julgará a satisfação carnal do corpo como um ultraje, e reverenciando a tem-

d perança, a coragem, a nobreza e a sabedoria desejará viver sempre sobriamente na companhia do sóbrio objeto de seu amor. Mas o amor que corresponde à mistura desses dois tipos é o que descrevemos há pouco como terceiro tipo. E visto, então, que existem do amor tantas variedades deverá a lei proibir a todas e impedir que floresçam em nosso meio, ou deveremos nós evidentemente acolher o tipo de amor [que diz respeito à alma, e que promove para o amado (juventude) a maior perfeição possível], acolhendo-o para nosso Estado, enquanto proibiremos, se possível, os outros dois tipos? Ou qual seria a nossa opinião, meu caro *Megilo*?

e *Megilo*: Tua descrição do assunto, estrangeiro, é inteiramente correta.

O ateniense: Parece que, como esperava, ganhei teu assentimento, de maneira que não há necessidade de examinar tua lei[435] e sua posição a respeito desses assuntos, mas limitar-me a receber a aprovação que dás às minhas afirmações. Mais tarde tentarei encantar *Clínias* de modo a persuadi-lo das mesmas disposições. Contento-me, portanto, com vossa concordância, competindo-nos agora ir avante na nossa exposição sobre as leis.

Megilo: Perfeitamente.

---

434. ...ἔρωτά... (*erotá*), de sorte que Platão já vê aqui a amizade intensificada, ou seja, transformada em amor.
435. Ou seja, a legislação de Esparta.

O ateniense: Bem, para estabelecer com firmeza a lei de que nos ocupamos penso, no momento, num procedimento para sua promulgação, que, se de um certo modo é fácil, é de realização sumamente difícil.

Megilo: Explica o que queres dizer.

O ateniense: Mesmo atualmente, como estamos cientes, a maioria dos seres humanos, por mais contrária à lei que seja sua conduta, se acha efetiva e rigorosamente afastada da relação sexual com pessoas belas, o que ocorre não contra sua vontade, mas perfeitamente de acordo com esta.

Megilo: Tu te referes explicitamente a que situações?

O ateniense: Sempre que a pessoa tem um irmão ou irmã bela. E também no caso de um filho ou filha a mesma lei não escrita se revela extremamente eficiente no sentido de proteger essas pessoas do contato sexual, seja aberto ou discreto, impedindo mesmo qualquer abordagem com intuito sexual; de fato, a maioria das pessoas sequer alimenta desejos quanto a isso.

Megilo: Isso é verdade.

O ateniense: Não será uma pequena frase o bastante para extinguir esses apetites?

Megilo: A que frase tu te referes?

O ateniense: A frase em que se afirma que tais atos são absolutamente ímpios, odiosos à divindade e os mais infames entre todos.[436] E não residirá a razão disso no fato de que ninguém alude a tais atos de maneira diversa?... que todos nós, desde o dia de nosso nascimento, ouvimos essa opinião expressa o tempo todo e em todo lugar, e não só no discurso cômico como também com frequência na tragédia séria, como quando se apresentam um Tiestes ou um Édipo, ou ainda um Macareu tendo relações íntimas com uma irmã, acabando estes por voluntariamente atrair a morte para si mesmos como punição por seus crimes?[437]

---

436. O velho Platão, retratando-se mais uma vez de seus possíveis arroubos ao escrever o *Fedro*, o *Banquete* e *A República*, opta muito maduramente pelo mais estreito conservadorismo em matéria de vida sexual. Mas este moralismo se compatibiliza perfeitamente com a legislação aqui concebida. Uma sociedade que se pretende socialista (mesmo que não seja aquela estritamente comunista proposta em *A República*) não pode admitir a elasticidade e flexibilidade da vida individual, o que poria em risco os mecanismos de controle do Estado bem como a aplicação da lei, de modo que é compreensível que Platão reprove radicalmente não só as relações sexuais *contra natura* como a própria vida sexual intensa e excitante, que tal como a busca obstinada da riqueza excessiva e o que esta permite, aumenta a expressão da liberdade individual, dificultando o controle dos cidadãos por parte do Estado.

437. Tiestes, filho de Pélops e Hipodameia, violentou sua própria filha Pelópia, sacerdotisa em Sícion; Édipo, sem sabê-lo, matou o próprio pai (Laios) e se casou com a mãe (Jocasta); Macareu, o filho

Megilo: Ao dizê-lo ao menos expressas exatamente como a opinião pública tem uma influência poderosa, diante da qual ninguém ousa sequer tentar articular uma palavra que contradiz a lei.

O ateniense: Então não é verdade, como acabei de dizer, que quando um legislador deseja subjugar um daqueles apetites que de modo especial subjuga as pessoas é para ele fácil ao menos conhecer o método de dominá-los, a saber, consagrando pela opinião pública um idêntico sentimento a respeito de um mesmo assunto na mente de todos, quer sejam escravos ou homens livres, mulheres ou crianças e todo o Estado? Não será assim que conferirá o máximo de estabilidade a essa lei?

Megilo: Certamente. Mas como ser sempre possível para ele fazer com que todos usem de boa vontade uma mesma linguagem?

O ateniense: Fizeste uma observação bastante oportuna pois é precisamente isso que eu pensava ao me referir ao procedimento de que tenho conhecimento para impor essa lei que exige que se siga a natureza na cópula destinada à reprodução, seja não tocando no sexo masculino,[438] seja abstendo-se do extermínio de indivíduos humanos,[439] seja não lançando a semente sobre rochas e pedras[440] onde jamais criará raízes e nem frutificará; e finalmente, no campo feminino, que se abstenha de qualquer atividade sexual que não tenha por propósito a fecundação.[441] Esta lei, quando se tornar permanente e soberana, tão soberana quanto esta que agora proíbe a relação [sexual] entre pais e filhos, e obter no que diz respeito aos outros tipos de relações a devida vitória será infinitamente benéfica, já que em primeiro lugar acata as determinações da natureza, servindo inclusive para afastar as pessoas das fúrias e loucuras sexuais, e de todo tipo de adultério bem como de bebedeiras e glutonices, e em segundo lugar promove a afeição dos maridos por suas próprias esposas; na verdade, outros inúmeros benefícios resultariam caso se pudesse tornar essa lei vigente e soberana. Mas é possível que algum jovem dotado de extrema virilidade, ao nos ouvir promulgar tal lei, nos denuncie por produzir regras tolas e impossíveis

---

mais novo de Eólio e Enarete, praticou o incesto com sua irmã Canache até que o pai o descobriu e providenciou a morte infamante de ambos, para depois perceber que seus outros cinco filhos e filhas faziam o mesmo, ignorantes que tal ato desagradava aos deuses – só lhe restando considerá-los marido e mulher.

438. Ou seja, ausência de prática da pederastia.
439. Platão certamente se preocupava no seu tempo (assolado por guerras frequentes) com o extermínio de vidas humanas, não só por razões de cunho moral, como também por uma razão prática: o Estado necessita de uma população mínima para ser constituído, preservado e desenvolvido.
440. Expressão poética e delicada de Platão para designar a masturbação masculina.
441. Ou seja, nenhuma relação sexual utilizando-se qualquer meio contraceptivo.

cobrindo-nos de injúrias e vociferando por todo o lugar, sendo por isso que asseverei que conhecia um procedimento para assegurar a estabilidade dessa lei uma vez tenha sido estabelecida, procedimento que é a uma vez o mais fácil de todos e o mais difícil, visto que se por um lado é facílimo perceber que isso é possível e como é possível – porquanto afirmamos que essa regra, uma vez consagrada devidamente [pela opinião pública] dominará todas as almas, fazendo-as temer as leis promulgadas e render-lhes total obediência – por outro aportamos a essa situação, segundo a qual as pessoas acham, mesmo assim, que tal regra é irrealizável, tal como no caso da instituição dos repastos comuns as pessoas se recusam a crer que é possível para o Estado inteiro dar continuidade a esta prática e isto, inclusive, a despeito da evidência dos fatos e da existência da prática em vossos países, onde, ainda assim, no que diz respeito à presença das mulheres, tal pratica é considerada não natural. É em função disso, devido à resistência dessa descrença, que eu disse que é bastante difícil promulgar como leis essas práticas de modo a perdurarem.

Megilo: E estavas certo em dizê-lo.

O ateniense: De qualquer modo, a fim de demonstrar que isso não está além do poder humano, sendo possível, gostarias que eu tentasse apresentar um raciocínio que não é destituído de alguma plausibilidade?

Clínias: Certamente.

O ateniense: Estaria alguém mais predisposto a se abster dos prazeres do sexo, consentindo em acatar sobriamente a lei que regulamenta esse assunto se estivesse com seu corpo não em má condição, mas numa boa condição?

Clínias: Ele estaria muito mais predisposto se seu corpo não estivesse em má condição.

O ateniense: Não ouvimos falar de Ico de Tarento que devido às suas competições de Olímpia e em outros lugares, e estimulado pelo desejo de vencer e por sua própria técnica, movido pela coragem aliada à temperança em sua alma, durante todo o período de seu treinamento, como conta a história, nunca tocou uma mulher e nem tampouco um rapaz? História idêntica é narrada envolvendo Críson, Ástilo, Diopompo e muitíssimos outros. E no entanto, *Clínias*, esses homens não só contavam com uma educação de alma muito pior do que aquela dos teus e meus cidadãos como também possuíam muito maior vigor sexual físico.

Clínias: Que isso realmente aconteceu no caso desses atletas é realmente, como dizes, registrado confiavelmente pelos antigos.

O ateniense: Ora, se esses homens tiveram fortaleza bastante para se privarem daquilo que para a maioria constitui a maior das felicidades por amor à vitória na luta, na corrida e coisas similares, serão nossos rapazes incapazes de se refrearem a fim de conquistar uma vitória muito mais nobre – aquela que é a mais nobre de todas as vitórias, sobre a qual os entreteremos, espero, a partir de sua infância através do encanto das narrativas, discursos e canções?

Clínias: Que vitória?

O ateniense: A vitória sobre os prazeres, a qual se for por eles obtida lhes propiciará uma vida de felicidade, sendo que se não a lograrem terão exatamente o oposto. Ademais, o temor de que é isso algo totalmente ímpio não lhes conferirá poder para dominar esses impulsos que homens inferiores conseguiram dominar?[442]

Clínias: É certamente razoável supor que sim.

O ateniense: E agora que atingimos este ponto com respeito a essa lei, embora tenhamos caído na incerteza graças à covardia da maioria, sustento que nossa regulamentação sobre esse tema precisa avançar e proclamo que nossos cidadãos não devem ser piores que aves e muitos outros animais que são gerados em grandes ninhadas e que vivem vidas castas e em celibato sem manterem relações sexuais até alcançarem a idade de procriação; e quando alcançam essa idade se acasalam movidos pelo instinto, macho com fêmea e fêmea com macho, e doravante vivem de uma maneira que é santa e justa, permanecendo fiéis aos seus primeiros acordos de amizade: não resta dúvida que nossos cidadãos deverão ser ao menos mais virtuosos do que esses animais. Se, entretanto, forem corrompidos pela maioria dos outros helenos ou bárbaros ao verem que entre eles *a chamada desregrada Afrodite*[443] é de grande poder e, assim, se tornam incapazes de subjugar tal amor, os guardiões das leis, atuando como legisladores, terão que produzir para eles uma segunda lei.

---

442. Platão reserva a vida sexual, mesmo dos homens, ao casamento, apontando as competições da ginástica como meios de sublimar os ardores do sexo. Como o casamento (γάμος [*gámos*]) é uma instituição obrigatória para todos e que deve ocorrer numa faixa etária relativamente baixa, ele pensa com isso controlar, ou ao menos contornar, o gosto pelas aventuras amorosas e a promiscuidade no estilo olímpico.
443. ...λεγομένην ἄτακτον Ἀφροδίτην... (...*legoménen atakton Aphrodíten*...). Afrodite, a bela deusa do amor, que ignorando quaisquer leis, regras, disciplina ou escrúpulos, mantinha constantes e numerosos casos. Ela é o símbolo do amor ilícito.

841a *Clínias*: Que lei lhes recomenda produzir se essa agora que é proposta se lhes escapa?

O ateniense: Evidentemente aquela lei que a sucede como segunda, Clínias.

Clínias: E qual é ela?

O ateniense: Privar o máximo possível esses prazeres da força que adquirem por sua atividade natural desviando seu curso e desenvolvimento mediante trabalhos duros para outra parte do corpo. Isto poderia funcionar se a prática da relação sexual fosse desacompanhada
b de despudor, pois se devido ao pudor as pessoas a praticassem apenas raramente, esta raridade de prática resultaria em que passariam a achá-la menos tirânica. Que se encare, portanto, a privacidade nessas ações – e não mais a inteira abstenção dessas ações – como honrada, sancionada tanto pelo costume como pela lei não escrita. Com isso disporemos de um segundo padrão do que é honrado e desonrado estabelecido por lei e detendo um segundo grau de moralidade; e aquelas pessoas de natureza corrupta, que classificamos como *inferiores a si*
c *mesmas* e que formam um tipo único, serão atingidas por mais três tipos de coação e compelidas a se refrearem da violação da lei.

Clínias: E que tipos de coação são esses?

O ateniense: O temor aos deuses, o amor à honra e a aquisição do hábito de desejar em lugar das belas formas do corpo, as belas formas da alma. As coisas que menciono agora são, talvez, como os ideais visionários numa história, e no entanto, em verdade, se puderem ser implementadas, se revelarão um enorme benefício para todo Estado.[444]
d Possivelmente, se a Divindade o permitir, poderíamos impor uma de duas alternativas no que respeita às relações sexuais: ou ninguém ousará tocar nenhuma pessoa nobre e livre exceto sua própria esposa, nem lançar sua semente em mulheres adúlteras gerando filhos ilegítimos e bastardos, nem pervertendo a natureza desperdiçando seu sêmen na sodomia; ou então deveremos abolir inteiramente as relações com o sexo masculino,[445] e quanto às mulheres, – se promulgarmos uma lei segundo a qual *todo homem* que for denunciado como mantendo relações sexuais com quaisquer mulheres exceto aquelas que foram admitidas a sua casa sob sanção divina e celebração religiosa do casa-

---

444. A despeito de já enxergar a privacidade do sexual, tirando o rigor da primeira lei, Platão visivelmente se ressente da formidável dificuldade de legislar no domínio do assunto das relações sexuais, de modo a apresentar projetos de lei bem aceitos e fadados a durar.
445. Proibição sumária e irrestrita do homossexualismo masculino (pederastia).

mento, sejam as primeiras compradas ou adquiridas de outra forma, *será* privado (como tais mulheres também o serão) de todas as honras cívicas, ficando na mera situação de um estrangeiro – provavelmente tal lei contaria com a aprovação, sendo considerada justa. Assim, que seja esta lei, quer a chamemos de uma lei ou duas leis, formulada e promulgada com referência às relações sexuais e casos de amor em geral, estipulando nesse sentido o que é comportamento correto ou incorreto nas nossas relações mútuas movidas por esses desejos.[446]

Megilo: Da minha parte, estrangeiro, daria de bom grado minhas boas vindas a essa lei. Quanto a *Clínias*, terá que dizer ele mesmo qual é sua opinião a respeito.

Clínias: Eu o farei, *Megilo*, quando julgar a situação oportuna, mas de momento deixemos o estrangeiro avançar ainda mais com suas leis.

Megilo: Estás certo.

O ateniense: Bem, em nossa marcha chegamos ao ponto no qual as refeições comuns foram estabelecidas, algo que em outras partes, como dizemos, seria difícil, mas cujo acerto em Creta ninguém questionaria. No que concerne ao seu estilo, se deveremos adotar o estilo cretense ou o lacedemônio, se devemos buscar um terceiro estilo que seja superior a ambos – isso não me parece um problema difícil de ser resolvido, nem tampouco esta resolução se revelaria assim tão proveitosa, já que essas refeições se acham atualmente estabelecidas de uma maneira satisfatória.

A seguir temos que abordar a questão da organização do abastecimento de alimentos e como ajustá-lo ao volume de refeições. Em outros Estados, esse abastecimento inclui todos os tipos de alimentos e provém de muitas fontes, seguramente do dobro de fontes de que dispomos para nosso Estado, visto que a maioria dos gregos podem fazer vir seu alimento tanto da terra quanto do mar, o que não acontecerá com nosso povo, que só poderá obtê-lo da terra. Isto torna a tarefa do legislador mais fácil pois bastarão a metade, ou menos, de leis, além da vantagem de que as leis se enquadrarão melhor aos homens livres. Entenda-se que o legislador de nosso Estado está majoritariamente livre de negócios marítimos, operações mercantis, problemas de alojamentos e estalajarias, questões de tributos alfandegários, questões financeiras envolvendo

---

446. É curioso notar o silêncio de Platão a respeito da prostituição, um fenômeno que, temos que admiti-lo, não teria a menor chance de assumir proporções consideráveis no Estado para o qual ele está legislando, seja pelo recrudescimento da lei moralista, seja, parodoxalmente, pelo relativo equilíbrio sexual que tal Estado, se implantado com êxito, propiciaria.

juros, empréstimos, usura e mil outras matérias de feitio semelhante; poderá dizer adeus a tudo isso e legislar para fazendeiros e agricultores, pastores e apicultores e a respeito dos instrumentos utilizados nessas ocupações. Isto é o que ele fará, agora que já promulgou as leis mais importantes, que dizem respeito ao casamento, ao nascimento, à nutrição e educação das crianças e com a seleção dos magistrados do Estado. Neste momento, ao legislar, terá que se ater ao assunto alimento e com aqueles cujo labor contribuem para a formação do suprimento de alimento [que garantirá o abastecimento].

Que haja em primeiro lugar um código de leis que chamaremos de *código agrícola*. A primeira das leis deste código – aquela consagrada a Zeus, o protetor das demarcações, será assim formulada: ninguém alterará as demarcações da terra, sejam estas pertencentes a um vizinho que é um cidadão local ou pertencentes a um estrangeiro [em caso de posse de terra em território fronteiriço (entre dois Estados)], entendendo que fazê-lo é verdadeiramente inculpar-se de *estar movendo um marco sacrossanto*;[447] é preferível que alguém tente mover a maior das rochas que não é uma demarcação do que uma pequena pedra que serve de demarcação por sanção divina entre território amistoso e hostil,[448] pois de um lado Zeus é testemunha e protetor daqueles que pertencem à mesma tribo e do outro Zeus é testemunha e protetor dos estrangeiros; despertar um ou outro desses deuses significa atrair guerras letais. Aquele que obedecer à lei não será castigado pelas dores que ela inflige, mas quem a desprezar será passível de dupla punição, a primeira proveniente do poder divino, a segunda proveniente da lei. Ninguém moverá por sua própria vontade as demarcações das terras dos vizinhos: se alguém o fizer, quem quer que desejar poderá denunciá-lo aos detentores das terras, e eles o levarão ao tribunal. E se alguém for condenado, visto que por esse crime o condenado estará secreta e violentamente misturando as terras formando um todo, o tribunal terá que avaliar a pena que o condenado deverá cumprir ou a multa que deverá pagar.

---

447. A porção de terra demarcada na Grécia antiga (já bem antes de Platão) fazia parte da οἶκος (*oîkos* [família/habitação]) bem como os escravos, implementos agrícolas, animais etc. e cada família cultuava uma divindade exclusiva no seu fogo doméstico numa parte especial da casa (ἑστία [*hestía*]), que jamais podia se extinguir, sendo mantido aceso ao longo das gerações. A οἶκος era, portanto, sagrada e intocável, sendo consequentemente qualquer componente seu igualmente sagrado e irremovível. Zeus, que é um deus posterior olímpico (e que inclusive, no discurso mitológico, fez de Héstia – Ἑστία uma das seis deusas olímpicas) não se contrapõe à sacralidade da οἶκος, e sim a enfatiza; mas como ele não é uma divindade doméstica e nem mesmo epônima, sendo o deus dos deuses, ele zela e intercede pela terras demarcadas de todas as famílias, e acima de tudo, pelas terras demarcadas de todos os Estados gregos.
448. Isto é, entre a amizade e o ódio.

Que se acresça a isso que muitos pequenos erros são perpetrados entre vizinhos, os quais à força da frequência geram uma imensa quantidade de inimizade, tornando a vizinhança uma coisa aflitiva e amarga, pelo que todo vizinho precisa tomar todo o cuidado possível para não incorrer em qualquer atitude inamistosa, e precisa, acima de tudo o mais, exercer um cuidado peculiar para não ultrapassar nem em um único centímetro sua própria porção de terra,[449] pois se por um lado é fácil e possível para qualquer um cometer um dano, fazer um benefício não está em absoluto ao alcance de todos. Todo aquele que invadir a terra alheia, transpassando as demarcações, deverá pagar por esse dano; e a título de compensação por seu despudor e incivilidade deverá também pagar à parte ofendida o dobro do custo do dano provocado. Em todas essas matérias os guardiões dos campos atuarão como inspetores, juízes e avaliadores – toda a equipe dos doze, como mencionamos antes, quando se tratar dos casos mais importantes e quando se tratar dos menos importantes apenas os comandantes de postos. Em caso de invasão de terras de pasto, tais magistrados farão a devida inspeção, decidirão e farão a avaliação. E se alguém, cedendo ao gosto pelos produtos das abelhas, garantir para si uma colmeia alheia atraindo o enxame pelo ruído de utensílios de metal, também deverá cobrir os prejuízos causados. E os magistrados determinarão também a multa conveniente para aqueles que ao produzirem queimadas em sua terra não tomarem as devidas medidas para que estas não atinjam a terra vizinha. Da mesma maneira, um homem que ao plantar árvores, não deixar o devido espaço suficiente determinado pelos legisladores entre as árvores e a terra vizinha, responderá perante os magistrados, tendo isso sido adequadamente estabelecido por muitos legisladores, cujas leis devem ser empregadas sem necessidade de recorrermos ao supremo organi-

---

449. Como o tamanho do território rural é estável (Platão não prevê nem seu aumento mediante eventual anexação de novas terras através de guerras de conquista ou outros recursos e nem sua redução graças à defesa constante do Estado), e cada agricultor possui sua cota predefinida de terra imutável e inviolável (e apenas herdável), a expansão e o comércio agrário em tal Estado seriam a rigor impossíveis. Mais uma vez Platão desconfia seriamente dos grandes voos mercurianos da criatividade individual, e prefere um território rural em branco e preto onde todos têm um pedaço de terra para cultivar a um mundo rural colorido e desigual de gigantescos latifúndios semiprodutivos e agricultores sem terra alguma. Por mais simplista e insípida que possa parecer sua solução e mesmo considerando seu anacronismo para a nossa realidade rural atual, Platão jamais teria em seu Estado a necessidade de uma reforma agrária, contemplando o espetáculo patético que contemplamos nada mais nada menos que vinte e quatro séculos depois dele de milhares de hectares improdutivos (mas férteis) ao lado de milhares de milhares de famintos e uma multidão de invasores.

844a zador do Estado para que legisle sobre todos os numerosos pequenos detalhes que são da competência de qualquer legislador ocasional.

Assim, no que se refere também aos suprimentos de água, há excelentes leis antigas promulgadas para agricultores que nós, em nossa exposição, não precisamos abordar. Que acerca disto baste o seguinte: que aquele que deseja trazer água para sua própria terra tenha permissão de fazê-lo começando pelos reservatórios públicos, mas sem interceptar os poços expostos de qualquer particular; poderá conduzir tal água pela rota que desejar exceto através de uma casa, templo ou túmulo e não deverá causar maior dano do que aquele inevitável produzido pelo efetivo trabalho de canalização. Se a secura natural em certos lugares o impedir de reter água da chuva e o privar da água potável necessária,
b ele deverá cavar em seu terreno até atingir a argila, e se mesmo a esta profundidade não encontrar água, terá direito de procurar seus vizinhos para receber tanta água quanto necessária para saciar a sede das pessoas de sua casa. Se seus próprios vizinhos sofrerem de escassez em seus suprimentos, ele solicitará uma ração de água dos *agrônomos* (guardiões do campo), tomando-a dia a dia, de maneira a [inclusive] reparti-la com seus vizinhos. E se com a chegada da chuva qualquer
c habitante das terras mais baixas prejudicar o agricultor acima dele ou o habitante próximo impedindo o fluxo da água de origem pluvial, ou se – ao contrário – o detentor de terra mais alta prejudicar o lavrador abaixo deixando a água fluir à vontade a ponto de se desviar e ser desperdiçada – e se, consequentemente, se recusarem a entrar num acordo a respeito disso, qualquer pessoa que o desejar poderá solicitar a presença de um astínomo (guardião urbano) na cidade ou um agrônomo (guardião rural) no campo para que seja definido o que cada partido deve fazer; e aquele que não acatar a ordem decisória ficará passível de ser acusado de inveja e insubordinação, e se condenado terá que pagar
d à parte ofendida o dobro do correspondente ao dano por ter se negado a obedecer aos magistrados.

No tocante à colheita de frutos, a regra de partilha para todos será esta: esta deusa[450] nos concedeu duas dádivas, a saber, a diversão de Dionísio que não é preciso armazenar e a outra produzida pela natureza

---

450. O texto aqui é vago. Platão parece estar linguisticamente divinizando o outono (ὀπώρας [opóras]), a estação dos frutos na Grécia. Mas consideramos mais provável que esteja aludindo em última análise a Deméter (Δημήτερ [Deméter]), deusa dos frutos da terra e protetora dos lavradores, uma das seis olímpicas e uma das possíveis mães de Dionísio, o deus que teria ensinado aos homens o plantio da uva e o fabrico do vinho.

para ser armazenada.⁴⁵¹ Portanto, que esta lei seja promulgada com respeito à colheita dos frutos: quem quer que seja que provar a safra rústica de uvas ou figos antes da estação da vindima, [que coincide com a ascensão de *Arcturus*,⁴⁵²] esteja essa em sua própria terra ou na de outros, ficará devendo cinquenta dracmas sagradas a Dionísio se as tiver apanhado de sua própria plantação, uma mina se da plantação de seu vizinho, dois terços de uma mina se tiver apanhado da plantação de outros. E se alguém quiser colher uvas *selecionadas* ou figos *selecionados* – como são chamados atualmente – se o fizer em sua própria terra que o faça como e quando o desejar, mas se o fizer na terra alheia sem a permissão do outro⁴⁵³ será multado todas as vezes de acordo com a lei "não deslocarás aquilo que não instalaste". E se um escravo, sem o consentimento do senhor dos campos, tocar um só desses frutos, deverá receber tantos açoites quantos forem os bagos do cacho de uvas ou os figos na figueira. Se um estrangeiro residente comprar uma safra selecionada, ele poderá colhê-la se o desejar. Se um estrangeiro viajando pelo país desejar comer algum fruto da safra ao caminhar pela estrada, ele mais um atendente poderá, se o desejar, apanhar alguns frutos selecionados sem pagar por eles, como um presente de hospitalidade, mas a lei proibirá que nossos estrangeiros partilhem dos chamados frutos *rústicos, temporões* e outros similares; e caso um senhor ou um escravo os toque inscientemente, o escravo será castigado com açoites e o homem livre liberado com uma dura reprimenda e a instrução de tocar apenas a outra safra, que não é adequada para o armazenamento visando o fabrico de passa, vinho e figo seco. Quanto às peras, maçãs, romãs e todos esses frutos, não se incorrerá em desonra por apanhá-los

---

451. Ou seja, o fruto selecionado e no ponto para consumo imediato, e o fruto rústico, ainda não totalmente desenvolvido e que muitas vezes amadurece antes do tempo (temporão), de qualidade inferior, que se destinava ao armazenamento e, no caso da uva, era empregado para a elaboração do vinho.
452. Uma das muitas inserções para efeito de explicitação que a maioria dos helenistas (Auguste Diès, R. G. Bury, etc.) utilizam nesta passagem e que nós aprovamos; a expressão composta Arcturus é grega (Αρκτούρος [*Arktoúpos*]) e significa literal e sugestivamente *guardião da ursa*, designando uma estrela muito brilhante (de primeira grandeza da constelação do Boieiro) que está defronte da Grande Ursa. A ascensão de *Arcturus* marca o início do equinócio de outono (ou seja, 22 ou 23 de setembro no hemisfério norte).
453. Que se tenha em mente que essas porções de terra são aquelas destinadas a cada agricultor pelo Estado segundo o processo extensiva e minuciosamente explicado por Platão anteriormente no presente Diálogo. Embora tenha acolhido a intocabilidade sagrada da terra do sistema da Grécia arcaica e a adaptado à sua concepção do Estado ideal, Platão obviamente rejeita o sistema sucessório antigo, mesmo porque inexiste no sistema agrário que idealiza a efetiva propriedade rural particular e individual, já que toda a terra pertence a rigor ao Estado.

c privadamente, mas todo homem com menos de trinta anos de idade que for flagrado nesse ato será surrado, mas liberado sem ferimentos, do que não estará isento o homem livre. Os estrangeiros poderão partilhar desses frutos nos mesmos moldes das safras das uvas. E se alguém com idade superior a trinta anos os tocar, comendo no lugar e nada levando consigo, terá uma cota em todos esses frutos, tal como o estrangeiro; mas se desacatar a lei, será passível de ser destituído do direito às honras e à disputa de competições no caso de alguém trazer esses fatos ao conhecimento dos juízes na ocasião.

A água, mais do que qualquer outra coisa num jardim, é o elemento mais nutriente, mas é fácil de ser contaminada, pois enquanto o solo, o sol e o vento, que associados à água nutrem as plantas em crescimento, não são facilmente deterioráveis e inutilizáveis por meio de envenenamento, desvio ou furto, a água, por sua vez, está exposta a todos esses
e inconvenientes, de sorte que ela necessita a proteção da lei. Que seja, portanto, esta a lei que diz respeito à água: se alguém deliberadamente estragar a água de outra pessoa, seja da fonte ou da cisterna por meio de envenenamento, retenção em valas ou furto, a parte prejudicada acusará tal pessoa perante os astínomos, registrando a dimensão do dano suportado; e todo aquele que for condenado por essa espécie de dano envolvendo envenenamento, terá que, além de ser multado, limpar as fontes ou a bacia d'água, da maneira que os intérpretes da lei[454] determinarem que é correto para a purificação a ser feita em cada caso e para cada queixoso.

Quanto ao transporte das colheitas, quem assim o desejar terá o di-
846a reito de conduzir sua colheita por qualquer via, contanto que com isso nem prejudique de modo algum qualquer pessoa nem granjeie para si um lucro correspondente a três vezes o custo do prejuízo que causou ao seu vizinho; a autoridade neste assunto caberá aos magistrados, como em todos os outros casos nos quais alguém deliberadamente lesa por meio da força ou da perfídia alguém, seja diretamente seja através dos bens do lesado. Em todos esses casos, o prejudicado deve reclamar aos magistrados para o devido reparo quando o prejuízo causado não ultrapassar três minas; mas se alguém fizer uma reclamação que envolva um maior valor, deverá
b mover um processo perante os tribunais públicos para a punição do lesador. Caso se julgue que algum dos magistrados pronunciou um veredito injusto quanto à deliberação das penas, esse magistrado estará sujeito a

---

454. Ou seja, os intérpretes das leis de cunho religioso.

pagar o dobro da quantia à parte lesada; e quem o quiser poderá [inclusive] levar as injustiças dos magistrados aos tribunais comuns em caso de cada reclamação. E visto que há inúmeros casos de pouca importância para os quais é preciso estabelecer penas, referindo-se a queixas e citações escritas e provas de citações, em que as citações requerem duas ou mais
c testemunhas – e todas as matérias de tipo semelhante – esses casos não podem dispensar uma regulamentação legal, embora ao mesmo tempo não mereçam a atenção de um legislador idoso. Assim, os legisladores jovens deverão produzir leis para esses casos, moldando suas pequenas regras conforme as grandes de nossas promulgações anteriores, e aprender pela experiência em que medida são necessárias na prática até que se tenha que decidir que sejam todas promulgadas como leis; e então, as tendo fixado de maneira permanente, deverão viver as aplicando, agora que se encontram estabelecidas na sua devida forma.
d Também para os artífices temos que produzir regulamentações dessa maneira. Em primeiro lugar, nenhum cidadão residente deverá estar entre aqueles que se ocupam dos ofícios dos artífices, bem como nenhum de seus servos. Isto porque o cidadão já tem a seu cargo um ofício [mais que] suficiente, e que dele exige muita prática e muitos estudos, que é o zelo e a manutenção pelos interesses públicos do Estado, uma tarefa que requer de sua parte plena atenção; ora, dificilmente existirá um ser humano dotado da capacidade de realizar duas incumbências ou dois
e ofícios cabalmente e tampouco realizar um deles ele mesmo e supervisionar o outro executado por outra pessoa. Assim é preciso que em primeiro lugar formulemos esta como uma regra fundamental no Estado: nenhum homem que seja um ferreiro atuará como um marceneiro, nem um marceneiro supervisionará outros na oficina de ferreiro, em lugar de
847a se ater ao seu próprio ofício, sob o pretexto de que, assim supervisionando muitos servos que trabalham para o seu ganho seja natural que dê mais atenção à obra que ele executa através deles, visto que extrai disso uma renda muito maior do que de seu próprio ofício. Que cada um, ao contrário, se ocupe no Estado de apenas um ofício, do qual retire o sustento para sua vida. Os astínomos deverão se empenhar no sentido de zelar para que essa lei seja cumprida e [inclusive] punirão o cidadão residente que se desviar para qualquer ofício, o preferindo a buscar a virtude,[455] mediante repreenda e degradação até o recolocarem no seu próprio caminho; e se o estrangeiro se dedicar a dois ofícios eles o pu-

---

455. Ou seja, a busca da virtude é incompatível com a violação da lei.

b   nirão com aprisionamento, multas em dinheiro e a expulsão do Estado, obrigando-o assim a agir como um homem e não como vários. No tocante aos salários devidos aos artífices e aos cancelamentos do trabalho contratado e quaisquer injustiças que lhes sejam feitas por outros, ou feitas por eles contra outros, os astínomos deverão atuar como árbitros até [uma situação que envolva um valor correspondente a] cinquenta dracmas, sendo que no caso de quantias maiores as cortes públicas deverão julgar conforme a lei.

No que concerne à exportação ou importação de mercadorias, nenhum imposto deverá ser pago ao Estado. Ninguém importará incenso
c   e todos esses perfumes estrangeiros para uso nos ritos religiosos, a púrpura e todas as outras tinturas que não são produzidas aqui e tudo que for relativo a qualquer outro ofício que exija materiais importados estrangeiros para um uso que não é necessário; tampouco será permitido exportar tudo aquilo que é necessário permanecer no país. Os inspetores e supervisores destes assuntos serão os doze guardiões das leis que se sucedem aos cinco mais velhos afastados.

Quanto às armas e todos os instrumentos bélicos, se houver neces-
d   sidade de importar alguma técnica, engenho, metal, corda ou animal com finalidade militar, os hiparcas e os estrategos controlarão tanto as importações quanto as exportações dependendo do caso de o Estado estar cedendo ou recebendo, para o que os guardiões das leis deverão promulgar leis convenientes e adequadas. Mas nenhum comércio visando lucro, seja neste ramo ou em qualquer outro será praticado em
e   parte alguma dentro das fronteiras de nosso Estado e território.[456]

Com relação ao abastecimento alimentar e a distribuição dos produtos agrícolas, um sistema que se aproxima daquele que está legalizado em Creta provavelmente se revelaria satisfatório. Toda a produção do solo deverá ser dividida por todos em doze partes, de acordo com o método de seu consumo.[457] E cada duodécima parte (de trigo e cevada, por exem-

---

456. Tais duras restrições ao comércio exterior, pelo qual Platão jamais teve a menor simpatia, somadas às restrições à atividade comercial interna, visam, evidentemente, refrear a cobiça pelo ouro e a prata seguida do excessivo enriquecimento individual privado (e ilícito) e facilitar o controle pelo Estado das transações e inclusive do aumento das fortunas privadas, que como já foi dito e reiterado, em lugar de aproximar o cidadão da virtude, dela o afastam.
457. Pela mera distribuição dos produtos em espécie Platão já elimina a possibilidade das transações mediante moeda no campo, o que resultaria certamente em atividade mercantil envolvendo comercializações lucrativas, nas quais homens astuciosos e capitalizados granjeariam grandes lucros pessoais em ouro e prata após comprarem dos produtores a baixo preço, do que adviriam posteriormente todas as manipulações e especulações financeiras alienadas dos produtos reais, tais como os empréstimos a juros, a agiotagem e o desenvolvimento da usura.

plo) – e todas as colheitas restantes que deverão ser distribuídas de maneira idêntica, tal como todos os animais vendáveis em cada região – terão que ser divididas proporcionalmente em três parcelas, das quais a primeira será para os cidadãos nascidos livres e a segunda para seus servos. A terceira parcela caberá aos artífices e estrangeiros em geral, incluindo quaisquer estrangeiros residentes que possam estar morando juntos e necessitando o indispensável sustento, e todos que tenham entrado no país em qualquer ocasião a fim de executar negócios públicos ou privados. E esta terceira parcela de todas as mercadorias necessárias ao consumo será a única passível de ser levada obrigatoriamente ao mercado para venda, sendo proibido vender qualquer parte das outras duas parcelas.[458] Qual será, então, a forma mais correta de efetuar tais divisões? Está claro, para começar, que nossa divisão é de uma certa maneira igual, mas de uma outra, desigual.

Clínias: O que queres dizer?

O ateniense: Temos que admitir que de cada um desses produtos do solo necessariamente algumas partes são piores e outras melhores.

Clínias: É claro.

O ateniense: Com respeito a isso, nenhuma das três parcelas apresentará uma vantagem indevida – nem aquela entregue aos senhores, nem a dos escravos, nem a dos estrangeiros, mas a distribuição terá que contemplar a todos em pé de igualdade e participação idêntica. Cada cidadão tomará suas duas parcelas e assumirá, a seu critério, o controle da distribuição delas aos escravos e aos homens livres respectivamente, na quantidade e qualidade que desejar distribuir. O excedente deverá ser distribuído, por peso e número, da maneira que se segue: o proprietário deverá tomar o número de todos os animais que devem se nutrir dos produtos da terra, fazendo sua distribuição em conformidade com isso. O próximo passo é providenciar moradias para os cidadãos organizadas independentemente. Uma adequada organização para elas será a seguinte: deverá haver doze vilas, uma no meio de cada um dos doze distritos, e em cada vila começaremos por selecionar templos e uma *ágora* para os deuses e os semideuses; e se tiver que existir quaisquer divindades locais dos magnesianos ou quaisquer santuários de outros deuses antigos cuja memória é ainda preservada, prestaremos a eles o

---

458. Com isto Platão poria no controle do Estado dois terços (quase setenta por cento) dos produtos, que ficariam inacessíveis aos comerciantes e mercadores ávidos de riqueza e poder.

mesmo culto que lhes prestaram os antigos. E em todo lugar erigiremos templos a Héstia, a Zeus e a Atena, e a qualquer outra divindade que seja a patrona do distrito em questão. Em primeiro lugar, as construções deverão ser erigidas em torno desses templos e onde o solo for alto, passível de se formar uma fortaleza, bem como todo cercado por um muro para uma guarnição; e quanto a todo o resto da terra, providenciaremos para que os artífices sejam divididos em treze seções, das quais uma delas se instalará na cidade (seção que será subdividida novamente em doze partes, como a totalidade da própria cidade, e distribuída com os subúrbios a sua volta). Em cada vila (povoado) estabeleceremos classes de artífices que são úteis aos agricultores. De todos estes os chefes dos agrônomos (guardiões dos campos) serão os supervisores, determinando quantos e que artífices cada lugar necessita, e onde residirão, de modo a provocar o menor transtorno possível aos agricultores e lhes serem o mais úteis possível. E de maneira análoga a equipe de astínomos supervisionará diligentemente os artífices na cidade. Todos os assuntos relativos à *ágora* terão que ser administrados pelos inspetores da *ágora* (agorânomos). Além de supervisionar os templos junto à *ágora* a fim de prevenir quaisquer danos de que possam ser vítimas, supervisionarão, em segundo lugar, o comportamento pessoal, conservando-se atentos à conduta moderada e ultrajante, de modo a providenciar punição onde necessária for. Supervisionarão as mercadorias postas à venda, de modo a estarem informados que as vendas que os cidadãos visam fazer com os estrangeiros são sempre conduzidas legalmente. Haverá neste caso esta lei: que no primeiro dia do mês a porção das mercadorias a ser vendida aos estrangeiros seja trazida à praça pelos gerentes, ou seja, os estrangeiros ou escravos que atuam como gerentes para os cidadãos; e as primeiras mercadorias serão a duodécima parte de cereal,[459] e o estrangeiro deverá comprar cereal e tudo que o acompanhar durante o mês inteiro nesse primeiro mercado. No décimo dia do mês, líquidos suficientes para durar o mês todo deverão ser vendidos por uma parte e comprados por outra. Em terceiro lugar, no vigésimo dia haverá uma venda de animais vivos das fazendas, tanto quanto cada parte puder comprar ou vender a fim de atender às suas necessidades, e também de todos os utensílios ou mercadorias que os agricultores têm para venda, tais como peles ou qualquer outro tipo de vestimenta ou peça tecida, feltro ou qualquer outro material; e estas os estrangeiros terão que obter dos outros mediante

---

459. Σῖτος (*sítos*), principalmente o trigo.

compra. Mas nenhuma destas mercadorias, nem cevada ou trigo triturado e transformado em farinha, e tampouco qualquer outro tipo de produto alimentício poderão ser vendidos no comércio varejista aos cidadãos e seus escravos ou comprados de tais varejistas. Entretanto, para os artífices e seus escravos no mercado dos estrangeiros um estrangeiro poderá vender vinho e cereal através do que é chamado geralmente de *pequeno varejo*. E os açougueiros retalharão os animais e distribuirão a carne aos estrangeiros e artífices e seus servos. Qualquer estrangeiro que o deseje poderá comprar qualquer quantidade de lenha para combustível em grande volume, todos os dias, dos gerentes presentes nos distritos; e a venderão aos estrangeiros na quantidade e em qualquer tempo que quiser. No que se refere a todas as outras mercadorias e utensílios que cada grupo necessite, terão que comprá-los na *ágora*, cada tipo no lugar para ele designado, onde os guardiões das leis e os agorônomos com a ajuda dos astínonos demarcaram sítios adequados e instalaram barracas para os produtos vendáveis: aí eles permutarão moedas por mercadorias e mercadorias por moedas e nenhum homem cederá sua parcela ao outro sem receber o equivalente em dinheiro; e se alguém o ceder, por assim dizer à base de crédito, deverá negociar ao melhor preço possível, acabando ou não por receber o que lhe é devido, visto que em tais transações não pode contar com nenhum recurso legal. E se a compra ou venda foram maiores ou mais dispendiosas do que o que é permitido pela lei que estabelece os limites de acréscimo ou decréscimo da propriedade além dos quais ambas essas transações estão proibidas, o valor da diferença será imediatamente (em caso de excesso) registrado com os guardiões das leis e (em caso de escassez) cancelado. A mesma regra se aplicará ao registro de propriedades que dizem respeito a estrangeiros residentes. Todo aquele que desejar, ou seja, um estrangeiro pode ser admitido no Estado como residente sob termos preestabelecidos, visto que a residência é permitida a quem esteja desejoso e capacitado a residir no Estado, contanto que possua um ofício e permaneça no país não mais que vinte anos a contar da data de seu registro, sem o pagamento de qualquer taxa, mesmo irrisória, exigindo-se-lhe tão somente conduta virtuosa, nem realmente nenhuma outra taxa por qualquer compra ou venda; e ao seu vencimento, ele partirá levando consigo seus próprios bens. E se durante o período de vinte anos acontecer ficar comprovado seu mérito por prestar algum serviço considerável ao Estado, e se ele se julgar capaz de persuadir o Conselho e a Assembleia a atenderem sua reivindicação e a autorizar um adiamento de sua partida, ou mesmo a autorização para sua permanência definitiva no país, qualquer uma dessas solicitações para as quais ele conseguir, por sua persuasão, a aprovação do Estado, se efetivamente concedidas, serão cumpridas a seu favor plenamente. No que respeita aos filhos dos estrangeiros residentes que sejam artífices e com mais de quinze anos de idade, o período de residência começará a contar a partir dos quinze anos e o filho do estrangeiro residente, depois de habitar durante vinte anos a partir daquela data partirá se o desejar, ou se desejar ficar, deverá conquistar a permissão para tanto de maneira semelhante e assim permanecer; e aquele que partir deverá primeiramente providenciar junto aos magistrados o cancelamento de seu nome nos registros.

Livro
IX

Δίκαι δὴ τὰ μετὰ ταῦτα ἀκόλουθοι ταῖς ἔμπροσθεν πράξεσιν ἁπάσαις οὖσαι κατὰ φύσιν γίγνοιντο ἂν τὴν τῆς διακοσμήσεως τῶν νόμων.

853a   *O ateniense*: Nosso modo de legislar determina naturalmente que passemos agora para os procedimentos judiciais relacionados a todas as transações descritas até esta oportunidade. As matérias que envolvem tais procedimentos foram parcialmente enunciadas (aquelas, *nomeadamente*, que dizem respeito à agricultura e todas as atividades que dela dependem), mas não enunciamos as mais importantes de todas essas matérias; portanto, nosso próximo passo consistirá em enunciá-las na
b   totalidade, indicando minuciosamente que penalidade corresponderá a cada ofensa, e perante que tribunal deverá ser julgada.

Clínias: É verdade.

O ateniense: É, num certo sentido, vergonhoso produzir todas essas leis cuja produção estamos propondo num Estado como o nosso, que é, como dissemos, para ser bem administrado e dotado de tudo que é apropriado à prática da virtude. Num tal Estado, a mera suposição de que qualquer cidadão crescerá para compartilhar das piores formas de criminalidade praticadas em outros Estados, a ponto do legislador ter que prevenir mediante ameaças sua aparição e não só para conjurar seus crimes, como também para no caso de já terem sido cometidos,
c   puni-lo, devendo produzir leis para combatê-lo – isto, como o disse, é num certo sentido vergonhoso. Mas não estamos agora legislando, como os antigos legisladores, para heróis e filhos de deuses, quando – conforme diz a história – tanto os próprios legisladores quanto os cidadãos para quem legislavam eram descendentes dos deuses. Nós, ao contrário, não passamos de seres humanos mortais legislando para filhos de seres humanos, e portanto é-nos permitido ter entre nossos
d   cidadãos algum com coração da dureza do chifre, tão duro a ponto de ser impossível derretê-lo; e tal como esses grãos *corneados* não podem ser amolecidos pela fervura sob o fogo, tais homens não recebem a influência das leis, por mais enérgicas que sejam.[460] Assim, devido a

---

460. A figura de linguagem de Platão é dupla. Se por um lado se refere à extrema dureza do chifre como metáfora da completa frieza e insensibilidade de um coração humano, por outro talvez aludisse

esses senhores não estabeleceremos nenhuma lei muito branda, em primeiro lugar no que concerne ao roubo dos templos, no caso de alguém se atrever a cometer um tal crime. Não é de se desejar nem esperar que um cidadão corretamente educado seja contaminado por essa doença, porém há tentativas nesse sentido por parte de seus servos, estrangeiros ou escravos de estrangeiros. Desta forma, principalmente devido a estes últimos, e também a título de precaução contra a fraqueza geral

854a da natureza humana, indicarei a lei aplicável ao roubo dos templos e todos os outros crimes de caráter semelhante cuja cura é difícil, se não impossível. E, de acordo com nossa regra já aprovada, temos que preestabelecer para todas essas leis prelúdios que sejam os mais breves possíveis. Por meio de argumentação e advertências poder-se-ia dizer o seguinte ao homem que é sacudido durante o dia por um desejo mau e que desperta à noite o levando a furtar um objeto sagrado: "Meu bom

b homem, a força do mal que agora te impulsiona e te incita ao roubo dos templos não tem origem nem humana nem divina, mas se trata de algum impulso gerado há muito nos seres humanos devido a faltas não expiadas por eles; tu a carregas a todas as partes contigo, um impulso funesto do qual deves te defender com todas as forças. Como fazê-lo aprende agora: quando te assaltar tal intenção procede aos rituais purificatórios, busca como suplicante os santuários das divindades que desviam as maldições, busca a companhia dos homens que são reputa-

c dos como virtuosos, e assim aprende, em parte dos outros, em parte por autoinstrução, que todo homem deve honrar o que é nobre e justo; mas foge completamente da companhia dos homens maus e não te voltes. E se através disso tua doença crescer menos, muito bem; e se este não for o caso, julga a morte o caminho mais nobre e livra-te da vida".[461]

À medida que entoamos esse proêmio a todos que meditam sobre todos esses atos ímpios e destrutivos da vida cívica, deixaremos a própria lei muda para aquele que obedece, mas para quem desobedecer,

---

a uma certa superstição corrente segundo a qual os grãos atingidos pelos cornos de um animal adquiriam uma dureza córnea, não sendo mais possível cozinhá-los ao fogo.

461. Para os antigos gregos não havia crime maior e mais hediondo do que a impiedade (ἀνοσιότης – τὰ ἀνόσια – ἀσέβεια [anosiótes – tá anósia – asébeia]), ou seja, o crime contra os pais, a pátria ou as divindades do Estado. Neste último caso, ainda agravado por um sacrilégio dos antepassados há muito tempo não quitado com as divindades mediante todo um conjunto de ritos e sacrifícios, o resultado era uma espécie de maldição que se abatia sobre um dos descendentes sob a forma de uma espécie de compulsão para o roubo dos templos. Se a despeito de toda a sua devoção e esforço para purificar-se e saldar a terrível falta de seus ancestrais, essa compulsão doentia não desaparecesse ou ao menos cedesse, só lhe restava dar cabo da própria vida. Platão transformará a concessão do suicídio honroso (tão comum entre certos povos antigos e tão incomum entre modernos e contemporâneos) em pena de morte para o cidadão residente.

d   findo o prelúdio, teremos que entoar bem alto a lei: todo aquele que
      for pego roubando um templo, se for um estrangeiro ou um escravo,
      terá o estigma de sua maldição marcado a fogo na sua testa e nas suas
      mãos, além de sofrer o látego no número de golpes decretados pelos
      juízes; ademais, será expulso nu para além das fronteiras do país, pois
      talvez após ser assim punido, possa disciplinar-se para uma vida me-
      lhor. Entendemos que toda punição legalmente aplicada não visa ao
e   mal, mas via de regra produz um destes dois efeitos: ou torna a pessoa
      que sofreu a punição melhor ou a torna menos má. Mas se qualquer
      cidadão é reiteradamente condenado por esse ato, ou seja, a perpetra-
      ção de alguma falta gravíssima e infame contra os deuses, os pais ou
      o Estado,[462] o juiz o considerará como já incurável, reconhecendo que,
      apesar de todo o treinamento e educação que recebeu desde a infância,
      não se conteve, a ponto de cometer a pior das iniquidades. Para ele a
855a pena será a morte, o menor dos males, o que para os outros [cidadãos]
      será um exemplo benéfico, pois o verão caído em desgraça e elimi-
      nado para além das fronteiras do país.[463] Mas seus filhos e família, se
      fugirem ao comportamento do pai, serão honrados e citados honro-
      samente, constatando-se que se dedicaram com empenho e coragem
      no sentido de trocarem os caminhos do vício por aqueles da virtude.
      Que os bens de um tal criminoso sejam confiscados não se coaduna
      com um Estado no qual os lotes devem permanecer sempre idênticos
      e em número igual. Quem quer que seja que tiver cometido uma falta
b   afiançável deverá pagar a multa estipulada em dinheiro sempre que o
      valor da multa estiver dentro dos limites do excedente de que dispuser
      em relação ao seu aquinhoamento, mas não o que o exceda. Os guar-
      diões das leis descobrirão os fatos precisos relativos a esses casos nos
      registros, tendo que informar os juízes a respeito do verdadeiro estado
      de cada caso de maneira a impedir que qualquer um dos lotes jamais
      permaneça improdutivo pelo fato de faltarem recursos financeiros ao
      detentor da terra. Quem quer que pareça merecer uma multa superior
      e não tenha ninguém entre seus amigos desejoso de lhe prestar caução,
      [pagar por ele] e liberá-lo, terá que ser punido por aprisionamento pro-

---

462. Ou seja, o crime de impiedade.
463. O texto aqui é um pouco confuso, pois tem-se a impressão de que Platão está falando ao mesmo tempo do estrangeiro e escravo punidos com a estigmatização, os açoites, a expulsão etc. e do cidadão residente que é punido com a morte. Como a suspensão das honras póstumas prestadas aos mortos era muito penosa para a alma do morto, é bem provável que incluísse essa suspensão como castigo adicional ao cidadão residente executado e reincidente no gravíssimo crime de impiedade, isso representando desonra para o morto (ou melhor, para sua alma) e não para sua família.

c longado, de tipo público e por medidas de degradação. Mas ninguém ficará absolutamente à margem da lei devido a um único crime, mesmo que seja banido do Estado. As penas a serem aplicadas em tais casos serão a morte, a prisão, os açoites, determinadas posturas humilhantes, sentado, de pé, exposto à porta de um templo nas fronteiras do território, ou multas em dinheiro às quais já nos referimos antes. Nas situações em que a pena é a morte, os juízes serão os guardiões das
d leis associados à corte dos magistrados do último ano, selecionados pelo mérito. Quanto a esses casos, os legisladores mais jovens deverão atender às citações e convocações, a todas essas matérias e aos seus procedimentos pertinentes, enquanto compete a nós regulamentar por lei o método de votação.[464] A votação deverá ser feita abertamente e antes que isso aconteça, os juízes deverão estar sentados, encarando o reclamante e o acusado numa fila cerrada disposta por ordem de idade, sendo que todos os cidadãos com tempo disponível comparecerão e
e assistirão a esses julgamentos muito atentamente. Um discurso deverá ser feito primeiramente pelo reclamante, seguindo-se do discurso do acusado. Findos estes discursos, o mais velho dos juízes deverá dar prosseguimento com o seu exame do caso, no qual reverá em detalhe as afirmações feitas. E depois do mais velho, cada um dos demais juízes passará ao interrogatório, destacando e discutindo todo ponto que tenha notado nos discursos de uma ou outra parte em litígio em que possam ser culpabilizadas por terem cometido alguma omissão ou deslize em suas declarações. E todo juiz que não tiver nenhuma crítica a ser feita passará
856a a palavra ao juiz seguinte. [Encerrado o interrogatório dos juízes] eles registrarão por escrito as declarações que julgaram relevantes, assinarão o documento e o depositarão no altar de Héstia.[465] No dia seguinte os juízes se reunirão no mesmo lugar e discutirão o caso e farão seus pronunciamentos de maneira idêntica, assinando novamente suas declarações. E após o fazerem três vezes – período durante o qual prestarão plena atenção às provas e testemunhos – cada um dos juízes votará secreta e sagradamente, prometendo em nome de Héstia emitir o melhor e mais justo juízo permitido por sua capacidade. E assim darão um fim ao julgamento.

---

464. Ou seja, o velho *ateniense* coloca a si e a seus velhos interlocutores (*Clínias* e *Megilo*) como os primeiros legisladores originais a serem sucedidos por legisladores posteriores e jovens.
465. Além de haver nos tempos mais antigos da Grécia um recanto sagrado (ἑστία [*hestía*]) em toda casa para o altar onde se venerava a divindade doméstica, a deusa Héstia (Ἑστία), deusa protetora dos lares, possuía em Atenas um altar no edifício do pritaneu, altar que era considerado o local mais sagrado da cidade e onde se supõe que esses juízes se reuniam.

b   Depois dos casos concernentes aos crimes contra os deuses, vêm os casos relativos aos crimes contra a constituição do Estado. Todo aquele que fizer as leis de servas colocando-as a serviço da autoridade dos seres humanos[466] e tornar o Estado sujeito a uma facção, e atuar ilegalmente agindo em tudo isso pela violência e incitando à insurreição[467] terá que ser considerado o pior dos inimigos do Estado em sua totalidade. E todo aquele que, embora não participe de nenhuma dessas ações, deixar de observá-las[468] enquanto estiver participando das principais magistraturas do Estado, ou mesmo as observando não
c   conseguir defender o Estado legal e punir quem deve ser punido, devido a sua covardia, um tal cidadão deve ser tido como um cúmplice do crime. Todo indivíduo, por menos importância que detenha na comunidade, deverá informar os magistrados processando o conspirador sob a acusação de transformação[469] violenta e ilegal da constituição. Essas pessoas deverão ser levadas aos mesmos juízes que julgam os ladrões dos templos e todo o procedimento processual do julgamento será idêntico, a pena de morte devendo ser imposta pela maioria dos votos. Em síntese: a desonra ou punição aplicadas a um pai não será
d   herdada por seus filhos, exceto no caso em que não só o pai, como também o avô e o bisavô foram todos condenados à pena capital. Num tal caso, os filhos, embora retenham seus haveres pessoais, à exceção do lote de terra com todos seus pertences, serão deportados pelo Estado para seu país e Estado originais.[470] E no caso dos cidadãos que se constate terem vários filhos varões de ao menos dez anos de idade, se sorteará dez deles entre os indicados pelo pai ou pelo avô paterno ou
e   materno, e tais nomes serão enviados a Delfos – e o homem designado pelo deus será empossado como detentor do lote na casa daqueles que partiram, e que seja mais afortunado!

Clínias: Muito bem.

O ateniense: Ademais, uma terceira lei geral será formulada referindo-se aos juízes a serem empregados e o sistema dos julgamentos, em casos nos

---

466. Ou seja, uma vez estabelecida e promulgada uma lei, nenhum ser humano, seja quem for, está acima dela. A lei é absolutamente soberana e nenhuma autoridade, nenhum poder pode a ela se sobrepor e subordiná-la a si. Nota-se nas entrelinhas mais uma crítica sutil à oligarquia, à monarquia e à democracia. Platão é um dos primeiros pensadores políticos a desenvolver o conceito de estado de legalidade.
467. ...στάσιν... (*stásin*), revolução interna, guerra civil.
468. Ou seja, se omite, faz vista grossa.
469. ...μεταστάσεως... (*metastáseos*), genericamente mudança, transformação; aqui transformação da constituição, revolução.
470. Presume-se que Platão se refira aqui particularmente aos filhos de conspiradores que não eram cidadãos nativos residentes no Estado vitimado pelos crimes em pauta.

quais um homem processa um outro acusando-o de traição; e no que diz
857a respeito aos descendentes, analogamente, se devem permanecer no território ou serem expulsos, esta única lei se aplicando triplamente, a saber, no caso do traidor, do ladrão de templos e do conspirador que atenta contra as leis do Estado pela violência. No caso do ladrão, inclusive, tenha ele furtado uma grande coisa ou pequena, promulgaremos uma única lei e uma única punição legal para todos indiscriminadamente. Em primeiro lugar terá que pagar o dobro do valor do artigo furtado se perder seu caso e possuir bens suficientes acima de seu lote para pagá-lo; se não tiver condições para tanto, será aprisionado até conseguir pagar a soma ou tiver sido liberado por quem o processou. Se
b alguém for processado por furto do patrimônio do Estado, será libertado depois de obter o perdão do Estado ou depois de ter pago o dobro da quantia correspondente ao objeto furtado.

Clínias: Como poderemos nós dizer, estrangeiro, que não há qualquer diferença entre um furto grave e um pequeno furto, um furto num sítio sagrado e outro num profano, e [nos posicionar diante] de todas as outras diferenças que podem existir no ato de um furto, enquanto o legislador deve adequar a punição a cada crime pela aplicação de penas diversas nesses casos variados?

O ateniense: Muito bem dito, *Clínias*! Tu colidiste comigo quando
c eu, por assim dizer, a todo vapor, avançava para a frente e assim me acordaste. Tu me lembraste de uma anterior reflexão minha, de como nenhuma das tentativas até então feitas em matéria de legislação foram efetivadas corretamente – como de fato podemos inferir do exemplo perante nós. O que quero insinuar com esta observação? Não fizemos uma má analogia quando comparamos toda a legislação existente com o fato de escravos serem médicos de escravos. Pois deve-se perceber cuidadosamente o seguinte, a saber, que se qualquer um dos mé-
d dicos que pratica medicina mediante métodos puramente empíricos, sem qualquer base teórica racional, presenciasse a conversa entre um médico livre e um paciente livre na qual o primeiro usaria raciocínios bastante próximos daqueles da filosofia, atacando a doença à sua origem, remontando à natureza geral do corpo, bem depressa ele irromperia numa gargalhada e a linguagem que empregaria não seria de modo algum diferente daquela que vem fácil à língua de tantos pretensos médicos: "Não passas de um tolo...", ele diria, "...não estás tratando teu paciente, mas sim o instruindo, por assim dizer, como se o que ele
e quisesse fosse tornar-se um médico e não um homem sadio".

Clínias: E ao dizer isso não estaria ele certo?

O ateniense: Possivelmente, desde que ele também fosse da opinião de que o homem que trata as leis do modo que estamos fazendo agora está mais instruindo os cidadãos do que legislando. Não estaria ele certo ao dizer isso, também?

Clínias: Provavelmente.

O ateniense: Que felicidade termos chegado à conclusão que chegamos agora!

Clínias: Que conclusão?

O ateniense: Esta: que não há necessidade de legislar, bastando que nos tornemos estudantes nós mesmos e nos esforcemos para discernir em meio a todas as constituições (formas de governo) como a melhor forma poderia ser implantada, e também como poderia ser implantada a mais elementar possível entre todas elas. Neste momento, é-nos permissível, como parece, estudar, se por isso optarmos, a melhor forma de legislação ou, se assim escolhermos, a mais elementar. De modo que devemos fazer nossa escolha entre essas duas formas.

Clínias: A escolha que nos propomos, estrangeiro, é uma escolha ridícula. Estaríamos agindo como legisladores que estivessem sendo impulsionados por alguma necessidade ultrapoderosa a produzir leis no imediatismo, porque lhes seria impossível fazê-lo no dia seguinte. Mas no nosso caso (se a Divindade assim o quiser) é perfeitamente possível fazer como os pedreiros, ou homens que começam qualquer outro tipo de construção, ou seja, colher o material gradativamente peça por peça, a partir do qual podemos selecionar o que é adequado para o edifício que pretendemos construir, e, ademais, selecioná-lo sossegadamente. Vamos supor, assim, que não estamos agora construindo sob pressão, mas que estamos ainda em ritmo de lazer, e ocupados em parte em colher material e em parte em juntá-lo, de maneira que possamos afirmar com justiça que nossas leis estão em parte já construídas, e em parte coletadas.

O ateniense: Desse modo, *Clínias*, nosso exame das leis de qualquer maneira seguirá mais estreitamente o curso natural. Mas consideremos, pelos deuses, o ponto seguinte a respeito dos legisladores.

Clínias: Que ponto?

O ateniense: Dispomos em nossos Estados não apenas da literatura e discursos escritos de muitas outras pessoas [os chamados escritores] como também da literatura e dos discursos escritos do legislador.

Clínias: Certamente.

LIVRO IX | 341

d
O ateniense: Deveríamos, então, dedicar a nossa atenção às composições dos outros – poetas e todos que, em verso ou em prosa, têm composto e registrado seus conselhos sobre a vida – e não dedicar a menor atenção aos escritos dos legisladores? Ou, não deveríamos, ao contrário, nos ater a estes acima de todos os outros?

Clínias: Não há dúvida que a estes acima de todos os outros.

O ateniense: Mas certamente não queremos dizer que o legislador sozinho entre todos os escritores é o único que não tem o direito de dar conselhos a respeito do bem, do belo e do justo, e de ensinar seja sua natureza, seja a maneira pela qual cultivá-los às pessoas que desejam ser felizes?

Clínias: Como supor tal coisa?

e
O ateniense: Pois bem, será mais vergonhoso para Homero e Tirtaeu e o resto dos poetas formular em seus escritos más regras sobre a vida e suas ocupações e menos vergonhoso para Licurgo, Sólon e todos os legisladores que escreveram? Ou, não será certo que de todos os escritos existentes nos Estados, aqueles que dizem respeito às leis deveriam ser logo que expostos encarados como de muito os mais belos e melhores, e todos os outros escritos ou neles serem moldados ou, se com eles

859a
discordantes, se converterem em motivo de desprezo? Será que devemos conceber que as leis escritas nos nossos Estados se assemelhem em seu teor às atitudes de pessoas movidas por amor e sabedoria, tais como um pai e uma mãe, ou que devam refletir atitudes de comando e ameaça como as de um tirano ou um déspota que escreve seu decreto sobre uma parede e em seguida tudo é largado? Assim sendo, temos que considerar agora se vamos tentar discutir as leis com essa inten-

b
ção, demonstrando zelo, de qualquer modo, mesmo sem ter certeza se iremos obter êxito ou não; e se trilhando esse caminho tivermos que enfrentar problemas, que assim seja. E no entanto oramos para que tudo corra bem conosco, e se agradar à Divindade, correrá bem.

Clínias: Estás certo. Façamos como dizes.

O ateniense: Para começar, já que principiamos por isso, temos que examinar rigorosamente a lei referente aos ladrões de templos e todas as formas de furto, roubo e toda sorte de bandidagem; e não deve-

c
remos ficar constrangidos pelo fato de que, se por um lado estamos promulgando alguns pontos durante a legislação, alguns pontos permanecem em suspenso, pois estamos passando pelo processo de nos tornarmos legisladores, e talvez nós nos tornemos, mas não somos legis-

ladores ainda. Deste modo, se concordamos em examinar as matérias mencionadas por mim da forma que as mencionei, que o façamos.

Clínias: Com toda a certeza.

O ateniense: Com respeito à bondade e à justiça como um todo, tentemos discernir o seguinte: até que ponto concordamos agora com nós mesmos, até que ponto discordamos (pois nós deveríamos certamente dizer que desejamos, ao menos, divergir da maioria das pessoas) e até que ponto também as pessoas na sua maioria concordam ou divergem entre si mesmas.

Clínias: Que diferenças nossas tens em mente?

O ateniense: Tentarei explicar. No que toca à justiça em geral, bem como a seres humanos, coisas ou ações que são justos todos concordamos que tudo isso detém beleza [moral], de modo que chamaria a atenção ao dizer o que está errado mesmo se mantivesse que as pessoas justas, embora fisicamente disformes, são perfeitamente belas em função de seu próprio caráter justo.

Clínias: E isso não seria certo?

O ateniense: Talvez, mas observemos o seguinte: que se todas as coisas que pertencem à justiça são belas, esse *todas* inclui para nós paixões tanto quanto as ações.[471]

Clínias: Bem, e daí?

O ateniense: Toda ação justa na medida em que participa da justiça praticamente participa da beleza no mesmo grau.

Clínias: Sim.

O ateniense: É preciso concordar também – a fim de preservar a coerência de nosso raciocínio – que uma paixão que participa da justiça se torna, nessa medida, bela.

---

471. ...τὰ παθήματα ἡμῖν ἐστιν, σχεδὸν τοῖς ποιήμασιν ἴσα... (...*tà pathémata hemîn estin, skedòn toîs poiémasin ísa*...). A intenção de Platão é precisamente confrontar e contrastar o πάθημα (*páthema* [aquilo que provamos afetando nosso corpo e nossa alma, paixão, passividade, o sofrer da ação de outrem]) com o ποίημα (*poíema* [aquilo que fazemos, atividade, a ação que produzimos e que se exerce sobre outrem]). Quando estamos *apaixonados*, estamos cristalizadamente inativos e inertes, limitando-nos a sofrer a ação (via de regra inconsciente e raramente consciente) do objeto de nossa paixão. O autêntico estado de paixão é o mais vulnerável que existe pois nos tolhe qualquer vontade e ação dirigidas ao ser amado – estamos criticamente passivos e sujeitos à pessoa amada, no que precisamente consiste o nosso especial e inigualável deleite; é o mais supremo e grandioso dos deleites e ao mesmo tempo o mais terrível e fatal, pois o olhar do ser amado que não está *apaixonado* por nós, o que determina a ausência da polaridade e o equilíbrio perfeitos, pode ter o efeito da contemplação da Górgona Medusa que nos petrifica e anula. Como dizem os sufis, "a mariposa louca de paixão pela luz do fogo acaba nele se consumindo". É difícil vislumbrar ou adivinhar o mecanismo da paixão sem compreender o mecanismo da sedução ou arte das sereias (Σειρῆνος [*Seirênos*]). Consultar a respeito de *Górgias*, o *Fedro* e o *Banquete*, respectivamente em *Diálogos II, III* e *V*.

Clínias: Isso é verdadeiro.

O ateniense: Mas se concordarmos que uma paixão, embora sendo justa, é indecorosa, então a justiça e a beleza estarão em desacordo, pois teremos que chamar as coisas justas de indecorosas.

Clínias: O que queres dizer com isso?

O ateniense: Não é difícil compreendê-lo. As leis que promulgamos há pouco pareceriam estar formulando exatamente o contrário do que estamos afirmando presentemente.

Clínias: Mas a que formulações tu te referes?

b   *O ateniense*: Promulgamos que é justo condenar à morte o ladrão dos templos e o inimigo das leis corretamente promulgadas; e então, quando nos preocupávamos em promulgar um grande número de regras semelhantes, detemo-nos visto que percebemos que essas regras envolviam paixões que eram em número e magnitude infinitas, e que, embora fossem eminentemente justas, eram também eminentemente indecorosas. Assim o justo e o belo nos parecerão num momento inteiramente idênticos, mas em outro inteiramente opostos, não parecerão?

Clínias: Receio que sim.

c   *O ateniense*: Então o que acontece é que para a multidão o justo e o belo são violentamente divorciados, sendo em relação a eles usada uma linguagem incoerente.

Clínias: Assim parece, estrangeiro

O ateniense: Então reexaminemos, Clínias, nossa própria opinião e verifiquemos até que ponto é coerente a esse respeito.

Clínias: Que tipo de coerência e a respeito do que estás falando?

O ateniense: Eu acredito que disse expressamente em nossa discussão anterior, ou, se não o fiz antes, por favor supõe que o diga agora...

Clínias: O quê?

d   *O ateniense*: Que todos os indivíduos maus o são em todos os aspectos involuntariamente maus; e assim sendo, a nossa próxima afirmação terá que concordar com isso.

Clínias: Que afirmação queres dizer?

O ateniense: Esta: que o homem injusto é efetivamente mau, mas que o homem mau é involuntariamente mau.[472] Mas é ilógico supor que uma ação voluntária é produzida involuntariamente; além disso, aquele

---

472. A discussão envolvendo a distinção entre a injustiça voluntária e a injustiça involuntária foi introduzida por Platão no *Hípias Menor*, em *Diálogos II*.

que comete um ato injusto o faz involuntariamente na opinião de quem supõe que a injustiça é involuntária – uma conclusão que eu também agora tenho que reconhecer, pois concordo que todos os indivíduos cometem atos injustos involuntariamente; assim, visto que sustento essa opinião – e não partilho da opinião daqueles que por animosidade ou arrogância afirmam que enquanto há alguns que são injustos contra sua vontade, há também muitos que o são voluntariamente, como posso ser coerente com minhas próprias afirmações? Supondes vós, *Megilo* e *Clínias*... apresentai esta pergunta para mim: "Se esta é a situação, estrangeiro, que conselho nos darias quanto a legislar o Estado magnesiano?"[473] Legislaremos ou não?" "Absolutamente o legislaremos", eu responderia. "Fareis uma distinção, então, entre más ações voluntárias e más ações involuntárias, e iremos promulgar penas mais pesadas para os crimes e más ações que são voluntários, e penas mais leves para os outros? Ou promulgaremos penas iguais para todos achando que não há o ato voluntário de injustiça?"

Clínias: O que dizes, estrangeiro, é absolutamente certo, de maneira que qual uso daremos aos nossos presentes argumentos?

O ateniense: Uma excelente pergunta! O uso que daremos a eles, para começar, é este...

Clínias: Qual?

O ateniense: Vamos relembrar como, há um momento atrás, nós afirmamos corretamente que em relação à justiça estamos submetidos à maior das confusões e incoerências. Com a compreensão desse fato, indaguemo-nos de novo quanto à nossa perplexidade a respeito dessas matérias visto que nem as tornamos claras nem determinamos o ponto de diferença entre esses dois tipos de ação má, voluntária e involuntária, que são tratados como legalmente distintos em todo Estado por todo legislador que já apareceu [no mundo]. Será que a afirmação que fizemos recentemente é para permanecer como um oráculo divino, como uma mera afirmação *ex cathedra*, sem a sustentação de prova alguma e para servir como uma espécie de contralegislação? Isto é impossível e antes de legislarmos é preciso primeiramente deixar claro de alguma forma que essas ações más são duplas, e determinar em que consiste sua diferença, a fim de que, quando impusermos a pena sobre qualquer modalidade, todos possam seguir nossas regras e ser

---

473. O Estado magnesiano (Μαγνήτων πόλει [*Magnéton pólei*]) é o Estado cuja fundação foi entregue às mãos de Clínias e a outros cidadãos e para cuja organização e legislação o *ateniense* o está auxiliando.

LIVRO IX | 345

capazes de formar algum juízo a respeito da adequabilidade ou não de nossas promulgações.

Clínias: O que dizes, estrangeiro, nos parece excelente; temos que fazer uma destas duas coisas: ou não asseverar que todos os atos injustos são involuntários, ou fazer primeiro nossas distinções e em seguida

d provar a correção do que asseveramos.

O ateniense: Dessas alternativas a primeira é para mim absolutamente intolerável, a saber, não asseverar o que tenho por verdade – pois isso não seria uma coisa lícita e tampouco piedosa. Mas ao que se refere à questão de como tais atos são duplos – se é que a diferença não reside na intermediariedade do voluntário e do involuntário – temos que explicá-lo por meio de alguma outra distinção.

Clínias: Bem, certamente, estrangeiro, no que toca a esse assunto não existe nenhum outro plano que pudéssemos adotar.

e *O ateniense*: Será feito. Vamos lá, nas negociações e relações entre os cidadãos, ofensas cometidas por uns contra outros ocorrem frequentemente, e envolvem muito do voluntário tanto quanto do involuntário.

Clínias: Com toda a certeza.

O ateniense: Que ninguém tenha todas as ofensas como atos de injustiça e então considere os atos injustos envolvidos como duplos da maneira descrita, a saber, que são parcialmente voluntários e parcialmente involuntários (pois, do total, as ofensas involuntárias não são inferiores às voluntárias seja em número ou em grandeza); mas consi-

862a derai se ao dizer o que estou na iminência de dizer estarei falando algo sensato ou um total absurdo, pois o que afirmo, *Megilo* e *Clínias* não é que se um homem ofende um outro involuntariamente e sem desejá-lo, ele estará agindo injustamente embora involuntariamente, nem eu legislaria desta maneira, pronunciando tal coisa como um ato involuntário de injustiça, mas pronunciaria que tal ofensa não é injustiça alguma, seja a ofensa de grande magnitude ou não. E se minha opinião prevalecer, diremos

b com frequência que o autor de um benefício mal executado comete uma injustiça; pois, via de regra, meus amigos, nem quando alguém dá um objeto material a outro, nem quando ele o toma e leva para longe, deveria alguém classificar tal ato como absolutamente justo ou injusto, mas somente quando alguém de caráter e disposição justas produz algum benefício ou dano para outro – é isto que o legislador deve ter em vista; terá que considerar essas duas coisas, injustiça e dano, e quanto ao dano infligido ele deverá compensá-lo o máximo possível mediante meios legais; terá que salvar o que está perdido, restaurar o que foi destruído, dar integridade e saúde ao que foi morto e ferido; e

c quando todos os danos tiverem sido ajustados pela compensação, ele terá que se esforçar sempre por meio das leis para converter as partes que os tiverem infligido e aquelas que os sofreram de uma condição de discórdia para uma condição de amizade.

Clínias: Ele estará certo em fazê-lo.

O ateniense: No que respeita a danos e ganhos injustos, no caso em que alguém tem ganho sobre outro atuando injustamente para com ele, todos os casos passíveis de cura teremos que curar, considerando-os como doenças da alma. E deveríamos afirmar que nossa cura para a injustiça reside nesta direção...

Clínias: Que direção?

d *O ateniense*: Nesta: que sempre que alguém comete qualquer ato injusto, de grande ou pequena gravidade, a lei o instruirá e absolutamente o compelirá no futuro a não mais ousar deliberadamente cometer tal ação, ou, ao menos, a cometê-la cada vez com menor frequência, além de pagar pelo dano provocado. Efetuar tal coisa, seja por ação ou discurso, por meio de prazeres e dores, honras e desonras, multas em dinheiro e recompensas em dinheiro, e em geral por quaisquer meios empregáveis para fazer as pessoas odiarem a injustiça e amar ou, ao menos, não odiar a justiça é precisamente a função das mais nobres

e leis. Mas em relação a todos aqueles que o legislador perceber que são irrecuperáveis (incuráveis) em relação a essas matérias, que penalidade deverá ele promulgar, e que lei? O legislador compreenderá que em todos esses casos não apenas é melhor para os próprios infratores não viverem mais como se revelará também duplamente benéfico aos outros que eles deixem a vida, o que servirá tanto como uma advertência para que os outros não ajam injustamente quanto para livrar o Estado

863a de indivíduos perversos, de sorte que ele necessariamente aplicará a morte como punição por seus crimes em casos desse tipo, e desse tipo exclusivamente.[474]

---

474. Platão, na verdade, visando a constituição e preservação de um Estado feliz e vigoroso, mostra-se sempre muito pragmático e nada sensível às misérias do indivíduo humano, sejam estas congênitas ou adquiridas, neste último caso a despeito da excelente educação que reserva às crianças, adolescentes e jovens no Estado por ele concebido. Entretanto, esta sua prescrição da pena capital apenas para esses casos aqui referida constitui um certo abrandamento, pois em *A República* ele alude a uma morte por abandono também para os mal dotados de corpo: "Deixar-se-á morrer aqueles cujos corpos são mal constituídos e os cidadãos farão perecer eles mesmos aqueles que têm a alma naturalmente perversa e incorrigível. É evidentemente o que há de melhor a se fazer, quer para esses infelizes, quer para o Estado".

Clínias: O que disseste parece bastante razoável, mas ficaríamos felizes se pudéssemos ouvir uma exposição ainda mais clara relativa à diferença entre o dano e a injustiça, e como a distinção entre o voluntário e o involuntário se aplica nesses casos.

O ateniense: É necessário que me esforce a realizar o que me intimas a fazer, e explicitar a matéria. Indubitavelmente, em vossas palestras dizeis e ouvis dizer, ao menos, este tanto sobre a alma, ou seja, que um elemento em sua natureza – seja ele uma afeição ou uma parte constitutiva – é a *paixão*, que é uma qualidade [inerente à alma] de caráter conflitante e pugnaz, e que por sua força irracional transtorna muitas coisas.

Clínias: De fato.

O ateniense: Outrossim, distinguimos o prazer da paixão e afirmamos que o poder de domínio dele é de um tipo oposto, visto que ele efetua tudo que é desejado por sua intenção mediante uma mistura de persuasão e engano.

Clínias: Exatamente.

O ateniense: Tampouco seria falso afirmar que a terceira causa de nossas faltas é a ignorância. Esta causa, todavia, o legislador faria bem em subdividir em duas, considerando a ignorância sob sua forma simples como sendo a causadora de pequenas faltas, e sob sua forma dupla – onde a loucura se deve ao indivíduo ser presa da ignorância como também por uma ilusão de sabedoria, como se tivesse conhecimento pleno de coisas que desconhece completamente – como sendo a causa de faltas graves e brutais quando se associa à força e ao vigor, mas simplesmente a causa de faltas pueris e senis quando se associa com a fraqueza; ele terá estas últimas como faltas e promulgará leis para punir os que as cometerem, mas leis que serão, acima de todas as outras, sumamente brandas e indulgentes.

Clínias: Isso é razoável.

O ateniense: Ora, referindo-nos ao prazer ou à paixão, dizemos quase que unanimemente que esta pessoa é a eles *superior*, aquela lhes é *inferior*. E na realidade é assim mesmo.

Clínias: Com toda a certeza.

O ateniense: Mas nunca ouvimos dizer que esta pessoa é *superior* e aquela outra *inferior* à ignorância.[475]

---

475. Diferentemente da paixão e do prazer que conturbam e movem (κίνησις [*kínesis*]) a alma, tiranizando esta última e fazendo frente à razão, a ignorância não tem caráter tumultuoso e conflitante. São notórias e proverbiais a docilidade, o conformismo, a ingenuidade e a tranquilidade dos ignorantes.

Clínias: É bem verdadeiro.

O ateniense: E afirmamos que todas essas coisas[476] impelem todo ser humano com frequência a contrariar o pendor real de sua própria inclinação.

Clínias: Realmente, com bastante frequência.

O ateniense: Agora definirei para ti, clara e descomplicadamente minha noção de justiça e de injustiça. Chamo geralmente de *injustiça* o domínio exercido na alma pela paixão, o medo, o prazer, a dor, as invejas e os desejos, quer provoquem dano ou não. Mas se a crença no bem supremo – sob qualquer forma que Estados ou indivíduos pensem que podem atingi-lo – prevalecer nas almas humanas e exercer controle sobre cada indivíduo humano, mesmo se algum dano for produzido, teremos que asseverar que tudo que for feito é justo, e que em todo indivíduo humano a parte submetida a esse controle é também justa, e o melhor para a vida inteira da espécie humana, embora a maioria dos seres humanos suponham que tal dano é uma injustiça involuntária. Mas não estamos agora interessados numa disputa verbal. Considerando-se, entretanto, que foi demonstrado que há três tipos de faltas, precisamos em primeiro lugar inculcar isso ainda mais na mente. Desses tipos, um, como sabemos, é doloroso, e isso nós chamamos de paixão e medo.[477]

Clínias: Perfeitamente.

O ateniense: O segundo tipo consiste de prazer e apetites; o terceiro, que é um tipo distinto, consiste de esperanças e a crença falsa com relação ao atingir do bem supremo. E quando este último tipo é subdividido em três, totaliza-se cinco classes, como afirmamos agora. E para estas cinco classes temos que promulgar leis distintas, de dois tipos principais.

Clínias: E quais são eles?

O ateniense: Um concerne aos atos cometidos ocasionalmente através de meios violentos e abertamente, o outro diz respeito aos atos cometidos privadamente, encobertos pelas sombras e pela fraude, ou às vezes aos atos cometidos dessas duas maneiras – e para atos deste último tipo as leis serão mais severas se quisermos que se revelem adequadas.

Clínias: Naturalmente.

O ateniense: Retornemos a seguir ao ponto que originou essa digressão e prossigamos com nossa promulgação das leis. Formulamos leis, acredito, referentes àqueles que roubam os templos e os traidores,

---

476. Ou seja, a paixão, o prazer e a ignorância.
477. Consultar o *Filebo*, em *Diálogos IV*.

e também para aqueles que arruínam as leis com a intenção de derrubar a constituição vigente. Atos dessa natureza poderiam ser cometidos por pessoas em estado de loucura, acometidas por alguma doença ou num ponto de senilidade extrema, ou ainda num estado de infantilidade, estados que não diferem a rigor do estado de loucura. Se qualquer um desses casos chegar ao conhecimento dos juízes selecionados, seja por informação do autor do ato ou daquele que o está representando, e se for julgado que ele se encontrava nesse estado de insanidade quando violou a lei, ele certamente pagará pelo dano que tenha provocado, mas somente a soma exata, sendo absolvido das outras acusações, a não ser que tenha morto alguém e não tenha purificado suas mãos do sangue. Neste caso, ele terá que partir para outro país e lugar e aí residir como um exilado durante um ano; e se retornar antes da data fixada pela lei, ou se instalar-se novamente em seu país, será trancafiado no cárcere público pelos guardiões das leis por dois anos, não sendo libertado da cadeia a não ser depois de transcorrido esse período.

Não temos que hesitar em promulgar leis sobre qualquer classe de assassinato em linhas semelhantes agora que estabelecemos um começo. Primeiramente, nos ocuparemos dos casos que são violentos e involuntários. Se alguém tiver matado um amigo numa competição ou em jogos públicos – tenha sido a morte imediata ou consequência posterior dos ferimentos – ou, analogamente, se o tiver matado na guerra ou em alguma ação de treinamento para a guerra, seja durante a prática de exercício de dardo sem couraça ou durante o envolvimento em alguma manobra bélica com armas pesadas, depois de ter sido purificado como orienta a regra de Delfos, estará livre de qualquer processo por crime. O mesmo se aplica a todos os médicos: se o paciente vier a falecer contra a vontade de seu médico, este será considerado de mãos puras e isento de crime.

Todo aquele que tiver matado alguém mediante um ato direto, mas involuntariamente – seja sem outras armas senão seu próprio corpo, seja empregando um instrumento ou arma, ou mediante uma dose de bebida ou alimento sólido, ou pela aplicação de fogo ou frio ou pela privação de ar, e o faça ele mesmo com seu próprio corpo ou por meio de outros corpos – em todos esses casos será considerado como seu próprio ato pessoal, ficando ele passível das seguintes penalidades: se tiver matado um escravo, terá que encarar o fato como se tivesse sido um próprio escravo seu que tivesse sido destruído e indenizar o senhor do escravo morto pelo dano ou incorrer numa multa de valor correspondente ao

dobro do valor do homem morto, ficando a critério dos juízes a determinação desse valor; ademais terá que recorrer a uma gama de purificações maior e mais numerosa do que aqueles que provocam a morte
d   nos jogos; os ritos purificatórios ficarão a cargo daqueles intérpretes designados pelo deus; mas se o escravo morto for o seu próprio ele será libertado após a purificação legal [regular]. Aquele que matar um homem livre involuntariamente será submetido às mesmas purificações a que foi submetido o homem que matou um escravo, havendo uma antiga fábula, contada há muito, à qual ele não deverá deixar de dar ouvidos. A fábula diz que o homem assassinado violentamente que tenha vivido uma vida livre e orgulhosa se irrita com seu matador quando recentemente morto, e ademais cheio de medo e horror em função de seu próprio fim brutal, ao ver seu assassino viver segundo os mesmos costumes em que ele vivia [e frequentar os mesmos lugares] é assaltado pelo maior horror, e
e   nesse estado de intranquilidade, identificando-se com seu assassino, ele lhe transmite com todas as suas forças sua própria intranquilidade, afetando tanto a alma quanto as ações do assassino. Diante disso, convém ao assassino que se afaste de sua vítima[478] por todas as estações de um ano inteiro e deixe de frequentar todos os lugares que frequentou
866a com o morto, qualquer sítio de sua pátria que seja; no caso do homem morto ser um estrangeiro, o assassino deverá ter sua entrada à terra do morto barrada durante o mesmo período. Se o culpado submeter-se voluntariamente a essa lei, o parente mais próximo da vítima, contando com a supervisão na execução de todas essas regras, o perdoará e viverá em paz com o culpado, comportamento que será considerado perfeitamente apropriado; mas se o culpado afrontar tal lei e ousar, em primeiro lugar, aproximar-se dos altares e realizar sacrifícios ainda de mãos impuras além de recusar-se a cumprir os períodos determinados de exílio,
b   então o parente mais próximo da vítima processará o assassino por homicídio e se este for condenado, todas as suas penas serão duplicadas. E caso o parente mais próximo deixe de processá-lo pelo crime, será como se a mácula fosse transferida para ele, visto que a vítima desviará para ele suas reclamações pela fatalidade que se abateu sobre ela.[479] E quem o desejar poderá acusá-lo e forçá-lo por lei a deixar seu país por cinco anos.

Se um estrangeiro involuntariamente matar um estrangeiro que é residente no Estado, quem o quiser poderá processá-lo segundo as mesmas

---

478. De seu túmulo, presume-se.
479. Embora Platão use a linguagem do mito, fica clara sua convicção sobre a imortalidade da alma.

c leis; se for um *meteco*[480] será punido com o desterro de um ano; se for totalmente estrangeiro, deverá não apenas se purificar, mas no caso de sua vítima ser um estrangeiro, meteco ou cidadão nativo, além das purificações impostas sua presença será barrada por toda sua vida do país que tem essa legislação vigente; em caso de transgressão da lei, ou seja, caso ele force sua entrada no país, os guardiões das leis o punirão com a morte e se ele possuir algum bem, eles o entregarão ao parente mais próximo da vítima.

d E caso ele regresse contra sua vontade, digamos devido a um naufrágio que o lance à costa, ele ali acampará com seus pés sob a água, aguardando uma embarcação [que o leve embora]; e ainda no caso de ter sido forçado a por os pés em terra, o primeiro magistrado do Estado que o encontrar o libertará e o fará cruzar a fronteira sem sofrer qualquer dano. Se uma pessoa matar com suas próprias mãos um homem livre, a ação sendo perpetrada passionalmente, nos caberá necessariamente fazer uma distinção entre

e duas variedades do crime. O assassinato é cometido passionalmente por aqueles que de súbito e sem intenção de matar aniquilam alguém mediante golpes ou outras violências do gênero num ataque repentino, sendo a ação imediatamente seguida pelo arrependimento. Mas também é cometido passionalmente quando pessoas que são insultadas por meio de palavras ou atos desonrosos buscam vingança e acabam por matar alguém com deliberada intenção de fazê-lo, não experimentando o menor arrependimento por esse ato. É preciso, pelo que parece, que estabeleçamos que esses assassinatos são de dois tipos distintos, am-

867a bos via de regra cometidos sob o impulso da paixão, e se quisermos descrevê-los com máxima propriedade, teremos que dizer que estão a meio caminho entre o voluntário e o involuntário. Todavia, cada um desses tipos apresenta semelhanças de um e outro lado pois o homem que refreia sua cólera e não age de imediato, mas planeja vingança, e depois de um lapso de tempo age com intenção deliberada, se assemelha ao assassino voluntário, enquanto o homem que não alimenta seu ódio e a ele cede de imediato sob um impulso repentino e sem intento deliberado se assemelha ao assassino involuntário sem ser ele mesmo inteiramente involuntário, embora guarde com isso semelhança. Assim

b os assassinatos cometidos passionalmente são difíceis de serem definidos, quer os tratemos na lei como voluntários ou involuntários. O

---

480. Μέτοικος (*métoikos*), estrangeiro que se estabelece num outro país; em Atenas esta palavra tem um sentido ainda mais específico, designando o estrangeiro estabelecido e residente na cidade mediante uma renda.

melhor modo de lidar com eles, que é também o mais verdadeiro, é classificar ambos como semelhanças, e distingui-los pela característica da intenção deliberada ou a ausência de tal intenção, impondo penas mais severas àqueles que matam com intenção e movidos pelo ódio, e penas mais brandas àqueles que o fazem sem premeditação e sob um impulso repentino, isto porque o que se assemelha a um mal maior tem que ser punido com maior rigor, enquanto aquilo que se assemelha a um mal menor deve ser punido menos rigorosamente. De modo que é este o rumo que devem nossas leis tomar.

Clínias: Com toda a certeza o é.

O ateniense: Voltando então à nossa incumbência façamos este pronunciamento: se alguém com suas próprias mãos matar um indivíduo livre, a ação sendo cometida sob o impulso da cólera mas sem intenção deliberada, sofrerá as penas reservadas àquele que matou não passionalmente, somando-se a isso o exílio por dois anos para que puna sua própria cólera. Aquele que matar sob os ditames da paixão e com intenção deliberada será tratado nos demais aspectos como o assassino passional não intencionado, porém seu exílio será de três anos em lugar de dois como o outro – recebendo uma pena mais longa devido à extensão de sua paixão. No que diz respeito ao retorno dos exilados, a legislação terá que ser da maneira que se segue, tendo nós que admitir que será difícil dotá-la de precisão, pois às vezes o mais perigoso dos dois assassinos aos olhos da lei poderá se revelar o mais dócil e o mais dócil aos olhos da lei, o mais perigoso, este último tendo cometido o crime mais selvagemente e o primeiro até mesmo sem selvageria. Mas via de regra as coisas sucedem da maneira que indicamos, de modo que relativamente a todas essas regulamentações os guardiões das leis terão que atuar como supervisores. Quando tiver transcorrido o período de exílio em cada caso, eles deverão enviar doze entre si às fronteiras do território para atuarem como juízes, o que deverá ter sido precedido de um exame ainda mais rigoroso do comportamento dos exilados. E caberá a esses homens também julgar se os desterrados receberão o perdão e serão readmitidos em sua pátria. Só restará aos exilados acatar a decisão desses magistrados. E se qualquer um deles, tendo sido readmitido à patria, reincidir no mesmo crime, será punido com o exílio perpétuo. E se ainda assim forçar o próprio retorno, terá o mesmo destino do estrangeiro que força seu retorno.[481]

---

481. Note-se que Platão, exceto neste caso extremo e excepcional, evita punir o cidadão homicida, mesmo aquele que premedita o crime, com a pena capital, visto que esse tipo de crime (o assas-

Aquele que matar um escravo de sua propriedade purificará a si mesmo, e se matar o escravo de um outro homem tomado pela cólera terá que pagar ao proprietário o valor correspondente ao dobro do dano praticado. E se qualquer um entre todos esses tipos de assassinos desobedecer a lei e, de mãos impuras, macular a *ágora*, os jogos e outras assembleias sagradas, quem o quiser processará tanto o parente
b do assassinado que o permite como o próprio assassino e obrigará um a cobrar e o outro a pagar o dobro do montante das multas em dinheiro e demais valores cobrados;[482] quanto à soma paga, ele a tomará para si mesmo de acordo com a lei.[483] Se um escravo, tomado pela cólera, matar o seu próprio senhor, os parentes do morto tratarão o assassino
c como o desejarem, embora seja necessário que de modo algum o deixem viver, e o fazendo ficarão sem mácula.[484] E se um escravo matar uma pessoa livre (que não seja seu senhor) movido pela cólera, seus senhores deverão entregar o escravo aos parentes do morto, e estes serão obrigados [pela lei] a dar cabo do culpado, fazendo-o do modo que preferirem. Se num acesso de cólera, um pai ou uma mãe mata um filho ou uma filha mediante golpes ou alguma espécie de violência – algo que embora raro, realmente às vezes acontece – o matador fará as mesmas purificações dos outros assassinos e será exilado por três
d anos; findo o desterro e tendo retornado aquele que cometeu o crime, a esposa será separada do marido e este da esposa, e nunca terão mais um filho juntos, tampouco compartilharão um lar com aqueles dos quais o assassino privou um filho, filha ou irmão, bem como não farão mais parte de seu culto; aquele que se mostrar desobediente e ímpio no que concerne a essa matéria estará sujeito a uma ação por impiedade

---

sínio, o ceifar da vida de um ser humano, para nós tão horrendo) ocorre geralmente no âmbito das relações entre os indivíduos e não abala diretamente a estabilidade do Estado, o que não acontece no caso da impiedade (atentado à vida que envolve os deuses, o país e o Estado) e do sublevador que atenta contra o poder e a constituição vigentes. No geral, Platão reservará a pena capital majoritariamente aos escravos, aos homicidas que matam movidos pela cólera, aqueles que desrespeitam a pena de desterro ou os reincidentes, caso em que se tornam efetivo perigo público. No caso dos cidadãos, a opção recairá quase sempre no desterro perpétuo, que, a propósito, para os antigos gregos, egípcios, romanos e vários outros povos antigos costumava ser encarada como uma punição mais penosa e mais triste do que a morte. Naqueles tempos valia mais uma morte honrosa do que uma vida desonrosa... a ser, inclusive, vivida longe da pátria, dos entes queridos e dos amigos; e quanto mais longa fosse, pior.

482. Entre outros, os custos dos ritos de purificação.
483. Como já frisamos, Platão faz de todo cidadão comum não só um vigilante das leis como também um agente e magistrado extraoficial do Estado. Como o sucesso da aplicação da lei é imprescindível, deve-se contar não apenas com o senso cívico do cidadão... deve-se compensá-lo por sua ação, também.
484. A visão de Platão do escravo é genuinamente aristocrática e conservadora. Diferentemente da terra, que não pode ser privatizada, o escravo não é cidadão e sim um mero item entre os bens do cidadão. Aqui Platão faz do cidadão não só o aplicador extraoficial da lei, como também seu executor.

movida por quem quiser movê-la. E se um esposo num acesso de fúria matar sua esposa ou se uma esposa, de maneira análoga, matar seu esposo, deverão submeter-se às mesmas purificações e se manterem no exílio durante três anos. E quando aquele que cometeu o crime retornar, não participará mais do culto com seus filhos, nem sentará à mesa com eles; e se houver desobediência por parte do pai (mãe ou pai) ou do filho, estarão sujeitos a uma acusação de impiedade a ser feita por quem desejá-lo. E se tomado pela cólera um irmão matar um irmão ou uma irmã, ou uma irmã matar um irmão ou uma irmã, será determinado que serão submetidos às mesmas purificações e exílio a que foram pais e filhos, a saber, o homicida jamais compartilhará do lar ou do culto daqueles irmãos ou pais dos quais privou irmãos ou filhos; e no caso de desobediência, o transgressor ficará devida e justamente sujeito à lei estabelecida que trata de tais casos de impiedade.

Se alguém for tomado de uma fúria tão incontrolável em relação a seus pais a ponto de realmente ousar dar cabo da vida de um deles no seu louco furor e se acontecer que o pai ou a mãe antes de morrer voluntariamente absolva o culpado do assassinato,[485] este poderá reaver sua pureza depois de purificar-se da mesma maneira que o fizeram aqueles que cometeram um assassinato involuntário e fazendo como eles em todos os demais aspectos; mas no caso do moribundo não absolver o assassino, este estará sujeito à força de muitas leis; incorrerá, com efeito, no crime de ultraje que significará para ele pesadíssimas penas, no crime de impiedade e também no de sacrilégio, pois privou um pai da vida; de sorte que se fosse possível para um mesmo homem sofrer cem mortes, o patricida ou o matricida, assassino movido pela cólera, o mereceria com toda a justiça. Visto que, por assim dizer, toda lei proíbe ao ser humano matar pai ou mãe – os próprios autores de sua existência – mesmo para salvar sua própria vida, sendo imperioso que sofra e suporte tudo a cometer um tal ato. De que outro modo senão este poderia a lei punir adequadamente um tal ser humano? Que se promulgue, portanto, que a pena para aquele que matar sob o domínio da cólera o pai ou a mãe seja a morte. Se um irmão mata um irmão num combate durante uma guerra civil, ou de qualquer outro modo semelhante, agindo em defesa própria diante do outro, que o ata-

---

485. Neste caso, Platão conta com o precedente de leis preexistentes no mundo grego, limitando-se a copiá-las essencialmente e adotá-las. Aqui o moral (ἠθικός [ethikós]) determina o legal (νόμιμος [nómimos]), ou seja, o perdão voluntário molda a lei, detendo uma punição que seria implacável para um crime tão hediondo, que é o que inevitavelmente ocorre na impossibilidade ou ausência do perdão.

cou primeiro, será tido como alguém que matou um inimigo, estando isento de culpa; da mesma maneira será quando um cidadão matar um cidadão de modo similar, ou um estrangeiro um estrangeiro. E se um cidadão matar um estrangeiro em defesa própria, ou um estrangeiro um cidadão, será tido como de mãos limpas da mesma maneira. Assim, identicamente, se um escravo matar um escravo; mas se um escravo matar um homem livre em defesa própria, estará sujeito às mesmas leis daquele que mata um pai. E o que foi dito a respeito de remissão da acusação no caso do assassinato de um pai se aplicará igualmente em todos esses casos – se qualquer homem absolver voluntariamente

e qualquer culpado dessa acusação, as purificações do culpado serão feitas como se o crime tivesse sido involuntário e um ano de exílio será imposto pela lei.

Assumamos isso como um pronunciamento adequado no que toca a casos de assassinato que envolvem violência, são involuntários e cometidos passionalmente. Na sequência é necessário que indiquemos as regulamentações tocantes aos atos voluntários e que envolvem iniquidades de todo naipe e premeditadas – atos movidos pelo prazer, os apetites ou a inveja.

Clínias: Estás certo.

O ateniense: Primeiramente, declaremos mais uma vez, da melhor

870a maneira que pudermos fazê-lo, qual a quantidade provável dessas causas. A maior de todas é o apetite, que domina uma alma tornando-a selvagem à força dos desejos; e isto ocorre especialmente em conexão com aquele objeto em função do qual a maioria dos seres humanos é com maior frequência e maior ansiedade afligida: o poder que o dinheiro possui de engendrar anseios incontáveis de aquisição, isto devido à mediocridade das naturezas e à ausência de educação. Quanto a esta ausência de educação, sua causa pode ser localizada nos louvores funestos da riqueza que presenciamos nas conversas ordinárias tanto de gregos quanto de bárbaros, pois ao exaltarem a riqueza como o

b primeiro dos *bens*,[486] quando deveria ser classificado apenas como o terceiro, arruínam a posteridade e a si mesmos. Declarar a verdade sobre a riqueza – eis o que há de mais nobre e melhor a ser empreendido em todos os Estados, e essa verdade é que a riqueza existe para servir ao corpo, e este para servir à alma, de sorte que a despeito dos fins (ou objetos) para os quais a riqueza existe como meio serem *bens*, a riqueza ela mesma só pode vir em terceiro lugar depois da virtude do corpo

---

486. É interessante também examinar a abordagem que Aristóteles faz deste tema na sua *Ética a Nicômaco* e na *Política*, obras publicadas em *Clássicos Edipro*.

e a da alma. Este raciocínio ensinará que todo aquele que desejar ser
c   feliz não deve buscar ser rico, mas sim apenas justa e moderadamente
rico,[487] pois se assim fosse não haveriam nos Estados mais esses assassinatos que só podem ser purificados por outros assassinatos. Mas, da maneira que são as coisas atualmente,[488] esse amor à riqueza é – como dissemos ao começarmos a nos ocupar desse assunto – uma causa, e uma causa muito grave por trás dos mais sérios julgamentos por homicídio voluntário. A segunda causa é essa disposição ambiciosa da alma, que gera invejas que são, em primeiro lugar, aliadas perigosas do invejoso e também perigosas para os melhores cidadãos do Estado. Em terceiro lugar, temores engendrados no seio da covardia e da iniqui-
d   dade têm produzido muitos homicídios – nos casos em que as pessoas fazem ou fizeram coisas em relação às quais não desejam que ninguém compartilhe de seu segredo; por consequência, aquele que desvendar o segredo será eliminado pela morte, sempre que seu afastamento não puder ser realizado por outros meios.

No que tange a todas essas matérias, os prelúdios mencionados serão pronunciados e, somando-se a eles, aquela história em que muitos acreditam quando a ouvem dos lábios daqueles que seriamente narram tais coisas em suas celebrações dos mistérios[489] – que a punição por tais atos criminosos é acertada junto a Hades e que aqueles que retornam novamente à Terra[490] serão constrangidos a saldar a pena
e   natural – cada culpado a mesma, ou seja, o castigo que fez sofrer a sua vítima – e que sua vida sobre a Terra terminará necessariamente num destino semelhante nas mãos de um outro ser humano.[491] Para aquele que nosso prelúdio por si só convenceu e que foi tocado pelo temor de uma tal pena, não há necessidade de proclamar a lei que a isso se
871a refere, porém para o desobediente teremos que codificar por escrito a lei que se segue, a saber, todo aquele que com deliberado intento e injustamente matar com suas próprias mãos qualquer um dos membros da tribo será, em primeiro lugar, impedido de comparecer às reuniões legais e públicas, não maculará com sua presença os templos, a *ágora*,

---

487. Ou seja, enriquecer sem cometer injustiças e conciliar a riqueza com a temperança, o que será impossível se a riqueza for excessiva.
488. Platão talvez se surpreendesse muito e até se horrorizasse, se podendo voltar à vida (e segundo ele, poderia) percebesse que depois de quase dois milênios e meio as coisas não mudaram nem um pouco nesse sentido – muito pelo contrário!
489. ...τελεταῖς... (...*teletaîs*...), ritos de iniciacão, dos quais Platão muito provavelmente participou.
490. A doutrina da reencarnação (παλιγγενεσία [*paliggenesía*]) herdada dos pitagóricos.
491. Ou seja, a doutrina órfica, à qual Platão se refere também no *Mênon*, no *Górgias* e no *Fedro*, entre outros diálogos.

os portos ou qualquer outro lugar de reunião, tenha ou não alguma pessoa participando a respeito – pois ele será advertido pela lei, que o adverte e continuará o advertindo assim publicamente, em nome de todo o Estado; e aquele que deixar de processá-lo quando tiver que

b sê-lo, ou que deixar de adverti-lo de seus impedimentos, se for um parente próximo do morto do lado masculino ou feminino e de parentesco não mais afastado do que um primo, começará por receber para si mesmo a mácula e a ira dos deuses, visto que a maldição da lei também acarreta para ele aquela do poder divino, e em segundo lugar, ele estará sujeito à ação de quem quer que queira puni-lo em nome do homem morto. E aquele que quiser puni-lo deverá realizar devidamente tudo que concerne à observância das purificações que

c são próprias para isso, e seja lá o que for que o deus prescrever como lícito nesses casos, e ele recitará o pronunciamento da advertência; e assim ele irá e obrigará o culpado a submeter-se à execução da pena segundo a lei. A necessidade desses processos serem acompanhados de certas invocações e sacrifícios aos deuses cujo interesse é a ausência dos assassinatos nos Estados é fácil de ser demonstrada pelo legislador. Quem são esses deuses e que métodos para encaminhar esses processos seriam os mais corretos do ponto de vista do ritual – isto os guardiões

d das leis, em associação com os intérpretes, os videntes e o deus, determinarão, de modo a dar cabo desses processos. E os juízes nesses casos serão as mesmas pessoas que formam – como descrevemos – o tribunal de última instância de julgamento dos crimes de sacrilégio. Aquele que for condenado será punido com a morte e não será enterrado na terra da vítima devido à impudência e a impiedade de seu ato. Em caso de evasão do culpado, recusando-se a comparecer para o julgamento, sua sentença será transformada em exílio perpétuo, e em caso do condenado botar novamente os pés no país do homem assassinado, qualquer

e um dos parentes do morto, ou mesmo qualquer cidadão que o encontrar em seu caminho o matará com impunidade, ou o amarrará e entregará aos magistrados que cuidaram de seu caso, para que seja executado. O promotor [do processo] numa acusação de assassinato tem imediatamente que exigir caução do acusado, e este último terá que providenciar três cauções substanciais, com aprovação do corpo de juízes em tais casos – que lhe garantirão seu comparecimento ao tribunal para ser julgado; e se o acusado não quiser ou não for capaz de providenciar essas cauções, a corte deverá tomá-lo, amarrá-lo e mantê-lo sob seu

872a controle, introduzindo-o ao julgamento. Se alguém não matar alguém com suas próprias mãos, mas tiver conspirado para sua morte, e depois de tê-lo matado por premeditação e conspiração permanecer morando no Estado, sendo responsável pelo assassinato e não inocente e puro de coração em respeito a isso – neste caso os procedimentos de sua acusação ocorrerão da mesma maneira, exceto no que diz respeito à caução. E a pessoa condenada terá direito a ser enterrada em sua terra natal, mas todo o resto será realizado em seu caso tal como no caso que há pouco descrevemos. E estes mesmos regulamentos orientarão todos os casos em que estrangeiros se defrontarão pela lei com estrangeiros, ou cidadãos e estrangeiros se defrontarão pela lei entre si,

b ou escravos com escravos, relativamente tanto ao assassinato efetivo quanto à conspiração para o mesmo, exceto no que se refere à caução; e quanto a isso, tal como foi dito que os assassinos efetivos têm que ser assegurados por fiadores, do mesmo modo esses indivíduos terão que fornecer caução à pessoa que denuncia o assassinato. Se um escravo matar deliberadamente um homem livre, com suas próprias mãos ou por meio de conspiração e for condenado após julgamento, o carrasco público do Estado o arrastará na direção do túmulo do homem assassinado, para um lugar de onde ele possa ver o túmulo e aí o chicoteará

c com quantos açoites tiverem sido prescritos pelo acusador; e se o assassino ainda estiver vivo depois do açoitamento, ele o executará. E se alguém matar um escravo que nada cometeu de errado, simplesmente pelo receio do escravo expor seus próprios atos maus e vis, ou por qualquer outra razão, como estaria sujeito a uma acusação por assassinato de um cidadão, estará do mesmo modo pela morte de um tal escravo.

Se ocorrerem casos de tal natureza a representarem uma tarefa terrível e formidável para o legislador, e no entanto, impossíveis de ficarem à margem da legislação – tais como assassinatos de parentes

d próximos, perpetrados pelas próprias mãos ou mediante conspiração, inteiramente voluntários e perversos – crimes que ocorrem principalmente em Estados mal organizados e que oferecem má educação, mas que podem ocorrer, por vezes, mesmo num Estado onde ninguém teria a expectativa de assisti-los – teremos que repetir novamente a história que proferimos há poucos momentos atrás com a esperança que ao nos ouvirem as pessoas se tornem mais voluntariamente dispostas, por tais motivos, a se absterem de assassinatos que são, em todos os aspectos, os mais ímpios. Esse mito, ou história (ou qualquer que seja o nome que

e desejemos lhe atribuir) nos é contado claramente pelos sacerdotes, e diz que a Justiça vingadora⁴⁹² do sangue dos familiares, atuando como supervisora, emprega a lei há pouco mencionada e ordenou que o executante de um tal ato terá que necessariamente sofrer o mesmo ato que produziu: se um homem matar seu pai, terá que ser vítima desse mesmo destino violento pelas mãos de seus próprios filhos no dias vindouros, ou se tiver matado sua mãe, terá que renascer com o sexo feminino⁴⁹³ e depois de tornar-se mulher adulta será morta pelas mãos de seus próprios filhos no devido tempo, pois para a mácula dos consanguíneos

873a não há outra purificação, nem tampouco se admite que a mancha de um tal crime possa ser lavada antes da alma que cometeu o crime pagar olho por olho, dente por dente e com isso abrandar pela propiciação a ira de todos os parentes. E por isso diante do temor de tais vinganças divinas é preciso conter-se; se, porém, alguém for arrastado para um desastre tão lamentável a ponto de ousar deliberadamente e de livre vontade privar de seu corpo a alma de um pai, de uma mãe, de irmãos ou de crianças, a lei estabelecida pelo legislador mortal é a seguinte:

b as advertências de exclusão dos lugares costumeiros e as cauções são as mesmas que foram prescritas para os casos anteriores. E se alguém for condenado por um tal assassinato, e de ter morto qualquer uma das pessoas nomeadas, os servidores dos juízes e dos magistrados darão cabo de sua vida e o arrojarão nu numa encruzilhada prefixada fora da cidade; e todos os magistrados, agindo em nome de todo o Estado, tomarão uma pedra e a lançarão contra a cabeça do cadáver a fim de purificar o Estado inteiro; e depois disso eles carregarão o corpo até

c a fronteira e ali o deixarão sem uma sepultura, de acordo com a lei.

E quanto àquele que matar a pessoa que é, como se costuma dizer, a mais íntima e cara de todas – que pena lhe caberá? Refiro-me ao ser humano que mata a si mesmo, privando a si próprio da porção de vida que lhe conferiu o destino, sem que o Estado legalmente o determine, e quando não é por ele obrigado a isso devido à ocorrência de alguma desgraça intolerável e inevitável, e nem tampouco por incorrer em alguma ignomínia irremediável ou insustentável, mas quando simplesmente inflige sobre si mesmo essa pena iníqua ditada pela indolência e a covardia. Neste caso, o resto das matérias – referen-

d tes a regras a respeito de ritos de purificação e o sepultamento – entra no âmbito do conhecimento do deus, e com relação a isso o parente mais próximo do suicida terá que colher informações dos intérpretes

---

492. ...τιμωρὸς Δίκη... (...*timoròs Dike*...).
493. Mais uma vez Platão infere a doutrina da reencarnação e a lei do carma.

e das leis referentes a essas matérias, e agir conforme suas instruções. Mas para os que forem assim destruídos os túmulos serão, em primeiro lugar, numa posição isolada, sem sequer um outro túmulo adjacente, e em segundo lugar, deverão ser enterrados naqueles limites dos doze distritos que são desérticos e inominados, sem qualquer menção, sem qualquer lápide nem nome que indiquem seus túmulos.

e Se uma mula ou qualquer outro animal matar alguém – a não ser que isto ocorra durante alguma competição – o animal será processado pelos parentes do morto por assassinato e o caso será decidido pela quantidade de guardiões do campo (*agrônomos*) que for apontada pelos parentes. O animal condenado será morto e arrojado além das fronteiras do território. Se uma coisa inanimada privar alguém da vida – salvo um relâmpago ou um raio procedente do céu – mas tudo aquilo que provoca

874a a morte de um ser humano caindo sobre ele ou o ser humano sobre a coisa, o parente do morto indicará como juiz o vizinho mais próximo e assim se purificará ele mesmo e toda a parentela; quanto ao objeto reconhecido como culpado, será arremessado além das fronteiras, como já o dissemos em relação aos animais.[494]

Se alguém for encontrado morto e o assassino for desconhecido e permanecer sem ser descoberto após cuidadosa busca, então as advertências serão as mesmas dos outros casos, inclusive a aviso de morte ao executor do crime, e o autor do processo, tendo feito sua reclama-

b ção, dará conhecimento público na *ágora* ao assassino de fulano de tal, condenado por assassinato, comunicando-lhe a não pôr os pés em lugares sagrados e nem em lugar algum no país da vítima, sob pena de se manifestar-se e for reconhecido, ser executado e seu corpo levado para fora do território do Estado a que pertencia a vítima, e lançado ao solo sem sepultamento. Eis, portanto, em nossa legislação, uma lei expressamente consagrada ao homicídio.

O que dissemos até agora sobre esse gênero de crime é suficiente. Na sequência descreveremos os casos e as circunstâncias em que o assassino será com justiça absolvido.[495] Se alguém apanha e mata um ladrão que está penetrando sua casa à noite para roubar, este matador

---

494. Esta legislação soa absurda e até risível para nós, mas se pensarmos que certos povos antigos consideravam como impura absolutamente qualquer coisa (e não apenas alguém) que provocava uma morte que não fosse por questão de honra ou em campo de batalha, talvez seja menos difícil compreendê-la. Junte-se aos fatores religiosos os fatores mágicos e não esqueçamos que havia uma vinculação estreita e necessária entre o religioso, o moral e o legal.
495. Platão se refere ao que poderia ser chamado de casos de justiça sumária com absolvição, dispensando todos os trâmites e procedimentos de uma ação legal impetrada na justiça.

não será considerado culpado; analogamente, se alguém mata um salteador, ficará sem culpa. O homem que violentar uma mulher livre ou rapaz livre será executado com impunidade pela pessoa que foi violentamente ultrajada, ou por seu pai, irmão ou filhos. E se um homem descobrir que sua esposa foi violentada, se matar o estuprador estará isento de culpa perante a lei.[496] Se alguém mata qualquer pessoa para defender seu pai, mãe, seus filhos, seus irmãos ou a mãe de seus filhos, que de nada são culpados, também estará inteiramente isento de culpa.

Tratemos agora de legislar no que respeita à formação e à educação das almas durante a vida, aquisições que quando feitas tornam a vida vivível, mas que quando ausentes a tornam invivível – e no que respeita às punições que devem ser aplicadas nos casos de morte violenta. As regulamentações relativas à nutrição e treinamento do corpo já foram indicadas, mas o que se segue, a saber, ações violentas, tanto voluntárias quanto involuntárias, cometidas por uma pessoa contra outra – isto temos que definir com a maior clareza possível, estabelecendo seu caráter, quantidade e a punição merecida em cada caso. Parece-me que essas promulgações de leis serão a correta sequência das precedentes. Na ordem após os casos de morte mesmo o menos competente entre aqueles que tentassem legislar colocaria os casos de agressões que provocam ferimentos e as mutilações. Agressões com ferimentos, tais como assassinatos, têm que ser classificadas em diversas categorias – as involuntárias, as cometidas passionalmente, as cometidas sob o império do medo e todas aquelas que são voluntárias e deliberadas. No que diz respeito à totalidade de tais casos temos que fazer um pronunciamento preliminar: é realmente necessário aos seres humanos fazerem eles mesmos leis e viver de acordo com as leis, sem o que a humanidade não diferirá em absoluto das bestas mais selvagens. E a razão disso é que a natureza de ser humano algum é naturalmente capaz tanto de perceber o que é benéfico para a vida civil dos seres humanos quanto, percebendo-o, ser igualmente capaz e desejosa de praticar o melhor. A primeira verdade difícil de ser reconhecida consiste em admitir que a verdadeira arte política necessariamente zela pelo interesse público e não pelo privado, isto porque o interesse público aglutina os Estados enquanto o privado os rompe, e perceber também que beneficia tanto o interesse público quanto o privado igualmente quando

---

496. Os casos de estupro são sumaríssimos, quase no estilo de que *roupa suja se lava em casa*. O estupro de uma mulher livre casada era gravíssimo, pois envolvia diretamente a sacralidade do matrimônio e eventualmente a geração de um filho bastardo. Presume-se, entretanto, que o senhor que estuprava uma escrava de sua propriedade não incorria em crime algum, já que o escravo era um bem ou objeto de uso e não um cidadão que gozasse de direitos.

b   o interesse público, mais do que o privado, é bem promulgado. E, em segundo lugar, mesmo que alguém capte plenamente a verdade disso como um princípio de arte, na suposição dele posteriormente assumir o controle do Estado e se tornar um autocrata irresponsável, jamais se revelaria capaz de permanecer fiel a esse princípio, e continuar ao longo de toda sua vida cultivando em primeiro lugar o interesse comum, e o particular somente em função do primeiro; pelo contrário, sua natureza mortal o impelirá sempre para a ambição pessoal e o egoísmo, irracionalmente evitando o sofrimento e perseguindo o prazer; estes dois objetos
c   terão preferência sobre a justiça e a virtude, e por atrair escuridão para o interior de si mesmo ele lotará a si mesmo e todo o Estado com todas as espécies de males. E, no entanto, se surgisse algum dia um ser humano competente por natureza, nascido pela graça divina, para assumir um tal cargo, ele dispensaria qualquer lei acima de si mesmo, pois nenhuma lei ou regra é mais poderosa do que o conhecimento,[497] e nem compete à razão, sem impiedade, fazer-se servidora ou escrava do que quer que seja, devendo sim ser a senhora de todas as coisas, se é realmente verdadeira e livre como o quer sua natureza. Mas, no
d   presente, uma tal natureza não existe em lugar algum, a não ser em modesto grau, pelo que nos cumpre escolher a segunda melhor opção, nomeadamente, a regra e a lei, que veem e discernem o princípio geral, mas são incapazes de perceber cada exemplo em detalhe.

Tal declaração foi feita em nome do que se segue. Agora podemos prescrever o que aquele que feriu, ou de alguma forma lesou uma outra pessoa deverá sofrer ou pagar. E aqui, é claro, estamos abertos a qualquer um, relativamente a qualquer caso, no sentido de nos interromperem, e com toda a propriedade, com a pergunta "Que ferimentos aquele de que falas infligiu, em quem, e como, e quando?...
e   visto que os casos de agressão com ferimentos são inúmeros em sua variedade, diferindo enormemente uns dos outros". Consequentemente é impossível para nós seja submeter todos esses casos aos tribunais para julgamento, seja não submeter sequer um deles. E, não obstante, com referência a todos eles há um ponto que precisamos forçosamente submeter à decisão, quer dizer, se o fato (em cada caso) ocorreu ou
876a não. E é praticamente impossível para o legislador recusar-se em todos os casos a levar aos tribunais a questão relativa à penalidade ou multa apropriadas à aplicação ao culpado, e no que toca a ele mesmo promulgar leis que deem conta de todos esses casos, grandes e pequenos.

---

497. Princípio desenvolvido no *Protágoras*, em *Diálogos I*.

Clínias: E que deveremos concluir de tudo isso?

O ateniense: Isto: que algumas matérias devem ser levadas aos tribunais, enquanto que outras não devem, embora devam ser promulgadas pelo legislador.

Clínias: Muito bem. Quais são as matérias a serem promulgadas e quais devem ser entregues às cortes para decisão?

b   *O ateniense:* Será melhor que comecemos por estabelecer o seguinte: que num Estado onde os tribunais são precários e sem voz, e decidem seus casos privadamente, transformando suas próprias opiniões em segredos, ou, o que constitui uma prática ainda mais perigosa, quando tomam suas decisões não em silêncio mas envolvidos pelo tumulto, como em teatros, berrando louvores ou censuras, um orador após o outro – o seu todo, via de regra, estará diante de uma situação difícil. Ser compelido por alguma necessidade a legislar para tribunais dessa espécie não é tarefa agradável. Mas quando alguém é compelido a isso, é preciso conceder a esses tribunais o direito de fixar penalidades somente em

c   alguns casos, ocupando-se o legislador dos casos mais numerosos mediante a legislação expressa – isto se realmente for possível legislar efetivamente para um Estado de tal espécie. Por outro lado, num Estado em que os tribunais possuem a melhor constituição possível e os juízes em perspectiva são bem treinados e examinados da maneira mais rigorosa, aí é certo, e absolutamente apropriado e conveniente que levemos a esses juízes para sua deliberação a maioria das questões que dizem respeito a que penalidades e multas serão submetidos os criminosos condenados. Nesta presente ocasião que possamos ser perdoados se

d   nos furtamos de prescrever para eles pela lei os pontos de maior monta e mais numerosos, que mesmo juízes mal educados seriam capazes de discernir, e poderiam indicar para cada ofensa a penalidade merecida pela falta tal como sofrida e cometida; e constatando que as pessoas para as quais estamos legislando são elas mesmas provavelmente, como podemos supor, aptas a se tornarem juízes capazes para julgar essas matérias, deveremos submeter a maioria delas a elas. Entretanto, aquele procedimento que nós amiúde adotamos ao formular nossas primeiras leis – pela palavra e pela ação – quando estabelecemos um

e   esboço e casos típicos de punições e fornecemos aos juízes exemplos, de maneira a impedi-los de ultrapassar os limites da justiça – aquele procedimento era perfeitamente certo então, e agora também devemos adotá-lo, quando voltamos mais uma vez finalmente ao trabalho da legislação. Assim que nossa lei escrita referente à agressão com ferimentos seja esta: se alguém com o intuito claro de matar uma pessoa que não lhe é hostil – à exceção daquela que a própria lei o remete contra – a fere, mas se revela incapaz de matá-la, esse alguém que alimentou esse propósito e provocou o ferimento não será merecedor de compaixão, mas pelo contrário, deverá ser considerado exatamente como um assassino e terá que ser compelido a submeter-se a um julgamento por homicídio; contudo, se respeitará que ele escape do puro infortúnio respeitando-se o seu *dáimon*,[498] o qual tomado de compaixão tanto por ele quanto pela pessoa ferida, faz com que o ferimento não se revele fatal para o ferido e o crime daquele que feriu não se revele amaldiçoado para quem o cometeu, e assim em gratidão a esse *dáimon* e em respeito às suas intenções, o agressor ficará livre da pena de morte, mas será exilado pelo resto da vida para um Estado vizinho, embora usufruindo dos produtos de todas as suas próprias posses. Se tiver causado, ademais, prejuízos à pessoa ferida, terá que ressarci-la plenamente por tais prejuízos, o valor dos prejuízos sendo avaliado e determinado pela corte que está decidindo o caso, corte formada por aqueles que teriam julgado o culpado por assassinato se o agredido tivesse morrido como consequência dos ferimentos que recebeu. Se de maneira análoga, deliberadamente, um filho ferir seus pais ou um escravo seu senhor, a pena será a morte; e se um irmão ferir de modo semelhante um irmão ou irmã, ou uma irmã ferir um irmão ou irmã, e forem condenados por agressão proposital, a pena será a morte. Uma esposa que tenha ferido seu marido, ou um marido sua esposa, com a deliberada intenção de matar serão punidos com o exílio perpétuo; se tiverem filhos ou filhas que são ainda crianças, os guardiões administrarão as suas propriedades e tomarão conta das crianças como se fossem órfãos; mas se os filhos e filhas já forem pessoas adultas, os descendentes serão obrigados a sustentar seu pai ou mãe exilados, e serão donos de suas propriedades. Se alguma pessoa que incorrer num tal desastre não tiver filhos, os parentes de ambos os lados, homens e mulheres, até os filhos dos primos, se reunirão e apontarão um herdeiro para a casa em questão – a casa 5.040 do Estado, aconselhando-se com os guardiões das leis e os sacerdotes, tendo em mente o seguinte prin-

---

498. ...τὸν δαίμονα... (...*tòn daímona*...), a divindade protetora de cada indivíduo, que o guia em toda sua existência, inspirando-o e fortalecendo-o, inclusive, para que suporte o que lhe cabe em sua existência (seu lote, sorte ou destino). Corresponde aproximativamente ao anjo guardião ou gênio tutelar de religiões não gregas e parece personificar a consciência moral de cada indivíduo. Sócrates se refere ao seu *dáimon* reiteradamente na *Apologia* e Platão também alude a ele no *Fédon* e em *A República*.

cípio, que nenhuma casa das 5.040 pertence seja pelo direito privado, seja pelo direito público, ao seu ocupante ou à totalidade de sua parentela como pertence ao Estado, e o Estado precisa manter suas próprias casas o mais santas e felizes que for possível. Assim, sempre que qualquer casa for repentinamente atingida pelo infortúnio e a impiedade, no caso em que o seu detentor não deixando nenhum filho, sendo celibatário ou embora casado, sem filhos, morre depois de ter sido condenado por assassinato deliberado ou por alguma outra ofensa contra os deuses ou os cidadãos, para a qual a pena de morte é expressamente estabelecida por lei, ou quando qualquer homem que não tenha filhos homens for exilado perpetuamente, *será* necessário em primeiro lugar que essa casa seja purificada segundo as expiações exigidas pela lei, depois do que os parentes, conforme dissemos, se reunirão com os guardiões das leis e verificarão qual é, entre as casas da cidade, a mais ilustre em termos de virtude e que é sumamente feliz por abrigar muitas crianças. Então, dessa família selecionada, eles adotarão uma criança em nome do pai e dos ancestrais do homem morto para que seja um filho deles e lhe darão um nome de um de seus ancestrais, por uma questão de bom augúrio – com uma oração para que dessa maneira ele possa provar a eles ser um propagador da raça, um mestre do *lar*[499] e um ministro das coisas santas e sagradas, mais favorecido pela fortuna do que seu pai [oficial]. E eles o instaurarão como herdeiro legal; quanto ao culpado, eles o deixarão ser sepultado sem nome, sem filhos e sem o lote da família quando tais calamidades ocorrerem. Não é em todas as coisas, parece, que limite e limite são adjacentes um em relação ao outro; há, por vezes, pelo contrário, uma faixa fronteiriça que avançando entre os dois limites, toca primeiramente um e outro, sendo assim intermediária entre os dois. E esta é precisamente a descrição que demos da ação sob o impulso passional da cólera como aquela que está a meio caminho entre as ações voluntárias e as involuntárias.

Assim que seja a seguinte a lei que tange às agressões com ferimentos cometidas sob o impulso da cólera: se uma pessoa for condenada, em primeiro lugar deverá pagar o correspondente ao dobro do valor estimado para o dano provocado no caso do ferimento curável; mas quatro vezes o valor do dano no caso de ferimentos incuráveis. E se o ferimento for curável, mas constituir causa de grande vergonha e mortificação para a pessoa ferida, o culpado deverá pagar três vezes o valor correspondente ao dano. E se em alguma oportunidade uma pessoa,

---

499. ...ἑστιοῦχον... (*estioûkhon*), o mantenedor do fogo doméstico.

d   ao ferir alguém, ocasionar prejuízo também ao Estado tornando a vítima incapacitada para defender sua pátria contra seus inimigos, tal pessoa, além do resto dos danos, terá que pagar também pelos danos provocados para o Estado: somando-se ao seu próprio serviço militar, prestará também serviço como substituto da pessoa que incapacitou, cumprindo suas obrigações militares em seu lugar; se deixar de fazê-lo, estará sujeita a ser processada por recusa de prestar o serviço militar por qualquer pessoa que quiser fazê-lo. A devida proporção da multa a ser paga – duas, três ou quatro vezes a quantia real – será estipulada pelos juízes que pronunciaram a condenação. Se um parente próximo da mesma raça ferir um igual da mesma maneira da pessoa que acabamos de mencionar, os membros de sua tribo e raça, tanto homens

e   quanto mulheres, até os filhos dos primos do lado masculino e lado feminino, se encontrarão e depois de terem chegado a uma decisão, passarão o caso aos pais naturais para avaliação do dano; e se houver divergência no que diz respeito à avaliação, os parentes próximos do lado masculino serão autorizados a tomar uma decisão compulsória, e se não forem capazes de fazê-lo, terão que comunicar a matéria finalmente aos guardiões das leis. Quando ferimentos de tal ordem são infligidos por filhos aos pais, os juízes serão, necessariamente, homens de mais de sessenta anos que tenham filhos próprios, e não meramente adotados; e se uma pessoa for condenada, eles estimarão a penalidade, a sentença de morte ou o sofrimento de algum outro castigo ainda mais severo,[500] mas nenhum dos parentes do culpado atuará como juiz, nem

879a   mesmo se tiver a idade completa determinada pela lei. Se um escravo enfurecido ferir um homem livre, o proprietário do escravo o entregará ao homem ferido para que este faça justiça como lhe aprouver; e se não entregar o escravo, ele mesmo terá que reparar o dano completamente. E se alguém alegar que a agressão foi resultado de um plano tramado pelo escravo e a vítima da agressão,[501] o caso irá para disputa judicial; se não ganhar a ação, pagará três vezes o valor do dano, mas se ganhar, ele poderá acusar a pessoa que urdiu o plano com o escravo de rapto.

b   Todo aquele que ferir uma pessoa involuntariamente pagará um valor correspondente ao próprio dano, já que é impossível para o legislador

---

500. A pena mais severa do que o exílio perpétuo infamante e do que a própria pena capital era esta última somada à ausência de um sepultamento, o cúmulo da desgraça e da ignomínia. O corpo do executado, em lugar de ser sepultado em terreno sagrado da família, era jogado em qualquer lugar além das fronteiras da terra de sua vítima.
501. Ou seja, com o intuito de se apoderar ilicitamente do escravo ou extorquir dinheiro do proprietário do mesmo.

controlar o acaso, e os juízes serão aqueles designados para atuarem nos casos de agressão com ferimentos nos quais os pais são feridos pelos filhos; neste caso os juízes avaliarão a devida proporção do dano passível de pagamento. Todos os casos de que nos ocupamos até agora dizem respeito ao sofrimento produzido pela violência, e toda a classe de casos de *ultraje* envolve violência. Com relação a estes, a posição a ser mantida por todos – homem, mulher e criança – é esta: que os mais velhos são muito mais respeitados tanto pelos deuses quanto pelos seres humanos interessados em sua própria preservação e felicidade do que os mais jovens. O ultraje cometido por uma pessoa mais jovem contra uma pessoa mais velha é algo vergonhoso a ser presenciado num Estado e algo odioso perante os deuses. Quando um homem jovem é maltratado por um velho, entende-se, em todo o caso, que o jovem suporte esse ato de cólera, fazendo uma reserva de honra a favor da época de sua própria velhice. E assim que a lei a respeito seja a seguinte: todos respeitarão os mais velhos nas ações e nas palavras; todo aquele, homem ou mulher, que exceder em vinte anos a idade de um jovem, será considerado como um pai e uma mãe por este, que se absterá em nome das divindades que presidem ao nascimento de erguer a mão contra toda pessoa, que por sua idade, teria sido capaz de gerá-lo ou criá-lo.

E, deste modo, se absterá de erguer sua mão contra um estrangeiro, seja este domiciliado há muito no Estado, ou recém-chegado; nem como agressor e nem se defendendo castigará tais pessoas com golpes. Se um jovem julgar que um estrangeiro demonstrou insolência o ultrajando e maltratando, e requer uma correção, ele agarrará o homem e o conduzirá à corte dos astínomos (sem, contudo, o maltratar) para que o estrangeiro abandone todo o pensamento de voltar a se atrever a maltratar um cidadão local. E os astínomos se encarregarão do estrangeiro e o examinarão, com todo o respeito ao deus dos estrangeiros; e se ele realmente deixar claro que maltratou o cidadão nativo injustamente receberá tantos açoites quantos foram os golpes que aplicou e o farão cessar sua insubordinação estrangeira; mas se não tiver agido injustamente, eles ameaçarão e censurarão o homem que o prendeu, e dispensarão ambos. Se uma pessoa de uma certa idade espancar uma pessoa de sua própria idade, ou uma pessoa de mais idade que não tem filhos – seja o caso de um velho maltratando um velho, ou um jovem maltratando um jovem – a pessoa atacada se defenderá com mãos nuas, segundo o ditame da natureza, e sem arma. Mas se um homem de mais de quarenta anos ousar se bater, seja visando o ataque, seja por defesa, nós o teremos na conta de uma pessoa grosseira, mal educada, de natureza de escravo, sendo para ele conveniente uma punição desonrosa. Aquele que se deixar persuadir facilmente por tais exortações se revelará fácil de ser controlado; mas o que é intratável e não presta atenção ao prelúdio estará predisposto a se enquadrar numa lei como esta: se alguém maltratar uma pessoa que seja vinte anos ou mais de idade superior a ele, a testemunha, se não for da mesma idade nem mais jovem do que as duas pessoas envolvidas na briga, deverá separá-los, sob pena de ser considerado um covarde ante a lei; mas se for de idade semelhante a do homem que for atacado ou ainda mais jovem, defenderá aquele que estiver em prejuízo como se ele fosse um irmão, um pai ou ainda um progenitor mais velho. Ademais, aquele que ousa ferir o homem mais velho da maneira descrita estará sujeito também a uma ação por ultraje, e se for condenado, será aprisionado por não menos de um ano; e se os juízes determinarem uma pena mais longa, o período assim prescrito será compulsório para ele. E se um estrangeiro ou um meteco espancar um homem mais velho do que eles vinte anos ou mais, a mesma lei envolvendo a ajuda de observadores será também obrigatória; e aquele que for lançado num processo desse gênero, se for um estrangeiro não residente, será aprisionado por dois anos e cumprirá sua sentença; quanto ao meteco que desobedecer as leis será aprisionado durante três anos, a menos que a corte prescreva para ele uma pena de período mais longo. E o homem que for um observador em qualquer um desses casos de agressão, e deixar de prestar a ajuda como prescreve a lei, será penalizado com o pagamento de uma multa de uma mina, se for alguém pertencente à mais elevada classe proprietária; a multa será de cinquenta dracmas, se pertencer à segunda classe; de trinta dracmas, se pertencer à terceira, e de vinte dracmas, se pertencer à quarta classe. A corte para tais casos será constituída por estrategos, taxiarcas, filarcas e hiparcas.

As leis, nos pareceria, são feitas em parte para a segurança dos homens de bem, para propiciar-lhes instrução quanto ao relacionamento que será mais seguro na sua amistosa associação entre si, e em parte também por causa daqueles que se furtaram à educação e que, sendo donos de um temperamento obstinado, não contaram com um tratamento atenuador que impedisse que cedessem a todo tipo de perversidade. É por causa dessas pessoas que as leis que se seguem têm que ser estabelecidas, leis que o legislador têm que forçosamente promulgar embora desejando que a necessidade de sua aplicação jamais surja. Todo aquele que ousar erguer a mão contra o pai ou a mãe, ou seus progenitores, e empregar ultrajante violência, não temendo nem a ira dos deuses acima nem aquela dos *vingadores* (como são chamados) do mundo subterrâneo,[502] mas que desprezando as tradições antigas e universais (pensando saber o que não sabe de modo algum), e assim transgredir a lei – terá que ser contido para o que necessitaremos de uma pena extremamente severa. Bem, a morte não é uma pena sumamente severa e os castigos de que nos falam do domínio de Hades para tais ofensas, embora mais severos que a morte e descritos com toda a verdade, ainda assim não se provam suficientes para deter essas almas, pois se assim fosse jamais presenciaríamos casos de matricídio e de ataques impiedosamente insolentes contra outros progenitores. Consequentemente, as punições aplicadas a essas pessoas aqui em suas existências por crimes dessa espécie têm que, na medida do possível, não ser inferiores aos castigos do domínio de Hades. Portanto, o próximo pronunciamento deverá ser nestes termos: todo aquele que ousar espancar seu pai ou sua mãe, ou os pais ou mães destes, se não estiver tomado pela loucura, em primeiro lugar o observador que testemunha deverá prestar socorro, como nos casos anteriores, e o estrangeiro residente que ajudar será convidado a sentar-se no assento da primeira fila nos jogos públicos, mas aquele que deixar de ajudar será banido do Estado para sempre. Quanto ao estrangeiro não residente receberá louvor se interceder com sua ajuda, e censura se não o fizer; e o escravo que prestar ajuda será libertado, mas se deixar de fazê-lo receberá cem açoites pelos *agorânomos* se o ataque ocorreu na *ágora*, e se ocorrer na cidade, mas fora da *ágora*, o castigo será executado pelo astínomo em residência, e se ocorrer na região rural, pelos assistentes dos guardiões do campo. E o observador que testemunhar o fato, sendo nativo – homem, mulher ou menino – deverá rechaçar o atacante, clamando contra sua impiedade; e aquele que deixar de rechaçá-lo estará sujeito por lei à maldição de Zeus, deus-guardião dos direitos dos pais e parentes. E se uma pessoa for condenada por uma acusação de assalto ultrajante aos pais, em primeiro lugar será banida pelo resto da vida da cidade para outras regiões do território, tendo que se manter distante de todos os sítios sagrados; e se não se manter longe dos lugares sagrados, os *agrônomos* (guardiões do campo) o punirão pelo açoitamento e de qualquer outra maneira que o desejarem, e se insistir em sua

---

502. Na verdade *as vingadoras*, as Erínias ou Fúrias (Tisífone, Alecto e Megara), tão temíveis que convém evitar pronunciar seus nomes nas conversas, chamando-as simplesmente de Eumênides, que significa As Amáveis.

afronta à lei será punido com a morte. E se qualquer homem livre por sua própria vontade comer, beber ou manter qualquer relacionamento similar com tal indivíduo, ou meramente saudá-lo ao cruzar com ele, não entrará em qualquer sítio sagrado, na *ágora* ou em qualquer parte da cidade enquanto não for purificado, tendo ele que considerar que adquiriu uma parcela de uma culpa contagiosa; e se ele desacatar a lei e macular ilegalmente coisas sagradas e o Estado, qualquer magistrado que perceber o que está acontecendo e deixar de levá-lo a julgamento terá que enfrentar essa omissão como uma das mais pesadas acusações contra si quando findar seu mandato. Se for um escravo que atacar o homem livre (estrangeiro ou cidadão), a testemunha ajudará, sua omissão acarretando o pagamento de uma multa em conformidade com os valores que indicamos; e as testemunhas auxiliarão a pessoa atacada a prender o atacante e o entregarão à primeira, a qual se encarregará dele, acorrentando-o e aplicando-lhe quantos açoites quiser, contanto que não prejudique seu valor, causando dano ao seu senhor, ao qual o ofendido terá que o devolver, sendo este seu proprietário segundo a lei. A lei será promulgada assim: todo aquele que, sendo um escravo, bater num homem livre sem ordem dos magistrados – ficará nas mãos de seu proprietário que o amarrará e não o soltará enquanto o escravo não tiver persuadido a pessoa atacada que merece viver livre das amarras. As mesmas leis são válidas para todos esses casos quando as duas partes são mulheres, ou quando o reclamante é uma mulher e o acusado um homem, ou o reclamante um homem e a acusada uma mulher.

Livro
X

Μετὰ δὲ τὰς αἰκίας περὶ παντὸς ἓν εἰρήσθω τοιόνδε τι νόμιμον βιαίων πέρι·

884a   *O ateniense*: Após termos abordado os maus tratos, pronunciemos um único princípio de lei referente a todo o conjunto dos atos de violência: ninguém carregará ou se apropriará de nada que pertença a outros, como tampouco deverá usar quaisquer dos bens de seu vizinho salvo se obter deste o consentimento para seu uso; pois dessa ação procedem todos os males mencionados anteriormente – passados, presentes e futuros. Quanto aos outros, os mais graves são as licenças e insolências da juventude. E as ofensas são mais graves quando atingem as coisas sagradas, e especialmente graves quando atingem coisas que são tanto públicas quanto santas, ou parcialmente públicas, por serem partilhadas pelos membros de uma tribo ou outra comunidade similar. Em segundo lugar (inclusive em matéria de gravidade) vêm as ofensas contra objetos sagrados e túmulos que são privados; e em terceiro vêm
885a   as ofensas contra os pais, quando uma pessoa comete um ultraje bem distinto dos anteriores. Um quarto tipo de ultraje é quando uma pessoa, desafiando os magistrados, se apodera ou usa qualquer de suas coisas sem seu consentimento; e um quinto tipo é um atentado aos direitos civis de qualquer indivíduo, o que exige reparo por meios jurídicos. A todos esses diversos tipos tem que ser atribuída uma lei comum que abranja a todos. Como no caso do roubo sacrílego dos templos, feito mediante franca violência ou secretamente, já foi sumariamente indicado qual deveria ser a punição; com respeito a todos os ultrajes,
b   cometidos por palavras ou ações, por meio da língua ou as mãos contra os deuses, temos que estabelecer qual a punição a ser sofrida, depois de termos primeiramente enunciado a exortação preliminar. E será a seguinte: ninguém que acredite, como é prescrito pela lei, na existência dos deuses jamais cometeu uma ação ímpia voluntariamente ou proferiu uma palavra criminosa; aquele que assim agiu só pode tê-lo feito movido por uma ou outra destas três convicções: não acredita no que eu afirmei,[503] acredita nos deuses mas não que estes se importem

---

503. Isto é, na existência dos deuses.

com os seres humanos ou acredita que os deuses são fáceis de serem conquistados quando subornados por oferendas e orações.

c   *Clínias:* O que, então, faremos ou diremos a tais pessoas?

O ateniense: Ouçamos primeiro, meu bom senhor, ao que eles, como imagino, dizem à maneira de gracejos, em seu desprezo por nós.

Clínias: E quais seriam [tais gracejos]?

O ateniense: Em tom cínico e de chacota diriam provavelmente o seguinte: "Ó estrangeiros de Atenas, Lacedemônia e Cnossos, o que dizeis é verdadeiro. Alguns de nós não acreditam em absoluto em deuses; outros entre nós acreditam em deuses dos tipos que mencionais. De maneira que reivindicamos agora, como vós reivindicastes
d   em matéria de lei, que antes de nos ameaçar asperamente, deveríeis primeiramente tentar nos convencer e nos ensinar pela apresentação de provas adequadas que os deuses existem e que são bons demais para se deixarem seduzir por presentes e se voltarem contra a justiça. Pois é isto, de fato, o que entre outras coisas, ouvimos daqueles que são tidos como os melhores poetas, oradores, videntes, sacerdotes e milhares de milhares de outros; e consequentemente, a maioria de nós, em lugar de procurar evitar as ações erradas, fazemos o errado, tentando em
e   seguida torná-lo bom. Agora, de legisladores como vós, que afirmam serem mais brandos do que severos, reivindicamos que nos tratassem primeiramente por meio da persuasão; e se o que dizeis a respeito da existência dos deuses for superior aos argumentos de outros no que diz respeito à verdade, mesmo que só um pouco superior em termos de eloquência, então provavelmente vós teríeis êxito em nos convencer. Tentai, portanto, se achais isso razoável, para aceitar nosso repto".

Clínias: Certamente não parece fácil, estrangeiro, afirmar com base
886a   na verdade que os deuses existem?

O ateniense: Como?

Clínias: Primeiramente, há a evidência da Terra, do Sol, dos astros e todo o universo, e a bela ordem das estações, demarcada por anos e meses; e, ademais, há o fato suplementar de que todos os gregos e bárbaros acreditam na existência dos deuses.

O ateniense: Meu caro senhor, esses homens maus causam-me alarme pois eu nunca chamaria isso de *assombro*, por mais que dirigissem a nós o seu desprezo. Pois a causa da corrupção em seu caso é algo de que tu não estás ciente, visto que imaginas que é somente b devido a sua incontinência em relação a prazeres e apetites que suas almas são impelidas à vida ímpia que os caracteriza.

Clínias: Qual a outra causa que poderia haver, estrangeiro, além dessa?

O ateniense: Uma causa de que tu, que vives em outro lugar, dificilmente poderias ter qualquer conhecimento ou informação alguma.

Clínias: A que causa tu te referes agora?

O ateniense: Uma penosíssima ignorância que passa por ser o auge da sabedoria.

Clínias: O que queres dizer?

O ateniense: Nós atenienses dispomos de narrativas preservadas por escrito,[504] embora, pelo que me dizem, essas não existem em vossa
c terra devido à excelência de vossa constituição; algumas delas são em versos, outras em prosa, se referindo aos deuses. A mais antiga dessas narrativas[505] relata como a primeira substância do céu[506] e tudo o mais vieram a ser, e logo depois do início prossegue apresentando uma teogonia detalhada, e narra como, depois de terem nascido, os deuses se uniam uns aos outros. Essas narrativas, fossem boas ou más para os ouvintes em outros aspectos, são difíceis de serem censuradas por nós em função de sua antiguidade; mas no que concerne ao zelo e respeito devido aos pais, eu jamais as louvaria ou diria que são úteis ou relatos
d inteiramente verdadeiros.[507] Tais narrativas antigas, entretanto, podemos passar de lado e descartá-las – que sejam narrradas da maneira que mais agradar aos deuses. São mais as novas doutrinas de nossos sábios modernos[508] que nos é imperioso apontar como responsáveis como causa dos males. Pois o resultado dos argumentos de tais pessoas é o seguinte: que quando tu e eu tentamos provar a existência dos deuses apontando para esses mesmos objetos, a saber, o Sol, a Lua, os astros e a Terra como exemplos de deuses e seres divinos, as pessoas que foram convertidas por esses sábios sustentarão que essas coisas são
e simplesmente terra e pedra, incapazes de prestar a menor atenção aos

---

504. As obras atribuídas principalmente a Hesíodo e Ferécides.
505. A *Teogonia* de Hesíodo.
506. Οὐρανός (*Ouranós*).
507. Cronos (o tempo), filho de Urano (o céu) influenciado por sua mãe Gaia (a terra) castrou o pai, e se tornou o senhor do mundo no período pré-olímpico. Mas como soube que seria sucedido por um de seus filhos, sofrendo o mesmo destino de seu pai, logo que gerava os filhos com sua esposa Reia, engolia-os. Reia, profundamente desgostosa e indignada com a atitude do marido, ao nascer Zeus, o escondeu e deu a Cronos uma grande pedra simulada para que a tragasse. O resultado foi que ao vomitar, Cronos devolveu todos os irmãos e irmãs de Zeus, a quem saudaram como seu novo senhor.
508. Sábios materialistas como Arquelau e seus seguidores.

assuntos humanos e que essas nossas crenças são sutilmente forjadas com argumentos para se tornarem plausíveis.

Clínias: A afirmação que fazes, estrangeiro, é efetivamente sobre uma doutrina perigosa, mesmo que permanecesse isolada, mas agora como essas doutrinas se multiplicam, o perigo é ainda maior.

O ateniense: E daí? O que diremos? O que nos compete fazer? Deveremos fazer nossa defesa como se estivéssemos numa corte processando 887a homens ímpios, onde alguém nos tivesse acusado de fazer algo terrível por assumir em nossa legislação a existência dos deuses? Ou deveremos nós descartar todo o assunto e retornar novamente às nossas leis, com receio de que nosso prelúdio se revele realmente mais extenso do que as leis? Pois, de fato, nosso discurso seria alongado enormemente se fornecêssemos àqueles homens que desejam ser ímpios uma adequada demonstração por meio de argumentos concernentes a esses assuntos que devem, como eles o afirmam, ser discutidos, e assim convertê-los ao medo do deus, e então finalmente, quando já os tivermos feito retroceder diante da irreligião, procederemos na promulgação das leis apropriadas.

b *Clínias:* De qualquer modo, estrangeiro, temos com frequência neste pouco tempo feito esta mesma afirmação – que não precisamos na presente oportunidade preferir a brevidade do discurso à sua prolixidade, pois como diz o adágio "ninguém está à caça nos nossos calcanhares"; e nos vermos optando pelo mais breve de preferência ao melhor seria mesquinho e ridículo. E é da maior importância que nossos argumentos, demonstrando que os deuses existem e que são bons e que honram a justiça mais do que o fazem os seres humanos, c deveriam contar absolutamente com certo grau de persuasão, pois um tal prelúdio é o melhor que poderíamos ter em defesa, como se poderia dizer, de todas as nossas leis. Portanto, sem qualquer repulsa ou precipitação, e com todas as forças de que dispomos para dotar esses argumentos de persuasão, passemos a expô-los o mais completamente que pudermos e sem quaisquer reservas.

O ateniense: Este teu discurso me parece fazer jus a uma oração preliminar, percebendo que estás tão ansioso e pronto; e tampouco é possível nos determos ainda mais em nossas afirmações. Avancemos, portanto: como poderia alguém argumentar a favor da existência dos deuses sem paixão, visto que é fato estarmos constrangidos e d indignados com as pessoas que foram, como continuam agora sendo, responsáveis por colocarem sobre nossos ombros esse fardo de argumentos, através de sua descrença naqueles contos que costumavam ouvir, quando eram bebês e crianças de peito, dos lábios de suas amas de leite e mães – histórias que lhes eram entoadas, por assim dizer, em canções de ninar, em tom de brincadeira ou seriamente; e as mesmas histórias mais tarde passaram a ouvir repetidas também em orações nos sacrifícios, e apreciaram espetáculos que as ilustravam, do tipo que os jovens adoram ver e ouvir quando interpretados nos sacrifícios; tendo constatado o próprio extremo zelo de seus pais em nome de si mesmos e de seus filhos no se dirigir aos deuses mediante orações e súplicas, como a seres cuja existência está mais assegurada do que todo o resto; e ao nascente e ao poente do sol, como ao nascer e ao pôr da lua contemplavam as prostrações e devoções de todos os gregos e bárbaros, sob todas as condições de adversidade e prosperidade, endereçadas a esses luminares, não como se não fossem deuses, porém como se fossem muito seguramente deuses sem a menor sombra de dúvida – toda esta evidência é menosprezada por essas pessoas, e isso sem razão suficiente, como alguém dotado de um grão de senso o afirmaria; e assim elas nos estão agora forçando a ingressar em nosso presente argumento. Como, eu me pergunto, poder-se-ia usar talvez termos brandos de admoestação com essas pessoas, ensinar-lhes, para começar, que os deuses realmente existem? E, no entanto, é preciso, que munidos de coragem, tentemos um tal empreendimento, porque nunca acontecerá de todos estarmos ao mesmo tempo (os dois partidos) enraivecidos – um deles pela ânsia do prazer, o outro pela indignação diante de pessoas tais.

Desta feita, que seja nosso prelúdio de abordagem a tais indivíduos de mente corrompida em tom desapaixonado e atenuando o fogo de nossa paixão, lhes falemos suavemente como se iniciássemos a conversação com uma pessoa em particular desse tipo, nos seguintes termos: "Meu filho, és ainda jovem e o tempo, à medida que avançar, te fará alterar muitas das opiniões que agora sustentas: assim aguarda até então antes de emitires juízos sobre matérias de suma gravidade e importância, e destas a mais grave de todas – embora presentemente a consideres como nada – é a questão de sustentar uma opinião correta sobre os deuses e assim viver bem, ou o oposto. Agora em primeiro lugar, eu deveria dizer o que é irrefutavelmente verdadeiro se destacar para ti este fato indicativo, ou seja, que nem tu por conta própria, nem ainda teus amigos foram os primeiros e mais originais a adotarem essa opinião sobre os deuses; pelo contrário, é verdade que pessoas que sofrem dessa doença estão sempre nascendo em números maiores ou menores. Mas eu, que me encontrei com muitas dessas pessoas, declararia o seguinte a ti, a saber, que nem um único indivíduo que a partir de sua juventude adotou essa opinião, de que os deuses não existem, jamais continuou até a velhice fiel a essa opinião; mas aquelas duas outras noções falsas sobre os deuses efetivamente perduram – não, realmente, na mente de muitos, mas, ao menos, na de alguns – a noção, *nomeadamente*, de que os deuses existem mas não se importam com os assuntos humanos, e a outra noção segundo a qual eles se importam, mas que são facilmente conquistados por orações e ofertas. Para que formes uma doutrina a respeito deles que fosse para provar o mais verdadeiro, se queres seguir meu conselho, espera, considerando, por enquanto, o peso da afirmação bem como o da negação, e investigando não apenas tendo como fonte todos os outros homens, mas especialmente o legislador; e neste ínterim não ousa incorrer em culpa de impiedade relativamente aos deuses. Pois é imperioso para aquele que legisla para ti tanto agora quanto doravante instruir-te na verdade dessas matérias."[509]

Clínias: Nossas afirmações até agora, estrangeiro, detêm a maior excelência.

O ateniense: É bem verdadeiro, ó Megilo e Clínias, mas nós mergulhamos sem o percebê-lo numa doutrina espantosa.

Clínias: A qual doutrina tu te referes?

O ateniense: Aquela que a maioria das pessoas tem na conta da mais científica das doutrinas.

Clínias: Explica-te com maior clareza.

O ateniense: Alguns afirmam que todas as coisas que estão vindo à existência, que vieram ou que virão à existência o fazem em parte graças à natureza, em parte graças à arte e em parte graças ao acaso.

Clínias: E não será esta uma afirmação correta?

---

509. O intuito fundamental de *As Leis* é estabelecer um extenso e abrangente código de leis para o Estado, e, evidentemente, o velho Platão não encontra espaço aqui (e nem motivo!) para reiterar ou recapitular profunda e minuciosamente suas doutrinas (metafísicas, éticas, gnosiológicas, psicológicas, políticas etc.) expressas e desenvolvidas nos muitos diálogos anteriores. Ele procurou fazê-lo, numa certa medida, quando o jovem Platão ainda sob forte influência socrática é autocriticado pelo velho Platão suficientemente independente e desencantado, isto particularmente no que concerne ao Estado comunista de *A República*, em parcial retratação aqui sob a figura do chamado Estado magnesiano. A postura filosófica platônica sobre a existência do Demiurgo, dos deuses, *dáimons* e heróis, aparece ou transparece particularmente nos diálogos metafísicos: o *Sofista*, o *Eutidemo*, o *Parmênides* e o *Timeu*.

O ateniense: Provavelmente, ao menos se crermos que o que os sábios dizem é verdadeiro. De qualquer maneira, convém que os acompanhemos e examinemos o que os seus seguidores realmente pretendem.

Clínias: Esforcemo-nos para fazê-lo.

O ateniense: É evidente, asseveram eles, que as maiores e mais belas coisas constituem o produto do trabalho da natureza e do acaso, e as secundárias os produtos da arte – pois a arte recebe da natureza os grandes produtos primários como existentes, modelando e configurando ela mesma (a arte) todas as coisas menores, que nós comumente chamamos de *artificiais*.

Clínias: O que queres dizer?

O ateniense: Eu o explicarei com maior clareza. Dizem eles que o fogo, a água, a terra e o ar existem todos por natureza e pelo acaso e nenhum deles graças à arte; e constituídos por esses [elementos], que são inteiramente inanimados, os corpos que vêm a seguir, a saber, da Terra, do Sol, da Lua e dos astros, passaram a existir. É graças ao acaso que todos esses elementos se movem, mediante a interação de suas respectivas forças, e consequentemente à medida que se unem e se combinam apropriadamente – o quente com o frio, o seco com o úmido, o mole com o duro, e todas tais misturas necessárias resultantes das combinações fortuitas desses opostos. Desse modo e por esses meios foi produzido e passou a existir todo o céu e tudo que existe no céu,[510] e todos os animais, também, e plantas; depois disso todas as estações surgiram a partir desses elementos; e tudo isso, conforme asseveram, não devido à razão ou devido a algum deus ou arte, mas devido, como o dissemos, à natureza e ao acaso. A arte, como um produto posterior destes, surge mais tarde e, sendo ela mesma mortal e de nascimento mortal, gera jogos posteriores que pouco partilham da verdade, sendo imagens de uma espécie que tem afinidade com as próprias artes – imagens engendradas pela pintura, pela música e as outras artes que acompanham estas. As artes que produzem algo realmente sério são aquelas que partilham seu efeito com a natureza, como a medicina, a agricultura e a ginástica. A política também, segundo dizem, partilha numa modesta medida da natureza, participando, porém, muitíssimo mais da arte; e analogamente, toda legislação que é baseada em suposições falsas se deve, não à natureza, mas à arte.[511]

---

510. ...τόν τε οὐρανὸν ὅλον καὶ πάντα ὁπόσα κατ᾽ οὐρανόν... (...*tón te ouranòn hólon kaì pánta hopósa kat' ouranón*...).
511. A síntese da doutrina mecanicista, defendida nos tempos de Platão (ele a chama de moderna) por Arquelau e seus seguidores, que negavam tanto a existência e ação de um poder supremo criador

Clínias: O que queres dizer?

O ateniense: A primeira afirmação, meu caro senhor, que esses senhores fazem sobre os deuses é que eles existem *pela arte* e não *pela natureza* através de certas convenções legais que diferem de um lugar para outro, de acordo com o consenso de cada tribo ao formarem suas leis. Asseveram, ademais, que há uma classe de coisas que são belas por natureza, e uma outra classe que é bela por convenção; quanto às coisas *justas*, estas não existem em absoluto por natureza, os seres humanos estando em constante polêmica a respeito delas e também continuamente as alterando, e seja qual for a alteração que façam em 890a qualquer oportunidade é de caráter puramente autoritário, embora deva sua existência [e vigência] à arte e às leis, e de modo algum à natureza.[512] Todas estas, meus amigos, são opiniões que os jovens absorvem dos sábios, tanto escritores de prosa quanto poetas, que sustentam que o justo por excelência é aquele que impõe a força vitoriosa. E disso resulta que os jovens estão tomados por uma epidemia de impiedade, convencidos de que os deuses não são em absoluto deuses como os que as leis nos orientam a concebê-los; e, em consequência disso, surgem também facções quando esses mestres[513] os atraem rumo à vida que é correta *de acordo com a natureza*, o que consiste em ser senhor sobre os outros em termos reais, em lugar de ser seus servos de acordo com a convenção legal.

b *Clínias:* Que doutrina horrível descreveste, estrangeiro! E que epidemia de corrupção para os jovens no seio de suas famílias tanto quanto publicamente no seio dos Estados!

O ateniense: Isso é efetivamente verdadeiro, Clínias. O que pensas, diante disso, que o legislador deve fazer constatando que essas pessoas têm estado armadas dessa maneira já há tanto tempo? Deverá

---

e organizador (como o Demiurgo platônico), quanto a existência de divindades preservadoras da ordem do universo e mesmo a mera racionalidade imanente do universo. Mais tarde Epicuro e Lucrécio defenderão doutrinas semelhantes.

512. Essa distinção e antítese entre a natureza (φύσις [*physis*]) e a convenção (νόμος [*nómos*]) foi levantada pelos sofistas, que, contemporâneos de Sócrates e da Academia de Platão, ocasionaram em Atenas uma verdadeira guerra filosófica, não apenas por suas teorias inovadoras (detestadas pelo conservador Platão e seus seguidores) como também por seu estilo revolucionário de ensinar filosofia (inclusive cobrando por suas aulas). Platão sintetiza aqui com exímia brevidade as doutrinas dos sofistas, especialmente de Protágoras e de Górgias. O fato é que o movimento sofista ameaçou seriamente o partido aristocrático em Atenas, e abriu caminho para o fortalecimento do movimento democrático. A brilhante batalha intelectual contra os sofistas, na qual Platão tenta derrotar os maiores adversários da Academia e da aristocracia ateniense, está registrada especialmente (por vezes tisnada por sua inevitável e inerente unilateralidade) nos belos e profundos diálogos o *Sofista*, o *Protágoras*, o *Górgias*, o *Íon* e o *Mênon*.

513. Isto é, os sofistas.

ele simplesmente postar-se no meio da cidade e ameaçar todas as pessoas se não admitirem que os deuses existem e se não concebê-los em suas mentes tais como a lei indica? E da mesma forma no que diz respeito ao belo e ao justo e a todas as noções importantes, para tudo aquilo que se relaciona com a virtude ou com o vício, que terão que considerar e executar tudo isso da maneira prescrita pelo legislador em seus escritos? E quem quer que seja que deixar de mostrar-se obediente às leis deverá ser executado ou ser punido de outra forma, num caso por meio de açoites e aprisionamento, no outro por degradação, em outros mediante a pobreza e o exílio? Mas quanto à persuasão, deve o legislador, enquanto estiver promulgando as leis do povo, recusar-se a combinar qualquer persuasão com suas imposições, e assim, na medida do possível, domar as almas?

Clínias: Certamente não, estrangeiro; pelo contrário, se a persuasão puder ser empregada nessas matérias mesmo no menor grau, nenhum legislador que seja minimamente digno deste nome deverá jamais se dar por cansado, devendo sim, como dizem, "não deixar nada sem ser dito" a fim de reforçar a doutrina antiga da existência dos deuses, e tudo o mais que acabaste de nos lembrar; devendo também encarar a lei e a arte como coisas que existem por natureza ou por uma causa não inferior à natureza, visto que segundo a razão são produtos do espírito, mesmo como estás agora, como me parece, afirmando; e concordo contigo.

O ateniense: E agora, meu veementíssimo Clínias? Não são afirmações assim feitas às massas difíceis para darmos a elas uma continuidade discursiva e será que também não nos envolverão em argumentações demasiado longas?

Clínias: Bem, estrangeiro, se tivemos paciência quando discorremos extensivamente sobre assuntos como bebidas e música, não deveremos ter paciência para nos ocuparmos dos deuses e matérias similares? Ademais, um tal discurso é extremamente proveitoso para chegarmos a uma legislação inteligente, visto que prescrições legais uma vez escritas permanecem completamente inalteráveis, embora passíveis de terem seu conteúdo examinado o tempo todo. Assim não precisamos ter receio mesmo se no início for difícil ouvir, considerando que mesmo o maior dos obtusos pode com frequência voltar a examiná-las, e não importa também que sejam longas desde que sejam benéficas. Consequentemente, em minha opinião, é possível que não fosse nem razoável nem piedoso para qualquer um abster-se de prestar sua contribuição a estas argumentações com todas as suas forças.

Megilo: O que Clínias diz, estrangeiro, me parece perfeito.

O ateniense: E realmente é, Megilo. E devemos fazer como ele diz, pois se as doutrinas que mencionamos não tivessem sido divulgadas por quase todo o mundo dos homens, não haveria necessidade alguma de contra-argumentos para defender a existência dos deuses. Mas do jeito que as coisas são, esses contra-argumentos são necessários, pois quando as maiores leis estão sendo destruídas por homens perversos, a quem compete mais entre todos vir em seu socorro do que ao legislador?

Megilo: A ninguém mais.

O ateniense: Bem, Clínias, gostaria que me respondesses novamente, pois tu também precisas me ajudar na argumentação. Parece que a pessoa que sustenta essas doutrinas afirma que o fogo, a água, a terra e o ar são elementos primários, sendo precisamente a esses elementos que dá o nome de *natureza*, afirmando, ademais, que a alma é um produto posterior desses elementos. Na verdade, é provável que não *pareça* meramente que essa pessoa o faz – ela realmente o deixa claro para nós em sua exposição.

Clínias: Certamente.

O ateniense: Será que não acabamos de descobrir, por Zeus, o que eu poderia chamar de fonte de opinião irracional comum a todos aqueles que sempre se ocuparam das investigações da natureza?[514] Considera e examina cada argumento, pois não é matéria de pouca importância podermos demonstrar que aqueles que se ocupam de argumentos ímpios e arrastam seguidores empregam seus argumentos não apenas enganosa como também incorretamente, o que acho ser a verdade.

Clínias: Muito bem dito, mas tenta explicar onde reside o erro.

O ateniense: Provavelmente teremos que usar um argumento um tanto incomum.

Clínias: Não devemos recuar, estrangeiro. Pensas, eu o percebo, que estaremos percorrrendo um terreno estranho à legislação, se nos ocuparmos desses argumentos. Mas se não existe um outro caminho que nos possibilite falar em consonância com o que é correto, como agora legalmente declarado, a não ser esse caminho, então, meu caro senhor, será esse caminho que trilharemos em nosso discurso.

O ateniense: Parece, então, que posso imediatamente proceder a um argumento que é um pouco incomum, e que é o que apresento a

---

514. A crítica de Platão parece ser direcionada a todos os chamados filósofos da natureza, ou seja, todos os pré-socráticos com a exceção de Parmênides.

seguir. O que é para todas as coisas sem exceção a causa primeira de sua geração e destruição é aquilo que essas doutrinas, que constituiram almas ímpias, declararam ter se produzido não primeiramente, mas ulteriormente, sendo que do que é o elemento ulterior, eles fizeram o elemento primário. E devido a isso eles caíram em erro com relação à verdadeira natureza da existência divina.[515]

892a *Clínias:* Ainda não compreendi.

O ateniense: Relativamente à alma, meu amigo, quase todas as pessoas parecem ignorar qual seja sua real natureza e potência, ignorância que não se restringe a outros fatos a seu respeito, mas que se refere especialmente à sua origem – de como é uma das primeiras existências e anterior a todos os corpos, e que é ela mais do que qualquer outra coisa o que governa todas as alterações e modificações do corpo. E se é esta realmente a situação, não deverão ser as coisas que têm afinidade com a alma necessariamente anteriores (do ponto de vista da origem) às coisas que se referem ao corpo, percebendo-se que a alma é mais
b velha do que o corpo?

Clínias: Necessariamente.

O ateniense: Então a opinião, a previsão, o pensamento, a arte e a lei serão anteriores às coisas duras e moles e pesadas e leves; e, ademais, os grandes e principais trabalhos e ações serão os produzidos pela arte, enquanto os naturais, e a própria natureza – que eles erroneamente denominam com esta palavra – serão secundários e terão sua origem a partir da arte e da razão.

c *Clínias:* No que estão errados?

O ateniense: Pela palavra *natureza* pretendem designar aquilo que gerou as primeiras existências, mas se ficar demonstrado que a alma foi produzida em primeiro lugar (e não o fogo ou o ar) ela poderia muito verdadeiramente ser descrita como uma existência superlativamente *natural*. Esta é a situação que temos diante de nós contanto que se possa provar que a alma é mais velha que o corpo, e não diferentemente.

Clínias: Dizes o verdadeiro.

O ateniense: Poderíamos então, a seguir, nos empenharmos na tarefa de provar tal coisa?

d *Clínias:* Certamente.

---

515. ...περὶ θεῶν τῆς ὄντως οὐσίας... (...*perì theôn tês óntos ousías*...), *com relação à substância do ser divino* seria a tradução tendente à literalidade.

O ateniense: Guardemo-nos contra o argumento inteiramente enganoso que por acaso nos seduza, a nós velhos, com sua juventude dissimuladora, nos ludibriando e nos tornando objeto de mofa, a ponto de granjearmos a reputação de [sermos distraídos] não percebendo sequer as coisas mínimas enquanto visamos as máximas. Considerai, portanto. Vamos supor que nós três tivéssemos que cruzar um rio com grande correnteza e que eu, sendo o mais jovem do grupo e tendo experiência regularmente renovada com as correntes, sugerisse que o procedimento adequado para a travessia seria que eu fizesse primeiramente uma tentativa sozinho – deixando vós ambos em segurança – com o objetivo de verificar se seria possível para vós também, homens mais velhos, realizarem a travessia, e assim resolvido e tendo eu comprovado ser o rio passível de ser atravessado, vos chamaria e com minha experiência vos ajudaria a cruzá-lo, ou caso ele se revelasse impossível de ser atravessado por vós, o risco seria inteiramente meu. Tal sugestão de minha parte teria parecido razoável. O mesmo ocorre nesta nossa presente situação: a argumentação que nos aguarda é sumamente árdua e demasiado violenta, e provavelmente impraticável para vossas forças; receando, portanto, que ela possa vos deixar aturdidos a ponto de chegardes a uma vertigem, vos fazendo perder o pé nesta torrente de questões, vós que não estais habituados a responder, e receando que vos ponha numa situação humilhante, o que não seria nem conveniente nem agradável, acredito, de momento, que a maneira que me conviria proceder seria esta: apresentar as questões a mim mesmo, solicitando a vós que se limitem a me escutar com toda a serenidade, e depois disso dar a mim mesmo as respostas, e desta maneira proceder em toda a argumentação até que o assunto da alma seja discutido plenamente, e ficar demonstrado que a alma é anterior ao corpo.

Clínias: Consideramos tua sugestão, estrangeiro, excelente, de maneira que deves fazer como sugeres.

O ateniense: Avante, portanto! E se em algum momento tínhamos que invocar a ajuda da Divindade, esta é a hora de fazê-lo. Que os deuses sejam invocados com todo o zelo para auxiliarem na demonstração de sua própria existência. E que seguremos firmes, por assim dizer, num cabo seguro ao embarcarmos na presente discussão. E me parece o mais seguro adotar o seguinte método de resposta quando questões como a seguinte forem apresentadas acerca desses assuntos; por exemplo, quando alguém me pergunta: "Estão todas as coisas em repouso, estrangeiro, e nada se move, ou a verdade é precisamente o oposto?

c   Ou algumas coisas se movem e outras permanecem em repouso?" Minha resposta seria: "Algumas coisas se movem, outras permanecem em repouso".[516] Então não permanecem as coisas permanentes e se movem as coisas móveis num certo lugar?" "É claro". "E algumas o farão em um lugar, e outras em vários." "Queres dizer," nós diríamos, "que aquelas que detêm a qualidade de estarem em repouso no centro se movem num lugar, como se diria dos círculos que são imóveis mas cuja circunferência gira?" "Sim. E percebemos que o movimento desse tipo, o qual faz girar nessa revolução tanto o maior dos círculos
d   quanto o menor deles, distribui-se para o pequeno e o grande proporcionalmente, alterando na proporção sua própria quantidade, pelo que funciona como a fonte de todas essas maravilhas resultantes de seu fornecimento de círculos grandes e pequenos simultaneamente a taxas harmoniosas de velocidades lentas e rápidas – uma condição que poder-se-ia supor impossível." "Inteiramente verdadeiro." "E por *coisas que se movem em vários lugares* parece-me que queres dizer todas as coisas que se movem por locomoção, se transferindo continuamente de um ponto para outro, e por vezes repousando sobre um único eixo (geo-
e   métrico), e por vezes revolvendo sobre vários eixos. E sempre que um desses objetos encontra outro, se o outro estiver em repouso, o objeto móvel é dividido; mas se houver uma colisão com outro que se move para encontrá-lo de uma direção oposta, formarão uma combinação a meio caminho entre os dois." "Sim, eu afirmo que essas coisas são assim, como tu as descreves." "Além disso, as coisas aumentam quando são combinadas e diminuem quando separadas em todos os casos nos quais a constituição regular[517] de cada uma persiste; mas se não persistir,
894a então ambas essas condições as farão perecer. E qual é a condição que tem que ocorrer em tudo para produzir geração? Obviamente, quando um princípio inicial, tendo recebido seu primeiro incremento, alcança a segunda transformação[518] e desta passa ao estágio seguinte, ao alcançar o terceiro torna-se sensível para todo ser dotado de sensação.[519] Tudo

---

516. Consultar o *Sofista* e o *Timeu*, respectivamente em *Diálogos I* e *Diálogos V*.
517. Ou seja, o estado físico da matéria: sólido, líquido ou gasoso.
518. Ou seja, passa para o segundo estado.
519. Realmente Platão não deixa muito claro aqui este processo de derivação do mundo sensível (κόσμος αἰσθητός [*kómos aisthetós*]) a partir do princípio inicial ou desencadeador (ἀρχή [*arkhé*]). Há quem encare este trecho de *As Leis* como uma metáfora ou alegoria calcada na geometria (aliás, muito apreciada por Platão); os estágios ou estados de mutação e desenvolvimento não seriam propriamente o que chamaríamos de estados físicos da matéria mas sim o desenvolvimento matemático abstrato do ponto para a linha, desta para a superfície e da superfície finalmente em termos concretos para o sólido, este último estágio sensorialmente perceptível. Remetemos o leitor ao *Timeu*

vem a ser mediante esse processo de transformação e deslocamento, e uma coisa efetivamente *existe (é)* quando permanece fixa; mas quando muda para uma outra constituição é inteiramente destruída."[520] Será, meus amigos, que agora não mencionamos todas as formas de movimento passíveis de classificação numérica,[521] salvo apenas duas?

Clínias: E quais são essas duas?

O ateniense: As duas, meu caro senhor, em função das quais, poder-se-ia dizer, empreendemos toda a nossa presente investigação.

Clínias: Explica-te com maior clareza.

O ateniense: Nossa presente investigação não foi empreendida por causa da alma?

Clínias: Certamente.

O ateniense: Como uma dessas duas formas vamos considerar aquele movimento que é sempre capaz de mover outras coisas, sendo, entretanto, incapaz de mover a si mesmo;[522] e aquele movimento sempre capaz de mover tanto a si mesmo como outras coisas, mediante combinação e separação, incremento e diminuição, geração e corrupção,[523] consideraremos como uma outra modalidade no número total de movimentos.

Clínias: Que seja assim.

O ateniense: Assim reconheceremos como nono em nosso elenco o movimento que move sempre um outro objeto e é movido por um outro, enquanto que o movimento que move tanto a si mesmo quanto um outro e que é harmoniosamente adaptado a todas as formas de ação e paixão, e do qual podemos dizer verdadeiramente que é a fonte de toda transformação e de todo movimento de tudo que realmente existe – a este, presumo, classificaremos como o décimo.

Clínias: Com toda a certeza.

---

e ao mito da caverna, presentes em *A República*. Aristóteles registra essa apreciação crítica ao seu mestre em *Da Alma*.

520. ...μεταβάλλον μὲν οὖν οὕτω καὶ μετακινούμενον γίγνεται πᾶν· ἔστιν δὲ ὄντως ὄν, ὁπόταν μένῃ, μεταβαλὸν δὲ εἰς ἄλλην ἕξιν διέφθαρται παντελῶς... (...*metabállon mèn oûn hoúto kaì metakinoúmenon gígnetai pân. Éstin dè óntos ón, hopótan ménei, metabalòn dè eis állen hexin diéphthartai pantelôs...*).

521. Em número de oito formas de movimento (κίνησις [*kinesis*]), a saber, o movimento circular em torno de um eixo fixo (1); o movimento de locomoção (deslizante ou rolante como o movimento da roda de um carro) (2); o movimento combinatório (3); o movimento de divisão ou separação (4); o movimento de acréscimo ou incremento (5); o movimento de diminuição ou decréscimo (6); o movimento de transformação (7) e o movimento de perecimento ou destruição (8).

522. Movimento de causa secundária.

523. Movimento de causa primária.

O ateniense: Do nosso total de dez movimentos, qual estimaríamos com maior rigor como sendo o mais poderoso de todos e o superior a todos em eficiência?

Clínias: Somos forçados a afirmar que o movimento que é capaz de mover a si mesmo é infinitamente superior aos demais, e que todos estes lhes são secundários.

O ateniense: Bem dito. Diante disso teremos que corrigir uma ou duas das afirmações errôneas que acabamos de fazer, não é mesmo?

Clínias: A quais tu te referes?

O ateniense: Nossa afirmação acerca do décimo movimento parece errada.

Clínias: E por quê?

O ateniense: Logicamente é o primeiro do ponto de vista da origem e do poder, e o próximo o secunda embora nós o tenhamos classificado absurdamente como nono há um momento atrás.

Clínias: O que queres dizer?

O ateniense: Isto: quando descobrimos uma coisa mudando outra, e esta, por sua vez, uma outra, e assim por diante – destas coisas encontraremos uma que seja a causa primeira da mudança? Como poderá uma coisa que é movida por outra jamais ser ela mesma a primeira das coisas que causa mudança? É impossível. Mas quando uma coisa que moveu a si mesma transforma uma outra coisa, e esta uma terceira, e assim o movimento se propaga progressivamente através de milhares de milhares de coisas, a sequência completa de seus movimentos deve proceder de uma fonte primária, que dificilmente pode deixar de ser a transformação produzida pelo movimento que gera a si mesmo.

Clínias: Muito bem colocado, e devemos assentir ao teu argumento.

O ateniense: Mas eis aqui uma nova questão que compete a nós mesmos responder: supondo-se que a totalidade das coisas se combinaram e se imobilizaram – como ousam pretender a maioria desses pensadores[524] – qual dos movimentos mencionados surgiria necessariamente no *todo* primeiramente? O movimento, é claro, que é automotor pois não será jamais mudado antecipadamente por uma outra coisa, visto que não existe nenhuma força de mutação nas coisas antecipadamente. Portanto, afirmaremos que visto que o movimento automotivo é o ponto de partida de todos os movimentos e o primeiro a surgir nas

---

524. Entre eles Anaxágoras, Parmênides e Zenão.

coisas em repouso e a existir nas coisas em movimento, ele é necessariamente a mais antiga e a mais poderosa das mutações, enquanto o movimento que é alterado por uma outra coisa e ele mesmo move outras vem em segundo lugar.

Clínias: É bem verdade.

O ateniense: E agora que atingimos esse ponto em nosso discurso, c eis uma questão que devemos responder...

Clínias: E qual é?

O ateniense: Se vemos manifestar-se esse movimento numa coisa de terra, de água ou de fogo, seja separadamente seja em combinação, que condição diríamos que existe numa tal coisa?

Clínias: O que me perguntas é se devemos nos referir a uma coisa como *viva* quando é automóvel?

O ateniense: Sim.

Clínias: Certamente que é viva.

O ateniense: Bem, quando percebemos alma nas coisas, não devemos igualmente concordar que estão vivas?[525]

Clínias: Por certo que devemos.

d *O ateniense:* Agora, por Zeus, para por um momento! Não desejarias observar três pontos acerca de todo objeto?

Clínias: O que queres dizer?

O ateniense: Um ponto é a substância, o outro a definição da substância e o outro, o nome;[526] e além disso, a respeito de tudo que existe há duas questões a serem colocadas.

Clínias: E quais são?

O ateniense: Num momento cada um de nós, ao propor o nome isoladamente, exigimos a definição; em outro ensejo ao propor uma definição isolada, exige-se o nome.

Clínias: É alguma coisa desse tipo que nos compete transmitir agora?

O ateniense: De que tipo?

e *Clínias:* Temos exemplos de coisas divisíveis em duas metades, tanto na aritmética quanto alhures; na aritmética (ou seja, com os nú-

---

525. Aliás, ψυχή (*psykhé*) significa literalmente sopro vital, princípio de vitalidade, conceito muito vizinho do hebraico *nephesch* da Qabalah (que aparece, inclusive, no livro do *Gênese*, o primeiro dos cinco livros (Πεντάτευχος [*Pentáteukhos*]) atribuídos a Moisés; a mesma carga semântica original permaneceu no conceito latino *anima* – o ser vivo é o ser *animado* e o ser sem vida é o ser *inanimado*.
526. Consultar as *Epístolas* (*Cartas*).

meros) o nome aplicado é *número par* e a definição é "um número divisível em duas partes iguais."

O ateniense: Sim, é isso que quero dizer. Assim num caso ou outro é o mesmo objeto, não é, que descrevemos, seja quando perguntados pela definição, respondemos dando o nome, ou quando perguntados pelo nome, damos a definição – descrevendo um e mesmo objeto pelo nome *número par* e pela definição "um número divisível em duas metades"?

Clínias: Com toda a certeza.

O ateniense: Qual é a definição daquele objeto que tem por nome *alma?* Será que podemos dar-lhe outra definição além dessa indicada há pouco: *o movimento capaz de mover a si mesmo?*

Clínias: O que desejas afirmar é que o *automovimento* é a definição daquela mesmíssima substância que possui *alma* como o nome que universalmente lhe aplicamos?

O ateniense: É o que eu afirmo. E se assim realmente for, ainda reclamaremos que não foi ainda suficientemente provado que a alma é idêntica à fonte e movimento primários do que é, foi e será e de tudo que se opõe a esses, constatando que foi claramente demonstrado ser ela a causa de toda mudança e movimento em todas as coisas?

Clínias: Não faremos tal reclamação; pelo contrário, foi provado com máxima suficiência que a alma é de todas as coisas a mais antiga, já que é o princípio primeiro do movimento.

O ateniense: Então não será o movimento que, quando surge num objeto, é causado por um outro, e nunca supre automovimento para coisa alguma, *de segunda ordem*, ou de fato, o mais baixo a ser colocado na lista por alguém, visto que é a mudança de um corpo realmente privado de alma?

Clínias: É exato.

O ateniense: Também exata, portanto, e plenamente real, absoluta e perfeitamente verdadeira seria essa prioridade de origem que reconhecemos à alma relativamente ao corpo, e essa situação segunda e posterior do corpo, já que pela natureza o comando é da alma, cabendo ao corpo se submeter.

Clínias: Sim, perfeitamente verdadeira.

O ateniense: Lembramos, certamente, de ter concordado previamente que caso se pudesse provar que a alma é mais velha que o corpo, então as coisas da alma também seriam mais velhas do que aquelas do corpo.

Clínias: Por certo que lembramos.

d   *O ateniense:* Modos, disposições, deliberações, raciocínios,⁵²⁷ opiniões verdadeiras, atenções e memórias serão anteriores à extensão, largura, profundidade e força do corpo, se a alma for anterior ao corpo.

Clínias: Necessariamente.

O ateniense: Deveremos, então, necessariamente concordar, como passo seguinte, que a alma é a causa das coisas boas e más, belas e disformes, justas e injustas, e de todos os opostos, se supormos ser ela a causa de todas as coisas?

Clínias: Não há dúvida que deveremos.

e   *O ateniense:* E como a alma controla e reside assim em todas as coisas movidas em todas as partes, não teríamos que afirmar necessariamente que controla também o céu?

Clínias: Sim.

O ateniense: Uma única alma ou várias? E eu responderei por vós: várias. De qualquer modo, vamos presumir não menos de *duas*, a alma benevolente e aquela que é capaz de produzir efeitos do tipo oposto.

Clínias: Tu estás perfeitamente certo.

O ateniense: Excelente, então. A alma impulsiona todas as coisas no céu, na Terra e no mar por meio de seus próprios movimentos, cujos

897a   nomes são desejo, reflexão, previdência, deliberação, opinião verdadeira ou falsa, júbilo, pesar, confiança, medo, ódio, amor e todos os movimentos que são afins a esses ou são movimentos primários; estes, quando assumem os movimentos secundários dos corpos, os impelem a todos ao crescimento e ao decrescimento, à separação e à combina-

b   ção, e ao que se segue a estes, ao calor e o frio, o peso e a leveza, a dureza e a maciez, a brancura e o negrume, o amargor e a doçura, *e todas essas qualidades que a alma emprega, tanto quando associada à razão ela guia com retidão e sempre governa tudo para sua justeza e felicidade,*⁵²⁸ como quando associada à desrazão, produz resultados

---

527.   ...λογισμοί... (...*logismoí*...), estritamente o raciocínio abstrato e formal presente frequentemente nos cálculos aritméticos; por extensão raciocínio lógico ou raciocínio, reflexão simplesmente.

528.   ...καὶ πᾶσιν οἷς ψυχὴ χρωμένη, νοῦν μὲν προσλαβοῦσα [ἀεὶ θεὸν ὀρθῶς θεοῖς οὖσα], ὀρθὰ καὶ εὐδαίμονα παιδαγωγεῖ πάντα... (...*kaì pâsin hoîs phykhè khroméne, noûn mèn proslaboûsa [aeì theòn orthôs theoîs oûsa], orthà kaì eudaímona paidagogeî pánta*...). A divergência de estabelecimento do texto grego, a saber, acrescendo ἀεὶ θεὸν ὀρθῶς θεοῖς οὖσα (*aeì theòn orthôs theoîs oûsa*), registrado entre colchetes acima, alteraria consideravelmente o sentido que nos deseja transmitir Platão, pelo que registramos aqui uma tradução opcional desse trecho considerando a divergência: ...*e todas essas qualidades que a alma emprega, tanto quando associada à razão divina, neste caso sendo ela mesma divina, ela guia com retidão e sempre governa tudo para sua justeza e felicidade.*

que são em todos os aspectos o oposto. Postularemos que assim é ou ainda suspeitaremos que possa ser de outra maneira?

Clínias: De maneira alguma.

O ateniense: Que tipo de alma, então, diremos que tem o controle do céu, da Terra e de toda a revolução do universo? Aquela que é sábia e plena de virtude, ou aquela que não é nem uma coisa nem outra? Desejais que apresentemos a esta questão a resposta seguinte?

Clínias: E como?

O ateniense: Se, meu bom senhor, estamos na iminência de afirmar que todo o curso e movimento do céu e de tudo que ele contém detêm um movimento semelhante ao movimento, à revolução e aos raciocínios do intelecto[529] e procedermos de maneira idêntica, claramente teremos que afirmar que a melhor alma governa a totalidade do universo e o conduz em seu curso, que é o do tipo descrito [e perfeito como ela].[530]

Clínias: Estás certo.

O ateniense: Mas se essa revolução ocorre de uma maneira louca e desordenada, teremos então a alma má.

Clínias: Isso também está certo.

O ateniense: E então qual é a natureza do movimento da razão? Aqui, meus amigos, aportamos a uma questão que é difícil responder sabiamente. Por conseguinte, é justo que contais com minha assistência para respondê-la.

Clínias: Excelente.

O ateniense: Mas ao produzirmos nossa resposta não instauremos a noite, por assim dizer, no meio-dia olhando diretamente para o sol, como se com olhos mortais pudéssemos jamais contemplar a razão e conhecê-la completamente; o modo mais seguro de contemplar o objeto que concerne a nossa questão é olhar uma imagem dele.[531]

Clínias: Que queres dizer?

O ateniense: Tomemos como uma imagem um dos dez movimentos, aquele que se assemelha à razão; lembrando-nos dele e juntando minhas forças às vossas responderemos essa questão.

---

529. Quer dizer, semelhante ao giro uniforme de uma esfera que revolve no mesmo ponto e sobre seu próprio eixo.
530. Consultar o *Timeu* e o *Epinomis* (presente nesta edição).
531. Consultar muito particularmente o mito da caverna em *A República* (*Livro VII*), e também o *Fédon* em *Diálogos III*.

Clínias: É bem provável que falas admiravelmente.

O ateniense: Será que ainda nos lembramos das coisas que foram então descritas, em relação às quais supomos que do total algumas estavam em movimento, outras em repouso?

Clínias: Sim.

898a *O ateniense:* E, ademais, que dessas em movimento, algumas se movem num único lugar, e outras em vários lugares?

Clínias: É exato.

O ateniense: E que desses dois movimentos, aquele que se move num único lugar tem necessariamente que se mover sempre em torno de algum centro, sendo uma cópia de esferas girantes, e que esse é o que mais se aproxima e se assemelha ao movimento rotativo do intelecto?

Clínias: O que queres dizer?

b *O ateniense:* Se descrevermos ambos como movendo regular e uniformemente num lugar idêntico, em torno das mesmas coisas e relacionados às mesmas coisas, de acordo com uma única regra e sistema – a razão, nomeadamente, e o movimento revolvente em um lugar (assemelhado ao revolver de um globo giratório) – jamais nos arriscaremos a nos condenar à inabilidade para construir belas figuras de linguagem.

Clínias: Dizes algo inteiramente verdadeiro.

c *O ateniense:* Por outro lado, não será o movimento que nunca é uniforme ou regular, ou no mesmo lugar, ou em torno, ou em relação às mesmas coisas, não se movendo num único ponto nem em qualquer ordem ou sistema ou regra – não será esse movimento aparentado à absoluta desrazão?

Clínias: Será verdadeiramente.

O ateniense: Então agora não há mais qualquer dificuldade em estabelecer expressamente que visto que a alma é o que constatamos impulsionando tudo, é imperioso que afirmemos que a circunferência do céu é necessariamente impulsionada circularmente sob o cuidado e a ordenação *ou* da melhor alma *ou* daquela que lhe é oposta.

Clínias: Mas, estrangeiro, julgando pelo que foi dito agora, é realmente uma impiedade fazer qualquer outra afirmativa a não ser que essas coisas revolvem graças a uma ou mais almas dotadas de toda a virtude.

d *O ateniense:* Acompanhaste nosso argumento admiravelmente, Clínias. Agora escuta este outro ponto.

Clínias: Qual?

O ateniense: Se a alma move circularmente a soma total do Sol, Lua e todos os outros astros, não moverá também cada um deles em particular?

Clínias: Certamente.

O ateniense: Então construamos uma argumentação sobre um desses astros que evidentemente se aplicará igualmente a todos eles.

Clínias: E sobre qual deles?

O ateniense: O corpo do sol é visto por todos, mas sua alma por ninguém, o mesmo sendo válido quanto à alma de qualquer outro corpo, seja vivo ou morto, dos seres vivos. Suspeita-se bastante, entretanto, que essa classe de objeto que é inteiramente imperceptível a todos os sentidos do corpo se desenvolveu estreitamente ao redor de nós e constitui um objeto exclusivo do intelecto.[532] Portanto, mediante a razão e o pensar vamos captar o fato a isso concernente...

Clínias: Que fato?

O ateniense: Se é uma alma que move o Sol, não estaremos equivocados se afirmarmos que ela o faz de uma destas três maneiras...

Clínias: Quais?

O ateniense: Ou que existindo dentro desse corpo esférico visível o dirige tal como a alma em nós nos move para um lugar ou outro, ou que obtendo ela mesma um corpo de fogo ou ar, como alguns o sustentam, atua como um corpo que impulsiona forçosamente um outro corpo, ou, em terceiro lugar, sendo ela mesma vazia de corpo, mas dotada de outras potências excepcionalmente prodigiosas, conduz o corpo.

Clínias: Sim, tem que ser de uma dessas maneiras que a alma impulsiona tudo.

O ateniense: Aqui te peço que te detenhas. Essa alma, ademais, seja se servindo do Sol como de uma biga, seja o impulsionando do exterior, ou de qualquer outra forma de modo a trazer luz a todos nós, todos deverão encará-la como um deus. Não é assim?

Clínias: Sim, ao menos todos aqueles que não atingiram o derradeiro grau da loucura.

O ateniense: No que diz respeito a todos os astros e a Lua, e no que tange aos anos, meses e todas as estações o que nos caberia fazer senão essa mesma afirmativa, a saber, que já que ficou demonstrado que são todos movidos por uma ou mais almas, que são dotadas de todas as

---

532. Na verdade Platão está, com a sua usual estratégia discursiva, criando um introito para a discussão de como e de onde a alma impulsiona e comanda o corpo e qual sua relação com ele, assunto já ventilado no *Timeu*, em *Diálogos V*.

virtudes, declararemos que essas almas são deuses, seja porque alojadas nos corpos, como seres vivos que são, organizam todo o céu, seja porque atuam de qualquer outra forma que se o queira.[533] Será possível encontrar alguém que admita essa causalidade e, todavia, negue que "tudo está repleto de deuses"?[534]

c *Clínias:* Não há, estrangeiro, alguém que chegue a tal ponto de irracionalidade.

O ateniense: Vamos, então, estabelecer termos apropriados para aquele que até agora se nega a crer nos deuses, ó Megilo e Clínias, e nos livrarmos dele.

Clínias: Que termos?

O ateniense: Ou que ele nos ensine que estamos equivocados fazendo da alma a causa primeira de todas as coisas, juntamente com todas as afirmações consequentes que fizemos, ou que, sendo ele incapaz de dar uma explicação melhor do que a nossa, dê necessariamente crédito a nós, e pelo resto de sua vida viva na crença dos deuses. Consideremos, portanto, d se o nosso argumento a favor da existência dos deuses dirigido àqueles que neles não creem foi expresso adequada ou deficientemente.

Clínias: De modo algum deficientemente, estrangeiro.

O ateniense: Assim sendo, que encerremos nossa discussão no que concerne a essas pessoas. Entretanto, quanto ao homem que sustenta a existência dos deuses mas não cuida dos assuntos humanos, este nós temos que advertir. "Meu bom senhor," nós lhe diremos, "o fato de acreditares em deuses é devido provavelmente a uma divina afinidade que te atrai para o que é de natureza semelhante, levando-te a honrá-los e e reconhecer sua existência; mas as fortunas dos seres humanos maus e injustos, tanto privadas quanto públicas – fortunas que embora na verdade não sejam realmente venturosas, são excessiva e impropriamente louvadas como tais pela opinião pública – te conduzem à impiedade pela maneira errada em que são celebradas, não só na poesia como

---

533. Obviamente Platão não cogita aqui da acepção vulgar a respeito dos deuses; está se referindo à alma do mundo (ἡ ψυχή [*he phykhé*]), como a chama no *Timeu*) e às almas dos astros, já que não são apenas os indivíduos que têm almas.
534. ...πάντα εἶναι πλήρη θεῶν... (...*pánta eînai plére theón*...) – sentença do pré-socrático Tales de Mileto que acreditava ser a matéria (ὕλη [*hýle*]) dotada de vida numa concepção materialista em que a alma ou vida é encarada como algo semelhante à força magnética de certos corpos (hilozoísmo), como se a alma ou vida fosse imanente à matéria e não transcendente a ela, o que já seria uma concepção espiritualista; é nesse sentido muito especial que se deve entender o conceito de alma/ vida e o conceito de deus na frase de Tales. Consultar o *Epinomis* (presente nesta edição) e o *Da Alma* de Aristóteles, obra publicada em *Clássicos Edipro*.

também em narrativas de toda espécie.[535] Ou ainda, quando vires homens atingindo o termo da velhice, deixando atrás de si os filhos dos filhos nos cargos mais eminentes, vê de que espetáculos é feita tua perturbação atual, quer os conheças por ouvir dizer, quer tenhas tido deles a visão tu mesmo, com teus próprios olhos, chocando-te com essas muitas impiedades terríveis graças às quais, exatamente, alguns deles ascendem de sua posição modesta à tirania e às posições mais elevadas; então a consequência de tudo isso claramente – visto que por um lado não desejas responsabilizar os deuses por tais coisas devido à sua afinidade com eles e visto que, por outro lado, és impelido por ausência de razão e incapacidade a repudiar os deuses – é chegares ao teu presente mórbido estado mental, em que opinas que os deuses existem, mas que menosprezam e descuram os assuntos humanos. Assim, para que tua atual opinião não cresça a ponto de assumir um grau superior de impiedade mórbida, mas para que possamos ter êxito em repelir esse princípio de mal (na medida de nossas forças) pela nossa argumentação, vamos nos esforçar para vincular nosso argumento seguinte àquele argumento que formulamos por completo para quem não crê de modo algum nos deuses, utilizando este último também." E vós, Clínias e Megilo, assumi o papel desse jovem nas respostas, como fizestes antes; e se sobrevier algo adverso no curso da argumentação, eu responderei por vós, como fiz há pouco, e vos farei passar para o outro lado do rio.

Clínias: Uma apropriada sugestão! Faremos o melhor que pudermos para cumprir a tarefa da qual tu nos incumbiste. E faz o mesmo no que diz respeito ao teu papel.

O ateniense: Bem, não haverá provavelmente nenhuma dificuldade para provar a esse homem que os deuses se importam tanto com as pequenas coisas quanto com aquelas sumamente grandes, pois com certeza ele estava presente ao nosso recente argumento e ouviu que os deuses, sendo detentores de toda a virtude, zelam, com toda a propriedade, pelo universo.

Clínias: Com toda a certeza ele o ouviu.

O ateniense: Vamos unir nossas forças a seguir para investigarmos qual é a virtude dos deuses a que nos referimos quando dizemos, em consenso, que são virtuosos. Vejamos! Diríamos que a prudência e a inteligência são partes da virtude, e os opostos destas do vício?

---

535. ...ἔν τε μούσαις οὐκ ὀρθῶς ὑμνούμεναι ἅμα καὶ ἐν παντοίοις λόγοις... (...*én te moúsais ouk orthôs hymnoúmenai háma kaì en pantoíois lógois*...), não só na linguagem das Musas como também em todas as linguagens.

Clínias: Diríamos, com efeito.

O ateniense: E também que a coragem é parte da virtude, enquanto a covardia o é do vício?

Clínias: Certamente.

e *O ateniense:* E diríamos que desses estados alguns são vis e outros nobres?

Clínias: Necessariamente.

O ateniense: E que tudo que há aí de mesquinho é nosso apanágio, e que os deuses disto não participam em nada, muito ou pouco?

Clínias: Todos concordariam, também, com isso.

O ateniense: Então, poderíamos reconhecer a negligência, a ociosidade e a indolência como virtudes da alma? Ou o que dirias?

Clínias: Como poderíamos reconhecê-las como tal?

O ateniense: Como os opostos, então, ou seja, vícios da alma?

Clínias: Sim.

901a *O ateniense:* E os opostos dessas como sendo da qualidade oposta de alma?

Clínias: Da qualidade oposta.

O ateniense: E então? Aquele que é indolente, negligente e ocioso será aos nossos olhos o que o poeta[536] descrevia como "um homem muito semelhante a zangões destituídos de aguilhões?"

Clínias: Uma descrição deveras justa.

O ateniense: Que os deuses possuam tal caráter temos certamente que negar, constatando que eles o abominam, e tampouco é cabível que permitamos que alguém tente afirmá-lo.

Clínias: Seguramente não poderíamos tolerá-lo.

b *O ateniense:* Quando uma pessoa, cuja especial obrigação é se empenhar no cuidado de um certo objeto, se atém às grandes coisas, porém neglicencia as pequenas, como poderíamos louvar uma tal pessoa sem corrermos o risco de estarmos errando ao fazê-lo? Consideremos a matéria desta maneira: a ação daquele que assim age, seja ele um deus ou um ser humano, assume uma de duas formas, não é mesmo?

Clínias: Que formas?

c *O ateniense:* Ou porque ele pensa que a negligência das pequenas coisas não faz qualquer diferença para o todo, ou porque, simples-

---

536. O poeta é Hesíodo em *Os Trabalhos e os Dias*.

mente devido ao ócio e à indolência as negligencia, embora pense que efetivamente fazem uma diferença. Ou existe qualquer outra maneira de ocorrer negligência? Pois quando é impossível cuidar de todas as coisas, não será o caso de negligência de grandes ou pequenas coisas quando alguém – seja ele um deus ou um homem ordinário – deixa de cuidar de coisas para as quais lhe falta capacidade e poder para fazê-lo.

Clínias: Evidentemente que não.

O ateniense: Que esses dois homens crentes nos deuses – aquele que crê mas que os considera subornáveis e aquele que crê mas pensa que os deuses negligenciam as pequenas coisas – respondam a nós três, agora. Vós principiais por afirmar que os deuses tudo sabem, tudo ouvem e tudo veem e que nada em tudo que é apreendido pelos sentidos e a ciência[537] lhes escapa. É isto que afirmais, ou o quê?

Clínias: Isso é o que afirmamos.[538]

O ateniense: E que, ademais, podem fazer tudo que pode ser feito por mortais ou imortais?

Clínias: Eles, é claro, admitirão que esse também é o caso.

O ateniense: E é inegável que todos nós *cinco* concordamos que os deuses são bons, ou melhor, excelentes.[539]

Clínias: Seguramente.

O ateniense: Sendo, portanto, tal como concordamos, não seria impossível admitir que façam qualquer coisa ociosa e indolentemente? Pois certamente entre nós, mortais, a ociosidade é a filha da covardia, e a preguiça da ociosidade e da indolência.

Clínias: O que dizes é a pura verdade.

O ateniense: Nenhum, então, dos deuses é omisso devido à ociosidade e preguiça já que nenhum participa de modo algum da covardia.

Clínias: O que dizes é certíssimo.

O ateniense: E, ademais, se realmente negligenciassem as pequenas e parcas coisas do *todo*, o fariam ou porque sabem que não há necessidade alguma de cuidar de tais coisas, ou... bem, que alternativa resta em tal situação senão o oposto do saber?

Clínias: Nenhuma outra.

---

537. ...αἰσθήσεις τε καὶ ἐπιστῆμαι... (...*aisthéseis te kaì epistêmai*...).
538. Daqui por diante no que diz respeito à matéria em pauta, Clínias assumirá o papel dos dois crentes dúbios, respondendo em nome deles.
539. Literalmente bons e excelentes (...ἀγαθούς γε καὶ ἀρίστους... [...*agathoús ge kaì aristoús*...]).

O ateniense: Presumiremos, portanto, meu digno e excelente senhor, que afirmas que os deuses são ignorantes, e que é através da ignorância que são omissos quando deveriam manifestar cuidado, ou que sabem realmente o que é necessário, e no entanto agem como – dizem – o pior dos seres humanos age, o qual, embora saiba que outras coisas são melhores para serem feitas do que o que está fazendo, ainda assim não as faz, isto por serem de algum modo vencidos pelos prazeres ou dores?

Clínias: Impossível.

O ateniense: Não participam os assuntos humanos da natureza animada e não é o próprio ser humano, entre todos os outros animais, aquele que mais teme aos deuses?

Clínias: Isso é certamente provável.

O ateniense: Afirmamos que todas as criaturas mortais são propriedades dos deuses, aos quais pertence também o céu inteiro.

Clínias: É evidente.

O ateniense: Assim sendo, não importa se alguém diz que essas coisas são pequenas ou grandes aos olhos dos deuses, pois nem num caso nem noutro a negligência caberia aos nossos proprietários, visto que são sumamente ciosos e bons. E eis aqui um outro fato a ser observado...

Clínias: E qual é?

O ateniense: No tocante à sensação e à potência – não serão estas duas naturalmente opostas no que diz respeito à facilidade e à dificuldade?

Clínias: O que queres dizer?

O ateniense: É mais difícil ver e ouvir pequenas coisas do que grandes, mas todos consideram mais fácil impulsionar, controlar e cuidar de coisas pequenas e escassas do que de seus opostos.

Clínias: Muito mais.

O ateniense: Quando um médico é responsável pela cura de um corpo inteiro, se mostrar-se desejoso e capaz de cuidar apenas das grandes partes do corpo e negligenciar as partes e membros pequenos, ser-lhe-á possível contemplar o todo em boa condição?

Clínias: Certamente não.

O ateniense: Nem pilotos, generais ou administradores de assuntos domésticos, e tampouco homens de Estado ou quaisquer outras pessoas desse gênero acham que o múltiplo e o grande prosperam sem o escasso e o pequeno, pois mesmo os pedreiros dizem que grandes pedras não podem ser bem assentadas sem pequenas.

Clínias: E por certo não podem.

O ateniense: Jamais suponhemos que a Divindade seja inferior aos artesãos mortais,[540] os quais quanto melhores forem, o mais esmerada e perfeitamente executarão as tarefas que lhes são próprias, pequenas ou grandes, mediante uma única arte, ou que a Divindade, que é sobremaneira sábia, e tanto desejosa quanto capaz de cuidar, não cuide em absoluto das pequenas coisas que são as mais fáceis de cuidar, como um preguiçoso ou um covarde que se esquiva ao trabalho e só dispensa atenção às coisas grandes.

Clínias: De modo algum aceitemos uma tal opinião sobre os deuses, estrangeiro, o que seria adotar uma opinião que não é em absoluto nem piedosa e nem verdadeira.

O ateniense: E agora, penso eu, discutimos suficientemente com aquele que se regozija em censurar os deuses por negligência.

Clínias: Sim.

O ateniense: E o foi forçando-o mediante nossos argumentos a reconhecer que o que diz está errado. Mas parece-me que ainda lhes são imprescindíveis algumas palavras que atuem como um encantamento sobre ele.[541]

Clínias: Que tipo de palavras, meu bom senhor?

O ateniense: Persuadamos o jovem[542] mediante *palavras* que dizem que todas as coisas estão ordenadas sistematicamente por aquele que cuida de *tudo* com o olhar na preservação e excelência do *todo* no qual cada parte, na medida de sua capacidade, sofre e age segundo o que lhe é apropriado. Para cada uma dessas partes até a mais ínfima delas são designados governantes de sua paixão e ação[543] para que o cumprimento

---

540. A analogia entre o Grande Artesão (Δημιουργός [*Demiourgós*]) imortal (ἀθάνατος [*athánatos*]), que é como Platão concebe Deus (a Divindade fabricadora e organizadora do universo) e os artesãos mortais (θνητῶν δημιουργῶν [*thnetón demiourgôn*]) subjaz em todo este raciocínio. Um passeio pelo *Timeu* se revelará bastante proveitoso.
541. ...ἐπῳδῶν γε μὴν προσδεῖσθαί μοι δοκεῖ μύθων ἔτι τινῶν... (...*epoidón ge mèn prosdeîsthaí moi dokeî mýthon eti tinôn*...); ἐπῳδή (*epoidé*) é o en(canto), a palavra mágica capaz de curar um ferimento, abrandar um sofrimento, consolar e mesmo convencer sem argumentação lógica; Platão utiliza na sentença μῦθος (*mýthos* [a um tempo sinônimo de λόγος (*lógos*), mas que retém mais incisivamente o sentido includente de discurso velado e alógico − conto, fábula, apólogo, lenda]) em perfeita consonância com ἐπῳδή (*epoidé*).
542. O *ateniense* sempre usa o referencial da velhice (sua, de Clínias e de Megilo) diante daqueles a quem se dirigem. Para os antigos gregos, e muito especialmente para o velho Platão, a aquisição da sabedoria era diretamente proporcional à experiência da vida, cujo salário é inevitavelmente o envelhecimento.
543. ...ἄρχοντες προστεταγμένοι ἑκάστοις ἐπὶ τὸ σμικρότατον ἀεὶ πάθης καὶ πράξεως... (...*árkhontes prostetagménoi hepì tò smikrótaton aeì páthes kaì práxeos*...). Estes governantes aparecem escalo-

c pleno de cada fração seja produzido, estando tu entre estas frações, ó homem perverso, tendendo sempre, portanto, [cada uma das frações] em seu empenho para o *todo*, por mais minúscula que seja. Mas tu não consegues perceber que toda geração parcial visa o *todo* para que seja assegurada a existência bem-aventurada do universo – e que nada seja gerado para ti, mas sim tu gerado para o *todo*. Todo médico e todo artesão treinado laboram sempre em prol de um *todo*, e se esforçam em busca
d do que é melhor no conjunto, produzindo a parte em vista do todo, e não o todo em vista da parte; mas tu estás incomodado porque desconheces como o que é melhor em teu caso para o *todo* se revela o melhor para ti mesmo também, de acordo com o poder de tua origem comum. E como a alma, sendo unida agora a um corpo, depois a outro,[544] está sempre sofrendo todos os tipos de mudanças seja por si mesma, seja pela ação de uma outra alma, ao jogador de gamão[545] não resta outra tarefa senão transferir o caráter que se aprimora para um lugar superior, o que piora para um pior, de acordo com o que melhor se ajusta a cada um, de maneira que possa ser destinada a cada um a sorte que lhe cabe.

e *Clínias:* Mas de que forma entendes tal coisa?

O ateniense: A forma que descrevo é, acredito, aquela na qual a supervisão de tudo é mais fácil para os deuses, pois se alguém tivesse que moldar todas as coisas sem considerar constantemente o *todo*, transformando-as – por exemplo, o fogo em água – em lugar de mera-
904a mente converter a unidade na multiplicidade ou esta na unidade, então quando as coisas tivessem participado de uma primeira, ou segunda ou mesmo terceira geração seriam incontáveis num tal sistema de transformações; mas, do modo que são as coisas, a tarefa que se apresenta diante do *administrador do todo*[546] é formidavelmente fácil.

Clínias: O que queres dizer?

---

nadamente como deuses e *dáimons* (já abordados neste diálogo) e figuram uns e/ou outros também em especial no *Político*, em *Diálogos IV*, e no *Epinomis*, presente nesta edição.
544. Platão continua sustentando a doutrina da transmigração das almas, mais conhecida pela expressão μετεμψύχωσις (*metempsýkhosis* [que significa *animar mudando, dotar de alma mediante a mudança*]); esta palavra só surgiu com os pensadores da era cristã.
545. ...πεττευτῇ... πεττός ou πεσσός (respectivamente *petteutêi, pettós, pessós*) é uma pedrinha oval de forma semelhante a uma bolota que se usava num jogo de dados ou uma espécie de jogo de gamão. Neste jogo a única ação possível para o jogador (diferentemente do xadrez, em que as possibilidades de deslocamento por associação de peças de poder diferenciado e hierárquico são teoricamente infinitas) é um número de lances ou mudanças limitadas... todo o resto sendo decidido pela sorte. Nesta metáfora o jogador de gamão parece ser o indivíduo mortal cuja vida depende enormemente dos múltiplos e heterogêneos movimentos de uma alma imortal, tanto internos de sua própria alma como afetados pela ação de outras almas, e, ademais, cuja vida depende dos deuses e da alma do mundo (ἡ ψυχή [*he phykhé*]).
546. ...παντὸς ἐπιμελουμένῳ... (...*pantòs epimelouménoi*...).

O ateniense: O seguinte: visto que nosso *rei*[547] percebeu que todas as ações envolvem a alma e contêm tanto muita virtude quanto muito vício e que o corpo e a alma são, ao serem gerados, indestrutíveis mas não eternos,[548] como os deuses que reconhecem as leis, (pois se ou o corpo ou a alma fossem destruídos, jamais teria havido a geração
b de criaturas vivas) e visto que *ele* percebeu que toda alma que é boa tende sempre para a benevolência, mas a má para a malevolência – observando tudo isso concebeu uma posição para cada uma das partes de modo a assegurar a vitória da virtude no *todo* e a derrota do mal a mais fácil e a mais completa possível. Alimentado por esse propósito, *ele* concebeu a regra que prescreve em que sítios e em que regiões é preciso fazer passar cada ser à medida que se reveste desta ou daquela qualidade;[549] mas quanto à geração dessas qualidades especiais, *ele* deixou a responsabilidade disso sobre as vontades de cada um de nós.
c Pois conforme a inclinação de nossos desejos e a natureza de nossas almas, cada um de nós via de regra adquire a qualidade correspondente.

Clínias: Isso é certamente provável.

O ateniense: Todos os seres *animados* se transformam já que possuem dentro de si mesmos a causa da transformação, e ao se transformarem se movem de acordo com a lei e a ordem predestinada; quanto menor for a mudança da qualidade [dos seres], menor será seu movimento horizontal no espaço, e quando a transformação (mudança) for acentuada e inclinada
d para a grande iniquidade, os seres se moverão rumo às profundezas e às chamadas regiões inferiores,[550] em relação às quais – sob os nomes de Hades e outros semelhantes – os seres humanos são assombrados pelas imagens mais aterradoras, tanto enquanto vivos como quando dissociados de seus corpos. E sempre que a alma [ao sofrer profundas transfomações] obtiver uma parcela particularmente grande de virtude ou vício, por efeito de sua própria vontade e a influência poderosa da familiaridade, se isso ocorrer numa fusão com a virtude divina, ela se tornará notavel-

---

547. ...ἡμῶν ὁ βασιλεῦς... (...*hemôn ho basileûs*...) refere-se ao administrador do todo.
548. ...ἀνώλεθρον δὲ ὂν γενόμενον, ἀλλ᾽ οὐκ αἰώνιον, ψυχὴν καὶ σῶμα... (...*anólethron dè ón genómenom, all' ouk aiónion, phykhèn kaì sôma*...), ou seja, tanto os corpos quanto as almas ao serem gerados são imperecíveis (ἀνώλεθρον [*anólethron*]) mas nem sequer a alma individual é eterna (qualidade do que não tem nem princípio nem fim, do que é atemporal).
549. Novamente a doutrina da transmigração da alma; no *Timeu* Platão afirma que a alma do homem bom após a morte deste ascende ao astro de que se originou, enquanto a alma do homem perverso após a morte deste renasce na Terra com o corpo de uma mulher, e reencarna uma terceira vez não antropomorficamente, assumindo a forma de um animal.
550. ...τά τε κάτω λεγόμενα τῶν τόπων... (...*tá te káto legómena tôn tópou*...), correspondente ao latim *infernus*.

mente virtuosa e se moverá a uma região eminente, sendo transportada por uma senda sagrada a uma outra região ainda melhor, enquanto se ocorrer o
e   oposto, ela mudará para o contrário a localização da moradia de sua vida. *Este é o justo decreto dos deuses que habitam o Olimpo*,⁵⁵¹ ó tu, criança e jovem que pensas que és negligenciado pelos deuses – o decreto segundo o qual à medida que te tornas pior, te juntas às almas piores e à medida que te tornas melhor, te juntas às almas melhores, e segundo o qual, tanto na vida quanto em todas as formas [sucessivas] de morte exerces ou
905a sofres a ação que é cabível entre semelhantes. Deste decreto dos deuses nem tu nem qualquer outra vítima do infortúnio jamais se gabará de ter escapado. Seus autores o colocaram acima de qualquer outro decreto e se impõe observá-lo rigorosamente, pois graças a ele tu nunca serás negligenciado, mesmo que na tua tacanhez mergulhasses nas entranhas da terra ou te elevasses nas alturas excelsas do céu. Mas pagarás aos deuses a pena devida por ti, quer permaneças aqui na Terra quer realizes tua passagem ao [domínio] de Hades, quer sejas transportado a uma região
b   ainda mais hedionda.⁵⁵² E o mesmo se aplicará, que eu te diga, também àqueles que, partindo da condição de pequenos, se tornam grandes à força de impiedades ou outros crimes – *esses* que tu julgas que ascenderam da condição de desafortunados a de afortunados e em cujas ações imaginas ver como em espelhos a total negligência dos deuses, porque
c   desconheces como se ajusta a contribuição deles ao *todo*. Mas como tu, o mais temerário entre todos os temerários, podes duvidar da necessidade de conhecer tal contribuição? Pois se um homem desconhecê-la, jamais lhe será possível sequer contemplar um bosquejo da verdade, nem será ele capaz de contribuir com uma opinião da vida com respeito à felicidade desta ou seu infortúnio. Se nosso amigo Clínias aqui e toda nossa assembleia de homens mais velhos tiverem êxito em convencer-te desse fato, que não sabes o que dizes sobre os deuses, a própria Divindade em sua graça te assistirá; mas caso careças ainda de argumentos, escuta-nos
d   enquanto lidamos com o terceiro descrente, se resta ainda em ti alguma sensatez, pois provamos, como eu o sustentaria, mediante argumentação

---

551. *Odisseia*, xix, 43: αὕτη τοι δίκη ἐστὶ θεῶν οἳ Ὄλυμπον ἔχουσιν (*haúte toi díke estì theôn hoì Ólympon ékhousin*).
552. Platão deve estar se referindo, no mundo subterrâneo dos mortos, à sua região mais profunda, o Tártaro (Τάρταρος [*Tártaros*]), abismo de tormentos para os maus e para aqueles que ofendiam seriamente a Zeus ou mesmo atentavam contra sua soberania (como Prometeu e demais titãs); o mundo subterrâneo incluía também os campos de *asfódelos* (região ambivalente onde as almas dos heróis aguardavam seu julgamento e outras almas medíocres ficavam imersas num misto de aturdimento e aflição), e os *campos elíseos*, onde as almas dos bons se ocupavam de prazeres, folguedos e alegrias e gozavam da possibilidade de renascer no mundo superior.

francamente suficiente que os deuses existem e se importam com os seres humanos. A posição a seguir, segundo a qual os deuses podem ser conquistados pelos malfeitores através de subornos, é uma posição inadmissível, e nos cabe tentar refutá-la por todos os meios ao nosso alcance.

Clínias: Muito bem falado. Façamos como dizes.

O ateniense: Pois vejamos! Em nome desses próprios deuses eu pergunto: de que maneira seriam por nós seduzidos, se seduzidos realmente fossem? Qual seria a essência e a natureza dessa sedução? É certo que são dirigentes, e que dirigem continuamente todo o céu.

Clínias: É verdade.

O ateniense: Mas a que tipo de dirigentes eles se assemelham? Ou que dirigentes assemelham-se a eles entre aqueles que nos é possível com eles comparar como se o fizéssemos entre pequenos e grandes? Seriam semelhantes a eles os condutores de bigas de equipes rivais ou os pilotos dos navios? Ou talvez pudessem ser comparados a comandantes de exércitos ou a médicos combatendo numa guerra contra as doenças do corpo, ou a agricultores que aguardam temerosamente o retorno das estações habitualmente perigosas à geração das plantas, ou ainda a condutores de rebanhos. Como concordamos entre nós que o céu está repleto de coisas que são boas, e também do tipo oposto, e que aquelas que não são boas são as mais numerosas,[553] tal batalha, nós o afirmamos, é imortal e requer uma vigilância excepcional – os deuses e os *dáimons* sendo nossos aliados e nós a propriedade deles;[554] o que nos destrói é a iniquidade e a insolência combinadas com a loucura, e o que nos salva, a justiça e temperança combinadas com a sabedoria, as quais habitam nos poderes animados dos deuses, e das quais alguma partícula pode ser claramente vista aqui também residindo dentro de nós. Mas há certas almas que habitam na Terra que obtiveram seus ganhos mediante injustiça, e que completamente bestiais, imploram às almas dos guardiões – quer sejam cães de guarda, pastores ou os mestres mais excelsos – tentando convencê-los por meio de bajulações e súplicas de encantamento que (como indicam os contos dos homens maus) lhes seja permissível tirar proveito dos seres humanos na Terra escapando de qualquer punição severa. Mas asseveramos que a falta aqui mencionada, a extorsão ou *ganho excessivo* é o que é chamado no caso dos corpos de

---

553. Consultar *A República*.
554. ...κτῆμα θεῶν καὶ δαιμόνων... (...*ktêma theôn kaì daimónon*...). A ideia aqui é de uma propriedade de uma criatura viva, animal ou *humana*, como um pastor que cuida e é dono de seu rebanho ou um senhor que é dono de seu *escravo*.

carne de *doença*, no caso das estações e dos anos de *pestilência* e no caso dos Estados e formas de governo, recebe o nome de *injustiça*.[555]

Clínias: Certamente.

d *O ateniense:* Tal seria necessariamente a posição em relação a essa matéria do homem que afirma que os deuses são sempre misericordiosos com os homens injustos e com aqueles que agem injustamente, contanto que recebam uma parcela de seus ganhos obtidos pela injustiça; seria como se os lobos dando alguns nacos dos corpos de suas presas aos cães pastores, estes, seduzidos por tais presentes, os deixassem atacar e arruinar todos os rebanhos. Não é assim que falam aqueles que julgam que os deuses são subornáveis?

Clínias: É.

e *O ateniense:* Assumindo o papel de qual dos guardiões mencionados acima poderia alguém assemelhar-se aos deuses sem cair no ridículo? Seria o do piloto que quando vergado pelo *fluxo e a fragrância* do vinho[556] leva ao naufrágio navio e tripulação?

Clínias: De modo algum.

O ateniense: E certamente não o de condutores de bigas que já enfileirados para uma corrida se deixam seduzir por um presente para que percam a corrida a fim de favorecer outras equipes?

Clínias: Ao falares assim, fazes realmente uma horrorosa comparação.

O ateniense: Nem se assemelhariam a generais, médicos, agricultores e pastores e tampouco a cães seduzidos por lobos?

Clínias: Cala-te! Isso é absolutamente impossível.

907a *O ateniense:* Não são os deuses os maiores de todos os guardiões e encarregados do que há de mais importante?

Clínias: Sim, e muito.

O ateniense: Deveremos dizer que aqueles que cuidam das coisas mais belas e que são eles mesmos extremamente competentes nesse cuidado, são inferiores a cães e seres humanos comuns, que jamais trairiam a justiça por causa de presentes que lhes fossem oferecidos por homens injustos?

---

555. Esta teoria é desenvolvida em *A República* e no *Banquete*. Em síntese entende-se que a saúde se baseia na harmonia de certos fatores do corpo (o calor e o frio, a umidade e a secura); toda vez que qualquer um dos fatores desses pares de opostos apresentar-se em excesso (πλεονεξία [*pleonexía*]) a enfermidade se instala. Algo análogo acontece no domínio atmosférico, causando geadas, granizo e doenças nos cereais, como a mangra no trigo. Ainda analogamente, embora de maneira metafórica, o excesso em qualquer um desses fatores no corpo político gera injustiça.
556. Como disse Homero na *Ilíada*, ix, 500 ...λοιβῇ τε οἴνου κνίσῃ... (...*loibé te oínou kníse*...).

Clínias: De modo algum! Seria algo intolerável dizê-lo e todo aquele que acolhesse um tal parecer seria com justiça estimado como o mais desalmado e o mais ímpio entre todos os ímpios que praticam a impiedade sob todas as suas formas.

O ateniense: Podemos agora dizer que provamos plenamente nossas três proposições, *nomeadamente*, que os deuses existem, que se importam [com os assuntos humanos] e que são inteiramente incapazes de serem vítimas da sedução que visa transgredir a justiça?

Clínias: Com certeza podemos, e quanto a isso podes contar com nossa adesão.

O ateniense: E é de se notar que nossos argumentos foram expostos em termos um tanto veementes na nossa ânsia de vencer aqueles homens perversos; mas a verdadeira causa desse ardor polêmico foi, ó querido Clínias, o receio de que se eles pudessem se considerar vencedores nesse debate, os perversos se acreditariam livres para agir ao seu bel-prazer, fiéis aos erros tão numerosos e tão graves que professam no tocante aos deuses. Foi em função disso que fomos ciosos a ponto de nos expressar com particular ímpeto; e se tivermos produzido qualquer efeito benéfico, mesmo modesto, no sentido de persuadir essas pessoas a se detestarem a si mesmas e sentir algum amor por modos que se opõem aos seus, então o nosso prelúdio às leis no que tange à impiedade não terá sido feito inutilmente.

Clínias: Bem, podemos esperar que sim; e se não, de qualquer modo o objeto da discussão não depreciará em nada o legislador.

O ateniense: Após o prelúdio, seria lógico que nós estabelecêssemos uma fórmula que explicitasse o sentido de nossas leis, um anúncio a todos os ímpios para que abandonassem suas sendas a favor dos caminhos dos piedosos. Para aqueles que desobedecem esta será a lei relativa à impiedade: se alguém cometer impiedade quer por palavras quer por ações, aquele que o encontrar em seu caminho defenderá a lei comunicando o fato aos magistrados, e os primeiros magistrados a serem informados conduzirão a pessoa ao tribunal designado para decidir esses casos em conformidade com a lei; e se algum magistrado ao ser informado do fato deixar de levar a pessoa à corte, ele próprio estará sujeito a uma acusação por impiedade nas mãos de quem quiser puni-lo em nome das leis. E se alguém for condenado, a corte estabelecerá uma penalidade para cada ato independente de impiedade. O aprisionamento será aplicado em todos os casos, e visto que há três prisões no Estado, a saber, uma prisão pública perto da *ágora* para a maioria dos casos, mantendo a segurança das pessoas em relação aos criminosos médios; uma segunda prisão situada próximo da sala de reuniões dos oficiais que realizam reuniões noturnas[557] (chamada de *reformatório*[558]); e uma terceira no centro do território, no sítio mais selvagem e ermo possível, e que detém um nome que evoca a ideia de um lugar de castigo; e visto que

b as pessoas se envolvem na impiedade pelas três causas que descrevemos, resultando de cada uma dessas causas duas formas de impiedade, consequentemente aqueles que transgridem contra a religião caem em seis categorias que precisam ser distinguidas, já que requerem penas que são tanto diferentes quanto dessemelhantes. Isto porque há entre aqueles que não creem de modo algum na existência dos deuses pessoas de caráter naturalmente justo, que odeiam instintivamente o mal e que devido à sua repulsa pela injustiça são incapazes de serem induzidas a

c cometer ações injustas e se afastam dos injustos e amam os justos; *por outro lado*, há aqueles que além de sustentar que o mundo é vazio de deuses experimentam fraqueza diante dos prazeres e sofrimentos, embora sejam extraordinariamente dotados de memória e possuam inteligência aguda.[559] A despeito dessas duas classes sofrerem em comum a doença da descrença nos deuses, do ponto de vista do volume de perversão que transmitem aos outros, essa última classe se revela mais laboriosa em sua tarefa em prol do mal do que a primeira, pois enquanto a primeira se mostra absolutamente franca na sua linguagem a respeito dos deuses, sacrifícios e juramentos, e ao ridicularizar outras pessoas provavelmente as conquistem para suas opiniões, a menos que se defrontem com sua punição, os membros da segunda classe, ao mesmo tempo que

d sustentam as mesmas opiniões dos representantes da primeira classe, por serem especialmente *dotados pela natureza* e cheios de astúcia e velhacaria, têm entre si muitos *adivinhos* e especialistas em todos os tipos de prestidigitação,[560] e é desta classe também que surgem, às

---

557. Este conselho noturno é antecipado aqui por Platão, mas só será abordado na fim do texto de *As Leis* e mencionado no *Epinomis*.
558. ...σωφρονιστήριον... (*sofronistérion*), prisão onde preceptores ou conselheiros tratavam os condenados no sentido de moderar e conter seus impulsos a fim de levá-los a uma eventual recuperação; aproxima-se do conceito moderno de casa de correção, ou mesmo *reformatório*.
559. Qualidades, segundo Píndaro e o próprio Platão, típicas do temperamento filosófico.
560. ... μάντεις τε κατασκευάζονται πολλοὶ καὶ περὶ πᾶσαν τὴν μαγγανείαν γεγενημένοι,... (...*máuteis te kataskeuázontai polloì kaì perì pâsan tèn magganeían gegeueménoi*,...). O tom do velho Platão é claramente condenatório, mas ao dizer μάντεις (*mánteis*) é bastante provável que esteja se referindo aos falsos profetas pois a μαντεῖα (*manteîa* [interpretação de um oráculo]) e a μαντεύομαι (*manteúomai* [divinação]) eram práticas religiosas correntes em vários templos da Grécia e aprovadas por ele mesmo na concepção de seu Estado. Quanto ao μαγγάνευμα (*maggámeuma* [sortilégio, encantamento, filtro]), o velho Platão talvez esteja também distinguindo o mago (μάγος [*mágos*])

vezes, tiranos, demagogos, generais e aqueles que tramam por meio de rituais místicos peculiares e os recursos dos chamados *sofistas*.[561] Destes talvez haja muitas espécies, mas somente [essas] duas exigem legislação, das quais a classe *simuladora* comete crimes que nem duas mortes puniriam; quanto à outra, para puni-la bastará a advertência e a prisão. De maneira similar, a crença de que os deuses são omissos gera dois outros tipos de impiedade, e a crença de que sejam subornáveis, outras duas. Esses tipos sendo assim distinguidos, aqueles criminosos que sofrem de loucura, sendo privados de disposição e caráter para o mal, serão colocados pelo juiz de acordo com a lei no reformatório por um período não inferior a cinco anos, durante o qual nenhum dos outros cidadãos se relacionará com eles, exceto aqueles que participam

---

que ele muito provavelmente conheceu em suas viagens fora da Grécia do mero e vulgar prestidigitador de feira (γόης [*góes*] no seu sentido extensivo).

561. Este elenco merece de nossa parte um certo exame, mesmo que sumário. Já sabemos que o tirano (τύραννος [*týrannos*]) não contava com a mínima simpatia de Platão, visto que sua concepção política rigorosamente aristocrática e conservadora (avessa a qualquer forma de transformação ou inovação no seio da πόλις [*pólis*]) era absolutamente incompatível com a tomada do poder por meios revolucionários violentos (prática usual dos tiranos); quanto ao demagogo (δημαγωγός [*demagogós*], literalmente *aquele que conduz o povo* e por extensão *aquele que ganha o favor do povo*) é uma figura possível de florescer somente num Estado democrático, e a democracia desagrada a Platão quase tanto quanto a tirania. A menção aqui da figura do general (στρατηγός [*strategós*]) é estranha, mas é possivelmente vinculável às funções dos estrategos e a forma como desempenhavam suas funções na Atenas avançadamente democrática da qual Platão foi contemporâneo e crítico. Embora tenha muito provavelmente, senão participado, ao menos conhecido de perto as iniciações aos mistérios (τελεταῖς [*teletaîs*]), inclusive no Egito, Platão parece ter passado, especialmente na velhice, a desconfiar de alguns de seus tipos, seja como focos de conspirações políticas, seja até mesmo como uma forma de escapar à justiça divina, e portanto, uma espécie de impiedade. Σοφιστής (*Sophistés*) significa genericamente *todo aquele que é o melhor numa arte*, sendo ademais um termo sinônimo de φιλόσοφος (*philósophos*); mas Platão alude especificamente aos sofistas, os grandes adversários da Academia, que segundo ele, apesar de serem mestres de eloquência e oratória, não passavam de meros retóricos sem qualquer compromisso com a verdade, habilidosos utilizadores de argumentos falaciosos cujo único objetivo, além do destaque pessoal, era ganhar dinheiro com suas "aulas de filosofia". Foi sob essa versão censurável que os sofistas passaram à posteridade. Na verdade, a se somarem às reais diferenças de teor filosófico, os sofistas e Platão representaram duas ideologias ou tendências políticas opostas na Atenas a partir do século V a.C. Tanto por suas doutrinas materialistas e pré-humanistas (como aquela cujo princípio é: o ser humano é a medida de todas as coisas), quanto particularmente por seu comportamento e postura, os sofistas dessacralizaram e deselitizaram a discussão filosófica, a retirando da exclusividade das residências dos homens abastados de Atenas e das Academias, e tentaram provar que sendo ensinável, o discurso filosófico não era um patrimônio intelectual dos aristocratas; entre outras coisas, questionaram os próprios conceitos de ἀλήθεια (*alétheia* [verdade]) e ἀρετή (*areté* [virtude]), fazendo-os descer das alturas metafísicas e éticas (onde eram objetivos, universais e imutáveis) para transformá-los em meras convenções pragmáticas, que como qualquer ofício ou arte, podiam ser tanto ensinados como manipulados pelo poder vigente. Assim, sob o prisma político, o movimento sofista era francamente democratizante e inovador, a rivalizar com a filosofia da Academia, quiçá de raízes mais sólidas e profundas, mas seguramente inflexível no seu conservadorismo aristocrático. Leia-se os diálogos *Protágoras, Ion, Mênon, Sofista, Crátilo, Hípias Maior* e *Hípias Menor*.

da assembleia noturna, os quais lhes farão companhia a fim de administrar a salvação às suas almas através de aconselhamento; findo o período de encarceramento, se qualquer um deles parecer recuperado, passará a morar com aqueles que estão recuperados, mas se este não for o caso, e se for condenado novamente sob uma acusação semelhante, será sentenciado à morte. Mas quanto a todos aqueles que se tornaram como feras e que, além de sustentar que os deuses são negligentes ou

b subornáveis, desprezam os seres humanos fascinando as almas de muitos indivíduos vivos e afirmando que evocam as almas dos mortos, e até são capazes de seduzir os deuses os enfeitiçando, por assim dizer, mediante sacrifícios, orações e operações mágicas, e que tentam assim arruinar completamente não apenas indívíduos, como também famílias e Estados inteiros por dinheiro – se qualquer um desses indivíduos for declarado culpado, a corte ordenará que seja aprisionado de acordo

c com a lei na prisão situada no meio do território, ordenando adicionalmente que nenhum homem livre jamais se aproxime de tal criminoso em momento algum e que recebam dos servos uma ração de alimento segundo fixado pelos guardiões das leis.[562] E aquele que perecer será arrojado além das fronteiras do território sem sepultamento; e se algum homem livre ajudar no seu sepultamento, estará sujeito a uma acusação de impiedade nas mãos de qualquer pessoa que quiser processá-lo. E se o criminoso morto deixar filhos aptos a exercer a cidadania, os guardiões dos órfãos os tomarão também sob sua responsabilidade a partir do dia da condenação do pai deles, tal como no caso de quais-

d quer outros órfãos. Para todos esses transgressores uma única lei geral precisa ser estabelecida, de modo a impedir que a maioria deles ofenda gravemente os deuses em atos ou palavras, e inclusive colimando tornar menos irracional a sua própria irracionalidade ao interditar todo culto não autorizado legalmente.

De maneira a abarcar todos esses casos sem exceção, será promulgada a seguinte lei: ninguém possuirá um santuário em sua própria

---

562. Além da religião oficial do Estado com seus deuses venerados em templos públicos, Platão a rigor reprova quaisquer outras manifestações religiosas, místicas ou mágicas particulares (mesmo o culto às divindades domésticas do lar, tradicionais desde a Hélade arcaica), pois para ele todos esses cultos e práticas representam facções múltiplas de dificílimo controle pelo Estado, e prováveis focos de insurreição, conspiração e inúmeros atos de impiedade. Embora tenha muito provavelmente conhecido variadas formas de teocracia fora da Grécia, governos controlados oficial ou oficiosamente por sacerdotes ou magos, Platão somente admite um corpo de magistrados sacerdotais administrando os assuntos religiosos do Estado, subordinados a um grupo de *aristoi* [os melhores (os mais virtuosos) entre todos os cidadãos nascidos livres], que são aqueles que efetivamente detêm o poder do Estado. Liberdade e pluralidade religiosas são ideias inconcebíveis no Estado idealizado por Platão, seja aquele comunista exposto em *A República*, seja o chamado Estado magnesiano concebido em *As Leis*.

casa;[563] quando alguém estiver motivado em espírito a realizar um sacrifício, deverá dirigir-se aos locais públicos para sacrificar e apresentará suas oblações aos sacerdotes e sacerdotisas aos quais diz respeito a sua consagração; aí ele mesmo, em companhia daqueles que escolher, unir-se-á nas orações. Esse procedimento será observado pelas seguintes razões: não constitui tarefa fácil estabelecer templos e deuses e fazê-lo exige muita inteligência e determinação, isto embora seja habitual entre as mulheres especialmente, entre as pessoas doentes em todos os lugares e entre aqueles que se veem em perigo ou em dificuldade (seja qual for a natureza desta dificuldade), e, ao contrário, entre aqueles que foram contemplados com um pouco de boa sorte, consagrar qualquer coisa que tenham em suas mãos no momento, fazer votos de sacrifícios e promessas da fundação de santuários aos deuses, *dáimons* e filhos dos deuses. E através de terrores causados por visões em plena vigília e por sonhos, e de maneiras semelhantes à medida que revocam muitas visões e tentam prover remédios para cada uma delas, procuram [também] constituir altares e santuários, lotando destes todas as casas e todos os povoados, bem como espaços livres, e todo lugar que tivesse sido cena de tais experiências. Por todas essas razões a ação dessas pessoas dever ser regulada pela lei que acabamos de estabelecer. E há ainda uma razão suplementar: impedir que ímpios ajam fraudulentamente em relação a essas matérias também, instalando santuários e altares em casas particulares, pensando em propiciar os deuses privadamente mediante sacrifícios e votos, aumentando assim infinitamente sua própria iniquidade, pelo que tornam

---

563. ...Ἱερὰ μηδὲ εἷς ἐν ἰδίαις οἰκίαις ἐκτήσθω... (...*Hierà medè heîs idíais oikíais ektéstho*...). A despeito do que Platão parece afirmar anteriormente no próprio texto de *As Leis* e alhures, esta clara e concisa sentença expressa como formulação da lei nos permite concluir que ele excluía também os tradicionais cultos domésticos aos deuses familiares, que remontavam à Grécia mais antiga. Nisto, Platão, na verdade, não estava se chocando frontalmente com a tradição, já que a deusa Héstia (Ἑστία [*Hestía*]), protetora do fogo doméstico, podia também ser venerada num templo público. A ideia de Platão seria deslocar certos assuntos relevantes (de cunho administrativo e financeiro) que permaneciam no domínio restrito e particular da οἰκία (*oikía*) para o domínio público da πόλις (*pólis*). A administração da Hélade arcaica, nitidamente despótica (do δεσπότης [*despótes*]) era factualmente exercida por uma certa quantidade daquilo que era chamado de οἶκος (*oíkos* [conceito lato que abrangia pai, mãe, filhos, animais, escravos, terras, implementos, habitações e tudo aquilo que corresponderia modernamente em essência ao que chamamos de *meios de produção*]). Longe de serem simplesmente um conjunto de células constitutivas da cidade subordinado ao Estado, o conjunto das οἰκοί (*oikoí*) sob o poder absoluto dos déspotas controlava todas as questões de administração dos negócios (οἰκονομία [*oikonomía*]). No Estado idealizado por Platão isso é insustentável, pois esses assuntos administrativos de magna importância que concernem à produção das riquezas devem se concentrar nas mãos do Estado, convertendo-se, por assim dizer, a economia original doméstica (οἰκονομία) em economia **política** (isto é, a administração e posse dos meios de produção e a própria produção dos bens transferidos para o controle da πόλις [*pólis*], do Estado). Ver o *Político* e *A República*.

tanto a si mesmos quanto aquelas pessoas melhores que os toleram culpados ante os olhos dos deuses, de sorte que o Estado inteiro colhe as consequências da impiedade deles num certo grau, merecendo colhê-las.

c O próprio legislador, entretanto, não será culpado pelo deus, visto que já estabeleceu a lei: ninguém deve possuir santuários dos deuses numa casa particular; e caso se prove que alguém possua algum santuário privado onde venere um deus, não se limitando aos santuários públicos – seja o possuidor do santuário homem ou mulher (com a atenuante de não ser culpado de nenhum outro ato mais grave de impiedade) – o descobridor do fato informará aos guardiões das leis e estes ordenarão que o santuário privado seja removido para um templo público; no caso de desobediência do possuidor do santuário, este deverá ser punido continuamente até cumprir a ordem de remoção. Mas se ficar provado que o possuidor do

d santuário privado não se restringiu a meras faltas infantis, mas incorreu em atos de impiedade de pessoa adulta, quer por ter erigido um santuário em terreno privado ou em terreno público, quer por ter realizado sacrifícios a quaisquer deuses, pelo fato de ter sacrificado num estado de impureza, será sentenciado à morte. Competirá aos guardiões das leis definir o que é uma falta infantil e o que não é e conduzir os transgressores ante o tribunal, impondo-lhes a devida pena por sua impiedade.

Livro
XI

Τὸ δὴ μετὰ ταῦτ' εἴη συμβολαίων ἂν πρὸς ἀλλήλους ἡμῖν δεόμενα προσηκούσης τάξεως.

913a   *O ateniense:* Na sequência, devemos nos ocupar da regulamentação de nossas transações mútuas. O seguinte servirá de regra geral: na medida do possível ninguém tocará meus bens nem os moverá no menor grau, se não tiver, de modo algum, obtido meu consentimento, tendo eu que agir de maneira idêntica com relação aos bens das outras pessoas, mantendo-me prudente. Comecemos, à guisa de exemplo, por nos referir ao tesouro, ou seja, aquilo que alguém depositou para si mesmo e sua família, não sendo esse alguém meu pai ou minha mãe; jamais
b deverei suplicar aos deuses para descobrir e nem, se descobri-lo, poder deslocá-lo, nem tampouco comentar sobre ele com os chamados adivinhos, que certamente me aconselharão a me apoderar do que está depositado sob o solo, pois eu nunca ganharia tanto em lucro pela sua remoção quanto ganharia em virtude e em justiça pela não remoção; e preferindo ganhar em justiça em minha alma do que em dinheiro em minha bolsa, trocando um maior bem por um menor, e isto, inclusive, numa parte melhor de mim. A regra "não moverás o imóvel" é corre-
c tamente aplicável em muitos casos, e o caso em pauta é um deles. E convém ao ser humano acreditar nas histórias que se referem a esses assuntos, que esses ganhos não serão vantajosos aos descendentes, tal comportamento [de um pai] levando-os sim à vergonha. Mas se alguém mostrar-se tanto relapso com seus filhos como desrespeitador da legislação [promulgada pelo legislador] e sem o consentimento de um depositante, apropriar-se de um tesouro que nem ele mesmo nem nenhum de seus antepassados depositou, violando assim uma lei de suma
d beleza e aquela lei geral do homem nobre[564] que afirmou: "Não toma o que não depositaste," – aquele que desprezar esses dois legisladores e se apoderar do que não foi ele mesmo que guardou em depósito, não sendo uma pequena quantia, mas por vezes um enorme tesouro – que pena mereceria? A Divindade o sabe, se o fosse nas mãos dos deuses,[565]

---

564. O legislador Sólon de Atenas.
565. Zeus era ciosíssimo com relação aos bens dos imortais e implacável quando um desses bens era furtado por um mortal, herói, gigante ou titã. É notório o destino do titã Prometeu, o criador da humanidade, que furtou o fogo dos deuses. Acorrentado a um rochedo, era supliciado por uma

mas aquele que tiver conhecimento em primeira mão de um ato dessa espécie deverá comunicá-lo, se ocorrer na cidade, aos astínomos, se ocorrer em qualquer local da *ágora*, aos agorânomos, e no resto do território aos *agrônomos* (guardiões do campo) e seus oficiais. E quando essas declarações são feitas, o Estado enviará o caso para Delfos, e seja o que for que o deus[566] determinar relativamente ao tesouro e àquele que o removeu será executado pelo Estado, que atuará como agente em nome dos oráculos do deus. E se o informante for um homem livre, ele granjeará a reputação de homem virtuoso, granjeando certamente a reputação contrária [de homem perverso] caso se omita quanto a fornecer a informação; se o informante for um escravo, como recompensa pela informação o Estado o libertará pagando o seu preço ao seu senhor, enquanto se o escravo fizer *vista grossa* e deixar de fornecer a informação, será punido com a morte.

b Na sequência, deveríamos estabelecer uma regra similar no que respeita a todos os demais casos dessa natureza, de pouca ou grande gravidade, no sentido de reforçar a primeira regra. Se alguém, quer voluntaria ou involuntariamente, esquecer algum dos seus bens atrás de si, aquele que o encontrar não o tocará, deixando-o no mesmo lugar, confiante que a deusa protetora dos caminhos[567] o protegerá, como coisas dedicadas à sua divindade pela lei. Caso alguém desrespeite essa regra e desobedientemente apanhe esse bem e o leve para casa, sendo um simples escravo e um bem de pouco valor, quem o encontrar de posse do bem, tendo mais de trinta anos, lhe aplicará muitos açoites;

c mas se o infrator for um homem livre, seu ato não será estimado apenas como servil e ilegal, como ele terá também que pagar dez vezes o valor do bem removido ao proprietário do mesmo. E se alguém acusar outra pessoa de estar de posse de um bem de sua propriedade, seja este grande ou pequeno, e a pessoa acusada admitir a posse do tal objeto, mas negar que pertença ao acusador – neste caso, se o bem em questão tiver sido registrado com os magistrados em conformidade com a lei, o reclamante (que fez a acusação) convocará a pessoa que detém o objeto

d à presença do magistrado, o qual deverá expô-lo na corte. E sendo o bem assim exibido, se estiver claramente registrado como pertencente

---

águia que devorava seu fígado continuamente, pois o fígado se reconstituía. O bravo Héracles, o mais vigoroso dos heróis (e filho de Zeus) livrou Prometeu desse tormento. É curioso notar que o furto entre os imortais olímpicos era bastante tolerado por Zeus, já que seu filho Hermes, tinha entre suas várias qualidades e habilidades também a de um astucioso ladrão.

566. Ou seja, Apolo, a primeira vítima oficial de um furto de seu meio-irmão Hermes.
567. Hécate (Ἑκατη [*Hékate*]).

a uma das duas partes, seu possuidor o pegará e irá embora; mas se ocorrer que o objeto pertença a uma terceira parte, então ausente, aquele entre os dois que fornecer garantias suficientes poderá, sob o compromisso de entregá-lo ao ausente, levá-lo em nome deste e usufruindo o direito que lhe foi transmitido por aquele. Contudo, se o bem em disputa não tiver sido registrado com os magistrados, ficará sob a tutela dos três magistrados mais velhos até a época do julgamento; e se o bem em litígio for um animal, aquele que perder o caso em relação a ele pagará
e aos magistrados por sua manutenção, e os magistrados decidirão o caso dentro de três dias. Qualquer pessoa, desde que goze de perfeita sanidade mental, poderá tomar, se o desejar, seu próprio escravo e empregá-lo para qualquer finalidade legal; e em nome de um outro homem (um de seus parentes ou amigos) ele poderá botar suas mãos sobre o escravo foragido a fim de assegurar sua salvaguarda. E se um homem tentar libertar alguém que está sendo conduzido como escravo, aquele que o conduz deverá liberá-lo e mediante a produção de três garantias substanciais, e não de nenhuma outra forma; e se alguém libertar um escravo sem
915a atender a essas três condições, ficará sujeito a ser acusado de assalto, e se condenado terá que pagar o dobro do valor registrado do escravo ao homem que deste ficou privado. E será permitido prender inclusive um escravo liberto, se em qualquer caso este deixar de cumprir seus deveres para com aqueles que o libertaram. Este cumprimento consistirá em três visitas por mês do escravo liberto à casa do homem que o libertou, executando aí aquelas obrigações que são tanto justas quanto exequíveis, e relativamente ao casamento o liberto deverá agir conforme o que parecesse bom para seu antigo senhor. Não será permitido
b ao escravo liberto ser mais abastado do que o homem que o libertou; e se ele amealhar tal riqueza, o excesso deverá ser entregue ao seu antigo senhor. O escravo tornado livre não permanecerá no país mais de vinte anos, mas poderá partir, como todos os outros estrangeiros, com toda a propriedade que lhe pertencer, desde que obtenha o consentimento dos magistrados e também do homem que o libertou. E se um escravo liberto, ou qualquer outro estrangeiro, adquirir propriedades que excedam em quantidade a terceira avaliação dentro de trinta dias a contar do dia em que obteve esse excesso, tomará seus próprios bens
c e partirá, e não terá mais nenhum direito remanescente de solicitar aos magistrados permissão para permanecer no país; e no caso de não cumprir essas regras e for convocado ao tribunal e for condenado, será punido com a morte e os seus bens serão confiscados. Tais casos

serão julgados pelas cortes tribais, a menos que as partes tenham num primeiro momento dirimido suas mútuas diferenças perante vizinhos ou juízes escolhidos em comum.

d   Se alguém reivindicar como de sua propriedade o animal de qualquer outra pessoa, ou qualquer de seus bens, aquele que faz a reivindicação deverá comunicar a matéria à pessoa que, sendo seu proprietário substancial e legal, deverá indicar para quem o vendeu ou o deu, ou o transferiu sob qualquer outra forma válida; e isto deverá fazer no prazo de trinta dias, se a referência for feita a um cidadão ou meteco na cidade ou, no caso de transação com estrangeiros, no prazo de cinco meses, sendo que o terceiro mês será aquele que inclui o solstício de verão. E quando alguém realizar uma transação comercial com outra pessoa mediante um ato de compra ou venda, a transação será feita por uma transferência da mercadoria para
e   o lugar apontado no mercado, e em nenhum outro lugar mais, e por pagamento do preço na praça, e nenhuma compra ou venda será feita sob crédito. E se alguém fizer uma transação comercial com outra pessoa de modo diverso ou em outros lugares, confiando na pessoa com a qual está lidando, ele assim o fará consciente de que não haverá processos de lei que o amparem relativamente a coisas que não são vendidas de acordo com as regras ora prescritas. Quanto às subscrições de associações, quem quiser fazê-lo que aja entre amigos, mas se qualquer disputa irromper com referência à subscrição deverá agir na consciência de que no que diz respeito a essa matéria, nenhuma ação legal é possível. Se qualquer pessoa receber pela venda de qualquer artigo um preço não inferior a cinquenta dracmas, será obrigada a permanecer na cidade durante dez dias e a resi-
916a   dência do vendedor será divulgada ao comprador, em vista das contestações que ocorrem frequentemente em relação a essas transações, e devido aos atos de restituição permitidos pela lei. Essa restituição ou não restituição legal será da seguinte maneira: se um homem vende um escravo que está sofrendo de tuberculose pulmonar, cálculo renal, estrangúria ou da *doença sagrada*[568] como é chamada, ou de qualquer outro mal mental ou corporal, que as pessoas em geral não conseguem perceber, embora prolongados, [graves] e de difícil cura, no caso do comprador ser um médico ou um treinador, não será possível para ele conseguir restituição para um tal caso, nem tampouco se o vendedor
b   tiver avisado o comprador a respeito dos fatos. Mas se qualquer profissional vender um tal escravo a uma pessoa leiga, o comprador reclamará restituição dentro de seis meses, com a única exceção da epilepsia,

---

568. Epilepsia (ἐπιληψία [*epilepsía*]).

doença em relação a qual será permitido reivindicar dentro de doze meses. A ação será julgada diante de uma bancada de médicos nomeados e escolhidos por ambas as partes; e a parte que perder seu caso
c pagará o dobro do preço de venda do escravo. Se uma pessoa leiga vender a uma pessoa leiga, haverá o mesmo direito de restituição e julgamento dos casos há pouco mencionados, mas a parte perdedora pagará apenas o valor do preço de venda do escravo. Se alguém vender deliberadamente um assassino, estando o comprador ciente do fato, não terá direito a restituição no caso de uma tal compra; mas se o comprador ignorar o fato, terá direito à restituição logo que o fato for notado, e o julgamento ocorrerá perante um tribunal composto de cinco dos mais jovens dos guardiões das leis, e se for decidido que o vendedor agiu deliberadamente, ele purificará a casa do comprador tal como ordenado pelos intérpretes e pagará três vezes o valor do preço de venda ao comprador.
d Aquele que permutar com dinheiro contra dinheiro ou qualquer outra coisa, viva ou não viva, receberá seu artigo genuíno, de acordo com a lei; e no tocante a toda falsificação dessa ordem [que aqui possa ocorrer], como também no caso de outras leis, escutemos um prelúdio. A adulteração deve ser classificada por todos na mesma categoria da mentira e do embuste – uma classe de ações em relação à qual o vulgo costuma dizer que é geralmente correta se executada oportunamente, porém a devida
e *oportunidade*, o quando e o onde não são nem prescritos nem definidos, de modo que baseado nessa fórmula acarretam perdas para si e para os outros. Mas não convém ao legislador deixar esse assunto indefinido. Este deverá sempre declarar claramente as limitações, máximas ou mínimas, e
917a isto será feito agora: ninguém, convocando aos deuses como testemunhas, cometerá por palavras ou ações qualquer falsidade, fraude ou adulteração, a não ser que queira tornar-se sumamente odioso aos deuses; e este indivíduo é quem em desrespeito aos deuses comete perjúrios fazendo juramentos falsos e também mente na presença de seus superiores; e os superiores são os melhores acima dos piores, os velhos, a nos expressarmos em geral, acima dos jovens, razão pela qual também o pai e a mãe estão acima de sua progênie, os maridos enfim acima de suas esposas e filhos, tanto quanto os homens investidos de uma autoridade acima daqueles sobre os quais exercem essa autoridade. E será correto para todos que reverenciem essas classes de superiores, quer ocupem outras posições de autoridade quer estejam nos cargos do Estado, acima de todos em hierarquia, o cumprimento disso sendo o propósito do nosso presente dis-
b curso. Pois [é de se notar] que todos que falsificam qualquer mercadoria,

mentem e enganam e, clamando ao céu como testemunha, fazem um juramentos diante das leis e das proibições dos agorânomos, faltando ao respeito seja aos homens seja aos deuses. E é certo que é uma boa prática não profanar levianamente os nomes divinos e comportar-se de modo puro e piedoso como a maioria de nós se comporta em matéria de religião. Mas se essa regra for desobedecida, a seguinte lei será estabelecida: todo aquele que vender qualquer artigo no mercado jamais dará dois preços para o que está vendendo; dará um único preço, e se

c não conseguir vender a mercadoria, será obrigado a afastar o artigo temporariamente, mas não poderá alterar o preço da mercadoria, para maior ou menor, no mesmo dia. Estarão proibidos, por outro lado, os elogios ou juramentos sobre o que se vende. Se qualquer vendedor desobedecer essas regras, qualquer cidadão que estiver presente, que não tenha idade inferior a trinta anos, punirá o transgressor açoitando-o, e o fará impunemente; mas se ele (o cidadão) perceber a transgressão da lei e não cumprir o seu dever, estará sujeito à reprovação por trair a lei. Quanto ao vendedor de mercadorias falsificadas, que não puder acatar

d as regras em pauta, qualquer um que estiver presente e for capaz de provar a fraude, terá o direito, uma vez apresentada a prova diante dos magistrados (se ele for um escravo ou meteco), de levar o artigo falsificado; se for um cidadão e deixar de apresentar essa prova, será declarado culpado de ter fraudado os deuses se não denunciar o homem culpado; se apresentar a prova, ele consagrará a mercadoria aos deuses que zelam pela *ágora*. Todo aquele que for descoberto vendendo uma tal mercadoria, além de ter a mercadoria confiscada, será açoitado na

e *ágora* – um açoite para cada dracma do preço que ele estiver anunciando para a mercadoria, sendo proclamado antes pelo arauto por quais crimes o vendedor será punido. No que tange aos atos fraudulentos e atos de velhacaria cometidos pelos vendedores, os agorânomos e os guardiões das leis, depois de investigarem com os especialistas de cada modalidade de comércio, prescreverão regras referentes ao que o vendedor deve fazer ou deve evitar fazer, devendo gravar tais regras numa coluna diante do edifício dos agorânomos para que sirvam como claras e precisas leis

918a escritas para aqueles que fazem comércio na *ágora*. As obrigações dos astínomos já foram plenamente indicadas; no caso de parecer necessário algum acréscimo, eles informarão aos guardiões das leis, e expressarão por escrito o que parece em falta; e fixarão na coluna diante do edifício dos astínomos contendo tanto as regulamentações anteriores quanto as novas que dizem respeito à magistratura dos astínomos.

Seguindo de perto as práticas de adulteração estão as práticas do comércio a varejo, com relação ao qual, como um todo, daremos primeiramente instruções gerais e orientações razoáveis para depois impor uma lei. A finalidade natural da existência no Estado de todo comércio a varejo não é a perda, mas precisamente o contrário, pois como poderá um homem deixar de ser um benfeitor se o que faz é tornar igual e proporcional a distribuição de qualquer tipo de mercadoria que antes era desigual e desproporcional? E este é, temos que admiti-lo, o efeito produzido pelo poder do dinheiro e temos que declarar que é ao mesmo tempo a função que cabe ao mercador. O trabalho mercenário, dos hoteleiros e o resto – alguns mais e alguns menos respeitáveis – todos preenchem essa função, a saber, satisfazer plenamente as necessidades de todas as pessoas e restabelecer o equilíbrio dos seus bens.[569] Vejamos então onde reputa-se o comércio como algo destituído de nobreza ou mesmo respeitabilidade e o que o tem tornado depreciado, a fim de que possamos remediar legalmente tal situação, se não total ao menos parcialmente. Este é um empreendimento, me parece, de enorme importância e que requer muita coragem.

Clínias: O que queres dizer?

O ateniense: Meu caro Clínias, bem limitada em seu número e rara como espécie também é essa classe de pessoas que tendo recebido uma educação requintada, quando se vê às voltas com diversas necessidades e desejos, se mostra capaz de apegar-se firmemente à moderação e que, quando detém o poder de adquirir muita riqueza, se revela sóbria, e escolhe o que é de boa medida de preferência à grande quantidade.[570] A disposição da massa da humanidade é exatamente o contrário disso; quando desejam, desejam ilimitadamente, e quando podem obter ganhos moderados, preferem se empenhar insaciavelmente em obter ganhos enormes; e é devido a isso que todas as classes envolvidas no comércio varejista, transações comerciais em geral e estalagens são alvo de depreciação e submetidas até ao opróbrio. Ora, se alguém fizesse o que jamais será feito, mas vamos supô-lo apenas, por mais ridículo que seja, a saber, obrigar os melhores homens[571] em todos os lugares por um certo período a abrir e manter estalagens, mascatear ou praticar quaisquer desses comércios – ou mesmo obrigar mulheres por alguma necessidade ines-

---
569. No sentido de que tenderia a equalizar a distribuição dos bens entre os membros da comunidade.
570. Ou seja, o moderado em lugar do excessivo.
571. ...ἀριστοὺς ἄνδρας... (...*aristoùs ándras*...).

capável do destino⁵⁷² a participar desse modo de vida – então saberíamos quais dessas atividades é digna de devotamento ou apego; e se
919a todas essas atividades pudessem ser praticadas em conformidade com uma regra que impedisse a corrupção, seriam honradas com a honra que se dedica a uma mãe ou a uma ama de leite. Mas como são [de fato] as coisas agora, quando alguém estabelece uma casa, visando praticar o comércio varejista, mesmo num sítio deserto, do qual distam todas as estradas, se nesse lugar de boa acolhida ele recebe viajantes aflitos, proporcionando repouso e tranquilidade aos fustigados por duras tempestades ou o repouso refrescante àqueles que suportaram um calor tórrido – o que faz a seguir é em lugar de tratá-los como camaradas e lhes proporcionar presentes de amigo e entretenimento, é os manter como reféns, como se fossem inimigos prisioneiros que caíssem em suas
b mãos, exigindo altíssimas somas para o resgate iníquo e inexpiável. São práticas criminosas como esta, no caso de todos esses comércios, que fundamentam as queixas contra essa maneira de atender necessidades. Com respeito a esses males o legislador terá, em cada caso, que suprir um medicamento. Constitui um velho e verdadeiro adágio aquele segundo o qual é difícil resistir ao ataque de dois inimigos que se movem de pontos opostos,⁵⁷³ como no caso das doenças e muitas outras coisas. E, de fato, o nosso presente combate nessa matéria é contra dois inimigos, a pobreza e a riqueza, esta corrompendo a alma dos seres humanos
c com o luxo, enquanto aquela por meio do sofrimento a faz chafurdar na impudência. Que remédios poderemos encontrar para essa doença num Estado norteado pelo entendimento? O primeiro é empregar a classe dos comerciantes o mínimo possível; o segundo é designar para essa classe os homens cuja corrupção não se revelaria uma grande perda para o Estado; o terceiro é descobrir um meio pelo qual as disposições daqueles que se dedicam a essas atividades possam não se tornar com
d tanta facilidade contaminadas pela impudência e a mesquinhez da alma. Feitas estas declarações, que nossa lei sobre essas matérias seja a seguinte: que no Estado dos magnesianos, que o deus está restaurando e fundando novamente, nenhum dos detentores de terras que pertencem às 5.040 habitações se torne, voluntária ou involuntariamente, um comerciante varejista ou mercador, ou se envolva em qualquer atividade a serviço de pessoas que lhes são inferiores, a não ser que seja para seu
e pai, mãe ou aqueles de uma geração ainda anterior, e todos aqueles que

---

572. ...τινος ἀνάγκης... (...*tinos anágkes*...).
573. Consultar o *Fédon*, em *Diálogos III*.

são mais velhos do que ele, sendo homens livres, de modo que preste serviço a homens livres. Quanto às ocupações que são dignas ou indignas de um homem livre é difícil fixá-lo legalmente; um tal discernimento estará mais a critério daqueles que se tornaram pessoas ilustres pela aversão ou estima que experimentaram em relação a um tipo de atividade ou outra. Todo cidadão que mediante qualquer ofício dedicar-se a uma atividade servil poderá ser acusado por quem desejar fazê-lo de estar desonrando sua família, perante uma bancada formada por cidadãos reconhecidos como os mais virtuosos; e se for deliberado que ele está manchando sua linhagem paterna[574] por meio de uma ocupação indigna, ele será aprisionado por um ano, sendo afastado de tal ocupação; se reincidir na ofensa, ficará aprisionado por dois anos e em caso de cada uma das possíveis condenações subsequentes os períodos de aprisionamento serão dobrados. E eis uma segunda lei: somente o meteco ou o estrangeiro poderão se dedicar ao comércio varejista. E terceira lei a isso pertinente: para que esses possam ser os melhores possíveis, ou os menos ruins possíveis, sendo residentes em nosso Estado, os guardiões das leis terão que ter em mente que são guardiões não apenas daqueles que, sendo bem educados (por nascimento e formação), são fáceis de serem afastados dos modos ilícitos e maus, mas também daqueles que são diferentes, e que seguem sendas que tendem grandemente a empurrá-los para a estrada do vício, e que eles (os guardiões) deverão proteger mais. Consequentemente, com respeito ao comércio varejista, que apresenta tanta diversidade, abrangendo muitas profissões de natureza semelhante – com respeito, quero dizer, a tantos ramos dele que se permita existir, já que considerados absolutamente necessários ao Estado – com relação a estes o procedimento será idêntico àquele anteriormente prescrito para o caso afim da adulteração: os guardiões das leis deverão consultar os especialistas de cada ramo do comércio varejista, e em suas reuniões deverão considerar que padrão de lucratividade e despesas produzirá um ganho moderado para o comerciante, padrão que definido terá que ser estabelecido por escrito e cujo cumprimento deverá ser fiscalizado pelos agorânomos, astínomos e os agrônomos, cada um em sua própria esfera. Mediante esse sistema, possivelmente, o comércio varejista será benéfico para todas as classes e produzirá um dano mínimo àqueles que a ele se dedicam nos Estados. Quanto aos contratos, quando alguém deixar de

---

574. ...πατρώαν ἑστίαν... (...*patróan hestían*...), o fogo doméstico mantido aceso pelo filho primogênito. Consultar *A Cidade Antiga*, de Fustel de Coulanges.

cumpri-los – a menos que sejam contrários às leis ou a qualquer decreto, ou tiverem sido celebrados sob coação ou de maneira injustamente compulsória, ou no caso da pessoa se ver involuntariamente impossibilitada de honrá-lo devido a algum acidente imprevisto – em todos os demais casos de descumprimento contratual, poderão ser movidas ações nas cortes tribais, se as partes não forem capazes de entrar num acordo prévio junto a árbitros ou vizinhos. A Hefaístos[575] e Atena é consagrada a classe dos artífices,[576] a cujo conjunto de artes devemos a organização de nossas vidas, enquanto Ares e Atena são os patronos

e   daqueles que mediante outras artes, estas de defesa, asseguram a preservação das obras desses artífices;[577] é, inclusive, bastante correto que essa classe seja consagrada a essas divindades. Passam todo o tempo a servir tanto o país quanto o povo, quer como comandantes nos combates na guerra, quer como fabricantes remunerados de instrumentos e engenhos. E seria descabido que esses homens fraudassem com respeito às suas artes devido à reverência por seus ancestrais divinos.[578] Se um

921a   artífice deixar de executar seu trabalho dentro do prazo estabelecido por vileza (faltando ao respeito pelo deus a quem deve sua existência,[579] preferindo, no seu embotamento de espírito, julgar o deus indulgente devido à afinidade que os une) começará por ser punido pelo deus e, em segundo lugar, haverá uma lei promulgada de modo a enquadrar esse caso, a saber: ele ficará devendo o valor do trabalho em relação ao qual faltou com a pessoa que o encomendou, e dentro de um prazo estabelecido deverá executar o trabalho gratuitamente. Àquele que contrata um trabalho, a lei dá o mesmo conselho que deu ao vendedor,

b   no sentido de não superestimar seu trabalho, ou seja, colocá-lo acima do seu valor estrito; faz a mesma prescrição a quem realiza o trabalho, pois ele, o artesão, seguramente conhece o devido valor. Numa cidade

---

575. Ἥφαιστος (*Héphaistos*), filho de Zeus e Hera, deus olímpico coxo, mestre do fogo, da ferramentaria e da fabricação dos engenhos.
576. ...δημιουργῶν γένος... (*...demiourgôn génos...*). Diferentemente da classe dos comerciantes, tida por Platão como uma espécie de mal necessário, a corporação dos artífices goza de todo o apreço de Platão, que se inspirou inclusive na figura do artesão, artífice para sua concepção da Divindade suprema.
577. Platão parece se referir aos usuários em geral dos instrumentos bélicos (armas e outros artefatos de combate, como escudos, bigas, couraças etc.), mas muito especialmente aos comandantes ou generais (στρατηγοί [*strategoí*]), ou seja, os homens que detinham a habilidade ou arte de comandar os exércitos (στρατηγία [*stratēgía*]). Ares e Atena são precisamente as divindades olímpicas mais estreitamente vinculadas à arte da guerra, grandemente dependente do trabalho dos artífices.
578. Ou seja, Hefaístos, Atena e Ares.
579. Sendo os ofícios e artes de ascendência divina, não só eles como os próprios artífices (que como tais são descendentes desses deuses) pertencem aos deuses e devem suas vidas aos deuses.

de homens livres, é errado que um artífice tente por meio de sua arte (que é essencialmente verdadeira e sincera⁵⁸⁰) agir artificiosamente com as pessoas leigas, caso em que a pessoa prejudicada gozará do recurso de processar aquele que o prejudicou. Se por outro lado, alguém que tenha feito um pedido a um artífice, deixa de pagar seu salário devidamente de acordo com o contrato legal, menospreza a Zeus, o patrono do Estado e Atena, que são sócios na constituição, desta forma dissolvendo grandes associações por amor de um pouco de ganho; então com o apoio dos deuses a seguinte lei virá em ajuda dos liames que unem o Estado: todo aquele que tiver previamente recebido um trabalho encomendado e deixar de pagar o preço dentro do prazo contratado ficará obrigado a pagar o dobro do preço; e se ele permitir que transcorra um ano, embora em nosso Estado o dinheiro de uma maneira geral não represente juros em todas as vezes que é emprestado, no caso em pauta o devedor terá que pagar mensalmente o juro de um óbolo por cada dracma devida;⁵⁸¹ e as ações relativas a esses casos ocorrerão perante as cortes tribais. E agora que mencionamos os artífices em geral, seria acertado aludir, de passagem, àqueles cuja arte é a segurança militar,⁵⁸² ou seja, os generais e todos os especialistas nessa matéria. Tal como no caso dos outros artífices [de que falamos anteriormente], já que esses formam, por assim dizer, uma outra categoria de artesãos, sempre que qualquer um deles, seja voluntariamente seja sob ordens, empreender qualquer trabalho público e executá-lo bem, o cidadão favorecido que prestar as devidas honras a esse homem pagando-lhe devidamente o salário do soldado será continuamente louvado pela lei; mas esta o reprovará se já tiver anteriormente sido favorecido por alguma nobre ação militar e não tiver pago por ela. Assim, no tocante a esta matéria, que se formule esta lei, unida ao louvor – uma lei que mais aconselha do que obriga o conjunto dos cidadãos a atribuir uma segunda classe de honra a esses bons homens que seja por façanhas corajosas, seja por seu destro comportamento na guerra, revelam-se os protetores do Estado, e *segunda classe de honra* porque a primeira é atribuída àqueles aos quais a maior recompensa deve ser concedida, a saber, aqueles que se provaram capazes de preeminentemente honrar o código escrito dos bons legisladores.

---

580. ...σαφεῖ τε καὶ ἀψευδεῖ... (...*sapheî te kaì apheudeî*...). Platão insiste na procedência e caráter divinos da arte (*tekhne*).
581. Uma dracma equivale a seis óbolos.
582. Ver *A República* e o *Político*.

Providenciamos regulamentações para a maioria das mais importantes transações negociais entre seres humanos, exceto aquelas que concernem aos órfãos e à tutela dos órfãos por parte dos guardiões; assim, após essas regulamentações das quais nos ocupamos, *necessariamente* teremos que produzir algum tipo de regulamentação a respeito desse
b assunto. Todas essas regulamentações têm sua origem ou no desejo daqueles cuja morte é iminente de dispor de seus bens, ou na situação criada por aqueles que morrem acidentalmente sem terem feito um testamento. E foi em função da complexa e difícil natureza desses casos, Clínias, que empreguei a expressão *necessariamente*. E é de fato impossível deixá-los sem regulamentação pois aos indivíduos é possível indicar os mais diversos desejos tanto contraditórios entre si quanto contrários às leis e às disposições dos vivos, e mesmo até contrários às
c suas próprias disposições antigas na época antes de se proporem a fazer um testamento (se é que qualquer testamento que alguém faça mereça receber validade absoluta e incondicional) independentemente de sua condição mental ao fim da vida, pois a maioria de nós nos encontramos numa condição mental mais ou menos embotada e debilitada quando imaginamos que nossa morte está próxima.

Clínias: O que queres dizer com isso, estrangeiro?

O ateniense: Um ser humano na iminência de morrer, Clínias, não é uma pessoa fácil de se lidar, e é alguém que transborda numa loquacidade que se revela sumamente perigosa e problemática para um legislador.

Clínias: Como assim?

O ateniense: Visto que afirma ser o senhor de tudo que possui experimenta geralmente uma inclinação para compor um discurso ei-
d vado de cólera.

Clínias: Que discurso?

O ateniense: "Ó deuses!", ele brada, "que monstruosa indignidade será se não me for permitido em absoluto dar, ou não dar, minhas próprias coisas a quem quer que eu queira... e mais para um, menos para outro, dependendo de quanto se revelaram bons ou maus comigo, quando foram fartamente testados em momentos de doença, de [mazelas] da velhice e outros acontecimentos de toda ordem."

Clínias: E não achas, estrangeiro, que o que ele diz é certo?

e *O ateniense:* O que eu acho, Clínias, é isto: os legisladores de outrora foram tíbios e promulgaram leis de pouca visão e considerando superficialmente os assuntos humanos.

Clínias: Mas o que queres dizer?

O ateniense: Foi através do medo, meu caro senhor, *daquele discurso colérico* que produziram a lei permitindo que um homem incondicionalmente dispusesse mediante testamento de seus bens exatamente como lhe aprouvesse.[583] Mas tu e eu daremos uma resposta mais adequada àqueles no teu Estado que estão prestes a morrer.

Clínias: E de que maneira?

O ateniense: "Amigos", nós lhes diremos, "para vós que não durareis mais do que um dia é bastante difícil presentemente conhecer vossos próprios bens, e como diz a inscrição do oráculo de Delfos, conhecer a vós mesmos neste momento. Assim eu, como legislador, estabeleço esta regra: que tanto vós mesmos quanto esses vossos bens não vos pertencem, mas à totalidade de vossa família, vossa raça, passada e futura, e mais verdadeiramente ainda que toda vossa raça e vossos bens pertencem ao Estado; e assim sendo, eu deliberadamente não consentirei que ninguém vos persuada a fazer um testamento contrário ao que é melhor, bajulando-vos e vos induzindo em vossa aflição causada pela enfermidade ou a velhice; preferirei legislar com uma visão que favoreça vossa própria raça e o Estado, estimando com justiça a secundária importância do interesse individual. Quanto a vós, mostrai-nos uma alma dócil e benevolente agora que partireis por esta estrada determinada pela lei natural a que está sujeita a vida humana: o resto de vossos assuntos serão de nossa responsabilidade, e nós zelaremos por todos eles, sem exceção, com o máximo de nossas forças."

Isto servirá, Clínias, tanto como consolação quanto prelúdio para vivos e moribundos, e a lei será a seguinte: todo aquele que escrever um testamento dispondo de seus bens, se for pai de filhos, deverá em primeiro lugar indicar o nome do filho (do sexo masculino) que ele julga digno de ser seu herdeiro,[584] e se oferecer qualquer um de seus outros filhos a outro homem para que este o adote, isto também deverá ser registrado por escrito; e se lhe restar algum filho que não seja adotado em relação a nenhum lote,[585] alguém que ele tenha esperanças de ser enviado por determinação legal a uma colônia, relativamente a este será permitido ao pai dar o que desejar de seus bens, exceto o lote

---

583. Platão não admitirá em sua legislação o testamento feito por um homem moribundo, o que não significa, evidentemente, como se verá na sequência, que não fará constar o testamento (διαθήκη... [*diathéke*], διαθέμενος... [*diathémenos*]) em sua legislação como dispositivo legal do direito sucessório.
584. Linha sucessória masculina. Platão se limita aqui a acolher a tradição.
585. Ou seja, um dos 5.040 lotes.

ancestral e todos os pertences deste lote; e se houver vários outros filhos, o pai dividirá entre eles o excedente do bem patrimonial do modo que preferir. E se um filho já possuir uma casa, ele não lhe transmitirá

e nenhum bem, agindo de maneira semelhante no caso de uma filha estar contratada para casamento (esta não receberá bem algum), embora deva fazê-lo se ela não estiver contratada para casamento. E se feito o testamento, for descoberto que um dos filhos ou filhas já possui um lote territorial,[586] este ou esta deverá renunciar ao seu legado a favor do herdeiro daquele que fez o testamento. Se o testador não deixar filhos homens, mas apenas mulheres, ele determinará para uma filha de sua escolha um marido e para si mesmo um filho, o indicando por escrito como seu herdeiro no testamento.[587] E se um homem tiver um filho, seu mesmo ou adotado que morrer na infância antes de atin-

924a gir a idade viril, neste caso também, ao fazer seu testamento, ele deverá registrar por escrito quem será o sucessor de seu filho, com a esperança de uma melhor sorte. Se um testador não tiver filho algum, deverá tomar uma décima parte de seus bens excedentes e o dará a qualquer pessoa, se assim o desejar, mas todo o resto deverá entregar ao seu herdeiro adotado, e deste ele fará seu filho com mútua boa vontade e a aprovação da lei. Consideremos agora o caso no qual os filhos [de ambos os sexos] necessitam de tutores. Se ao morrer, o pai em seu testamento nomeou um tutor ou tutores para seus filhos conforme a

b vontade e aprovação do(s) nomeado(s), a indicação do documento será definitiva; mas se um homem morre sem testamento algum, ou sem a indicação no testamento de quem terá a tutela de seus filhos, então os parentes mais próximos tanto do lado paterno quando do materno, dois de cada lado, juntamente com um dos amigos do morto, atuarão como tutores oficiais, ficando a cargo dos guardiões das leis apontá-los no caso de cada um aos órfãos que os necessite. Tudo que for pertinente

c ao tutelado e aos órfãos será supervisionado por quinze dos guardiões das leis, os quais serão os mais velhos de todo o corpo, e se dividirão em trios de acordo com a ordem de idade, um trio atuando durante um ano e outro trio durante um segundo ano, até que cinco períodos anuais transcorram alternadamente; e esse processo deverá continuar, na medida do possível, sem nenhuma interrupção. E se algum homem morrer sem qualquer testamento, deixando filhos que requerem tute-

---

586. O primeiro por ter sido adotado, a segunda por ter se casado.
587. Isto é, ele escolherá um cidadão que se transformará em seu herdeiro casando-se com uma de suas filhas. Platão adota essencialmente o antigo direito sucessório grego.

d

e

925a

b

lado, mas sem amigos, aqueles terão que se enquadrar nessas mesmas leis. E se morrer num acidente imprevisto e deixar filhas, será compreensível o legislador administrar o contrato de casamento das filhas com o olhar fixado em dois pontos de três, a saber, proximidade do parentesco e segurança do lote, omitindo o terceiro ponto, que um pai certamente levaria em consideração, isto é, a seleção de um entre todos os cidadãos com base no caráter e conduta do cidadão para ser um filho para ele mesmo e um esposo para sua filha – se for o caso, digo, do legislador desconsiderar isso devido à impossibilidade de considerá-lo. Consequentemente, a lei que promulgaremos, da melhor forma possível, no tocante a essas matérias será esta: se um homem morrer sem testamento e deixar filhas, o seu irmão que nasceu do mesmo pai ou da mesma mãe e que não possui um lote tomará a filha[588] e o lote do morto; na falta de um irmão, se houver um filho do irmão, o procedimento será o mesmo, desde que as partes tenham idades compatíveis;[589] na falta de um e outro aplicar-se-á a mesma regra ao filho de uma irmã; em quarto lugar a um irmão do pai do morto e em quinto ao filho do irmão do pai do morto, em sexto ao filho de uma irmã do pai. De maneira análoga, se um homem deixar filhas, o direito em termos de parentesco procederá sempre por graus de consanguinidade, ascendendo através de irmãos e filhos de irmãos, primeiramente em linhagem masculina e depois em linhagem feminina. Quanto à nubilidade ou não nubilidade caberá a um juiz decidi-lo por inspeção, examinando os homens completamente nus e as moças nuas até o umbigo. E no caso de ausência de parentesco na família até os netos de um irmão, e do mesmo modo até os filhos do avô, aquele entre os cidadãos que a moça tiver escolhido, assistida pelos tutores, e de livre vontade tal como a moça, será o herdeiro do morto e o esposo de sua filha. Ademais, poderá ocorrer por vezes uma certa escassez incomum de candidatos a noivos na própria cidade, de maneira que se qualquer moça ficar desorientada quanto a encontrar um esposo no local e sabendo de alguém que emigrou para uma colônia, desejar que esse homem se torne o herdeiro dos bens de seu pai, se este lhe for aparentado, ele virá tomar posse do lote[590] segundo a prescrição da lei; mas se ele não tiver nenhum parentesco com a moça, e não houver em todo o Estado ninguém que seja

---

588. Ou seja, tomará sua meia-sobrinha em casamento.
589. Como não havia qualquer problema quanto à maior idade do homem e mesmo se este já se achasse numa faixa etária superior, esta incompatibilidade de idade só poderia ser entendida no caso do primo ser muito jovem para a prima.
590. E, é claro, por extensão, da herança.

c   parente próximo, então por escolha dos tutores e da filha da pessoa falecida, ele terá o direito de se casar com a moça e assumir o lote do homem sem testamento retornando da colônia para o território do Estado. No caso de morte sem testamento e sem nenhum descendente, filho ou filha, todos os outros assuntos estarão submetidos à prévia lei; mas um rapaz e uma moça da família[591] entrarão na casa[592] vazia como admistradores associados e sua reivindicação do lote será validada. As reivindicações femininas às heranças serão na seguinte ordem: primeiro, uma irmã; segundo, uma filha de um irmão; terceiro, uma filha
d   de uma irmã; quarto, a irmã de um pai; quinto, a filha de um irmão de um pai; sexto, a filha de uma irmã de um pai. E estas deverão ser casadas com os parentes homens de acordo com o grau de parentesco e direito já previamente estabelecidos por lei. Não deixemos de perceber que tremendo fardo tal lei pode representar na prática, pelo fato de, por vezes, determinar duramente que o parente mais próximo do morto case com sua parente, parecendo ignorar os milhares de obstáculos que na vida humana impedem que os seres humanos se predisponham a
e   acatar tais determinações e os fazem preferir qualquer outra alternativa, embora dolorosa, em casos em que uma ou outra das partes que são obrigadas a contrair casamento padece de doenças ou defeitos mentais ou físicos. Alguns poderiam supor que o legislador não está dando qualquer atenção a essas coisas, mas essas pessoas estariam erradas. Em nome, portanto, do legislador bem como daquele a quem se aplica a lei, vamos proferir uma espécie de prelúdio geral, solicitando àqueles que são atingidos pelas determinações que sejam indulgentes com o legislador porque é impossível para ele em seu zelo pelos interesses públicos controlar também os infortúnios que sucedem aos in-
926a divíduos,[593] e solicitando também [inversa e reciprocamente] indulgência para aqueles que estão sujeitos à lei, já que são naturalmente incapazes em certas ocasiões de cumprir as determinações do legislador quando estas provêm da ignorância.

Clínias: Com relação a isso, estrangeiro, qual seria a medida mais racional a ser adotada?

---

591. ...γένους... (*génous*).
592. ...οἰκόν... (*oikón*).
593. Mais uma vez Platão enfatiza sua visão socialista, isto é, o interesse da coletividade supera os interesses individuais; por vezes é difícil ou mesmo impossível conciliá-los e nesses casos o próprio bem-estar individual terá que ser colocado em segundo plano (o indivíduo sendo preterido pelo cidadão). Este é um impasse (ἀπορία [*aporía*]) ao qual Platão chegou em *A República* e que ele tentará resolver aqui em *As Leis*.

O ateniense: É necessário, Clínias, no que concerne a leis desse tipo e aqueles que por elas são afetados que escolhamos árbitros.

Clínias: O que queres dizer?

O ateniense: Poderia acontecer que um sobrinho, que possui um pai rico, não quisesse aceitar como esposa a filha de seu tio (sua prima), dando ares de superior e interessado em fazer um consórcio mais ilustre. Ou, por outro lado, quando o que é imposto pelo legislador acarretasse uma terrível calamidade, alguém poderia ser compelido a desobedecer a lei – digamos, por exemplo, quando a lei o forçasse a se unir a alguém que padece de loucura ou de algum outro infortúnio hediondo do corpo ou da alma, a ponto de tornar a vida intolerável para a pessoa que assim contraísse essa união. Deste modo, esta nossa afirmação deverá agora ser formulada como lei nos seguintes termos: se protestos contra tais leis vigentes se fizerem ouvir, quer relativos ao assunto testamento, quer relativamente a quaisquer disposições particulares, por exemplo no que toca aos casamentos; se for sustentado mediante juramento que o legislador, estando ainda vivo e presente, jamais impôs tal coação nem ordenou que se tomasse esta mulher ou aquele homem como esposos, embora aqueles que agora aplicam a lei o façam impositivamente; e se, por outro lado, algum membro da família ou qualquer tutor insistir na compulsoriedade da lei, nós, como legisladores, declararemos que caberá aos quinze guardiões das leis atuarem para os órfãos e órfãs como árbitros e pais. Será a eles que as partes em litígio no que toca a qualquer uma dessas questões deverão submeter suas diferenças, e o veredito dos guardiões das leis terá força de lei e será definitivo. Se, todavia, se erguerem clamores de que isso representa conferir poder excessivo aos guardiões das leis, as partes serão conduzidas perante a corte dos juízes selecionados[594] para que estes deliberem relativamente aos pontos em disputa. O perdedor[595] será atingido, via legislador, pela censura e a desonra – uma penalidade mais pesada do que uma multa de grande valor aos olhos de alguém sensato.

Por conseguinte, crianças órfãs serão submetidas a uma espécie de segundo nascimento.[596] Quanto a como, em cada caso, elas serão educadas e treinadas depois de seu primeiro nascimento, isto nós já abor-

---

594. Platão se referiu a estes juízes no *Livro VI*.
595. Ou seja, a parte que não for favorecida pela deliberação dos juízes selecionados.
596. ...νῦν δὴ τοῖς ὀρφανοῖς παισὶ γένεσις οἷον δευτέρα τις γίγνοιτ᾽ ἄν... (...*nýndètoîs orphanoîs paisì génesis hoîon deutéra tis gígnoit᾽ án*...). Quer dizer, renascem legalmente como filhos do Estado, tendo como pais oficiais os guardiões das leis (...νομοφύλαξιν... [*nomophýlaxin*], νομοφύλακες [*nomophýlakes*]), como Platão exporá na sequência.

damos;[597] e agora temos que conceber algum meio pelo qual depois de seu segundo nascimento em que ficam destituídos de pais, sua condição de órfãos possa ser o mais livre possível de uma impiedosa e vil miséria, condição a que podem ficar expostos os órfãos. Em primeiro lugar, apontaremos legalmente os guardiões das leis para desempenharem o papel de seus pais, a propósito nada inferiores [aos seus pais naturais]; encarregaremos três dos guardiões das leis para anualmente cuidar dos órfãos como se fossem seus próprios filhos, já tendo nós fornecido tanto a estes quanto aos tutores um adequado prelúdio de instruções referentes

927a à formação dos órfãos. Penso ser oportuno com efeito o que dissemos anteriormente sobre como as almas dos mortos possuem um certo poder de cuidar dos assuntos humanos depois da morte.[598] As narrativas que contêm essa doutrina são verdadeiras, embora extensas; e se por um lado é acertado crer nas outras tradições a respeito dessas matérias, que são numerosas e sobremaneira antigas, temos também que crer naqueles que como legisladores estabeleceram tais tradições como fatos, a não ser que tenhamos como evidente que eles não passam de completos tolos. Assim, se é realmente essa a condição reinante, os tutores deverão temer, em primeiro lugar, aos deuses no céu que atentam para

b a solidão dos órfãos; e em segundo lugar, às almas dos mortos, cujo instinto natural é zelar particularmente por sua própria prole, e demonstrar disposição amável para aqueles que a respeitam e disposição hostil para aqueles que a desrespeitam; e em terceiro lugar, deverão temer as almas dos vivos, que estão velhos e que são alvo da mais elevada estima, porquanto onde o Estado floresce sob boas leis os filhos de seus

c filhos reverenciam os idosos com afeição e vivem felizes. Estes anciãos têm vista aguda e ouvidos atentos no observar essas matérias, e se por um lado são benevolentes com aqueles que se portam com justiça, dirigem uma justa ira àqueles que tratam com menosprezo órfãos e crianças abandonadas, vendo nestes um depósito sumamente solene e sagrado.

---

597. Nos *Livros II* e *VI*.
598. Na verdade parece que a psicologia platônica não é propriamente transparente e incisiva quanto a este item, que poderia implicar a ψυχομαντεία (*psykhomanteía* [evocação oracular das almas]) presente na antiga tradição religiosa helênica. Ver a respeito especialmente o *Menexeno* e a *Apologia*. Apesar do namoro suspeito e talvez efêmero que Platão entreteve provavelmente com a magia no Egito, as razões que movem o velho Platão nesta sua presente legislação seriam puramente pragmáticas no sentido de conceber uma legislação para um Estado possível que não se choque com a tradição religiosa, mas que, ao contrário, tenha nela uma forte aliada. Platão trata aqui da exequibilidade de um Estado, que para ele é irrealizável como irreligioso (sem deuses, cerimônias, santuários, sacerdotes etc.); ora, isso não tem nenhuma conexão necessária com as doutrinas metafísicas e psicológicas do mestre da Academia. Seria até vislumbrável aqui a semente de uma teoria política utilitarista.

A todas essas autoridades⁵⁹⁹ tanto o tutor quanto o guardião, se tiverem uma mera centelha de senso, terão que prestar atenção. O guardião e o tutor têm que demonstrar máximo cuidado no tocante à formação e treinamento dos órfãos, tal como se estivessem contribuindo para seu próprio sustento e daquele de seus próprios filhos, dispensando-lhes bondade de todas as formas e no limite de suas forças. Aquele, então, que acatar este prelúdio à lei e de modo algum abusar do órfão não experimentará diretamente da cólera do legislador contra tais ofensas; porém o desobediente e que trata mal aquele que perdeu pai e mãe pagará em todos os casos uma penalidade correspondente ao dobro daquela que seria paga pelo mal cometido contra uma criança que tem pai e mãe vivos. Com respeito a outras orientações legais, quer concernentes a tutores que cuidam de órfãos, quer a magistrados que são responsáveis pela supervisão dos tutores – se não possuírem já um critério quanto a dar formação a crianças livres da maneira como o fazem com seus próprios filhos e como supervisionar seus bens domésticos, e se não possuírem igualmente leis que regulamentem esses mesmos assuntos minuciosamente, então teria sido suficientemente plausível formular leis relativas ao tutelado, na qualidade de um ramo peculiar e distinto da lei, definindo com regulamentos especiais próprios a vida do órfão em contraste com a vida do não órfão. Mas como a matéria se apresenta, a condição de órfão em todos esses aspectos não difere muito daquela de quem tem pais, embora se considerarmos a honra ou a desonra do ponto de vista da opinião pública e os cuidados dispensados, esses últimos estejam num nível completamente diferente. Consequentemente, em suas regulamentações referentes aos órfãos, a lei enfatizou esse mesmo ponto simultaneamente mediante exortações e ameaças. Uma ameaça, ademais, do seguinte tipo será extremamente oportuna: todo aquele que for tutor de um menino ou de uma menina, e todo aquele guardião da lei que for designado como supervisor de um tutor, deverão demonstrar tanta afeição pela criança da qual o destino fez um órfão quanto por seus próprios filhos, e cuidarão ciosamente dos bens de seu pupilo, tão bem ou, melhor ainda, do que daqueles de seus próprios filhos. Todo tutor observará essa única lei no desempenho de sua incumbência; e se qualquer um de seus atos com referência a tal incumbência contrariar essa lei, o magistrado o punirá se ele for um tutor, e se o infrator da lei for o próprio magistrado, o tutor, por sua vez, o convocará a se apresentar perante a corte dos juízes selecionados e terá o direito de

---

599. Ou seja, os deuses, as almas dos mortos e as almas dos anciãos vivos.

condená-lo a pagar uma multa no dobro do valor indicado pelos juízes.

c E se for apurado por um dos parentes da criança ou por qualquer outro cidadão que o tutor é culpado de negligência ou maltrato em relação ao pupilo, eles o conduzirão perante o mesmo tribunal, e ele pagará quatro vezes o valor dos danos estimados, sendo que desta quantia uma metade irá para a criança e a outra metade para aquele que moveu o processo vitoriosamente. Quando um órfão atingir a puberdade, se for da opinião que foi mal cuidado, lhe será permitido mover uma ação referente ao tutor dentro de um período de cinco anos a contar da data de expiração da tutela. E se o tutor perder o caso, caberá à corte avaliar o teor de sua pena ou o valor da multa; se for apurado que foi um magistrado que por negligência causou dano ao órfão, a corte estimará qual a quantia que ele pagará à criança, mas se o dano estiver vinculado a tratamento in-
d justo, além da multa ele será afastado de seu cargo de guardião da lei, e a autoridade pública do Estado apontará um outro para substituí-lo com o fim de atuar como guardião das leis a favor do território e do Estado.

Entre pais e seus filhos, e filhos e seus pais, irrompem desentendimentos mais graves do que o que se poderia esperar, em meio aos quais os pais, por um lado, são passíveis de supor que o legislador lhes facultasse permissão legal para proclamar publicamente mediante arauto,
e se o desejarem, que seus filhos cessaram legalmente de ser seus filhos, enquanto os filhos, por outro lado, reivindicam a permissão de indiciar seus pais por insanidade quando se encontram numa condição vergonhosa em função da doença e da senilidade. Tais fatos ocorrem ordinariamente entre homens que têm um caráter inteiramente mau, visto que quando apenas a metade deles são maus – o filho sendo *mau* e o pai não, ou *vice-versa* – uma tal inimizade não produz consequências calamitosas. Ora, enquanto em outra forma de governo um filho quando deserdado não cessaria necessariamente de ser um cidadão, é necessário em nosso
929a Estado (do qual estas serão as leis) que o homem sem pai emigre para um outro Estado, já que é impossível que uma *única casa* seja adicionada às nossas 5.040. Consequentemente, é necessário que a pessoa atingida legalmente por essa punição seja deserdada não somente por seu pai, mas por toda a família. Tais casos deverão ser tratados de acordo com uma lei como esta: se qualquer homem for levado devido a um impulso lamentável de ódio ao desejo de, certa ou erradamente, expulsar de sua própria parentela um daqueles que ele gerou e educou,
b não lhe será permitido que o faça de maneira informal e imediata, tendo que, em primeiro lugar, reunir sua própria parentela até incluir

primos e igualmente as pessoas de parentesco de seu filho do lado materno, e na presença de todos acusará seu filho, demonstrando como este merece nas mãos de todos ser expulso da família, e deverá conceder ao filho um período de tempo igual para que este se defenda, argumentando que não merece sofrer um tal tratamento; e se o pai os convencer e obter a maioria dos votos (ou seja, mais da metade), votos estes de todos os outros adultos de ambos os sexos, exceto o pai, a mãe e o filho acusado, desta forma e nestas condições, e de nenhuma outra forma diversa, ao pai será concedida a permissão de deserdar seu filho.

E quanto ao homem deserdado, se qualquer cidadão desejar adotá-lo como seu filho, nenhuma lei o impedirá de fazê-lo, já que o caráter dos jovens naturalmente sofrem muitas alterações ao longo de suas vidas; mas se dentro de dez anos ninguém se oferecer para adotar o deserdado, então os controladores dos filhos excedentes destinados à emigração assumirão o controle dessas pessoas também a fim de que sejam devidamente incluídas no mesmo esquema de emigração. E se um homem se tornar extraordinariamente perturbado mentalmente devido à enfermidade, à extrema velhice, à rabugice, ou a uma combinação de todos esses males, mas sua condição permanece desapercebida por todos exceto por aqueles que com ele vivem, e se ele se julga senhor de sua própria propriedade e dilapida seus bens, enquanto seu filho se sente perdido e em seus escrúpulos não indicia o pai por insanidade – num tal caso uma lei será promulgada em nome do filho, pela qual ele poderá, numa primeira instância, dirigir-se aos mais velhos dos guardiões das leis e comunicar-lhes a condição de seu pai, diante do que eles, depois de uma completa investigação, aconselharão ou não o indiciamento do pai por parte do filho; e se eles o aconselharem ao indiciamento, atuarão por ele quando ele efetuar o indiciamento, tanto como testemunhas quanto como advogados; e o pai que for condenado doravante não deterá mais poder de administrar até mesmo o menor título de suas propriedades, e será tido como uma criança em sua casa pelo resto de sua vida. Se um marido e a esposa, por discórdia gerada por diferença de temperamentos, não conseguem de modo algum entrar em acordo, será conveniente que fiquem sob o constante controle de dez membros do corpo dos guardiões das leis, de idade média, associados a dez das mulheres encarregadas do casamento. Se estes magistrados puderem obter uma reconciliação, sua arbitragem terá força legal, mas se os ânimos do esposo e esposa estiverem tão inflamados pela cólera a ponto de tornar impossível a presença da harmonia, os árbitros procurarão, na medida do possível, outras uniões adequadas para cada um deles. E visto ser provável que tais pessoas não tenham um temperamento dócil, os magistrados terão que se esforçar para uni-los a parceiros de temperamento mais dócil e tranquilo. Se o casal briguento não tiver filhos, ou tiver poucos, seus membros deverão constituir novas uniões visando ter filhos; mas se tiver filhos suficientes, então a finalidade tanto da separação quanto da nova união será a companhia e a mútua ajuda na velhice. Se a esposa de um homem morrer, deixando tanto filhos quanto filhas, haverá uma lei, mais aconselhadora do que compulsória, orientando o marido viúvo no sentido de educar as crianças sem introduzir no meio familiar uma madrasta; mas se não houver filhos, o viúvo deverá obrigatoriamente se casar até que tenha gerado suficientes filhos quer para sua família, quer para o Estado. E se o marido morrer, deixando filhos suficientes, a mãe das crianças deverá permanecer no lar [na condição de viúva] e educá-las. Mas caso se julgue que ela é jovem demais para estar capacitada a viver saudavelmente sem um marido, seus parentes [mais próximos] deverão comunicar o caso às mulheres encarregadas do casamento, e deliberarão o caso em comum acordo. Se houver falta de filhos, eles deverão também agir de modo a suprir as crianças, e o número mínimo destas será fixado pela lei como um de cada sexo. Quando nasce uma criança e não há qualquer dúvida quanto a quem sejam seus pais, mas é imperioso decidir a destinação da criança gerada, estabeleceremos a seguinte regra: em todos os casos em que uma escrava teve relações sexuais com um escravo, um homem livre ou um escravo liberto, a criança pertencerá ao senhor da escrava; se uma mulher livre tiver relações com um escravo, o filho pertencerá ao senhor do escravo; e se a criança for o fruto de um senhor com sua própria escrava ou de uma senhora com seu próprio escravo e tal fato se tornar público, as mulheres que são magistrados enviarão a criança da mulher juntamente com seu pai para um outro país e os guardiões das leis enviarão a criança do homem juntamente com sua mãe [também para fora do território do Estado].[600]

A negligência com os pais é algo que nenhum deus e nenhum ser humano sensato jamais recomendariam a alguém, devendo-se entender que o prelúdio que se segue sobre o culto aos deuses tem uma conexão direta com o cuidado ou o esquecimento das honras devidas

---

600. Esta regra, importantíssima para Platão, que obviamente não alimentava pruridos moralistas, tinha um objetivo absolutamente prático: impedir que qualquer descendente de escravo ou escrava adquirisse direitos de detenção de propriedade no Estado.

931a aos pais. As antigas leis, de caráter universal, relativas aos deuses são de dois tipos: alguns dos deuses que nós honramos nós os vemos claramente,[601] mas quanto a outros nós erigimos para eles estátuas[602] e acreditamos que quando as veneramos, mesmo sabendo que não têm vida, os deuses vivos além [por elas representados] experimentarão grande boa vontade e gratidão em relação a nós. Assim, se qualquer indivíduo tem um pai ou uma mãe, ou um avô ou uma avó em sua casa reduzidos à incapacidade num leito em função da velhice, que nunca suponha que enquanto tiver uma tal figura junto ao seu fogo doméstico terá qualquer estátua de maior poder, desde que dela cuide e lhe renda verdadeiramente o devido culto.

b *Clínias:* E qual seria, segundo tua opinião, esse culto devido e verdadeiro?

O ateniense: Eu vos direi, pois em verdade, meus amigos, assuntos desse jaez justificam uma exposição a ser ouvida.

Clínias: Pois prossegue.

O ateniense: Segundo a narrativa, quando Édipo foi desonrado, invocou maldições sobre seus filhos que conforme atestam todos os homens foram concedidas pelos deuses e cumpridas; e se conta como Amíntor em sua ira amaldiçoou seu filho Fênix[603] e Teseu amaldiçoou Hipólito,[604] e inúmeros outros pais amaldiçoaram inúmeros outros

c filhos, maldições concedidas pelos deuses que provaram claramente como estes atendem os pedidos dos pais contra seus filhos, pois a maldição de um pai enunciada contra seus filhos e filhas é mais poderosa do que qualquer maldição de uma pessoa contra qualquer outra, e com muito maior justiça. Diante disso, não imaginaremos que como é natural aos deuses prestar uma atenção especialmente complacente às imprecações de um pai ou de uma mãe aos quais se faltou ao respeito, nos pareceria que, se esse pai e essa mãe fossem respeitados, lhes sendo proporcionada uma alegria extrema, que as súplicas que endereçariam

---

601. Os deuses claramente visíveis são os astros.
602. ...εἰκόνας... (*eikónas*), imagens, representações; Platão se refere aos deuses tradicionais invisíveis da religião que são cultuados através de imagens que os representam.
603. Amíntor invocou as Erínias (Fúrias) contra seu filho, amaldiçoando-o para que jamais fosse pai, no que foi efetivamente atendido. Fênix fora acusado por Ftia (a concubina de seu pai) de a ter violado, a mesma Ftia que ele próprio chama na Ilíada de *amante dos lindos cabelos* de seu pai, e que ele teria seduzido para vingar sua mãe preterida. Como se não bastasse, o pai o cegou. Entretanto, o sábio centauro Quíron devolveu a visão a Fênix, e este, inclusive, se tornou o guardião do adolescente Aquiles.
604. Já aludimos a este episódio na nota 114. Hipólito foi injustamente acusado de ter estuprado sua madrasta Fedra, que tentava seduzi-lo. Seu pai providenciou junto a Poseidon um acidente que levou o filho à morte.

aos deuses em favor da felicidade de seus filhos seriam ouvidas e atendidas pelos deuses, que não se negariam a conceder tais graças? De fato, se assim não fosse, jamais seriam os deuses distribuidores equânimes dos bens, afirmação certamente incompatível com a natureza dos deuses.

Clínias: Absolutamente incompatível.

O ateniense: Sustentemos, portanto, como o dissemos há pouco, que aos olhos dos deuses não é possível que tenhamos imagem mais digna de honra do que um pai ou um avô prostrado num leito por causa da idade avançada, ou uma mãe na mesma condição. Venerá-los com dádivas de honra significa agradar grandemente a Divindade, que, em caso contrário, não será complacente conosco. O santuário constituído por um ancestral é maravilhoso para nós,[605] muito mais que aquele onde se encontra uma imagem destituída de vida, pois enquanto aqueles que estão vivos oram por nós quando nós deles cuidamos e oram contra nós quando não lhes prestamos as devidas honras, as imagens sem vida não fazem nem uma nem outra coisa. Assim, todo aquele que tratar devidamente seu pai, seu avô e a totalidade desses ancestrais, estará contando com as mais poderosas imagens para lhe conquistarem uma sorte abençoada pelos deuses.

Clínias: O que dizes é excelente.

O ateniense: Todo homem sensato teme e respeita as orações dos pais, ciente de que em muitas ocasiões e em muitos casos tais súplicas se provaram eficientes. Sendo esta a ordem da natureza, é um tesouro que cabe às pessoas de bem ter junto de si os ancestrais envelhecendo até os limites extremos da vida, e ao contrário representa motivo de amargor quando eles partem ainda distantes da velhice. Mas para as pessoas más eles significam uma ameaça temível. É portanto que cada um, em acatamento a esses conselhos, reverencie seus próprios pais mediante todas as honras legais que lhes são devidas. Se, entretanto, ficar notório que há quem permanece surdo aos nossos prelúdios, a seguinte lei será promulgada para dar conta desse tipo de gente: se alguma pessoa neste Estado mostrar-se indevidamente negligente com seus pais e deixar de considerá-los em tudo acima de seus filhos homens ou qualquer um de seus descendentes, ou mesmo acima de si mesma, deixando, inclusive, de atender aos seus desejos, o próprio pai que é vítima de tal descuido o comunicará, pessoalmente ou por meio de um mensageiro, aos três guardiões das leis mais velhos e a três das

---

605. Ver o *Protágoras* e o *Fedro*, respectivamente em *Diálogos I* e *Diálogos III*.

mulheres encarregadas do casamento, e esses magistrados cuidarão do assunto, e punirão o culpado aplicando açoites ou mandando-o para a prisão se ainda for jovem, até a idade de trinta anos se for homem, enquanto se for mulher será submetida à punição similar até a idade de quarenta anos. E se, mesmo depois de terem ultrapassado esses limites de idade, persistirem em atos idênticos de negligência com seus pais, os maltratarem, serão convocados perante uma corte constituída pelos 101 cidadãos mais velhos da cidade; em caso de condenação, a corte determinará qual será sua multa ou punição, e não se proibirá nenhuma punição dentro do limite daquilo que um homem pode sofrer ou pagar. Se um pai maltratado for incapaz de comunicar o fato, o homem livre que vier a sabê-lo informará aos magistrados; se tal homem se omitir, será reputado como vil e estará sujeito a uma ação por danos pelas mãos de qualquer pessoa que desejar fazê-lo. Se um escravo fornecer uma tal informação, será recompensado com a liberdade [nos seguintes termos diferenciados]: será libertado pelo corpo dos magistrados se for um escravo pertencente quer à parte ofendida, quer aos ofensores; se pertencer a qualquer outro cidadão, o tesouro público pagará ao seu proprietário um preço por ele, e, ademais, os magistrados tomarão medidas para que o informante não sofra nenhuma vingança por ter dado a informação.

Já tratamos sobejamente dos casos nos quais um homem envenena outro resultando na morte da vítima, porém não tratamos ainda de maneira completa de nenhum dos casos secundários nos quais alguém é intencional e voluntariamente vitimado por meio de poções, alimentos e unguentos. Faz-se necessária uma subdivisão em nosso tratamento dos casos de envenenamento, porquanto em função da natureza da raça humana eles pertencem a dois tipos distintos. O tipo que mencionamos agora explicitamente é aquele no qual o dano provocado é realizado contra os corpos por corpos conforme as leis naturais. Distinto é o tipo que utilizando sortilégios, encantamentos e enfeitiçamentos[606] (como são chamados) não apenas convence aqueles que tentam causar dano que eles têm o poder de fazê-lo, como também convence suas vítimas que estão de fato sendo atingidas por aqueles que possuíriam o poder mágico.[607] Com respeito a todas essas matérias não é nem fácil perceber qual é a efetiva verdade e nem, se alguém realmente a

---
606. ...μαγγανείαις τέ τισιν καὶ ἐπῳδαῖς καὶ καταδέσεσι... (...*magganeíais té tisin kaì epoidaís kaì katadésesi...*).
607. ...δυναμένων γοητεύειν... (...*dynaménon goeteúoiu...*).

percebe, convencer aos outros. E é fútil abordar as almas dos homens que
b se olham mutuamente repletos de sombria suspeita quando acontece
verem imagens moldadas de cera quer nas soleiras das portas quer nas
encruzilhadas, ou talvez na sepultura de algum ancestral, solicitando-
-lhes que esclareçam a respeito de todos esses portentos quando nós
mesmos não sustentamos uma opinião clara acerca deles. Por conseguinte, dividiremos a lei referente ao envenenamento em duas classes, de
acordo com os procedimentos que são empregados, e começaremos por
c pedir, advertir e aconselhar a não se prestar, de modo algum, a essas práticas, amedrontando o vulgo bem como as crianças com objetos de terror,
obrigando assim o legislador e o juiz a curar os seres humanos de tais
medos, visto que, em primeiro lugar, aquele que tenta esse [tipo] de envenenamento não sabe o que está fazendo *seja* relativamente aos corpos
(se não for um médico experiente), *seja* relativamente aos sortilégios[608] (se
não for um adivinho ou intérprete de prodígios[609]). Consequentemente a
d seguinte afirmação terá força de lei no que se refere ao envenenamento:
todo aquele que envenenar alguma pessoa de modo a produzir um dano
não letal à própria pessoa ou a seus empregados, ou de modo a produzir
um dano letal ou não letal aos seus rebanhos ou suas colmeias, será, se
for um médico e condenado, punido com a morte; se for uma pessoa
leiga, a corte estimará em seu caso o que ele deverá sofrer ou pagar; e
se for denunciado que a pessoa provocou o dano por meio do uso de
enfeitiçamentos, encantamentos e qualquer outro procedimento similar
e de envenenamento, apurando-se ser essa pessoa um adivinho ou intérprete de prodígios, será executada; se, entretanto, tratar-se de alguém
ignorante da arte divinatória, será tratado da mesma maneira que o leigo
condenado por envenenamento, isto é, a corte estimará em seu caso
também o que lhe parecer certo que deva ele sofrer ou pagar. Em todos
os casos em que alguém causa danos a outrem mediante atos de
violência ou roubo, se o dano for grande, o agressor pagará uma
larga soma a título de compensação à parte lesada e uma pequena
soma se o dano for pequeno; como regra geral, toda pessoa deverá em
todos os casos pagar uma soma correspondente ao dano provocado até
que a perda seja ressarcida; e além disso, toda pessoa arcará com a
934a penalidade vinculada ao seu crime mediante um corretivo. A penalidade será mais leve no caso de alguém que agiu mal devido à loucura

---

608. ...μαγγανεύματα... (*magganeúmata*), literalmente sinais mágicos de cabeça.
609. ...μάντις ἢ τερατοσκόπος... (...*mántis è teratoskópos*...), aquele que consultava ou interpretava um oráculo ou aquele que observava e interpretava os prodígios, presságios (sinais enviados pelos deuses).

de outra pessoa – o culpado sendo induzido em função de sua juventude ou por alguma razão correlata. A penalidade será mais pesada quando a pessoa agiu mal devido à sua própria loucura, por causa de sua incontinência com respeito a prazeres e dores e a influência irresistível de terrores ou desejos, invejas e cóleras incuráveis. E ele arcará com o pagamento da penalidade não pelo mal feito (visto que o que é feito jamais pode ser desfeito), mas a fim de que no futuro tanto ele mesmo quanto aqueles que contemplam seu castigo possam ou repudiar completamente sua falta ou, ao menos, renunciar numa grande medida tal lamentável conduta. Por todas essas razões e tendo em vista todos esses objetos, a lei, como um bom arqueiro, tem que visar em cada caso a quantidade de castigo, e acima de tudo, sua quantidade apropriada. E o juiz terá que ajudar o legislador na execução dessa mesma tarefa, quando a lei lhe confia a definição do que o réu tem que sofrer ou pagar, enquanto o legislador, como um jogador de gamão, tem que apresentar um esboço dos casos que ilustram as regras do código escrito. E esta, ó Megilo e Clínias, é a tarefa que teremos que empreender agora com toda a justeza e qualidade de que formos capazes. Teremos que indicar quais penalidades serão determinadas para cada caso de roubo e violência, com tal precisão a ponto dos deuses e filhos dos deuses serem favoráveis a que as promulguemos com força de lei. Uma pessoa acometida de loucura não deve mais aparecer abertamente na cidade; os parentes de tal pessoa a manterão fechada em casa, empregando para isso quaisquer meios de seu conhecimento, caso contrário terão que pagar uma multa a título de penalidade. Uma pessoa pertencente a mais elevada das classes de proprietários pagará cem dracmas, não importando se o indivíduo de quem não está cuidando é um homem livre ou um escravo; aquele que pertencer à segunda classe pagará quatro quintos de uma mina; alguém da terceira classe, três quintos, e alguém da quarta classe, dois quintos. Há muitas e diversas formas de loucura. Nos casos que mencionamos agora é causada por doença, mas há casos em que é devida ao desenvolvimento e fomento naturais de um temperamento ruim, a ponto de pessoas no desenrolar de uma rixa insignificante se agredirem infamemente por meio de berros – algo inconveniente e absolutamente incogitável num Estado bem regulamentado. No que tange ao tratamento abusivo, teremos esta única lei para cobrir todos os casos: ninguém agredirá abusivamente ninguém. Se duas pessoas estão discutindo, uma delas falará e a outra escutará, alternando-se, sem agressões verbais mútuas [e

LIVRO XI | 439

935a descontrole emocional] e mesmo em relação às eventuais pessoas presentes, pois a partir dessas coisas leves, isto é, *palavras*, brotam, realmente, situações quase insustentáveis e mesmo ódios e rixas quando as pessoas principiam a proferir imprecações, se xingando entre si mediante termos vergonhosos e difamatórios como mulheres desbocadas; aquele que emprega tais palavras está satisfazendo uma rudeza extrema e saciando sua paixão com alimentos abjetos, e brutalizando aquela parte de sua alma que foi outrora humanizada pela educação converte a si mesmo numa fera através de uma vida de rancores, ganhando com isso só um fel amargo por gratificar sua paixão. Nessas disputas todos, geralmente, se inclinam a expor o adversário ao ridículo,
b mas todo aquele que alguma vez se entregou a essa prática ou fracassou na conquista de uma disposição virtuosa, ou perdeu grande parte de sua anterior grandeza de alma. Ninguém, portanto, jamais proferirá, sob qualquer molde, tais palavras em qualquer lugar sagrado, em qualquer sacrifício público ou jogos públicos, ou na *ágora* ou num tribunal ou qualquer assembleia pública. Em todos esses casos o transgressor será punido pelo magistrado competente, que, por sua vez, se furtar-se a esse seu dever, será destituído do direito a qualquer distinção pública
c devido ao seu descuramento com as leis e sua falha quanto a fazer cumprir as determinações do legislador. E se, em outros locais, um indivíduo não se abster de tal linguagem – quer no papel de agressor, quer naquele de agredido que se defende – o mais velho dos cidadãos presentes deverá aplicar a lei expulsando do local com açoites aqueles que dão abrigo em seus corações à cólera, esta má camarada; se tal cidadão não o fizer, ele é quem ficará sujeito a ser punido. Acabamos por constatar que aquele que se torna presa do hábito do insulto não
d consegue evitar as ridicularizações, e nós desaprovamos as ridicularizações quando são fruto da cólera. Mas e quanto ao humor dos cômicos,[610] sempre pronto a expor as pessoas ao ridículo, nós o toleraremos na sua linguagem por ser destituído de cólera? Ou conceberemos duas classes de ridículo (o brincalhão e o sério) e permitiremos que as
e pessoas se ridicularizem *por brincadeira e sem cólera*,[611] enquanto proibiremos que o façam (como já o dissemos) *seriamente* e movidas pela cólera? De modo algum deveremos voltar atrás no que dissemos, mas teremos que determinar legalmente a quem conceder tal permissão

---

610. Ver *A República*.
611. Platão já tratara deste assunto no *Filebo*, em *Diálogos IV*.

e a quem recusá-la. Um autor de comédia⁶¹² ou de qualquer poesia iâmbica ou música lírica será rigorosamente proibido de ridicularizar qualquer cidadão seja através de palavras, seja através de gestos⁶¹³ com ou sem cólera, e se alguém incorrer em desobediência os presidentes das competições⁶¹⁴ o banirão no mesmo dia terminantemente do território do Estado, na omissão do que os próprios presidentes das competições serão multados em três minas, que serão dedicadas ao deus cujo festival estiver sendo realizado. Aqueles a quem foi concedida a permissão, como já adiantamos, de escrever poesia com envolvimento mútuo poderão ridicularizar os outros a título de brincadeira e sem serem motivados pela cólera, mas não poderão fazê-lo impulsionados pela cólera e seriamente. Esta distinção ficará a cargo do diretor geral da educação dos jovens: tudo que ele aprovar poderá ser apresentado pelo poeta ao público, mas tudo que ele reprovar o poeta ficará vedado de exibir seja ele mesmo representando, seja ensinando a qualquer outro ator, homem livre ou escravo; se o fizer, será tido como homem vil e insubordinado perante as leis. A compaixão não cabe a quem padece de fome ou outra privação semelhante, mas a quem embora praticando a temperança ou qualquer outra virtude, ou parte dela, se torne vítima do infortúnio. Diante disto seria espantoso realmente que no seio de um Estado e de acordo com sua constituição,⁶¹⁵ supondo que esse Estado fosse moderadamente bem organizado, uma tal pessoa (escravo ou homem livre) fosse tão cabalmente abandonada a ponto de ser reduzida à completa indigência. Em razão disso o legislador poderia seguramente, no tocante a esses casos, promulgar uma lei assim: não haverá mendigos no nosso Estado e se alguém tentar praticar a mendicância, de modo a sobreviver esmolando interminavelmente, os agorânomos o expulsarão da *ágora* e o corpo dos astínomos o expulsará da cidade, bem como ele será banido de qualquer região do território para fora deste pelos guardiões do campo (*agrônomos*), para que todo o país fique inteiramente livre de uma tal criatura.⁶¹⁶

---

612. ...ποιητῇ δὴ κωμῳδίας... (...*poietêi dè komoidías*...).
613. Tema a um tempo curioso, relevante e fascinante ventilado por Aristóteles na *Ética a Nicômaco*, na *Política* e em sua inacabada *Poética*, obras publicadas em *Clássicos Edipro*.
614. ...ἀθλοθέτας... (*athlothétas*). Os atlotetas eram em Atenas os magistrados incumbidos de presidir nas Panateneias (Παναθήναια [*Panthénaia*] – celebrações festivas e esportivas em honra de Atena) as competições hípicas, de ginástica e concursos de música; genericamente aqueles que presidiam as competições.
615. ...πολιτείᾳ τε καὶ πόλει... (...*politeíai te kaì pólei*...).
616. No Estado socialista de Platão, no qual se exerce rigoroso controle através dos magistrados e demais agentes do Estado (guardiões das leis, astínomos, guardiões do campo, juízes, árbitros etc.) aliado à própria contínua vigilância denunciatória dos próprios cidadãos, somando-se a estrita supervisão

Se um escravo ou escrava danificar algum bem que não pertença ao
d   seu senhor, sem que o proprietário prejudicado tenha para isso con-
tribuído por seu descuido ou *falta de jeito* com o objeto, o senhor do
escravo fará o devido e pleno reparo do dano ou entregará a pessoa
do escravo culpado. Entretanto, se o senhor a quem foi feita a reclamação alegar que essa foi realizada devido a um acordo escuso
entre o autor do dano e a parte prejudicada para que ele – o senhor do
escravo – fosse destituído da propriedade do escravo, lhe será permi-
e   tido processar o autor da reclamação sob a acusação de conspiração;
se obtiver vitória no caso, receberá o dobro do preço estimado pela
corte para o escravo, mas se não a obtiver, terá não só que cobrir o
prejuízo sofrido pela parte prejudicada, como também abrir mão do
escravo. No caso de dano provocado à propriedade alheia por um
animal – mula, cavalo, cão ou qualquer outro – o dono deverá de
maneira semelhante prover a devida compensação.

Nos casos de má vontade de prestar testemunho, aquele que necessitar do testemunho de alguém que se nega a apresentar-se como testemunha poderá citá-lo, diante do que a pessoa citada comparecerá à
cena do processo; se tiver ciência dos fatos [pertinentes] e mostrar-se
prestativo quanto a prestar o testemunho [para formação de evidên-
cia], que testemunhe; se, contudo, negar ter conhecimento dos fatos,
jurará em nome dos três deuses, a saber, Zeus, Apolo e Têmis que
desconhece os fatos [referentes ao processo], após o que será dispen-
937a   sado do processo. Todo aquele que for convocado para testemunho e
não atender à convocação estará legalmente sujeito a ser processado
por danos. E se um dos juízes for convocado para prestar testemunho,
ficará impossibilitado de votar no julgamento do processo depois de
prestar testemunho. Será permitido a uma mulher livre com idade
superior a quarenta anos prestar testemunho e dar suporte a uma contestação, sendo-lhe também permitido, se não tiver marido, mover
uma ação; se não o tiver, entretanto, só lhe será permitido prestar
b   testemunho. Escravos, escravas e crianças somente poderão testemunhar e dar suporte a contestações em casos de homicídio desde que
forneçam garantia suficiente de que permanecerão à disposição [da
corte] até o final do julgamento do processo se alguém denunciar seus
testemunhos como falsos. Qualquer uma das partes que se opõem num
processo poderá denunciar toda ou parte da evidência constituída por

---

das riquezas individuais prevenindo os excessos, o controle monetário e demais instituições, a figura
do mendigo seria praticamente impossível e injustificável.

testemunho desde que alegue que falso testemunho foi dado antes da decisão final da ação. As denúncias serão conservadas pelos magistrados quando ratificadas por ambas as partes, lacradas e apresentadas no julgamento do processo quando a sinceridade dos testemunhos for considerada discutível, dando margem à possibilidade de falso testemunho. Se uma pessoa for condenada duas vezes por falso testemunho

c não será mais obrigada a prestar testemunho e se o for três vezes não lhe será mais permitido testemunhar; e se depois de três condenações, alguém ainda ousar prestar testemunho, qualquer cidadão que o desejar o denunciará aos magistrados, que o conduzirão à corte; se for julgado culpado, será punido com a morte. Quando os depoimentos forem no julgamento condenados como contaminados pelo falso testemunho e

d determinando a vitória do ganhador, se mais da metade dos depoimentos (testemunhos) for condenada, a ação que foi perdida por causa deles será anulada, e haverá uma discussão e um julgamento para definir se a ação foi ou não foi decidida com base nos depoimentos em questão, e pelo veredito agora atingido, seja qual for, o resultado das prévias ações será finalmente determinado. Embora haja muitas coisas belas na vida humana, ainda assim à maioria delas adere uma espécie de cancro que as envenena e corrompe. Ninguém negaria que a justiça

e entre os seres humanos é uma coisa bela e foi ela que civilizou todos os assuntos humanos. E se a justiça é bela, como negar que a profissão de advogá-la também não o é? Mas estas belas coisas estão perdendo a boa reputação devido a uma espécie de arte nociva, que se disfarçando sob um belo nome[617] sustenta, em primeiro lugar, que há um instrumento para se lidar com os processos, e ademais, que é esse instrumento o capaz de [por meio da ação de defender (advogar) e de prestar ajuda a alguém na autodefesa] obter a vitória num processo, a despeito dos argumentos envolvidos serem justos ou injustos; e sustenta também que

938a essa própria arte e os argumentos que dela procedem constituem uma dádiva oferecida à qualquer pessoa que dê dinheiro em troca.[618] Essa

---

617. Ou seja, a retórica (ῥητόρεια [retóreia]) ou oratória, arte da eloquência largamente utilizada em Atenas no tempo de Platão pelos sofistas, os grandes adversários da Academia platônica.
618. A corte como constituída na antiga Grécia e concebida pelo próprio Platão para tratar e resolver disputas judiciais não incluía a figura específica de um advogado (do latim *advocatus*, originalmente *aquele que assistia com sugestões e conselhos a pessoa convocada pelos órgãos da justiça*; posteriormente por extensão defensor do acusado. Os sofistas teriam sido os primeiros advogados na história da Grécia e eram, como o são os advogados de hoje, grandes usuários da retórica, da arte da eloquência e da persuasão, pelo que ganhavam os processos, sendo remunerados pela prestação de seus serviços. A antipatia e rivalidade que Platão nutria pelos sofistas (os quais ele tinha na conta de uma espécie de mercadores do conhecimento) o teriam levado a

arte – quer seja realmente uma arte ou um ardil artificioso aprendido pela experiência e prática regular – não deverá jamais, se possível, surgir no nosso Estado; e quando o legislador exigir o acatamento e o não afrontar da justiça, ou o afastamento de tais *artistas* para um outro Estado, se eles atenderem a isso, a lei, de sua parte, se manterá em silêncio, mas se eles não atenderem, a lei se pronunciará nos seguintes termos: se alguém for flagrado tentando reverter a força dos argumentos justos nas mentes dos juízes, ou multiplicando processos indevidamente, ou auxiliando outros a fazê-lo, quem desejá-lo o acusará de conduta perversa ou apoio à conduta perversa, e ele será julgado perante a corte dos juízes selecionados, e em caso de condenação, a corte determinará se seu comportamento é provocado por ambição[619] ou espírito de querela;[620] se for por disposição à querela, a corte fixará um período de tempo durante o qual lhe será interdita toda ação pessoal tanto quanto qualquer discurso de defesa a favor de alguém; se for por ambição, ele deverá, se for estrangeiro, deixar o território do Estado para não retornar jamais, sob pena de ser punido com a morte. Se ele for um cidadão, será punido com a morte por haver amado tanto o dinheiro a ponto de colocá-lo acima de tudo. A pena capital se aplicará também a todo aquele que for condenado duas vezes por tal conduta movido pelo espírito de querela.

---

questionar um dos próprios fundamentos da ciência do direito, naquela época bastante rudimentar e apenas incipiente. Consultar o *Górgias*.
619. ...φιλοχρηματία... (*philokhrematía*), literalmente amor ao dinheiro.
620. ...φιλονεικία... (*philoneikía*), literalmente amor à disputa. Platão se refere aqui mais precisamente ao gosto pela controvérsia capciosa, um dos recursos da retórica dos sofistas para levarem a melhor em seus discursos de advogados.

Livro
XII

Ἐὰν ὡς πρεσβευτής τις ἢ κῆρυξ
καταψευδόμενος τῆς πόλεως
παραπρεσβεύηται πρός τινα πόλιν, ...

941a *O ateniense:* Se alguém, na qualidade de embaixador ou arauto, transmitir mensagens falsas de seu Estado a um outro Estado, ou deixar de comunicar a mensagem autêntica de que foi feito portador, ou em relação a quem ficar comprovado que trouxe de volta, como embaixador ou arauto, de um país amigo ou hostil, uma resposta sob forma adulterada – para todos estes delitos será instalado um processo por violação da lei por sacrilégio contra as mensagens e injunções sagradas de Hermes[621] e
b Zeus, e uma avaliação será feita da penalidade que deverão sofrer ou pagar os acusados que forem condenados. O furto de bens não é civilizado, o roubo escancarado é vergonhoso: nem um nem outro dos filhos de Zeus os praticaram extraindo prazer na fraude ou na violência.[622] Que ninguém, portanto, se deixe enganar com respeito a isso ou seja persuadido por poetas ou por quaisquer perversos criadores de mitos da crença segundo a qual ao furtar e roubar nada está fazendo de vergonhoso, mas simplesmente o que os próprios deuses fazem.[623] Isso é tanto improvável quanto falso; e quem quer que assim agir ilegalmente
c não é em absoluto um deus e nem um filho de deus; e isso o legislador, como lhe cabe, conhece melhor do que todo o conjunto dos poetas.[624]

Aquele, portanto, que escuta o nosso discurso é abençoado, e merecerá bênçãos por todos os tempos; mas aquele que não o escuta, será, em primeiro lugar, defrontado pela seguinte lei: se qualquer pessoa furtar qualquer peça do patrimônio público, deverá receber a mesma punição, seja a peça grande ou pequena. Pois aquele que furta um objeto pequeno furta movido por idêntica avidez, embora com menos poder,

---

621. Ἑρμῆς (*Hermês*), um dos olímpicos, filho de Maia e Zeus, e favorito deste último que fez dele seu mensageiro oficial e protetor das vias de comércio; Hermes é o deus da comunicação e comércio sob todas as suas formas: o discurso escrito ou falado, o intercâmbio, a permuta, a diplomacia, a magia e a criatividade; ora, a comunicação como tal não implica necessariamente a verdade, podendo ser o veículo do engano, da ilusão, da fraude, da mentira e mesmo da velhacaria, Hermes sendo assim também o deus dos comerciantes inescrupulosos e dos ladrões, tendo ele mesmo realizado furtos memoráveis, como o do belo rebanho das vacas de seu meio-irmão Apolo.
622. Isto, é claro, à exceção do simpático, cativante e encantador Hermes.
623. Alusão a Hermes.
624. Consultar o *Eutífron*, em *Diálogos III*, e *A República*.

d enquanto que aquele que se apropria de um grande objeto, que não depositou, produz dano total, em vista do que a lei julga certo não infligir uma penalidade menor a um transgressor do que a outro porque o furto do primeiro foi menor, mas preferivelmente porque o primeiro é ainda possivelmente curável, o segundo incurável. Deste modo, se alguém for condenado por furto de qualquer item do patrimônio público numa corte, sendo ou estrangeiro domiciliado ou escravo, nestes casos, já que ele é provavelmente curável, a corte decidirá que punição ele deverá
942a sofrer ou qual a multa que deverá pagar. Mas no caso de um cidadão, que recebeu a formação que devia receber — se for condenado por roubar e violentar sua pátria, tenha sido ele apanhado em flagrante ou não, será punido pela morte, como sendo praticamente incurável.

A organização militar é tema de muita consulta e de muitas leis apropriadas. O fundamento principal é o seguinte: que ninguém, homem ou mulher, jamais seja deixado sem controle e que nem possa alguém, seja por ocasião do trabalho seja nos momentos de diversão, devotar-se ao hábito mental de agir por si só e por sua própria iniciativa, devendo viver
b sempre, tanto na guerra quanto na paz, com seus olhos fixados constantemente em seu comandante e seguindo sua liderança; e deveria ser guiado por ele mesmo nos detalhes mais ínfimos de suas ações, por exemplo, deter-se por uma palavra de comando, marchar, executar exercícios, lavar-se e comer, despertar à noite para montar a guarda ou levar uma mensagem, e em momentos de perigo aguardar o sinal do comandante de perseguir ou dar retirada diante do inimigo; e, numa
c palavra, ele deverá instruir sua alma pelo hábito de evitar qualquer pensamento ou ideia de fazer qualquer coisa separado do resto de sua companhia, de modo que a vida de todos deverá ser vivida em conjunto e em comum; pois não há e nunca haverá nenhuma regra superior a essa, ou melhor ou mais eficiente para garantir a segurança e a vitória na guerra. Este hábito de comandar e ser comandado por outros tem que ser praticado pacificamente desde a mais tenra infância; porém, a anarquia[625] precisará ser inteiramente eliminada das vidas de toda a
d humanidade, e inclusive das vidas dos animais que estão submetidos ao ser humano. Todas as danças corais que são praticadas devem, também, ter em vista a coragem na guerra, e o mesmo propósito norteará todos os exercícios de flexibilidade e destreza, bem como o treinamento para suportar a fome e a sede, o frio, o calor e leitos duros; e o que é mais importante: todos deverão se acostumar a não comprometer

625. Ἀναρχία (*anarkhía*), literalmente ausência de governo, de autoridade.

os poderes naturais da cabeça e dos pés cobrindo-os com revestimentos de material estranho, desta forma arruinando a produção de desenvolvimento de seus próprios pelos e couro naturais. Isto porque quando essas extremidades são conservadas, elas mantêm no seu máximo o poder do corpo inteiro, realizando precisamente o contrário quando arruinadas. E dessas duas extremidades, uma é o comandante supremo, visto que por determinação da natureza contém todos os sentidos principais do corpo, e a outra é o instrumento dos servidores mais úteis.

943a Tal é o louvor devido à vida militar a que, como sustentamos, a juventude deve ouvir, e estas são suas leis: prestarão serviço na guerra todos aqueles que forem alistados ou que pertençam a qualquer serviço particular. Se alguém, por covardia, deixar de se apresentar para o serviço sem a licença dos seus chefes, será acusado por deserção ante os oficiais militares quando retornarem do acampamento, e cada classe daqueles que serviram tomará assento sozinha formando um corpo de juízes, a saber, hoplitas, cavaleiros e cada um dos outros ramos, e convocar-se-á hoplitas perante hoplitas, cavaleiros perante cavaleiros e todos os outros de maneira análoga diante de soldados de sua mesma classe. E todo homem que for condenado não poderá mais pretender qualquer distinção militar ou gozar do direito de processar alguém por evasão do serviço militar, ou atuar como acusador em relação a essas acusações. E a se adicionar a isso, o que ele deverá sofrer ou pagar será determinado pela corte. A seguir, quando os processos por evasão ao serviço de guerra tiverem sido totalmente decididos, os oficiais procederão novamente a uma revista de cada classe de soldados, e aquele que o desejar será julgado perante uma corte de seus próprios colegas reivindicando citações militares de mérito; mas qualquer prova ou testemunho verbal que o reivindicador apresentar terá que se referir não a qualquer guerra prévia, mas exclusivamente àquela campanha na qual ele esteve envolvido. O prêmio para cada classe será uma coroa de folhas de oliveira, e esta deverá ser erguida por quem a receber juntamente com uma inscrição, em qualquer templo dos deuses da guerra de sua preferência para que sirva durante toda sua vida de prova de que conquistou o primeiro, segundo ou terceiro prêmio, conforme seja o caso. Se alguém se deslocar para prestar o serviço de guerra, mas retornar à sua casa sem a permissão dos oficiais, estará sujeito a ser acusado de deserção perante a mesma corte que lida com casos de evasão do serviço, e as mesmas penas que já foram prescritas lhe serão impostas, se ele for condenado. Todo homem quando mover uma ação contra outro deverá honestamente temer

atrair sobre ele, quer intencional ou não intencionalmente uma punição
e falsa, pois a Justiça é, e foi assim verdadeiramente, nomeada a filha do
Pudor, e a falsidade e o erro são naturalmente detestadas pelo pudor e a
justiça;[626] e deverá também acautelar-se para não incorrer em nenhum
abuso de justiça em qualquer assunto, especialmente com respeito às
perdas de armas em batalha, em temor de que ignorando as necessidades que podem justificar tais perdas, tome-se então tais perdas por
perdas vergonhosas e as condenando, aplique-se ao inocente uma pena
imerecida. Não é absolutamente fácil vislumbrar o que há de distinto
944a entre tais casos, mas de qualquer modo é imperioso que a lei tente
por algum meio distinguir um caso do outro. A título de ilustração
podemos citar o que é narrado sobre Pátroclo.[627] Supõe que ele tivesse
sido levado a sua tenda sem suas armas e tivesse se recuperado, como
aconteceu com milhares de outros, enquanto que as armas que ele
empunhara (as quais, como diz o poeta, tinham sido dadas a Peleu[628]
pelos deuses como um dote de Tétis[629]) estivessem em poder de Heitor[630] – neste caso todos os homens vis daquela época poderiam livremente lançar o opróbrio ao filho de Menécio por abandono de armas.

Ademais, há outros exemplos de homens que perdem suas armas ao
b serem precipitados do alto dos rochedos, ou ao combaterem no mar ou
em ravinas subjugados por uma súbita torrente de água de tempestade,
ou devido a outros incontáveis infortúnios, que poderiam ser indicados
como consolo e justificativa numa infelicidade tão sujeita à calúnia.
É correto que distingamos, portanto, da melhor forma que pudermos,
os casos mais graves e mais aflitivos daqueles que o são menos. Via
de regra, realmente, o emprego dos termos em questão com objetivo de
censura impõe uma distinção: a expressão "ele arrojou suas armas" não
c é sempre apropriada; é preciso dizer então "ele perdeu suas armas".
Isto porque de um homem de quem as armas foram arrancadas mediante
muita violência não se dirá que ele "as arrojou", como se diria de alguém
que voluntariamente as abandonou; os dois casos são completamente di-

---

626. ...παρθένος γὰρ Αἰδοῦς Δίκη λέγεταί τε καὶ ὄντως εἴρηται, ψεῦδος δὲ αἰδοῖ καὶ δίκῃ νεμεσητὸν κατὰ φύσιν.... (...*parthénos gàr Aidoûs Dike légetaí te kaì óntos eíretai, pheûdos dè aidoî kaì díkei nemesetòn katà phýsin*...). Esta sentença de Platão é calcada numa de Hesíodo presente em *Os Trabalhos e os Dias*.
627. Filho de Menécio, primo e grande amigo de Aquiles. Foi morto por Heitor durante a guerra de Troia quando usava as armas de Aquiles, conforme Homero, *Ilíada*, xvi, xvii, 125 ss., xviii, 84 ss.
628. Mortal que se casou com Tétis, uma das divindades do mar e gerou com ela Aquiles.
629. Uma nereida, filha do deus marinho Nereu, por sua vez filho do deus-senhor do elemento líquido, Poseidon. Zeus, que a desejava, mas desistiu dela devido a uma profecia que não o agradou, permitiu que se unisse ao mortal Peleu.
630. Herói troiano filho do rei de Troia, Príamo.

ferentes. E assim que seja pronunciada nos seguintes termos a lei: se um homem é atacado por seus inimigos e, portando armas, em lugar de se voltar e defender-se, voluntariamente as abandona sobre o solo ou as lança fora, conquistando assim para si uma vida de desonra pela velocidade dos pés, em lugar de uma morte nobre e abençoada mediante a bravura – no que diz respeito às armas arremessadas longe numa perda dessa estirpe ter-se-á um julgamento, mas o juiz submeterá ao seu crivo o caso do tipo previamente descrito, pois é preciso que se puna sempre o homem mau a fim de melhorá-lo, mas não o homem desafortunado, porquanto não se tira nenhum proveito disso. Qual seria, então, uma penalidade apropriada para o homem que lançou fora por nada tais potentes armas de defesa? Um deus, diz-se, uma vez transformou Caineu da Tessália, substituindo sua forma feminina pela masculina, mas estaria além do poder humano fazer o oposto disso, caso contrário, a transformação inversa – transformá--lo de homem numa mulher – seria, talvez, a mais apropriada de todas as penalidades para aquele que "arroja suas armas".[631] Sendo assim, para atingir uma posição o mais próxima possível disso, devido ao amor humano pela vida a qualquer preço, e para assegurar que pelo resto de sua vida [esse homem] possa não correr qualquer risco, podendo sim viver sobrecarregado com essa desgraça o máximo possível, a lei concernente a esses casos será a seguinte: se um homem for condenado após uma acusação de "lançar fora vergonhosamente suas armas", nenhum general ou qualquer outra autoridade militar jamais o empregará como soldado ou o designará para qualquer posto; caso contrário, a autoridade militar que designou o covarde para um posto será multada em mil dracmas, se pertencer à classe proprietária mais elevada, se pertencer à segunda classe em cinco minas, se pertencer à terceira, três minas, e se da quarta, uma mina. E o soldado que for condenado após ser acusado, além de ser mantido, tal como sua própria natureza exige, afastado de perigos viris, pagará também uma multa de mil dracmas se pertencer à classe proprietária mais elevada, se da segunda cinco minas, se da terceira três minas, e se da quarta, uma mina, precisamente como nos casos anteriores.

Falemos agora dos reparadores[632] que examinarão a gestão dos diversos magistrados, uns eleitos pelo acaso do sorteio para um ano de mandato, outros para vários anos e escolhidos a partir de um elenco

---

631. Isto porque a coragem (ἀνδρεία [*andreía*]), é uma virtude exclusivamente masculina.
632. ...εὐθύνων... (*euthýnon*) cidadãos designados para fiscalizar as contas e examinar a conduta dos magistrados por ocasião do desfecho de seus mandatos.

de pessoas já seletas. O que poderíamos afirmar com propriedade a respeito deles? Quem terá competência para atuar como reparador relativamente aos magistrados em pauta? E se suceder que algum deles atue de maneira tortuosa ou que, vergando sob o peso de uma responsabilidade que não está a sua altura, sua autoridade se mostre inferior

c ao que requer a dignidade de seu cargo, [o que fazer]? Não é de modo algum fácil encontrar um magistrado dos magistrados, que a todos supere em virtude, mas de qualquer modo é preciso tentar descobrir alguns reparadores de uma qualidade divina. Com efeito, a situação se apresenta assim: a dissolução de uma constituição, como a de uma estrutura de navio, depende de muitos fatores críticos, os quais – no caso de um navio – embora este apresente uma unidade de natureza idêntica, estão separados em várias partes que nós chamamos por muitos nomes, tais como suportes, tensores e cordas de amarração.

d Ora, no que se refere à preservação ou à dissolução e o desaparecimento de uma constituição política, o cargo de reparador representa um tal fator crítico, e dos mais sérios, pois se aqueles que atuam como reparadores dos magistrados são melhores homens do que eles, e se agem irrepreensivelmente mediante justiça irrepreensível, então todo o Estado e território florescem e são felizes; mas se a reparação dos magistrados é realizada de maneira diversa, então o elo de justiça que congrega todos os elementos políticos em uma unidade é dissolvido, e consequentemente as magistraturas se rompem entre si, deixando de se dirigir para a mesma meta, e assim de um Estado eles fazem mui-

e tos[633] e o tornando palco do conflito de facções[634] rapidamente o conduzem à ruína. Diante disto, é absolutamente imperioso que os reparadores sejam homens da mais rematada virtude. Vamos conceber que eles sejam mais ou menos assim: todo ano, depois do solstício de verão, todo o Estado deverá se reunir nos recintos que são consagrados em comum ao Sol[635] e a Apolo, onde apresentará diante do deus[636] os nomes de três homens entre todos os presentes, cada cidadão propondo

946a um homem[637] de idade não inferior a cinquenta anos que (à exceção dele próprio) ele considera em todos os aspectos o melhor. Dos assim nomeados serão escolhidos os que obtiverem maior número de votos

---

633. Ver *A República*.
634. ...στάσεων... (*stáseon*) revolução, guerra civil.
635. ...Ἡλίου... (*Helíou*), Hélio. Os astros são deuses.
636. Isto é, Apolo, que acabou posteriormente por absorver todos os atributos do antigo deus Hélio (o deus-Sol), fazendo este último desaparecer.
637. Está claro que apesar da presença de todos os membros do Estado, somente os homens seriam elegíveis.

– metade do número total de nomeados se o número for par, ou no caso de número ímpar procedendo-se à rejeição daquele que tiver obtido menor número de sufrágios e retendo a metade par, classificando-os de acordo com o número de votos recebidos; e se muitos tiverem obtido o mesmo número de votos, tornando a metade superior demasiado grande, o excesso será eliminado pela rejeição dos mais jovens. O resto sendo mantido na lista, haverá nova votação, continuando-se o mesmo

b processo até que sobrem três que detenham um número desigual de votos. Se, entretanto, todos esses, ou dois deles, detiverem número igual de votos, o assunto será resolvido pela boa sorte e o acaso, decidindo--se pelo sorteio entre o primeiro, o segundo e o terceiro, coroando-os com coroas de folhas de oliveira; e quando tiverem assim premiado os cidadãos mais distintos, [os cidadãos] farão esta proclamação pública: o Estado dos magnésios, que pela graça da Divindade, foi novamente preservado, apresentou a Hélio (o deus-Sol) os três mais virtuo-

c sos entre seus próprios homens, e agora os dedica, de acordo com a antiga lei, na qualidade de uma oferta conjunta a Hélio e Apolo, como seus primeiros frutos mais seletos por tanto tempo para o desempenho de sua tarefa judicial quanto permaneçam eles fiéis ao julgamento de que foram objeto. Doze reparadores serão nomeados no primeiro ano, que conservarão seu poder até a idade de setenta e cinco anos, depois do que três serão acrescentados anualmente. E eles, após terem dividido todas as magistraturas públicas em doze seções, empregarão todos os testes [e recursos] de investigação aplicáveis aos magistrados [que são homens livres]. Enquanto atuarem como reparadores, residirão nos recintos

d consagrados a Apolo e Hélio, onde foram escolhidos. Eles julgarão (seja cada um individualmente, seja ocasionalmente em conjunto) os magistrados da cidade que estão deixando seus cargos e divulgarão na *ágora* as penas e multas em que incorreram os magistrados segundo o julgamento dos reparadores. Se algum desses magistrados não reconhecer o fundamento da sentença, ele convocará os reparadores perante os juízes selecionados; se estes o absolverem da condenação dos reparadores, ele poderá, se o desejar, mover contra os próprios repa-

e radores uma acusação; se, ao contrário, ele for reconhecido como culpado, no caso da pena indicada pelos reparadores ter sido a morte, nada mais se poderá fazer a não ser executá-lo (sendo possível apenas uma morte); em se tratando, porém, de penas que possam ser duplicadas, ele pagará o dobro. Quanto aos exames de reparação dos próprios reparadores, convém que ouçamos quais sejam e como devam

947a ser conduzidos. Durante suas vidas esses homens, que foram julgados dignos de receberem do Estado na sua totalidade o mais eminente de todos os cargos, terão para si os primeiros assentos em todos os festivais; e será também de dentre eles que serão escolhidos os chefes de toda missão sagrada enviada para participar de quaisquer sacrifícios públicos, congressos ou outras assembleias sagradas dos gregos; só a eles, igualmente, será reservada a coroa de louro. Todos eles serão sacerdotes de Apolo e Hélio e todo ano aquele entre eles que tiver sido considerado o primeiro dos nomeados será o sumo sacerdote, e seu
b nome será o nome do ano para que sirva de padrão de tempo para medir a própria vida do Estado. Quando morrerem, sua exposição ao público, funeral e sepultamento serão distintos daqueles dos outros cidadãos; nestas ocasiões apenas trajes brancos serão usados e não haverá quaisquer gemidos ou lamentações. Um coro de quinze moças e outro de quinze rapazes permanecerão de cada lado do esquife e cantarão alternadamente um elogio aos sacerdotes sob forma de
c um hino em versos, celebrando a bem-aventurança dos sacerdotes o dia inteiro. Na alvorada do dia seguinte o esquife será carregado [e escoltado] até a sepultura por uma centena de homens jovens (escolhidos pelos parentes do morto) que frequentam os ginásios, e a procissão será conduzida pelos soldados, todos trajados com seus uniformes militares próprios – a cavalaria com seus cavalos, os hoplitas com suas armas pesadas e os restantes de maneira semelhante; e ao redor
d do esquife, os rapazes, na dianteira, entoarão seu canto nacional e atrás deles seguirão as moças cantando e todas as mulheres que ultrapassaram a idade de ter filhos; e próximos seguirão os sacerdotes e sacerdotisas como se o fizessem na direção de um túmulo santificado, isto embora sejam impedidos de se aproximar de todos os outros túmulos, se a voz da pítia aprovar que assim será. A sepultura deles será construída no subsolo sob a forma de uma cripta oblonga feita de pedra esponjosa, o menos sujeita possível ao desgaste, dotada de leitos de pedra
e dispostos paralelamente; aí será depositado o corpo do *bem-aventurado*;[638] toda essa sepultura será recoberta por um outeiro circular, em torno do qual será plantado um bosque, deixando livre somente um lado, de sorte que neste ponto a tumba possa sempre ser ampliada quando forem necessários outeiros adicionais para os novos mortos a serem sepultados. E todo ano competições de música, ginástica e hipismo serão realiza-

---

638. ...τὸν μακάριον... (...*tòn makárion*...). Consultar o *Epinomis* presente nesta edição a respeito da importância religiosa desse epíteto.

das em honra desses mortos. Essas serão as recompensas para os reparadores que passaram incólumes pelo crivo dos reparadores. Mas se qualquer um desses reparadores, contando com o fato de ser um eleito, demonstrar a fraqueza de sua natureza humana tornando-se mau após sua eleição, a lei concederá a quem quer que o deseje o direito de acusá-lo e o julgamento ocorrerá na corte da maneira seguinte: a corte será composta primeiramente de guardiões das leis, a seguir dos próprios reparadores vivos e somando-se a estes o corpo dos juízes selecionados. E o acusador dirá no ato de acusação que a pessoa acusada é indigna de sua posição ilustre e de seu cargo; se o acusado for condenado será destituído de seu cargo, de sua sepultura e dos demais privilégios que lhe foram concedidos; mas se o acusador não conseguir obter um quinto dos votos, será obrigado a pagar doze minas se pertencer à classe mais elevada; se pertencer à segunda, oito; se pertencer à terceira, seis; e se pertencer à quarta classe, duas minas.

Que se admire Radamanto[639] pela maneira como, segundo nos foi narrado, julgava os processos baseado na percepção de que as pessoas de seu tempo tinham uma nítida crença na existência dos deuses e, naturalmente, assim constatando que a maioria dos seres humanos daquela época eram descendentes dos deuses, entre outros ele mesmo, como nos transmite a narrativa. Provavelmente, ele pensava que não devia confiar processos a qualquer ser humano, mas somente aos deuses, dos quais ele obtinha vereditos que eram a um tempo simples e rápidos; exigia um juramento das partes em litígio relativamente a todos os assuntos em disputa, assegurando assim uma definição célere e segura.[640] Mas atualmente, como já dissemos, uma certa parte da raça humana não acredita de modo algum nos deuses e outros afirmam que eles não se importam conosco, seres humanos, enquanto uma terceira parte, que é composta pela maioria dos seres humanos e os piores entre eles, supõe que como recompensa por reles oferendas e bajulações, os deuses lhe presta ajuda no perpetramento de grandes roubos, frequentemente a deixando impune e livre de grandes penalidades – neste estado de coisas, relativamente aos seres humanos como eles agora o são, o recurso de Radamanto não seria mais apropriado

---

639. Filho de Zeus e Europa e irmão de Minos e Sarpedon, tornou-se rei e celebrizou-se por sua sabedoria ao administrar a justiça; após a morte, passou a ser um dos três juízes das almas no mundo subterrâneo dos mortos e domínio do deus Hades (Plutão).
640. Ou seja, acreditando efetiva, sincera e intensamente no deus, as partes em litígio eram incapazes de jurar em falso, com o que Radamanto tinha diante de si prontamente a parte que declarava a verdade e aquela que declarava a mentira, podendo julgar com extrema facilidade.

d nos processos. Considerando-se, por conseguinte, que as opiniões dos seres humanos acerca dos deuses mudaram, assim também deverão suas leis mudar. Nas ações legais, leis elaboradas inteligentemente devem impedir que as partes em litígio façam juramentos. Aquele que está movendo uma ação contra alguém deve registrar suas acusações por escrito, mas não prestar qualquer juramento, e o acusado de maneira análoga deverá registrar por escrito sua negativa e entregá-la aos magistrados sem um juramento. Pois é verdadeiramente algo horrível saber de sobejo que se, por um lado, os processos são frequentes num

e Estado, por outro quase a metade dos cidadãos incorrem em perjúrio, embora não tenham nenhum escrúpulo em se reunirem nos repastos comuns e em outras reuniões públicas e privadas. Assim, será estabelecido pela lei que um juiz tomará um juramento quando estiver na iminência de julgar, e de maneira semelhante, juramentos deverão ser tomados por aquele que está nomeando magistrados públicos por voto

949a sob juramento ou por trazer seus votos de um sítio sagrado, e pelo juiz dos coros ou de qualquer interpretação musical, e pelos presidentes e árbitros das competições de ginástica e hípicas, ou com respeito a quaisquer matérias que segundo a opinião humana não trazem ganho para aquele que comete o perjúrio. Porém, em todos os casos em que é evidente que um grande ganho caberá àquele que nega resolutamente e jura ignorância, todas as partes em litígio terão que ser julgadas sem

b juramentos. E geralmente, durante um julgamento, os presidentes do tribunal não permitirão que alguém fale sob juramento com o intuito de granjear crédito, ou lançar maldições sobre si mesmo e sua família, e fazer uso de súplicas descabidas e soluços femininos, mas apenas e sempre declarar e ouvir o que é justo em linguagem apropriada; caso contrário, o magistrado lhe chamará a atenção por desviar-se do ponto e o intimará a voltar a se deter no assunto em pauta. No caso de es-

c trangeiros residentes que tratam com estrangeiros, permitir-se-á a eles, como agora, fazer e tomar juramentos de caráter comprometedor entre si, se assim o preferirem, visto que tais homens não envelhecerão no Estado e nem, via de regra, estabelecerão seus lares nele e criarão outros como eles mesmos para se tornarem naturalizados no país; e com respeito às ações particulares que movem entre si, todos gozarão do mesmo privilégio durante o julgamento.

Em todos os casos nos quais um homem livre desobedece o Estado, não mediante atos que mereçam açoites, prisão ou a morte, mas com respeito a assuntos como o comparecimento a festivais, procissões ou

d cerimônias públicas de tipo semelhante – assuntos que envolvem ou um sacrifício em paz ou uma contribuição em tempo de guerra – em todos esses casos a primeira necessidade é a reparação do dano; em caso de desobediência, aqueles magistrados que o Estado e a lei nomeiam para essa função tomarão objetos em penhor; se a recusa ao cumprimento da lei persistir os objetos em penhor serão colocados à venda e o dinheiro obtido pertencerá ao Estado; e se houver necessidade de uma penalidade maior, o magistrado competente em cada caso imporá sobre aquele que
e desobedece as penalidades adequadas e o convocará à corte até que ceda em fazer o que lhes é solicitado fazer. Para um Estado que somente produz dinheiro a partir dos produtos de seu solo e onde há atividade comercial, é necessário determinar que ação deve ser empreendida no tocante à emigração de seus cidadãos para países estrangeiros e a admissão de estrangeiros de outras partes. Ao dar conselhos acerca desses assuntos, o legislador deverá começar por utilizar o máximo de persuasão de que for capaz. O intercâmbio entre Estados naturalmente resulta numa mistura de caráteres de todo tipo, na medida em que estrangeiros
950a importam entre estrangeiros costumes novos, e tal resultado provocaria um imenso dano aos povos que desfrutam de uma boa forma de governo e uma boa legislação. Mas a maioria dos Estados não são de modo algum bem governados, de sorte que para eles não faz diferença se sua população se miscigena pela introdução de estrangeiros entre os cidadãos e pela visita de seus próprios cidadãos a outros Estados sempre que qualquer um deles, jovem ou velho, a qualquer tempo ou lugar, deseja viajar para o estrangeiro. Ora, constitui uma política inconcebível proibir terminantemente aos estrangeiros que visitem o Estado ou aos cidadãos
b que visitem outros Estados, parecendo ademais, aos olhos do resto do mundo, uma postura insociável e rude, pois os cidadãos acabariam por ganhar a reputação de usarem expressões inamistosas e grosseiras com os estrangeiros, como aquelas dos chamados "Atos de Expulsão dos Estrangeiros"[641] e métodos tanto tirânicos quanto severos; e reputação perante os outros, seja de bondade, seja do contrário, é algo que jamais deve se ter em pouca estima, isto porque a maioria dos seres humanos, embora estejam bem distanciados da efetiva bondade, não estão igualmente distanciados da capacidade de julgar se os outros são bons ou maus; e mesmo no perverso reside uma intuição correta e divina.[642]

---

641. A referência de Platão é a uma lei de Licurgo, que proibia expressamente o domicílio de estrangeiros em Esparta.
642. Consultar o *Mênon*, em *Diálogos V*.

pelo que mesmo os muitíssimos seres humanos que são extremamente
c perversos distinguem acertadamente em seus discursos e opiniões entre os melhores e os piores seres humanos. Consequentemente, para a maioria dos Estados, a exortação que se faz no sentido de atribuir elevado valor a uma boa reputação pública é uma exortação certa. A regra mais correta e mais importante é esta: que aquele que busca uma boa reputação seja ele próprio verdadeiramente bom e que jamais a busque sem a bondade (se pretende realmente ser um ser humano perfeito); e além disso, no que diz respeito ao Estado que estamos fundando em Creta, seria conveniente adquirir em todo o mundo a mais bela e a melhor reputação possível em matéria de virtude; e se esse Estado
d desenvolver-se de acordo com o projeto, poderemos alimentar todas as esperanças, como é natural, de que ele (e poucos outros) estará entre os Estados e territórios bem ordenados contemplados pelo Sol e todos os outros deuses. Portanto, quanto à questão de ir para o estrangeiro, para outras terras e lugares e a admissão de estrangeiros no Estado temos que agir da seguinte maneira: em primeiro lugar, nenhum homem com menos de quarenta anos terá a permissão de ir para o estrangeiro, para nenhum sítio; em segundo lugar, não será permitido que um homem se dirija ao estrangeiro na qualidade de indivíduo particular, mas a permissão na qualidade de representante público será concedida a
e arautos, embaixadores e certas comissões de inspeção. Seria impróprio reconhecer expedições militares durante a guerra como visitas oficiais ao estrangeiro. É certo que embaixadores devem ser enviados ao Apolo pítio [em Delfos], a Zeus em Olímpia, à Nemeia e ao Ístmo para participarem dos sacrifícios e jogos em honra desses deuses; e é certo também que os embaixadores assim enviados sejam, tanto quanto viável for, os mais numerosos, belos e virtuosos possíveis – homens que ganharão para o Estado uma alta reputação nos congressos sagrados
951a de paz, conferindo-se uma reputação gloriosa rivalizável com a de seus guerreiros. E esses homens, quando voltarem para casa, ensinarão à juventude que as instituições políticas dos outros países são inferiores às suas próprias. Igualmente, será necessário que sejam enviados outras comissões de inspeção (quando obtida a permissão dos guardiões das leis) do seguinte tipo: se qualquer um dos cidadãos desejar inspecionar os feitos do mundo externo a título de lazer, nenhuma lei o impedirá,
b pois um Estado que é inexperiente em matéria de maus seres humanos e bons seres humanos jamais seria capaz (devido ao seu isolamento) de se tornar completamente civilizado e perfeito, e tampouco seria capaz de

salvaguardar suas leis a menos que ele as assimilasse, não apenas por força do hábito, mas também por convicção. Entre os membros da multidão existem sempre, embora em quantidade modesta, seres humanos que são divinamente inspirados; o intercâmbio com tais pessoas é de sumo valor e elas nascem tanto em Estados mal governados quanto em Estados que são bem governados. Para quem reside num Estado bem ordenado é sempre acertado empreender uma viagem de investigação por terra e mar em busca de tais indivíduos, desde que ele próprio seja incorruptível, e desse modo confirmar quais as leis de seu Estado natal foram corretamente promulgadas, e quais são deficientes, necessitando correção. Na ausência de tal inspeção e investigação, um Estado não preservará sua perfeição, como também não o logrará se a inspeção for mal conduzida.

Clínias: Como então poder-se-ia assegurar esses dois objetos?

O ateniense: Da maneira seguinte: em primeiro lugar, o nosso inspetor de além-mar terá mais de cinquenta anos; em segundo lugar, será necessário que ele tenha se provado um homem de excelente reputação tanto em assuntos militares quanto outros, se se pretende que ele seja remetido a outros Estados com a aprovação dos guardiões das leis; contudo, quando ultrapassar sessenta anos de idade, cessará sua atuação como inspetor. Uma vez cumprida nesse período de dez anos a quantidade de anos desejada por ele e ele tiver retornado à pátria, apresentar-se-á ao conselho dos supervisores das leis, o qual será um corpo misto de homens jovens e velhos, que são obrigados a se reunirem todo dia entre a alvorada e o nascer do sol; consistirá, em primeiro lugar, dos sacerdotes que conquistaram as maiores condecorações por mérito, e em segundo lugar, dos dez guardiões das leis mais velhos, e incluirá ainda o último diretor geral da educação nomeado, bem como seus predecessores em tal cargo. Nenhum desses membros se apresentará sozinho, mas sim acompanhado de um jovem, escolhido por ele mesmo, de idade variável entre trinta e quarenta anos. Os assuntos de sua conferência e discursos serão sempre as leis e seu próprio Estado, e qualquer coisa de importância que possa ter aprendido em outra parte que se vincule a esses assuntos, ou qualquer ramo do conhecimento que se julgue provavelmente útil em sua investigação, no sentido de seu conhecimento ser proveitoso para uma visão mais clara das matérias legais, enquanto sua ignorância poderia conduzir a uma visão vaga e nebulosa. Quaisquer dessas matérias que forem aprovadas pelos membros mais velhos terão que ser aprendidas com máxima diligência pelos mais jovens.

Se algum dos jovens convidados ao comparecimento for considerado
b indigno, a pessoa que o trouxe será censurada por todo o conselho, mas
aqueles que gozarem de boa reputação serão observados pelo resto dos cidadãos, que os considerarão e observarão com especial cuidado, honrando-
-os quando agem corretamente, mas repudiando-os e condenando-os à
desonra mais do que quaisquer outros homens caso se tornem piores
do que a maioria. A este conselho se apresentará o recém-chegado inspetor que estudou as instituições dos outros povos, e se tiver descoberto
quaisquer indivíduos que se mostraram capazes de declarar algo a respeito de legislação, educação ou formação, ou se tiver ele mesmo retornado
c enriquecido pessoalmente em função de [preciosas] observações, comunicará tudo isso a todo o conselho. E se [ao conselho] parecer que ele
voltou em aspecto algum pior (e tampouco nem um pouco melhor) de
quando se dirigiu ao estrangeiro, ainda assim ele será objeto de aprovação devido ao seu extremo zelo; se parecer que retornou muito melhor,
será objeto de uma aprovação excepcionalmente maior durante toda sua
vida e ao falecer, devidas honras lhe serão prestadas pelo conselho em
assembleia. Entretanto, se por outro lado, tal inspetor parecer corrompido por ocasião de seu retorno, a despeito de sua pretensão à sabedoria,
será proibido de associar-se com quem quer que seja, jovem ou velho;
se acatar as determinações dos magistrados, poderá viver como pessoa
particular, destituída de qualquer cargo público; caso se rebele contra as
decisões dos magistrados, será julgado num tribunal por interferência
nos assuntos da educação e das leis, e se condenado, será punido com a
d morte. Neste caso, se nenhum dos magistrados o convocar a comparecer
perante o tribunal, os magistrados serão censurados por ocasião da concessão de títulos por mérito. Tais serão, portanto, o caráter e o procedimento daquele que viaja para o exterior. Depois dele, teremos que tratar
em termos amigáveis do visitante que vem do exterior. Há quatro tipos
de estrangeiros visitantes que requerem menção. O primeiro e inevitável
visitante é aquele que escolhe o verão, de ordinário, para suas visitas
e anuais, semelhante a aves migratórias – e como aves a maioria [desse
tipo de visitante estrangeiro] cruza o mar, tal como se tivesse asas, objetivando ganhar dinheiro com seu comércio, e sobrevoa as cidades estrangeiras durante o estio. Tal estrangeiro precisa ser recebido quando
chega à cidade nos mercados da *ágora*, nos portos e edifícios públicos fora
da cidade pelos magistrados deles incumbidos, que deverão armar-se de
cautela para que não introduza qualquer inovação, dispensando-lhe a
953a devida justiça e se relacionando com ele o estritamente necessário, na

menor medida possível.[643] O segundo tipo de estrangeiro é o inspetor no sentido literal da palavra, que com seus olhos e seus ouvidos inspecionará tudo que diz respeito às exibições musicais: para este deverá haver alojamentos nos templos de modo a contar com hospitalidade cordial, os sacerdotes e guardiões dos templos prestando-lhe todo o cuidado e atenção até que depois de uma estadia de tempo razoável e após ter visto e ouvido tudo que tencionava, sem causar danos ou os ter sofrido, será dispensado. Relativamente a este tipo de estrangeiro, caberá aos sacerdotes atuarem como juízes no caso de alguém ofendê-lo ou ele ofender alguém – isto se a reclamação não for além de cinquenta dracmas. Mas se qualquer reclamação correspondente a um valor maior for feita, o julgamento de tal estrangeiro terá que ocorrer perante os agorânomos. O terceiro tipo de visitante estrangeiro que exige uma recepção pública é aquele que provém de um outro país para o trato de algum negócio público: sua recepção deverá ser feita exclusivamente pelos estrategos, hiparcas e taxiarcas, e o cuidado de um estrangeiro dessa espécie precisará estar inteiramente a cargo do oficial com o qual ele se alojará juntamente com os prítanes. O quarto tipo de estrangeiro nos visita esporadicamente, se é que algum dia o faz, mas caso venha de algum outro país um inspetor similar àquele que nós enviamos ao exterior, virá sob as seguintes condições: em primeiro lugar deverá ter cinquenta anos no mínimo; em segundo lugar, o propósito de sua vinda terá que ser a contemplação de algum belo objeto que seja superior em beleza a qualquer coisa a ser encontrada em outros Estados, ou exibir a um outro Estado alguma coisa que assim possa ser descrita. Todo visitante desse naipe deverá se dirigir, sem prévio convite, às portas dos ricos e sábios, sendo ele próprio rico e sábio, e deverá se dirigir também à moradia do diretor geral da educação, acreditando-se ser um convidado apropriado de um tal anfitrião, ou à casa de um dos cidadãos que ganhou um prêmio por seu elevado nível em virtude. E depois de ter conversado com essas pessoas, fornecendo e recebendo informações, ele partirá como detentor de presentes e honras cabíveis que lhe foram oferecidos por amigos a um amigo. Tais são as leis em conformidade com as quais todos os estrangeiros, de um sexo ou outro, provenientes de outros Estados, deverão ser recebidos e que regerão também o envio de nossos próprios cidadãos, assim prestando honra a Zeus, o patrono dos estrangeiros, em lugar de expulsar os estrangeiros

---

643. Platão sabe que o isolacionismo é prejudicial ao Estado e reprova uma xenofobia desinteressante, mas receia a introdução de inovações inconvenientes.

de nossas mesas e nossas cerimônias, como é atualmente feito pelos nativos do Nilo, ou ainda por meio de proclamações selvagens. Se alguém dá uma garantia, deverá dá-la mediante termos explícitos, descrevendo toda a transação num registro por escrito, e isto diante de não menos que três testemunhas, se o valor envolvido for inferior a mil dracmas. O corretor do bem em garantia numa venda atuará como fiador do vendedor caso este último não detenha efetivo direito sobre os bens vendidos, ou seja completamente incapaz de garantir sua posse; tanto o corretor como o vendedor assumirão responsabilidade legal. Se alguém quiser fazer uma busca na residência de uma outra pessoa, deverá colocar-se nu da cintura para cima e não usar cinto, e depois de ter feito um juramento pelos deuses designados [pela lei] de que verdadeiramente espera encontrar seu bem nessa residência, ele fará a busca; aquele cuja residência for objeto da busca lhe concederá o direito de vasculhar sua casa, incluindo tanto coisas seladas quanto não seladas. Mas se alguém pretender executar a busca e a outra parte lhe recusar a permissão de fazê-lo, quem se defrontou com a recusa tomará medidas legais, declarando o valor estimado do bem que é objeto de busca. No caso da condenação do citado perante a lei, ele pagará a título de danos o dobro do valor do bem estimado. Se acontecer do senhor da casa estar [ausente e] distante de sua residência, os ocupantes da mesma permitirão que o reclamante realize a busca do que não está selado, e aquele que realiza a busca aporá seu próprio selo no que está selado além de colocar na guarda disso alguém de sua escolha durante cinco dias; se o senhor da casa continuar ausente além desse tempo, o reclamante convocará os astínomos e então fará a sua busca [suplementar] na qual abrirá também o que se acha selado, voltando a selá-lo da mesma maneira na presença dos serviçais e dos astínomos.

Em casos de reclamações controvertidas, será necessário estabelecer um limite de tempo, que depois de transcorrido impossibilitará a reivindicação de qualquer bem que se alega estar de posse de outrem. Em nosso Estado nenhuma contestação de posse envolvendo terras e casas será possível, porém com referência a qualquer outra coisa que alguém tenha adquirido, se o possuidor usar abertamente o objeto adquirido na cidade, na *ágora* e nos templos sem que ninguém o reclame, então se alguém afirmar que esteve procurando tal objeto durante todo esse tempo, estando evidente que seu possuidor não o ocultou de modo algum, perdurando isso por um ano, o possuidor ainda conservando o objeto e a outra pessoa ainda o procurando, findo o ano não será mais permitido a ninguém reivindicar sua posse. E se alguém usar abertamente um objeto no campo, a despeito de não fazê-lo na cidade ou na *ágora*, e durante cinco anos ninguém reivindicar sua posse, transcorridos os cinco anos nenhuma reclamação de tal objeto será permitida. Se o possuidor utilizar um objeto apenas no interior de sua casa na cidade, o limite de tempo será de três anos; se utilizá-lo num local oculto no campo, será de dez anos, enquanto se for no estrangeiro, em qualquer ocasião que o descubra, não haverá nenhum limite de tempo determinado para fazer uma reclamação. Se alguém impedir pela força que alguma pessoa compareça a uma corte, quer seja o demandante ou suas testemunhas, sendo a pessoa seu escravo ou escravo de outro senhor, a ação será anulada e invalidada. No caso da pessoa obstada ser um homem livre, em acréscimo à anulação da ação, o indivíduo que exerceu a coação será aprisionado por um ano e estará sujeito a uma acusação de rapto[644] feita por quem desejar fazê-la. E se alguém obstar pela força que um rival nas competições de ginástica, de música ou outras compareça para competir, quem o quiser comunicará o fato àqueles que presidem às competições[645] e estes darão [diretamente] a quem se propôs a participar da competição a liberdade de participar. Se não for possível que o faça e se aquele que coagiu o concorrente obter a vitória, eles concederão o prêmio ao concorrente que sofreu coação e registrarão seu nome como vencedor em quaisquer templos que ele desejar, enquanto o autor da coação será proibido de fazer qualquer oferenda dedicatória ou inscrição relativa a tal competição, e estará sujeito a pagar por danos tenha ele sido derrotado na competição ou tenha ele logrado a vitória. Aquele que conscientemente receber qualquer objeto furtado estará sujeito à mesma penalidade do ladrão, e dar abrigo a um exilado constituirá um crime a ser punido com a morte. Todos encararão o amigo ou inimigo do Estado como seu próprio amigo ou inimigo, e aquele que celebrar a paz ou fazer a guerra com este ou aquele partido por iniciativa pessoal sem o consentimento público será igualmente punido com a morte. Se qualquer porção do Estado celebrar a paz ou fazer a guerra por sua própria decisão contra este ou aquele partido, os estrategos convocarão os autores de tal ação perante a corte e a pena para aquele que for condenado será a morte. Todos aqueles que estiverem prestando serviços ao Estado terão que realizá-los sem receber presentes, e não constituirá nem pretexto nem

---

644. ...ἀνδραποδισμοῦ... (*andrapodismoû*), redução à escravidão, atentado à liberdade de um homem livre.
645. ...τοῖς ἀθλοθέταις..., (*toîs athlothétais*) os atlotetas.

justificativa louvável o argumento de que por boas ações um homem deve receber presentes, embora não deva por más. Neste caso não é fácil tomar uma decisão sábia e tomada esta acatá-la com firmeza – o
d   mais seguro é escutar e acatar a lei que diz: não aceitar presentes na oportunidade de prestação de um serviço público. Aquele que desobedecer, se condenado pela corte, será punido com a morte sem perdão.[646] Quanto às contribuições em dinheiro feitas ao tesouro público, será necessário, por muitos motivos, que cada propriedade particular seja avaliada e também que o cômputo da renda anual seja entregue por escrito aos *agrônomos* pelos comissários das tribos, de modo que o tesouro possa optar pelo método de contribuição existente que prefe-
e   rir, e possa determinar ano a ano se exigirá uma proporção do valor estimado na totalidade, ou uma proporção da renda anual atual, sem incluir os tributos pagos relativos aos repastos comuns.

Quanto às oferendas votivas[647] aos deuses, é conveniente a um homem moderado apresentar oferendas de valor moderado. O solo e o fogo doméstico são, segundo todos, sagrados a todos os deuses, pelo que ninguém consagrará novamente o que já está consagrado [nos
956a templos]. O ouro e a prata, que em outros Estados são usados tanto particularmente quanto nos templos, são objetos passíveis de causar inveja; o marfim, que provém de um corpo separado de sua alma não é uma oferenda pura, enquanto que o ferro e o bronze são instrumentos de guerra; de madeira e de pedra poder-se-á oferecer nos templos públicos tudo que se desejar desde que seja uma peça única; de material que seja produto de tecelagem poder-se-á oferecer uma quantidade que não ultrapasse a produção mensal de uma mulher. No caso de tecidos e outros materiais, o branco é uma cor compatível com os deuses, mas
b   é preciso que não sejam usadas tinturas salvo no caso de decorações militares. Aves e imagens[648] constituem a maioria das oferendas aos deuses e não poderão ser maiores do que aquilo que um artista é capaz de executar e completar em um único dia; e todas as demais oferendas votivas serão moldadas segundo linhas similares. E agora que estabelecemos detalhadamente quais e quantas precisam ser as divisões do Estado como um todo, e que estabelecemos também da melhor forma

---

646. É-se punido pela morte especialmente no caso de crimes cometidos contra o Estado, considerados gravíssimos na concepção socialista do Estado platônico.
647. ...ἀναθήματα... (*anathémata*).
648. ...ἀγάλματα... (*agálmata*), literalmente ornamentos, decorações; especificamente obra artística oferecida a um deus; Platão se refere aqui a quaisquer imagens produzidas pelo escultor ou o pintor para servirem de oferenda aos deuses.

que pudemos as leis relativas a todas as transações negociais mais importantes, é conveniente que abordemos em seguida os procedimentos judiciais. A primeira das cortes será composta pelos juízes eleitos em conjunto pelo reclamante e o acusado, e que serão chamados de *árbitros*, que constitui um nome mais adequado do que *juízes*. A segunda corte será formada pelos habitantes dos povoados e das tribos (estas divididas em doze partes). Se a causa não foi decidida na primeira corte, as partes em disputa comparecerão perante esses juízes para um caso de litígio que envolve uma ofensa maior; e se no segundo julgamento, o acusado for derrotado, pagará como penalidade complementar a quinta parte da quantia estimada para a penalidade registrada; e se, insatisfeito com seus juízes, desejar entrar em litígio perante uma corte pela terceira vez, deverá apelar para os juízes selecionados, e se perder o caso novamente pagará uma vez e meia a quantia estimada. Do mesmo modo, se o reclamante, quando derrotado na primeira corte não se julgar satisfeito e comparecer à segunda corte, em caso de vitória receberá a quinta parte, mas em caso de derrota, pagará a mesma fração da penalidade. E se, devido à insatisfação com o veredito anterior, procederem até a terceira corte, o acusado (como já asseveramos) pagará, se derrotado, uma vez e meia a penalidade e o acusador a metade da penalidade. No que concerne à designação das cortes, o preenchimento de vagas, a instalação de serviços próprios a cada magistratura, os períodos de tempo prescritos para o cumprimento de cada uma dessas funções, o registro dos votos, os adiamentos e todos os demais arranjos judiciais necessários – tais como a fixação por sorteio da ordem dos julgamentos, regras referentes à obrigação de responder ao interrogatório da outra parte e de comparecer logo que se é intimado – e em suma, todas as matérias com isso aparentadas, já as abordamos anteriormente, mas, não obstante, sendo a verdade, convém repetir duas ou até três vezes. O velho legislador, entretanto, poderá deixar de lado todos os detalhes dessa regulamentação, tendo-os como triviais e fáceis de serem localizados; competirá ao jovem legislador preencher essas omissões. Ao lidar com as cortes privadas, esse método se revelaria razoável, mas em conexão com os tribunais públicos do Estado, e todos aqueles dos quais os oficiais têm que fazer uso para administrar os assuntos que pertencem às suas várias magistraturas, existem em muitos Estados um grande número de prescrições legislativas admiráveis de homens dignos. A partir destas os guardiões das leis terão que construir um código que seja adequado à constituição política que estamos no momento estruturando, em parte pelo confronto e correção, em parte submetendo-as à prova da experiência, até que cada uma dessas prescrições seja considerada satisfatória. Estando finalmente aprovadas, e seladas como absolutamente inalteráveis, os magistrados as porão em prática durante toda sua vida. Todas as regras relativas ao silêncio e discurso discreto e o oposto destes da parte dos juízes e tudo o mais que diferir das regras vigentes em outros Estados concernentes à justiça, à bondade e à beleza – todas essas regras foram formuladas em parte, e em parte serão formuladas antes que encerremos nossos discursos. Todo aquele que se propõe a ser um juiz correto e imparcial terá que atender a todas essas matérias, tendo, também, que estudar a exposição escrita delas que tiver em mãos, pois entre todos os estudos, o das regulamentações legais, contanto que seja corretamente estruturado, é o que será mais eficiente em fazer daquele que a ele se devota um ser humano melhor, visto que se assim não fosse, seria em vão que nossa lei divina[649] e admirável ostentasse um nome aparentado à razão.[650] Ademais, de todos os outros discursos, quer sejam de encômio ou censura pessoal, compostos em verso ou prosa, escritos ou proferidos dia a dia em alguma reunião a título de controvérsia ou a título de adesão (amiúde de feitio bastante fútil), de todos esses discursos os escritos do legislador serão a pedra de toque; e porquanto detém dentro de si esses escritos como um antídoto contra os outros discursos, o bom juiz guiará tanto a si mesmo quanto ao Estado de maneira acertada, pois em relação ao bom ele assegurará a permanência e o aumento do que é justo, e para o mau o maior afastamento possível de sua ignorância, intemperança e covardia, e, em síntese, de toda sua iniquidade em geral, ou seja, para todos os maus cujas opiniões são curáveis; mas se para aqueles cujas opiniões estão realmente cristalizadas pelo destino indicarem a morte como cura para almas nessas condições – uma observação digna de ser frequentemente reiterada – tais juízes e condutores de juízes merecerão o louvor de todo o Estado. Quando todos os processos do ano tiverem sido finalmente julgados, será necessário dispor de leis que regulamentem a execução das sentenças.

Em primeiro lugar, o magistrado que está atuando como juiz transferirá à parte vitoriosa todos os bens da parte condenada, salvo aquilo que esta última terá que manter consigo necessariamente;[651] e isto ele fará em cada

---

649. Para Platão a lei é de inspiração divina, o que suscitou uma das divergências mais cruciais com os sofistas, para os quais a lei é meramente uma convenção humana.
650. Em grego lei é νόμος (*nómos*) e razão é νοῦς (*noûs*).
651. Ou seja, salvo os bens vinculados ao seu lote inalienável.

caso imediatamente, após ter ocorrido a votação mediante a proclamação de um arauto feita na presença dos juízes. Se, próximo ao fim do mês subsequente aos meses de sessão nos tribunais, não tiver sido celebrado um acordo para mútua satisfação com o ganhador do caso, o magistrado que julgou o caso entregará, sob instância da parte vitoriosa, os bens da parte perdedora; e se esta não contar com recurso algum, mesmo que a diferença seja de menos de uma dracma, o perdedor ficará impedido de processar quem quer que seja enquanto não houver pago integralmente sua dívida à parte vitoriosa, isto embora outros possam mover ações válidas contra ele. Todo aquele que, condenado, fizer obstrução à corte que o condenou será convocado a comparecer ante a corte dos guardiões das leis pelos magistrados atingidos por essa obstrução incorreta, e se for condenado nesse processo como culpado de subverter todo o Estado e suas leis será punido com a morte. A seguir, depois de um homem nascer e ser criado e ter ele mesmo gerado e criado seus filhos, e ter participado moderadamente das transações negociais, dando ou recebendo – conforme seja este ou aquele o caso – compensação pelos erros cometidos, depois que tiver assim envelhecido devidamente durante uma vida de acatamento da lei, chegará seu fim determinado pelo curso da natureza. No tocante aos mortos, homens ou mulheres, quais serão os ritos sagrados a serem celebrados em respeito aos deuses do mundo subterrâneo, ou deste mundo, caberá aos *intérpretes*, como autoridades finais, declará-los. Não será permitido que nenhum túmulo seja construído em áreas cultiváveis, quer seja o monumento pequeno ou grande; eles ocuparão aqueles sítios nos quais o solo é naturalmente apropriado exclusivamente a essa finalidade, a saber, receber e ocultar os corpos dos mortos com o menor prejuízo para os vivos,[652] porém no que tange a todos os lugares que por sua própria natureza estão destinados a produzir alimento para a humanidade, desses ninguém, vivo ou morto, privará a nós que estamos vivos. Os montes de terra [dos túmulos] não deverão ultrapassar a altura que pode atingir, em cinco dias, o trabalho de cinco homens. Tampouco poderão ser erigidos pilares de pedra de um tamanho que vá além do que seja necessário para conter, no máximo, um elogio da vida de um homem que consista de mais de quatro linhas heroicas. Quanto à exposição do cadáver, em primeiro lugar ele não poderá permanecer na casa um período superior ao estritamente ne-

---

652. O cuidado de Platão é sumamente compreensível, visto ser a Grécia e mesmo Creta (a maior das ilhas do arquipélago) territórios de dimensões relativamente modestas e de solo em boa parte acidentado e pedregoso, ou seja, impróprio para o cultivo.

cessário para se comprovar se se trata de estado letárgico ou morte real. Por conseguinte, em casos normais o terceiro dia será o conveniente para o transporte do cadáver ao túmulo e o funeral. Como em outras matérias, é necessário confiar no legislador, o que nos induz também a nele acreditar quando nos sustenta que a alma é plenamente superior ao corpo e que nesta própria vida o que faz com que cada um
b de nós seja o que é nada mais é do que a alma, enquanto o corpo é para nós a imagem concomitante, estando certo quem diz que o corpo sem vida não é senão a imagem do morto e que o eu real de cada um de nós, que é a alma imortal,[653] parte para prestar contas perante outros deuses,[654] uma perspectiva a ser encarada com coragem pelos bons, mas com supremo terror pelos maus. Mas àquele que está morto pouco auxílio pode ser prestado. Era quando estava vivo que todos
c seus parentes deveriam tê-lo auxiliado, de modo que enquanto vivia pudesse ter sido o mais justo e piedoso possível e que ao morrer pudesse estar livre durante a vida que se sucede a esta vida da pena reservada àqueles que cometem perversidades e crimes. Assim sendo, não se deve jamais exagerar no cuidado com o morto por supor que a carcaça de carne que está sendo enterrada é verdadeiramente o nosso próprio parente; devemos, sim, supor que o verdadeiro filho ou irmão, ou qualquer outro parente que estejamos aflitamente inumando, partiu de modo a promover e cumprir seu próprio destino e que é nosso dever fazer um uso sábio do que temos e despender moderadamente, por
d assim dizer como se fosse num altar sem alma aos deuses subterrâneos. Quanto a essa moderação, o adivinho mais qualificado para dizer em que consiste é o legislador. Que seja, portanto, esta a lei: um gasto no funeral em sua totalidade de não mais do que cinco minas para aquele que pertencer a mais elevada classe proprietária, de três minas para aquele que for da segunda classe, de duas minas para o que for da terceira e de uma mina para o que pertencer à quarta classe será tido como moderado. Os guardiões das leis precisarão obrigatoriamente desempenhar muitas outras funções e supervisionar muitos outros assuntos, mas de modo algum a menos importante de suas incumbências
e é manter vigilância contínua de crianças, homens e pessoas de todas as idades, de modo que ao fim de sua vida, acima de tudo, todos deverão ter ao seu lado algum guardião da lei para dele se encarregar, no-

---

653. ...ἀθάνατον εἶναι ψυχήν... (...*athánaton eînai phykhén*...). Consultar sobretudo o *Fédon*, *Alcibíades* e *A República*.
654. Consultar o *Fédon*, em *Diálogos III*.

meadamente, o guardião que é convocado pelos parentes da pessoa morta na qualidade de um supervisor, cabendo a ele o mérito, se os arranjos relativos ao morto forem providenciados de uma maneira apropriada e sóbria, e também o demérito se o forem de maneira imprópria. A exposição do cadáver e os demais arranjos serão efetuados em conformidade com o costume relacionado a essas matérias, mas convém que tal costume ceda espaço às seguintes regulamentações do legislador do Estado: ordenar ou proibir que o morto não seja pranteado é inadequado, mas proibiremos choro e lamentações ruidosos fora da casa; interditaremos igualmente o transporte do morto a descoberto pelos caminhos e o coro de lamentações enquanto ele é transportado pelas ruas, e o velório será fora dos limites da cidade antes do romper do dia. Estas serão as regulamentações legais no que se refere a tais matérias. Aquele que as acatar se conservará isento de penalidades, mas aquele que desobedecer a um único dos guardiões das leis, será penalizado por todos eles mediante uma pena decidida por eles em comum acordo. Todos os demais sepultamentos de mortos ou o arrojar de cadáveres sem sepultamento nos casos dos parricidas, ladrões de templos e criminosos similares foram previamente tratados e legislados, de sorte que nossa tarefa de legislação se acha prestes a ser concluída. Mas em todo caso, a conclusão plena não consiste no fazer, estabelecer ou fundar algo; nosso parecer é mais de que somente quando tivermos descoberto um meio de preservação, perpétuo e integral, para nossa criação, é que poderemos justificar nossa crença de que fizemos tudo que tinha que ser feito... até então teremos que crer que o todo de nossa criação não foi completado.

Clínias: Dizes bem, estrangeiro, mas explica-nos com maior clareza ainda o que pretendes com essa tua derradeira observação.

O ateniense: Ó Clínias, muitas das instituições de outrora merecem o nosso elogio, sendo entre outras, seguramente, o caso dos títulos dados às Moiras.

Clínias: Que títulos?

O ateniense: Que a primeira delas é Laquesis, a segunda Cloto, e Átropos a terceira salvadora – ela que confere aos destinos ratificados por Cloto a irreversibilidade.[655] É ela que precisa fornecer também ao Estado e seus cidadãos não apenas saúde e salvação para seus corpos,

---

655. O título de terceira salvadora (...τρίτην Σώτειραν... [...*tríten Sóteiran*...]) é dado a Átropos porque é ela quem dá conclusão ao labor das outras Moiras, Laquesis (Λάχεσις [*Lákhesis*]) e Cloto (Κλωθώ [*Klothó*]), tornando a linha da vida fiada por elas, ou seja, o destino, irreversível.

como também a submissão à legalidade em suas almas. E isto, como me parece claro, é o que ainda falta às nossas leis, a saber, um modo certo de naturalmente nelas implantar essa qualidade de irreversível.

Clínias: O ponto que mencionas é sério, se for realmente possível descobrir um meio pelo que tudo pudesse adquirir uma tal qualidade.

O ateniense: Não... esse meio é possível, como o percebo agora claramente.

Clínias: Então que não desistamos em absoluto enquanto não tivermos logrado assegurar essa qualidade para as leis que estabelecemos, porque seria ridículo para nós se tivéssemos empreendido todo esse empenho em prol desse objeto [de estudo], e nos encontrássemos agora impossibilitados de repousá-lo sobre um sólido alicerce.

O ateniense: Estás certo em assim me estimular, e eis-me tão pronto quanto tu para prosseguir.

Clínias: Excelente. Então o que é isso que dizes ser o que se revelará um meio de preservação para nossa constituição política e suas leis, e como produzirá tal preservação?

O ateniense: Não dissemos nós que tínhamos que possuir em nosso Estado um conselho composto pelos dez membros mais velhos entre os atuais guardiões das leis associados a todos os cidadãos laureados com a maior distinção oferecida pelo Estado, somando-se ainda àqueles inspetores que estiveram no estrangeiro em busca de eventuais informações pertinentes à salvaguarda das leis e quem, acreditando que tenham se saído bem, tenham voltado com segurança para casa, sendo então submetidos ao competente exame para serem considerados dignos de fazer parte do conselho? E que cada membro trouxesse obrigatoriamente consigo um jovem, de idade não inferior a trinta anos, que tivesse selecionado em primeira mão como sendo tanto por natureza quanto por treinamento uma pessoa adequada; depois de selecioná-lo deverá introduzi-lo entre os membros; se aprovado também por estes será recebido como um colega, e se não, o fato de sua seleção original terá que ser ocultado de todos os restantes e especialmente da pessoa assim rejeitada. O conselho terá que se reunir no despontar do dia, quando todos disporão de seu tempo livre de outros negócios, privados ou públicos. Não foi uma organização desse jaez que descrevemos em nosso prévio discurso?

Clínias: Foi.

O ateniense: Retomando então o assunto desse conselho, direi o seguinte: se fosse lançado como uma âncora para todo o Estado e provido de todas as condições requeridas asseguraria a preservação de tudo que desejamos preservado.

Clínias: E como?

O ateniense: Agora é o momento de não pouparmos esforços e zelo para declarar verdadeiramente [o que nos compete declarar sem nos determos].

Clínias: Falaste muito bem! Prossegue conforme achas que deves fazê-lo.

d *O ateniense:* É indispensável que observemos, Clínias, relativamente a qualquer coisa, em cada uma de suas atividades, seu *preservador*[656] apropriado; à guisa de exemplo, num ser vivo a alma e a cabeça[657] o são eminentemente por natureza.

Clínias: O que queres dizer?

O ateniense: Certamente é a virtude dessas partes que outorga a preservação a todo ser vivo.

Clínias: Como?

O ateniense: Em função do intelecto existir na alma além de todas suas outras qualidades e devido à existência da visão e da audição, além de tudo o mais, na cabeça. Assim, para sintetizarmos, é a combinação do intelecto com os sentidos mais apurados, a ponto de se fundirem, o que mereceria ser chamado com bastante justeza de *preservação* de cada ser vivo.

Clínias: Isso é seguramente provável.

e *O ateniense:* É provável. Mas que espécie de intelecto é esse que quando combinado com os sentidos proporcionará preservação a navios tanto sob as tormentas quanto nas calmarias? A bordo do navio não são o piloto e os marinheiros que, combinando os sentidos com o intelecto condutor, asseguram a preservação seja para eles próprios, seja para tudo que pertence à embarcação?

Clínias: Está claro que sim.

O ateniense: Não há necessidade de muitos exemplos para ilustrá-lo. Imagina apenas que meta visam os generais para os exércitos e que meta visa a arte médica para o corpo quando procuram exercer retamente o

---

656. ...Σωτῆρα... (*Sotêra*). Evitamos o termo salvador como evitamos o termo salvação devido a conotações inconvenientes.
657. ...ψυχὴ καὶ κεφαλή... (...*phykhè kaì kephalé*...).

seu ofício preservador?[658] Não será [para os generais] vencer e subjugar o inimigo e para os médicos e seus assistentes obter a saúde para o corpo?

Clínias: Certamente.

O ateniense: Mas se um médico fosse ignorante daquela condição corporal que chamamos de *saúde*, ou um general do que seja a vitória, ou de quaisquer outros das matérias que mencionamos, como lhes seria possível provar que detêm a razão em relação a qualquer uma dessas coisas?

Clínias: Com efeito, como poderiam?

O ateniense: O que diremos então sobre um Estado? Se alguém fosse completamente ignorante a respeito da meta política a ser visada mereceria, em primeiro lugar, o título de magistrado, e, em segundo lugar, seria capaz de assegurar a preservação daquilo de que não conhece sequer a meta?

Clínias: Como poderia?

O ateniense: Portanto, diante do nosso caso em pauta, se pretendemos que nossa fundação da colônia seja finalmente concluída, terá que haver nela, parece, algum órgão que saiba, em primeiro lugar, o que realmente é aquela meta política de que falamos e, em segundo lugar, de que maneira pode atingir essa meta, e que lei em primeiro lugar e que homem, em segundo, o aconselhará bem ou mal. Sendo um Estado carente de tal órgão, não será surpreendente que, privado de intelecto e privado de todo sentido, atue sempre em todas suas ações a esmo.

Clínias: Dizes a verdade.

O ateniense: Em que parte, em que função de nosso Estado dispomos nós de algo de tal modo constituído que possa se revelar como um adequado órgão de salvaguarda desse tipo? Podemos responder a esta pergunta?

Clínias: Não, estrangeiro... ao menos, não claramente. Mas se é que devo arriscar um palpite, diria que esse teu discurso nos está conduzindo àquele conselho para o qual indicaste as reuniões noturnas há pouco.

O ateniense: Uma excelente resposta, Clínias! E como nosso discurso do momento demonstra, esse conselho tem que possuir todas as virtudes, e a virtude primordial é não se manter alterando sua meta em meio a um grande número de objetivos, mas sim contemplar sempre

---

658. Ler o *Epinomis* (presente nesta edição).

um alvo em particular, disparando, por assim dizer, suas setas para esse único alvo continuamente.

Clínias: Com toda a certeza.

O ateniense: E agora se nos depara como compreensível e de modo algum surpreendente que as instituições legais nos Estados permaneçam em flutuação, ao constatarmos que partes distintas dos códigos de cada Estado apontam em direções diversas. E geralmente não chega a espantar que para alguns [homens de Estado] o que colima a justiça é capacitar uma certa classe de pessoas a governar o Estado, sejam elas melhores ou piores, enquanto para outros o objetivo da justiça é o como enriquecer, quer sejam ou não escravos de alguém, enquanto outros despendem todos os seus esforços para conquistar uma vida de liberdade. Há ainda outros que têm dois objetos concomitantemente como a meta conjunta de sua legislação, a saber, a conquista da liberdade para si mesmos e a subjugação de outros Estados. [Finalmente] os mais sábios de todos, ou que se creem como tais, não almejam uma meta única, mas a soma total de todos esses objetivos e outros semelhantes, porquanto são incapazes de estabelecer a primazia de um dos objetivos em torno do qual desejassem que todos os demais gravitassem.[659]

Clínias: E não seria, estrangeiro, o parecer que expressamos já há muito tempo atrás o acertado? Dissemos que todas nossas leis devem sempre visar um único objetivo, o qual, segundo nosso consenso, é denominado *virtude* com absoluta propriedade.[660]

O ateniense: Sim.

Clínias: Mas declaramos [também] que a virtude é composta de quatro partes.

O ateniense: Certamente.

Clínias: E que a parte principal entre essas quatro é a razão,[661] para a qual devem colimar as outras três, bem como tudo o mais.

O ateniense: Acompanhas [nossos discursos] admiravelmente, Clínias. E agora acompanha no que se segue. No caso do piloto, do médico

---

659. Platão alude tácita e implicitamente às constituições ou formas de governo com as quais não simpatiza ou que julga insatisfatórias, ou sejam, a oligarquia, a plutocracia, a democracia e a monarquia despótica.
660. Possível sutil alusão à aristocracia, à constituição aprovada por Platão.
661. Platão, pela boca de Clínias, nos remete à hierarquia das virtudes, encabeçada pela sabedoria, que ele aqui indica como razão (νοῦς [*noûs*]) e seguida pela temperança (moderação), a justiça e a coragem, compondo todas uma espécie de virtude geral ou todo da virtude. Mas nesta oportunidade é destacado o aspecto hierárquico das virtudes, encimadas pela sabedoria, para a qual tudo deve convergir.

b e do general, a razão é dirigida, como dissemos, para um objetivo único específico de cada caso.[662] E agora estamos na iminência de examinar a razão do ponto de vista do homem de Estado, e nos dirigindo a ela como se o estivéssemos fazendo a um ser humano perguntaremos: "Ó magnífico amigo, qual é tua meta? A razão médica é capaz de indicar claramente o objetivo único a que visa, e tu te mostrarás incapaz de indicar o teu objetivo único!... tu que és superior, como talvez o afirmarás, a todos os sábios?" Podeis ambos, Megilo e Clínias, definir esse objetivo em nome desse homem de Estado, e dizer-me qual é, tal
c como eu, em nome de muitos outros, defini seus objetivos para vós?

Clínias: Somos totalmente incapazes de fazê-lo.

O ateniense: Bem, podeis declarar que precisamos, então, empenhar forças em discernir tanto o próprio objetivo como um todo quanto às formas que ele assume?

Clínias: Explica o que queres dizer com *às formas que ele assume*.

O ateniense: Por exemplo, quando dissemos que há quatro formas de virtude, obviamente *visto que são quatro*, temos que admitir que cada uma delas é independente.

Clínias: Certamente.

O ateniense: E no entanto as chamamos todas por um único nome: afirmamos que a coragem é virtude, que a sabedoria é virtude e as
d duas outras[663] o mesmo, como se realmente não constituíssem uma pluralidade, mas tão só esta coisa única, *virtude*.

Clínias: O que dizes é bem verdadeiro.

O ateniense: Não é difícil explicar no que essas duas (e as restantes) diferem entre si e como adquiriram dois nomes; todavia, explicar por que demos o único nome *virtude* a ambas, bem como às restantes, não é coisa fácil de se fazer.

Clínias: O que queres dizer?

O ateniense: Não é difícil esclarecer o que quero dizer. Que um de nós atue como quem pergunta e o outro como quem responde.

Clínias: De que maneira?

e *O ateniense:* Fazes a mim esta pergunta: por que quando denominamos ambas com o termo único *virtude* insistimos em nos referir a elas como duas – coragem e sabedoria? E então te direi o porquê, ou

---

662. Ou seja, de cada uma dessas artes.
663. A temperança e a justiça.

seja, que uma delas tem a ver com o medo, quer dizer, a coragem,[664] da qual os animais também participam bem como os pendores das crianças muito novas, visto que uma alma corajosa passa a existir naturalmente, sem qualquer concurso da razão, porém, por outro lado, sem a intervenção da razão, jamais existiu, não existe e jamais existirá a alma dotada de sabedoria e inteligência, mostrando que se trata de um tipo distinto.

Clínias: Isso é verdade.

964a *O ateniense:* No que diferem e constituem duas tu o percebeste por minha resposta. E assim, gostaria que tu, por tua vez, me informasses por que e como são uma e idênticas. Imagina que vais também me dizer como explicar que sendo quatro, são, no entanto, uma. E então, depois de teres me demonstrado como *são uma*, me perguntarás novamente como são quatro. E após isso, indagaremos com relação à pessoa que detém pleno conhecimento de quaisquer objetos, quais possuem tanto um nome quanto uma definição, se deve ele saber apenas o nome e desconhecer a definição, ou se não é algo vergonhoso para um homem que valha alguma coisa ser ignorante de todos esses itens no tocante a
b matérias de excepcional beleza e importância.[665]

Clínias: Certamente é o que parece.

O ateniense: Pois para o legislador, o guardião da lei e aquele que pensa que supera a todos em virtude e que conquistou prêmios precisamente por tais qualidades, haverá algo de mais importante do que essas próprias qualidades das quais estamos tratando, a saber, a coragem, a temperança, a justiça e a sabedoria?

Clínias: Impossível.

O ateniense: Com relação a essas matérias, não é correto que os intérpretes, os professores, os legisladores, bem como os guardiões do resto, ao lidar com aquele que requer conhecimento e informação, ou
c com aquele que requer punição e censura por suas faltas, excedessem aos outros na arte de instruí-lo quanto às propriedades do vício e da virtude, explicitando-as com toda a clareza? Ou algum poeta que adentre o Estado, ou alguém que se intitule educador da juventude serão tidos evidentemente como superiores àquele que ganhou prêmios por todas as virtudes? Num tal Estado como esse em que não há guardiões que sejam destros quer com as palavras quer com as ações e detentores do com-

---

664. Ideias já desenvolvidas no *Laques* e no *Protágoras.*
665. A questão da essência, do nome e da definição está presente no *Sofista* e no *Fedro.*

petente conhecimento da virtude, seria surpreendente – eu o pergunto – que esse Estado, completamente desprotegido como é, fosse vítima do mesmo destino que acomete muitos Estados existentes atualmente?

Clínias: Em absoluto, eu diria.

O ateniense: Bem, então deveremos nós fazer o que acabamos de propor ou o quê? Deveremos preparar guardiões que na palavra e na ação mostrarão uma virtude mais consumada que aquela da maioria da humanidade? Pois, caso contrário, como poderá nosso Estado assemelhar-se à cabeça e aos sentidos de um homem sábio, depois de tê-lo munido de uma guarda interior semelhante?

Clínias: De que semelhança estamos falando e onde existe ela?

O ateniense: Evidentemente estamos comparando o próprio Estado ao crânio; entre os guardiões, os mais jovens, que são selecionados como os mais inteligentes e os mais ágeis em todas as partes de suas almas, estão colocados, por assim dizer, como os olhos, no alto da cabeça e examinam todo o Estado, e à medida que observam, transmitem suas percepções aos órgãos da memória, isto é, comunicam aos guardiões mais velhos tudo que se passa no Estado, enquanto os homens velhos, que se assemelham à razão devido à sua eminente sabedoria em muitas matérias de importância, atuam como conselheiros, e fazem uso dos jovens como ministros e também colegas em seus conselhos, de maneira que ambas essas classes mediante sua cooperação efetivamente produzem a preservação do Estado. É este o meio ou teremos que conceber outro? Deveria o Estado, achas, ter todos os seus membros em igualdade em lugar de ter alguns mais altamente treinados e educados?

Clínias: Não, meu caro senhor. Isso seria impossível.

O ateniense: Se é assim, teremos que abordar alguma forma de educação mais elevada do que a que descrevemos anteriormente.

Clínias: É o que eu suponho.

O ateniense: Se revelará o tipo que sugerimos até agora como aquele que necessitamos?

Clínias: Certamente.

O ateniense: Não dissemos que aquele que é um artífice ou guardião de primeira classe em qualquer departamento terá não apenas que zelar pela multiplicidade, como terá também que se impulsionar para o conhecimento da unidade, de modo a distingui-la e distinguindo-a sondar e organizar todo o resto sinopticamente?

Clínias: Certo.

c   *O ateniense:* Pode alguém obter uma visão e opinião apuradas de qualquer objeto de maneira melhor do que se capacitando a olhar do múltiplo e dessemelhante para a unidade da forma?[666]

Clínias: Provavelmente não.

O ateniense: Não seria de se admitir, meu amigo, que mais do que provável, é certo que ninguém poderia dispor de um método mais claro do que esse?

Clínias: Creio em ti, estrangeiro, e dou meu assentimento, de sorte que devemos empregar esse método no nosso discurso que se segue.

O ateniense: Naturalmente nos será forçoso obrigar os guardiões de nossa constituição divina[667] a observarem meticulosamente, em primeiro lugar, qual é o elemento idêntico que permeia todas as qua‑
d   tro virtudes, e que – considerando-se que existe como uma unidade na coragem, temperança, justiça e sabedoria – possa com justeza ser denominado, como o afirmamos, pelo único nome de *virtude*. Esse elemento, meus amigos, precisa ser por nós, se o permitis, retido com muita firmeza, sem que nos escape, até que tenhamos explicitado adequadamente a natureza essencial do objeto a ser visado, quer exista por natureza como uma unidade, como um todo, como ambos, ou de uma outra forma.[668] Ademais, se nos escapar, ser-nos-á possível supor
e   que compreenderemos apropriadamente a natureza da virtude quando somos incapazes de estabelecer se é múltipla, quádrupla ou una?[669] Consequentemente, se seguirmos nossas próprias diretrizes, conceberemos algo, de um modo ou outro, para que esse conhecimento exista em nosso Estado. Se optarmos, todavia, por deixá-lo de lado completamente, assim poderemos agir.

Clínias: Não, estrangeiro, em nome do deus do estrangeiro, não devemos em absoluto deixar de lado uma matéria dessas, já que o que dizes nos parece sumamente verdadeiro. Mas como conceber tal coisa?

966a   *O ateniense:* É prematuro explicarmos como teremos que fazer para concebê-la. Certifiquemo-nos primeiro se há entre nós um consenso quanto a se devemos ou não assim agir.

Clínias: Nós, por certo, devemos, desde que seja possível.

---

666. Consultar o *Fedro*, em *Diálogos III*, e *A República*.
667. ...θείας πολιτείας... (...*theías politeías*...).
668. Questões vinculadas ao *Epinomis* (presente nesta edição), o *Político* (em *Diálogos IV*) e o *Timeu* (em *Diálogos V*).
669. Ver esta questão no *Epinomis*.

O ateniense: Excelente. Será que sustentamos a mesma opinião acerca do belo e do bom? Deverão os nossos guardiões saber apenas que cada um desses constitui uma pluralidade, ou deverão eles também saber como o onde constituem cada um uma unidade?

Clínias: É absolutamente conspícuo que deverão forçosamente também discernir como cada um constitui uma unidade.

O ateniense: Bem, deverão eles discerni-lo embora se mantenham incapazes de apresentar uma demonstração verbal do mesmo?

Clínias: Impossível! A condição mental que descreves é a de um escravo.

O ateniense: Bem, de todas as formas detentoras de valor deveremos dizer que aqueles que pretendem ser verdadeiros guardiões das leis devem conhecer efetivamente a verdadeira natureza delas, além de serem capazes tanto de expô-las pelo discurso quanto agir em conformidade com elas em suas ações, julgando boas e más ações de acordo com sua verdadeira natureza?

Clínias: Certamente.

O ateniense: E uma das mais belas coisas não é a doutrina relativa aos deuses que expomos, no tocante a conhecer se existem[670] e que poder manifestamente possuem, na medida da capacidade que um ser humano detém de apreender tais matérias, de maneira que enquanto se deveria perdoar a massa de cidadãos se estes se limitarem a cumprir a letra da lei, teríamos que excluir dos cargos aqueles que são elegíveis para guardiões das leis, a menos que se empenhassem em atinar com todas as provas que há acerca da existência dos deuses? Tal exclusão do cargo consiste em recusar sempre escolher como guardião da lei, ou enumerar entre aqueles que são aprovados por excelência, alguém que não seja simultaneamente divino e laboriosamente instruído nas coisas divinas.

Clínias: É seguramente justo, como afirmas, que aquele que é ocioso ou inabilitado com respeito a esse assunto deveria ser estritamente barrado das posições dos nobres.

O ateniense: Está patente para nós, então, que há duas provas, dentre aquelas que discutimos anteriormente, que conduzem à crença nos deuses?

Clínias: Quais duas?

---

670. Exposto no *Livro X*.

O ateniense: Uma é o que asseveramos acerca da alma, ou seja, que ela é a mais antiga e mais divina de todas as coisas cujo movimento, quando desenvolvido em *mudança* produz uma fonte incessante de *ser*, e a outra é o que asseveramos no que concerne à ordenação dos movimentos dos astros e todos os demais corpos sob o controle do intelecto, organizador do universo,[671] pois por pouco que se observe diferentemente de uma maneira descuidada e amadorística, jamais foi o ser humano tão natamente desprovido do senso do divino a ponto de não experimentar o oposto daquilo que é a expectativa da maioria dos indivíduos humanos, que imaginam que aqueles que estudam esses objetos na astronomia e demais artes correlatas necessárias se tornam ateus pela observação, *supõem eles*, de que todas as coisas *vêm a ser* devido a forças necessárias, e não devido à energia mental da vontade que colima o cumprimento do bem.

Clínias: E, nesse sentido, qual é realmente a nossa situação?

O ateniense: A posição no presente é, como eu já disse, exatamente o oposto daquilo que foi quando aqueles que examinavam esses objetos[672] os consideravam *sem alma*.[673] Entretanto, mesmo então constituíam objetos de admiração, e a convicção que é agora realmente sustentada já era motivo de suspeita de todos que os estudavam acuradamente,[674] a saber, que se fossem sem alma, e por conseguinte destituídos de intelecto, jamais obedeceriam a cálculos de precisão tão maravilhosos. E até naquela época havia quem ousava arriscar-se a afirmar que a razão é a ordenadora de tudo que está no céu. Mas os mesmos pensadores, num equívoco quanto à natureza da alma e concebendo-a como posterior e não anterior ao corpo, transtornaram, *por assim dizer*, todo o universo e, acima de tudo, eles próprios, pois no que toca aos objetos visíveis, tudo que se move nos céus se lhes afigurava repleto de pedras, terra e outros corpos *inanimados* que conferem as causas do universo. Estes eram os pontos de vista que naquela época atraíram para esses pensadores muitas acusações de ateísmo e muita repulsa, e que, inclusive, incitou os poetas a os ofenderem, comparando os filósofos a *cães que uivam para a lua*, e multiplicando insanidades deste jaez. Mas hoje, como dissemos, a posição é precisamente a contrária.

Clínias: Como assim?

---

671. Ver o *Epinomis* (presente nesta edição).
672. Ou seja, os astros.
673. ...ἄψυχα... (*ápsykha*).
674. Platão se refere ao pré-socrático *Anaxágoras*.

O ateniense: É impossível a qualquer ser humano mortal tornar-se continuamente temente aos deuses se ele não compreender as duas verdades que agora formulamos, a saber, que a alma é a mais anterior de todas as coisas que participam da geração, e que é imortal e comanda todos os corpos. Acresça-se a isto, como o afirmamos reiteradamente, que é necessário que se compreenda também a razão que comanda o que existe entre os astros, juntamente com as necessárias ciências preliminares,[675] devendo também ele observar a conexão com a teoria musical, aplicando-a harmoniosamente às instituições e normas da ética. Adicionalmente, terá ele que se capacitar a apresentar uma explicação racional de tudo que admite a explicação racional. Aquele que for incapaz de ter o domínio dessas ciências em associação com as virtudes populares nunca será um competente magistrado de todo o Estado, se restringindo a ser um ministro de outros magistrados. E agora, ó Megilo e Clínias, é tempo finalmente de considerar se, a ser somada a todas as leis anteriores que formulamos, ajuntaremos esta também, a saber, que o conselho noturno dos magistrados será legalmente instaurado e participará de toda a educação que descrevemos, de maneira a manter a guarda do Estado e assegurar sua preservação. Ou o que faremos?

Clínias: Está claro que adicionaremos essa lei, meu excelente senhor, se pudermos fazê-lo, mesmo que seja numa modesta medida.

O ateniense: Assim sendo, que todos nós nos empenhemos em fazê-lo. E neste caso vós encontrareis em mim um auxiliar pleno de vontade, devido a minha extensíssima experiência e estudo desse assunto, e talvez eu descubra outros auxiliares além de mim mesmo.

Clínias: Bem, estrangeiro, com toda a certeza deveremos prosseguir nessa senda pela qual a Divindade, parece-nos, nos está conduzindo. Mas qual é o método correto a ser empregado por nós, quer dizer, o que nos compete descobrir e estabelecer?

O ateniense: Não é possível neste estágio, Megilo e Clínias, promulgar leis para esse conselho. É preciso que seja antes devidamente organizado. Isto feito, seus membros deverão eles mesmos determinar de que autoridade se revestirão. Mas já se mostra evidente que o que é necessário para formar um tal conselho, se o pretendermos corretamente formado, é o ensino por meio de contínuas conferências.

---

675. A aritmética (ciência do cálculo), a geometria e a astronomia.

Clínias: A que ensino tu te referes? O que entender por essa tua observação?

O ateniense: É certo que se impõe que providenciemos um elenco de todos aqueles que pela idade, a capacidade intelectual, as qualidades morais e os bons hábitos se ajustam ao cargo de guardião, porém no que toca ao ponto que se segue, ou seja, as matérias que deveriam aprender, não é nem fácil o descobrirmos nós mesmos bem como não o é obtermos esse conhecimento de quem o teria descoberto. Acresça-se que com respeito aos limites de tempo, a quando e por quanto tempo seria imperativo que recebessem instrução sobre cada matéria, seria em vão que formularíamos regulamentos escritos[676] pois até mesmo os aprendizes não poderiam ter certeza que estariam aprendendo na ocasião oportuna até que cada um deles tivesse granjeado no interior de sua alma algum conhecimento da matéria em pauta. Consequentemente, embora fosse errado designar todas essas matérias como *indescritíveis*, não o seria designá-las como *não passíveis de serem prescritas*, visto que prescrevê-las antecipadamente não seria de nenhuma valia para elucidar a questão que estivesse sendo discutida.

Clínias: Em tais circunstâncias, estrangeiro, o que fazer?

O ateniense: Aparentemente, meus amigos, deveremos, como diz o ditado, *tentar a sorte com a multidão*, e se estivermos dispostos a arriscar a sorte de nossa cidade e lançar, como dizem, três seis ou três uns,[677] que seja feito. Compartilharei do risco convosco enunciando e explicitando minhas opiniões relativas à instrução e educação,[678] assunto agora retomado em nosso discurso. Todavia, o risco não será de modo algum pequeno e tampouco comparável a quaisquer outros. E solicito especialmente de ti, Clínias, que tenhas todo o cuidado de atentar para esta matéria, pois deste Estado dos magnesianos, ou qualquer outro nome de que o deus o faça herdeiro, colherás grande glória se o organizares retamente, ou, ao menos, não te privarás seguramente do prestígio de ser mais corajoso do que todos os teus sucessores. Se chegarmos de fato a formar esse divino conselho, meus caros colegas, nos será necessário confiar a ele o Estado, com o que praticamente todos os legisladores atuais concordam sem contestá-lo. Assim teremos

---

676. Ler o *Epinomis* (presente nesta edição).
677. Segundo o provérbio, no jogo de dados *três vezes seis* era indicação da vitória, *três vezes um*, a indicação da derrota.
678. ...παιδείας τε καὶ τροφῆς... (...*paideías te kaì trophês*...), a formação ministrada amplamente desde a infância (do corpo e da alma) e a educação entendida como *nutrição do espírito*.

na conta de fato consumado e realidade de vigília o que há pouco abordamos em nosso discurso como um mero sonho, quando construímos uma espécie de imagem da união da razão com a cabeça, se tivermos os
c membros cuidadosamente selecionados e apropriadamente treinados, e após seu treinamento colocados na acrópole do país, e desta feita finalmente constituídos como guardiões semelhantes aos quais em nossas vidas jamais vimos outros no que diz respeito à excelência na tarefa de preservar.

Megilo: Meu caro Clínias, de tudo que foi dito resta-nos concluir que nos cabe ou renunciar à ideia de fundar nosso Estado ou deter este estrangeiro aqui, e por meio de orações e todo recurso possível garantir sua cooperação na incumbência de fundar o Estado.

Clínias: O que declaras é a pura verdade, Megilo. Farei como dizes,
d mas conto com tua ajuda.

Megilo: Eu te ajudarei.[679]

---

679. Inacabado, o texto de *As Leis* finda assim. Entretanto, o diálogo que se segue nesta edição, *Epinomis*, é, como o próprio título sugere (Ἐπινομίς [*Epinomís*]), um *apêndice* a *As Leis*.

Epinomis
ou O filósofo

ΕΠΙΝΟΜΙΣ Ἢ ΦΙΛΟΣΟΦΟΣ

Πρὸς μὲν τὸ τῆς ὁμολογίας ἥκομεν ἅπαντες ὀρθῶς, ὦ ξένε, τρεῖς ὄντες, ἐγὼ καὶ σὺ καὶ Μέγιλλος ὅδε, ...

Personagens do Diálogo:
Clínias de Creta
O estrangeiro Ateniense
Megilo de Lacedemônia

973a   *Clínias:* Eis-nos, estrangeiro, todos nós três – eu, tu e Megilo aqui, a fim de examinar a questão da sabedoria, e discutir a série dos estudos que, segundo nós, torna uma pessoa que se empenha no pensar tão sábia
b   quanto é possível a um ser humano o ser, visto que, embora tenhamos estabelecido minuciosamente tudo o mais que concerne à legislação, não definimos e tampouco descobrimos o que é de maior importância, a saber, o que se impõe a um ser humano aprender para converter-se num sábio. É preciso que não renunciemos a esta questão nesta oportunidade, já que fazê-lo significaria deixar largamente inatingida a meta de nossos labores, a qual era esclarecer as coisas do início ao fim.

   O ateniense: Excelente ideia, Clínias, mas temo que estejas na imi-
c   nência de ouvir uma *estranha* explicação, a despeito de, de um certo modo, não ser estranha. A raça humana não é, em regra, bem-aventurada ou feliz. Muitas pessoas, com base na sua experiência de vida, exprimem esta mesma posição. Presta atenção, portanto, e considera com rigor se pensas que eu também, seguindo-os, estou correto neste ponto. Afirmo que as pessoas não podem se tornar bem-aventuradas e felizes, salvo por algumas escassas exceções que escampam a essa regra; restrinjo minha afirmação à duração de nossas vidas. Aqueles que se esforçam para viver o mais nobremente possível ao longo de suas vidas e, ao seu des-
d   fecho, morrer nobremente, acalentam a boa esperança de alcançar, após a morte, tudo aquilo pelo que se esforçaram. Não estou dizendo nada arguto, limitando-me a repetir o que de certa forma todos nós, gregos e bárbaros,[680] sabemos, ou seja, que desde o princípio a existência é dura para todo ser vivo. Começamos por ter que passar pelo estágio de embriões;
974a   a seguir temos que nascer e na sequência receber instrução e educação, e somos unânimes quanto a sustentar que todos esses estágios envolvem sofrimentos incontáveis. Aliás, se não computarmos os momentos árduos, mas somente aquilo que todos considerariam tolerável, o tempo [de que dispomos] se revelará demasiadamente efêmero, um período que parece permitir ao ser humano respirar um pouco aí pelo meio de sua

---

680. Literalmente Ἕλληνές τε καὶ βάρβαροι (*Héllenés te kaì bárbaroi*).

vida. Mas, de pronto, sobrevém a velhice, a qual tende a tornar todo aquele que leva em consideração a totalidade de sua vida destituído da vontade de retomá-la, a não ser que esteja embalado por uma multidão de ideias pueris. E que prova tenho eu disto?... Quer dizer, de que o que estamos agora investigando aponta nessa direção. O objeto de nossa investigação é como tornar-se sábio, como se essa faculdade fosse em todos encontrada. Mas ela escapa toda vez que alguém atinge qualquer conhecimento especializado em quaisquer das chamadas artes ou ramos da sabedoria ou em quaisquer dos outros campos tidos geralmente como ciências, o que sugere que nada disso merece o nome de sabedoria no que concerne a essa esfera do humano. Por outro lado, embora a alma esteja marcantemente convicta e tenha a intuição de que constitui de algum modo sua natureza deter sabedoria,[681] é inteiramente incapaz de descobrir o que é [sabedoria] e quando e como é atingida. Em tais circunstâncias não será nossa dificuldade acerca da sabedoria totalmente cabível bem como nossa investigação? Isso passa a ser um projeto mais ambicioso do que todos nós poderíamos esperar – nós que somos capazes de examinar a nós mesmos e os outros de maneira inteligente e coerente por meio de argumentos de toda espécie e utilizados em todos os sentidos.[682] Não concordamos que assim é?

Clínias: É possível que concordemos, estrangeiro, já que, com o tempo, chegamos a partilhar tua esperança de que podemos atingir a plena verdade nesses assuntos.

O ateniense: Em primeiro lugar é necessário que examinemos todas as outras matérias que recebem o nome de ciências, mas que não tornam sábios os que as compreendem e as possuem. Após as tirarmos de nosso caminho tentaremos identificar aquelas de que necessitamos, e então aprendê-las. Para começar, entre as ciências que são de primeira necessidade para a raça humana, consideremos as que são absolutamente indispensáveis e verdadeiramente primordiais; mas consideremos também porque aqueles que as conhecem, embora tenham, outrora, gozado da reputação de sábios, atualmente dela carecem, sendo, ao contrário, censurados por tal conhecimento. Nós as identificaremos e mostraremos que virtualmente todos que ambicionam uma reputação de ter se convertido na melhor pessoa possível delas se esquivam a fim de adquirir sabedoria e praticá-la. Primeiramente, temos o conhecimento que diz respeito aos animais que se devoram

---

681. A alma é conatural com a sabedoria. Ver *A República* e o *Fédon*.
682. Platão alude a ἡ μαιευτική (*he maieutiké*), o método socrático da parturição das ideias.

entre si. Segundo a lenda foi isto que nos conduziu ao hábito de comer alguns tipos de animais, enquanto nos abstemos totalmente de fazer de outros nosso alimento. Que os antigos nos perdoem, como efetivamente o fazem, mas que as primeiras pessoas a pormos de lado sejam os especialistas no conhecimento que acabamos de mencionar. A seguir [temos que afirmar] que a produção de farinha de cevada e farinha de trigo associada ao conhecimento de como usá-las para a nutrição, embora represente uma atividade bela e excelente, jamais logrará tornar alguém inteiramente sábio, porquanto a mera expressão *produção* na qualidade de sabedoria engendraria a aversão relativamente aos próprios produtos. Tampouco a capacidade de cultivar toda a terra faria de alguém um completo sábio, visto que não é claramente graças à arte mas sim graças a uma habilidade natural procedente de um deus que todos nós nos dispusemos a trabalhar a terra; tampouco ainda seria a estacagem de alojamentos, ou a construção como um todo, ou a arte de confeccionar todos os tipos de móveis e implementos, que inclui os ofícios do carpinteiro e do ferreiro, a modelagem e a tecelagem, bem como o fabrico de todos os instrumentos. Esse conhecimento tem utilidade prática para a massa da sociedade, porém não é considerável quando se trata da virtude. Também não será a arte da caça sob todas as suas variadas formas que tornará alguém nobre e sábio, embora tenha essa se aprimorado e envolva grande destreza. E tampouco outorga sabedoria a divinação ou a capacidade geral de interpretar oráculos, já que se o intérprete sabe o que diz, falta-lhe a compreensão da verdade do que diz.

Percebemos agora que essas artes nos capacitam a adquirir as coisas necessárias à vida, mas que, também, nenhuma delas torna alguém sábio. Resta uma espécie de jogo, o qual se limita a ser imitativo e não é, em absoluto, sério. Aqueles que o praticam utilizam muitos instrumentos e muitos gestos corporais, incluindo uma mímica nem sempre decente. Envolve as habilidades que fazem uso das palavras, todas as artes das Musas e os gêneros de representação visual, que são responsáveis pela produção de uma multiplicidade de figuras variadas em diversos veículos, tanto úmidos quanto secos.[683] Entretanto, a arte imitativa não torna ninguém sábio em quaisquer dessas coisas, mesmo aqueles que praticam sua arte com o máximo de circunspecção. Estando todas essas matérias abordadas, o grupo que se segue se nos afigura como os tipos de defesa, que assumem formas diferentes e beneficiam muitas pessoas.

---

683. Estas últimas artes a que Platão se refere são a pintura e a escultura.

O tipo principal e mais difundido, a arte da guerra, conhecida como estratégia militar,[684] é reputadíssimo do ponto de vista da utilidade, mas requer uma enorme dose de boa sorte, sendo concedido às pessoas mais pela coragem do que pela sabedoria. Igualmente a arte chamada medicina é por certo uma defesa, neste caso contra todos os danos que o clima inflige aos animais mediante o frio, o calor intempestivo e outras coisas do gênero. Todavia, nenhuma dessas artes se distingue como a sabedoria mais genuína. Falta-lhes medida, recorrem às opiniões e procedem por conjecturas. Também chamaremos de defensores os pilotos dos navios e os marinheiros, mas ninguém ousará proclamar como sábio um único deles. Ninguém poderia atinar com o conhecimento do ódio ou da amizade do vento, mesmo que a arte da navegação se agradasse sobremaneira com esse conhecimento. Tampouco são sábios aqueles homens que pretendem ser defensores em processos devido a sua habilidade discursiva; sua atenção ao caráter das pessoas se baseia na memória e no contato rotineiro com a opinião e eles perambulam distantes da verdade acerca do que é autenticamente justo.[685] Candidatando-se à reputação de sabedoria surge-nos ainda uma certa capacidade estranha, que a maioria não chamaria de sabedoria, mas de dom natural. Algumas pessoas aprendem facilmente qualquer coisa que seja objeto de seu estudo e se lembram com precisão de uma grande quantidade de coisas, e alguns são capazes de trazer à mente o que é útil a cada um – o que encontraria adequação se tivesse que ocorrer – e celeremente o realiza. Quando atentamos para tais pessoas, alguns julgarão esses traços como um dom natural, enquanto outros o denominarão sabedoria, e ainda haverá quem verá nisso uma natural agilidade da mente. Mas nenhuma pessoa inteligente jamais se inclinará a considerar alguém genuinamente sábio por deter quaisquer desses traços. Mas por certo deve haver alguma ciência cuja posse torna um indivíduo genuinamente sábio e não meramente detentor da reputação de sábio. Vejamos então. Lidamos com uma matéria extremamente difícil, a saber, descobrir uma ciência distinta daquelas que abordamos, que possa ser tanto genuína quanto plausivelmente chamada de sabedoria, e que torne o seu possuidor em lugar de vulgar ou tolo, um sábio e bom cidadão no Estado, um governante ou governado justo, sintonizado consigo mesmo e com o mundo. Principiemos identificando essa ciência. De todas as ciências atual-

---

684. ...στρατηγικὴ τεχνή... (...*strategikè tekhné*...), arte da estratégia.
685. Crítica reiterada da qual o alvo é, como sempre, os sofistas.

mente existentes, qual delas – se desaparecesse completamente do âmbito da raça humana ou não tivesse sido desenvolvida – faria do ser humano o mais estulto e estúpido dos seres vivos? A rigor, não é nem um pouco difícil identificá-la. Se compararmos, por assim dizer, uma ciência com a outra, perceberemos que aquela que concedeu o dom do número produziria aquele efeito sobre toda a raça dos mortais. É um deus mesmo, acredito, e não algum acaso que nos salva ao nos proporcionar tal dádiva. Mas é imperioso que diga a que deus me refiro, embora pareça estranho e, não obstante, num certo sentido nada estranho. Como podemos nós nos impedir de crer que o que produz todas as coisas boas para nós não é também a causa do bem que é, de longe, o supremo bem, ou seja, a sabedoria? Assim sendo, Megilo e Clínias, qual é o deus a que me refiro tão solenemente? O *Céu, aquele que acima de qualquer outro com justiça deve receber nossas preces e honras, tal como fazem todos os outros dáimons e deuses.*[686] Concordaremos com unanimidade que tem sido ele a causa de todos os outros bens para nós. Mas declaramos que ele realmente é aquele que nos deu o número também, e continuará nos dando, supondo que estejamos desejosos de segui-lo estritamente. Se nos dispusermos a contemplá-lo da maneira certa – quer o chamemos de *Universo, Olimpo* ou *Céu*,[687] como o preferirmos – perceberemos minuciosamente como decorado a si mesmo e fazendo os astros revolverem nele através de todas as suas órbitas produz as estações e proporciona alimento para todos. Em associação com a totalidade do número, ele também fornece, insistiríamos, tudo o que mais implica inteligência e tudo que é bom. Esta soma é a coisa maior, pois pode uma pessoa que dele recebe o dom dos números ir à frente para sondar plenamente a inteira revolução dos céus. Mas retornemos alguns passos atrás e recordemos que estávamos certíssimos em observar que, se a raça humana fosse privada do número, jamais chegaríamos a qualquer sabedoria. Seríamos animais incapazes de produzir o discurso racional, e nossa alma nunca lograria a totalidade da virtude. Um animal que não sabe distinguir entre o dois e o três, e entre o ímpar e o par, que seja completamente ignorante do número não

---

686. Remontando ao mito pré-olímpico, Platão se refere a Urano (esposo de Gaia – a terra), o deus primordial que é a personificação da abóbada celeste. Se os astros são deuses, o céu que a todos contém é o deus supremo.

687. ...εἴτε κόσμον εἴτε ὄλυμπον εἴτε οὐρανὸν... (...*eíte kósmon eíte ólumpon eíte ouranòn*...). Platão, atento à evolução da narrativa mitológica, faz questão de não depreciá-la, mas a nivela, pois o mito é um instrumento para a expressão de seu pensamento filosófico, e como tal se subordina a este e não o contrário.

poderia jamais apresentar um discurso das coisas que aprendeu pelo único meio que dispõe: a sensação e a memória. Porém, enquanto nada o impede de deter o resto da virtude – coragem e temperança – ninguém que seja destituído da capacidade do verdadeiro discurso [racional][688] se tornará jamais sábio, e todo aquele a quem falte sabedoria, que é a parte maior da virtude, não poderá jamais tornar-se inteiramente bom ou, consequentemente, feliz. Conclui-se pela plena necessidade de empregar o número como base, embora o porquê dessas necessidade exigisse um discurso mais longo do que tudo que eu disse.

Mas de momento estaremos também certos em fazer a seguinte afirmação, a saber, que no que respeita às realizações atribuídas às outras artes, as que acabamos de examinar, admitindo o direito à existência de todas as artes, nenhuma delas persiste: são todas totalmente excluídas ao suprimirmos a ciência do número. Se refletirmos nas artes, poderíamos muito bem supor que há poucos propósitos que tornem os números necessários à raça humana, embora este aspecto seja também importante. Ademais, se contemplarmos o elemento divino e os elementos mortais na geração descobriremos reverência pelo divino e também o número em sua verdadeira natureza. Mas mesmo assim, nem sequer um de nós ainda compreenderá *seja* a dimensão do poder que o conhecimento estreito do número no seu conjunto nos confere (visto que a se somar ao que mencionei, todos os fenômenos musicais claramente requerem movimentos e sons que são baseados no número), *seja* – o que é o mais importante – que o número é a causa de todos os bens, não o sendo de nenhum mal. Mas todo movimento que pode ser classificado como irracional, desordenado, disforme, privado de ritmo e harmonia, carece inteiramente do número, tal como tudo que participa de qualquer mal. É assim que deve pensar todo aquele que deseja morrer feliz; e todo aquele que, por não ter atingido uma opinião verdadeira, ignora o justo, o bom, o belo e tudo que pertence a esta ordem, não será jamais capaz de fazer um discurso numérico de maneira a produzir em si mesmo ou nos outros uma convicção completa. Prossigamos agora com o exame desta questão precisa: o número. Como aprendemos a contar? Como chegamos aos conceitos de *um* e *dois*? O Universo nos dotou da capacidade natural de conceituar enquanto tantos outros seres vivos carecem até mesmo da capacidade de aprender

---

688. ...ἀλήθους λόγου... (*...aléthous lógou*...). O conceito λόγος (*lógos*) indica a razão que implica necessariamente o discurso e/ou o discurso que implica necessariamente a razão, ou, em outros termos, a razão só pode se manifestar através da palavra, seu veículo exclusivo, e como tal a palavra se converte obrigatoriamente em conceito racional.

do Pai como contar.[689] Conosco, seres humanos, a primeira coisa que a divindade alojou em nós foi a faculdade de compreender o que nos é mostrado, e depois disso [a divindade] continuou a nos mostrar, e ainda o faz. E das coisas que ela nos mostra, tomadas uma a uma, o que nos é facultado contemplar que seja mais belo do que o dia? Mais tarde, quando contemplamos a noite, tudo se afigura diferente à nossa visão. Como o céu nunca cessa noite após noite e dia após dia de apresentar esses mesmos espetáculos [inclusive dos corpos celestes cumprindo seus cursos], não cessa igualmente de ensinar aos seres humanos o *um* e o *dois*, até que mesmo o mais obtuso dos indivíduos aprenda suficientemente bem como contar. De fato, que hajam também os *três*, o *quatro* e o *múltiplo* será possível a cada um de nós conceber [e conceituar] ao contemplarmos esses corpos celestes. Desta multiplicidade [de números], a divindade produziu uma unidade criando a Lua que se move em seu curso por vezes parecendo maior e por vezes menor, revelando-se a cada dia diferente até quinze dias e quinze noites transcorrerem; isto constitui uma revolução, se se deseja tratar o ciclo inteiro como uma unidade e resulta que mesmo o mais [mentalmente] acanhado dos seres vivos dotado pela divindade da capacidade de aprender é capaz de aprendê-lo. Nestes limites e relativamente a esses objetos, toda a parte dos seres vivos que para isso estava capacitada tornou-se extremamente hábil no contar [ou seja, até quinze], observando os fatos individualmente; ora, se todas as criaturas não cessam, nas relações que permutam, de calcular números, é, eu o imagino, em vista de uma ciência mais elevada e para o permitir que a divindade organizou os meses do ano, colocando no céu, como o dissemos, a Lua que cresce e míngua, depois do que todos principiaram, por uma boa fortuna, a considerar no seu conjunto as relações dos números entre si. Graças a estes eventos celestiais temos colheitas, a terra gera alimentos para todos os seres vivos e os ventos que sopram e as chuvas que caem não são violentos e imoderados; se, contrariando a isto, algum desses fenômenos trouxer consigo o mal, não é a divindade que deveremos censurar, mas sim os seres humanos por não ordenarem corretamente suas próprias vidas. Em nossa investigação sobre as leis descobrimos que não é difícil conhecer as outras coisas que representam o melhor para os seres humanos, e que todos nós somos competentes tanto para compreender o que nos é dito quanto para agir baseados nessa compreensão

---

689. A respeito da unidade e da dualidade ver o *Fédon*; o *Parmênides*, em *Diálogos IV*, aborda o tema da geração do número.

c enquanto soubermos o que é provavelmente vantajoso e o que não é. Realmente, percebemos então e continuamos a afirmar que nenhuma das outras pesquisas é particularmente difícil, mas que o como tornar-se gente de bem é um problema sumamente difícil. Outrossim, adquirir tudo o mais que temos como bom – riqueza na correta quantidade e um corpo do tipo adequado – é, como diz o adágio, tanto possível quanto fácil. Acresça-se a isto que todos concordarão que deve a alma ser boa, e quanto a como o deva ser, todos afirmam que é imperioso que seja justa, temperante, corajosa e também sábia. Entretanto, quando se trata de [definir] a forma precisa de sabedoria a ser possuída

d pela alma, como acabamos de demonstrar pormenorizadamente, cessa qualquer consenso, ao menos entre os membros da multidão. Contudo, com efeito descobrimos agora acima de todas as anteriores formas de sabedoria uma que de modo algum é falta de significação, pelo menos ao afirmarmos que alguém que tem domínio das ciências que esboçamos garante uma reputação de sábio. Mas serão aqueles que detêm esses conhecimentos efetivamente sábios e bons? É isto exatamente que requer uma discussão satisfatória.

Clínias: Estrangeiro, como tinhas razão ao dizer que empreendias grandes discursos a respeito de grandes assuntos!

e *O ateniense:* De fato, não são matérias triviais, Clínias. Mas – e isto é ainda mais difícil – estou tentando dizer coisas que são inteira e universalmente verdadeiras.

Clínias: Não tenho nenhuma dúvida sobre isso, estrangeiro. Todavia, não percas o ânimo de dizer o que pensas.

O ateniense: Está claro, e não perdeis vós também o ânimo de escutar-me.

Clínias: Não te preocupes, e falo em nome de nós dois.

980a *O ateniense:* Excelente. É preciso que comecemos pelo começo. Em primeiro lugar, parece que acima de tudo necessitamos descobrir um nome único, se o pudermos, para essa coisa que sustentamos ser a sabedoria. Se simplesmente formos incapazes de fazê-lo, ao menos teremos que, como nosso segundo objetivo, determinar qual e quantas espécies de sabedoria é preciso que uma pessoa conheça a fim de ser sábia de acordo com nosso discurso.

Clínias: Prossegue.

O ateniense: O ponto a seguir é que ninguém censure o legislador por fazer um discurso sobre os deuses que seja mais belo e mais digno do que aqueles apresentados até agora, envolvendo-se, por assim dizer, num nobre jogo e honrando aos deuses, passando em nome do [legislador] toda sua vida entoando-lhes hinos e lhes oferecendo o espetáculo de seu júbilo.

Clínias: Muito bem dito, estrangeiro! Que possas propor como meta de nossas leis atingirmos ao oferecermos aos deuses esse jogo de louvores uma vida mais pura e um fim que seja ao mesmo o tempo o melhor e o mais belo!

O ateniense: O que dizemos, então, Clínias? Parecerá que entoando hinos aos deuses os estaremos honrando grandemente e lhes solicitando que nos inspirem a dizer o mais belo e melhor sobre eles? É isto o que queres dizer, ou outra coisa?

Clínias: Precisamente isso. E então, homem admirável, ora aos deuses com confiança e profere o discurso que a ti ocorre acerca dos deuses e das deusas.

O ateniense: Assim será se o próprio deus guiar-me. Apenas junta-te a minha oração.

Clínias: Prossegue com teu discurso a nova etapa.

O ateniense: Visto que as pessoas no passado falharam em sua descrição da geração dos deuses e dos seres vivos,[690] parece-me que devo iniciar [meu discurso] compondo uma exposição baseada no discurso anterior,[691] retomando meu ataque aos relatos ímpios e declarando que há deuses que zelam por todas as coisas, grandes e pequenas, e que são inexoráveis em matéria de justiça. Suponho que te lembres, Clínias, já que vós, inclusive, tomastes apontamentos por escrito. O que dissemos então é absolutamente verdadeiro. O ponto mais importante era que como um todo, a alma é mais velha [e superior em dignidade] a qualquer corpo. Vós lembrais? Com certeza deveis lembrá-lo. Pois o que é superior, mais velho e mais semelhante ao divino assim o é obviamente em relação ao que é inferior, mais novo e menos venerável, e o que governa ou conduz é de todos os modos mais velho do que o que é governado ou conduzido. Admitamos, portanto, este ponto, a saber, que a alma é mais velha [e mais digna] do que o corpo. Mas se assim for, o princípio que estabelecemos em nosso primeiro discurso sobre a geração será mais plausível [e confiável] que o dos antigos.

---

690. ...θεογονίαν τοίνυν καὶ ζῳογονίαν... (...*theogonían toínyn kaì zoiogonían*...).
691. O *ateniense* se refere ao *Livro X* de *As Leis*, no que se trata da existência dos deuses, do seu zelo pelas coisas humanas etc., e realizará aqui uma síntese da teodiceia ali exposta.

Admitamos, também, que nosso ponto de partida é melhor do que o deles e que estamos dando os passos certos na abordagem da parte de maior importância da sabedoria, a geração dos deuses.

Clínias: Todos terão que convir que estamos enunciando essas matérias o melhor que podemos.

O ateniense: Quando uma alma e um corpo se associam para formar uma estrutura única e produzir uma forma única, estaremos certos em dizer, segundo a natureza, que se trata verdadeiramente de um ser vivo?

Clínias: Seguramente.

b *O ateniense:* Então estaremos atribuindo a essa *associação* denominação mais correta ao chamá-la de ser vivo?

Clínias: Sim.

O ateniense: É preciso também, com toda a plausibilidade, reconhecer cinco corpos sólidos, dos quais podemos extrair [e fabricar] as figuras mais belas e mais perfeitas. A espécie restante [do ser vivo] possui uma forma única pois a alma, a espécie mais divina [do ser],[692] é a única que poderia ser incorpórea ou absolutamente incolor. É o

c único ente naturalmente apto para fabricar e criar, enquanto o corpo, nós o afirmamos, se presta a ser fabricado, a ser transformado e ser visto.[693] A espécie de ente anterior (que o digamos novamente, porquanto não deve ser expresso uma só vez) é apta naturalmente a ser invisível, bem como inteligente e inteligível, dotada de memória e capacidade de cálculo ao empregar a alternância dos números ímpares e pares. Havendo cinco corpos então, que declaremos serem eles o fogo, a água, o ar, a terra e o éter, e que cada uma das múltiplas e variadas espécies de seres vivos é levada à perfeição tendo um desses [corpos] desempenhando a função principal. Faz-se necessário estudar cada um

d desses elementos individualmente como segue. Tomemos o elemento terrestre como o primeiro grupo, o qual inclui todos os seres humanos, além de todos os seres vivos dotados de muitas pernas e aqueles que não as possuem, todos aqueles que se movem e aqueles que são estacionários, firmados por raízes.[694] O que confere singularidade a esta espécie, acreditamos, é o fato de que a despeito de todos os seres vivos serem compostos de todos os cinco corpos (elementos), essa espécie é constituída majoritariamente da terra como sua natureza sólida. É-nos lícito

---

692. ...τὸ θειότατον ὄντως ψυχῆς γένος... (...*tò theiótaton óntos phykhês génos*...).
693. A alma é ativa, imperceptível, imutável e imortal e o corpo, passivo, perceptível, sujeito à geração, à transformação e à corrupção.
694. Ou seja, o reino animal e o reino vegetal.

supor que há uma segunda e distinta espécie de ser vivo, que é invisível. É constituída por uma porção maior de fogo, mas contém porções de terra e ar associativamente a modestas quantidades de todo o resto. Esta é a razão de declararmos que a partir desses corpos surgem seres vivos visíveis de todas as espécies. Devemos, ademais, supor que as espécies de seres vivos nos céus – que são, deveríamos afirmá-lo, os astros divinos – vieram à existência providos do corpo mais tênue e a alma mais excelente e mais venturosa. E cabem a eles, no que diz respeito ao seu destino, a nosso ver, um destes: ou são incorruptíveis, imortais com plena e absoluta necessidade divinos, ou cada um conta com uma existência de tal longevidade que possivelmente jamais exigiriam que fosse mais extensa. Consideremos, portanto, primeiramente que esses seres, que o reiteremos, são de duas espécies: uma e outra visíveis, uma de fogo, a julgá-lo externamente na sua inteireza; a outra, de terra, a espécie terrestre movendo-se em desordem, e a espécie ígnea, ao contrário, movendo-se em perfeita ordem. Ora, aquela que se move desordenadamente – que constitui, na maior parte, os seres de nossa Terra – é imperioso que a consideremos como destituída de inteligência; aquela que segue sua rota ordenadamente no céu, por isso mesmo, propicia uma forte prova de sua inteligência, pois seguir sempre exatamente a mesma via, agir ou sofrer de modo idêntico basta para manifestar uma vida inteligente. E a necessidade que é própria a uma alma dotada de intelecto será, entre todas as necessidades, de sobejo a mais poderosa: pela lei que impõe ela exerce o comando sem ser comandada. E quanto à alma, na perfeição do intelecto, que se propõe a perfeição do bem, é impossível que algo altere seu propósito e esta completa impossibilidade se produz realmente segundo a razão. Nem mesmo o aço atingiria tal força e tal firmeza; em verdade, as três Moiras aí exercem seu controle e asseguram o resultado perfeito do desígnio concebido, na mais sábia das deliberações, para cada um dos deuses. Por conseguinte, os seres humanos deveriam ver uma prova da inteligência dos astros e de todo seu cortejo no fato de que reproduzem continuamente os mesmos movimentos, e isto porque repetem desde um tempo prodigiosamente longo os atos que outrora deliberaram, em lugar de mudar sua decisão desregradamente, de variar incessantemente seus movimentos e, consequentemente, se tornarem revolucionariamente errantes e transtornantes. Nossa opinião difere precisamente da opinião da maioria, que crê que, porque produzem sempre exatamente os mesmos movimentos, não possuem alma. E a multidão tem seguido os insensatos, ao ponto de ter o humano como inteligente e vivo porque se move[695] e o divino como privado de inteligência porque permanece nas mesmas órbitas.

e   Mas realmente todos poderiam ter adotado opiniões mais belas, melhores e aceitáveis, e poder-se-ia ter entendido que seja o que for que se mantém operando uniformemente, sem variação e através de causas idênticas cumpre por essa razão mesma ser considerado como inteligente. Uma tal pessoa poderia também entender que esta é a natureza dos astros, entre todas as coisas a mais bela de ser contemplada, e, adicionalmente, que se movendo em sua marcha e dança, a mais bela e mais magnífica dança existente, transmitem aquilo de que todos os
983a   seres vivos necessitam. Em verdade, estamos certos em afirmar que possuem alma. Começa por levar em conta seu tamanho. Não são tão pequenos quanto parecem, a massa de cada um sendo de proporções inconcebíveis, ponto que deve ser aceito confiantemente já que se baseia em satisfatórias evidências, pois podemos acertadamente pensar que o Sol é maior do que a Terra e, com efeito, todos os astros que se movem detêm um tamanho descomunal. Como pode qualquer ser fazer com que uma massa tão vasta revolva sempre num período idêntico?

b   Declaro que um deus é a causa e que jamais poderia ser de outra maneira, pois nada poderia jamais *vir a ser* animado exceto através de um deus, como demonstramos. E visto que o deus tem essa capacidade, é-lhe perfeitamente fácil, primeiramente, produzir e animar qualquer corpo ou massa e, em segundo lugar, imprimir-lhe a direção que julgue a melhor. Espero que o princípio único que vou agora enunciar seja verdadeiro para todos esses corpos: a menos que uma alma estivesse
c   ligada a cada um deles ou mesmo dentro de cada um deles, a terra, o céu, todos os astros e todas as massas deles formadas não poderiam executar com precisão seus movimentos anuais, mensais e diários, convertendo tudo que se produz em bens para nós. Visto que o ser humano é um ser miserável, convém que evitemos emitir disparates e sermos claros no que dizemos. Ora, se tomarmos por causa desses corpos turbilhões, forças naturais ou outra coisa semelhante, nada diremos que seja claro. E é absolutamente necessário retomar o que dissemos e apurar
d   se é correto ou se é, pelo contrário, inteiramente inexato afirmar, inicialmente, que os seres são de duas espécies, uns almas e outros, cor-

---

695.   ...ὡς τὸ μὲν ἀνθρώπινον ἔμφρον καὶ ζῶν ὡς κινούμενον ὑπολαβεῖν... (...*hos tò mèn anthrópinon émphron kaì zôn kinoúmenon hypolabeîn*...). Atentar sempre para o sentido amplo do verbo κινεω (*kineo*), que não se restringe ao *deslocar-se espacialmente*, como também engloba os conceitos de *transformar-se, alterar-se, comover-se, transtornar-se* e todos os demais correspondentes aos substantivos κίνησις (*kínesis*) e κίνημα (*kinema*).

pos; que há muito de cada um, porém são todos distintos entre si e transitando de uma espécie a outra; e que não há uma terceira espécie que reúna outros seres; que a alma, enfim, é superior ao corpo. Propomos, penso eu, que enquanto aquela é inteligente, este é desprovido de inteligência; que enquanto aquela comanda, este obedece; que ela é a causa de tudo que existe, enquanto ele não é a causa de efeito algum. Portanto, pretender que os seres celestes têm uma ou outra causa e não são produzidos dessa maneira, a saber, mediante a união de uma alma e de um corpo, constitui grande insanidade e ausência de senso. Em todo caso, se desejamos que nossa descrição de todos os seres desse gênero seja bem sucedida, e que possamos crer com certeza que todos esses seres constituem uma obra dos deuses, forçoso é que lhes atribuamos uma ou outra das seguintes naturezas: ou veremos neles, com a devida justeza, verdadeiros deuses a serem celebrados, ou neles veremos tão somente semelhanças aos deuses, tais como imagens confeccionadas pelos próprios deuses, porquanto seus criadores não são nem privados de inteligência nem de pouca importância. Como declaramos, é necessário que lhes atribuamos uma dessas duas naturezas, e uma vez isso feito, teremos que honrá-los acima de todas as imagens. Por certo nenhuma outra imagem jamais parecerá mais bela ou mais largamente partilhada por todos os seres humanos do que essas, tampouco será instalada em lugares mais eminentes, superando em pureza, esplendor, majestade e vitalidade de toda sorte a essas, feitas como são em todos os aspectos. No tocante aos deuses, que nos detenhamos. Agora que identificamos as duas espécies de seres vivos que nos são visíveis, em relação às quais asseveramos que uma é imortal e a outra, a espécie terrestre, é mortal, tentemos, com a maior precisão que a opinião razoável permite, descrever as três espécies intermediárias que se acham entre as duas espécies já abordadas. Depois do fogo, tomemos o éter. Podemos supor que a alma confecciona seres vivos a partir dele que [como os demais tipos de seres vivos] são majoritariamente caracterizados por essa substância mas que, também, encerram quantidades menores dos outros tipos de substâncias de modo a fundi-las. Depois do éter, a alma confecciona um tipo diferente de seres vivos a partir do ar, e um terceiro a partir da água. Após criá-los a todos, é plausível que a alma preenchesse a totalidade do céu com seres vivos, empregando cada um deles em conformidade com seu caráter, porquanto todos participam da vida. Estas são a segunda, a terceira, quarta e quinta espécies de seres vivos, começando com os deuses visíveis e terminando conosco, seres humanos. Quanto aos deuses – Zeus, Hera e todos os outros – podemos legislar como preferirmos, a mesma lei tendo validade para cada um deles, e devemos ter este princípio como firmemente estabelecido. Porém, no que respeita aos primeiros deuses, aqueles que são visíveis, supremos, os mais veneráveis, e que vemos com maior nitidez por toda parte, é-nos forçoso declarar que são os astros em associação com todos os fenômenos celestes a nós perceptíveis. Depois deles e os próximos na sequência abaixo deles estão os *dáimons*. Entre estes, a espécie feita de ar, que ocupa a terceira posição, a mediana, é responsável pela mediação entre deuses e seres humanos, e deve ser honrada excelsamente em nossas orações por ser mensageira das palavras favoráveis. Estas duas espécies de seres vivos – a feita de éter e a seguinte na ordem, a feita de ar – são completamente diáfanas e imperceptíveis. Mesmo quando se acham próximas, não somos capazes de vê-las. São detentoras de maravilhosa inteligência, sendo espécies que aprendem com rapidez e têm boas memórias, e é-nos lícito dizer que conhecem todos os nossos pensamentos e tanto amam aqueles entre nós que são nobres e bons como odeiam aqueles entre nós que são extremamente maus, visto que os *dáimons* já são seres que experimentam dor, do que o deus que partilha da perfeição da natureza divina é estranho (como o é do prazer), ocupado plenamente no pensar e conhecer. Visto que o céu está completamente preenchido de seres vivos, nos seria permitido dizer que se comunicam entre si e com os deuses mais excelsos em torno de todos os seres humanos e todas as outras coisas. Fazem-no através dos movimentos das ordens intermediárias dos seres vivos que vogam levemente rumo à Terra e também rumo a todas as regiões do céu. Quanto aos seres da terceira espécie, os constituídos de água, serão representados inequivocamente como semideuses nascidos desse elemento, por vezes visíveis, por vezes ocultos e invisíveis, produzindo deslumbramento pelas suas vagas aparições. Essas cinco espécies de seres são realmente seres vivos e alguns deles têm realizado vários tipos de encontros com os seres humanos, seja através de sonhos durante o sono, seja mediante comunicações audíveis manifestadas por vozes divinas ou oráculos a certas pessoas, saudáveis ou enfermas, ou mesmo no momento da morte. As crenças disto resultantes afetam tanto indivíduos quanto comunidades e foram a origem de muitos ritos religiosos para vários povos, como serão, também, no futuro. Todo aquele que legislar sobre estes assuntos, por menos senso que tenha, jamais ousará fazer inovações e induzir seus próprios concidadãos a uma religião destituída de qualquer fundamento seguro. Por outro lado, em sua cabal falta de conhecimento ele não proibirá aquilo que a lei dos antepassados estabeleceu a respeito de sacrifícios, já que é impossível aos mortais ter conhecimento sobre essas matérias. No que concerne aos deuses que são efetivamente visíveis a nós, o mesmo raciocínio não nos demonstrará que a pior das maldades seria não ousar a eles fazer referência e nos revelar que são deuses tanto quanto os outros, mas privados das cerimônias e das honras que lhes são devidas? Aliás, isto é exatamente o que está ocorrendo.

É como se, em algum ponto, um de nós tivesse visto um sol ou uma lua *vindo a ser* e a todos nós olhando, e devido a alguma inabilidade não conseguisse transmiti-lo e, ademais, não se mostrasse ansioso por fazer sua parte para transferi-los de seu estado excluído de honra para um lugar de honra, e os tornar conspícuos, além de instituir festas e sacrifícios para eles, e determinar períodos mais ou menos longos, conforme suas revoluções, como um tempo a cada um deles reservado várias vezes ao ano. Não seria esta pessoa omissa, bem como qualquer outra que o testemunhasse, merecedoras de serem chamadas de más?

Clínias: Sem dúvida, estrangeiro, sumamente más.

O ateniense: Entretanto, meu caro Clínias, quero que saibas que esta é precisamente a minha situação, agora.

Clínias: O que queres dizer?

O ateniense: Sabeis que entre as potências que povoam o céu há oito que são irmãs entre si. Eu mesmo as contemplei, no que não realizei nada de extraordinário, visto que também outros poderiam fazê-lo sem dificuldade. Três delas são as que mencionamos há pouco, pertencentes ao Sol, à Lua e a todos os demais astros. Mas há mais cinco. De todas essas órbitas e os seres que nelas se movem, quer por si mesmos ou perfazendo seus cursos levados sobre bigas, que nenhum de nós creia temerariamente que uns são deuses, outros não, e que alguns são rebentos legítimos, enquanto outros são aquilo que nenhum de nós pode sequer enunciar para não incorrer em blasfêmia. Ao contrário, compete-nos declarar e afirmar que são todos irmãos e dispõem das parcelas dos irmãos. Não devemos atribuir o ano a um deles e o mês a um outro, ao mesmo tempo que nos recusamos a atribuir ao resto deles qualquer apanágio ou tempo nos quais cada um deles percorre sua própria órbita, contribuindo à perfeição do universo visível estabelecida pela mais divina das leis. Todo aquele que é feliz principia por admirar-se ante esse universo e então desenvolve uma paixão pelo aprendizado de tudo que é possível para um mortal aprender, acreditando que assim terá a melhor e mais venturosa das vidas e que após a morte atingirá regiões que são o lar da virtude; e uma vez real e verdadeiramente iniciado, e tendo alcançado a perfeita unidade e uma participação na verdadeira sabedoria, que é una, permanecerá pelo resto de seus dias na qualidade de um observador das mais belas coisas que a vista pode contemplar.[696] O próximo passo consiste em declarar quantos são esses deuses e quem são eles, pois cumpre frisarmos que jamais voltamos atrás em nossas palavras. A propósito, sustento sem hesitação ao menos o seguinte: repito que são oito, dos quais três já foram abordados, restando ainda cinco. A quarta órbita incluindo o período de revolução bem como a quinta são quase iguais em velocidade ao Sol, e, em tudo, nem mais céleres ou mais lentas; desses três astros[697] é imperioso que aquele que detém suficiente inteligência seja o condutor. Essas três órbitas pertencem ao Sol, à estrela da manhã e a um terceiro corpo [celeste] que não posso nomear visto que seu nome é desconhecido, isto porque a primeira pessoa que os observou foi um bárbaro. Devido ao fato do Egito e a Síria contarem com um verão de suma beleza, uma antiga prática nesses lugares levou as pessoas a serem os pioneiros no refletir dessas matérias. Mantinham-se observando todos os astros visíveis, pode-se dizê-lo, porquanto na parte do mundo [em que se acham] o céu permanece sem nuvens e chuva [no verão]. Dali, após ter sido sondado por milhares de anos – de fato durante um tempo incalculável – esse conhecimento se expandiu por toda parte, inclusive para a Grécia.[698] E portanto cabe a nós não vacilarmos e promulgar tal coisa como lei, pois dedicar nossa homenagem a certos seres divinos e recusá-la a outros não seria evidentemente razoável. Quanto ao fato de lhes faltarem nomes, esta é a razão a ser dada. Na realidade, emprestaram nomes tirados dos deuses [tradicionais]. A estrela matutina, que é também a estrela vespertina, é chamada de astro de Afrodite, nome extraordinariamente apropriado sendo a escolha de um legislador sírio;[699] o astro que simultaneamente acompanha o Sol e essa estrela matutina é [consagrado] a Hermes.[700] Resta-nos ainda nos

---

696. Patentes aqui as ideias de que a iniciação é pré-requisito da sabedoria e que o ser humano enquanto vive no mundo sensível apenas *participa* da virtude da sabedoria, a qual na sua plenitude está no mundo inteligível, que é o *domicílio* da virtude.
697. Ou seja, o Sol, o quarto e o quinto astros, dos quais Platão se ocupará na imediata sequência.
698. Mais uma vez Platão sugere que esteve no Egito, além de atribuir aos egípcios a paternidade da astronomia.
699. Afrodite é vinculada à deusa síria Astarté.
700. A nomenclatura latina é que foi adotada por nós: Afrodite é Vênus e Hermes é Mercúrio.

referir a mais três órbitas [de astros] que se movem para a direita[701] como a Lua e o Sol. Mas devemos mencionar um deus, o oitavo, que de modo especial poderíamos chamar de *Universo*; ele se move na direção oposta de todos os demais e os arrasta, como pareceria óbvio até mesmo para seres humanos que pouco conhecem desses assuntos. Mas tudo que sabemos de maneira satisfatória é preciso que o digamos, e o estamos dizendo, pois para alguém, mesmo de escasso entendimento, mas que é correto e divino, o que é autenticamente a sabedoria parece estar de certo modo ao longo dessas linhas. Restam então três astros, dos quais um, o mais lento dos três, recebe de alguns o nome de Sol;[702] o segundo mais lento deve ser chamado [de astro] de Zeus e o que vem em seguida de [astro] de Ares,[703] o que possui a cor mais vermelha de todos.[704] Nada disto é difícil de ser apreendido se alguém o explica, mas uma vez uma pessoa o aprende, afirmamos que nisso deve crer. Todo grego deve ter em mente que temos na Grécia o clima mais favorável para a virtude. Seu mérito consiste no fato de que é intermediário entre o frio intenso e o calor tórrido. Considerando-se que nosso verão é inferior ao verão nesses outros lugares, como asseveramos, tardamos em observar a ordenação desses deuses [astrais]. Mas que tenhamos como ponto pacífico que tudo que os gregos recebem dos bárbaros acabam por embelezar e aprimorar maximamente, o que se aplica especialmente à matéria em pauta; aliás, é difícil ter todas essas coisas por absolutamente certas, mas nutre-se uma atraente e boa esperança de que, muito embora a tradição acerca de todos esses deuses e, inclusive, o culto dos mesmos provenham dos bárbaros, os helenos, por conta de suas formas de educação, os oráculos de Delfos e todo o sistema legalmente codificado do culto, conseguirão cultuá-los melhor e, num certo sentido efetivo, de uma maneira mais equitativa.[705]

Que nenhum grego jamais pense, por medo, que sendo mortais nunca devemos nos interessar pelo que é divino. Convém que pensemos

---

701. Isto é, do oeste para o leste.
702. ...ἡλίου... (*helíou*) é o que teria registrado o autor, mas alguém já na antiguidade substitui por Κρόνος (*Krónos*), que é o correto e que corresponde a Saturno.
703. Διός [*Diós*] (*Zeus*) é Júpiter e Ἄρης [*Ares*] (*Ares*) é Marte.
704. No total os sete planetas da astronomia e astrologia antigas: Sol, Lua, Vênus, Mercúrio, Marte, Saturno e Júpiter.
705. Ou seja, Platão está afirmando três pontos específicos que se conectam necessariamente: *primeiro*, que a religião dos *deuses astrais* está fundada na astronomia (ou, mais exatamente, na observação empírica dos corpos celestes em regiões de céu límpido no verão); *segundo*, que esses deuses (tanto quanto os deuses invisíveis representáveis por imagens) são de origem estrangeira e não criação original dos gregos, mesmo da Hélade primitiva; e *terceiro*, que os gregos os *desbarbarizavam*, dando-lhes uma forma aprimorada e enquadrando-os numa religião oficial organizada.

precisamente o oposto. O divino não é privado de inteligência e tampouco em absoluto ignorante da natureza humana, mas ciente de que se ensina, nós o seguiremos e aprenderemos o que é ensinado. E seguramente sabe que a própria coisa que nos ensina e que aprendemos é o número e como contá-lo; se não o soubesse, seria [no mundo] o que há de menos inteligente; realmente não *conheceria a si mesmo*, como se diz,[706] caso se indispusesse com aqueles que são capazes de aprender, em lugar de compartilhar sem ciúme de seu regozijo de terem se tornado bons com a ajuda da Divindade. Agora mostra-se bastante plausível que quando os seres humanos pensaram pela primeira vez que os deuses *vieram a ser* e no que se assemelhavam, e que feitos realizaram uma vez *vindos a ser*, o que disseram não se revelou aceitável ou agradável às pessoas sensatas, como tampouco se revelaram as narrativas posteriores, nas quais o fogo, a água e os outros corpos foram considerados mais velhos, e a alma admirável, mais nova,[707] [narrativas] que também sustentaram que o movimento que pertence ao corpo e que o corpo produz em si mesmo por meio de calor, do frio e de todas as propriedades deste tipo é superior e mais valioso, e que a alma não move a si mesma e o corpo consigo. Mas atualmente, visto que dizemos que a alma, uma vez unida ao corpo, o move e o transporta sem dificuldade ao transportar-se a si mesma, não tem igualmente nossa alma nenhuma razão de duvidar que é capaz de mover circularmente qualquer massa. Consequentemente, porquanto agora afirmamos que a alma é a causa universal e que todas as coisas boas têm causas que são boas, enquanto coisas más têm causas distintas, que são más, não será de surpreender-se que a alma seja a causa de toda órbita e movimento, e que a melhor espécie de alma produz órbitas e movimentos que tendem para o bem, enquanto a espécie oposta de alma gera aquelas [órbitas e movimentos] que tendem para o contrário. Infere-se que o bem deve sempre ter vencido o mal e deve sempre vencê-lo. Tudo o que dissemos está de acordo com a Justiça, que se vinga nos ímpios.[708] Por conseguinte, voltando ao tema de nossa

---

706. Alusão à famosa inscrição *Conhece-te a ti mesmo* do Oráculo de Delfos.
707. Ou seja, as doutrinas materialistas da quase totalidade dos pré-socráticos (os chamados *filósofos da natureza*), que concebiam elementos como o fogo, a terra, e a água, quer dizer *corpos* constituintes de corpos, como sendo o ἀρχή (*arkhé* [princípio e fundamento]) de toda realidade. Na leitura do idealista Platão, isso equivaleria a defender que os corpos são *primordiais* e a alma, *secundária*.
708. ...ταῦτα ἡμῖν εἴρηται πάντα κατὰ τὴν τῶν ἀνοσίων τιμωρὸν δὲ Δίκην... (...*taûta hemîn eíretai pánta katá tèn tôn a nosíon timoròn dè Díken*...). Platão personifica e diviniza a justiça, que é *Justiça vingadora*. (...τιμωρὸν Δίκην... [*timorón Díken*]). Como já vimos no diálogo *As Leis*, a vingança (que conceituamos como distinta e incompatível com a justiça, como se aquela estivesse

investigação, só nos resta crer que a pessoa de bem, ao menos, é sábia; todavia, no que respeita à sabedoria que há muito buscamos, vejamos se podemos descobrir qualquer disciplina ou arte cuja ignorância nos levaria à privação de todo discernimento sobre a justiça. Em verdade, penso que podemos e é preciso que eu diga qual é. Tentarei explicar a vós como se manifestou a mim que a buscava sofregamente. A causa de nosso fracasso está em não praticarmos a mais importante parte da virtude de maneira correta. O que acabo de dizer parece-me indicar isto incisivamente, pois ninguém jamais nos persuadirá de que há uma parte mais importante da virtude para os mortais do que a reverência pelos deuses, embora tenha que ser admitido que, graças à pior espécie de ignorância, essa qualidade tem estado ausente nos indivíduos dotados das melhores naturezas. Tais naturezas são raras, mas se surgem representam um benefício marcante, pois uma alma que possui tanto rapidez quanto lentidão num grau suave e moderado tenderá ao equilíbrio; terá inclinação para a coragem ao mesmo tempo que disposição para a temperança e se, algo essencial nessas naturezas, for capaz de aprender e recordar, poderá fruir plenamente destas últimas qualidades a ponto de se apaixonar pelo estudo. Essas naturezas, com efeito, não nascem com facilidade, mas quando acontece e são educadas e treinadas da maneira devida, é absolutamente certo que poderão dominar a multidão inferior pensando, fazendo e dizendo tudo que concerne aos deuses das maneiras acertadas nas horas acertadas, sem executar hipocritamente sacrifícios e ritos purificatórios, gerando violações contra os deuses e os seres humanos, mas verdadeiramente honrando a virtude, o que constitui, aliás, o ponto capital para toda a cidade. Dizemos, portanto, que essa porção da comunidade tem, por natureza, a maior aptidão para exercer a autoridade e é capaz de aprender as lições mais excelentes e mais belas, se for ensinada. Mas ninguém poderia fazê-lo a menos que a Divindade indicasse o caminho. De fato, se fosse para alguém ensinar da maneira incorreta, seria melhor não aprender. Entretanto, segue-se do que estou dizendo que os indivíduos possuidores desse tipo de natureza, o melhor, têm que aprender tais lições, o que sou impelido a afirmar-lhes. Tentarei, por conseguinte, apresentar uma exposição detalhada do que são essas lições, ao que se assemelham, e como aprendê-las (confiando na minha capacidade como discursador e na capacidade daqueles que podem ouvir-me), ou seja, o que

---

na esfera do indivíduo e esta na esfera do Estado), para os gregos antigos era um atributo e um instrumento de justiça.

deve aprender alguém a respeito da reverência aos deuses e como aprendê-lo. Quando vós os ouvirdes, achareis estranho, pois vos digo que se trata da astronomia, uma resposta [para a questão] que ninguém esperaria dada à falta de experiência com a matéria. As pessoas ignoram que o verdadeiro astrônomo precisa ser o indivíduo mais sábio. Não me refiro a alguém que pratique a astronomia do modo que Hesíodo o fez e todos que a ele se assemelharam, que se devotaram à observação do levante e o poente dos astros, mas a quem tenha observado sete das oito revoluções, cada uma completando sua própria órbita, de
b uma maneira que ninguém que não fosse dotado de uma natureza extraordinária poderia facilmente observar. Dissemos o que nos compete aprender. Prosseguiremos de modo a indicar, nós o repetimos, como é necessário e recomendável que o aprendamos. E principio pelo que se segue. A Lua é a mais célere para completar seu circuito, trazendo o mês (a lua nova) e antes deste a lua cheia. A seguir convém observar o Sol, que traz os solstícios à medida que completa a totalidade de seu
c circuito, e os astros que a ele se igualam em velocidade.[709] A fim de evitarmos dizer muitas vezes as mesmas coisas, já que as órbitas restantes de que nos ocupamos anteriormente não são de fácil compreensão, deveríamos empreender contínuos esforços no sentido de preparar para esse conhecimento as pessoas cujas naturezas podem compreendê-lo, ministrar-lhes muitas matérias preliminares e habituá-las ao aprendizado durante a infância e a juventude; daí porque é imprescindível que estudem as matemáticas. Primordial é o estudo dos números em si, em oposição aos números que possuem corpos. Trata-se de toda teoria do ímpar e do par, de sua gênese, de seu poder e do que comunicam aos
d seres. Depois deste aprendizado o próximo é daquilo que é chamado por um nome extremamente tolo, *geometria*.[710] Com efeito, todos os números não são, por natureza, comparáveis uns aos outros, mas a possibilidade da comparação se torna manifesta quando os traduzimos em superfícies. Que este prodígio é de origem divina e não humana, deveria saltar aos olhos de quem é capaz de compreendê-lo. Segue-se o estudo dos números com três fatores,[711] que são similares em virtude
e de sua natureza como sólidos. Uma outra arte, denominada *estereome-*

---

709. E que o acompanham, a saber, Vênus e Mercúrio.
710. Isto porque γεωμετρία (*geometría*) significa literalmente *medição da terra*. O que Platão chama de geometria é o que nós entendemos por *geometria plana*; à *geometria no espaço* ele dá o nome de στερεομετρία (*stereometría*), como se verá logo a seguir.
711. Ou seja, os números elevados à terceira potência.

tria[712] por aqueles com ela familiarizados, realiza a assimilação de números que não são similares. Mas o que as pessoas que sondam essas matérias e as compreendem julgam divino e miraculoso é como a natureza como um conjunto molda gêneros e tipos de acordo com cada proporção, com referência a potência que se baseia sempre no dobro e a potência oposta a esta.[713] A primeira sequência do dobro é aquela efetivada em números na relação numérica de um a dois;[714] a sequência determinada pelos quadrados[715] é igualmente o dobro desta; o dobro desta última é a sequência[716] que alcança o que é sólido e tangível, após proceder de um a oito. Enfim, na escala que vai do dobro a uma média, uma das intermediariedades está à igual distância dos extremos visto que excede o menor numa quantidade igual àquela em que é excedida pelo maior; a outra intermediariedade excede os extremos e é excedida por eles numa mesma fração de cada um deles; e assim, nos intervalos da gama que vai de seis a doze formam-se as relações de três a dois e de quatro a três. Esta sequência, que evolui nos dois sentidos no meio dessas últimas relações e dispensa aos seres humanos o benefício da concórdia e da medida em vista de um jogo de ritmo e harmonia, é um dom do coro bem-aventurado das Musas. Supondo que todas essas coisas são como dissemos, qual a finalidade de aprendê-las? Para dar conta desta questão é preciso nos referirmos ao elemento divino presente no mundo gerado, que consiste da espécie mais excelente e mais divina de coisas visíveis que a Divindade permitiu aos seres observar. Ninguém que as tenha observado jamais poderá asseverar que o aprendeu por qualquer caminho fácil que dispense as ciências que acabo de mencionar. Além disso, em todas nossas discussões precisamos ajustar o indivíduo à espécie fazendo indagações e refutando respostas erradas. Este método é a primeira e melhor pedra de toque a ser empregada pelos seres humanos enquanto os testes que não são genuínos mas que pseudamente o pretendem ser, envolvem a todos num labor totalmente inútil. Precisamos, inclusive, deter um conhecimento apurado da exatidão do tempo, captar como ele cumpre com precisão todos os fenômenos celestes. Se o fizermos, então todos que creem na verdade de nosso raciocínio segundo o qual a alma é uma vez mais velha e mais divina que o corpo deverão reconhecer que o adágio *tudo*

---

712. A *geometria no espaço*.
713. Ou seja, a metade.
714. A progressão 1, 2, 4... .
715. A progressão 1, 4, 16... .
716. Ou seja, 1, 8, 64... .

está repleto de deuses é cabalmente correto e suficiente e, ademais, que nunca somos negligenciados devido ao esquecimento ou incúria dos seres que nos são superiores. Em todos esses estudos deve-se ter em mente o seguinte: todo aquele que atingir a compreensão de cada um deles por meio do método correto é grandemente beneficiado ao fazê-lo; e caso contrário, mais vale invocar a Divindade em busca de ajuda. O método correto é este (pois deve-se, ao menos, dizer isso): à pessoa que aprende do modo correto será revelado que todo diagrama, todo sistema numérico complexo, toda combinação harmônica e o padrão uniforme da revolução dos astros constituem uma única que a todos esses fenômenos se aplica. E será revelado a todo aquele que aprende corretamente, como o dizemos, fixando seu olhar na unidade. Àquele que estuda essas matérias desta maneira, um único vínculo natural que a todas une será revelado. Mas todo aquele que se propõe a investigar essas matérias de qualquer outra maneira terá que invocar a boa fortuna solicitando ajuda, como também o dizemos. Sem a posse desses conhecimentos, não haverá ninguém nas cidades que algum dia se torne feliz. Eis o método correto, eis a educação, eis as ciências; sejam difíceis, sejam fáceis, esta é a forma pela qual temos que proceder. Não é certo descurar os deuses uma vez que é óbvio que nossa história sobre todos eles foi narrada da forma correta e abençoada pela Boa b Fortuna. Todo aquele que atinou com todas essas coisas dessa maneira, digo que é verdadeiramente o mais sábio. Sustento, também, seja em termos de gracejo ou de seriedade que, quando qualquer um desses indivíduos cumpre através da morte o seu destino (se realmente [como o asseguramos] ele continua existente na morte), não será mais afetado por uma multidão de sensações como é agora, mas sim participará de um destino uno. Tendo se tornado uno a partir da multiplicidade, ele será afortunado, sumamente sábio e abençoado – habite em seu estado c abençoado em continentes ou ilhas – ele desfrutará essa fortuna para sempre. E viva ele sua vida devotado a essas buscas privada ou publicamente, os deuses lhe concederão de forma idêntica o experimentar dessas coisas. Quanto à nossa asserção inicial, a mesma posição é agora retomada, e é genuinamente verdadeira, a saber, que salvo algumas poucas exceções, os seres humanos são incapazes de conquistar a perfeita bem-aventurança e felicidade. Isto foi afirmado com acerto. Somente aqueles que são, por natureza, semelhantes aos deuses e moderados, que possuem o restante das virtudes, e que abarcaram todas as matérias vinculadas à ciência abençoada[717] (e indicamos quais são elas) conquistaram e detêm todos os dons da divindade na devida medida. Dizemos privadamente e promulgamos como lei publicamente que os cargos mais eminentes devem ser conferidos a esses indivíduos que granjearam o domínio sobre essas matérias de maneira correta, mediante intenso esforço, e alcançaram a plenitude da velhice. Os outros os obedecerão e discursarão em louvor de todos os deuses e deusas. E agora que chegamos a conhecer suficientemente bem essa sabedoria e a testamos, somos todos compelidos, com toda a justeza, a convidar o Conselho Noturno a exercê-la.

---

717. A astronomia.

Protágoras*

por Alfred Weber

Protágoras, compatriota e amigo de Demócrito, tornou-se conhecido graças a eloquentes conferências dadas na Sicília e em Atenas. Não se tratava somente de um φιλόσοφος [*philósophos*], mas de um σοφιστής [*sophistés*], ou seja, um professor de filosofia cujas lições eram remuneradas. Seu exemplo foi seguido por um certo número de homens talentosos, que assumiram a tarefa de iniciar o público letrado nas ideias dos filósofos, confinadas até então no círculo restrito das Escolas; foram vulgarizadores inteligentes cuja elasticidade dos princípios morais e incredulidade no politeísmo atraíram-lhes o estigma sob o nome de *sofistas*, mas que, não menos que os humanistas e os enciclopedistas, não foram homens inúteis. Estimado pela juventude instruída, abastada e cética, mas detestado pelo povo, o qual permanecia passionalmente ligado à religião da pátria, Protágoras, como seus contemporâneos Anaxágoras e Sócrates, viu-se sacrificado pelo fanatismo da massa e pela hipocrisia dos *grandes*. Foi banido e seus escritos queimados em praça pública em 411 a.C. A sentença foi motivada notadamente pela dúvida por ele expressa no seu livro περὶ θεῶν [*perí theôn*] (*Dos deuses*) sobre a existência dos deuses.

O ceticismo de Protágoras é a conclusão de um silogismo cuja premissa maior é formada pelo πάντα ῥεῖ [*pánta reî*] de Heráclito e a premissa menor pelo *sensualismo* de Demócrito. O mundo sensível é uma metamorfose perpétua; os sentidos se limitam a nos mostrar *o que passa* e não o que é imutável, necessário, universal. Para conhecer o verdadeiro, é preciso, portanto, que bebamos numa fonte superior aos sentidos enganadores: a reflexão, a razão. Mas, afirma Demócrito, a reflexão é o prolongamento da sensação, da qual

---

*. Este texto foi extraído da obra *Histoire de la Philosophie Européenne* (Librairie Fischbacher – sixième édition – Paris, 1897), de autoria do eminente professor da Universidade de Estrasburgo, *Alfred Weber*. Julgamos tanto oportuna quanto proveitosa sua reprodução aqui para que o leitor, que o desconheça, possa conhecer o fundamento do pensamento sofista, representado principalmente por *Protágoras*, e sua expressiva importância na história da filosofia.

não se distingue essencialmente. Se, assim, a sensação é variável, incerta, falaciosa, e a única fonte do conhecimento, conclui-se forçosamente que todo conhecimento é *incerto*. O que cada um de nós conhece são suas sensações. O que sentimos existe *para nós*. O que não nos é dado pela sensação, não existe *para nós*. Os *átomos*, não sendo percebidos pelos sentidos, não são, portanto, mesmo no ponto de vista de Demócrito, senão uma hipótese sem valor absoluto, valendo o mesmo para os *germes* de Anaxágoras, os *elementos* de Empédocles, os *princípios* da Escola jônica. Tudo que há de verdadeiro para o ser humano é o que percebe, o que sente, o que experimenta, e como as sensações diferem de indivíduo para indivíduo, um vendo como azul o que o outro vê como verde, um vendo como grande o que o outro vê como pequeno, conclui-se que há tantas *verdades* quanto indivíduos; que o *indivíduo é a medida do verdadeiro e do falso* (μέτρον πάντων χρημάτων ἄνθρωπος, τῶν μὲν ὄντων ὡς ἔστιν, τῶν δὲ οὐκ ὄντων ὡς οὐκ ἔστιν [*métron pánton khremáton ánthropos, tôn mèn ónton hos éstin, tôn dè ouk ónton hos ouk éstin*])[718]; que não há verdades universais, princípios válidos para todos os homens, ou, ao menos, não existe para nós nenhum sinal seguro (κριτήριον [*kritérion*]) pelo qual possamos reconhecer a verdade absoluta de uma tese de metafísica ou moral. O indivíduo é a medida da verdade e a medida do bem; é bom para o primeiro e mau para o segundo. A verdade prática como a verdade teórica são coisas relativas, questão de gosto, de temperamento, de educação. As disputas entre os metafísicos são, portanto, completamente ociosas. É-nos possível tão somente constatar o fato individual da sensação; é-nos ainda menos possível conhecer as causas ou condições primeiras do fato, as quais escapam a toda percepção possível.

Que o homem se ocupe, por conseguinte, da única coisa que lhe é realmente acessível: *ele próprio!* Que, renunciando às especulações estéreis acerca das causas primeiras, ele concentre suas faculdades sobre a única questão definitivamente importante: *as condições da felicidade*. Ser feliz consiste em reger a si mesmo e reger os outros; reger-se é ser virtuoso: a filosofia é, portanto, *a arte de ser virtuoso*. Para reger os outros – numa sociedade apaixonada pela beleza da linguagem e sempre pronta a sacrificar o conteúdo pela forma – é necessário ser eloquente, ou seja, *pensar bem e dizer bem*. A filosofia é, assim, *a arte de pensar bem e dizer bem* – resume-se nestas três partes: *moral prática, dialética e retórica*.

Essas doutrinas, nas quais se acham condensadas as veleidades céticas nas Escolas jônica e eleática, constituem a exageração de uma verdade fundamental

---

718. O ser humano é a medida de todas as coisas, da existência das coisas que são e da não existência das coisas que não são.

em filosofia, a saber, que o fato dito *objetivo*, o *fenômeno* na acepção científica da palavra, não existe como independente de minha sensação, de minha percepção, de meu pensamento, sendo a sensação que lhe confere a unidade, a medida e, de modo definitivo, a realidade enquanto objeto ou fenômeno. Compreendido desta maneira, o ponto de vista de Protágoras é perfeitamente justo, e é por certo o *sujeito* da percepção, é o *ser humano* que é *a medida de todas as coisas*. Aplicados por seu discurso, antes de mais nada, às coisas morais, esse paradoxo e seu corolário, o γνῶθι σεαυτόν [*gnôthi seautón*] de Sócrates, marcaram época na história da filosofia antiga. Inauguraram a idade da crítica, demolindo o passado a fim de preparar o terreno para construções mais sólidas, porquanto o pensamento as edificará sobre sua própria consciência.

Os resultados da crítica de Protágoras e dos sofistas são numerosos e fecundos. Esta crítica solapa as bases intelectuais do politeísmo e prepara a via para a *religião* de Sócrates, de Platão e dos estoicos. Solapa, em segundo lugar, o dogmatismo ingênuo da especulação fantasista, e pelo próprio abuso da dialética e do sofisma obriga o pensamento a dar conta de si mesmo, de seu mecanismo, de seus métodos e de suas leis, há séculos a filosofia raciocinava sem se preocupar com a natureza e as formas do silogismo; inferia e deduzia sem fazer dos processos indutivo e dedutivo o objeto de suas investigações, semelhantemente a esses milhões de seres vivos que veem e escutam sem ter a menor noção do mecanismo da visão e da audição. A *sofística*, quando violenta o pensamento e precisamente por essa violência, concede ao pensamento a consciência de suas leis e a oportunidade de analisá-las, atuando assim como um prelúdio à ciência da lógica, cuja sistematização será a glória de Aristóteles. E simultaneamente à ciência do pensamento, a sofística cria a ciência de seu invólucro inseparável, a linguagem: a gramática, a sintaxe, a filologia, no sentido mais lato do termo. Pela importância que atribui à forma e pelo zelo no manejo da palavra, flexibiliza a língua grega, fazendo desta este instrumento magnífico do pensamento que admiramos nos diálogos de Platão.

O erro de Protágoras é entender por ἄνθρωπος [*ánthropos*] não o *ser humano em geral* mas o *indivíduo*, não o entendimento humano, mas o entendimento de cada um, e admitir, consequentemente, tantas *medidas* do verdadeiro e do falso quantos indivíduos há. Tal como a maioria dos filósofos antigos, ele exagera, por um lado, quanto às diferenças fisiológicas e mentais que existem entre os indivíduos e, por outro, quanto às falácias da sensação. Ele ignora o que a ciência demonstra, a saber, a possibilidade que o homem de ciência possui de retificar os dados dos sentidos uns pelos outros; Protágoras se vê impulsionado por esse preconceito a negar a existência de um critério objetivo da verdade. Ele menospreza a razão humana e sua identidade essencial em todos; *os indivíduos humanos* o impedem de ver *o ser humano*, de sorte a acabar por destruir não apenas as crenças tradicionais e a metafísica, mas, o que é mais grave, as bases da ordem social, os próprios fundamentos do Estado, pois a moral, no seu ponto de vista, só pode ser individual, e onde o particular, o individual, o átomo é tudo, não há mais Estado, sociedade, nenhuma generalidade. A crítica socrática terá como objeto este ponto capital.

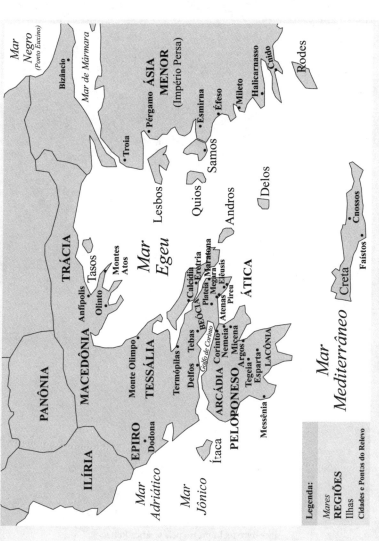

Mapa (parcial) da Grécia Antiga à época de Platão, incluindo regiões fronteiriças.

Este livro foi impresso pela Gráfica Rettec
em fonte Times New Roman sobre papel Pólen Bold 70 g/m²
para a Edipro.